日本建築規矩術史

大上　直樹

中央公論美術出版

本書は、独立行政法人日本学術振興会平成二十七年度科学研究費補助金（研究成果公開促進費）の交付金の助成による。

目次

第二章　留先法による二軒繁垂木の検証

第三章　留先法による一軒疎垂木・同繁垂木・二軒疎垂木の検証

第四章　留先法による扇垂木の検証

第五章　留先法による八角軒・六角軒の検証

第二編　近世の軒規矩術とその変容過程――引込垂木法――

第六章　『大工雛形秘伝書図解』と類型本による近世軒規矩術

第七章　近世の軒規矩術書と引込垂木

第八章　引込垂木の変容――『独稽古隅矩雛形』と現代軒規矩術法――

第三編　中世から近世にかけてのその他の技法

第四編　扇垂木の技法

第一三章　立川富房著『軒廻棰雛形』の扇垂木について
——要《かなめ》のない扇垂木の技法——

結　章　日本建築規矩術史のまとめ

はしがき

本書は、歴史的建造物における軒の設計技術である軒規矩術法について研究したものである。筆者が大阪市立大学に提出した学位論文を中心に、その後投稿した二本の論文を加えている。

本書の構成は序章、結章を含めて四編一五章からなる。主な内容は、中世から近世までの各時代の軒規矩術法を明らかにするとともに、現代の軒規矩術法が成立した背景についても言及し、我国の歴史的な建造物における軒規矩術法について体系化を試みたものである。

その他、隅の軒出と平の軒出の関係、垂木の勾配の定め方、茅負の反りの形状の分析法及び扇垂木の技法までを含み、軒規矩術の主な課題ついて検討した。

今日まで数多くの文化財建造物修理の解体修理がおこなわれ、その修理工事報告書には、合理的で矛盾なく軒を再現できる規矩図が掲載されているが、本書ではそれを「現代軒規矩術法」と呼び、歴史的な軒規矩術法とは区別することとする。

本書で提示する中世の軒規矩術法は、その「現代軒規矩術法」とはまったくかけ離れた技法であり、今日の常識からみると筆者の規矩術法は受け入れ難いかもしれないが、それはひとえに近世規矩術法が十分に正しく理解されていない所為によるところが大きい。

近世においても軒規矩の重要な位置は留先であることに留意して、あらためて中世の軒規矩術をみると、軒規矩術の流れをよく理解できるのではないかと思う。

本書は九本の原著論文を含むが、本書をまとめるに際して全体の用語の統一をはかるとともに細部の再検討をおこなったため、表現等においては原著論文と差異が生じた部分が多々あることを了解いただきたい。

序章　軒規矩術研究の目的と概要

一　研究の目的と背景

一―一　軒と軒規矩術

我国の歴史的建造物は、その平面の周囲に広く拡がる深い軒を有するを常とする。

軒は、室内と外部空間を繋ぐ庇という独特の建築空間をつくり出し、我国の生活、文化、習俗などの多方面において、さまざまな影響を与えてきたと考えられる。

また、軒は単に小屋を支えるだけのものではなく、建物の時代、様式、用途、種別、品位等その建物の属性を如実に表現しており、我国の宗教観念や伝統文化の深層風景を象徴するもっとも重要な意匠のひとつでもあったといえるであろう。

しかし、こうした深い軒は、元々我国固有のものではなく、仏教の伝来とともに、大陸からもたらされたもので、はじめて仏教寺院が建立された飛鳥時代まで遡る。ただ、それがそのまま今日まで伝えられている訳ではない。

日本建築史の大家であった太田博太郎は、扇垂木の受容と平行垂木の関係や深い軒の出と緩い軒反りなどは、日本的造型が導入されたものであることを指摘している(1)。また、さまざまな伝統技法を明らかにした大岡實は、軒廻りの精緻な軽妙さについては、我国固有の技法として成立したとする(2)。

軒廻りの技法は、大陸の建築技法から長い時間の経過の中で、十分に日本の建築技術文化として受容されたとする点で、日本建築の先学の意見は一致している。

本書は、この軒の設計技法について技術史的解明をおこなうもので、各時代ごとの技法を明らかにして、その変容過程を捉え体系化することを目的としている。

軒廻りの計画技法を軒規矩術といい、それを図面化したものが軒規矩図である。

歴史的建造物の軒の詳細は、文化財建造物が解体修理された時に作成される修理工事報告書等で知ることができるが、明快で統一された図法によって描かれた軒規矩図を見ると、日本建築史学において軒規矩術法の課題はすでに細部だけのように見える。

しかし、実際はさまざまな基本的な課題が未だ解決されないままで、軒規矩術とともに日本建築の設計原理である木割術研究の近年の深化に比べて、ほとんど解明は進んではいないのである。

例えば、建造物にとってもっとも基本的な寸法のひとつと思われる平の軒出の寸法が、どのように決定されたかを現代の軒規矩術法では全く説明ができない。それ以外にも、多くの軒規矩術上の課題が視覚的な矯正や現場における調整などという、根拠の乏しい曖昧な結論のまま済まされているのが現状なのである。

こうした問題は、そもそも中世から近世にかけての各時代固有の軒規矩術法が、未解明なまま現代的な解釈がおこなわれていることに起因していると考えられる。

一―二　規矩について

規矩の「規」は、すなわちブンマワシ（コンパス）のことで、「矩」はまがりがね（曲尺）を指し、合わせて軒廻りの設計技法をいう[3・注1]。したがって、規矩という用語は、建築の分野だけで使われているのではなく、本来は測量術の理論を意味する言葉であった[4]。その他では、造船[5]などの分野でも使われていて、それが転じて広く物事の道理、法則を指す意味でも使われるようになった。さらに、近世になると、規矩尺という場合は木割[6]を指したり、[7・注2]仕様書を意味する場合もあり、規矩の意味するものは大変広かった。

また、規矩術は四方転び柱や朝顔指しの加工のための墨など、和算の勾・殳・絃を使って寸法を決める技法も含まれている。そのため、近世では軒を設計する技法としては、「隅矩術」、「矩術」、「差金使い」などが使われていたが、今日の文化財建造物修理の分野では、単に「規矩」と表記することで定着している。

そこで、本書では軒の設計をおこなう技法に限定するために、「軒規矩術」と表記することとする。(8・注3)

また、現在、文化財建造物修理工事報告書に掲載されている一般的な軒規矩図は、概ね同じ設計基準によって統一された形式で描かれているが、中世や近世の歴史的な軒規矩術法と区別するために、「現代軒規矩術法」と呼ぶこととする。

一―三　研究の背景　その一――中世軒規矩についての現代の理解

中世の軒規矩術の技法が、それまでの近世の技法と異なることが知られるようになったのは、岡田英男によれば昭和五〜八年に、解体修理がおこなわれた重要文化財喜光寺本堂とされるから、(9) 昭和の初期まで近世以前の軒規矩術は、まだ十分に理解されていなかったことが判る。

この昭和初期という時期は、最初の修理工事報告書とされる『東大寺南大門史及昭和修理要録』(10)（昭和五年）が刊行され、引き続き東京の国宝正福寺地蔵堂（同八年）(11)、滋賀県では国宝都久夫須麻神社本殿（同一一年）(12)、国宝西明寺本堂（同一三年）(13)、奈良県では国宝法隆寺礼堂や東院鐘楼（同一〇年）(14)、重要文化財法隆寺地蔵堂（同一二年）(15)などの修理工事がおこなわれ、報告書も次々と刊行されて、中世の軒規矩が少しずつ知られるようになってきた時期であった。

また、同時に当時の文部省宗教局保存課（現在の文化庁）でも、軒規矩術への関心が急速に高まり、研究が盛んに始められたことが上田虎介によって紹介されている。(16・注4) 昭和初期の一〇年間はまさしく中世軒規矩術研究の黎明の時期であったといえるであろう。

こうした軒規矩術研究の高まりと、修理工事によって集まり始めた軒規矩の知見を背景に、昭和一七年、大岡實は「建築史」誌上で、「それ（江戸）以前の規矩については殆ど記録がなく研究は現存する遺構より帰納する以外に方法がない」(17)と述べ、中世の軒規矩術法の解明は、実際の歴史的建造物の事例を通して解明されることを期待したのであった。

その後、今日まで文化財建造物の修理工事が進み、現在では五〇〇枚ほどの軒規矩図が保存図として作成されてたと推定される。(注5)また、修理工事中の調査結果を記した修理工事報告書においては、特徴ある個々の事例や技法が紹介されていて、一定の成果があったことは間違いなく、中世の軒規矩術法については基本的な特徴を捉えられる資料は十分に集積されたといえるであろう。

この間、軒規矩術法の総括的な論考が上田虎介によってまとめられたが、それは文化財建造物修理において広く使用されている軒規矩術の考え方（つまり「現代軒規矩術法」）に沿ったものであった。さらに、岡田英男によって修理工事報告書を中心とした総括がおこなわれ、その中で軒規矩が隅でおこなわれている可能性が示唆されたが[19]、その具体的な技法は、未だ解明されるには至ってはいない。軒規矩図が公の修理工事報告書に掲載されるようになった昭和一〇年前後以降、今日まで八〇年ほど経つが、中世以前の軒規矩術の研究は、未だ大岡實が期待した帰納的証明に至ってはおらず、中世の軒規矩術法は明らかにされたとはいえないのである。

一―四　研究の背景　その二――近世軒規矩についての現代の理解

一方、中世はともかく近世の軒規矩の技法については、大岡實が「現在吾々が比較的明瞭に考へ得る日本建築の規矩は桃山時代に起こり江戸時代初期に完成したものであって[20]（後略）」と述べたように、軒規矩術が完成した時期であると認識されていたことが判る。同様の認識は、同じく文化庁課長を務めた服部勝吉が、上田虎介と共に著した『建築規矩術』（昭和二三年）の序文において、「江戸時代初中期には全くその完璧に達したと見られてゐる。[21]」と述べていることでも確認できる。

その後、上田虎介は数多くの文化財建造物修理を手掛け、積極的に軒規矩術に関する論考を発表して、昭和五五年四月には規矩術（近世規矩）の分野において選定保存技術保持者に認定されるに至っては[22]、近世の軒規矩術法については概ね解決されたような印象を広く一般に与えたといえるであろう。

上田虎介は著書[23]の中で、文化財修理の分野で広く利用されている軒規矩術（＝「現代軒規矩術法」）を、「当り前」の規矩あるいは「普通」の規矩と述べていて、当時使われている軒規矩は疑う余地のない普遍的な技法と認識していたことが判る。

もちろん、それは単に上田虎介一人の認識ではなく、広く文化財修理関係者の一般的な理解であったわけで、今日においても「当り前」である「現代軒規矩術法」は、古代から中世、近世までの歴史的建造物の調査における基本的な考え方として使用され、修理工事報告書に掲載されている。

このように、先学らによって近世初中期には完成したとされる近世軒規矩であるが、実際に近世に完成した軒規矩は「引込垂木法」であって、現在使われている「現代軒規矩術法」とは明らかに異なるものであることに注意しなくてはならない。

服部勝吉や上田虎介が完成したという考え方は、配付垂木割が標準間の垂木割と揃い、論治垂木や茅負口脇廻りの小間が納まり、茅負と木負の反り型が一致する、という意味において軒規矩術法が近世に完成したと考えるものであって、軒の計画技法の根本原理が完成したという意味ではないと理解すべきであろう。

つまり、文化財建造物修理の分野では、平の軒出が先に決まり茅負が反り上がるという軒規矩術法は、古代から近世まで普遍・不同と捉えられていて、その根本原理への関心は払われていないといってよく、「現代軒規矩術法」の完成を近世初中期に求めるのは、明らかに矛盾する。

一―五　研究の背景　その三――現代軒規矩術法について

現代軒規矩術法の特徴

「現代軒規矩術法」は、図法的な関係を示す図としては完成したもので、断面図、伏図、隅木側面、木負・茅負正面図などの関連が摑みやすくできていて、次の二つの特徴によって定義することができる。

ひとつは設計技法の面で、平の断面図を基準とすることである。まずはじめに平の軒出が定められ、それから茅負が反り上がると考える軒規矩術法である。(注6)

もうひとつは図法の面で、隅木側面を基準と考えることである。例えば茅負正面図における桁真は出中墨であり、平の断面図における桁真は入中墨であると考えるのは、規矩の作図の基準がすべて隅木側面に統一されているためである。

その他としては、茅負や木負の向留の勾配が中勾勾配になる点も注意が必要である。現代軒規矩術法では、茅負は正面図ではなく前面を垂直におこした姿図を描くが、その時の向留の勾配は中勾勾配になっていて実際に向留を加工する切墨となっている。

また、「現代軒規矩術法」は各図面の関連性が完全に保たれているために、どの時代の軒でも作図することが可能で、正確に再現できる点で普遍性のある図法である。しかし、逆にこのことが近世以前の軒規矩の根本原理を、未だ解けなくしている遠因にもなったともいえる。つまり、図法として完成度が高い「現代軒規矩術法」は、軒規矩の設計原理は古代以来同じであるという考え方をもたらし、軒規矩に関する研究が規矩術法の根本原理の解明に向わなかったと考えられるのである。

そのため、軒規矩の発達の歴史は設計原理は不変のまま、時代毎に茅負曲線に特徴が存在するという様式論や、個々の特殊な納ま

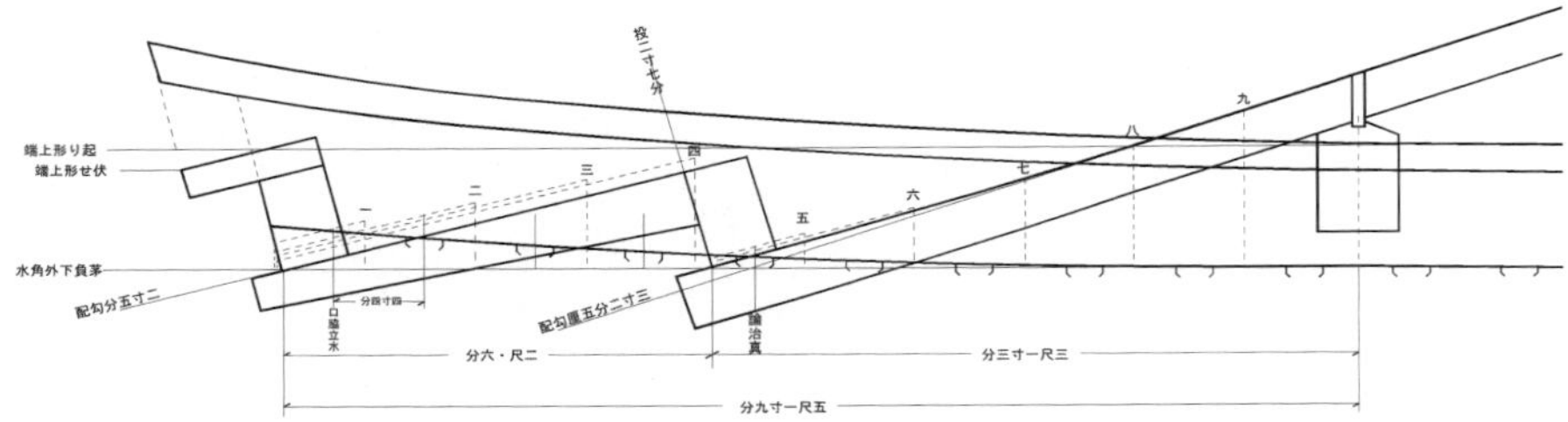

図1　建長寺昭堂　軒規矩図（部分）を参考に作図した図（大正13年）
下段の茅負正面図と平断面図において、垂木割が二通り描かれている。
一〜九は隅木側面を基準にした場合の垂木真位置を示す。
棰番号はないが、茅負下端に隅木真を基準にした垂木位置が示されている。
近世の「引込垂木法」の表記に「現代軒規矩術法」を重ねた図になっている。

り（例えば、論治垂木の納まりなど）の把握といった点に関心が向ってしまったと思われる。

現代軒規矩術法の成立

では、「現代軒規矩術法」は近代の何時頃成立したのであろうか。

近代以降の一般的な刊行本の内容を検討すると、明治期から大正期や昭和初期まで軒規矩はほとんどが「引込垂木法」である。

代表的なものを挙げると、大竹巽、中村只八（中村達太郎序）が大正一〇年に著した『新式規矩術』[24]では、平の軒出は最後に求められることが明記されていて明らかに「引込垂木法」である。その他、建仁寺流一二代の大島盈株の遺作集で昭和四年に著わされた『日本建築図譜』[25]や内務省技師で神社建築発展に寄与した角南隆が昭和九年に著した『社寺建築』[26]の軒規矩も同じく「引込垂木法」が述べられている。

このように大正期から昭和初期においても、新築の場合には江戸時代以来の「引込垂木法」が主流を占めていて、「現代軒規矩術法」の特徴をもった軒規矩図は見当たらない。

一方、文化財建造物修理の分野の状況については、修理工事などで作成される「保存図」から探ってみたい（図2及び3は『国宝・重要文化財（建造物）実測図集』からの引用である）。

軒規矩図は、大正期のものは数点しかないが、昭和八年から一二年にかけて、つまり昭和一〇年前後から急増する。

保存図の中の軒規矩図で最古例に属するものとして建長寺昭堂の軒規矩図（大正

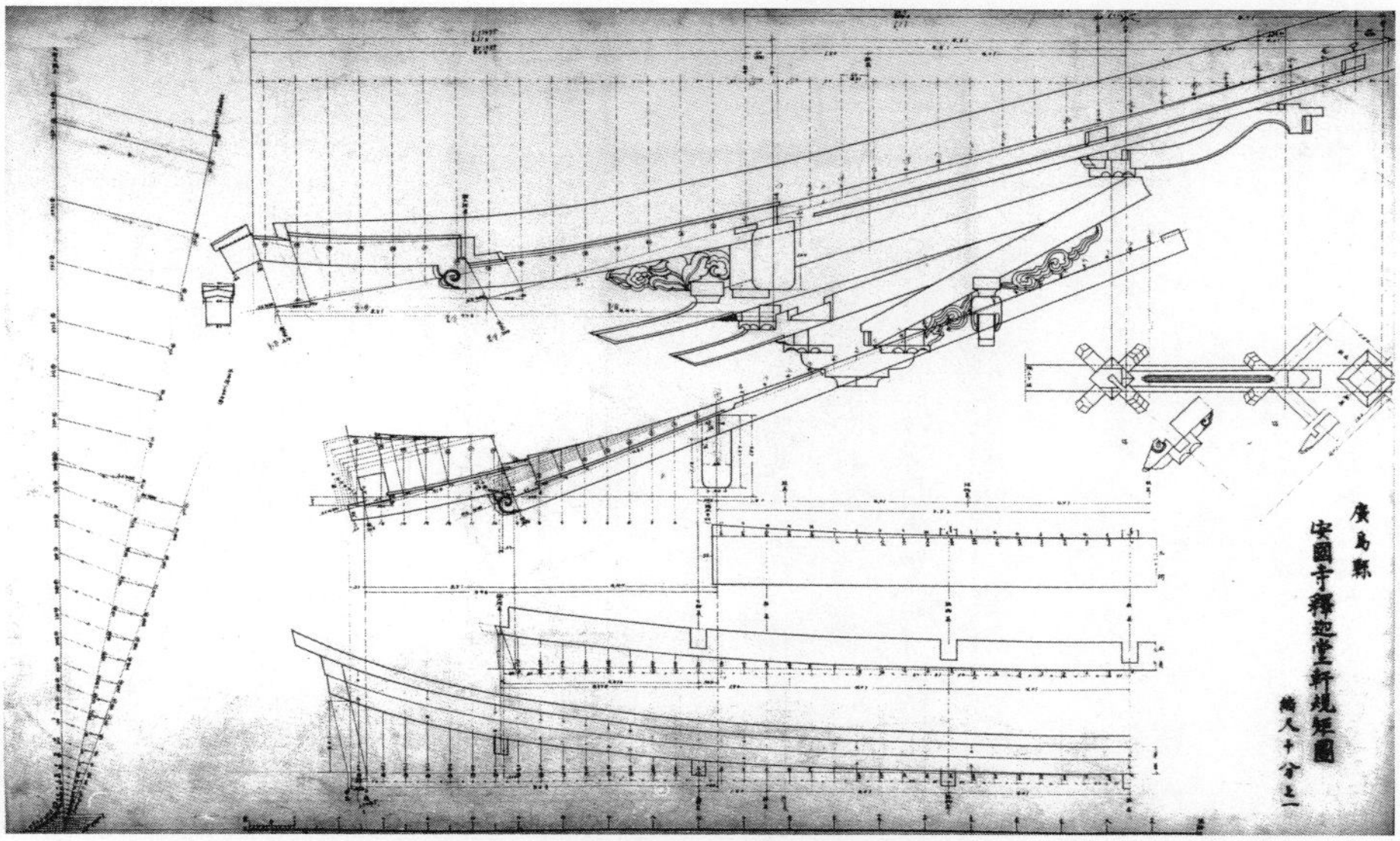

図 2　安国寺釈迦堂の軒規矩図（昭和 8 年）
図面は分離されているが、すべて隅木側面を基準に作図されている。
昭和初期の軒規矩図は、敢えて部材の関連が判り難い形式をとるものが多い。

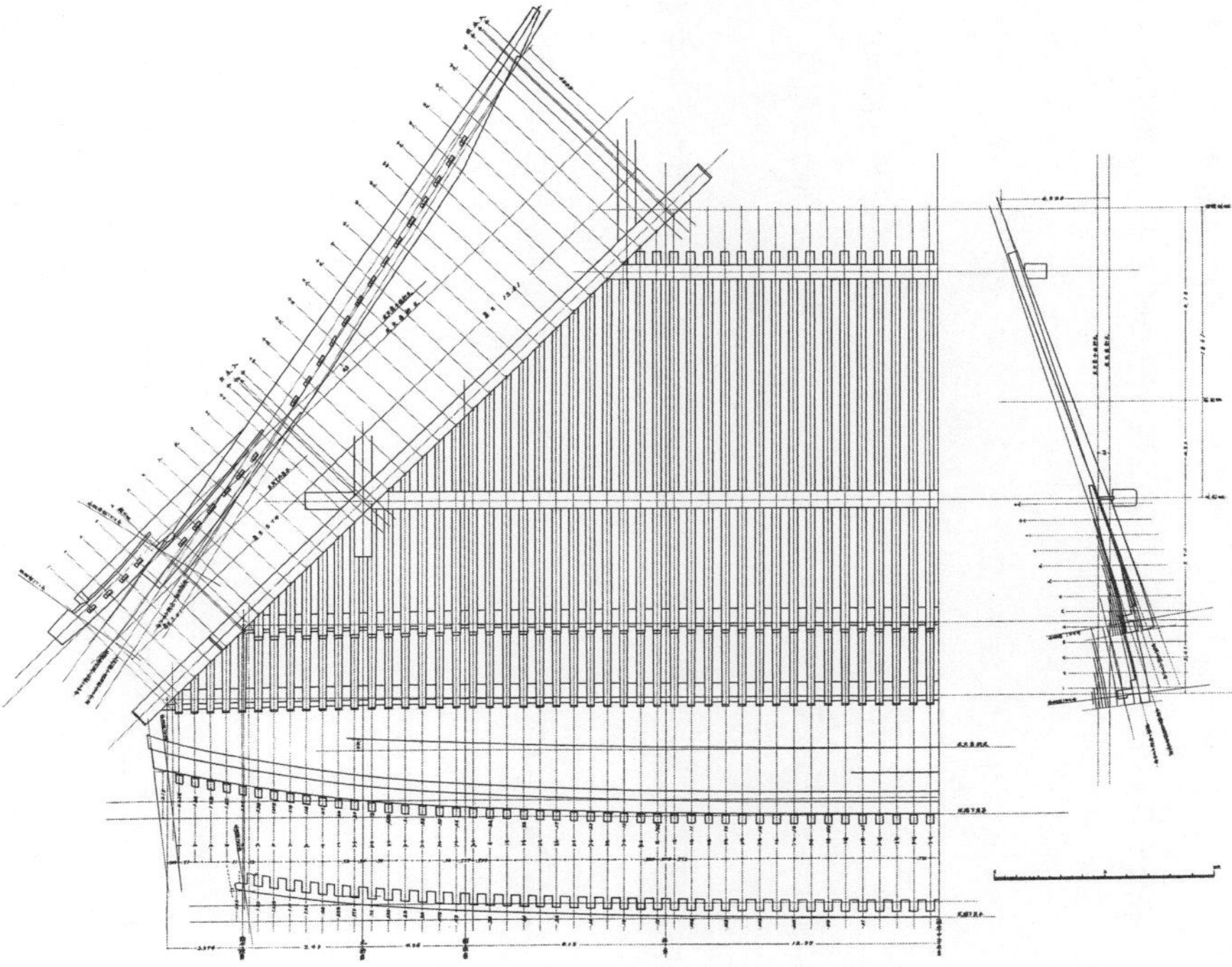

図 3　興福寺東金堂の軒規矩図（昭和 14 年）
すべての図が一体に表現されていて、「現代軒規矩術法」が完成している。

一三年）があるが、この図は茅負正面図と平の断面図を重ねた図に、さらに隅木側面を重ねているために垂木割が二種類描かれている（図1）。つまり、伝統的な「引込垂木法」の図法に、「現代軒規矩術法」の考え方である隅木側面を基準にした図法を加えた軒規矩図になっていて、「現代軒規矩術法」はまだ完成していないことが判る。

類似の例は、不動寺本堂の軒規矩図（昭和八年）でも確認できる他、石山寺多宝塔の図（昭和七年）や同東大門の図（昭和八年）も隅木側面を基準にした図にはなっていないから、「現代軒規矩術法」とはいい難く、竹林寺本堂の図（昭和六年）や鑁阿寺本堂の図（昭和九年）も「現代軒規矩術法」の根拠が認められない。

しかし、安国寺釈迦堂の軒規矩図（昭和八年）は、図面の配置は現代のものと異なるものの、隅木側面を基準とした「現代軒規矩術法」と認めることができる（図2）。さらに、降って興福寺東金堂の図（昭和一四年）では、現在の規矩図と全く同じ形式の現代軒規矩術法が完成している（図3）。

図2と図3は一見違う軒規矩図に見えるが、配置が違うだけで隅木側面を基準としている点では同じで、ともに「現代軒規矩術法」である。

したがって、こうした軒規矩図の「保存図」の作図方法の変化から判断して、「現代軒規矩術法」は、昭和一〇年前後に急速に成立した可能性があると思われる。

先に述べたとおり、この時期は文部省宗教局保存課において、軒規矩術研究が高まりを見せたことを上田虎介が紹介した時期と重なることから、現代軒規矩術法は、昭和一〇年前後に成立したと考えて大過はないと一応考えられるのである。

二　研究史

軒規矩術は特殊な技法であるため、これまでの軒規矩術に関する研究は、すべて文化財建造物修理の経験がある者か実務に通じた者に限られる。ここでは、おもだった先学による軒規矩術の研究の成果を確認しておきたい。

二―一　先学の研究成果

乾兼松の研究

乾兼松の研究は、『明治前建築技術史』所収の「規矩」や『規矩読本』[27]にまとめられている。乾は、文部省の技師として多くの文化財建造物修理を指導した経験を基に、古代から中世までの軒規矩について、総括的に論じたはじめての研究といえるもので、彼の論考は軒規矩にとどまらず木割まで及び、日本建築技術史の全体像を明らかにした。

ほかに、飛鳥時代の玉虫厨子、奈良時代の海竜王子五重小塔や平安時代の一乗寺三重塔の軒規矩についての報告は、修理工事報告書に替わるものとして貴重な論考である。

また、近世軒規矩では木負、茅負の反りが一致するのが常識であるが、中世では木負、茅負の反りが揃わないものが多く、それを捻じれ軒であると指摘した。

文化財修理における調査結果の公開が十分ではない時期に、古代や中世建築の技法に対する実証的に分析する態度と公開する姿勢は、科学的な軒規矩研究の始まりと位置付けられる。

大岡實の研究

大岡實は、文部省の技師として文化財建造物修理に関わった経験をもとに、多くの軒規矩に関する論考を発表した[28]。代表的なものは、茅負曲線が中央振分け部分でV字型に少し折れていて全体として自然な総反りとなることを、鞆淵神社大日堂宮殿や松生院本堂で確認した。これをきっかけに、その後多くの修理現場から同様の事例が報告されることになった。また、茅負曲線に様式的本質を見定めようと各時代の茅負曲線のモデルを提示した。

他に、木負を鋭角に木造り茅負と前面の投げ勾配を揃えることによって、飛檐垂木が隅の部分においても長さが変わらず小口の大きさが変化しないように工夫されている技法を指摘している。また、木負は矩のままで茅負を投げ勾配以上に反り出す技法についても実例を挙げて紹介した。

いずれも木負、茅負を矩形とし投げ勾配なりに反り上がると考える近世の技法にはないもので、当時はあまり良く知られていない中世の技法について、客観的な調査結果を積み重ねた論考は、近世建築とは違う古代や中世建築の構造技法の存在を明らかにしたもので、その後の技法調査に大きな影響を与えた重要な研究であった。

上田虎介の研究

上田虎介は代々宮大工の家系の出身で文化財建造物修理にも多く関わり、服部勝吉との共著や自ら多くの研究報告や著作があり[29]、昭和五五年に選定保存技術保持者（規矩術）に選定された。この選定は文化財修理における軒規矩研究のひとつのメルクマール（指標）であったといえるだろう。

上田は、特に刊本の近世軒規矩術書や規矩術語の解説書の他に選定保存技術の記録としての近世規矩術を私家版で出版していて、軒規矩への旺盛な関心が窺われる。

研究としては、軒規矩術の発展過程の総括や茅負が投げ勾配があるにも関わらず垂直に反り上がる「本木投げ」、投げ勾配と垂直の相の矩に反り上がる「半木投げ」などの技法を高知城天守閣の調査結果として報告している。

また、実際宮大工の手ほどきも受けているため部材の加工墨の作図にも精通していて、読み難い近世規矩術書の解説を図面を描いて解説していて説得力がある。まさに軒規矩術の集大成をおこなった人物という評価[30]は定着しているといえるだろう。

一方、近世軒規矩術についての上田虎介の論考は当時の文化財修理において共通する考え方、理解を示すもので、「引込垂木法」の技術史的意義が十分に解明されたとはいえず、実際には修理技師たちが新たに作り出した「新規矩術」（＝「現代軒規矩術」）であった。

大森健二の研究

大森健二は京都府、滋賀県で文化財建造物の修理を担当し、さらに工事監督を務めた。その経験をまとめた中世建築の技法に関する研究は、軒規矩を含む全ての建築技法にわたっている。特にそれまで顧みられなかった小屋組みの復原までおこない、類似調査による復原手法の確立、完数制と枝割制の関係等、文化財建造物修理における業績は多大である。

わけても復原手法においては、各時代の部材間の比率関係を重視した決定方法を確立し、類似調査の重要性を示したといえる。

大森健二は特に中世の建築技法についてまとめた他、[31]研究論文の数は多くはないが、調査を担当されたそれぞれの報告書の論考は、緻密で論文以上の価値がある。特に大報恩寺本堂の軒規矩の論考は示唆に富み、撓込みであることを見抜いていて、軒規矩が隅から決定する可能性も指摘されている[32]（ただし、撓出しがない場合は、現代軒規矩術法と同じように平の軒出から決めると考えている）。また、平の軒出がどのように決定されていたかを不明と認める態度は大変真摯であるというべきで、その後の多くの文化財技師、研究者はこの点に触れることがない。大森健二はその解決に軒出と柱長さの比による求め方を提案した。[33]

岡田英男の研究

岡田英男は、奈良県で文化財修理の担当や指導監督を務め、その後平城京発掘等に携わっている。特に當麻寺本堂の調査結果による知見を基にした古代寺院や宮殿建築の復原などをおこなった。その他に軒規矩に関する調査研究も多く、古代の海龍王寺五重小塔や元興寺極楽坊五重小塔の調査[34・35]は重要である。

そうした功績によって、平成三年一二月に選定保存技術保持者（規矩術）に選定された。

平成二年にまとめた軒規矩の総括は、[36]それまでの主要な修理工事報告書で報告された軒規矩術法をまとめたもので、特に、「捻じ出し」、「撓出し」の呼び方に疑問を呈し、軒規矩が隅から決定された可能性を示唆した点は重要であろう。

この点は、大森健二も指摘し過去の報告書にも記載[37]されている点ではあるが、このことが特異な事例ではなく一般的な技法である可能性を示唆している点で、大森健二より推し進められたものといえるものであった。ただ、具体的にどのように隅から決定されたか、その方法については何も述べられておらず可能性の指摘にとどまるものであった。

濵島正士の研究

濵島正士は、京都府で文化財修理を担当した後、文化財行政や国立歴史博物館で研究をおこない、特に層塔建築や建築絵図の研究を集大成した。軒規矩については、層塔建築に限定しているが論考をおこなっている。[38]

平の軒出を先に枝割で決定する考え方に立った研究で、茅負が投げ勾配より反り出すのを「捻じ出し」とする点は、大森健二などと見解が分かれる。その他、軒出についてもさまざまな考え方を示し勾配なりの長さを取る技法も紹介している。

その他の研究

茅負の曲線については、麓和善と北尾嘉弘がCADをもちいた分析をおこなっている。

麓和善は、文化財修理の経験の後の研究で特に近世木割書などの研究で成果を挙げているが、規矩術については歴史的建造物の茅負曲線を近代以降に考え出された算出方法に当てはめ、それを数式化して検証するという研究をおこなった。(39) 実務的な技法を解明するというのではなく、近代的な手法の中に、茅負曲線のもつ本質的な原理を追求しようとする研究であった。

北尾嘉弘は、京都で代々続く宮大工の家柄で、同家は多くの大寺院の近代の再建などを手掛けている。その中には、天沼俊一や村田治郎の設計による実施例も多数ある。

こうした背景から、軒規矩術法における重要な課題のひとつである茅負曲線についての研究を公にしている。(40) その研究は茅負曲線の分析ツールとしてCADを用いて、茅負曲線が桁真から円弧状に反り上がることを実証的に証明したもので、実務に即した茅負曲線の定め方として大いに参考になる。

近世に関しては、すでに述べた上田虎介の個別の刊本の解説以外には、本格的な論考はほとんどないといってよく、いずれも軒規矩技術に関する考察ではなく、書誌的な論考が主な内容である。

関野克の「規矩術について」(41) は、近世軒規矩術の総括として、特に平内廷臣を近世軒規矩術の理論的裏付けをおこない集大成したとする論考で、その後の近世規矩術の成立に関する認識に大きな影響を与えたと思われる。

狩野勝重の「規矩と規矩術」(42) は、やはり平内廷臣の『矩術新書』を軒規矩術書の最高峰と位置づけ、刊本までつぶさに論じ、さらに明治への継承についても論じている。

中谷礼仁の論考(43) は、近世末から近代初期にかけての刊本を中心にした書誌的総括研究をおこなった。

二―二　研究史のまとめ

中世の軒規矩術については、昭和五〇年代頃までは文化財修理技師の経験のある研究者などを中心に、積極的な論考が見られたが、その後は総括的研究は見られなくなった。

こうした中では、岡田英男が指摘したように、軒規矩がどうやら隅から決められているのではなか、という考え方が出てきた点は、注目されるところである。

一方、近世については、棟梁家を中心とした生産組織論や木割書に関しては十分な成果の蓄積があったが、軒規矩術技法そのものに踏み込んだものは、上田虎介の個別の規矩術書に関する解説以後なく十分な蓄積があるとはいえない。

中世及び近世の軒規矩術は研究自体も多いとはいえず、計画技法の根本原理も未だ明らかにされてはおらず、昭和一〇年前後に成立したと推察される「現代軒規矩術法」が、歴史的建造物の主要な軒規矩術としてもちいられているのが現状である。

しかし、文化財建造物修理工事報告書は、年々調査・研究の精度が向上し、中世の個々の特徴ある重要な技法が蓄積されてきており、大岡實が昭和の初期に期待した軒規矩の帰納的総括をおこなうべき時期にきていると思われるのである。

三　現代軒規矩術法の疑問

軒規矩がある文化財建造物が解体修理された時には軒廻りも詳細に調査され、その結果は軒規矩図として修理工事報告書に掲載される。

指定文化財建造物は古代から近世、近代まであり、軒規矩図は古材等によって復原された当初軒の場合もあれば、当初形式とは関係がない施工の軒の場合もある。しかし、いずれの場合であっても戦後以降の軒規矩図のほとんどが、「現代軒規矩術法」で描かれ、技法調査もその考え方に準じた内容になっている。

「現代軒規矩術法」は部材各部の寸法の関係を大変よく理解することができ、軒を完全に再現し施工することを可能としたが、各建物の建立当初の軒規矩術に則っていない以上、当時の軒の設計意図を表していないし、特徴も完全には説明できてはいない。

以下、現在広くもちいられている「現代軒規矩術法」の問題点を整理しておきたい。

三―一　平の軒出の決定方法

「現代軒規矩術法」では、まずはじめに平の軒出を決め茅負はそこから隅木口脇まで反り上がると考える。しかし、はじめに決めるとされる平の軒出が、どのように決定されたかという点については、ほとんどの修理工事報告書で考察されていない。

文化財建造物の修理においては、後世の改造があっても通常垂木上端に木負ないし茅負の当りが残っているから、全ての垂木が取り替えられてない限り原寸板上に垂木を置いて、当初の軒出をある程度捉えることができる。つまり、得られた資料をできるだけ精査して当初の軒出を決定することが求められるが、いかに平の軒出が決定されたかを考える必要はあまりない。

また、全て後世に取り替えられ当初の軒が不明な場合には、『匠明』等を参考に地軒の出を七枝、飛檐の出を五枝などと枝割制で復原されることもある。つまり、『匠明』等の木割書が示す様に平の軒出は枝割制で指定されていて、それを参考に平の軒出を定めれば大過はないと考えられている。

こうした考え方は、文化財建造物修理の分野では支配的で、当初の軒出がはっきりしていてその値が枝割にのらなくても、概略の枝数によって平の軒出が七枝五枝などと報告される例は大変多い。

しかし、実際に平の軒出が地軒、飛檐ともに枝割にのることは管見では確認できないし、どちらか一方がのることがあってもごく少数である。つまり、『匠明』等の木割書にある枝数による軒出の指定は、平の軒出を指定しているのではない可能性が高いのである。

先に述べたように、大森健二はこの点を素直に認め、軒出は軒出と柱の高さの比（勾配）で決定したのではないかとの案を提案している。

このように、「現代軒規矩術法」において最初に定めるとする平の軒出が、どのように決定されたのかというもっとも基本的な事項さえも実は明らかにされていないのである。

三―二　配付垂木割が、標準の一枝寸法と揃わない理由

中世においては、平面の柱間寸法は枝割制で決定されていて、平面や組物を決定する基準となる一枝寸法が存在するとされる。しかし、中世の軒では平面寸法とは拘わらない軒桁真から外側の配付垂木の一枝寸法が、桁内の標準の一枝寸法と揃うことは稀で、広狭どちらかの一枝寸法となることが一般的である。

軒桁を境に垂木の一枝寸法が異なるという納まりは近世規矩術には原則としてなく、こうした納まりが何故生じるのか「現代軒規矩術法」では全く説明ができない。

そのため考え出されたのが、軒の特に隅廻りを軽く見せるための工夫など視覚的な矯正に理由を求めるもので、このような記述は報告書で散見することができる。(44・注7) しかし、揃わない枝割の寸法は標準の一枝寸法に比べて広い場合も狭い場合もあり、論治垂木を境に地垂木と飛檐で異なる場合もあるから、軒桁の内外で一枝寸法が異なるのを視覚的な矯正とするのは考え難く、規矩的な明快な根拠が必要である。

三―三　一番垂木の小間が揃わない理由

この問題は、前の配付垂木割が不揃いになることと同種の問題でもあるが、近世の軒規矩術書では、必ず茅負口脇と一番垂木の小間は、他の垂木間の小間と揃えることができるし、現代の堂宮大工が軒廻りでもっとも注意する納まり部分のひとつである。しかし、中世では近世のように揃えて納まる例は少なく広い場合やその逆もある。

こうした納まりが何故おこるのか、やはり「現代軒規矩術法」では説明ができない。平の軒出をはじめに決めるとするならば、少しだけ軒出を調整すれば、この部分はうまく納められるはずであるがそうはなっていない。

三―四　軒規矩は隅木側面を基準とする理由

「現代軒規矩術法」では、隅木側面図だけでなく関係するすべての図（平の断面図や茅負正面図）が、隅木側面を基準として作図さ

れている。したがって配付垂木割の基準は出中墨であるし、軒出の基準は入中墨となる。また、桁真は平の断面図では入中墨であるが、茅負正面図では出中墨となる。さらに、木負、茅負が隅木側面と納まる基準はそれぞれの口脇である。

通常、平面的な部材の位置関係は、部材の真を基準に考えるのが一般的であるのにも拘わらず、隅木だけは隅木真から隅木の下幅半分出た側面を基準に考える。

勿論、このことは隅木を加工する上では必然的なことで規矩的には問題はないのであるが、近世規矩術においてでさえ、隅木以外はすべて真を基準としているのである。したがって、近世以前の古代や中世においても軒規矩は隅木の側面ではなく真で計画されていた可能性が考えられる。

隅木側面を基準とするのは図法的には合理的であるが、その図法はいつからどのような経緯でもちいられるようになったのであろうか。

三―五　論治垂木の納まりについて

近世の軒規矩術では論治垂木は必ず納まっている。しかし、中世では論治垂木が正規の納まりになっていないものも少なくない。したがって、何を基準に論治垂木を割付けたか疑問であるし、論治垂木は作図上必須なのであろうか。そうした正規の納まりにならない論治垂木についても、「現代軒規矩術法」で説明するのは難しい。

三―六　撓込みか撓出しか

「現代軒規矩術法」では、茅負、木負はそれぞれの前面投げ勾配上に反り上がると考えるため、それぞれ隅木に納まる口脇はその投げ勾配上にあるのが原則である。

しかし、口脇の位置が投げ勾配より前に出ているものがある。この納まりは、茅負、木負が投げ勾配より前に「撓出し」したのか、逆に平の位置を奥へ「撓込み」したものかが不明である。修理工事報告書においても「撓出し」とするものや、反対に「撓込み」とするものもあり、その呼称もさまざまである。また、遡って何故こうした納まりが起きるのか、又はおこなうのであろうか。おこなうにしてもどれだけおこなうのか、「現代軒規矩術法」ではほとんど説明ができない。

そのため、こうした納まりも軒反りを隅で強調するための視覚的な矯正であると説明されることになる。勿論、そうした理由は考えられるし現場における調整もあったと思われるが、それ以外の軒規矩的な理由は存在しないのであろうか。

三－七　木負を鋭角、茅負を鈍角とする理由

木負、茅負ともに外下角の角度は矩（直角）にするのが基本であるが、中世では特に木負においては鋭角にするものが多くみられ、反対に茅負は鈍角にするものが存在する。ほかに木負の前面を立水（垂直）に揃うまで鋭角に木造るものもある。

こうした技法の説明として、木負と茅負の投げ勾配が揃う場合は、大岡實[45]が述べたように飛檐垂木の長さが隅で変化しないようにする工夫と一応考えられるが、投げ勾配に拘わらず木負、茅負の外下角を矩（直角）にならないものも多数ある。本来、矩（直角）のままで良いものを何故敢えて鋭角や鈍角に加工するのであろうか。

三－八　茅負の反りは口脇位置である理由

「現代軒規矩術法」では、茅負の反り上がりは隅木側面と交わる口脇位置で取ると考えるが、近世の軒規矩術書では、茅負留先までを茅負の反り上がり寸法とするものが多い。

隅木側面を設計の基準とする以上は、口脇を基準とする考え方は統一されているといえるが、近世の例を見ても中世において口脇位置が反りの基準であったとは考え難いのではないだろうか。

茅負の反りを口脇位置で考えるようになったのは何故であろうか、また何時からなのであろうか。

三－九　現代軒規矩術法の課題

以上、「現代軒規矩術法」は、図法上合理的で問題がなく、現在の文化財建造物修理事業において広く使用されているが、実際には中世以前の軒の納まりを十分説明できておらず多くの課題が存在する。

特にはじめに決めたとする平の軒出がどのような根拠で決定されたかを説明できない点は、大きな欠点といえるであろう。

今日まで長年の文化財建造物修理によって数多くの軒規矩術上の知見が蓄積されながら、中世以前の技法を十分に説明できない状況を考える時、もはや「現代軒規矩術法」によって軒規矩術を説明することは限界があると思われるのである。

四　本研究の方法と構成

四―一　本研究の方法

冒頭に述べたが、本研究は「現代軒規矩術法」という近代以降に成立したと思われる軒規矩術法によって中世や近世の軒規矩の特徴を捉えるのではなく、それぞれの時代の軒規矩術法の解明を目的とする。各時代本来の軒規矩術法を解明しなければ、上記の「現代軒規矩術法」では説明できない諸課題を解明できるはずはないのである。

そのために、書誌資料がほとんどない中世においては、筆者が修復現場で得た知見を基に導き出した軒規矩術法である「留先法」をもちいて、修理工事報告書や保存図の軒規矩図を基礎資料として、すべての軒形式（一軒疎垂木、同繁垂木、二軒疎垂木、同繁垂木、扇垂木、八角・六角軒）の分析をおこなって、その仮説の妥当性を検証したい。

近世については、軒規矩術法が書かれている大工文書等の書誌資料を基礎資料として、そこに描かれている軒規矩術法である「引込垂木法」を読み解き、具体的にどのような軒規矩法であるかを明らかにするとともに、中世の「留先法」や「現代軒規矩術法」との関係を検証することで、日本建築における軒規矩術法の変容過程を把握したい。

さらに、平の軒出の決定方法、垂木の勾配の決定方法、茅負曲線の決定方法及び扇垂木の技法についても、中世から近世にかけての変容を書誌資料と実際例を通して検証をおこなうものである。

四―二　本研究の構成

第一編から第四編までの構成とする。

第一編は、中世の軒規矩術法について考察する。

はじめに、「留先法」という仮説を提示し、実際に調査する機会を得た建造物の軒の復原をおこない、その仮説の原理を論じる（第一章）。

次にその仮説をもとに、軒規矩図を使ってもっとも遺構例が多く正式な軒形式である二軒繁垂木を中心に検証をおこない（第二章）、その他の平行垂木である一軒疎垂木、一軒繁垂木、二軒疎垂木（第三章）及び扇垂木（第四章）、八角軒及び六角軒（第五章）の各軒形式においても、その仮説が妥当であるかを検証して中世軒規矩術法における「留先法」の普遍性を確認する。

第二編は、近世の軒規矩術について書誌資料を中心に、その設計方法について考察をおこなう。

はじめに、最古の軒規矩術の木版本とされる『大工雛形秘伝書図解』とその類型本について検証し、そこでは「引込垂木法」が述べられていることを指摘し、その技法について明らかにする（第六章）。

次に、それ以外の大工文書や木版本の軒規矩術法を検証し、すべてにおいて「引込垂木法」が述べられていることを検証する（第七章）。

さらに、幕末に著された『独稽古隅矩雛形』においては、同じ「引込垂木法」でありながら、設計の基準が統一され「引込垂木法」が変容する。そして、その変容が「現代軒規矩術法」をもたらした影響について検証する（第八章）。

第三編は、中世、近世を通して見られる技法を検討する。

はじめに、隅の軒出と平の軒出の関係（第九章）を検証する。続いて垂木勾配の決定方法（第一〇章）、茅負曲線の決定方法（第一一章）について検証する。

第四編は、扇垂木の技法について論じる。

はじめに、扇垂木の代表的な垂木割である鎌倉割と等間割のふたつの技法は実は共通した工程であり、最後の割り方が異なるだけであることを明らかにする（第一二章）。また、近世の木版本である『軒廻棰雛形』に述べられている扇垂木の技法は、特殊な等間割であるがその設計工程を明らかにする（第一三章）。

結章では、全ての論考を通して、中世から近世へ軒規矩の変容を論じ、「現代軒規矩術法」では説明ができなかった課題の解答を提示して、我国の歴史的建造物の軒規矩術法の総括をおこないたい。

付記

・度量衡は、原則尺・寸・分による。本文中は適宜単位を付すが、図面では尺を基準とし、一尺一寸一分を一・一一と単位を略して表記した。

・四五度振れた方向の寸法は原則裏目寸法とし、裏目〇寸などと表記した。裏目五寸とは正面から見て五寸のものを四五度方向では$\sqrt{2}$倍になるため実長は七・〇七寸となるが、これを「裏目五寸」と呼ぶ。図面上では煩雑になるため、これを「ヶ0.50」などと表記した。

・勾配は、単位水平長さ（一尺）に対する垂直高さを寸で表記する。投げ勾配は単位垂直長さ（一尺）に対する水平長さを寸で表記した。

・図、写真、表の番号は章ごとの通し番号とした。

・参考文献及び注は、それぞれを使用順に番号を付けまとめて掲載した。
参考文献は（1）、（2）……とし引用した文献を掲げ、注は（注1）、（注2）……として注記を掲げた。

なお、参考文献の中には奥付に発行月の記載のないものもあるが、その場合はそのまま発行年のみ記載した。

参考文献は重複するが章ごとにまとめることとした。

・異体文字は原則現代文字で表現することとしたが、資料によっては適宜そのまま異体文字を使った箇所もある。

参考文献

1　太田博太郎：『日本の建築』、筑摩書房、一九六八：七
2　大岡實：『日本建築の意匠と技法』、中央公論美術出版、一九七一：一〇
3　乾兼松：「規矩」『明治前日本建築技術史』所収、新訂版、臨川書店、一九八二：五

4　岡田英男：「建築規矩術を中心とした建築構造技法の史的発展に関する研究」『日本建築の構造と技法』所収、思文閣出版、二〇〇五・八
5　前掲3に同じ。
6　『大工規矩尺集』、元禄一三年（一七〇〇）
7　小長谷知弘、菅原洋一：「藤堂藩伊賀作事方関連文書について」日本建築学会東海支部研究報告書第四五号、六九三—六九六頁、二〇〇七・二
8　大森健二：『社寺建築の技術—中世を主とした歴史・技術・意匠—』、理工学社、一九九六・八
9　前掲4に同じ。
10　『東大寺南大門史及昭和修理要録』（東大寺南大門修理工事事務所）、一九三〇・四
11　『国宝正福寺地蔵堂修理工事報告書』（東村山市市史編纂委員会）、文化庁所蔵の原稿を復刻刊行、一九六八・一一
12　『国宝都久夫須麻神社本殿修理工事報告書』（都久夫須麻神社境内出張所）、一九三七・一二
13　『国宝西明寺本堂修理工事報告書』（西明寺境内滋賀県国宝建造物修理出張所）、一九三九・二
14　『國寶建造物東院禮堂及び東院鐘樓修理工事報告』（法隆寺國寶保存事業部）、一九三七
15　『国宝建造物法隆寺地蔵堂修理工事報告』（法隆寺國寶保存事業部）、一九三九・三
16　上田虎介：『独稽古隅矩雛形　全三冊解説』、私家版、一九七五・一一
17　大岡實：「藤原時代の規矩」建築史　第四巻第四号、三四九—三五二頁、一九四二・一一
18　上田虎介：「軒隅の納まりの発達に関する考察」日本建築学会論文集 第六〇号、六〇五—六〇八頁、一九五八・一〇
19　前掲4に同じ。
20　前掲17に同じ。
21　服部勝吉・上田虎介：『建築規矩術』、彰国社、一九四八・七
22　上田虎介：『日本建築規矩術（近世規矩）（選定保存技術の記録）』、私家版、一九八二・五
23　前掲16のほかに、以下のものがある。

上田虎介：『増補改訂日本建築規矩術語解説』、私家版、一九七八．一一

24 大竹巽・中村只八：『新式規矩術　便利なさしかねつかひ』、大日本工業学会、一九二一．八

25 田邊泰他編：『大島盈株寺氏遺作日本建築圖譜第壱集規矩軒廻り』、大島先生遺作図刊行会、一九三六．一一

26 角南隆：『社寺建築』、神社新報社、一九九九．三、復刻版

27 乾兼松：『規矩読本』、彰国社、一九四九．六

28 前掲17の他に、軒規矩に関する論文は以下のものがある。

大岡實：「茅負に於ける特殊なる技法」建築史　第二巻第三号、二四八―二五四頁、一九四〇．五

同：「茅負曲線の一性質について」建築史　第三巻第四号、三三三―三四二頁、一九四一．七

同・乾兼松：「藤原時代の規矩（二）」建築史　第四巻第五号、四二五―四三八頁、一九四二．一二

29 前掲16、18、21、22、23の他に、軒規矩の研究に関わるものとしては以下のものがある。

上田虎介：『大工雛形秘伝書図解上の巻解説』、私家版、一九七七．九

同：『極秘六角雛形一折解説』、私家版、一九七四．一一

同：「茅負の所謂本木投と半木投げに就いて」日本建築学会研究報告二九―二、一九九―二〇〇頁、一九五四．一〇

同：「規矩術の新考察」日本建築学会論文報告集 第六三号、六三三―六三六頁、一九五九．一〇

同：「ひとりけいこすみかね雛形所載の「隅木尻の枘」の解説」日本建築学会近畿支部研究報告集計画系、二八三―二八六頁、一九七三．六

同：「ひとりけいこすみかね雛形所載の隅木受短柱の解説」日本建築学会近畿支部研究報告集計画系、二七九―二八三頁、一九七三．六

同：「隅木の落掛り墨と振レ桔木の横面勾配と野隅木の山勾配の関係について」日本建築学会中国支部研究報告、六一―六四頁、一九七三．三

同：「反りがある茅負の上端留墨と曲がある配付榧の上端胴付墨の出し方について」日本建築学会中国支部研究報告、五七―六〇頁、一九七三．三

30　服部文雄：「故上田虎介先生と近世規矩」建築史学　第二号、一八五―一八八頁、一九八四．三
31　大森健二：『中世建築における構造と技術の発達について』、私家版、一九六一．九
32　大森健二他：『国宝建造物大報恩寺本堂修理工事報告書』（京都府教育庁）、一九五四．一〇
33　大森健二：「日本建築における軒の意匠について―その一―」日本建築学会大会学術梗概集、九九五―九九六頁、一九七一．九
34　岡田英男：「海龍王寺五重小塔」『日本建築史基礎資料集成一一　塔婆一』所収、中央公論美術出版、一九八四．一〇
35　岡田英男：『国宝元興寺極楽坊五重小塔修理工事報告書』（奈良県教育委員会）、一九六八．九
36　前掲4に同じ。
37　『国宝明王院五重塔修理工事報告書』（同修理委員会）、一九六二．三
38　濵島正士：「塔の軒について」日本建築学会論文報告集　第二〇八号、五七―六八頁、一九七三．六
39　麓和善他三名：「ＣＡＤによる日本伝統建築の軒反り曲線設計法」日本建築学会計画系論文集　第四九〇号、一五五―一六二頁、一九九六．一二
同：「「ＣＡＤ軒反り式」からみた文化財社寺軒反り曲線の特性」日本建築学会計画系論文集　第五一七号、二六一―二七一頁、一九九九．三
40　北尾嘉弘：『社寺建築の軒反りの研究』、私家版、一九九九．六
41　関野克：「規矩術について」『文化財と建築史』所収、鹿島出版会、一九六九．一一
42　狩野勝重：「規矩と規矩術」『江戸科学古典叢書一六　隅矩雛形／矩術新書』所収、恒和出版、一九七八．一〇
43　中谷礼仁：『幕末・明治規矩術の展開過程の研究』、私家版、一九九八．三
44　『重要文化財竹林寺本堂修理工事報告書』（文化財建造物保存技術協会）、一九八九．九
45　前掲28のうち、大岡實：「茅負に於ける特殊なる技法」建築史　第二巻第三号、二四八―二五四頁、一九四〇．五

注

注1　それらの語源は『和爾雅』（貝原好古著、元禄七年　一六九四）、『和漢三才図会』（寺島良安編、正徳二年　一七一二）などにある。

注2　文献7で紹介されている藤堂藩伊賀作事方の安場家文書の「規矩尺集」や「規矩之萬記」は仕様書、工法書といった性格で軒規矩術とは関係がない。

注3　大森健二も、文献8で「軒規矩」を使っている。

注4　文献16の序において上田虎介は、「同年（昭和八年筆者注）十月文部省宗教局保存課へ移ったが、当時保存課の建造物調査室では規矩術の追求の気運が興っていた時期で、技師の阪谷良之進先生を中心に服部先生、乾、伊藤の諸先輩が若い連中と一緒に熱心に研究し、議論を戦わしていた。」と、当時、軒規矩術の研究が高まりを見せていたことが窺える一節を残している。

注5　「保存図」の凡その内訳は、『国宝・重要文化財建造物保存図目録』（独立行政法人文化財研究所奈良文化財研究所）でわかるが、軒規矩図は詳細図等に一緒に分類されているため実態は把握し難く、実際の軒規矩図の正確な枚数は不明である。

「保存図」の形式は、A0判のケント紙に烏口で墨入れした図面で、現在は奈良文化財研究所に保管されている。他にそれをマイクロフィルムで撮影しA3判に焼き付け製本された『国宝・重要文化財（建造物）実測図集』が、文化庁などに保管されている。

「保存図」は修理を伴わない実測図を別にすれば、工事に際して特に現状変更申請がおこなわれた場合には修理前と竣工の両方の図が調製される。

平面図、立面図、断面図などの一般図の他に詳細図などがあり、その中に軒規矩図も含まれるが、軒規矩があっても必ず軒規矩図があるとは限らず特に古いものはないものが多い。また古い時代のものは「保存図」があっても報告書がないものが多く、またあっても軒廻りの調査の記述は少なく当時の技法が不明なものも多い。

筆者が『国宝・重要文化財（建造物）実測図集』（文化庁）から、収集した軒規矩図は社寺を中心に四三〇図ほどになるが、他に城郭、民家等を含めると五〇〇枚前後あると推察される。

注6　「現代軒規矩術法」において、平の軒出をはじめに決定すると考えることは、至極一般的なことであるため、あらためて表記されることは少ないが、例えば文献35において、「即ち木負を納めるに現在の如く先ず軒出を定め、木負並び投げ勾配より木負口脇の寸法を定めるのではなく（後略）」と、現代でははじめに平の軒出が定められることは、一般的であることが判る。

注7　比較的近年の例では、宮殿の軒規矩であるが文献45において「一枝寸法を丸桁の内側と外側で違え、外側一枝寸法を内側より長く取る手法は当本堂にも見られるものである。こうした手法は軒を隅の方で軽快に見せることに役だっている。」とある。

第一編　中世の軒規矩術とその変容過程——留先法——

第一章　隅木を基準とした軒規矩術法と復原事例

一　はじめに

中世の軒規矩術を解明するためには、文献資料がほとんど存在しないから、かつて大岡實が「江戸時代以前の規矩については、現存遺構より帰納する以外方法がない。」と述べたとおりであろう。(1)帰納するための基本資料は、文化財建造物の解体修理の際に得られた知見がまとめられた修理工事報告書や修理技師の経験のある先学――乾兼松、(2)大岡實、(3)上田虎介、(4)岡田英男、(5)大森健二(6)――らによる研究成果があるが、江戸時代以前の軒規矩術については、未だ明快な論理的体系が完成したとはいえない状況にある。

具体的にいうと、「軒出をいかにして決定したか」という軒規矩術においてもっとも基本的な事項が未だ不明であることを指摘できるであろう。つまり、現代において軒規矩術は、はじめに平の軒出を完数や枝割制によって決定すると広く考えられているが、実際には、平の軒出が完数であったり枝割制にのるものはほとんど存在しないのである。

今まで軒出の決定方法に関心が向かなかった理由は、文化財建造物修理においては垂木等の部材が残っているため、実測によって定めることができたという現実の他に、明治以降、軒規矩術では、扇垂木の割付方法や茅負の形状が様式上大きな課題であったこと(注1)と、規矩術自体が江戸時代初期には完成したと認識されていたことなどが考えられる。(7)

しかし、近世に完成したと思われていた軒規矩法は、実際には「引込垂木法」であるから、軒出の決定方法は現在文化財建造物修理の分野で採用されている「現代軒規矩術法」とは、全く反対であることに注意しなくてはならない。(注2)つまり、現代における平の軒出の決定方法の理解は、実は近世以前の技法を反映しておらず、どの時代にも存在しなかった技法なのである。

本章は、中世本来の軒規矩術法を、実際の中世の仏堂二棟の当初軒規矩の復原を通して提示しようとするものである。復原する事例は、筆者が解体修理工事に従事した桑実寺本堂（室町時代前期）と、当初隅木を調査する機会を得た西明寺本堂（鎌倉時代前期）の二棟である。

二　軒出を決める二つの技法

軒出については、一般的に平の軒出をはじめに決定するという考え方が主流であるが、隅から決定するという考え方も報告されている。はじめに二つの考え方を整理しておきたい。

二―一　軒出を平から決定する考え方

軒出とは平の軒出（軒桁真から茅負外下角まで）をいい、まずはじめに平の断面を決定するという考え方は、広く一般に受け入れられている。

代表的な例は、伊藤要太郎が著した『匠明五巻考』を挙げられる。同書において伊藤は『匠明』の軒出の記述を、軒出が七枝五枝の場合、軒桁真から木負外下角までを七枝、木負から茅負の外下角までを五枝と理解し明快な図で示している。(8) したがって、木負、茅負は平の軒出を基準に前面投げ勾配なりに反り上がると考える。

同様に、昭和五五年に近世軒規矩術の選定保存技術保持者に選定された上田虎介は、平の軒出から計画する軒規矩を「当り前」の軒とし、(9) 近世の「引込垂木法」を「当り前」の軒より軒出が短くなる特異な技法と位置付けている。

こうした平断面を基準とする考え方は、多くの修理工事報告書で認められるもので、例えば『重要文化財如意寺三重塔修理工事報告書』では、平の軒出を図面から求めると初層の地軒が六・八三枝、飛檐が四・六一枝となるが、各層とも枝数の値を近似して七枝五枝と解説している（近世の「引込垂木法」による表記では、軒出は配付垂木の数であるから六枝五枝とすべきである）。しかし、実際に平の軒出が地軒、飛檐ともに正しく枝割にのる事例は管見の限り見いだせない。(注3)

その他、濵島正士は「塔の軒について」[11]において、塔に限定されるが軒出の決定について総合的に論考した結果、枝割によって決められる平の軒出を基準として、木負前面の投げ勾配より口脇位置（木負外下角が反り上がって隅木と交わる点）が前に出る形式を「撓出し」と呼んでいる。

いずれにしても、軒出は何枝何枝と枝数で示されることが一般的で、その意味するところはそれぞれ地軒や飛檐の平の軒出であると広く考えられている。

二―二　軒出を隅から決定する考え方

一方、軒出を隅で計画するという考え方も、書誌資料や修理工事報告書の一部において確認できる。

第二編で述べる近世の規矩術書にある「引込垂木法」は軒出を枝数で指示するが、枝数は平の軒出を示すのではなく桁外の配付垂木数を指定している。

中世の木割書である阿部家文書においても、楼門の軒出を「はいつけ六しこの木四し（配付六枝小軒四枝）」と、配付垂木数で軒出を指定している。[12]阿部家文書のこの部分は吉野朝を下らない時期のものと推定されているから、「引込垂木法」以前の中世においても、軒出を隅の配付垂木数によって指定する事例が存在していたのであろう。

修理工事報告書において、軒を隅から計画したことを指摘した例としては、まず『国宝大報恩寺本堂修理工事報告書』[13]が挙げられる。同書では、平の地軒の出に対し隅木の木負口脇が木負投げ勾配によって求められる位置より五分程前に出ていることから、先の濵島正士の説（「撓出し」）とは逆に、はじめに木負口脇を納めた後、平の軒出を木負投げ勾配より引込めて決定する「撓込み」の技法の軒であるとする。一般的には先に平の軒出を定める技法を前提としつつ、「撓込み」が見られる場合については木負口脇を先に決めていると断じている。

比較的自由に出し入れできる平の軒出に対して、位置の変更がむずかしい隅木を先に決定していると考えるのは、実際の工事をよく知る者にとっては至極当然な判断と思われる。なお、同書では隅木の木負口脇位置は桁真（入中墨）から四・九尺程度と指摘しているが、その長さの根拠は特に示されていない。

そして、同様の「撓込み」が茅負で認められる事例として、中尊寺金色堂、光明寺楼門、太山寺本堂、正福寺地蔵堂、長寿寺本堂を掲げている。

その他、『国宝明王院五重塔修理工事報告書』(14)では、各重とも共通して隅木の側面において本中墨から木負口脇までが、三・五〇尺と決められていると報告されている。

ここでも、木負口脇が平の軒出を基準とした時の木負投げ勾配より二分ほど前に出ていることから、平から決める通常の技法ではなく、木負口脇を先に納めた後、平の軒出を木負投げより奥へ「撓込み」によって二次的に決定したとし、平の軒出が各面で不揃いであるのも、そのことが原因であるとしている。

同書では、平の断面を中心とした説明では「撓出し」と呼んでいて、「撓込み」と「撓出し」は明確に区別されてはいない。

近年の報告例としては、『重要文化財観音寺多宝塔修理工事報告書』(15)では、「軒出が隅木面で軒桁入中から茅負口脇（あるいは隅木真で本中墨から茅負向留）で押え、これを軒桁長さの半分とする。」とある。つまり、軒桁長さの半分を軒出の寸法に取り、それを隅木側面又は隅木真上に押えて軒出を決定する技法であるとしている。

先の二件の報告書では隅で軒出を定めるのは、「撓込み」がある場合においてのみ見られる技法とされたが、観音寺多宝塔では、木負や茅負の投げ勾配上に口脇が納まる一般的な軒規矩においても、軒出を隅で決定している可能性があると指摘されている。

二―三　軒出の基準は平か隅か

以上の通り、軒規矩を考える方法に二通りの相反する考え方が存在するが、ともに中世の軒規矩として確実な計画原理として完成されているわけではない。

そこで、軒出の計画に関する問題点を整理すると、以下のようにまとめることができるであろう。

①中世の木割書（阿部家文書）においても、軒出は隅の配付垂木枝数を指示していて、平の軒出は指定されていない。

②中世の平の軒出は、ほとんど枝割制にのる事例が確認できず、軒出に端数のつくものも多い。また、その軒出の寸法が、どの様に決定されたのか根拠が不明で説明がつかないものがほとんどである。したがって、平の軒出は二次的に決定された可能性

の方が高いと考えられる。

③中世において桁外の配付垂木の一枝寸法は、桁内の標準間の一枝寸法と異なっていて端数のある値となることも多い。このことから、桁外の配付垂木の一枝寸法は割込まれるなどして、二次的に決定された可能性が高いと思われる。

④近世において一般的な「引込垂木法」は、木負、茅負留先が決められた後、引込んで結果的に平の軒出が定められるから、隅から計画するという考え方に立つ。したがって、近世より古い中世において平から決定されたとは考えにくい。

⑤現代では隅木側面を基準と考えるため、木負、茅負の口脇位置を要所と考えるが、近世の「引込垂木法」は、隅木真を基準として木負、茅負の留先を要所と考えている。したがって、中世においても基準は隅木側面の木負、茅負の口脇ではなく、隅木真上の留先であった可能性が高いと考えられる。

⑥茅負の反りの基準についても近世においては一九世紀中頃までは、留先における反り高さを指定していて口脇ではなかった。(注4)中世においても同様に、隅木真上の留先までを反りの基準としていたことは十分考えられる。

⑦軒出とは直接関係はないが、古代の平等院鳳凰堂裳階や中尊寺金色堂においては、配付垂木の割付が口脇ではなく茅負留先から割込まれていることが報告されている。(16)また、金剛寺多宝塔では、当初の飛檐隅木における風鐸位置が、茅負留先位置付近と推定されている。(17)このように隅木の真と木負、茅負が合致する留先位置は、さまざまな基準となる重要な位置であったことが窺える。

⑧隅木以外の部材の平面的位置関係は、基本的にはすべて部材の真で決定されている。隅木は実際の加工段階では側面でおこなう必要があるが、計画段階ではやはり隅木真でおこなうのが自然ではないだろうか。

以上の観点から、中世における軒出が平を基準として定められたという積極的な根拠は見当たらず、隅から決定された可能性があり、しかも隅木側面の口脇を基準とするのではなく隅木真上の木負、茅負の留先の位置が、計画上の要所であった可能性が高いことが浮かび上がってくる。

そこで、これを中世軒規矩術の仮説の出発点とし、隅木真上の木負、茅負の留先から軒規矩の計画を始める技法を仮に「留先法」と呼び、実際の軒の復原事例を通してその妥当性を検証することとする。

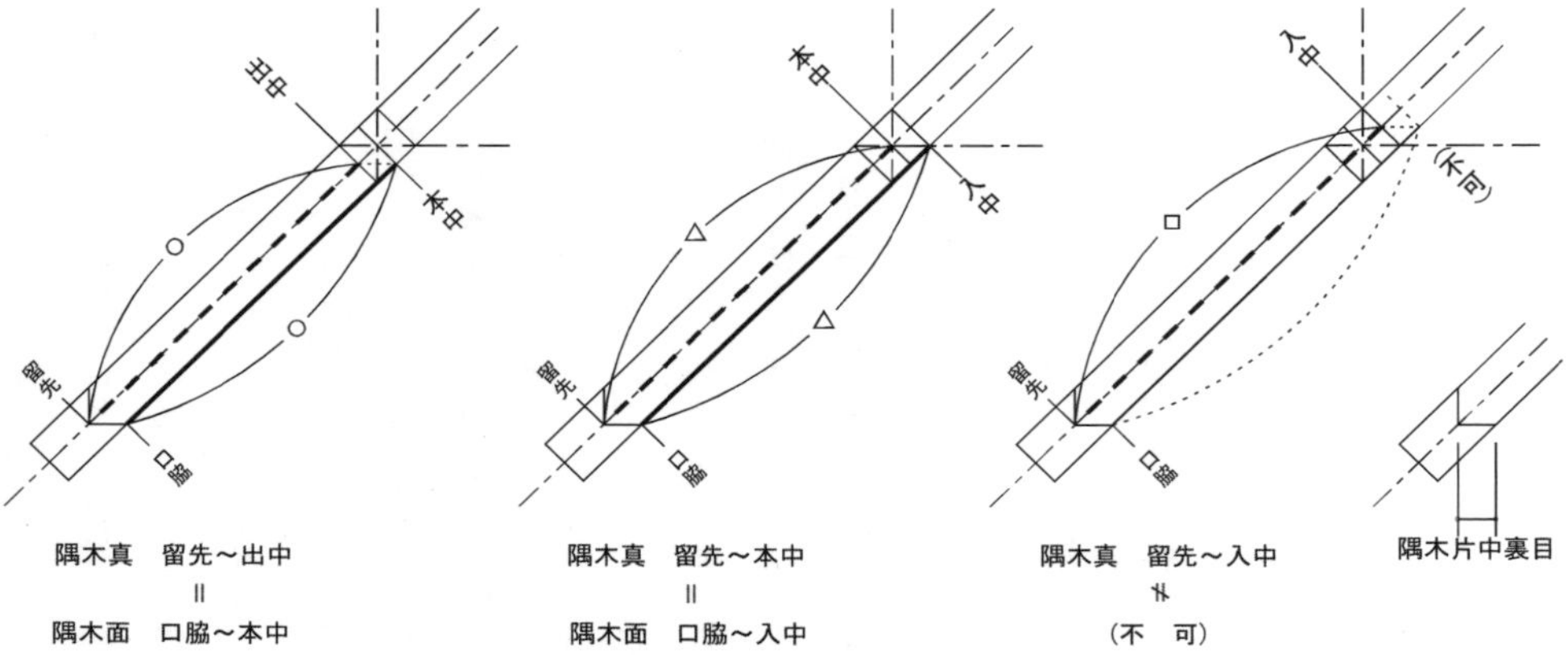

図1　隅木の真と側面における、軒出の関係

なお、『重要文化財観音寺多宝塔修理工事報告書』でも指摘されているように、隅木側面上の口脇～入中墨の長さは隅木真上の留先～本中墨の長さと一致するから、軒の計画が隅木の側面でおこなわれているか又は真であるかを区別し難い。この点については、留先－隅木真上の入中墨長さは側面に適当な基準の墨がなく側面を基準とすることは不可能であるため、隅木真で計画がおこなわれたと考えられる（図1）。

三　桑実寺本堂の当初軒の復原

三－一　桑実寺本堂の概要

桑実寺本堂は、滋賀県近江八幡市（旧蒲生郡安土町）と東近江市（旧神埼郡能登川町）にまたがる繖山の中腹に南面して建つ五間×六間の仏堂である。建立時期を示す資料はないが蟇股、絵様双斗や手挟などの細部意匠などから、室町時代前期に建立されたものと考えられている。

昭和五七年から解体修理がおこなわれ、筆者もこの工事の設計監理に従事し、軒の詳細を検討する機会を得ることができた。本章の基礎資料は主にこの時の調査結果[18]による。

修理工事では現状変更申請の許可を得て、組物から下はほぼ当初形式に復原されたが、軒から上部の小屋までは寛永に改造された修理前の現状を整備したものとなった。

三－二　平面規模

柱間寸法及び各柱間の枝数は図2に示す通りで、当初から変更はない。

一枝寸法は、標準間（一四枝）が六・四一寸（当初尺で六・四寸と推定された）、中央間

（一六枝）が六・四六寸（同六・四五寸）で、側面前より二〜三間（二二枝）のみ六・三九寸（同六・三八寸）である。（注5）

三—三　修理前の軒の概要

軒の形式は、正面及び両側面は二軒本繁垂木であるが、背面は一軒に省略している。そのため、背面側の茅負端部は隅木に架け、その先を縋破風として側面の茅負、飛檐垂木を納めている。背面の縋破風は寛永期のものであるが、当初の背面地隅木上端に飛檐隅木を取り付けた痕跡がなく当初から背面は一軒であったことが判る。こうした軒の納め方は、五間堂以上の大型の仏堂としては、類例のない形式であろう。

軒は、中世に一度全面的な解体修理を受け、さらに寛永一七年（一六四〇）にも大規模な修理がおこなわれている。また、正面東隅廻り（正面向かって右側）は享保二年（一七一七）に隅木を含み全面的に取替えられている。

飛檐隅木は背面が一軒に省略されているため、当初から正面両隅の二丁だけであったが、後世の修理によって東隅は地隅木とともに享保に一丁物に取替えられ、西隅も寛永材で当初材は一丁も残っていなかった。

地隅木は正面東隅を除き三丁が当初材であったが、木負の口脇廻りは、埋木等のために規矩的な資料は得られなかった。

垂木は修理で二度打ち替えられているが、当初材の保存状態は比較的よく、地軒、飛檐とも数多く残っていたため、平の軒出は原寸図による検討で確定することができた。

木負、茅負は、享保に取り替えられた正面東隅廻りを除きすべて寛永材で、当初材は転用材の中にも確認できなかった。

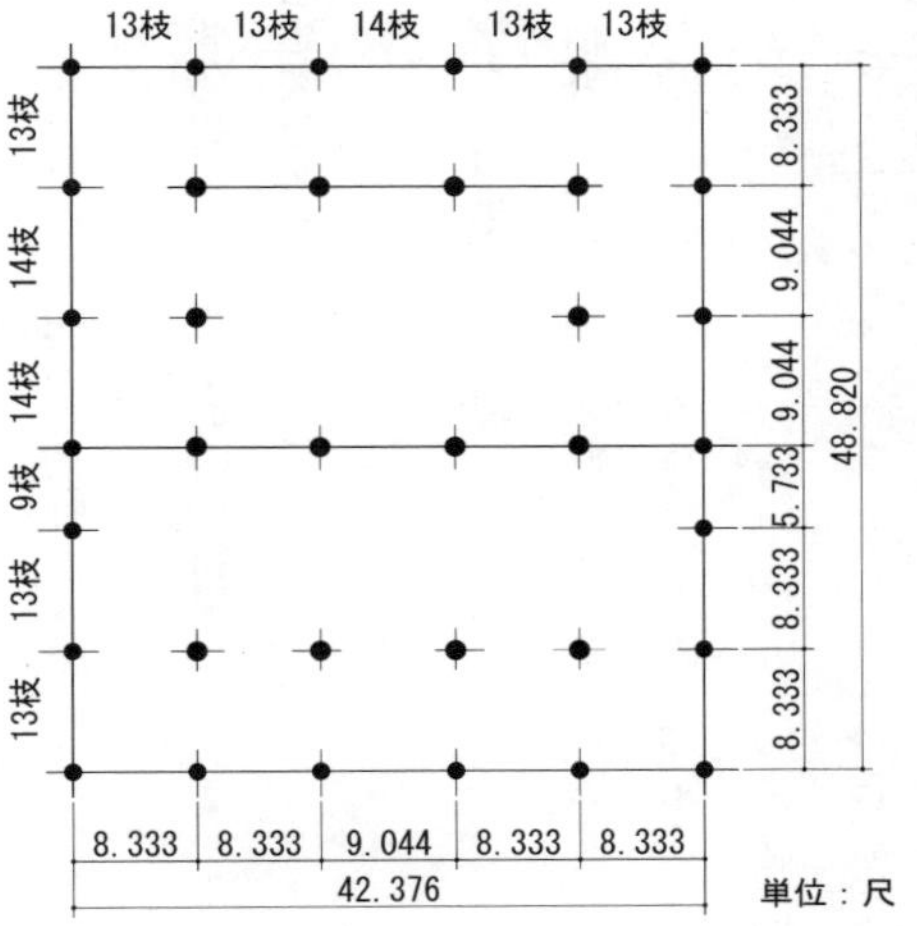

図2　桑実寺本堂の平面規模

三―四　当初軒の復原

報告書では、当初の軒の特徴について一部が述べられているだけで、掲載の軒規矩図も修理前の現状（寛永）を整備した施工の軒規矩図である。

組物と配付垂木割の関係

桁外の配付の地垂木割は、当初の地隅木三丁すべてで、現状の垂木割以外に当初垂木の平枘穴や止釘跡が残っていたため、実測により確認できたが、木負口脇位置は埋木のために不明であった。

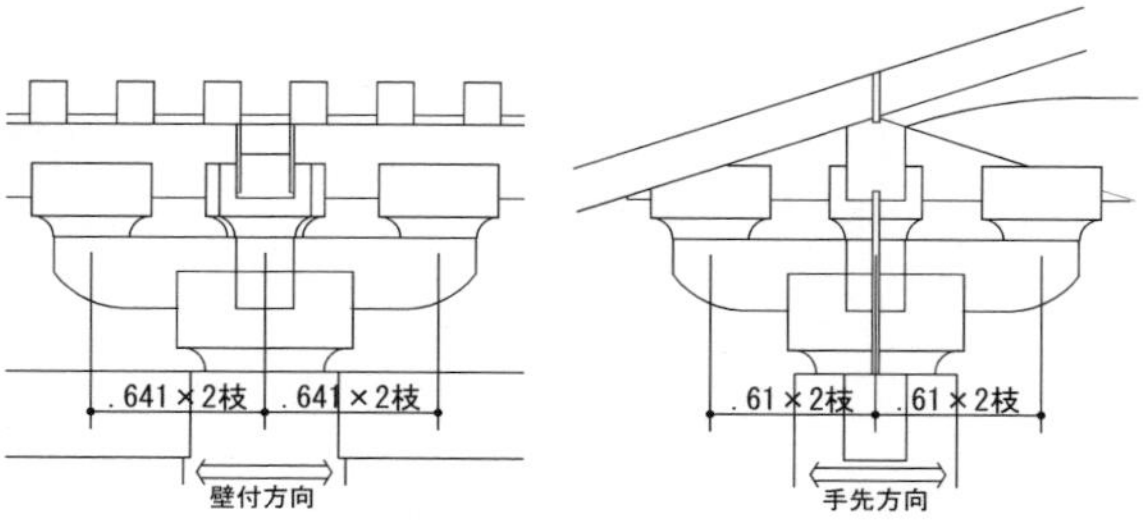

図3　側廻り出三斗組物の肘木長さ

つまり、桁外の当初の地垂木の配付垂木の一枝寸法は、桁内の標準間の一枝六・四一寸に対して三分程短い六・一寸ほどで、桁の内外で枝割寸法が異なる中世の軒として一般的であることが判明した。

しかし、何故桁の内外で枝割寸法を変えるかは不明であり、これまでの修理工事報告書では軒先を軽く見せるための工夫などと根拠の弱い説明が繰り返されてきた。

また、この枝割寸法の違いは、側廻りの出三斗組の肘木長さ（方斗―巻斗真）にも影響を与えている。出三斗組の肘木長さは、壁付方向が標準間の一枝六・四一分の二枝分で、通例どおり垂木と六枝掛の関係に納まるのに対して、手先方向の肘木長さは桁外の配付垂木割である一枝六・一寸の二枝分とし、桁の内と外の一枝寸法の違いを肘木に反映させている（図3）。

こうして、手先方向の肘木長さを配付垂木割に揃えるのは、桁外の二本の地垂木の外々を手先方向の巻斗の外面に揃えるという意匠的な効果があるのであろう。

平の軒の断面

現状の軒は寛永一七年に当初材を再用しながら改造されたもので、平均すると地軒は当初の出から一寸ほど引き出され、多くは鼻が若干切断されていた。一方、飛檐垂木は奥へ入れられていて、軒出は全体で当初より六分程引出された位置で垂木鼻が切揃えられていた（図４）。

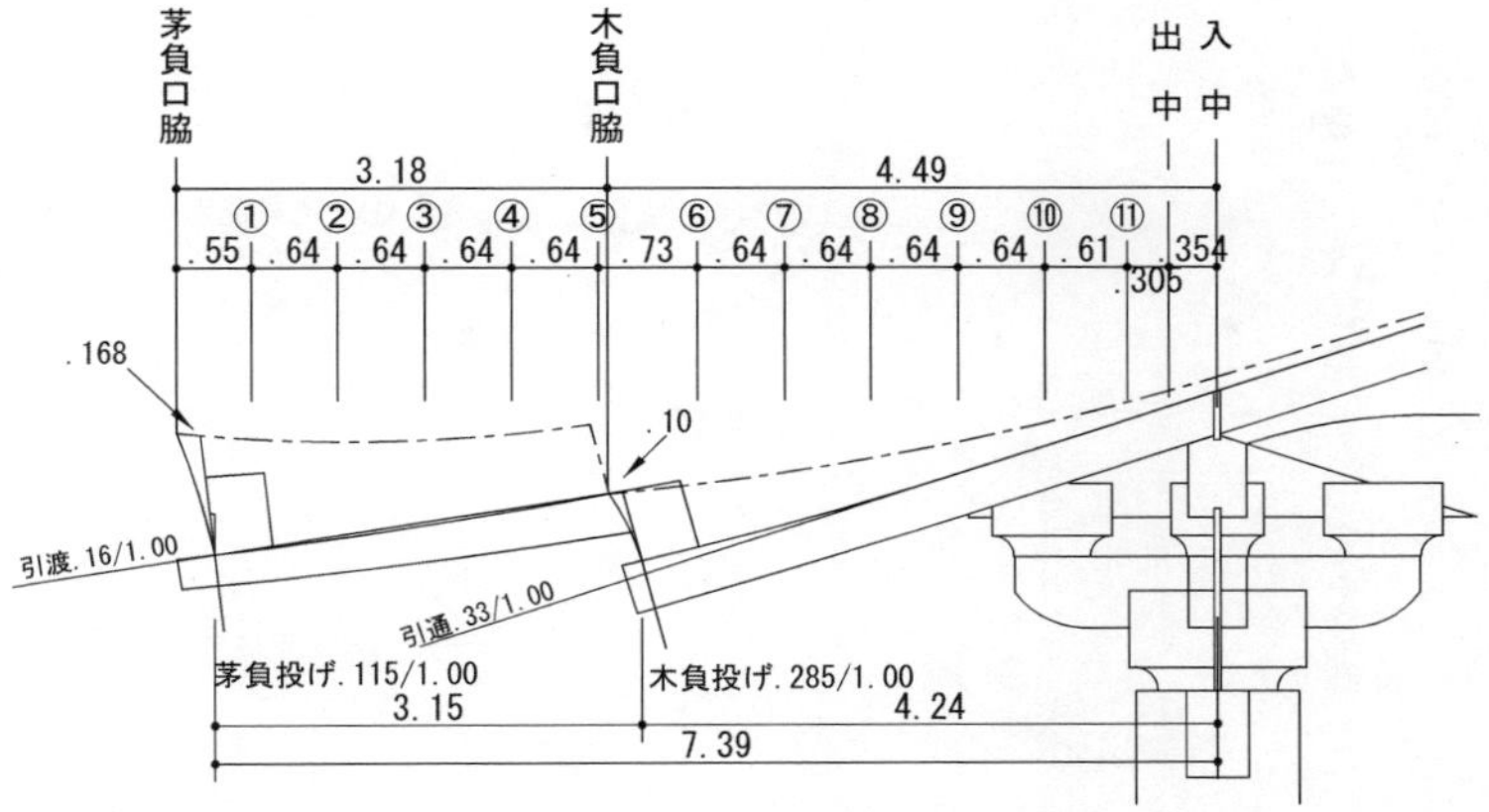

図４　現状の平断面図

当初の平の軒断面図は、二度の垂木の打ち替えがあったが垂木に残る桁や木負、茅負の痕跡を参考に原寸図によって決定することができた。

判明した当初軒の平の断面は、地軒出が四・一三尺（一枝六・四一寸とすると六・四五枝）、飛檐の出が三・四〇尺（同五・一三枝）であり、全体では七・五三尺（同一一・五八枝）に復原された。この値からみても、当初の軒出は全く枝割制とは関係性が認められない。一方、地軒と飛檐の軒出の寸法は、二分ほどの誤差があるが、ほぼ６：５の整数比になっている。

木負、茅負の外下角の高さは水平に納まっていて、所謂「六ツ連」の軒になっている。ただし、木負、茅負の外下角の陸水は、軒桁下端とは関係がなく、肘木上端に揃えていると考えられた（同様の事例は、重要文化財善光寺本堂[注7]でも確認できる）。

その他、当初の木負、茅負の下端幅は垂木上端に残る痕跡から、現状と同寸と判断された。

木負留先の位置と地垂木割の復原

では、当初の軒の設計の流れを本章の仮説である「留先法」によって復原をおこないたい。

当初の地隅木は、通例どおり地軒と飛檐を別木で木造り独鈷で引き付けているが、

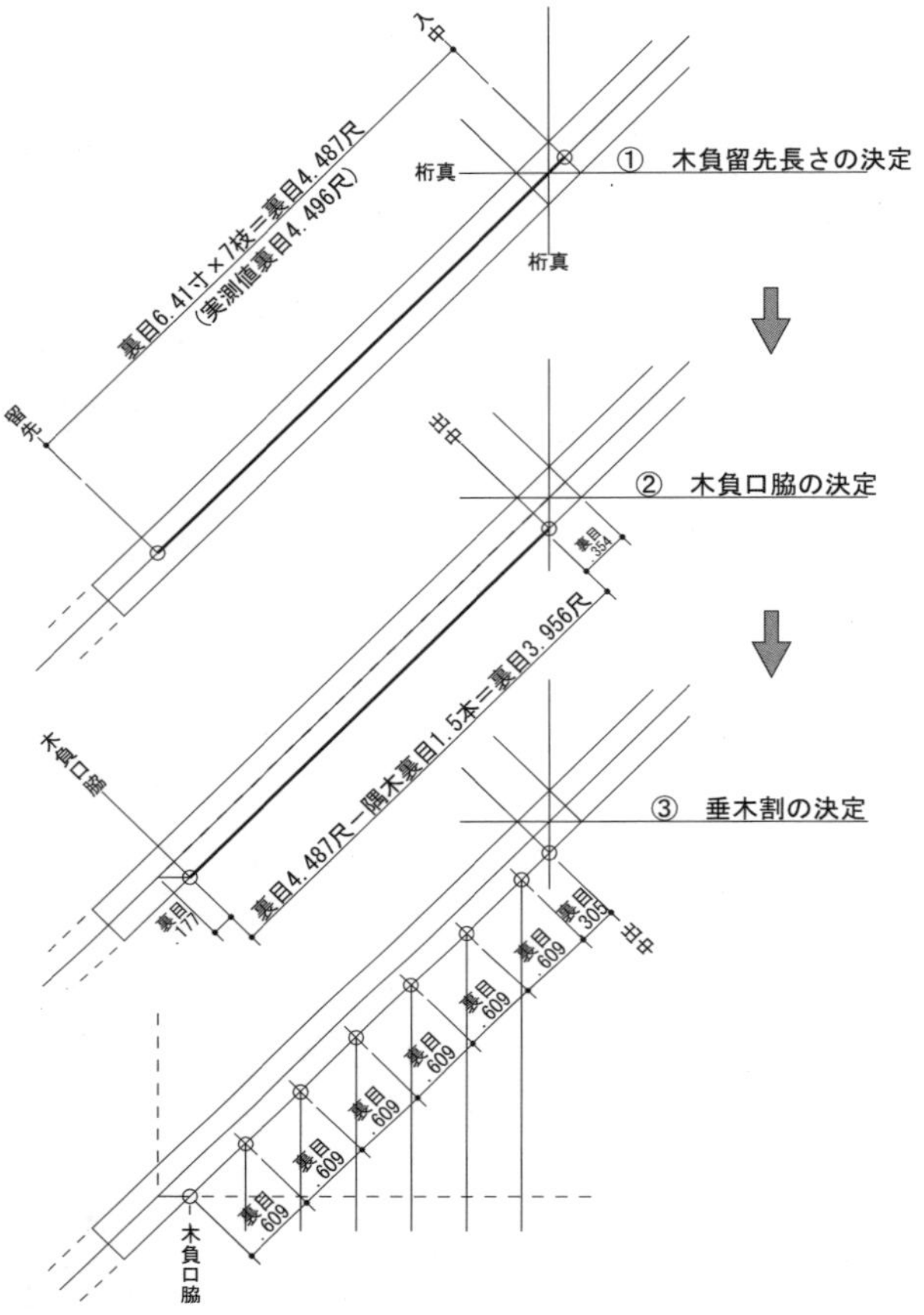

図5　地軒の配付地垂木割の決定方法

木負口脇廻りは埋木のため不明であった。ただ、正面西隅の当初地隅木上端に微かな木負留先の痕跡が認められた[19]。

この木負留先位置から当初の配付垂木が、標準間の一枝より三分短い一枝六・一寸弱である理由を「留先法」によって導き出すことができるのである。

まず、当初地隅木上端に残る木負留先痕跡と隅木の入中墨の間の水平距離を計測すると、裏目四・四九六尺を得た。この長さを標準間の一枝寸法である裏目六・四一寸で除すとちょうど七・〇枝となる。したがって、まず入中墨から木負留先までが計画的に決定された可能性が高いと判断された。

そこで、はじめに入中墨を基準として木負留先までを枝割制で決定したと仮定すると、軒規矩計画の全体の流れを以下のように考えることができる（図5）。

①木負留先長さの決定：隅木真上で入中墨から木負留先までを決定する。長さを決定するのは、柱間寸法を決定したのと同じ枝割制によって決めるもので、標準間の一枝寸法（六・四一寸）の何枝分として木負の留先を決定する（ここでは計測結果から七枝とする）。

　裏目 6.41 寸 ×7 枝＝裏目 4.487 尺（木負留先長さ）

実測値四・四九六尺より九厘短いが誤差の範囲としてよいであろう。

②木負口脇の決定：木負留先から隅木半分（裏目）を引いて、その値を隅木面に移せば、そこが木負口脇位置になる（隅木の下幅は五・〇寸）。

また垂木の割付は、隅木側面における出中墨からおこなうから、入中墨から出中墨までの長さ（隅木一本裏目）も引く必要がある。

つまり、①で求めた木負留先長さから、隅木一・五本（裏目）を差引き、これを隅木側面の出中墨から取り木負口脇長さとする。

裏目 4.487 尺 −（5.0 寸 ÷ $\sqrt{2}$）× 1.5 本 ＝ 裏目 3.956 尺（木負口脇長さ）

③垂木割の決定：②で求めた出中墨から口脇までの長さ（木負口脇長さ）を必要な枝数で割込む。実際の垂木割は出中墨から木負口脇まで六・五枝であるから、六・五枝で割込む。

裏目 3.957 尺 ÷ 6.5 枝 ＝ 裏目 6.09 寸（配付垂木割）

これにより、一枝六・〇九寸を得る。

修理工事報告書は六・一寸で整理した結果を報告したが、実際には六・一寸弱の割付であってこの理論値とよく一致する。

以上によって、標準間の一枝寸法が六・四一寸であるのに対し桁外の配付垂木割が六・一寸弱である理由を、隅木の真上の枝割制で決定された木負留先位置から説明することができた。

平の地軒の断面の復原

この検討により木負口脇や垂木割の平面上の位置は求められたが、まだ高さについては確定できていない。それを定めるには、復原で参考にした当初の正面西隅の隅木を参考にすべきであるが、この地隅木は飛檐隅木の荷重によって鼻先の垂下が著しいため、木負口脇高さについては参考にできなかった。そこで、復原された木負口脇の出をそのままに、当初から飛檐隅木がのっておらずもっとも垂下の少ない背面西隅の隅木の反りを参考に作図によって木負口脇高さを定めた。(注8)

一方、原寸図で求めた地軒の平の軒出四・一三尺に、当初の地垂木をのせて検討すると木負の居定勾配二・八分を得る。そこで木負の外下角を矩（直角）として居定勾配を木負前面の投げ勾配に取ると、その投げ勾配上で平の位置から六・六寸反り上がった位置に、ここで定めた木負口脇を納めることができた。

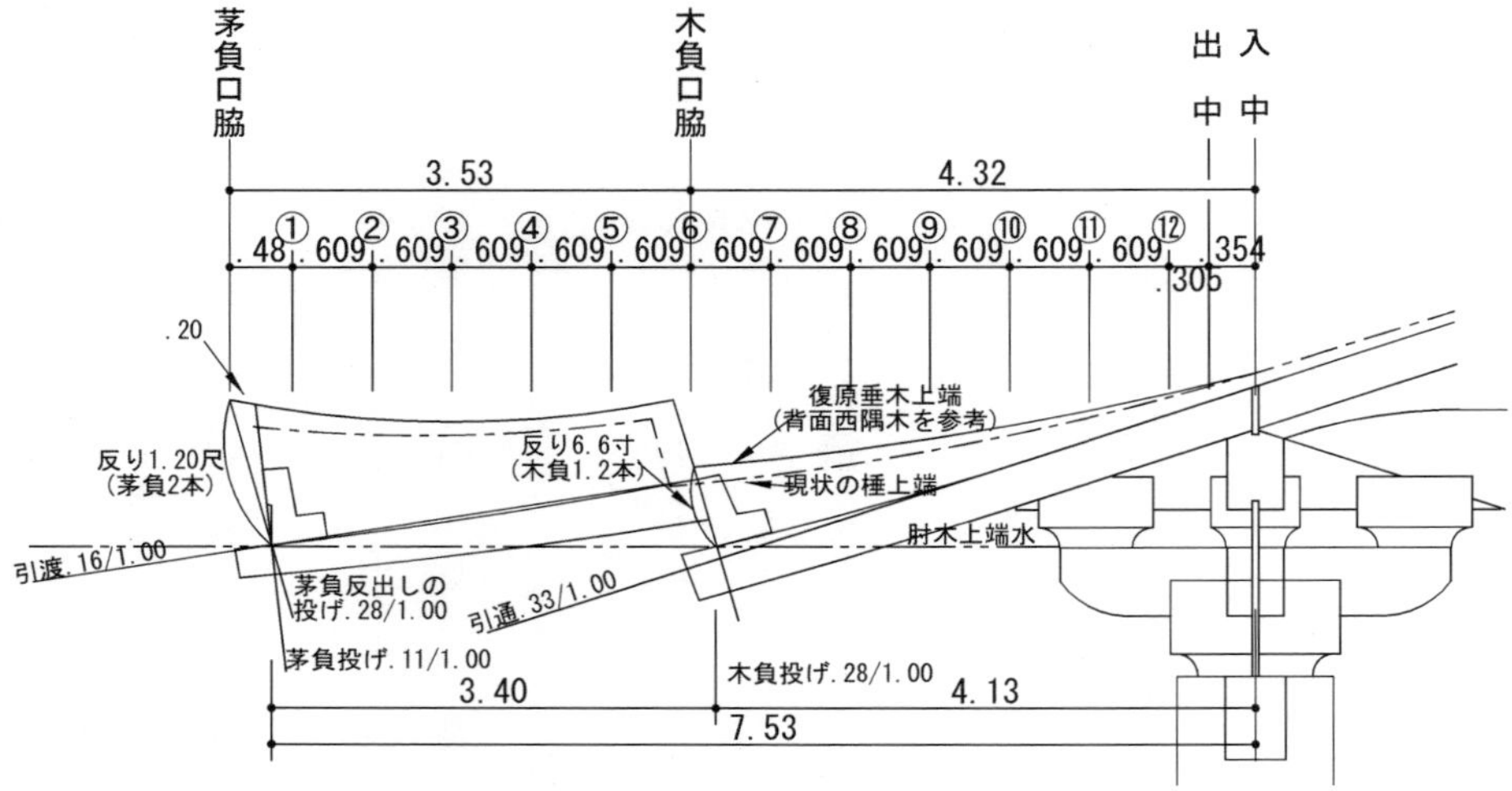

図6　平の復原断面図

木負成を現状と同じ五・五寸と仮定すると、木負は平から木負口脇まで約一・二本分の反り上がりとなり、はじめに枝割で仮定した木負留先が、当初の地軒として良く納まることが確認できた[注9]（図6）。

飛檐垂木割の復原

飛檐廻りは当初の飛檐垂木があるが飛檐隅木は残っていないため、垂木の割付や茅負口脇の位置を示す直接の資料は得られなかった。一方、飛檐垂木の平の軒出は、原寸図の検討から木負外下角から茅負外下角まで三・四尺、引渡し勾配一・六寸、居定勾配は一・一寸と復原された。

正面西側の寛永に取り替えられた飛檐隅木の垂木割は、桁内の標準間と同じ六・四一寸前後で割付けられているから、当初の軒の形式を踏襲しているとして検討すると、論治垂木真から五枝では平の軒出に足りず、六枝とすると三・八四尺となり平の口脇が前に出すぎてしまう。したがってどちらも納まりが悪く寛永の飛檐隅木は当初の茅負口脇位置は踏襲していないと判断された。

そこで、飛檐も地軒と同じ「留先法」によって、以下のとおり復原をおこなうこととする（図7）。飛檐隅木の鼻先のコキはないものとして作図している。

①茅負留先長さの決定：隅木真上の茅負留先の位置を木負留先から標準間の裏目六・四一寸を基準に、枝割制で整数枝又は整数に半枝を加えた枝数を乗じて検討すると、五・五枝が適当と判断された。

裏目6.41寸×5.5枝＝裏目3.526尺（茅負留先長さ）

となり、この値を木負留先からとって茅負留先位置とする。

②茅負口脇位置の決定：飛檐の場合は、①の値をそのまま隅木側面に移し、木負口脇からとると茅負口脇位置が決定する（茅負留先長さと茅負口脇長さは同じ値である）。

③垂木割の決定：木負口脇から（厳密には論治垂木真を決める必要があるが、この件は後で論じることとし、ここでは一致しているとして進める）、茅負口脇までを必要な垂木数や一枝寸法で割込めば完成する。この飛檐垂木の一枝寸法は比較的自由に決定できると考えられるが、ここでは先に求めた地垂木一枝の六・〇九寸で木負口脇から追っていき、残りが茅負口脇と一番垂木の小間として妥当かを検討することとする。

木負口脇から六・〇九寸を五枝分取ると、

裏目3.526尺－裏目6.09寸×5枝＝裏目4.81寸

となり、茅負口脇から一番垂木の真までが裏目四・八一寸になる。

茅負口脇から一番垂木真までは、一枝から垂木幅（二・七寸）半分差引いた値となると小間が揃うことになるから、

裏目6.09寸－（裏目2.7寸÷2）＝裏目4.66寸

となり、裏目一・五分の誤差で先に求めた茅負と一番垂木の小間と一致し、茅負口脇と一番垂木の小間として問題のない値となった。

以上、「留先法」の仮説によって、出中墨から一番垂木までの全ての配付の飛檐垂

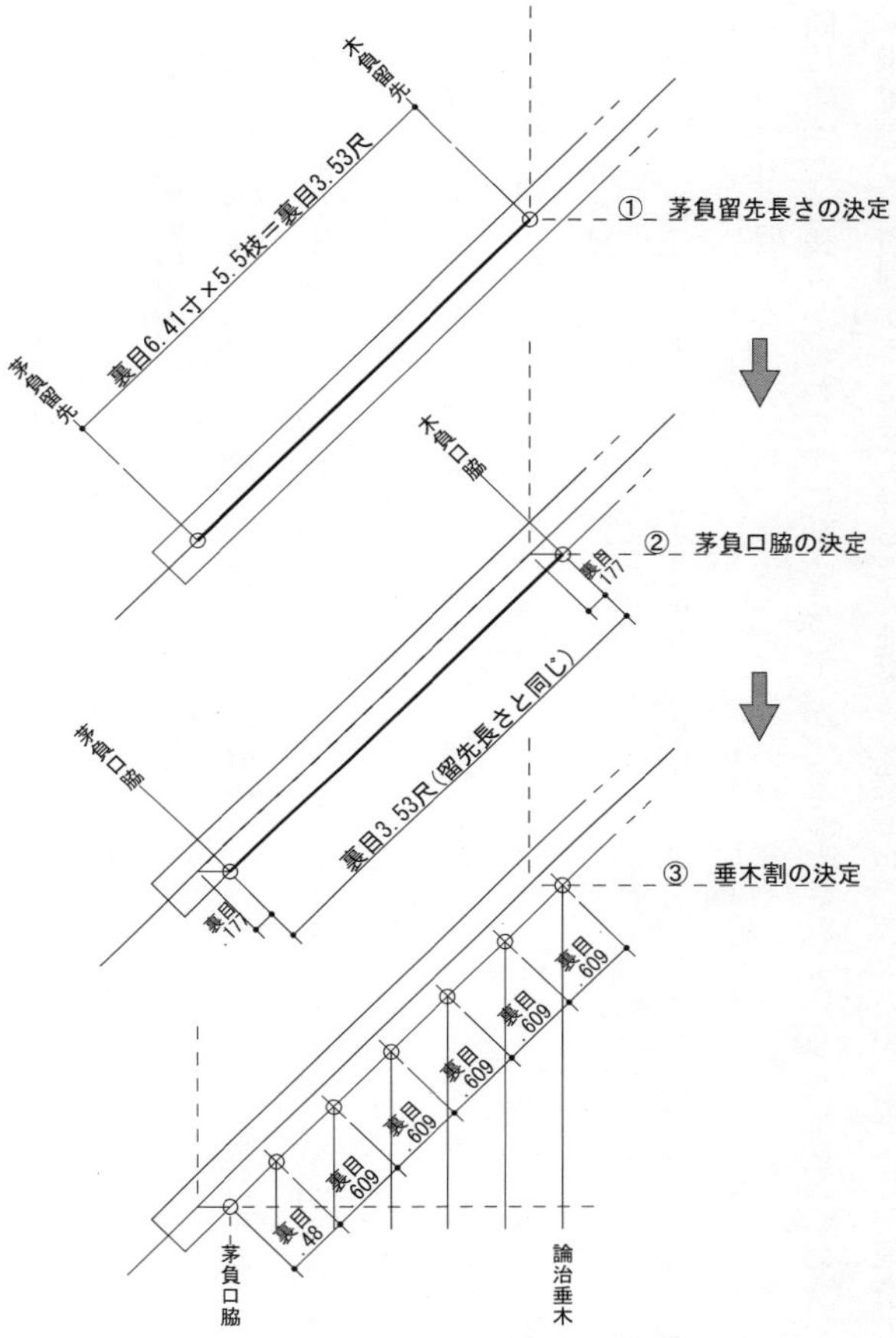

図7　飛檐の配付垂木割の復原

木を、六・〇九寸で割付けることができた。

平の飛檐の断面の復原

次に地軒同様に隅木で定めた茅負の口脇位置が、平の飛檐の軒出と整合するかを検討する。

茅負口脇の平面上の位置は上記の通り定められたが高さについては不明であるため、寛永の飛檐隅木の曲線（飛檐垂木上端線）をほぼそのまま上へ移動させたものを描き、その線上に先に定めた茅負口脇の平面上の位置を仮に定めた（図6）。

原寸図で定めた平の断面から、飛檐垂木の居定勾配一・一寸を茅負外下角が矩と仮定して茅負前面の投げ勾配にとると、ここで仮定した茅負口脇位置は投げ勾配上にはなく、そこから二・〇寸ほど先の位置で納まった。つまり、茅負においては二・〇寸の「撓込み」があると推定された。

そこで、推定された茅負口脇と平の茅負位置を結ぶと、その見掛けの投げ勾配（実際に茅負が反り上がる勾配）は約二・八寸となり、木負の前面の投げ勾配と一致する。木負と茅負の投げ勾配が一致する技法は中世規矩では見られるもので[注10]、これによって飛檐垂木は隅にいっても長さが変わらずに納めることができるとされている（「撓込み」については第九章で検討する）。

飛檐廻りは資料が不足しているため地軒ほど確定的ではないが、復原した飛檐の軒廻りは中世の規矩として矛盾なく納まっているといえるであろう。

三―五　論治垂木と木負口脇の関係について

以上、隅木の真上において留先を枝割制によって決めてから隅木側面に口脇を定め、出中墨との間を実際の垂木数で割付ける「留先法」は地軒、飛檐ともによく納まり、標準間の一枝が六・四一寸であるのに対し、桁外の配付垂木割が六・一寸弱であることを理論的に説明することができた。

ところで、配付垂木割は、論治垂木真と木負口脇位置が一致しているとして論を進めてきた。論治垂木が正規の納まりとすれば、桑実寺本堂の場合、木負の飛檐垂木下端の木余り二・三寸で木負の投げ二・八寸の中勾勾配であるから、木負口から論治垂木真は

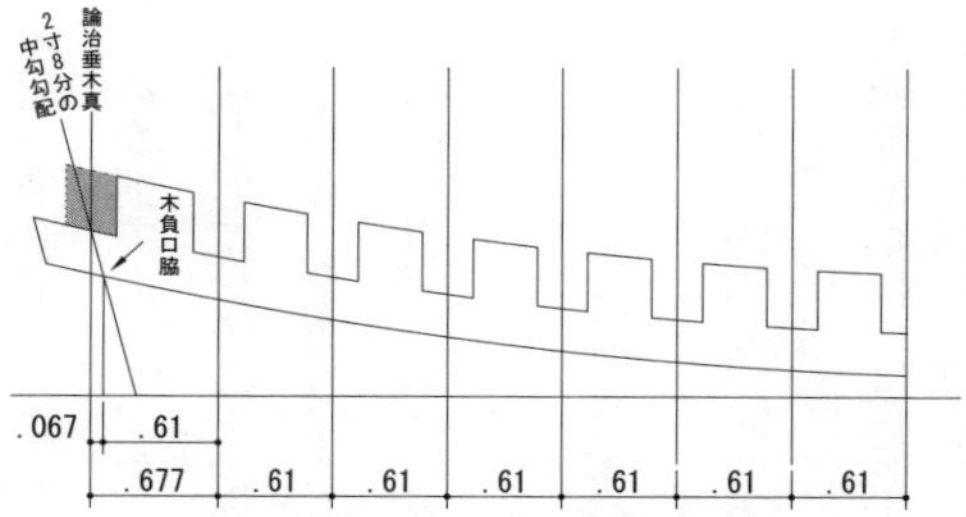

図8　論治垂木廻りの正規の納まり

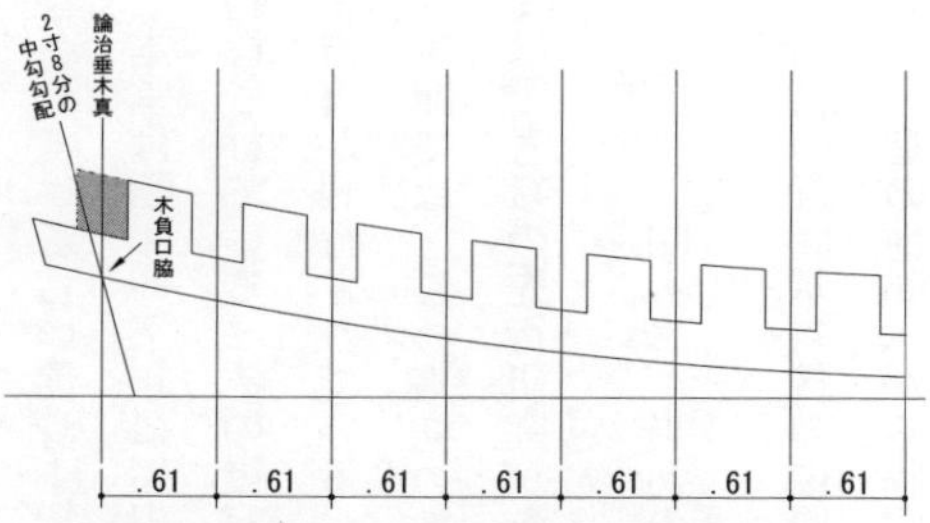

図9　論治垂木真と木負口脇を揃えた納まり

六・七分程前にズレることになる。これを納めるには木負の口脇位置を奥へもどせばよいが、当初の木負留先痕跡から木負口脇位置はすでに確定しているためできない。

こうした論治垂木廻りをどう納めるかが次の課題となるが、対処法としては二通りが考えられる。まず、論治垂木を木負口脇から六・七分ずらして、論治垂木真を正規の納まりとする方法である。しかし、この方法では論治垂木真と木負口脇の関係は納まるが、垂木割は論治垂木の前後で乱れることになる（図8）。

ただ、このような論治垂木真と木負口脇の関係の納まりはないことではなく、国宝明王院五重塔(20)、重要文化財勝福寺観音堂(21)で報告されているから可能ではある。

もうひとつは、論治垂木真と木負口脇を揃えて納める方法である（図9）。この納め方は、近世の「引込垂木法」ではじめに論治垂木廻りを納めるから起こり様がなく、「現代軒規矩術法」でも、論治垂木は本来正規に納まるものとするから間違いとされる納まりである(22)。

しかし、実際には論治垂木真と木負口脇位置を揃える事例は多く存在していて、一乗寺三重塔(23)、若松寺観音堂(24)、都久夫須麻神社本殿（身舎）(25)、寶積寺三重塔(26)、大崎八幡神社本殿(27)、神明神社観音堂(28)などを挙げることができる。

こうしたことから、不明な点が多いが桑実寺本堂の木負口脇廻りは、図9のように木負口脇と論治垂木真が一致して納まっていた方が軒全体の納まりはよく、その可能性は十分にあると考えられる。

三―六　復原された軒の垂木数について

以上、仮説に基づき復原した軒の納まりは、既知の中世の軒と比較して矛盾のないものであるが、その結果現状と比べて飛檐垂木は各隅で一本多くなり、論治垂木は五番から六番垂木になった。

各面の飛檐垂木の総数を修理前と復原案で比較すると、正面は現状の八八本から九〇本となる。側面は背面が一軒に省略されているため変則であるが、他の三面と同じように二軒と仮定すれば、現状の総数九八本から一〇〇本になり、垂木の本数が建物の全体計画に関与していることが窺われた。(29・注11)

以上から、桑実寺本堂の当初の軒は「留先法」によって復原することが可能で、入中墨を基準に木負留先を七枝、茅負留先を五・五枝にとり計画されたものであると推定された。

四　西明寺本堂の当初軒の復原

四―一　西明寺本堂の概要

西明寺本堂は、滋賀県犬上郡甲良町に建つ七間×七間の仏堂で、建立を示す資料はないが、蟇股などの細部意匠の様式などから、当初は鎌時代前期に五間堂として建立されたもので、その後室町時代に拡張されて現在の姿になったことが、小屋裏内にそのまま保存されている古い前身小屋組や柱等の痕跡などから判明している。(30) 前身小屋組の復原については筆者も論考をおこなっている。(31)

本堂は昭和一三年に屋根替え修理がおこなわれ、五間堂から七間堂への拡張に関する考察や規矩図も掲載された修理工事報告書が刊行されている。その後、昭和五七年にも屋根替え修理がおこなわれたが、五間堂から七間堂への拡張に関して新たな考察を加えて報告書が刊行されている。この時の修理において、本章で復原資料とする当初の地隅木が大引に転用されていたのが発見された。(注12)

本節では、この当初の地隅木の実測を参考に、当初（五間堂時代）の軒の復原をおこなうものである。なお、この当初隅木については筆者らの先行研究がありそれらを再考し加筆訂正した。(32)

四―二　当初の平面と枝割

当初の五間堂時代の復原平面については、報告書で考察されたとおりと思われるが、平面計画上の枝割制は単純ではない。すなわち、当初の地隅木から脇間の枝数は現在と変わらないことが判明するが、化粧垂木と当初の出三斗組とは六枝掛の関係になっていない。また柱間寸法は完数ではないことから枝割制で計画されたと思われるが、一枝寸法の値は端数があることから計画の基準として疑問がある。そうすると、この建物がどのような考え方によって平面が計画されたかを、既知の技法で説明するのは困難と思われた。

しかし、入側内陣の化粧屋根裏に着目すると、実際の軒に対して垂木の断面寸法はひと回り小さく、垂木数も脇間、中央間ともに二枝ずつ多くなっている。そこで、内陣の化粧屋根裏の垂木枝数を平面計画上のための枝割として検討すると、下記のとおりよく納まり、さらに枝割制にのらないと考えられていた側面後端間までも二枝増やすことで、説明することが可能となると考えられた。

こうして、西明寺本堂の平面は、実際の軒ではなく入側の化粧屋根裏の枝割によって計画されたと考える方が妥当であり、その一枝寸法が計画の上で基準となり得ると考えられた（注13）（図10）。

	実際の軒		入側内陣の化粧屋根裏（後端間除く）
中央間	一六枝（一枝＝六・六五寸）	→	一八枝（一枝≒五・八寸）
脇　間	一四枝（一枝＝六・六九寸）	→	一六枝（一枝≒五・八五寸）
後端間	一四枝（一枝＝六・四二寸）	→	一六枝（一枝≒五・六寸）

四―三　現状の軒の概要

現状の軒の平の断面を、修理工事報告書掲載の規矩図から作図したものが図11である。桁外の配付垂木割は、論治垂木までを六・四寸とし、それより先は六・三寸で割り、一番垂木と茅負口脇の間は、八・四寸と大きく開いた納まりになっている。後述する当初の隅木に残る垂木割は、六・四寸を少し切る値であるから、現状の地垂木の割は当初の垂木割をある程度踏襲したのであろう。

現在取り付いている部材の年代は、地隅木の正面二丁が明治以前（天和二年か）で、

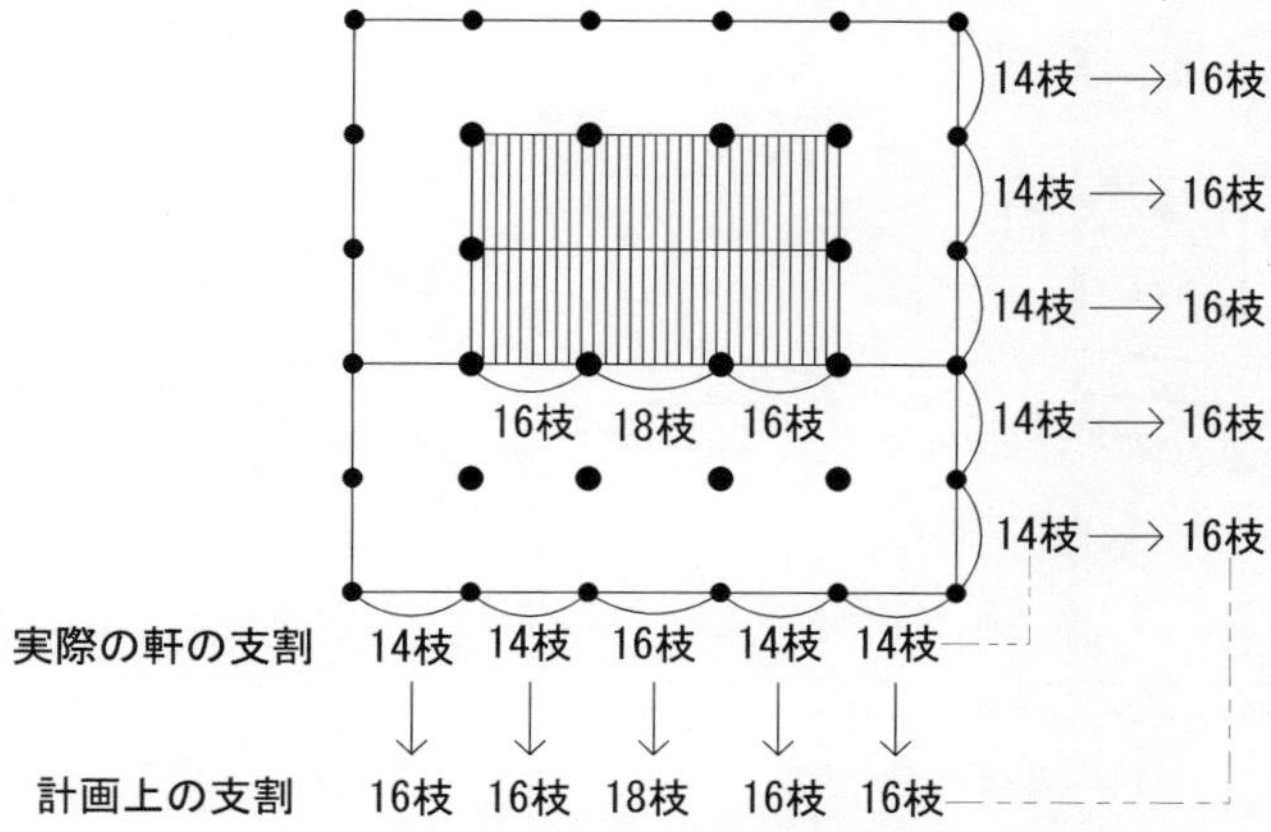

図10　当初の略平面と枝数の関係

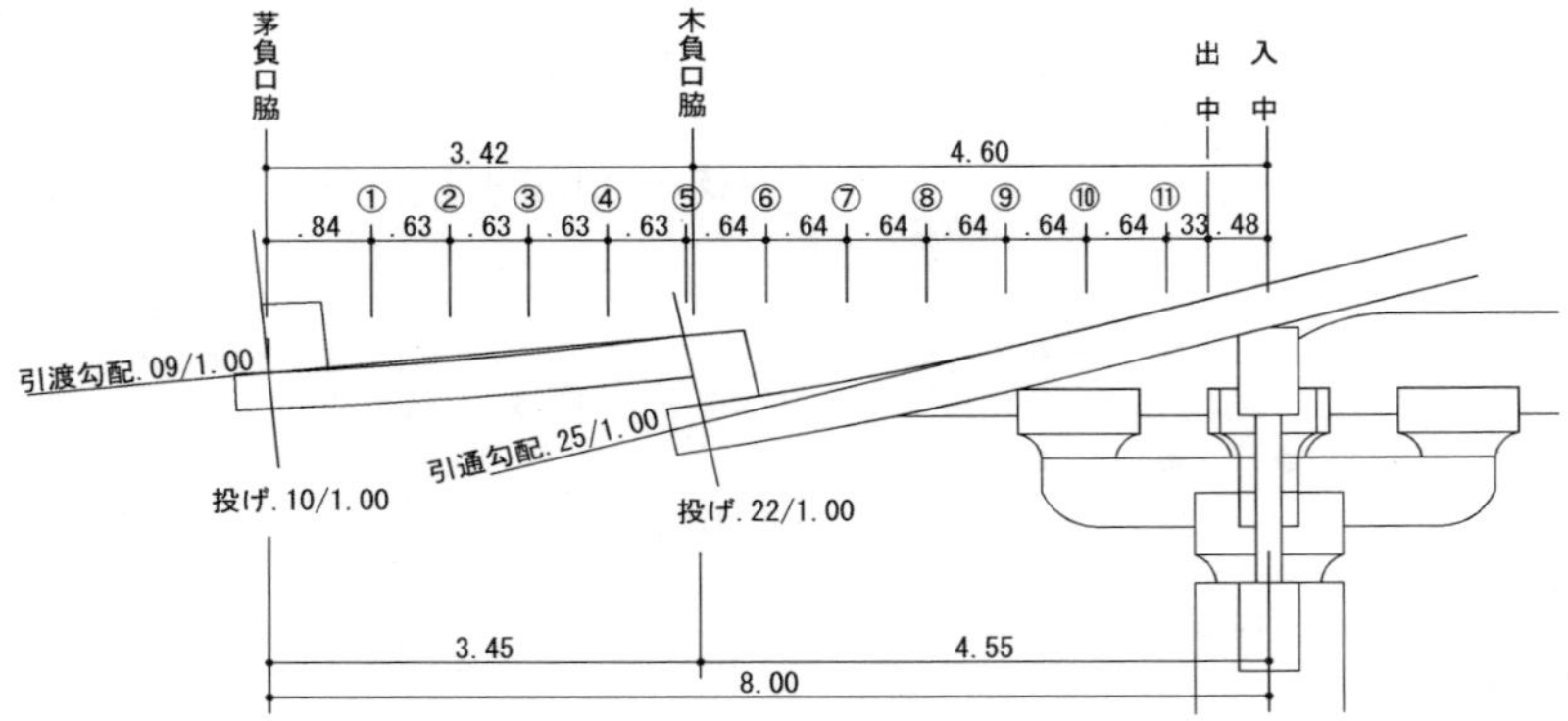

図 11　現状の平断面図

垂木の割付が変更された跡は認められないが、背面の二丁は拡張期から天和までのものと推察され垂木の割付の変更が認められる。飛檐隅木は正面が地隅木と同じ年代で、背面は明治材であろう。現状の隅木の下幅は六・八寸で当初の五・八寸に比べて一寸も大きいが、五間堂から七間堂へ拡張した時に変更されたと推察される。

垂木は取替えが多いが、正面側に古材が集められていて明治期の修理の方針が窺える。当初材と思われる飛檐垂木尻下端の木負際には、風食差や釘穴がほぼ全てに見られるから、後世の修理に際して前方へ引出された可能性が高い。

報告書の規矩図によれば、木負、茅負ともに前面の投げ勾配は、垂木の居定勾配に対し緩くなっているから、断面は直角ではなく少しだけ鈍角に木造られていることになる。

四－四　当初の隅木について

昭和五七年修理の時に発見された地隅木は、現在本堂の背面側の床下に保存されている。[注13]保存状態は比較的良好で、桁内は脇間一四枝のうち一二枝分と側桁より外はほぼ鼻先までの一丁分が残る。下端幅は五・八寸[注14]で側面を柾目とした檜材で、上端に飛檐隅木取付用のダボ穴、鼻先には木負内側の刳り（木負内側の口脇）が残るが、留先周辺部分は大引に転用された時に枘に加工されてはっきりとは残っていない（図12）。

隅木側面の桁内（脇間）部分には、地垂木取付のための竪半枘があり、垂木割は現状と同じ一枝寸法（裏目六・六九寸）である。側桁の落掛り部分の垂木二本分は仕口を作らず胴付とし、そこから外の配付垂木は平枘欠きが残る。桁外の配付垂木割は、少し乱れがあるが平均裏目六・四寸弱程であった（図13）。

入中墨、出中墨は確認できなかったが、平垂木上端の流し墨は残っていた。垂木止め釘跡

図 12　当初地隅木写真

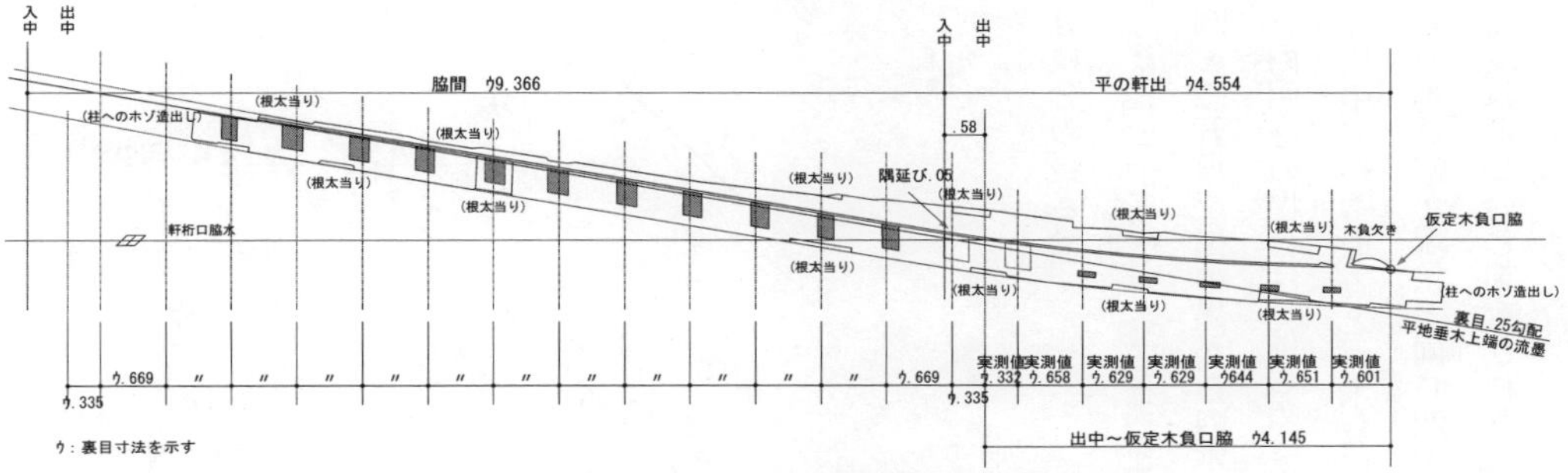

図 13　西明寺当初地隅木実測図

は一回だけである。

この隅木の当初の位置であるが、背面のものであれば側面後端間真々が狭くなっているため振れ隅になるから、側柱真位置で折れ曲がっているはずである。この隅木は折れがない事から正面の左右どちらかであろう。

木負の反りは作図により、想定される口脇位置において流し墨から五寸程反り上がると推定されることから、現状の二・四寸より二倍以上反っていることになる（現状の反りの寸法は中世としては少ないであろう）。

四―五　当初軒の復原

上述のとおり、桁外の配付垂木は当初隅木から平均六・四寸弱で割付けられている。この一枝寸法は、側面後端間（一枝六・四二寸）の実際の軒の垂木割には近いが、標準間である脇間、端間（一枝六・六九寸）や中央間（一枝六・六五寸）に対しては二～三分ほど小さい。まず、その一枝寸法がどのように決定されたかを導き出したいと思う。

木負留先の位置と地垂木割の復原

西明寺本堂においても、桑実寺本堂と同様に「留先法」によって、当初の軒を復原してみる（図14）。

①木負留先長さの決定：木負の留先廻りははっきりと痕跡が残っておらず、木負の内側の口脇位置が概ね判明する程度である。そこで、先に木負の留先を理論値から推定することとする。

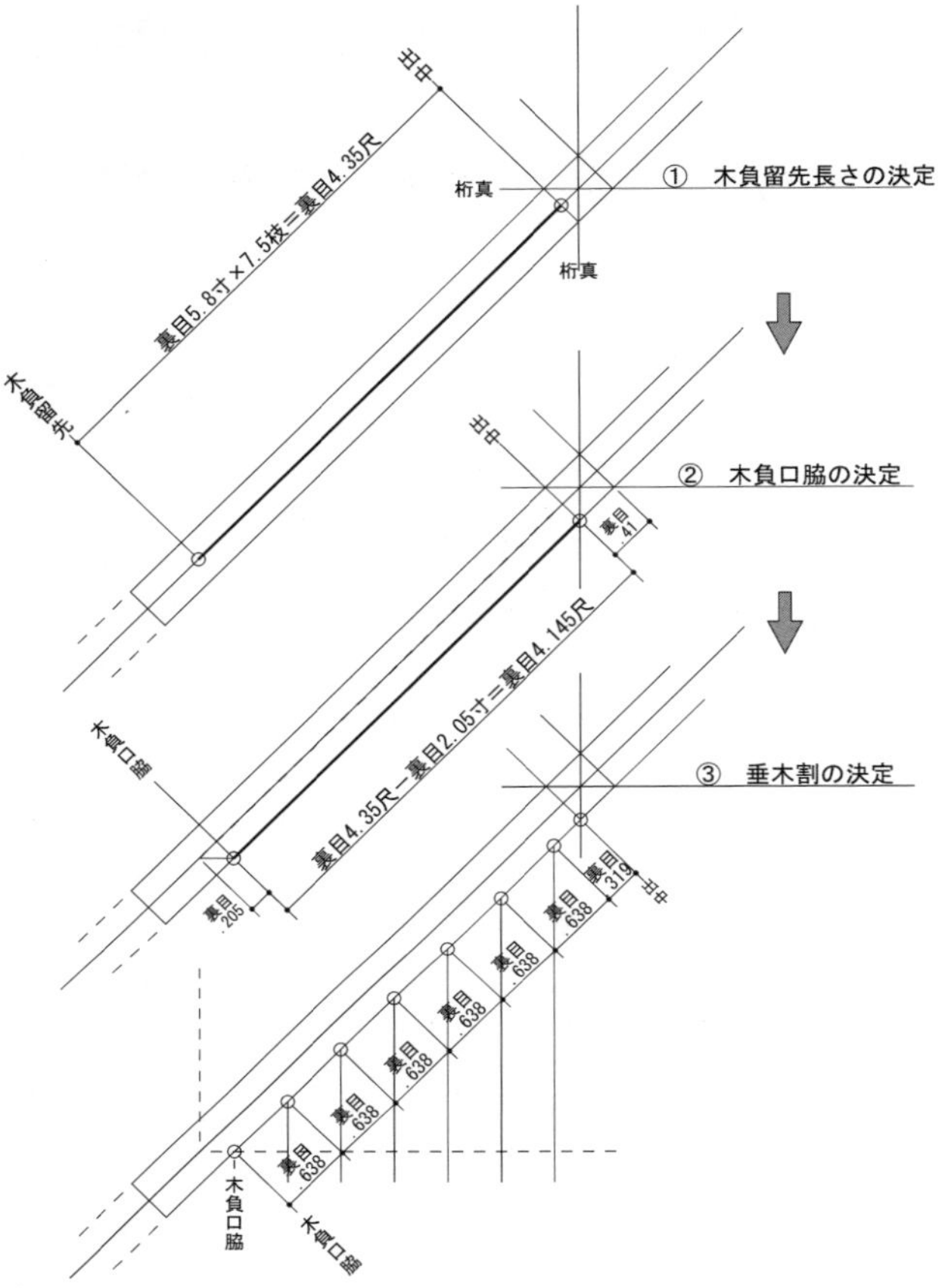

図14　地軒の配布垂木割の決定方法

当本堂の平面計画上の基準となる一枝寸法は、上に述べたように、軒の一枝寸法ではなく、それより二枝多い入側内陣の化粧屋根裏の垂木割と考えて、留先の決定も同じ垂木割でおこなうこととする。

脇間の一枝寸法は五・八五寸、中央間は五・八寸であるから五厘ほど違いがあるが、検討の結果、端数のない中央間の五・八寸を基準の一枝寸法とする方が納まりがよいと判断された。

また、隅木の基準墨は、桑実寺本堂では入中墨であったが、西明寺本堂は入中墨ではうまく納まらず、出中墨から七・五枝を取るとよく納めることができた。

基準の一枝の七・五枝分の長さは、

裏目5.8寸×7.5枝＝裏目4.35尺（木負留先長さ）

となり、この裏目四・三五尺を出中墨から隅木真上にとり木負留先位置に仮定する。

②木負口脇の決定：西明寺の場合は、はじめに出中墨から留先を取っているので、この木負留先長さから隅木半分（裏目）を引いて、隅木側面に移して出中墨から取ると、木負口脇位置（木負口脇長さ）が定められる。この位置は、実際に隅木に残る木負内側の口脇痕跡から前方へ木負幅が現状と同じ四・八寸と仮定して得られる木負口脇と、ほぼ一致する位置となり、計算によって定めた木負留先位置は概ね正しいと判断された。

裏目4.35尺－（5.8寸÷√2）×0.5本＝裏目4.145尺（木負口脇長さ）

③垂木割の決定：②で求めた木負口脇から出中墨まで（木負口脇長さ）を、実際の垂木数である六・五枝で割付けると、

裏目4.145尺÷6.5枝≒裏目6.38寸（配付垂木割）

となり、当初隅木に残る垂木割六・四寸弱とほぼ一致し、桁真からから木負口脇まで均等に裏目六・三八寸で割付けることができた。

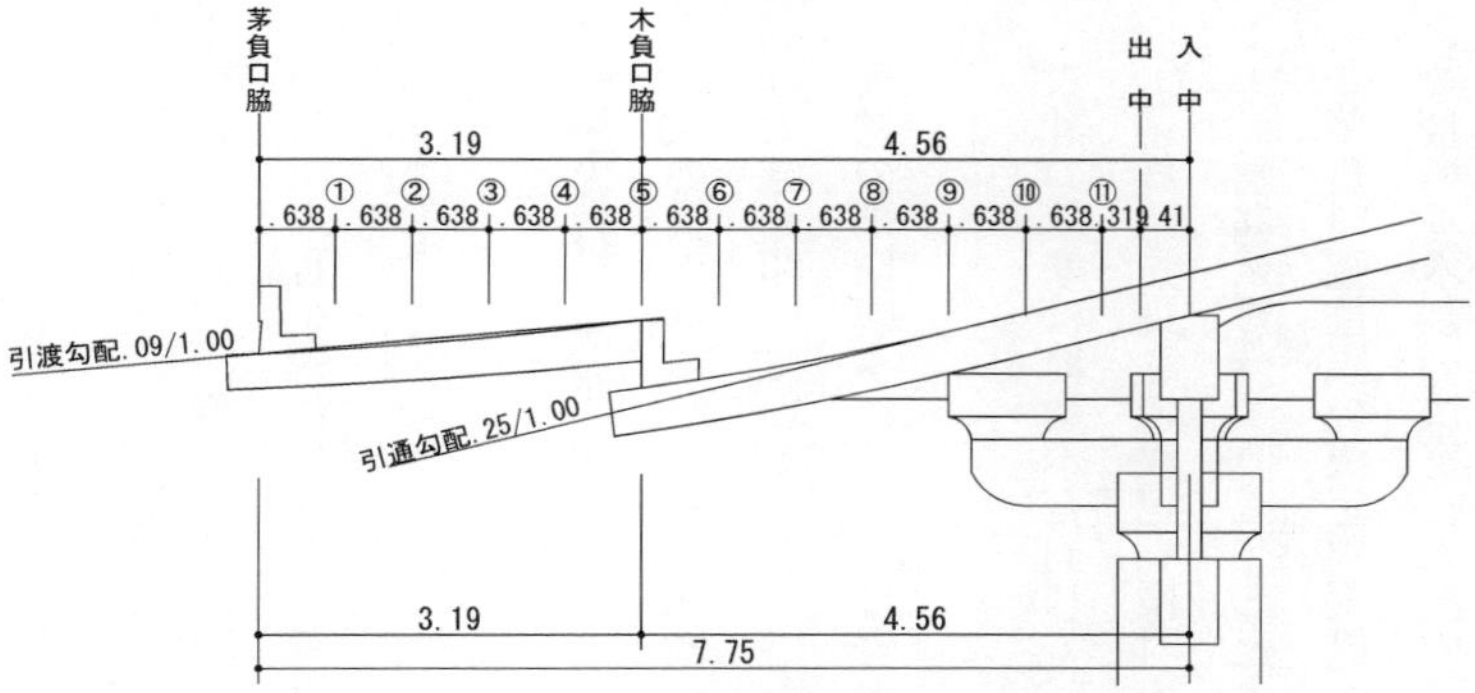

図15　平の復原断面図

平の地軒の断面の復原

当初の地軒の平の軒出を、直接確定できる資料はないが、現状の納まりと当初隅木からある程度は推察することができる。

「留先法」の仮説によって求めた木負口脇位置は、隅木側面の出中墨から裏目四・一四五尺ほどの位置であるが、入中墨（つまり桁真）から計ると裏目四・五六尺となる。これは、現状の平の軒出四・五五尺と一分の誤差で一致している。

当初材と思われる地垂木の側桁際では下端に桁当りや釘穴が認められない事から、七間堂拡張期に引き出されたとは考え難く、木口も年代相応の風化が認められることから、木口が切縮められた可能性も低いと考えられる。反対に平の地軒が現状より出ていたとすると、木負口脇より前に出てしまうからそれはあり得ない。

したがって、現在の地軒は当初の平の軒出を継承している可能性は十分にあることから、当初の平の出と木負口脇の出は同じ寸法であった可能性がある。

その場合、規矩的には木負外面は垂直に反り上がる必要があるから、木負外下角は木負前面が垂直になるように鋭角に木造られていたか、矩であっても垂直に反り上がっていたと推察される（図15）。

このように復原された平の断面図は、現状の地軒の出や配付垂木割と比べるとあまり変更されていないが、現状の木負は外下角を少し鈍角に木造り、前面に二・二寸の投げ勾配をつけて納まっている。この理由は、七間堂へ拡張した際に隅木幅を一寸広いものに変更したため、木負の口脇位置が前方へ（七分程）移動し、木負の投げ勾配に変更が必要になったのであろう。

なお、木負を鋭角に木造り垂直に反り上がる納まりは、中尊寺金色堂[33]、久安寺楼門[34]、多治速比売神社本殿[35]その他でも確認されているから特別な技法というわけではない。

飛檐垂木割付の復原

現状の論治垂木から先の飛檐垂木の割は六・三寸であるから、地垂木割に比べて一分短いだけであるが、茅負口脇と一番垂木の小間は大きく開いている。

当初の飛檐隅木については資料を欠くため直接知ることができないが、地隅木と同様に「留先法」によって垂木割を検討する（図16）。

設計の基準は地隅木と同じく、入側の中央間の化粧屋根裏の枝割である一枝五・八寸とする。

①茅負留先長さの決定：検討の結果、先に決めた木負留先から五・五枝とった位置を茅負留先位置と決定する。

裏目 5.8 寸 × 5.5 枝＝裏目 3.19 尺（茅負留先長さ）

②茅負口脇位置の決定：飛檐の場合は、隅木側面において木負の口脇から茅負留先長さを取ると茅負口脇の長さになる。

③飛檐垂木割の決定：上記の茅負口脇の長さを、必要に応じて自由に割付けることができるが、ここでは単純に五枝で割込んでみると、

裏目 3.19 ÷ 5 枝＝裏目 6.38 寸

となり、地軒の割付と一致する。これによって、桁外の配付垂木は一番垂木まで全て六・四寸弱の均等の垂木割とすることができ、現状の割付とも大きく異なることもない。

この場合、口脇から一番垂木真までも、同じ割付寸法であるので通常の小間よりは垂木半分広くなるが、中世の茅負の納まりとし

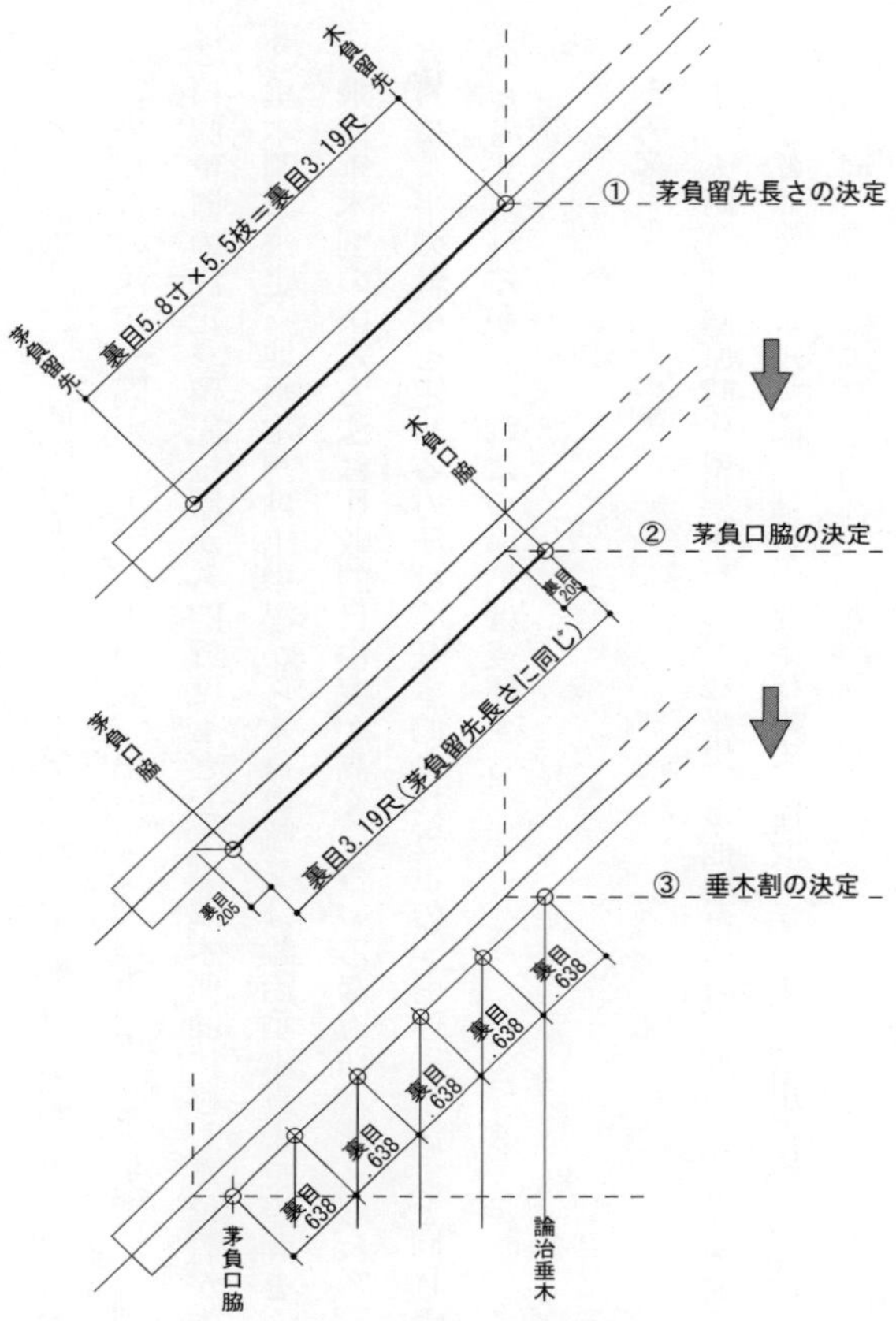

図16　飛檐の配布垂木割の決定方法

ては問題のない納まりといえよう。

平の飛檐の断面の復原

現状の飛檐垂木の出は三・四五尺であるが、当初材と思われる飛檐垂木尻の下端には木負当りと止め釘穴が認められることから、二寸前後、後世に引出された可能性が高い。また、隅木においても茅負口脇と一番垂木の真との小間は八・六寸と垂木割より二・三寸も広くなっていることから、軒が前に出された可能性はこの納まりからも推察される。

あるいは、当初五間堂であったものを七間堂に拡張した時に、平の全体の軒出を切れのいい八尺に広げたのかもしれない。

一方、現状の飛檐垂木の居定勾配は九分で、茅負前面投げ勾配も一寸と垂直に近い勾配である。中尊寺金色堂でも、茅負はほぼ垂直に反り上がるから、西明寺本堂においても少しだけ茅負の外下角を鋭角に木造れば投げは垂直になる。

つまり、茅負も垂直に反り上がるとすれば、当初の飛檐垂木の平の軒出（木負から茅負まで）は、先に求めた茅負口脇に一致し、現状より二・六寸ほど短い三・一九尺であった可能性があると考えられるのである。

以上から、平の地軒の出が四・五六尺、飛檐の軒出が三・一九尺で、全体の軒出は七・七五尺と推定された。この平の軒出における地軒と飛檐の比をとると、正確に一〇：七となる（この比は√2：一の近似値である）。

ただし、この飛檐垂木廻りの復原は根拠となる資料が乏しいためここまでの推定が限界である。

西明寺本堂の当初の軒も、発見当初地隅木と「留先法」によって、出中墨を基準に木負留先を七・五枝、茅負留先を五・五枝にとり計画されたものであると推定することができた。

五　小　結

「留先法」とは、軒規矩の計画において、まずはじめに隅木真上に木負、茅負の留先位置を定め、そこから口脇、垂木割などの軒廻りの諸寸法を順に定めていくもので、中世の正しい軒規矩術法として筆者が唱える仮説である。

実際の事例として、桑実寺本堂、西明寺本堂の二棟の当初軒の復原を「留先法」によって試みたが、当初隅木の配付垂木割をよく説明することができ、復原された軒の納まりも中世の規矩として矛盾のない納まりになったのではないかと思われる。

今一度、「留先法」の計画の流れをまとめると、隅木の配付垂木割までは、以下の三つの工程でおこなうと考えられる。

①留先長さの決定：隅木真上で、入中墨、出中墨（又は本中墨）を基準に枝割制で木負、茅負の留先を決定する。

②口脇位置の決定：留先位置から四五度もどして、隅木側面に移した位置が木負、茅負の口脇位置となる。

③垂木割の決定：地垂木割は出中墨から木負口脇又は論治垂木真までの間を、必要な枝数で割込むと一枝寸法が求められる。一方、飛檐垂木割の決定方法は比較的自由度が高くいろいろな方法が考えられる。

さらに、平の軒出を定める方法は、基本的には近世の「引込垂木法」と同じように、留先から平の高さまで下ろして、定められるものと考えられるが、それについては後述する。

参考文献

1　大岡實：「藤原時代の規矩（一）」建築史　第四巻第四号所収、三四九－三五五頁、一九四一・一一
2　乾兼松：「規矩」『明治前日本建築技術史』所収、新訂版、臨川書店、一九八二・五
同：『規矩読本』、彰国社、一九四九・六

3　前掲1の他、大岡實：「茅負に於ける特殊なる技法」建築史　第二巻第三号所収、二四八―二五四頁、一九四〇．五
同：「鎌倉時代に於ける茅負曲線の一性質について」建築史　第三巻第四号所収、三三三―三四二頁、一九四一．七
同：「藤原時代の規矩（二）」建築史　第四巻第五号所収、四二五―四三八頁、一九四二．一二
4　上田虎介：『独稽古隅矩雛形全三冊　解説』私家版、一九七五．一一
同：『日本建築規矩術（近世規矩）』、私家版、一九八二．五
同：「ひとりけいこすみかね雛形所載の「尾垂木鴫栓」の解説」、日本建築学会大会学術講演梗集（東北）、一五四九―一五五〇頁、一九七三．八
5　同：「軒隅の納りの発達に関する考察」、日本学会論文報告集第六〇号、六〇五―六〇八頁、一九五八．一〇
6　岡田英男：『日本建築の構造と技法』、思文閣、二〇〇五．八
7　大森健二：『中世建築における構造と技術の発達について』、私家版、一九六一．九
8　前掲1に同じ。あるいは、服部勝吉、上田虎介：『建築規矩術』、彰国社、一九四八．七
9　伊藤要太郎：『匠明五巻考』、鹿島出版会、一九七一．一二
『匠明』は慶長一三年（一六〇八）に平内政信が著したとされる木割書。
10　上田虎介：『増補改訂日本建築規矩術語解説』、私家版、一九七八．一一
11　『重要文化財如意寺三重塔修理工事報告書』（文化財建造物保存技術協会）、一九九七．三
12　濵島正士：「塔の軒について」日本建築学会論文報告集　第二〇八号、五七―八八頁、一九七三．六
13　乾兼松：「木割」『明治前日本建築技術史』所収、新訂版、臨川書店、一九八二．五
14　『国宝大報恩寺本堂修理工事報告書』（京都府教育庁）、一九五四．一〇
15　『国宝明王院五重塔修理工事報告書』（同修理委員会）、一九六二．三
16　『重要文化財観音寺多宝塔修理工事報告書』（文化財建造物保存技術協会）、二〇〇一．九
17　『国宝平等院鳳凰堂修理工事報告書』（京都府教育庁）、一九五七（発行月不明）
『国宝金剛寺塔婆及鐘楼修理工事報告書』（大阪府教育委員会）、一九四〇．六

18 『重要文化財桑実寺本堂修理工事報告書』（滋賀県教育委員会）、一九八六．二
19 前掲18に同じ。
20 前掲14に同じ。
21 『重要文化財勝福寺観音堂修理工事報告書』（文化財建造物保存技術協会）、一九八六．九
22 上田虎介：「隅軒の納まりの発達に関する考察」 日本建築学会論文報告集　第六〇号、六〇五－六〇八頁、一九五八．一〇
23 『国宝・重要文化財（建造物）実測図集』（文化庁建造物課編）
24 『重要文化財若松寺観音堂修理工事報告書』（同修理委員会）、一九六八．九
25 『国宝都久夫須麻神社修理工事報告書』（同出張所）、一九三七．一二
26 前掲23に同じ。
27 『国宝大崎八幡宮本殿・石の間・拝殿保存修理工事報告書』（文化財建造物保存技術協会）、二〇〇四．一二
28 前掲23に同じ。
29 溝口明則：『中世建築における設計技術（枝割制）の研究』、私家版、一九九〇．一二
30 『國寶西明寺本堂及塔婆修理工事報告』（同出張所）一九三九．二
『国宝西明寺本堂他一棟修理工事報告書』（滋賀県教育委員会）一九八二．三
31 大上直樹・谷直樹：『西明寺本堂の前身小屋組の復原』、日本建築学会技術報告集、vol.19、no.43、一二〇五－一二〇八頁、二〇一三．一〇
32 大上直樹：「国宝西明寺本堂の当初軒・規矩の復原」 滋賀職業能力開発短期大学校紀要第五号一－一二頁、二〇〇〇．三
西澤正浩：『中世和様仏堂を主とした軒の設計方法に関する規矩的考察　国宝西明寺前身堂隅木を中心課題として』、早稲田大学修士論文、二〇〇〇．三
33 『国宝中尊寺金色堂修理工報告書』（同修理委員会）、一九六八．七
34 『重要文化財久安寺楼門修理工報告書』（同修理委員会）、一九六〇．三
35 『重要文化財多治速比売神社本殿修理工報告書』（同修理委員会）、一九五六

注

注1　江戸時代の木版本には、茅負の反りや増しについての記述はあるが、茅負の形状についての記述はほとんど見当たらない。しかし、明治二三年（一八九〇）に木子棟斉によって著された『巧道助術新録』では、軒規矩法の作図技法についての記述はなく、茅負の形状の求め方や扇垂木割法が中心に述べられている。

注2　文化財建造物修理で使われている軒規矩術は、もともと現場ごとに伝えられた個人技能で、特定の形があったわけではなかった。しかし、今日では一応その図面の形式は統一されている。

注3　筆者がおこなった中世の二軒繁垂木の一七〇例の規矩図の検証による。平の軒出を枝割制へ適用した場合、地軒、飛檐ともに枝割にのる例は皆無であった。ただし、どちらかが枝割にのる例は数例ある（例えば、地軒では日竜峰寺多宝塔下層、飛檐では寶塔寺多宝塔下層、名草神社三重塔二、三層など）。

注4　江戸時代の木版本の規矩術書においては、茅負の反りを口脇で押えるのは平内廷臣が嘉永元年（一八四八）に著した『匠家矩術新書』からで、それ以前は茅負留先位置で反りの高さを指定している。

注5　側面前より二つめの柱間寸法は二二枝であるが、標準間一四枝の一間に半間（七枝）を加えた変則的な柱間となる。一枝寸法が一厘長いのは、当初尺が五尺に対して一分ほどの延びがあったためで、遺構尺は一・〇〇二尺と推定される。

注6　報告書の詳細図では、手先方向の肘木長さを一・二八二尺とし、一枝を六・四一寸と基準尺の延びを加えているが、それは機械的に遺構尺による延びを加えただけである。また、実際の隅木の垂木割は六・一寸より若干短い値であった。

注7　七間堂（大分県宇佐市）、室町時代中期。

注8　背面西の隅木もやはり口脇部分は寛永に大きく埋木が施されていて当初の口脇位置は不明であるが、現状の口脇までの垂木上端線の勢いをそのままに作図して求めた。

注9　修理前の納まりは、木負は五・五寸（成一本）の反り上がりで、口脇は木負投げ上になく一寸前に出た位置にあった。論治垂木と次の垂木の間は、七・三寸近くあり大きく開いた無理な納まりであった。

注10　文献3の内、大岡實：「茅負に於ける特殊なる技法」において紹介されている。

注11　文献29、第一〇章において「中世前期の仏堂・層塔遺構では垂木総数が一〇〇の単位で整うという現象が顕著に認められる。」とす

る。桑実寺本堂も現状の側面は九八本、正面八八本であるが、復原すると各面二本ずつ増えて、側面は一〇〇本、正面が九〇本となる。桑実寺本堂の事例は、中世の軒が後世の改造によって軒出を縮め投げを近世風に投げ成りに反ると、一本減じた垂木数になるという典型と考えられる。

注12　この時刊行された『国宝西明寺本堂他一棟修理工事報告書』では、当初隅木の写真の掲載は一枚もなく発見の記述もない。ただ巻末の発見資料一覧表に二丁とあるだけである（二丁の間違い）。

注13　前掲文献29において、西明寺本堂の一枝寸法の根拠を一丈／一五枝（〇・六六六七尺）とするが、値は同じとはいえず中央間や側面後端間（当初）の一枝寸法も説明しきれない。西明寺本では、平面計画については本論で示した内陣化粧屋根裏による一枝寸法を使用し、実際の軒の一枝寸法は一丈／一五枝に近似した値としたものと考えられる。

注14　隅木の幅は、軒桁（四・八寸）に対し、当初材が五・八寸で一・二倍、現状の隅木は六・八寸で一・四倍以上となる。桑実寺本堂でもその比は一・一六倍であるから、当初材の寸法は適切であるといえる。

第二章　留先法による二軒繁垂木の検証

一　はじめに

第一章[1]において、中世の軒規矩術法は、平の断面を軒の基準と考える「現代軒規矩術法」と違い、はじめに隅木真上の木負、茅負の留先を決定すると考える仮称「留先法」であることを提案し、二棟の中世仏堂の当初軒を「留先法」によって復原して中世の軒としてよく納められることを示した。

本章は、引き続き中世の社寺建築において、軒の基本的な形式であり遺構も多い二軒繁垂木の軒を「留先法」よって分析をおこない、「留先法」が中世の軒規矩術法として普遍的な技法であるかを検証するものである。

分析の基礎資料は主に文化財建造物修理工事報告書であるか、報告書が刊行されていない遺構については、一般図や詳細図とともに軒規矩術図の保存図がまとめられている『国宝・重要文化財（建造物）実測図集』によった。

二　留先法による軒規矩設計工程の概要

第一章の桑実寺本堂等の検討では、当初の平の軒出が判明していたため、「留先法」の計画を隅木廻りまでの三段階の工程としたが、本章ではさらに平の軒出の決定までを加えて、以下の①から④までの四段階の工程と考えることとする（図1）。

①木負、茅負留先の決定：最初に隅木真上における木負、茅負の留先位置を決定する。留先位置は軒全体を規定する重要な位置であることから「隅の軒出」と呼ぶこととする。

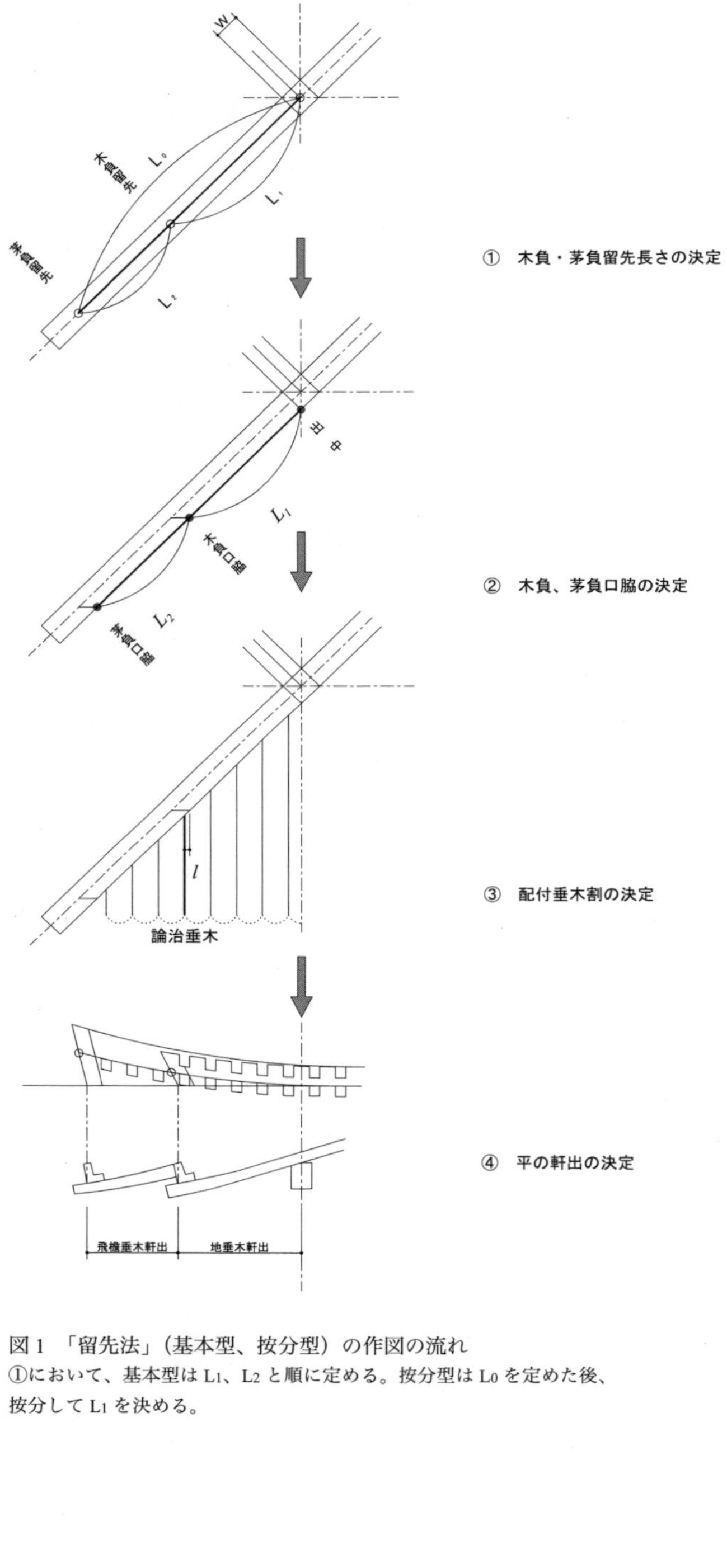

図１　「留先法」（基本型、按分型）の作図の流れ
①において、基本型は L_1、L_2 と順に定める。按分型は L_0 を定めた後、按分して L_1 を決める。

隅の軒出は、隅木の真上にある入中墨、出中墨、本中墨（以下まとめて「隅木基準墨」と呼ぶ）のいずれかを基準に、木負及び茅負の留先位置までの水平距離である。

前章で復原した桑実寺本堂、西明寺本堂の二例では留先までの水平距離は枝割制によって定められていたが、長さの決め方はそれ以外の方法も存在すると考えられる。

隅木基準墨から木負留先までを木負留先長さL_1、そこから茅負留先までを茅負留先長さL_2とし、L_1とL_2を合せた全体、つまり隅木基準墨から茅負留先までをL_0とする。

なお、L_1、L_0において、特に出中墨を基準とする場合はL_1（出）、L_0（出）、本中墨の場合はL_1（本）、L_0（本）、入中墨の場合はL_1（入）、L_0（入）と隅木基準墨の違いを（　）内に併記する。L_2は木負留先を基準とするため、隅木基準墨とは関係しない。

②木負、茅負の口脇の決定：隅木真上に木負、茅負の留先が定まれば、そこから四五度に隅木側面へもどした位置が木負、茅負の口脇となる。

この後に垂木割をおこなう必要があるから、隅木側面の出中墨から木負口脇までを木負口脇長さL_1、木負口脇から茅負口脇までを茅負口脇長さL_2とする。L_1とL_2を加えたもの、つまり出中墨から茅負口脇までをL_0とする。

③配付垂木割の決定：地垂木の配付垂木割を定めるには、まず木負口脇と論治垂木との関係を調整する必要がある。論治垂木廻りはさまざまな納まり方が考えられるが、ここでは論治垂木が通常の納まりとなる場合を基本に想定した。

木負口脇と論治垂木真のズレlを求めて論治垂木真を定め、そこから垂木割の基準である出中墨までの長さを必要な枝数で割込めば桁外の配付垂木の一枝寸法が求められる。

飛檐垂木の配付垂木割は、論治垂木真から茅負口脇の間を必要な一枝寸法を定めて割付けるが、その決定方法は比較的自由度が高く、さまざまな割方が想定される。

④平の軒出の決定：木負、茅負留先が先に決まっているから、基本的には「引込垂木法」と同じ方法で、木負、茅負留先からそれぞれの前面の投げ勾配上に反りの寸法を取ると、平の軒出を決定することができる。

しかし、中世は「撓込み」やその他の技法があるから、平の軒出の決定方法は近世の「引込垂木法」のように投げ勾配から一義的に決まるとは限らない。それ以外の平の軒出の決定方法については、第九章で検討する。

以上、前章の三つの工程に平の軒出の決定方法までを加えた四段階の工程で軒廻りを決定する技法を、「留先法」の全体行程とする。こうした一連の作図の流れは、「現代軒規矩術法」とはまったく反対の工程であることに注意したい。

三　留先法による隅の軒出の決定方法の類型と事例

以上の「留先法」の工程を念頭に、文化財建造物修理工事報告書や『国宝・重要文化財（建造物）実測図集』のなかから二軒繁垂木の軒規矩図を参考に作図して、留先の位置、留先長さの決定方法、配付垂木割の決定方法、論治垂木廻りの納め方、その他の軒廻りの主要寸法を整理して各建造物の軒の計画について検討をおこなった。[注一]

対象とした二軒繁垂木は、参考のために加えた平安時代中・後期の建物を含め、鎌倉時代から室町時代までの一六四事例を対象とした。[注2]

まず、留先位置の決定方法を分析する上で、いくつかの類型が必要となったため、以下のように分類して進めることとした。

基本的に大きく二つの形式に分類できると考えられた。その二つの形式を、便宜的に「基本型」と「按分型」と呼ぶこととする。

「基本型」は、木負留先L_1を先に定め、次にそこを起点に茅負留先L_2を定めたと考えられる形式である。地軒と飛檐は元々「おおのき」、「このき」ともいい、地軒が軒の主要な部分であるのに対し飛檐は付属的な軒とされ、隅木も地軒、飛檐を別木で木造るのが古い軒の形式であると考えられることから、「基本型」は地軒と飛檐の区別を明確にして、順番に決めていく考え方が背景にあると考えられる形式である。これを記号でA型とする。

「按分型」は、はじめに隅木基準墨から茅負留先までの出（隅の軒出）L_0を決めた後、それを整数比に按分して木負留先L_1、茅負留先L_2を決めたと考えられる形式である。軒出を一体として捉える考え方に立つもので、「基本型」より少し時代が遅れて出現すると考えられる。この形式をB型とする。

「基本型」と「按分型」は、木負、茅負の留先位置を決める方法が異なるだけで、その後の設計工程に違いはない。

さらに、「基本型」と「按分型」それぞれに留先までの長さを決める方法として、寸単位で切れのいい数値をあてる「完数式」（枝番－1とする）と枝割制によって定める「枝数式」（枝番－2）の二種類があると考えられた。

その他に、事例が少ないが特殊な形式として茅負留先L_0を決定した後、先に垂木割をおこない論治垂木位置を定め、そこから木負口脇位置を定めていると考えられる形式があり、これを「総割型」とした（図2）。この形式をC型とする。

以上の分類をまとめると、左の通りとなる。

基本型	A	完数式	……A－1
		枝数式	……A－2
按分型	B	完数式	……B－1
		枝数式	……B－2
総割型	C		

では、その各類型ごとに主な遺構を二〜三例取上げて分析をおこなうこととする。それ以外の遺構については、分析結果を表1にまとめた。（注3）

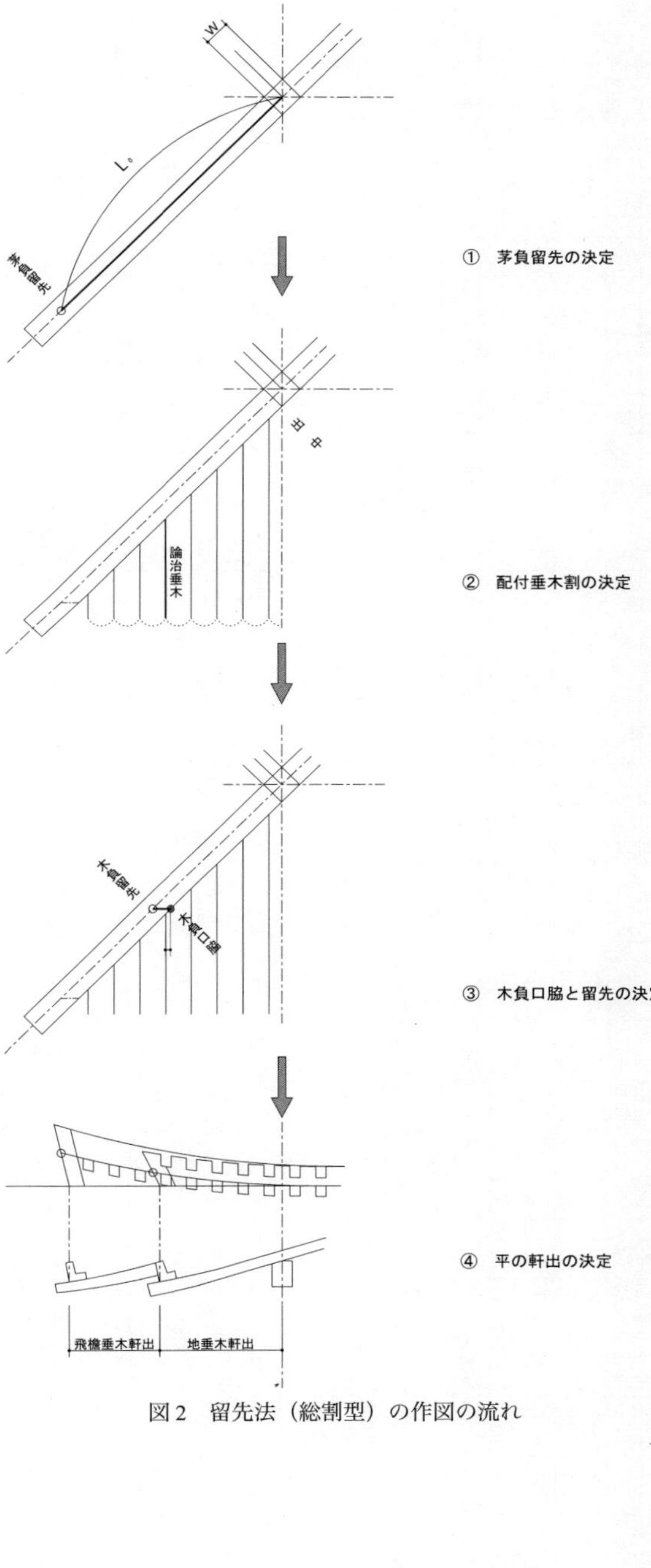

図2　留先法（総割型）の作図の流れ

表1（続き）

時代	建物名/層等	年代 年号	年代 西暦	留先の決定 木負鋭角	基準	決定方法	A 基本型 A-1 完数(尺) 茅負留先	A-1 地軒	A-1 飛檐	A-2 枝数(枝) 茅負留先	A-2 地軒	A-2 飛檐	B 按分型 B-1 完数(尺) 茅負留先	B-1 地軒:飛檐	B-2 枝数(枝) 茅負留先	B-2 地軒:飛檐	C 総割型(枝)	垂木割の決定 垂木数 地軒	垂木数 飛檐	論治納まり	1枝寸法(尺) 口脇~1	飛檐	論治~次	地軒	標準間	平軒出の決定 平の軒出(尺・枝) 地軒	枝数	飛檐	枝数	地軒:飛檐	損込み	基本寸法(尺) 隅木幅	垂木幅	隅木/垂木	隅木巾裏目
室町時代	当麻寺薬師堂	文安4	1447	○	出	B-1							5.80	8:5				7	5	○	.406	.457	.457	.457	.456	3.64	7.98	2.13	4.67	5:3	―	.42	.24	1.75	.30
	護国院多宝塔下	文安6	1449	―	本	A-2				12.0	8.0	4.0						7	6	○	.450	.473	.473	.473	.476	3.73	7.84	2.81	5.91	4:3	―	.45	.22	2.05	.32
	護国院多宝塔上	文安6	1449	―	出	B-1							5.20	7:5				6	5	○	.350	.450	.450	.450	.450	3.06	6.80	2.15	4.78	√2:1	―	.40	.18	2.22	.28
	円教寺常行堂	享徳2	1453	○	出	B-2									15.5	4:3		8	6	○	.740	.680	.625	.625	.625	5.40	8.64	4.00	6.40	4:3	―	.58	.28	2.07	.41
	如意寺文殊堂	享徳2	1453	○	入	B-1							7.00	4:3				5	4	○	.970	.670	.673	.673	.668	3.90	5.84	3.00	4.49	(4:3)	―	.45	.28	1.61	.32
	新長谷寺本堂	長禄4	1460	―	入	B-2									13.5	5:3		7	5	○	.520	.509	.509	.509	.509	3.93	7.73	2.50	4.92	(3:2)	―	.47	.23	2.04	.33
	円教寺大講堂上	寛正3	1462	○	入	B-1							9.40	3:2				6	6	○	.730	.760	.760	.760	.750	5.16	6.88	3.88	5.17	4:3	―	.65	.30	2.17	.46
	小山寺三重塔	寛正6	1465	―	入	B-1							5.00	5:3				6	5	○	.350	.402	.402	.402	.402	2.70	6.72	1.90	4.73	√2:1	○	.42	.18	2.33	.30
	円教寺食堂	寛正頃	1466	○	出	A-2				19.5	12.5	7.0						11	6	○	.800	.683	.651	.651	.608	4.86	7.99	3.70	6.09	4:3	○	.52	.26	2.00	.37
	中尊寺旧覆堂	室町中	1466	―	本	B-2									8.0	3:2		4	3	○	.750	.750	.750	.750	.740	3.50	4.73	2.31	3.12	3:2	―	.43	.21	2.05	.30
	立石寺中堂	室町中	1466	―	本	A-1	*15.50*	*10.20*	*5.30*									7	5	○	.500	.800	.900	.900	.875	7.16	8.18	3.52	4.02	2:1	―	.73	.33	2.21	.52
	木幡神社楼門	室町中	1466	―	出	B-1							4.50	5:4				6	5	○	.450	.377	.377	.377	.377	2.45	6.50	1.96	5.20	5:4	○	.32	.16	2.00	.23
	密蔵院多宝塔下	室町中	1466	○	本	A-1	5.10	2.90	2.20									7	6	○	.340	.364	.360	.360	.351	2.83	8.06	2.13	6.07	4:3	―	.35	.16	2.19	.25
	密蔵院多宝塔上	室町中	1466	○	本	A-1	5.20	3.10	2.10									8	6	○	.220	.364	.341	.341	.341	3.02	8.86	2.01	5.89	3:2	―	.32	.16	2.00	.23
	性海寺多宝塔下	室町中	1466	○	本	A-1	6.10	3.60	2.50									6	5	○	.340	.357	.357	.357	.363	2.52	6.94	1.74	4.79	3:2	―	.31	.11	2.82	.22
	性海寺多宝塔上	室町中	1466	―	入	A-1	4.60	3.00	1.60									5	4	○	.350	.327	.327	.327	.327	2.03	6.21	1.25	3.82	(5:3)	―	.32	.15	2.13	.23
	高田寺本堂	室町中	1466	―	出	C											16.0	9	6	○	.490	.456	.456	.456	.456	4.54	9.96	2.78	6.10	5:3	―	.52	.20	2.60	.37
	久安寺楼門	室町中	1466	◎	入	B-2									19.0	9:5		7	5	○	.440	.540	.540	.540	.542	4.47	8.25	2.47	4.56	(7:4)	―	.60	.25	2.40	.42
	石峯寺三重塔1	室町中	1466	○	入	A-1	*9.00*	*5.50*	*3.50*									6	5	○	.440	.500	.526	.526	.528	3.61	6.84	2.37	4.49	3:2	―	.48	.23	2.09	.34
	石峯寺三重塔2	室町中	1466	○	入	A-1	*9.00*	*5.50*	*3.50*									6	5	○	.440	.500	.526	.526	.528	3.61	6.84	2.37	4.49	3:2	―	.48	.23	2.09	.34
	石峯寺三重塔3	室町中	1466	○	入	A-1	*9.20*	*5.55*	*3.65*									6	5	○	.450	.528	.528	.528	.528	3.61	6.84	2.47	4.68	3:2	―	.48	.23	2.09	.34
	興福寺大湯屋	室町中	1466	○	本	B-1							7.50	3:2				5	4	○	.630	.730	.730	.730	.801	4.30	5.37	2.95	3.68	(7:5)	―	.70	.38	1.84	.49
	南法華寺礼堂	室町中	1466	―	入	A-2				14.5	8.5	6.0						7	6	○	.840	.683	.709	.709	.716	5.60	7.82	4.14	5.78	4:3	―	.80	.36	2.22	.57
	護国院楼門	室町中	1466	―	本	A-2				11.5	7.0	4.5						6	5	○	.230	.560	.560	.560	.560	3.72	6.64	2.36	4.21	(3:2)	―	.50	.25	2.00	.35
	真光寺三重塔1	室町中	1466	―	入	B-1							5.00	3:2				6	5	○	.400	.398	.398	.398	.394	2.74	6.95	1.99	5.05	(7:5)	―	.44	.19	2.38	.31
	真光寺三重塔2	室町中	1466	―	入	A-2				12.5	7.5	5.0						6	5	○	.290	.400	.400	.400	.394	2.74	6.95	1.94	4.92	√2:1	―	.40	.19	2.16	.28
	真光寺三重塔3	室町中	1466	―	入	A-2				12.5	7.5	5.0						6	5	○	.320	.400	.400	.400	.393	2.76	7.02	1.94	4.94	√2:1	―	.40	.17	2.42	.28
	厳島神社宝蔵	室町中	1466	○	入	B-1							*9.00*	8:5				6	4	○	.600	.610	.545	.545	.545	3.75	6.88	2.42	4.44	(3:2)	―	.40	.24	1.67	.28
	善光寺本堂	室町中	1466	○	入	B-2									15.0	√2:1		7	5	○	.590	.62他	.610	.530	.504	4.24	8.41	3.02	6.00	7:5	―	.44	.20	2.20	.31
	寶塔寺多宝塔下	永享10	1468	○	本	A-2				12.0	7.0	5.0						6	5	○	.260	.300	.300	.300	.300	2.05	6.83	1.50	5.00	(7:5)	―	.30	.13	2.31	.21
	広八幡神社楼門	文明7	1475	―	出	B-2									11.0	3:2		6	5	○	.459	.551	.485	.485	.492	3.32	6.75	2.11	4.29	(3:2)	―	.45	.24	1.88	.32
	烏帽子形八幡神社本殿	文明12	1480	―	入	A-2				10.0	6.0	4.0						5	4	○	.320	.410	.410	.410	.410	2.44	5.95	1.63	3.98	3:2	―	.38	.18	2.11	.27
	不動院本堂	文明15	1483	―	本	B-1							7.50	5:3				7	5	○	.530	.573	.573	.573	.573	4.54	7.92	2.68	4.68	5:3	―	.52	.20	2.60	.37
	教王護国寺講堂	延徳3	1491	○	入	A-2				11.5	7.5	4.0						6	4	○	.915	.915	.915	.915	.915	6.35	6.94	3.60	3.93	7:4	―	.88	.36	2.44	.62
	定光寺本堂	明応2	1493	○	本	A-2				16.0	9.0	7.0						8	6	○	.770	.362	.362	.362	.368	3.20	8.70	2.50	6.79	(5:4)	―	.36	.18	2.00	.25
	龍正院二王門	文亀4	1504	―	入	B-1							6.00	4:3				6	5	○	.680	.460	.460	.460	.460	3.19	6.93	2.33	5.07	(7:5)	―	.47	.21	2.24	.33
	若松寺観音堂	永正6	1509	―	本	A-2				15.50	9.0	6.5						7	6	―	.330	.560	.560	.560	.500	4.44	8.88	3.14	6.28	√2:1	―	.56	.20	2.80	.40
	竹林寺本堂厨子	永正8	1511	○	出	B-1							1.70	8:5				4	3	―	（記載なし）					1.12	―	.60	―	(7:4)	―	.24	.11	2.18	.30
	地蔵峰寺本堂	永正10	1513	―	出	A-2				14.0	8.0	6.0						7	6	○	.430	.492	.492	.492	.482	3.89	8.07	2.88	5.98	3:4	―	.48	.22	2.18	.34
	雨錫寺阿弥陀堂宮殿	永正11	1514	○	本	B-1							4.20	9:5				6	4	□	.350	.386	.386	.386	.386	2.65	6.87	1.44	3.73	(7:4)	○	.32	.17	1.94	.23
	新海三社神社三重塔2	永正12	1515	―	入	B-1							4.40	7:4				6	4	○	.390	.390	.380	.380	.388	2.53	6.52	1.56	4.02	(5:3)	○	.35	.18	1.94	.25
	新海三社神社三重塔3	永正12	1515	―	本	B-2									11.0	5:3		6	4	○	.394	.388	.380	.380	.388	2.52	6.49	1.46	3.76	7:4	―	.35	.18	1.94	.25
	大威徳寺多宝塔上	永正12	1515	○	入	B-2									13.0	3:2		6	5	○	.290	.308	.308	.308	.296	2.14	7.23	1.50	5.07	√2:1	―	.30	.16	1.88	.21
	霊山寺仁王門	永正13	1516	―	本	B-2									10.0	√2:1		5	4	○	.500	.425	.425	.425	.436	2.48	5.69	1.80	4.13	4:3	○	.36	.17	2.12	.25
	東光寺本堂	永正14	1517	○	本	A-2				10.5	6.0	4.5						5	4	○	1.160	.830	.830	.830	.830	4.84	5.83	3.73	4.49	(4:3)	―	.72	.30	2.40	.51
	東光寺本堂厨子	永正14	1517	○	出	B-1							3.50	8:5				7	4	―	.440	.270	―	.290	.303	2.18	7.19	1.32	4.36	5:3	―	.24	.12	2.00	.17
	平等寺薬師堂	永正16	1519	○	本	B-1							*7.80*	4:3				8	7	○	.300	.340	.340	.340	.340	2.95	8.68	2.37	6.97	5:4	―	.43	.17	2.61	.30
	立石寺三重小塔	永正17	1520	―	入	B-1							.45	8:5				5	3	―	.057	.049	―	.049	.049	.26	5.39	.16	3.31	5:3	―	.03	.02	2.00	.02
	成法寺観音堂	永正	1522	―	入	C											13.0	6	6	―	.400	.410	―	.430	.412	2.86	6.93	2.67	6.48	-:-	―	.45	.23	1.96	.32
	名草神社三重塔1	大永7	1527	―	入	B-1							5.80	3:2				6	5	○	.429	.485他	.500	.480	.480	3.32	6.92	2.37	4.94	7:5	―	.45	.19	2.37	.32
	名草神社三重塔3	大永7	1527	―	入	A-2				12.5	7.5	5.0						6	5	○	.439	.483他	.500	.480	.480	3.30	6.88	2.40	5.00	(7:5)	―	.46	.22	2.09	.33
	久麻久神社本殿	大永7	1527	―	本	B-2									11.5	7:5		6	5	○	.300	.360	.360	.360	.360	2.50	6.94	1.77	4.92	7:5	―	.33	.16	2.06	.23
	薬王院本堂	享禄2	1529	―	出	C											14.0	7	6	○	.700	.603	.603	.603	.603	4.70	7.80	3.70	6.14	5:4	○	.53	.24	2.21	.37
	三明寺三重塔1	享禄4	1531	―	出	B-2									12.0	9:7		6	5	○	.360	.300	.300	.300	.300	2.04	6.80	1.50	5.00	4:3	―	.30	.14	2.14	.21
	三明寺三重塔2	享禄4	1531	―	出	B-2									11.5	√2:1		6	5	○	.170	.293	.293	.293	.293	1.99	6.80	1.33	4.55	3:2	―	.28	.14	2.00	.20
	観音寺多宝塔下	天文5	1536	―	本	B-2									20.0	9:7		7	6	○	.350	.330	.330	.330	.330	2.56	7.76	2.00	6.06	(5:4)	―	.30	.15	2.00	.21
	西明寺三重塔1	天文6	1537	○	本	A-2				13.0	7.0	6.0						6	6	○	.270	.343	.343	.343	.343	2.34	6.82	2.02	5.89	(8:7)	―	.34	.17	2.00	.24
	不動院金堂	天文6	1537	―	本	B-1							7.50	9:7				7	6	○	.490	.530	.540	.540	.504	4.09	8.12	3.09	6.13	4:3	―	.46	.23	2.00	.33
	多治速比売神社本殿	天文10	1541	◎	入	B-1							3.70	3:2				6	5	□	.200	.324	.324	.324	.324	2.32	7.16	1.43	4.41	(5:3)	―	.31	.12	2.58	.22
	地蔵院本堂	天文11	1542	○	出	B-2									15.0	7:5		8	6	○	.500	.398	.402	.402	.402	3.42	8.51	2.41	6.00	√2:1	○	.40	.18	2.22	.28
	円教寺金剛堂	天文13	1544	○	入	A-2				15.0	9.0	6.0						7	6	○	.247	.354	.354	.354	.336	2.84	8.45	2.04	6.07	7:5	―	.35	.12	2.92	.25
	遠照寺釈迦堂	天文18	1549	―	出	A-2				12.5	7.0	5.5						6	5	○	.675	.478	.478	.478	.468	3.23	6.91	2.46	5.26	4:3	―	.42	.20	2.10	.30
	小菅神社奥社本殿	天文	1555	―	出	B-1							6.60	√2:1				6	5	○	.360	.574	.574	.574	.574	3.99	6.95	2.66	4.63	3:2	―	.39	.25	1.56	.28
	根来寺多宝塔下	天文	1555	○	入	A-2				14.0	9.0	5.0						7	5	○	.660	.708	.750	.729	.704	5.76	8.19	3.49	4.96	5:3	―	.80	.34	2.35	.57
	根来寺多宝塔上	天文	1555	○	入	A-1	10.50	6.50	4.00									7	5	○	.820	.765	.770	.770	.765	5.95	7.78	3.75	4.90	(5:3)	―	.76	.35	2.17	.54
	慈光寺開山塔	天文25	1556	―	本	B-2									10.0	7:5		5	4	○	.200	.182	.190	.182	.182	1.07	5.88	.73	4.01	(7:5)	―	.11	.06	1.83	.08
	護徳寺観音堂	弘治3	1557	―	本	A-1	*11.00*	*6.40*	*3.60*									6	3	○	.790	.840	.860	.860	.863	4.43	5.14	2.45	2.84	(7:4)	―	.40	.22	1.82	.28
	勝福寺観音堂	永禄1	1558	―	本	A-2				12.0	7.0	5.0						6	5	○	.531	.492	.516	.503	.504	3.40	6.75	2.45	4.86	7:5	―	.43	.22	1.95	.30
	庫蔵寺本堂	永禄4	1561	○	入	B-1							*8.00*	9:7				5	5	○	.880	.450	.440	.440	.444	2.73	6.15	2.61	5.88	-:-	―	.51	.16	3.19	.36
	都久布須麻神社本殿庇	永禄10	1567	―	入	A-2				13.5	7.5	6.0						6	6	○	.410	.442	.442	.442	.442	3.10	7.02	2.58	5.84	6:5	―	.44	.20	2.20	.31
	土佐神社本殿	元亀2	1571	引込垂木か														9	7	□	.300	.420	.420	.420	.420	4.35	1.36	2.62	6.24	5:3	―	.45	.22	2.05	.32
	三輪神社須賀神社本殿	室町後	1572	―	出	C											11.5	6	5	○	.335	.335	.335	.335	.345	2.39	6.93	1.65	4.78	(3:2)	―	.32	.17	1.88	.23
	大聖寺不動堂	室町後	1572	―	本	B-1							5.00	3:2				5	4	○	.425	.500	.500	.500	.449	2.90	6.47	1.94	4.33	3:2	―	.38	.16	2.38	.27
	円満寺観音堂	室町後	1572	―	本	B-2									9.5	8:5		5	4	○	.370	.437	.437	.437	.455	2.63	5.78	1.70	3.74	(3:2)	―	.38	.17	2.24	.27
	前山寺三重塔1	室町後	1572	―	本	B-2									13.0	5:3		7	5	○	.248	.325	.325	.325	.325	2.52	7.74	1.52	4.66	5:3	―	.32	.16	2.00	.23
	前山寺三重塔2	室町後	1572	―	本	B-2									12.0	3:2		7	5	○	.255	.325	.325	.325	.325	2.21	6.78	1.53	4.69	(3:2)	―	.32	.16	2.00	.23
	前山寺三重塔3	室町後	1572	―	本	B-2									12.0	3:2		7	5	○	.254	.330	.325	.325	.325	2.23	6.85	1.55	4.75	(3:2)	―	.32	.16	2.00	.23
	雲峰寺仁王門	室町後	1572	―	出	B-1							4.50	5:4				5	5	○	.280	.430	.430	.430	.430	2.52	5.86	2.06	4.79	6:5	―	.40	.20	2.00	.28
	浄厳院本堂	室町後	1572	―	入	B-2									12.5	3:2		6	5	○	.580	.628	.628	.628	.628	4.27	6.80	3.13	4.99	(7:5)	―	.64	.28	2.29	.45
	金剛寺仁王門	室町後	1572	―	本	A-2				10.0	6.0	4.0						5	4	○	.500	.535	.535	.535	.538	3.04	5.65	2.18	4.05	7:5	―	.50	.24	2.08	.35
	丈六寺三門下	室町後	1572	○	出	A-2				12.5	7.5	5.0						6	5	○	.374	.374	.374	.374	.374	2.61	6.97	1.85	4.94	√2:1	―	.38	.15	2.53	.27
	丈六寺三門上	室町後	1572	―	出	A-2				13.5	7.5	6.0						6	6	○	.320	.365	.365	.365	.365	2.53	6.93	2.12	5.81	6:5	―	.42	.20	2.10	.30

表1　留先法による二軒繁垂木の検証結果

時代	建物名/層等	年代 年号	年代 西暦	留先の決定 木負鋭角	基準	決定方法	A 基本型 A-1 完数(尺) 茅負留先	A-1 地軒	A-1 飛檐	A-2 枝数(枝) 茅負留先	A-2 地軒	A-2 飛檐	B 按分型 B-1 完数(尺) 茅負留先	B-1 地軒:飛檐	B-2 枝数(枝) 茅負留先	B-2 地軒:飛檐	C 総割型(枝)	垂木割の決定 垂木数 地軒	垂木数 飛檐	論治納まり	1枝寸法(尺) 口脇~1	飛檐	論治~次	地軒	標準間	平軒出の決定 平の軒出(尺・枝) 地軒	枝数	飛檐	枝数	地軒:飛檐	掛込み	基本寸法(尺) 隅木幅	垂木幅	隅木/垂木	隅木巾裏目
平安時代	醍醐寺五重塔1	天暦6	952	—	出	A-1	*11.00*	*7.30*	*3.70*									6	2	—	.850	1.010	—	.850	.905	5.23	5.78	2.68	2.96	2 : 1	—	.75	.38	1.97	.53
	平等院鳳凰堂身舎	天元1	1053	—	出	A-1	8.00	5.00	3.00									5	3	—	.850	.960	—	.913	.968	5.06	5.23	2.85	2.94	7 : 4	—	.80	.40	2.00	.57
	平等院鳳凰堂裳階	天元1	1053	—	出	A-1	5.00	3.00	2.00									3	3	○	.380	.767	.796	.796	.813	3.14	3.86	1.81	2.23	7 : 4	—	.60	.26	2.31	.42
	中尊寺金色堂	天治1	1124	—	出	A-1	5.70	3.50	2.20									5	3	—	.318	.682	—	.686	.678	3.62	5.34	2.20	3.24	5 : 3	○	.50	.18	2.78	.35
	當麻寺本堂	永暦2	1161	—	出	A-1	8.00	4.80	3.20									5	4	—	.670	.975	.965	.873	.895	5.03	5.62	2.95	3.30	5 : 3	○	.86	.32	2.69	.61
	一乗寺三重塔1	承安1	1171	○	入	A-1	6.10	4.00	2.10									6	4	□	.547	.520	.568	.516	.557	3.72	6.68	2.10	3.77	7 : 4	—	.50	.20	2.50	.35
	〃　2	承安1	1171	○	入	A-1	5.90	3.80	2.10									6	4	□	.550	.50 他	.528	.52 他	.510	3.52	6.90	2.05	4.02	7 : 4	○	.44	.20	2.20	.31
	〃　3	承安1	1171	○	入	A-1	5.80	3.80	2.00									6	4	○	.410	.50 他	.548	.50 他	.495	3.60	7.27	1.98	4.00	(7 : 4)	—	.44	.20	1.57	.31
鎌倉時代	福智院本堂	建仁3	1203	○	入	A-1	8.00	4.80	3.20									6	5	○	.580	.640	.635	.635	.635	4.46	7.02	3.20	5.04	7 : 5	—	.70	.28	2.50	.49
	海住山寺五重塔1	建保2	1214	—	本	A-2				11.0	6.0	5.0						5	4	○	.353	.427	.406	.406	.411	2.37	5.77	1.63	3.97	(7 : 5)	—	.34	.18	1.89	.24
	〃　2	建保2	1215	—	本	B-2									9.5	3 : 2		5	4	○	.315	.394	.376	.389	.411	2.29	5.57	1.49	3.63	(3 : 2)	—	.34	.18	1.89	.24
	〃　5	建保2	1216	—	出	A-2				8.0	4.5	3.5						4	4	○	.300	.370	.400	.400	.417	1.96	4.70	1.40	3.36	7 : 5	—	.34	.18	1.89	.24
	大報恩寺本堂	安貞1	1227	○	入	A-1	8.10	5.20	2.90									6	4	○	.689	.742	.742	.699	.667	4.82	7.23	2.87	4.30	5 : 3	○	.56	.27	2.07	.40
	東大寺念仏堂	嘉禎3	1237	—	本	A-1	6.50	3.60	2.90									5	5	□	.505	.55 他	.610	.600	.592	3.50	5.91	2.86	4.83	6 : 5	—	.54	.21	2.57	.38
	元興寺極楽坊本堂	寛元2	1244	○	本	A-1	7.00	4.30	2.70									7	4	○	.570	.680	.685	.685	.629	5.27	8.38	2.54	4.04	(2 : 1)	—	.56	.28	2.00	.40
	光明寺楼門上	宝治2	1248	—	本	A-1	5.00	2.70	2.30									4	4	○	.570	.550	.550	.550	.503	2.66	5.29	2.24	4.45	6 : 5	○	.46	.21	2.19	.33
	釈尊寺観音堂宮殿	正嘉2	1258	—	出	A-1	1.00	.60	.40									3	3	○	.100	.140	.173	.162	.160	.64	4.00	.39	2.44	5 : 3	—	.13	.07	1.92	.09
	新薬師寺地蔵堂	文永3	1266	○	入	A-1	4.80	3.00	1.80									5	4	○	.400	.470	.460	.460	.500	2.85	5.70	2.24	4.48	5 : 4	—	.54	.27	2.00	.38
	明通寺三重塔1	文永7	1270	—	出	A-1	5.90	3.30	2.60									6	5	○	.490	.50 他	.540	.48 他	.530	3.40	6.42	2.50	4.72	4 : 3	—	.46	.21	2.19	.33
	〃　2	文永7	1270	—	出	A-1	6.00	3.55	2.45									6	5	○	.450	.51 他	.500	.50 他	.525	3.40	6.48	2.50	4.76	4 : 3	—	.43	.21	2.05	.30
	〃　3	文永7	1270	—	出	A-1	5.80	3.30	2.50									6	5	○	.440	.51 他	.530	.49 他	.520	3.40	6.54	2.50	4.81	4 : 3	—	.45	.21	2.14	.32
	西明寺本堂	鎌倉前	1274	○	出	A-2				13.0	7.5	5.5						6	5	□	.638	.638	.638	.638	.580	4.56	7.86	3.19	5.50	√2 : 1	—	.58	.26	2.23	.41
	長寿寺本堂	鎌倉前	1274	—	入	A-2				11.0	6.5	4.5						5	5	○	.470	.650	.730	.730	.700	4.22	6.03	3.15	4.50	4 : 3	—	.59	.24	2.46	.42
	如意寺阿弥陀堂	鎌倉前	1274	○	出	A-2				11.0	6.0	5.0						5	5	□	.525	.525	.525	.525	.507	3.10	6.12	2.35	4.64	4 : 3	—	.43	.19	2.26	.30
	法隆寺東院鐘楼	鎌倉前	1274	○	出	A-1	4.80	3.00	1.80									5	4	○	.422	.460	.550	.494	.570	3.12	5.47	1.79	3.14	7 : 4	—	.56	.20	2.80	.40
	金剛峯寺不動堂背北	鎌倉前	1274	○	本	A-2				12.5	7.5	5.0						6	5	○	.548	.504	.547	.527	.503	3.73	7.42	2.54	5.05	3 : 2	—	.45	.23	1.96	.32
	長弓寺本堂	弘安2	1279	○	出	A-2				13.0	8.0	5.0						7	5	○	.510	.633	.643	.643	.620	5.00	8.06	3.00	4.84	5 : 3	—	.58	.26	2.23	.41
	大善寺本堂	弘安9	1286	—	出	A-2				12.5	7.0	5.5						6	5	○	.795	.695	.700	.700	.670	4.95	7.39	3.38	5.04	3 : 2	◎	.66	.25	2.64	.47
	海竜王寺経蔵	正応1	1288	○	本	A-2				10.0	6.5	3.5						6	4	○	.460	.600	.610	.610	.670	4.16	6.21	2.24	3.34	(7 : 4)	—	.54	.27	2.00	.38
	鑁阿寺本堂	正安1	1299	—	入	A-1	11.00	6.50	4.50									6	5	○	.610	.680	.680	.680	.670	4.42	6.60	3.09	4.61	√2 : 1	—	.60	.25	2.40	.42
	法隆寺上御堂	文保2	1318	—	入	A-1	9.50	5.80	3.70									7	5	○	.580	.750	.750	.753	.748	5.95	7.95	3.60	4.81	5 : 3	—	.78	0.33	2.36	.55
	明王院本堂	元応3	1321	—	入	A-2				12.5	7.5	5.0						7	5	○	.500	.530	.530	.530	.526	3.64	6.92	2.40	4.56	3 : 2	○	.52	.24	2.17	.37
	豊満神社四脚門	元享3	1323	—	本	B-1							*8.00*	3 : 2				6	5	○	.434	.462	.484	.465	.486	3.28	6.74	2.30	4.73	√2 : 1	—	.44	.21	2.10	.31
	浄土寺本堂	嘉暦2	1327	—	本	A-1	7.30	4.20	3.10									6	5	○	.620	.610	.610	.610	.592	4.25	7.18	3.10	5.24	(4 : 3)	—	.62	.28	2.21	.44
	日竜峯寺多宝下	鎌倉後	1332	—	入	A-2				13.5	8.5	5.0						7	5	○	.360	.360	.360	.360	.364	2.91	8.00	1.80	4.95	(5 : 3)	—	.40	.18	2.22	.28
	日竜峯寺多宝上	鎌倉後	1332	—	本	A-2				11.0	7.0	4.0						6	4	○	.350	.350	.350	.350	.355	2.44	6.87	1.40	3.94	7 : 4	—	.34	.16	2.13	.24
	金蓮寺弥陀堂	鎌倉後	1332	○	出	A-2				12.0	7.0	5.0						6	5	○	.450	.450	.450	.450	.441	3.14	7.13	2.10	4.77	3 : 2	—	.42	.20	2.10	.30
	石山寺鐘楼	鎌倉後	1332	○	入	A-1	*8.50*	*5.00*	*3.50*									6	5	○	.550	.470	.470	.470	.470	3.28	6.98	2.44	5.19	4 : 3	—	.44	.22	2.00	.31
	西明寺三重塔1	鎌倉後	1332	—	入	B-1							5.00	3 : 2				6	4	○	.500	.495	.469	.469	.478	3.12	6.53	2.05	4.29	3 : 2	—	.42	.21	2.00	.30
	西明寺三重塔2	鎌倉後	1332	—	入	B-1							5.50	9 : 5				6	4	○	.470	.490	.480	.480	.474	3.21	6.77	2.01	4.24	(5 : 3)	—	.42	.20	2.10	.30
	西明寺三重塔3	鎌倉後	1332	—	入	B-1							5.30	9 : 5				6	4	○	.401	.473	.465	.465	.445	3.08	6.92	1.88	4.22	5 : 3	—	.42	.18	2.33	.30
	法道寺食堂	鎌倉後	1332	—	入	A-2				9.5	6.0	3.5						5	4	○	.420	.530	.530	.530	.580	3.15	5.43	2.10	3.62	3 : 2	—	.50	.21	2.38	.35
	朝光寺鐘楼	鎌倉後	1332	○	本	B-2									12.0	3 : 2		6	5	○	.270	.346	.346	.346	.346	2.42	6.99	1.59	4.59	3 : 2	—	.34	.16	2.13	.24
	安楽寺塔婆	鎌倉後	1332	○	入	A-2				12.5	7.5	5.0						6	5	○	—	—	.450	.450	.461	3.20	6.94	—	—	(7 : 5)	—	.50	.23	2.17	.35
	浄妙寺多宝塔	鎌倉後	1332	○	入	B-1							5.00	3 : 2				6	5	○	.370	.410	.410	.410	.374	2.77	7.41	2.03	5.43	(7 : 5)	—	.32	.16	2.00	.23
	石手寺三重塔1	鎌倉後	1332	—	本	B-1							6.00	3 : 2				6	5	○	.360	.502	.502	.502	.502	3.46	6.89	2.41	4.80	√2 : 1	—	.52	.23	2.26	.37
	石手寺三重塔2	鎌倉後	1332	—	本	B-1							5.75	3 : 2				6	5	○	.330	.485	.485	.485	.485	3.37	6.95	2.26	4.66	3 : 2	—	.48	.22	2.18	.34
	石手寺三重塔3	鎌倉後	1332	—	本	B-1							5.50	5 : 3				6	4	○	.540	.484	.484	.484	.475	3.32	6.99	2.03	4.27	5 : 3	—	.48	.22	2.18	.34
室町時代	浄土寺阿弥陀堂	貞和1	1345	—	入	A-2				14.5	8.5	6.0						7	6	○	.610	.493	.493	.493	.493	3.90	7.91	2.95	5.98	4 : 3	○	.50	.23	2.17	.35
	延暦寺転法輪堂	貞和3	1347	—	本	A-2				13.0	8.0	5.0						7	5	○	—	—	.735	.735	.735	5.53	7.52	—	—	7 : 5	—	.70	.35	2.00	.49
	明王院五重塔	貞和4	1348	—	入	A-2				12.5	7.5	5.0						6	5	○	.502	.472	.556	.514	.514	3.50	6.81	2.60	5.06	4 : 3	○	.50	.23	2.17	.35
	福祥寺本堂宮殿	応安1	1368	—	入	A-2				12.0	7.0	5.0						6	5	—	.210	.230	—	.240	.242	1.61	6.65	1.15	4.75	7 : 5	—	.22	.11	2.00	.16
	圓福寺本堂	応安4	1371	—	入	B-1							4.70	5 : 3				5	4	○	.406	.455	.455	.455	.540	2.69	4.98	1.73	3.20	(3 : 2)	—	.36	.17	2.12	.25
	法隆寺地蔵堂	応安5	1372	○	入	B-1							5.20	5 : 3				8	6	○	.273	.336	.336	.336	.336	3.05	9.08	1.93	5.74	(3 : 2)	—	.36	.16	2.25	.25
	興隆寺本堂	文中4	1375	—	入	B-2									14.0	7 : 5		6	5	○	.709	.550	.550	.550	.503	3.76	7.48	2.95	5.87	(4 : 3)	—	.52	.23	2.26	.37
	宝福寺三重塔1	永和2	1376	—	出	A-2				10.0	6.0	4.0						5	4	○	.400	.549	.500	.549	.442	2.58	5.84	1.72	3.89	3 : 2	—	.40	.20	2.00	.28
	宝福寺三重塔2	永和2	1376	○	出	B-1							4.10	3 : 2				5	4	○	.400	.419	.422	.422	.442	2.35	5.32	1.67	3.78	7 : 5	—	.33	.16	2.06	.23
	宝福寺三重塔3	永和2	1376	—	出	B-1							4.00	3 : 2				5	4	○	.420	.420	.400	.420	.442	2.33	5.27	1.67	3.78	7 : 5	—	.33	.16	2.06	.23
	道成寺本堂	天授4	1378	—	出	A-2				13.0	8.0	5.0						7	5	○	.549	.714	.751	.712	.693	5.60	8.08	3.40	4.91	5 : 3	—	.65	.30	2.17	.46
	如意寺三重塔1	至徳2	1385	—	出	B-1							5.6	7 : 5				6	5	○	.433	.464	.484	.484	.482	3.29	6.83	2.22	4.61	3 : 2	—	.45	.20	2.25	.32
	如意寺三重塔2	至徳2	1385	○	出	B-1							5.6	9 : 7				6	5	○	.531	.475	.459	.459	.463	3.19	6.89	2.24	4.84	7 : 5	—	.42	.20	2.10	.30
	如意寺三重塔3	至徳2	1385	—	出	B-1							5.6	9 : 7				6	5	○	.546	.471	.459	.459	.460	3.19	6.93	2.24	4.87	7 : 5	—	.42	.20	2.10	.30
	西国寺金堂	至徳3	1386	—	入	A-2				13.5	8.5	5.0						7	5	○	.545	.545	.545	.554	.554	4.32	7.80	2.64	4.77	5 : 3	—	.59	.25	2.38	.42
	滝山寺三門	室町前	1392	○	本	B-1							8.20	√2 : 1				6	5	○	.600	.682	.682	.682	.724	4.72	6.52	3.35	4.63	√2 : 1	—	.63	.30	2.10	.45
	妙楽寺本堂	室町前	1392	○	出	B-1							7.10	7 : 5				6	5	○	.600	.600	.600	.600	.640	4.00	6.25	3.10	4.84	(5 : 4)	—	.50	.28	1.79	.35
	桑実寺本堂	室町前	1392	—	入	A-2				12.5	7.0	5.5						6	6	□	.610	.610	.610	.610	.641	4.13	6.44	3.40	5.30	6 : 5	○	.50	.27	1.85	.35
	春日神社本殿	室町前	1392	—	出	B-2									9.5	3 : 2		5	4	○	.220	.343	.343	.343	.343	2.03	5.92	1.33	3.88	3 : 2	—	.35	.16	2.19	.25
	宝幢寺本堂	室町前	1392	○	本	A-2				13.5	8.0	5.5						7	6	○	.350	.500	.500	.500	.515	3.97	7.71	2.80	5.44	√2 : 1	—	.54	.20	2.70	.38
	喜光寺本堂上	室町前	1392	○	入	B-1							9.40	5 : 3				7	5	○	.600	.700	.700	.700	.720	5.54	7.69	3.51	4.88	(5 : 3)	—	.72	.36	2.00	.51
	清水寺本堂	室町前	1392	—	入	B-1							11.00	3 : 2				7	6	○	.688	.753	.804	.758	.753	6.06	8.05	4.17	5.54	(7 : 5)	○	.85	.30	2.83	.60
	常徳寺円通殿	応永8	1401	—	本	A-2				15.5	10.0	5.5						9	6	○	.260	.347	.356	.356	.365	3.61	9.89	2.05	5.62	7 : 4	—	.30	.16	1.88	.21
	東福寺三門下	応永12	1405	○	出	B-1							10.00	6 : 4				5	4	○	.951	1.022	1.065	1.022	1.065	5.93	5.57	3.98	3.74	3 : 2	—	.94	.45	2.09	.66
	東福寺三門上	応永12	1405	○	出	B-1							10.00	6 : 4				5	4	○	.720	1.050	1.050	1.050	1.068	5.88	5.51	3.76	3.52	(3 : 2)	—	1.00	.50	2.00	.71
	西郷寺本堂	応永13	1406	—	本	A-2				10.0	6.0	4.0						5	4	○	.620	.650	.660	.660	.652	3.77	5.78	2.55	3.91	3 : 2	○	.47	.23	2.03	.33
	吉川八幡宮本殿	応永15	1408	—	本	A-2				*9.5*	5.0	4.5						8	7	○	.510	.520	.510	.510	.500	3.47	6.94	3.26	6.52	− : −	—	.46	.20	2.30	.33
	遍照院三重塔1	応永23	1416	—	入	A-2				13.5	8.0	5.5						6	5	○	.420	.455	.455	.455	.415	3.02	7.28	2.02	4.87	3 : 2	—	.36	.22	1.64	.25
	遍照院三重塔2	応永23	1416	○	入	B-1							5.50	3 : 2				6	5	○	.400	.449	.449	.449	.432	3.06	7.08	1.98	4.58	(3 : 2)	—	.37	.20	1.85	.26
	遍照院三重塔3	応永23	1416	○	出	B-1							5.20	7 : 5				6	5	○	.400	.449	.449	.449	.414	3.06	7.39	1.95	4.71	(3 : 2)	—	.37	.20	1.85	.26
	興福寺東金堂	応永22	1415	○	本	A-2				12.5	8.0	4.5						7	5	○	.549	.710	.720	.720	.754	5.74	7.61	3.41	4.52	5 : 3	—	.90	.32	2.81	.64
	向上寺三重塔2	永享4	1432	—	入	B-1							5.00	3 : 2				6	5	○	.308	.400	.390	.390	.391	2.74	7.01	1.91	4.88	√2 : 1	—	.46	.18	2.56	.33
	向上寺三重塔3	永享4	1432	—	入	B-1							5.00	3 : 2				6	5	○	.310	.410	.400	.400	.375	2.78	7.41	1.95	5.20	√2 : 1	—	.46	.18	2.56	.33
	円教寺大講堂下	永享12	1440	○	入	A-2				13.5	8.5	5.0						7	5	○	.613	.767	.767	.767	.737	5.98	8.12	3.78	5.12	(3 : 2)	—	.72	.35	2.06	.51

（表注）
・「木負鋭角」欄の「○」は鋭角に木造っているもの、「◎」は木負前面投げが垂直になるものを示す。「一」は直角又は鈍角となるものを示す。
・「基準」欄の「出」は出中墨、「入」は入中墨、「本」は本中墨を基準に留先を定めていることを示す。
・基本型と按分型の「全長」の寸法は裏目寸法で示している。斜体の値は表目寸法で隅の寸法を定めているものを示す。
・「論治納まり」欄の「○」は正規の納まり、「口脇」は論治垂木真と口脇が一致するもの、「一」はそれ以外のもの又は全く納まらないものを示す。
・「平軒出の決定」の「地軒：飛檐」欄の比の値で（　）書きのものは、概略の比であって正確な比とならないものを示す。
・「撓込み」欄の「○」は茅負又は木負に撓込みがあるものを示す。

三―一　基本型（A型）

基本型／完数式（A―1）

この形式は、隅木基準墨から木負留先、茅負留木の順に完数で決定していく形式で、今回検討した内ではもっとも古い時代から確認され、「留先法」の祖形ともいうべき基本的な形式と考えられる。

平安時代や鎌倉時代の遺構で、平面寸法も完数で決定する建物を中心に確認できるが、室町時代においても数例確認できる。後述する按分型／完数式B－1と区別し難いものもあるが、L_1とL_2が完数であればそれを優先し、それぞれに整数比の関係があっても基本型に分類した。

平安時代（中期以降）では、醍醐寺五重塔、平等院鳳凰堂、中尊寺金色堂、當麻寺本堂、一乗寺三重塔の全てがこの形式と考えられる。

醍醐寺五重塔[2]：天暦六年（九五二）（図3）

飛檐隅木廻りの復原資料が乏しいが、規矩図を参照にすると出中墨を基準に木負留先までL1（出）表目七・三尺、木負留先から茅負留先までL2表目三・七尺、合計した隅の軒出はL0（出）表目一一・〇尺で決定されると推定される。

また、本来裏目で計画すべき隅木において、裏目が使用されておらず表目が使われていたのではないかと考えられた。隅、平ともに地軒と飛檐の比は完全な整数比ではなくほぼ2：1である。

平等院鳳凰堂身舎[3]：天喜元年（一〇五三）（図4）

身舎の当初の軒規矩は、東北隅に残る当初の飛檐隅木及び地隅木によって概略が判明している。

規矩図を参考に木負、茅負の留先を求めると、出中墨を基準に木負留先までL1（出）裏目五・〇尺、木負留先から茅負留木までL2裏目三・〇尺、合せて隅の軒出L0（出）は裏目八・〇尺と正確な完数値で計画されていることが判る。

平の軒出は七・九一尺で、地軒と飛檐の比はほぼ9：5となる。

中尊寺金色堂[4]：天治元年（一一二四）（図5）

軒廻り材のほぼ全てが当初材で保存状態がよいため、当初の計画をよく知ることができる。

出中墨を基準に木負留先までL1（出）裏目三・五尺、木負留先から茅負留先までL2裏目二・二尺で、合せて隅の軒出L0（出）は裏目五・七尺となる。

平の軒出は五・八二尺で、地軒と飛檐の比は5：3になっている。

鎌倉時代では、大報恩寺本堂、法隆寺東院鐘楼、明通寺三重塔などをこの形式の代表的な遺構として挙げることができる。

法隆寺東院鐘楼[5]：鎌倉時代前期（図6）

出中墨を基準に木負留先までL1（出）裏目三・〇尺、木負留先から茅負留先までL2裏目一・八尺で、隅の軒出L0（出）は裏目四・

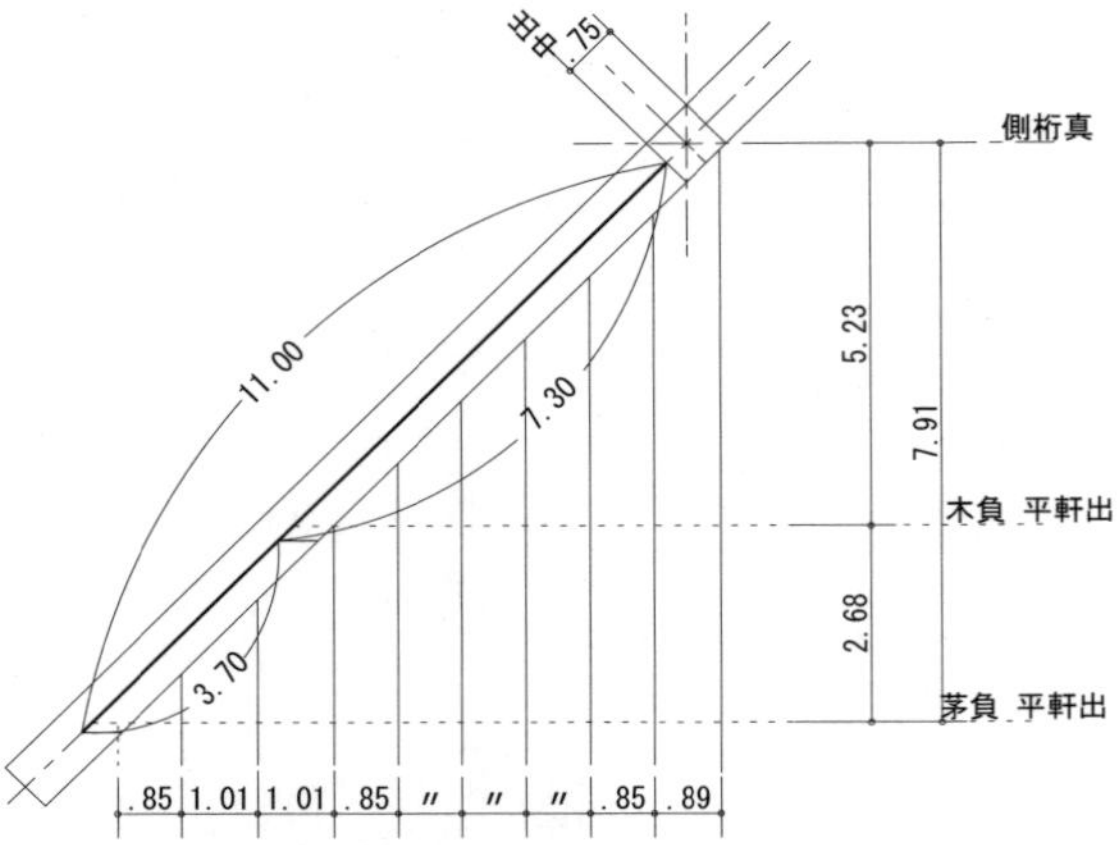

図 3　醍醐寺五重塔　基本型 / 完数式（A-1）　　L0(出) ＝ 11.00 尺

ｩ：裏目寸法を示す
以下同じ

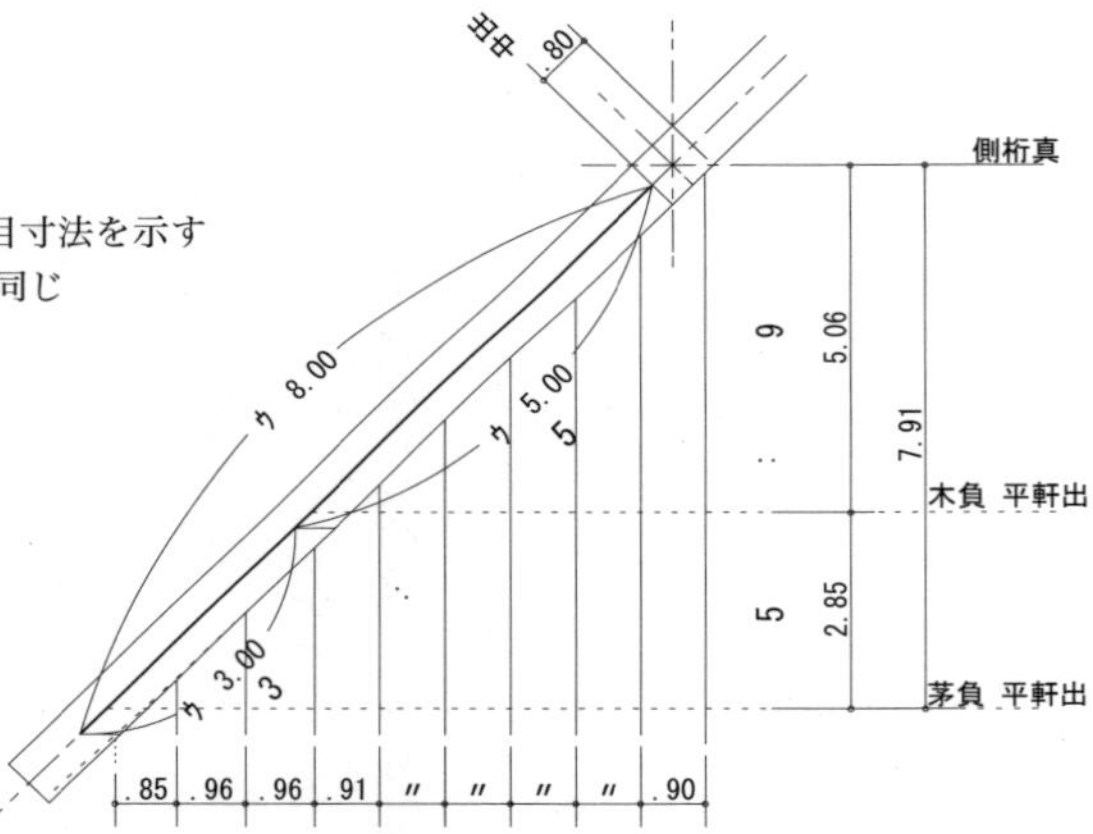

図 4　平等院鳳凰堂身舎　基本型 / 完数式（A-1）　　L0(出) ＝ｩ 8.00 尺

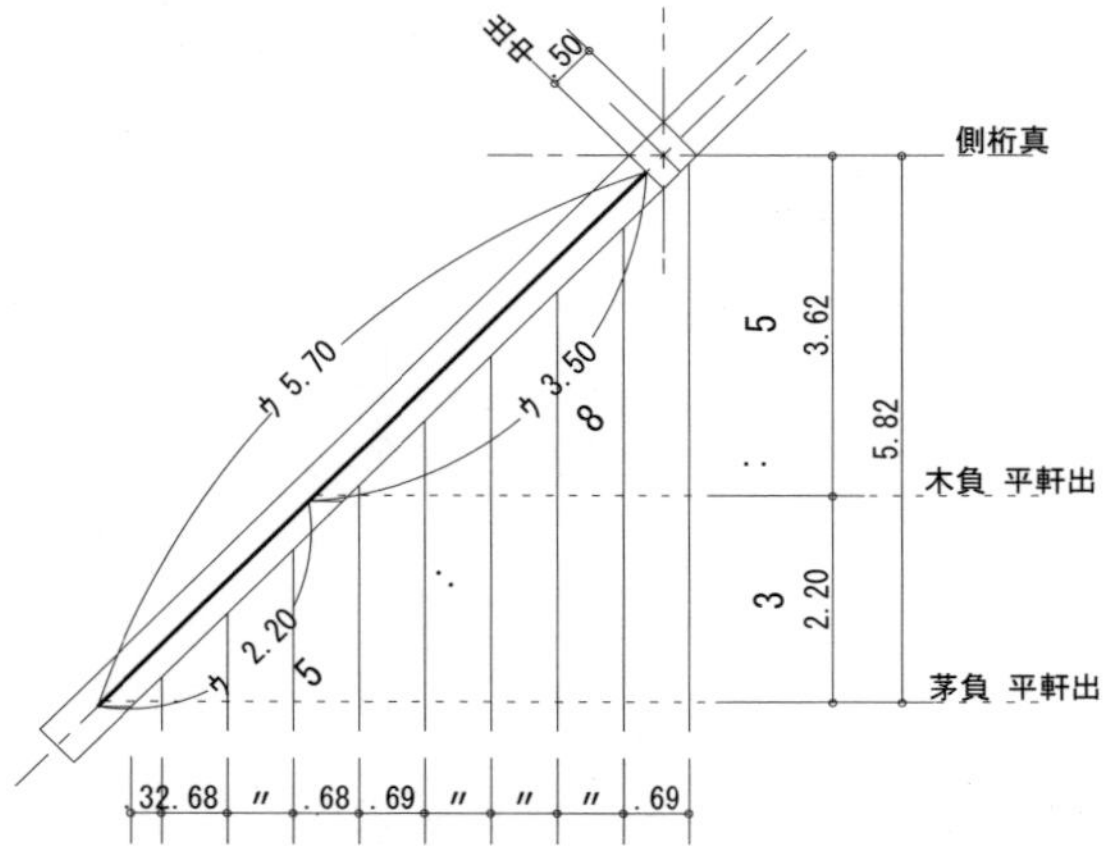

図 5　中尊寺金色堂　基本型 / 完数式（A-1）　　L0(出) ＝ｩ 5.70 尺

八尺である。隅の軒出は5：3の整数比の関係も認められる。

平の軒出は四・九一尺、地軒と飛檐の比は7：4となっている。

室町時代では、密蔵院多宝塔、石峰寺三重塔などが挙げられるが、遺構数はいっきに減少する。具体的な事例の分析は省略する。

ところで、規矩術において四五度に振れた隅木の長さ方向の寸法決定は、通常表尺の√2倍になった裏目尺が使用されるが、それは鎌倉時代中期以降のこととされてきた。(6)確かに、醍醐寺五重塔では裏目尺の使用は確認できなかったが、その後の平等院鳳凰堂や中尊寺金色堂などの留先位置は裏目尺の完数で得られた。このことから平安時代後期には裏目尺が使用されていた可能性があると考えられた。

他方、裏目尺が普及したとされる鎌倉時代以降であっても、石山寺鐘楼、石峰寺三重塔などでは表目尺で計画されていると考えられるものもあり、(注4)必ずしも隅木が裏目尺で計画されたとはいえず、表目尺と裏目尺の使い分けは、現代で考えられている以上に、多様であったと考えられる（表1の留先の決定欄において表目尺による寸法値は斜体で表記した）。

基本型／枝数式（A―2）

この形式は、先のA―1と同様に、隅木基準墨から木負、茅負の留先を順次決定していくものであるが、長さの決め方が完数ではなく枝割制によっている点が異なる。

平面寸法が、枝割制によって決定される鎌倉時代から室町時代にかけての五間堂以上の仏堂を中心に一部の層塔や門建築などで確認できる。したがって、二軒繁垂木においては主要な「留先法」の形式ということがいえる。

実際の留先長さは、標準間の一枝寸法の整数倍又は整数倍に〇・五枝を加えたもので決定される。木負留先は六・〇〜八・〇枝、茅負留先は四・〇〜六・〇枝程度とするものが多く、全体で一〇・〇〜一二・〇枝となるものが標準的である。この計画上の枝数に対し、実際の桁外の配付垂木数が一致することは稀で、地垂木で一枝少なくなる場合が多い。

鎌倉時代では、金剛峯寺不動堂、明王院本堂、海住山寺五重塔（初層、五層）、法道寺食堂などが代表的な遺構として挙げられる。

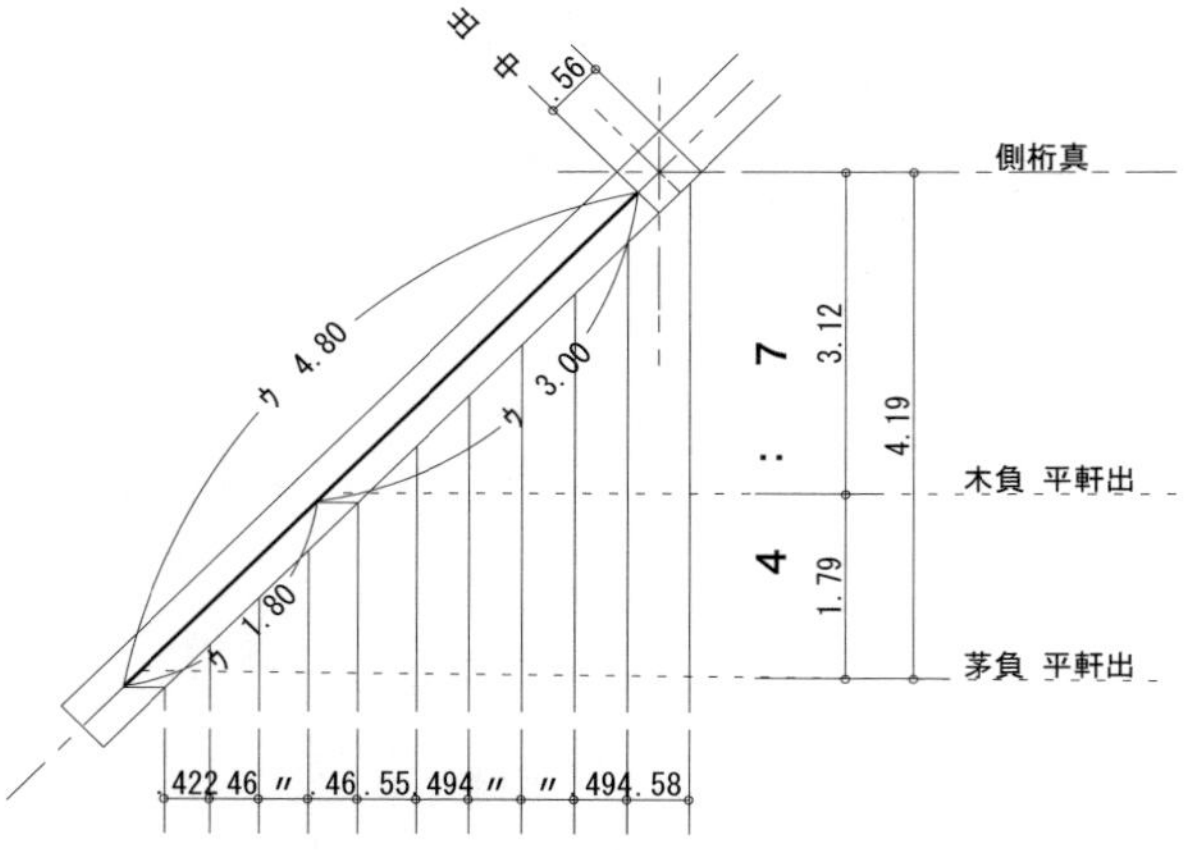

図 6　法隆寺東院鐘楼　基本型 / 完数式（A-1）　　L0(出) =ウ 4.80 尺

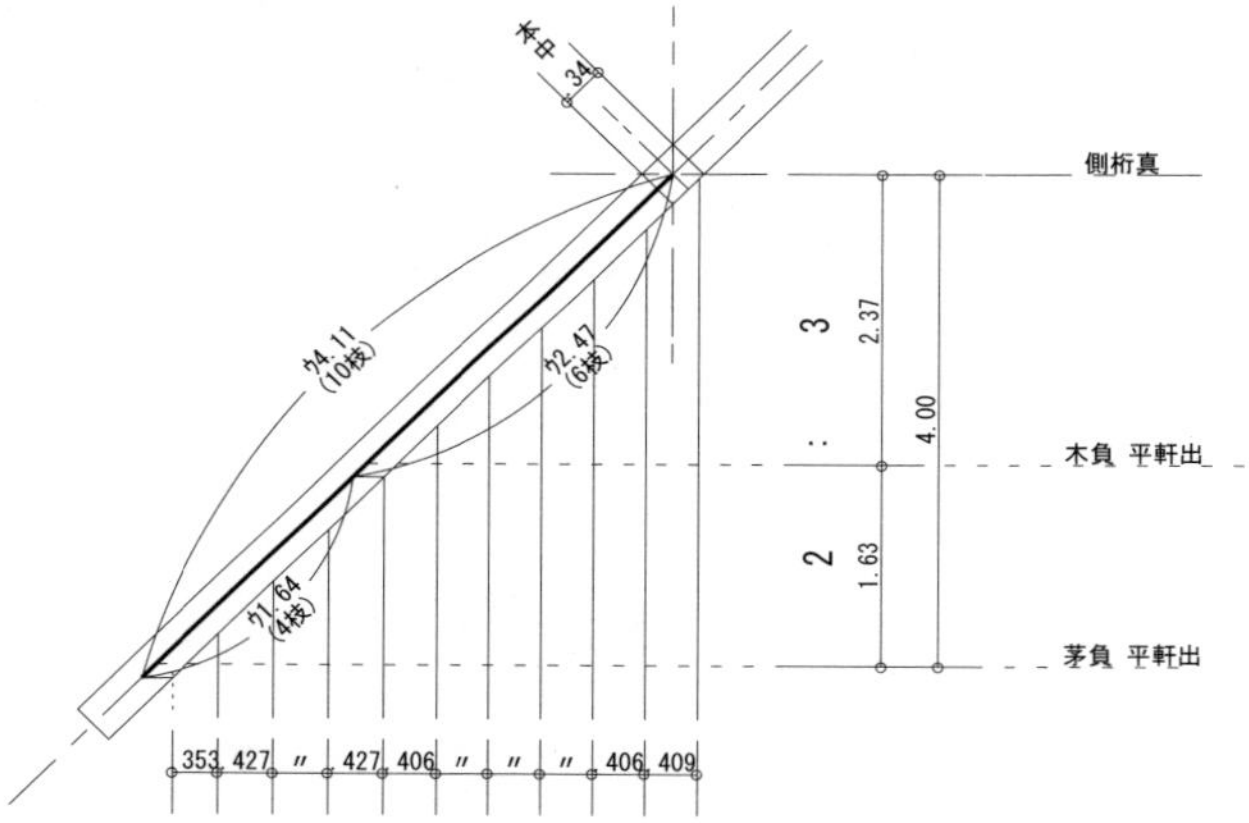

図 7　海住山寺五重塔初層　基本型 / 枝数式（A-2）　　L0(本) = 10 枝

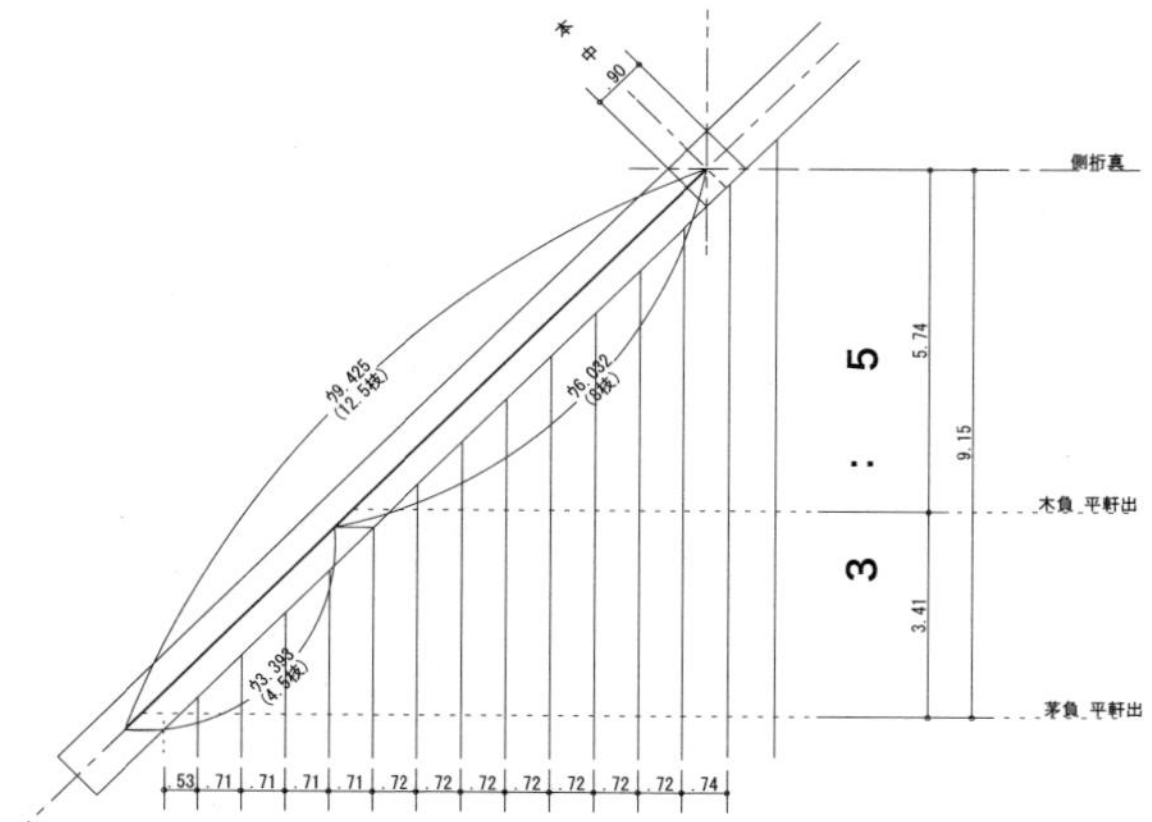

図 8　興福寺東金堂　基本型 / 枝数式（A-2）　　L0(本) = 12.5 枝

海住山寺五重塔初層[7]：建保二年（一二一四）（図7）

本中墨を基準に標準の一枝寸法四・一一寸を基準に、木負留先までL_1（本）裏目二・四七尺（六枝）、木負留先から茅負留先までL_2裏目一・六五尺（四枝）と木負、茅負の留先を定めている。

そこから口脇位置を定め、論治垂木から内側の地垂木割を実際の垂木数で割込むと一枝四・〇六寸、論治垂木から外側の飛檐垂木割は、先に茅負口脇から垂木半分をとり小間を揃えてから（三分ほど誤差があるが）、残りを垂木数で割込んで一枝四・二七寸が決められたと考えられる。

平の軒出は四・〇尺と完数で定め、地軒と飛檐を3：2の比率とする。

室町時代では、浄土寺阿弥陀堂、明王院五重塔、桑実寺本堂、興福寺東金堂、教王護国寺講堂などを挙げることができる。

興福寺東金堂[8]：応永二二年（一四一五）（図8）

後世の改造が少なく、当初形式をよく保存している遺構である。本中墨を基準に標準の一枝寸法七・五四寸による枝割制で、木負留先までL_1（本）裏目六・〇三尺（八枝）、木負留先から茅負留先までL_2裏目三・三九尺（四・五枝）と木負、茅負の留先を順に定める。木負留先から、木負口脇を求め実際の垂木数で割込んで配付垂木割一枝七・二寸を得る。論治垂木真から外は同じ一枝寸法で論治垂木から追っていき、茅負口脇と一番垂木の小間はその残りとする。平の軒出は九・一五尺とし、地軒と飛檐の比を5：3に定めている。

三―二　按分型（B型）

按分型／完数式（B―1）

この形式は、はじめに茅負留先長さ（隅の軒出）L_0を完数によって決定した後、それを整数比で按分してL_1とL_2を決定する形式である。

鎌倉時代中期以降出現し、室町時代は先のA―2に次いで多く見られる。このB―1形式は二軒疎垂木や扇垂木でも広く採用され

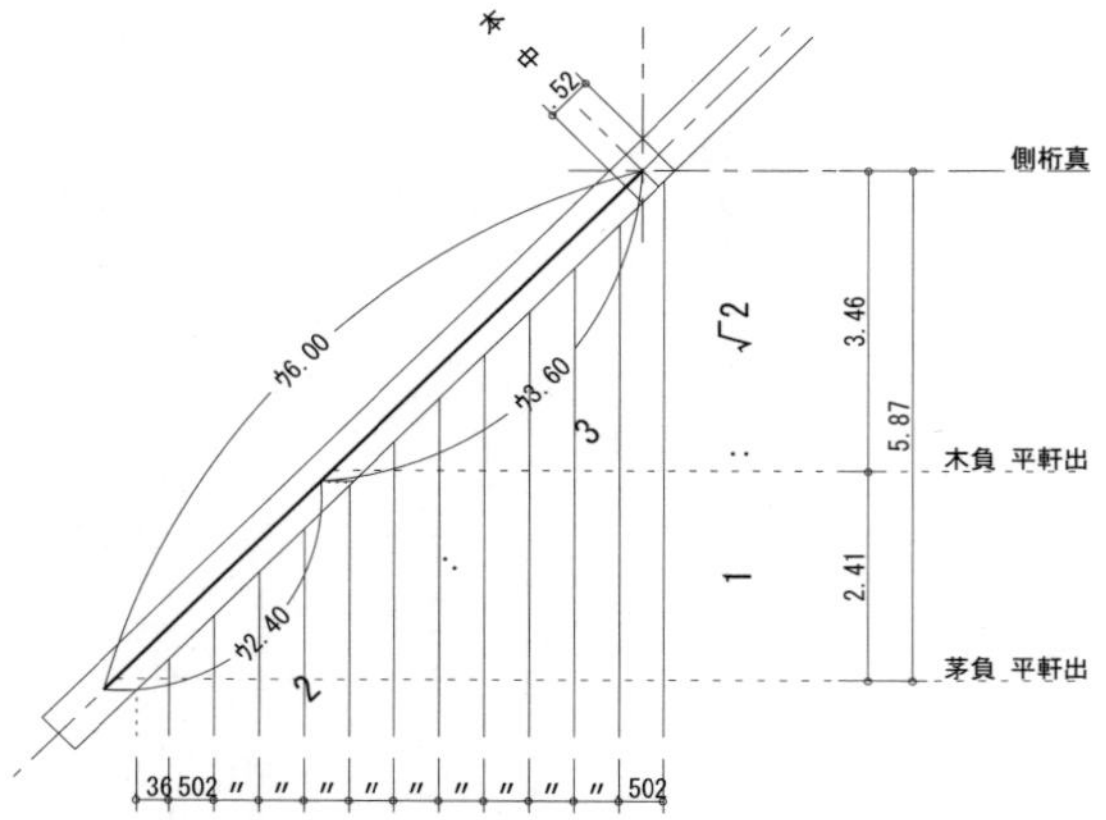

図 9　石手寺三重塔初層　按分型 / 完数式（B-1）　　L0(本) ＝ウ 6.00 尺

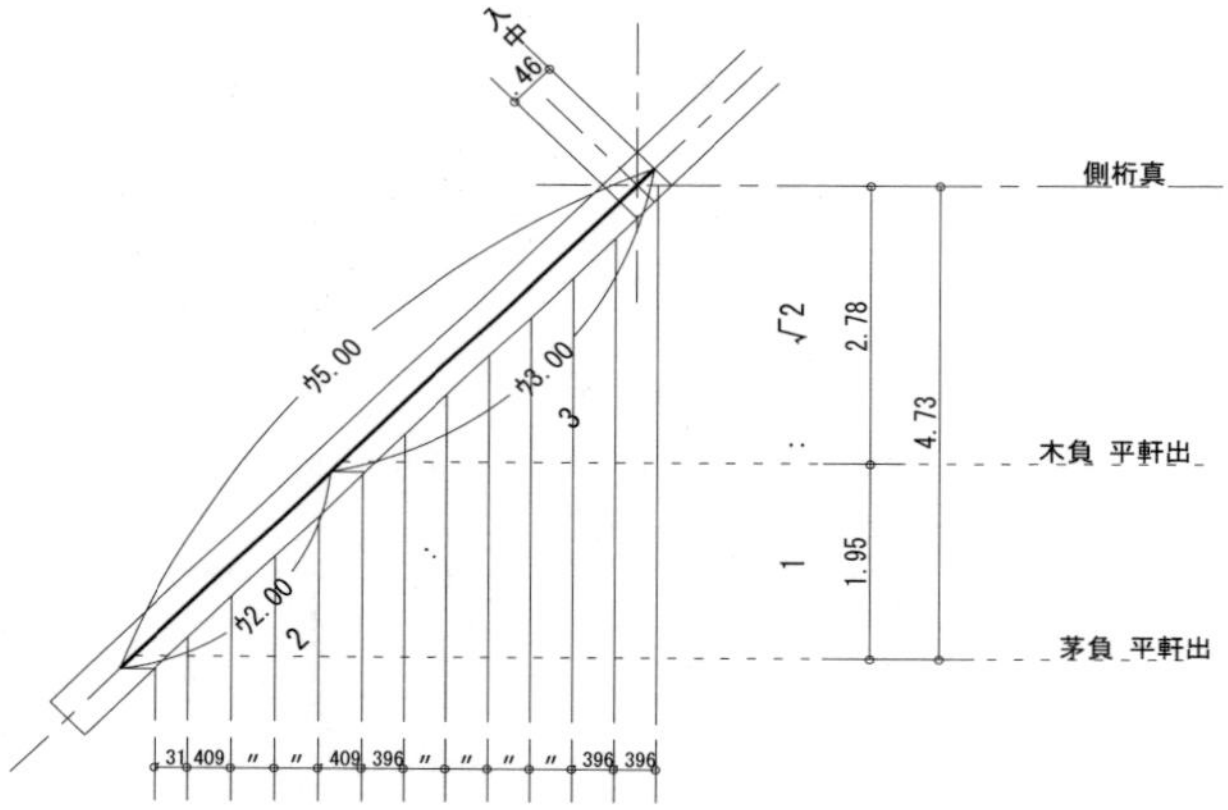

図 10　向上寺三重塔三層　按分型 / 完数式（B-1）　　L0(入) ＝ウ 5.00 尺

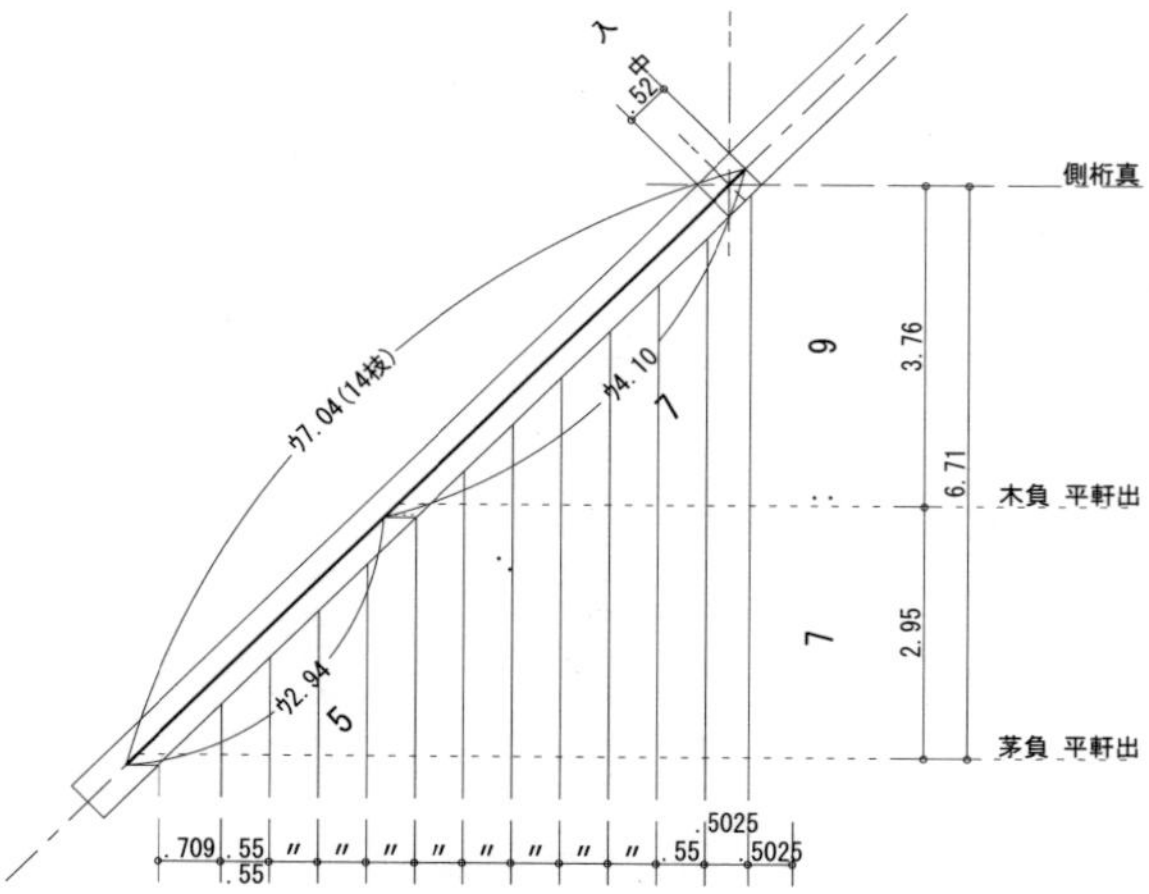

図 11　興隆寺本堂　按分型 / 枝数式（B-2）　　L0(入) ＝ 14 枝

ている。[注5]

鎌倉時代の遺構としては、豊満神社四脚門[9]がこの形式の古例に属する（なお、この建物は茅負留先長さが表目で決定されていると考えられる）。それ以後では、西明寺（滋賀）三重塔各層、石手寺三重塔各層が挙げられるがこの時代の遺構はまだ多くはない。

石手寺三重塔初層[10]：鎌倉時代後期（図9）

本中墨を基準に茅負留先まで（隅の軒出）L_0（本）を裏目六・〇尺と定め、木負留先までL_1（本）と木負留先から茅負留先までL_2を3：2の比によって定めている。

また、平の軒出は五・八七尺とするが、地軒と飛檐の出は正確に$\sqrt{2}$：1に按分している。この比率は7：5で近似するが、$\sqrt{2}$：1の方がより現状の軒の比率に近い値になっている（この按分の方法は後世「延小目割」と呼ばれる）。

室町時代になると、小規模仏堂の他、層塔、多宝塔、二重門などの重層のものなどで採用されるようになり遺構数は急増する。

向上寺三重塔三層[11]：永享四年（一四三二）（図10）

この形式の代表的な遺構といえるもので、入中墨を基準に茅負留先までL_0（入）を裏目五・〇尺と定め、木負留先までL_1（入）と木負留先から茅負留先までL_2を3：2の比によって定めている。

論治垂木より内側は通例通りに割付け、外側は一番垂木の小間を取ってから、枝数で割込んでいると考えられる。

平の軒出は四・七三尺とし、地軒と飛檐の比率は$\sqrt{2}$：1に正確に按分されている。

按分型／枝数式（B—2）

この形式は、茅負留先長さ（隅の軒出）L_0を枝割制で何枝と決定した後、木負留先位置を整数比で按分して定めると考えられるものである。

興隆寺本堂⑿：文中四年（一三七五）（図11）

　この類型に分類されるものは、室町時代前期までは少なく当堂はこの形式の古例である。隅は入中墨を基準に茅負留先まで（隅の軒出）L_0（本）を一四枝と定め、それを7：5に按分して木負留先位置L_1（本）を定めている。平の軒出は六・七一尺とし、地軒と飛檐を9：7に按分し木負位置とする。

　室町時代後期以降は多く確認できる。円教寺常行堂、久安寺楼門、三明寺三重塔（初層、二層）などが代表的な遺構である。

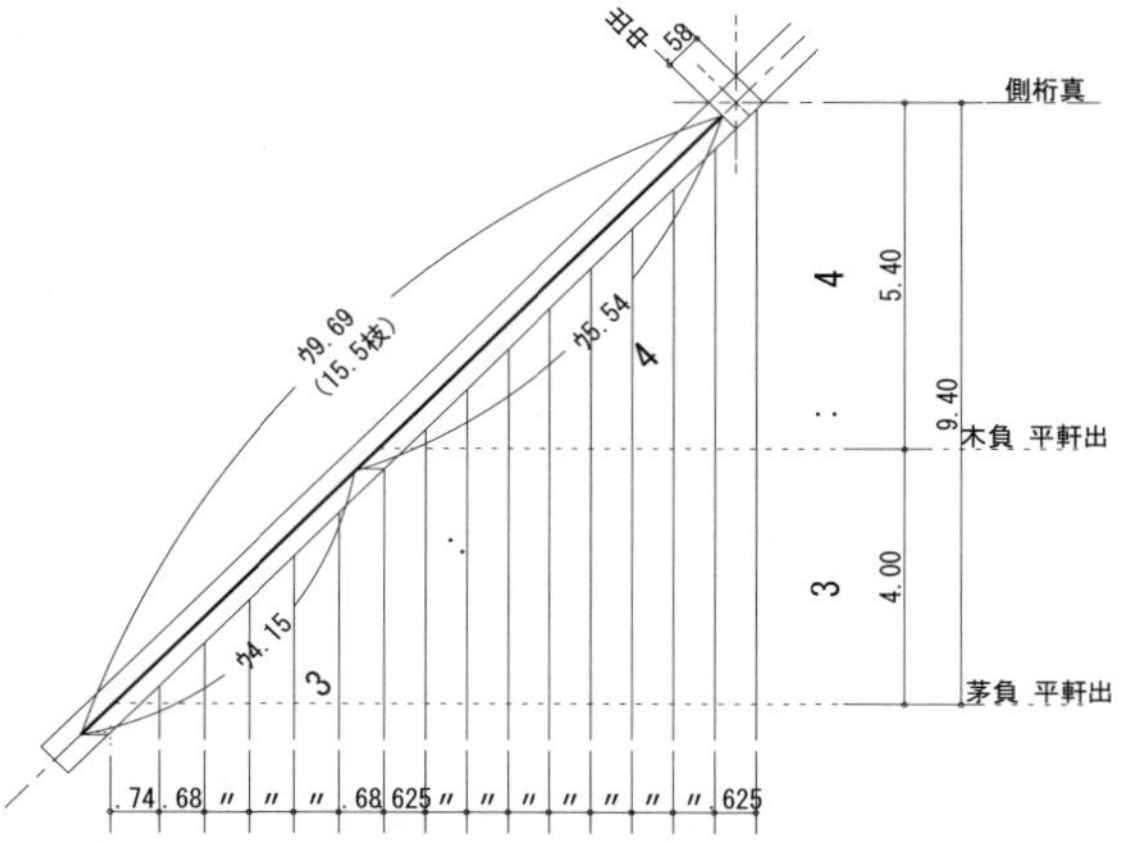

図12　円教寺常行堂　按分型／枝数式（B-2）　$L_{0(出)}$ = 15.5枝

円教寺常行堂⒀：享徳二年（一四五三）（図12）

出中墨を基準に茅負留先までL_0（出）を一五・五枝に定め、4：3に按分して木負留先位置L_1（出）を定める。

　配付垂木割は、論治垂木より内側を標準間の一枝寸法に揃えるが、外側は同じ割では一番垂木が狭くなり先に小間を揃えて割込むと七・二寸と大きすぎるために、標準の一枝寸法に五分ほど加えた一枝寸法を定めて追い出したと推定される。

　平の軒出は九・四尺とし、地軒と飛檐は4：3に按分し木負位置を決めている。

三―三　総割型（C型）

　基準墨から茅負留先L_0までは枝割制にのっているが、先の基本型や按分型のように木負、茅負の留先位置L_1、L_2の間に整数比や枝数の関係が認められず、かつ配付垂木割が整然と割られているものが少数確認できる。これを「総割型」（C）とする。

　この形式の設計の流れは図2に示したとおり、茅負留先（隅の軒出）L_0をはじめに枝割制で定め、次に隅木側面において必要な垂木数で出中墨から一番垂木まで同じ寸法で総割するか、又は標準の一枝寸法で桁から追って配付垂木を定め、そのうちの一本を論治垂木に定めてから木負口脇位置を定め、そこから木負留先を定めたものと考えられる。

隅木真上のL_1、L_2の比率に拘らなければ、この方法がもっとも無理なく納まる技法ということができる。また、垂木割が木負留先の決定より先行すると考えられることから、「引込垂木法」に類似した技法とも見ることができ、「留先法（A型、B型）」と「引込垂木法」の中間的、移行的な技法との見方もできる。

理屈の上では、茅負留先位置を完数で決める形式のものがあってもよいが、枝数によるもののみが確認された。実際の遺構は室町時代中期以降の地方に数例見られ、高田寺本堂、薬王院本堂、三輪神社須賀神社本殿などを挙げることができる。

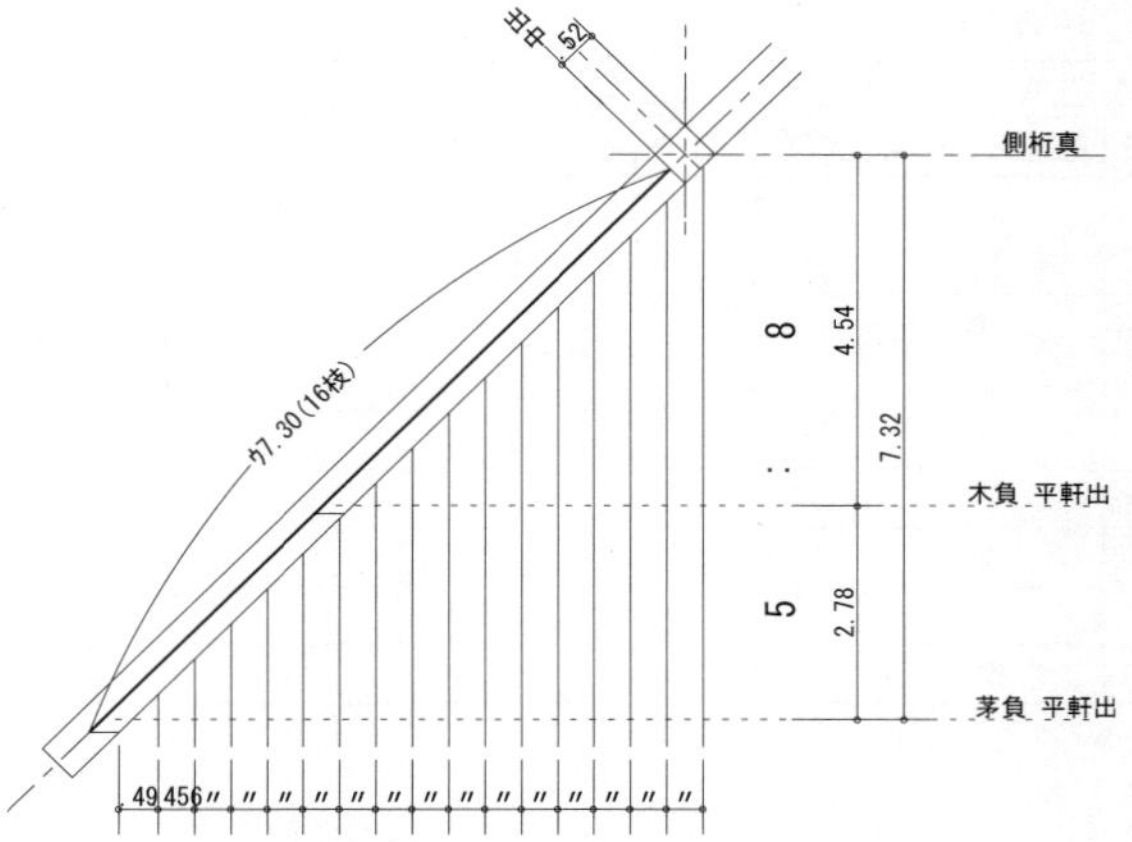

図13　高田寺本堂　総割型（C）　L_0(出)＝16枝

高田寺本堂[14]：室町時代中期（図13）

軒は発見古材により復原されたもので、推定部分を含む軒規矩図であるが、それを参考に分析すると、出中墨を基準に茅負留先（隅の軒出）L_0まで一六枝に定められている。木負、茅負留先の長さに比例関係は認められず、配付垂木は桁から標準の一枝寸法四・五六寸で追って定め茅負口脇と一番垂木の小間は残りとする。

論治垂木と木負口脇は正規に納まっていて、木負留先位置は「引込垂木法」と同様に論治垂木真から木負口脇を定めてから求められたもの考えるのが妥当と考えられた。

平の軒出は七・三二尺とし、地軒と飛檐は8：5に按分し木負位置を決めている。

三－四　類型ごとの建物種別の傾向

軒規矩図を留先法によって検証した結果は表1のとおりであるが、土佐神社本殿は「留先法」ではうまく説明がつかず「引込垂木法」の古例の可能性があると考えられた[注6]。それ以外の遺構はすべて上記の類型で分類することが可能であった。

表2　建物種別ごとの類型集計一覧

区　分	基本型 A		按分型 B		総割型 C
	完数式 A-1	枝数式 A-2	完数式 B-1	枝数式 B-2	
仏堂（五間堂以上）	8	21	5	7	2
仏堂（三間堂以下）	8	10	10	1	1
層　塔	10	10	20	7	−
多 宝 塔	3	5	2	2	−
門（四脚門，楼門，二重門）	1	4	7	3	−
鐘　楼	2	−	−	1	−
神社 本殿	1	2	2	2	1
宮殿・厨子等	−	1	3	1	−
計	33	53	49	24	4

留先の決定方法毎に、建物種別の実例数を集計したものが表2である。形式毎の傾向を、繰り返しになるがここで整理しておきたい。

基本型／完数式（A－1）は、平安時代後期から鎌倉中期までの仏堂、層塔の多くで見られ、古い時代の「留先法」の代表的な形式ということができる。鎌倉時代中期以降しばらく見られないが、室町時代中期の層塔で数例確認できる。

基本型／枝数式（A－2）は、枝割制を基本とした計画で、鎌倉前期以降中世を通して仏堂や層塔などの主要建物で使用され中世を代表する技法ということができる。第一章で検討した桑実寺本堂、西明寺本堂の二例もこの形式に含まれる。

按分型／完数式（B－1）は、やや遅れて鎌倉時代中期頃から見られ、小規模仏堂や門建築と特に層塔建築で主流となる技法で、計画は比較的容易であるといえる。遺構数の上からは（A－2）に次いで多く確認できる。

按分型／枝数式（B－2）は、枝割制を基本としていることから、規模の大きい仏堂も見られるが、神社本殿、門、層塔建築を中心に見られる。遺構数は（B－1）の半数程度である。

Cは、室町時代中期以降に散見することができる。

四　木負、茅負の口脇の決定

「留先法」では、木負、茅負の留先位置が決まれば次に木負、茅負の口脇位置を定める。隅木真上にある木負、茅負留先位置から、隅木側面に四五度もどした位置が木負、茅負の口脇位置である。これは、茅負、木負の正面見付けから見ると、留先位置から隅木片中裏目（隅木幅の半分を$\sqrt{2}$倍した値）を差引いた位置となる。

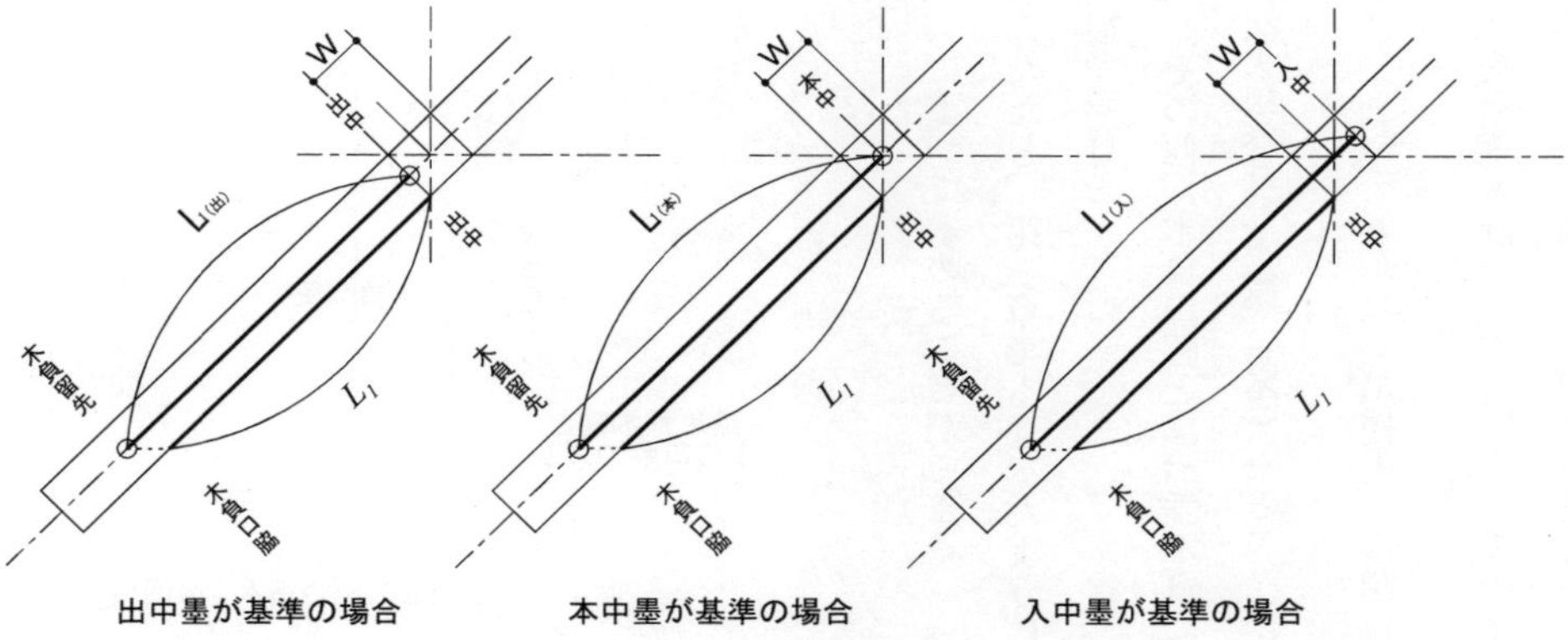

図 14　木負留先長さと木負口脇長さの関係

四—一　木負口脇の決定

隅木側面の出中墨から木負口脇までの長さ（木負口脇長さ）をL_1とすると、L_1は木負留先L_1（出）、L_1（本）、L_1（入）から作図又は計算によって求められる。L_1は配付垂木を割付ける都合があるから、必ず隅木側面の出中墨から取る必要がある。

留先長さL_1（出）、L_1（本）、L_1（入）と口脇長さL_1の関係は図14に示すとおりで、隅木幅Wとすれば関係式は以下で表わされる（寸法値は隅木幅も含め全て裏目とする）。

木負留先が出中墨を基準に定められている場合　$L_1 = \mathrm{L}_1(出) - (1/2 \times \mathrm{W})$　…①

木負留先が本中墨を基準に定められている場合　$L_1 = \mathrm{L}_1(本) - (2/2 \times \mathrm{W})$　…②

木負留先が入中墨を基準に定められている場合　$L_1 = \mathrm{L}_1(入) - (3/2 \times \mathrm{W})$　…③

四—二　茅負口脇の決定

木負口脇から茅負口脇までの長さ（茅負口脇長さ）をL_2とすると、L_2は木負留先から茅負留先までの茅負留先長さL_2に等しいから、L_2をそのまま木負口脇位置から取れば茅負口脇位置を定められる。

茅負留先長さと茅負口脇長さは、常に同じ値で$L_2 = \mathrm{L}_2$となる。

五　配付垂木の割付け

木負、茅負の口脇位置が決まれば配付垂木を割付けられる。

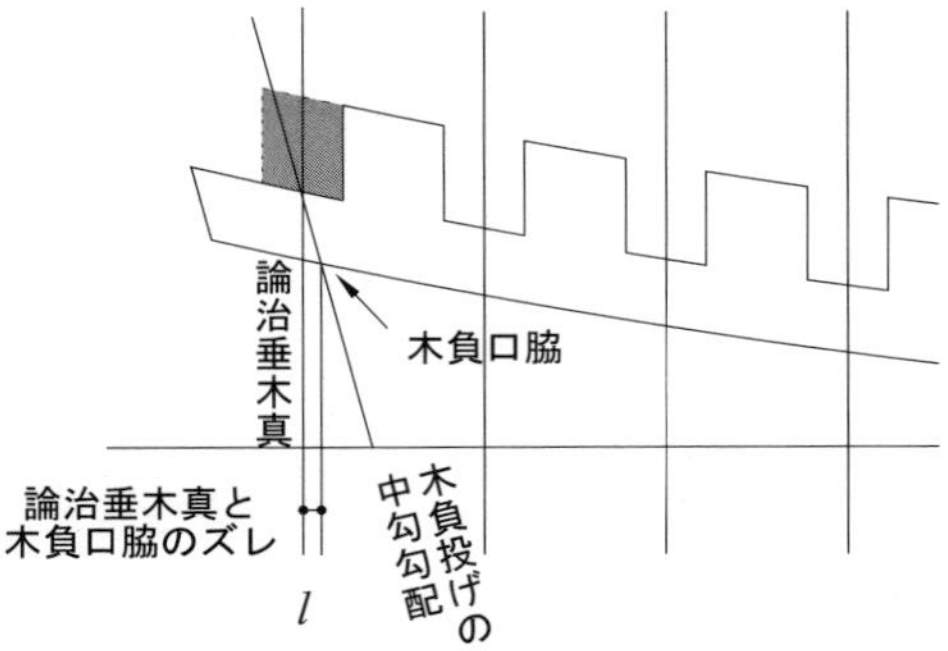

図15　木負口脇と論治垂木真の関係

五―一　地垂木の割付

出中墨から論治垂木までの地垂木の割付をおこなうためには、まず論治垂木真を定める必要がある。木負口脇と論治垂木真の関係は、論治垂木下端真から木負の中勾勾配で下ろし、木負下端と交わる点が木負口脇位置となるから（図15）、前節で定めた木負口脇長さに論治垂木真とのズレlを加えた長さを求め、それを必要な垂木数で割込めば地垂木の配付垂木割を求めることができる。

論治垂木真から出中墨までの枝数は、二軒繁垂木の場合、通常桁真で垂木を手挟むため、実際の垂木数に半枝を差引いた枝割数でなければならない。

式で表わすと、L_1が前節の①～③式で求められ、割付ける垂木数をNとすれば、一枝寸法Sは（寸法値はすべて裏目）、

$$(L_1+l)/(N-0.5)=S \quad \cdots④$$

によって求めることができる。

ただし、第一章でも述べたように、木負口脇までを同じ垂木割で割り、論治垂木真がlだけ延びるものもある（明王院五重塔、勝福寺観音堂）。

その他、木負口脇と論治垂木真にズレがなく一致する納まりもあるが、[注7]その場合は、$l=0$となる納まりである（一乗寺三重塔や都久夫須麻神社本殿（身舎）など[注8]）。

五―二　飛檐垂木の割付

飛檐垂木割は、木負留先からの茅負留先長さL_2を木負口脇からとり、茅負口脇を定めてその間を割付ける。

ここで、論治垂木廻りの仕舞が必要となるが、地軒の場合のように隅木基準墨には関係しないため、一番垂木と茅負口脇の小間を

逃げとするならば、垂木の割付は比較的自由におこなえる。

前節の地垂木の割付けで示した木負口脇と論治垂木真の関係が、どのような場合でも論治垂木真を割付けの基準に定められるのが基本であろう。一般的には先に定めた地垂木割と同じ一枝寸法で論治垂木から追い出していくものが多く、修理工事報告書にもその事例が報告されている。(15)

この方法で決めていくと、結果的に茅負口脇と一番垂木の小間は逃げとなり、小間が広い場合や狭い場合が生じることになる。この点は必ず小間を正確に納める「引込垂木法」と大きく異なる点であり、この小間の不揃いが何故生じるのかが中世軒規矩術の疑問のひとつであった。

その他では、論治真から茅負口脇まで総割するもの(注9)や、茅負口脇と一番垂木の小間を取ってから割込むもの(注10)などがある。

五―三　配付垂木割を標準の一枝寸法と揃える技法について

「留先法」における垂木割の統一

「留先法」によって決められる桁外の配付垂木割は、その決定方法からして通常は標準の一枝寸法とは一致することはなく、実際に中世の軒では軒桁の内外で、垂木割が異なることはむしろ一般的なことであった。

したがって、配付垂木割と標準間の垂木割が揃わない理由は、軒を隅で軽やかに見せるなどの意匠的な理由ではなく、技法上不可能だっただけであり、配付垂木割を揃えて納めることは古い時代から目標であったに違いない。

実際に先学が指摘している通り、一四世紀中期の一時期に、標準の一枝寸法と配付垂木割が揃う遺構が集中して現れ(16・注11)、以後散発的に見られ、近世になってすべての垂木割が揃う「引込垂木法」へとつながっていく。

そこで、中世の「留先法」でありながら、配付垂木割と標準の垂木割が揃うものを便宜的に「留先法均等式」と呼び、その仕組みを明らかにしたい。

留先法均等式とするための調整

「留先法」によって設計された隅木廻りの諸寸法の関係は、隅木基準墨の種別毎に、第四節で示した①〜④式の関係が成り立つが、実はこの関係式だけで導くことができる。

その原理は配付垂木の一枝寸法が標準間と同じであれば変数は隅木の幅だけであるから、隅木幅を調整することによって標準の一枝寸法と配付垂木割を揃えることができるのである。

先の①〜④式をそのまま変形して、以下の①'〜④'式とすることができる（寸法は全て裏目とする）。

出中墨を基準とした場合　$(L_1(出) - Ll) \times 2/1 = W$…①'

本中墨を基準とした場合　$(L_1(本) - Ll) \times 2/2 = W$…②'

入中墨を基準とした場合　$(L_1(入) - Ll) \times 2/3 = W$…③'

ただし、

$Ll = S(N - 0.5) - l$　…④'

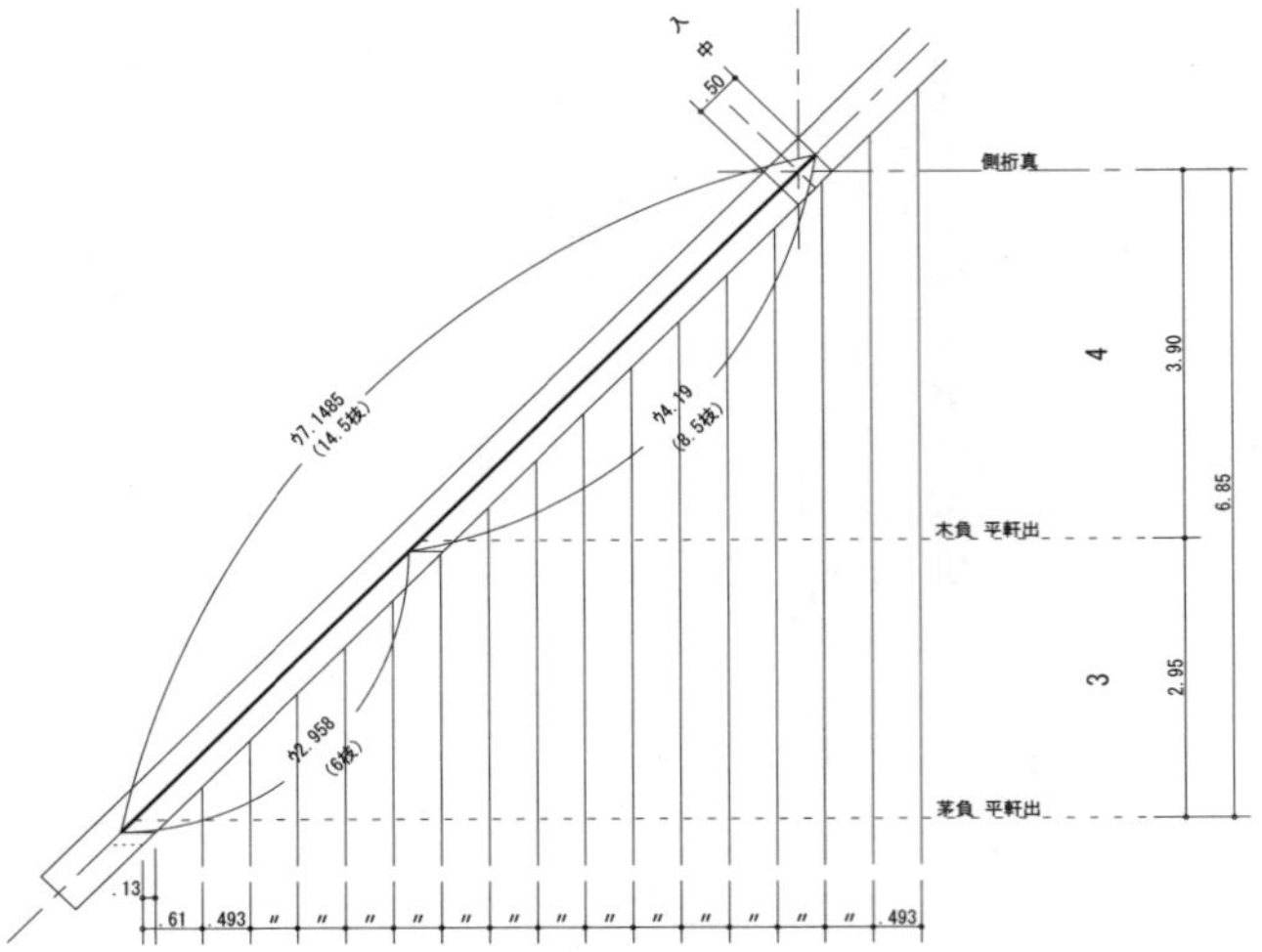

図16　浄土寺阿弥陀堂　留先法均等式　　L_0(入)＝14.5枝

それらの式が意味していることは、木負留先長さから木負口脇長さを差し引いて、隅木基準墨ごとの定数（出中墨＝二／一、本中墨＝一、入中墨＝二／三）を乗じれば、標準の一枝寸法と配付垂木割が揃う隅木幅W（裏目）を定めることができるということである。

例えば、「留先法均等式」である浄土寺阿弥陀堂：貞和元年（一三四五）で検証すると、入中墨からの木負留先長さ裏目四・一九尺（裏目4.93寸×8.5枝）から、口脇長さ（裏目4.93寸×7.5枝－論治垂木真と木負口脇のズレ4分）を差引くと裏目五・三二三寸となり、それに入中墨の場合の定数二／三を乗じて裏目三・五五寸を得る。その値を表目で読むと五・〇寸となり、実際の隅木幅に一致する（図16）。

したがって、この建物は隅木幅が五寸以外では標準の一枝寸法と配付垂木割は揃わないのである。

このようにして、本来、配付垂木割と標準の一枝寸法が揃わない「留先法」であるが、実は隅木幅を調整するだけで揃えることができるのである。

近世の「引込垂木法」では、垂木割の後に留先を決定するから、隅木の幅は最終的に決定する平の軒出に影響を及ぼすが垂木割には関係しない。また、近世木割書においては隅木幅は垂木二本分とするのを基本とし、それより少し増すのを良しとするのが一般的で[17]、隅木幅は木割によって画一化していくが、中世の「留先法」において隅木幅は、軒廻りの諸寸法の決定を調整する重要な意味を持っていたと推察される。

ちなみに表1において、隅木幅／垂木幅の平均値は、小規模なものを除いた平均値で、平安時代が二・二九（最大二・七八、最小一・五七）、鎌倉時代二・一三（最大二・八〇、最小一・八九）、室町時代二・一五（最大三・一九、最小一・五六）と、ほぼ暫時減少していく傾向が認められるが、室町時代では最大と最小の差は二倍以上あり、隅木幅の値の振幅は大変大きかった。

六　平の軒出の決定

「留先法」では、最後に平の軒出が決定されると考えられる。つまり「引込垂木法」と同じ要領で木負、茅負の留先位置から、それぞれの前面投げ勾配で平の高さまで引き下ろして定められたと思われ、この基本は軒規矩術の長い歴史であまり変化していないと考えられる。

したがって、この方法で決められた平の軒出は通常は枝割制に乗ることはなく端数がつく値となり、地軒と飛檐の出の関係においても比例関係が認められる可能性は低いことになる（図1の④）。もちろん、平の軒出を完数や枝割制で定め茅負前面の投げ勾配で調整することも可能ではあるが、実際はあまり確認できない。

しかし、中世の軒では平の木負、茅負の位置と隅木の口脇位置が木負、茅負の前面投げ勾配上に納まらない「撓込み」（又は「捻込み」、「中央入込み」、「打ち込み」などともいう）となる場合もあるから、近世の「引込垂木法」と全く同じとも思われない。

平の軒出を検証すると、撓込みなどの例を除き、平の全体の軒出については茅負前面の投げ勾配で決定されていると考えられるが、

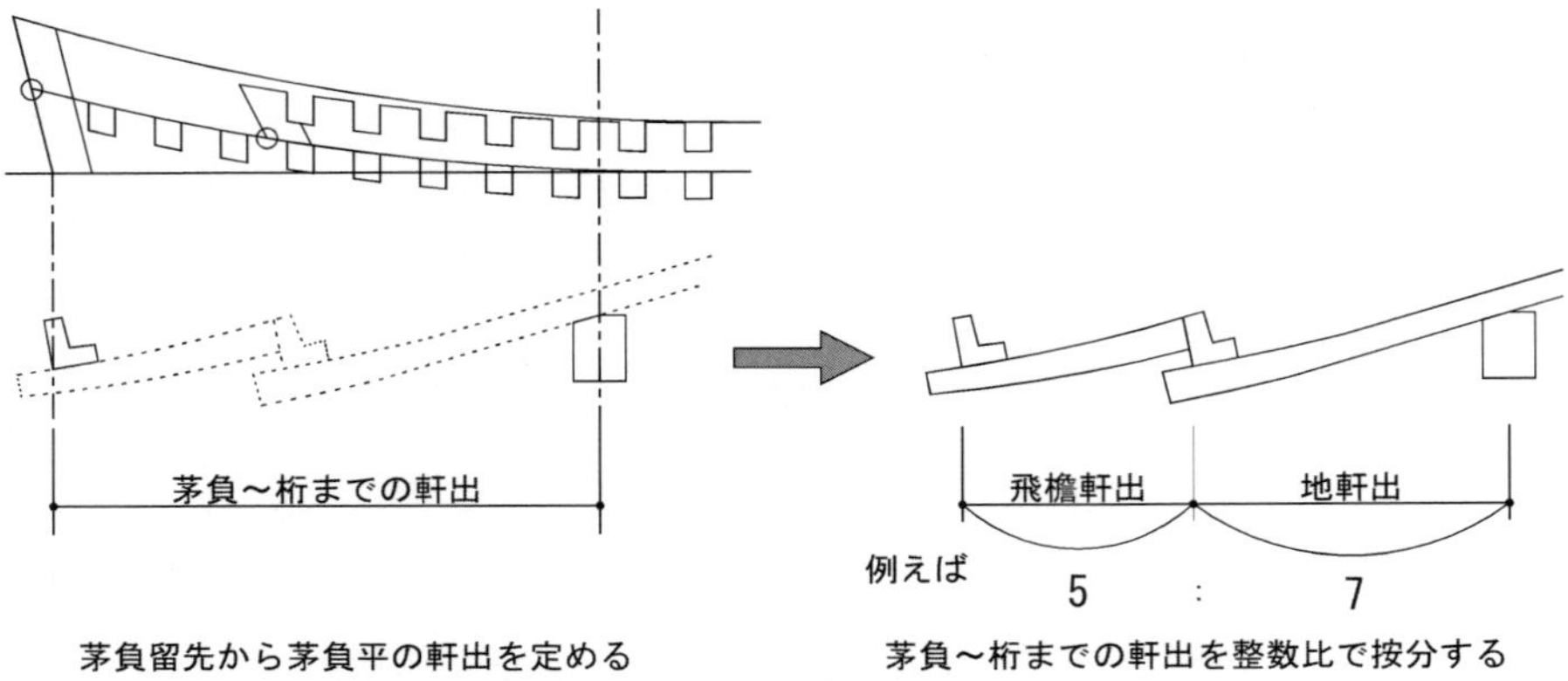

図17　平の軒出の決定方法

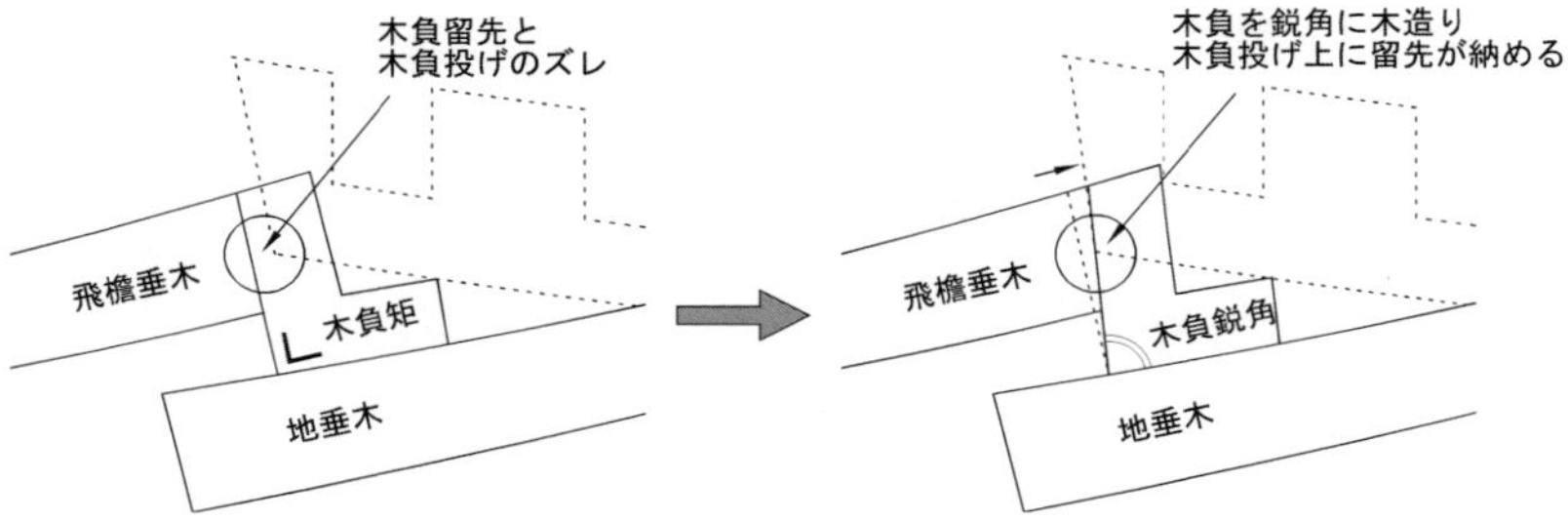

図18　木負留先と平の木負の調整

木負位置については「引込垂木法」とは異なる方法も考えられるのである。

具体的には、木負外下角を鋭角にする事例が多い点と、地軒と飛檐の出に比較的明快な比例関係が認められるものが多い点を考え合せると、図17に示すように、はじめに、茅負留先から平の高さまで茅負投げ勾配に引込んで平の全体の軒出を決めた後、それを整数比に按分して木負の位置を決定した可能性が高いのではないかと考えられた。

この時、木負外下角が矩のままであれば、木負の平の位置と「留先法」で定めた木負留先が、木負投げ勾配上に揃う保証がないが、図18のように木負外下角を鋭角に木造って、木負前面の投げ勾配を調整したのではないかと推察されるのである。

木負を鋭角に加工する理由は、すでに大岡實が木負と茅負勾配を揃えるためであると指摘しているが、[18] それ以外の場合においても木負を鋭角にする事例は大変多く、大岡説だけでは説明がつかない。表1に示したように、中世では木負を鋭角に木造る事例は分析した対象の四割弱で確認できるほど多い理由がそこにあるのではないかと推察された。

平の軒出の決定方法については、それ以外にも幾通りかの方法が考えられ、第九章でまとめて述べることとする。

七　小結

以上、中世の軒規矩術法について前章で提示した「留先法」で、遺構のもっとも多い二軒繁垂木の軒を検証した。その結果、ほとんどの軒で木負、茅負の留先が根拠をもって定められており、「留先法」の仮説に当てはまることが確認できたと思う。また、留先の決定方法は大きく二つの形式と特殊なものに分類することが可能で、それぞれに時代、用途上の傾向が認められることを指摘できた。

「留先法」は、平の軒出を基準とする「現代軒規矩術法」とは、まったく逆の設計工程であるが、「現代軒規矩術法」ではできなかった中世の軒規矩術の分析、類型化を可能とし、以下の中世軒規矩術法における未解決の課題の一部を、説明することができることは重要な点であろう。

・桁外の配付垂木割が標準の一枝寸法と揃わない理由
・茅負口脇と一番垂木の小間が他の小間と等しく納まらない理由
・論治垂木と木負口脇のさまざま関係
・鋭角に木造られた木負の理由

なお、留先決定の基準となる隅木基準墨は、入中墨、出中墨、本中墨の三種類があるが、どの墨をどのような理由で選択したのかは現在のところ不明である。

第六章[19]でも指摘する通り、近世軒規矩術書においても桁中墨の取違いは認められることから、隅木基準墨は中世においても正式な使用方法がまだ確立されていなかった可能性も考えられる。

また、本中墨を基準に考えると、出中墨を基準に留先を決定する場合、軒出は少し（隅木片中裏目の半分つまり隅木の〇・三五倍）長くなることになる。反対に入中墨を基準とする場合は少し短くなるから、軒出を少し出し入れする調整の意味があったとも考えられる。

参考文献

1 大上直樹、西澤正浩、望月義伸、谷直樹：「隅木を基準とした軒規矩術法と復原事例　中世軒規矩術の研究──その1」日本建築学会計画系論文集第六六九号、一四八一－一四八九頁、二〇一一・一一（本書　第一章）
2 『国宝醍醐寺五重塔修理工事報告書』（京都府教育庁）、一九六〇・一
3 『国宝平等院鳳凰堂修理工事報告書』（京都府教育庁）、一九五七（発行月不明）
4 『国宝中尊寺金色堂修理工事報告書』（同修理委員会）、一九六八・七
5 『國宝建造物東院禮堂及び東院鐘樓修理工事報告』（法隆寺國宝保存事業部）、一九三七（発行月不明）
6 乾兼松：「工具」『明治前日本建築技術史』所収、新訂版、臨川書店、一九八二・五
7 『国宝海住山寺五重塔修理工事報告書』（京都府教育庁）、一九六三・三
8 『国宝興福寺東金堂修理工事報告書』（奈良県教育委員会）、一九四〇・一
9 『重要文化財豊満神社神門修理工事報告書』（滋賀県教育委員会）、一九六〇・九
10 『国宝・重要文化財（建造物）実測図集』（文化庁）
11 『国宝向上寺三重塔修理工事報告書』（同修理委員会）、一九六三・三
12 前掲10に同じ。
13 『円教寺常行堂修理工事報告書』（同修理委員会）、一九六五・一二
14 『重要文化財高田寺本堂修理工事報告書』（同修理委員会）、一九五四・四
15 『重要文化財真光寺三重塔修理工事報告書』（同修理委員会）、一九六六・四
16 大森健二：『中世における構造と技術の発達について』、私家版、一九六一・九
17 『新編拾遺大工規矩尺集』、永田調兵衛版、元禄一三年（一七〇〇）など
18 大岡實：「茅負に於ける特殊なる技法」建築史　第二巻第三号所収、二四八－二五四頁、一九四〇・五
19 大上直樹、西澤正浩、望月義伸、谷直樹：「『大工雛形秘伝書図解』と類型本による近世軒規矩術について　近世軒規矩術の研究──その1」日本建築学会計画系論文集　第六六六号、一四八一－一四九〇頁、二〇一一・八（本書　第六章）

注

注1　報告書が刊行されていても、後世の改造が著しく当初形式の分からないものは対象から除いた。また、報告書が刊行されていない軒規矩図は時代の判定が困難であるが、図面等によって適宜判断し後世の改造になるものと思われるものも除いた。

注2　一〇世紀以降の平安時代は、鎌倉時代に時代が近く類似の納まりもあり、詳細な報告書が出されているため参考に加えた。

注3　留先位置は本来当初尺で示すべきであるが、隅木廻りは明確な寸法の押さえ処がなく、修理工事報告書においても配付垂木割などの諸寸法も当初尺については判然としないものが多い。本章では現尺によって推定される計画寸法を表記することとした。

注4　例えば、円教寺金剛堂では配付垂木割は隅行きで表目五寸で割付けられているから、必ずしも全ての軒で隅木が裏目で計画されているとは限らない。逆に一般の平面や矩計寸法を裏目で設計している事例も存在するから（大山咋神社本殿など）、中世の度量衡については今後検討すべき多くの課題がある。

注5　二軒疎垂木は第三章、扇垂木については第四章に説明する。

注6　土佐神社本殿は文化財建造物保存技術協会岡信治技師のご教示によれば、隅木は四丁とも当初材で、報告書の軒規矩図も基本的には当初形式である。留先法による検討ではどの形式にも該当せず、「引込垂木法」が確認できるもっとも古い遺構である可能性がある。土佐神社本殿より古いもので、引込垂木と思われるものもあるが後世の改造の可能性もあり断定できない。

注7　中世の類似例は、東大寺念仏堂：嘉禎三年（一二三七）、雨錫寺阿弥陀堂宮殿：永正一一年（一五一四）の他、木負が垂直に反る久安寺楼門：室町中期、多治速比売神社本殿：天文一〇年（一五四一）なども含まれる。

注8　さらに、木負留先位置を隅木側面に移した位置を、木負口脇とせずに論治垂木とし、木負口脇は論治垂木真からlだけ差し引いて、定めたと考えられるものもあるが、煩雑になり実測図からの検証も困難であるため除外した。

注9　例えば、金蓮寺弥陀堂：鎌倉時代後期、日竜峯寺多宝塔上・下層：鎌倉寺時代後期、西国寺金堂：至徳三年（一三八六）、妙楽寺本堂：室町時代前期、新海三社神社三重塔二層：永正一二年（一五一五）などを挙げることができる。

注10　例えば、法道寺食堂：鎌倉時代後期、道成寺本堂：室町時代前期、向上寺三重塔二層：永享四年（一四三二）などを挙げることができる。

注11　大森健二が文献16において指摘している。石手寺三重塔：鎌倉時代後期が古例と思われるが、貞和頃に急増する。例えば、浄土寺阿

弥陀堂：貞和元年（一三四五）、延暦寺転法輪堂地軒：貞和三年（一三四七）、明王院五重塔：貞和四年（一三四八）などが挙げられる。

第三章　留先法による一軒疎垂木・同繁垂木・二軒疎垂木の検証

一　はじめに

前二章において、中世の軒規矩術法は「留先法」であることを提案するとともに、中世遺構の軒として基本である二軒繁垂木について検証をおこない、軒が「留先法」によって計画されている可能性が高いことを述べた。

また、木負、茅負の留先の決定方法において、大きく二つの形式と一つの特殊形式に分類できることを示した。

本章は、平行垂木のうち二軒繁垂木を除く一軒疎垂木、同繁垂木と二軒疎垂木の軒を、「留先法」によって検証をおこない、「留先法」が使用されている軒形式の拡がりと、軒形式ごとの留先の決定方法の特徴について整理するものである。

検証の方法は、第二章に準じて文化財建造物修理工事報告書などの軒規矩図を基礎資料として、隅木廻りを作図して木負、茅負の留先の決定方法、隅の軒出と平の軒出の関係などを考察した。

二　留先法の分類

「留先法」の分類方法は、第二章でおこなった二軒繁垂木と同じ方法でおこなう。

ひとつは「基本型」で、木負、茅負の留先を順番に決めていく方法である。記号ではA型とする。

もうひとつは「按分型」で先に茅負留先を決めて、それを按分して木負留先を決める方法で、記号ではB型とする。

また、それぞれに長さを決める方法として完数によるものと枝割制によるものがあり、枝番号を付して以下のように分類する。

基本型　A	完数式……A—1
	枝数式……A—2
按分型　B	完数式……B—1
	枝数式……B—2

一軒の疎垂木と繁垂木は、木負がないから按分型Bは存在せず、全て基本型Aである。総割型Cは、本章で検討する軒には存在しなかったので省略した。

また、第二章と同様に、隅木基準墨から木負留先までを木負留先長さL_1、そこから茅負留先までを茅負留先長さL_2とし、L_1とL_2を合せた全体つまり隅木基準墨から茅負留先までをL_0とする。なお、L_1、L_0において出中墨を基準とする場合はL_1（出）、L_0（出）、本中墨の場合はL_1（本）、L_0（本）、入中墨の場合はL_1（入）、L_0（入）と基準墨の種別を併記する。なお、一軒の場合L_2はなくL_1＝L_0となる。

三　留先法による一軒疎垂木の検証

三—一　概要

中世の一軒疎垂木の遺構で軒規矩図が入手可能であり、後世の改造の少ない主なもの一八例を対象とした。鎌倉時代のものはなく全て室町時代の遺構である。半繁垂木や板軒も本節に加えた。

一軒疎垂木は簡易な軒であるため、規模の大きなものは雨錫寺阿弥陀堂（五間堂）、照蓮寺本堂（七間堂）ぐらいで、あとは三間堂程度のものである。

検証の詳細は、疎垂木二例、半繁垂木二例、板軒一例について述べることとし、他の遺構の結果は表1に記した。

表1　留先法による一軒疎垂木の検証結果

時代	建物名／層等	年代		留先の決定					垂木割の決定				平軒出の決定		基本寸法（尺）			
		年号	西暦	茅負下角	基準	決定方法	A 基本型 A-1 完数 地軒（尺）	A 基本型 A-2 枝数 地軒（枝）	地垂木数	1枝寸法（尺） 口脇~1	1枝寸法（尺） 地軒	1枝寸法（尺） 標準間	平軒出（尺） 地軒	撓込み	隅木幅	垂木幅	隅木／垂木	隅木裏目
室町時代	洞春寺観音堂（板軒）裳階	永享2	1430	−	出	A−1	4.40		−	−	−	−	4.40	−	.30	−	−	.21
	定光寺観音堂	寛正4	1463	−	入	A−1	3.80		3	.23	1.63	1.25	3.62	−	.30	.15	2.00	.21
	法隆寺北室院太子殿	室町中	1466	−	本	A−1	5.70		4	.68	1.50	1.68	5.58	−	.34	.17	2.00	.24
	蓮華峰寺金堂（半繁）	室町中	1459	−	（張出垂木）				4	1.25	1.85	2.00	7.20	−	.85	.40	2.13	.60
	正蓮寺大日堂（半繁）	文明10	1478	−	出	A−1	6.00		6	.72	1.00	1.00	6.07	−	.66	.26	2.54	.47
	慈照寺銀閣　下	長享3	1489	−	出	A−1	5.20		3	.84	2.20他	1.63	5.24	−	.37	.19	2.00	.26
	堂山王子神社本殿（半繁）	明応7	1498	−	入	A−1	*表8.00*		6	.60	.88	.88	5.37	−	.60	.26	2.31	.42
	白山神社拝殿　岐阜	文亀2	1502	−	本	A−1	4.60		4	1.02	1.10	1.30	4.50	−	.40	.20	2.00	.28
	照蓮寺本堂	永正1	1504	−	本	A−1	8.10		5	1.34	1.41他	1.56	8.04	−	.46	.22	2.09	.33
	寶珠院本堂	永正9	1512	−	入	A−1	5.00		4	.89	1.16他	1.25	4.79	−	.33	.18	1.83	.23
	雨錫寺阿弥陀堂（半繁）	永正11	1514	鋭	出	A−1	6.90		5	2.02	1.16	1.16	6.90	○	.69	.26	2.65	.49
	窪八幡神社若宮八幡社拝殿	天文5	1536	−	入	A−1	3.70		3	1.25	1.13	1.50	3.51	−	.37	.18	2.06	.26
	厳島神社摂社天神社本殿	弘治2	1556	−	（張出垂木）				5	1.04	1.25他	1.56	6.50	−	.36	.16	2.25	.25
	雲峰寺本堂	室町後	1572	−	本	A−1	5.80		5	1.15	1.06	1.05	5.59	−	.43	.22	1.95	.30
	白山神社拝殿　滋賀	室町後	1572	−	出	A−1	4.49		3	1.05	1.68他	1.58	4.49	−	.39	.20	1.95	.28
	新長谷寺阿弥陀堂	室町後	1572	−	出	A−1	5.20		4	.69	1.37	1.58	5.20	−	.38	.16	2.38	.27
	新長谷寺鎮守堂	室町後	1572	鈍	出	A−1	5.40		4	.75	1.50	1.55	5.40	−	.38	.17	2.24	.27
	東光寺仏殿　裳階	室町後	1572	−	本	A−1	*表3.60*		2	1.14	1.17	1.17	2.48	−	.34	.17	2.00	.24

（表注）・「茅負下角」欄の「鋭」は鋭角に木造っているもの、「鈍」は鈍角となるものを示す。
・「基準」欄の「出」は出中墨、「入」は入中墨、「本」は本中墨を基準に留先を定めていることを示す。
・「基本型」の寸法は裏目寸法で示している。「表」は表目寸法で隅の寸法を定めているものを示す。
・「撓込み」欄の「○」は茅負又は木負に撓込みがあるものを示す。

三―二　遺構の検証

一軒疎垂木の遺構

照蓮寺本堂[1]：永正元年（一五〇四）頃（図1）

現存する最古の真宗仏堂（七間堂）で、昭和三四年に解体・移築修理されているが、部材の保存状態は良く、疎垂木の当初の軒形式も判明している。

隅の軒出は、本中墨を基準に茅負留先までL_0（本）を、完数の裏目八・一〇尺に定めている。したがって、基本型／完数式（A―1）に分類できる。

平の軒出八・〇四尺は、茅負留先から茅負投げ勾配一・八寸によって引込んで決定されたと考えられた。

配付垂木は、広縁の柱から外は一枝だけであるが、広縁の間を三等分した一枝寸法一・六八尺を、1：5に按分した値（五／六）一・四一尺を、桁真から一番垂木の垂木真々として割付けたと推察された。

新長谷寺鎮守堂[2]：室町時代後期（図2）

四間四方の仏堂で軒廻りの保存状態も良く、疎垂木の当初形式が判明している。

隅の軒出は、出中墨を基準に茅負留先までL0（出）を完数の裏目五・四尺とする基本型／完数式（A―1）である。

また平の軒出も同じく五・四尺である。この様に隅の軒出（出中墨から茅負留先まで）と平の軒出を同じ寸法に揃える技法は、検討した遺構の中でも数多く確認できたことから、「出中押え法」と仮称することとし[注1]第九章で詳細に述べる。

当堂の場合、茅負の外下角が鈍角になっているが、その理由は地垂木の居定勾配に矩（直角）のままでは、必要な茅負の反り出しが足りないため、茅負外下角を鈍角にして茅負がより反り出すように調整したものと考えられる。「出中押え法」では、茅負にこうした変形を加える場合がある。

配付垂木割は、茅負留先から一尺を取りその残りを三等分したものと思われる。

半繁垂木の遺構

正蓮寺大日堂[3]：文明一〇年（一四七八）（図3）

三間堂で軒廻りの保存状態は良く、半繁垂木の当初の軒形式が判明している。

隅の軒出は、出中墨を基準に茅負留先までL0（出）を完数の裏目六・〇尺とする基本型／完数式（A―1）である。L0（出）は脇間八尺を1：3に按分した値（三／四）である。

平の軒出六・〇七尺は、茅負留先から引込んで決定されたと考えられる。

配付垂木割は、側柱真から標準の一枝寸法によって割れるところまで追い出し、茅負口脇と一番垂木の小間はその残りとしたのであろう。

雨錫寺阿弥陀堂[4]：永正一一年（一五一四）（図4）

五間堂で軒廻り材の全てが当初材であった。

隅の軒出は、出中墨を基準に、茅負留先L0（出）までを完数の裏目六・九尺とする基本型／完数式（A－1）である。

平の軒出は、隅の軒出と同じ六・九尺となるから、当堂の軒も「出中押え法」である。

茅負は外下角を鋭角にしながら、投げ勾配より隅で前に出る撓込みの技法が唯一認められる。

配付垂木割は、正蓮寺大日堂と同じく、標準間の一枝寸法を隅まで追い出していき四枝目を一番垂木とするが、もう一枝入れることも可能であったと思われる。

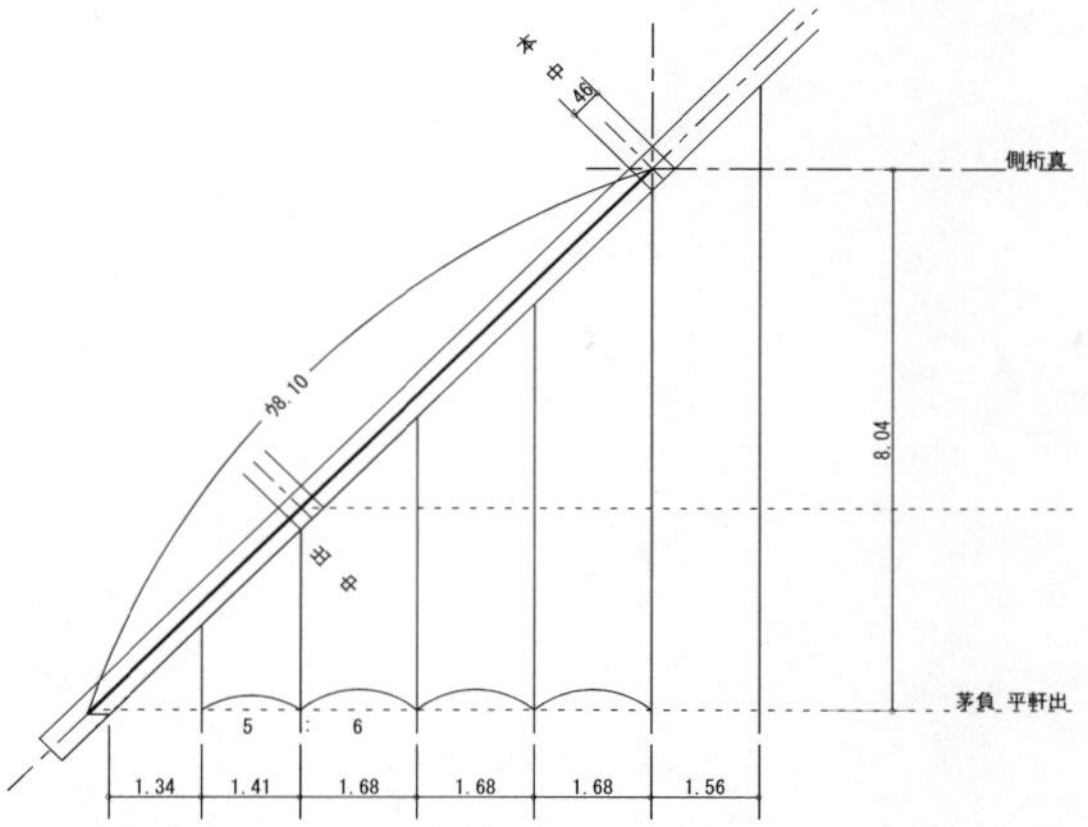

図 1　照蓮寺本堂　一軒疎垂木
基本型 / 完数式（A-1）　L_0（本）＝ウ 8.10 尺

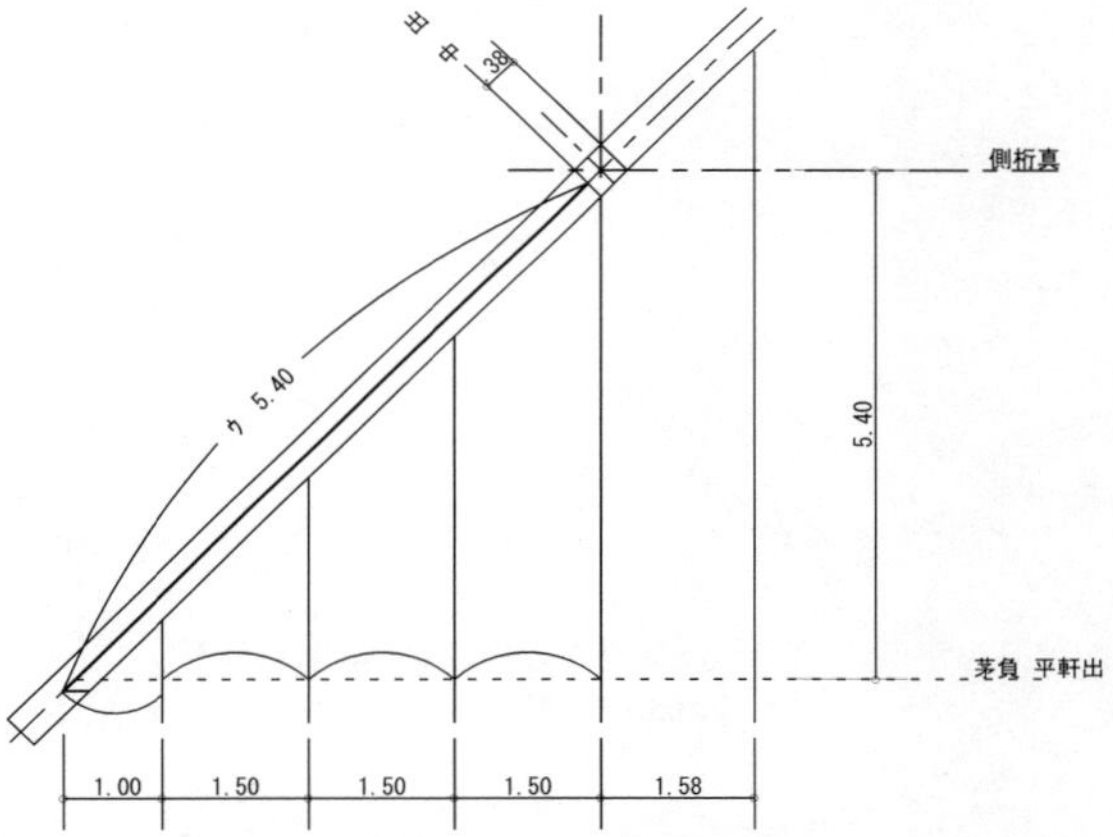

図 2　新長谷寺鎮守堂　一軒疎垂木
基本型 / 完数式（A-1）　L_0（出）＝ウ 5.40 尺

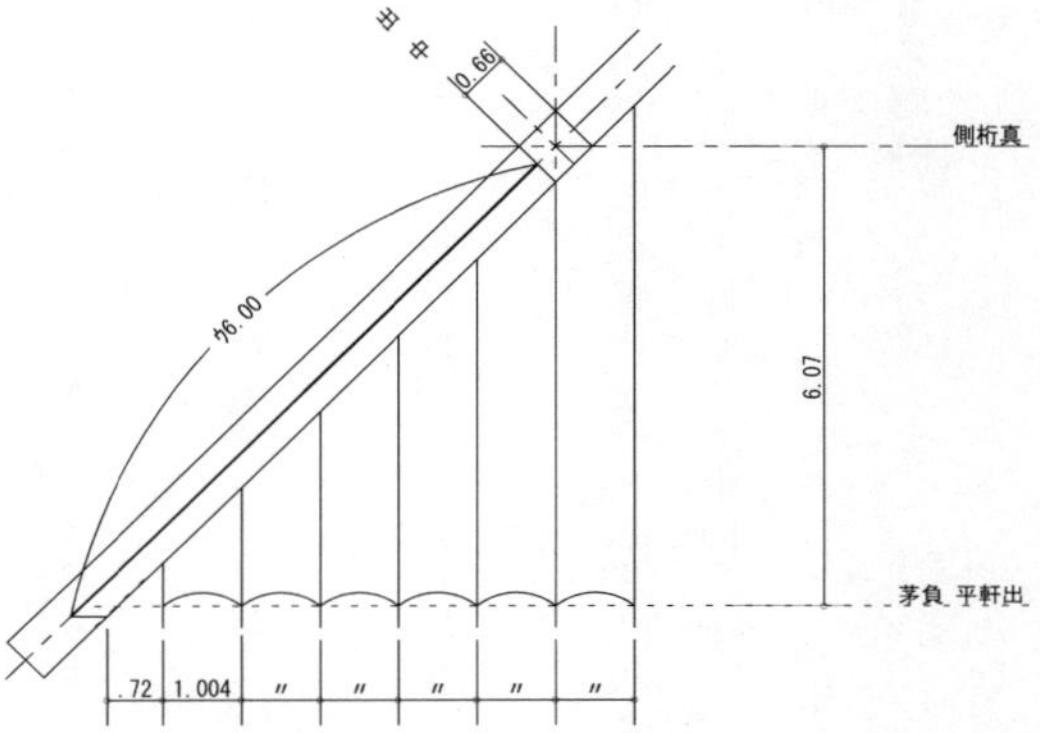

図 3　正蓮寺大日堂　一軒半繁垂木
基本型 / 完数式（A-1）　L_0（出）＝ウ 6.00

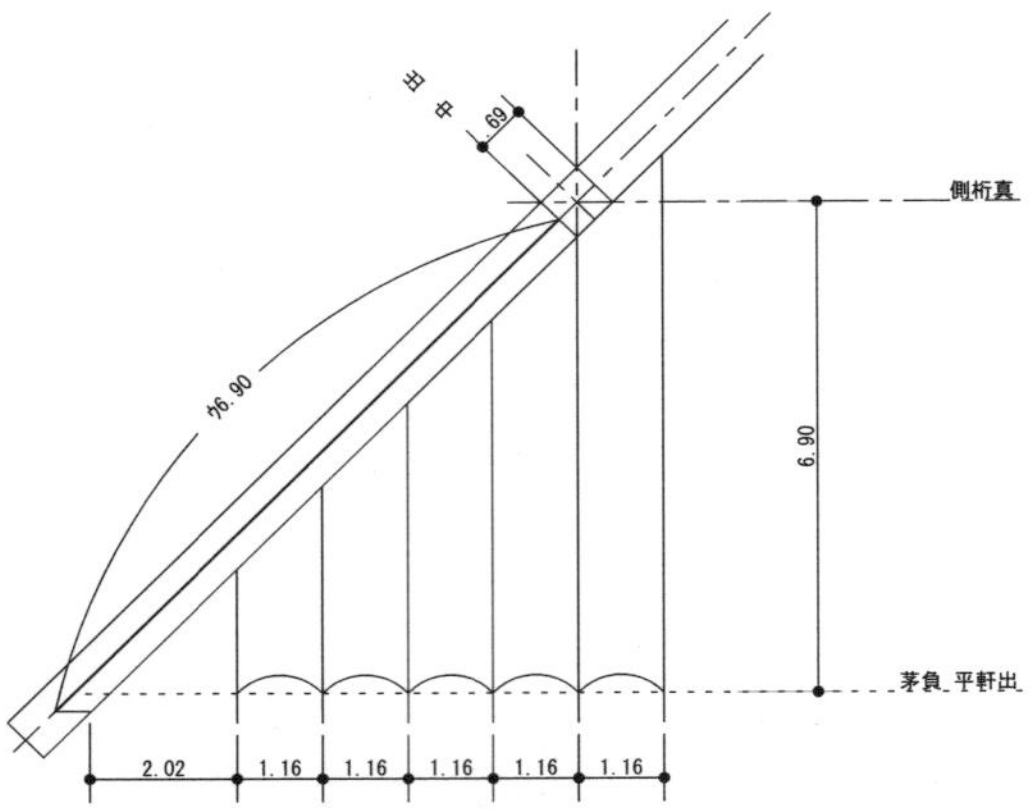

図4　雨錫寺阿弥陀堂　一軒半繁垂木
基本型／完数式（A-1）　L_0（出）＝ウ6.90尺

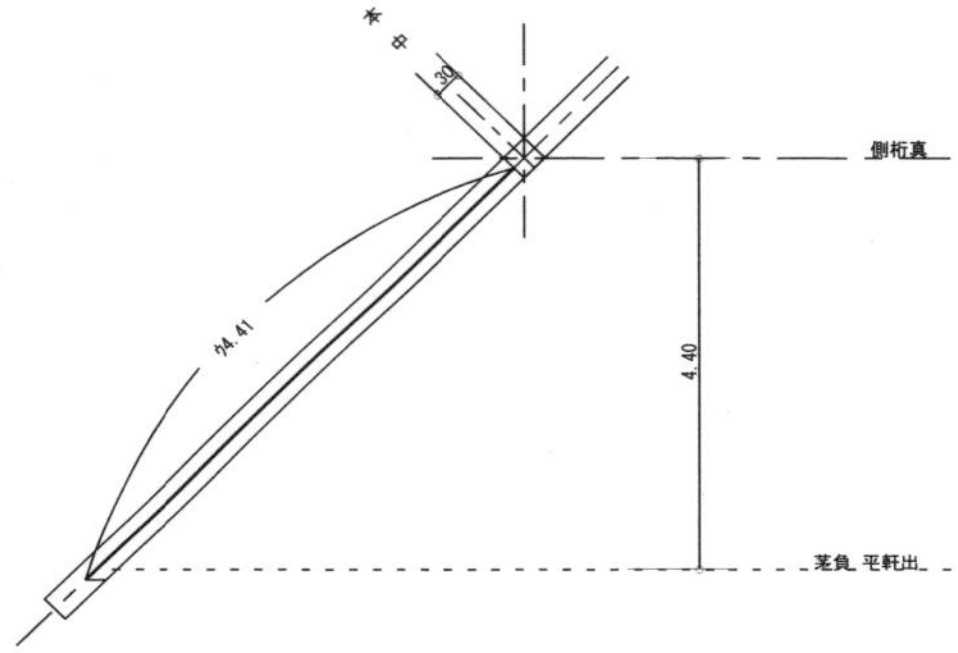

図5　洞春寺観音堂　裳階　板軒
基本型／完数式（A-1）　L_0（本）＝ウ4.40尺

板軒の遺構

洞春寺観音堂裳階[5]：永享二年（一四三〇）（図5）

一間裳階付の禅宗様仏堂で、裳階の軒は板軒である。

隅の軒出は、出中墨を基準に茅負留先L0（出）までを裏目四・四尺とする基本型／完数式（A－1）である。これは脇間七・三五尺を2：3に按分した値（三／五）にほぼ等しい。

平の軒出は、隅の軒出を同じ四・四尺と同じ値であるから、この軒も「出中押え法」である。

当堂は、垂木のない板軒であっても留先法が確認できる事例である。

留先法以外の遺構

厳島神社摂社天神社本殿[6]：弘治二年（一五五六）

方三間の入母屋造りの舞殿風の社殿である。

隅木基準墨から茅負留先位置までの長さを検討しても、完数など根拠のある値が得られなかった。一方、平の軒出は六・五尺で、茅負の反りもわずかである。こうしたことから、この場合は「留先法」ではなく平の軒出六・五尺がはじめに定められたと考えられた。

一軒などの簡易な軒において、「留先法」とせずに平の軒出を切れのいい値で定める軒規矩術法は、近世の事例であるが石川県立歴史博物館蔵の荒木家文書において、「張出垂木」と呼ばれる軒形式が確認されているが、当社殿の軒も「留先法」であるより、「張出垂木」であると考えた方がよいと思われた[7・注2]。

「張出垂木」は、二軒繁垂木のように配付垂木割において配慮が必要な軒では難しいが、疎垂木のように配付垂木割が自由におこなえる軒においては有効な形式である。

近世の「張出垂木」については、第七章で述べる。

三―三　一軒疎垂木の軒規矩の特徴と変容

一軒疎垂木の軒は、木負がなく柱間寸法も枝割によらないため、基本型／完数式（A―1）だけである。

ただ、全てが「留先法」ではなく、平から軒を決める「張出垂木」の可能性のあるものが二例確認された。

配付垂木割は一軒疎垂木は比較的自由に割付けられ、建物の状況に応じて脇間の垂木間をそのまま追い出すものや整数比で決定していくものなどが認められた。

茅負の撓込みは雨錫寺阿弥陀堂だけで見られ、他は全て隅の軒出と平の軒出は茅負の投げ勾配上に納まっている。

また、出中墨から茅負留先までの隅の軒出（裏目尺）を表目尺に読替えて、そのまま平の軒出とする「出中押え法」は、新長谷寺鎮守堂、雨錫寺阿弥陀堂など、今回検証した一八例中に五例確認された。

茅負外下角を鈍角にする事例は新長谷寺鎮守堂で確認されたが、これは隅の軒出と平の軒出の関係を「出中押え法」としたため、茅負に撓込みが生じないように調整した結果と思われる。

一方、雨錫寺阿弥陀堂では茅負を鋭角としているがその理由は不明である。ただ、新長谷寺鎮守堂では茅負外下角を鈍角にしたことで撓込みを除いたのに対し、鋭角にしたことで撓込みがより強調された茅負曲線となっていることは指摘できるであろう。

また、本来裏目尺で定める隅行き方向の寸法を表目尺で計画している例が、堂山山王子神社本殿、東光寺仏殿で確認された。

隅木基準墨は出中墨とするものが七例ともっとも多く、次いで本中墨四例、入中墨とするものは二例にとどまる。

平の軒出は、「張出垂木」以外は完数になることは少なく、「出中押え法」以外は茅負留先から引込んで決められたと考えられた。

表2　留先法による一軒繁垂木の検証結果

時代	建物名／層等	年代		留先の決定					垂木割の決定				平軒出の決定			基本寸法（尺）			
		年号	西暦	茅負下角	基準	決定方法	A 基本型 A-1 完数 地軒（尺）	A-2 枝数 地軒（枝）	地垂木数	1枝寸法（尺） 口脇～1	地軒	標準間	平軒出（尺） 地軒	枝数	撓込み	隅木幅	垂木幅	隅木/垂木	隅木裏目
鎌倉時代	東大寺開山堂	建長2	1250	鈍	出	A-1	4.70		7	.54	.61	.61	4.70	7.70	-	.54	.26	2.05	.38
鎌倉時代	南明寺本堂	鎌倉後	1332	鈍	出	A-2		6.0	6	.55	.73	.80	4.80	5.97	-	.65	.35	1.86	.46
室町時代	薬王院観音堂	貞和3	1347	-	入	A-2		12.5	11	.42	.50	.50	5.85	11.82	-	.48	.20	2.40	.34
室町時代	葛山落合神社本殿	寛正6	1465	-	入	A-1	3.00		8	.40	.31	.31	2.89	9.32	-	.26	.14	1.86	.18
室町時代	浄光寺薬師堂	応永15	1408	-	入	A-2		6.5	12	.54	.486他	.50	6.23	12.39	-	.40	.20	2.00	.28
室町時代	石峯寺薬師堂	明応頃	1501	-	出	A-1	*表8.70*		5	1.03	1.17	1.21	6.11	5.06	-	.54	.27	2.00	.38
室町時代	円証寺本堂	天文21	1552	-	出	A-2		9.5	9	.52	.69	.69	6.57	9.52	-	.56	.23	2.43	.40
室町時代	魚沼神社阿弥陀堂	永禄6	1563	-	入	A-1	7.60		9	.76	.764他	.76	7.40	9.80	-	.40	.22	1.82	.28
室町時代	盛蓮寺観音堂	室町後	1572	-	本	A-1	5.00		15	.33	.30	.30	4.93	16.38	-	.43	.13	3.31	.30
室町時代	広徳寺大御堂	室町後	1572	-	出	A-1	5.00		9	.59	.50	.50	4.77	9.54	○	.36	.13	2.88	.25
室町時代	泉福寺薬師堂	室町後	1572	-	本	A-1	*表6.00*		4	.40	.55	.55	4.15	7.50	-	.32	.16	2.00	.23
室町時代	奥之院弁天堂	室町後	1572	-	入	A-1	2.60		8	.22	.27	.29	2.34	8.05	-	.32	.15	2.21	.23

（表注）　表1に同じ

四　留先法による一軒繁垂木の検証

四―一　概要

一軒繁垂木は、鎌倉時代二例、室町時代一〇例を検証した。建物の規模は、南明寺本堂、薬王寺観音堂が五間堂である他は、主に三間堂である。検証の詳細は、鎌倉時代の二棟、室町時代の二棟の事例について述べ、その他については表2に結果を掲げた。

四―二　遺構の検証

東大寺開山堂[8]：建長二年（一二五〇）（図6）

開山堂は、正治年間に一間堂として建立された後、建長二年に現在の位置に移築されたもので、この時柱に根継が施され周囲に外陣を廻らして三間堂に改造された。軒はこの時期のもので保存状態もよいが、報告書では施工中に変更があった可能性が指摘されている。

現状の一軒繁垂木は「留先法」がよく納まる遺構である。

隅の軒出は、出中墨から茅負留先までL_0（出）を裏目四・七尺と完数で決定していると思われ、基本型／完数式（A―1）に分類できる。

平の軒出は、隅の軒出と同じ四・七尺の出とするから「出中押え法」である。この軒出寸法は、脇間七・〇二尺を1：2に按分した値（二／三）にほぼ該当する。

配付垂木割は、標準間と同じ一枝六・一寸で出中墨を手挟み順に追出す。茅負口脇と一番垂木の小間はその残りとする。

茅負外下角は鈍角に木造り、地垂木上端の居定勾配より少し傾けて投げ勾配とする（修理工事報告書に居定勾配の記載がなく、正確な角度は不明）。これは先の新長谷寺鎮守堂と同様に、「出中押え法」において茅負を鈍角に木造り投げを調整したと考えられる。

南明寺本堂(9)：鎌倉寺時代後期（図７）

五間堂で、軒廻りは茅負が明治三六年の修理の時に全て取り替えられているが、隅木は全て当初材が残り地垂木も断面円形の古式な形式を残していて、概ね当初形式が保存されていると考えられる。

軒規矩図から茅負留先を求めると、図の通り出中墨から茅負留先までL0（出）は、裏目四・八二尺となるが、これは標準の一枝寸法八・〇四寸の六枝分と考えられる。したがって、「留先法」の分類では、基本型／枝数式（A−2）となる。脇間の柱間寸法は一〇枝で八・〇四尺であるから、隅の軒出は脇間を2：3に按分した値（三／五）である。

標準間の一枝寸法が八・〇四寸であるのに対し、配付垂木割は七・六分短い一枝七・二八寸となるが、ここで、配付垂木割が標準間と揃わない理由を、「留先法」で説明できることを示したい（図8）。

①留先長さは、隅木真上の出中墨から標準間の六枝分を取り裏目四・八二尺とする。

②隅木側面の茅負口脇長さ$L0$は、留先長さ

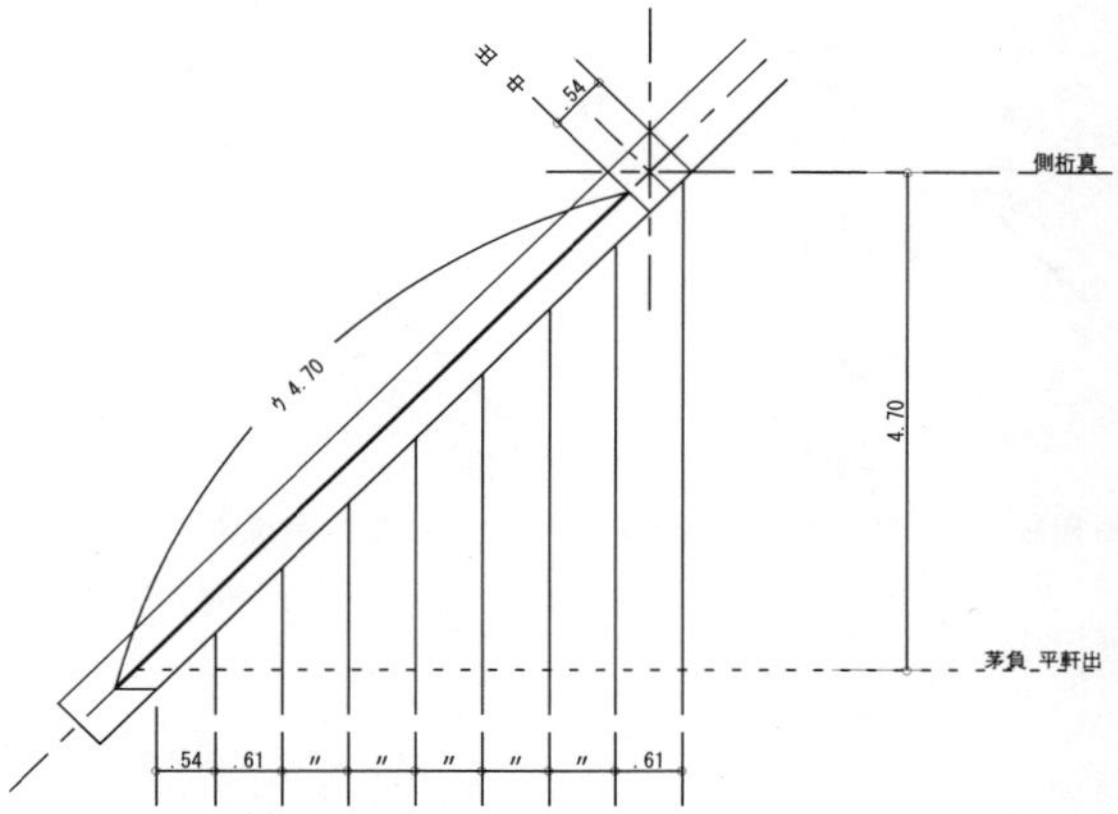

図６　東大寺開山堂　一軒繁垂木
基本型 / 完数式（A-1）　$L_{0\,(出)}$ ＝ウ4.7尺

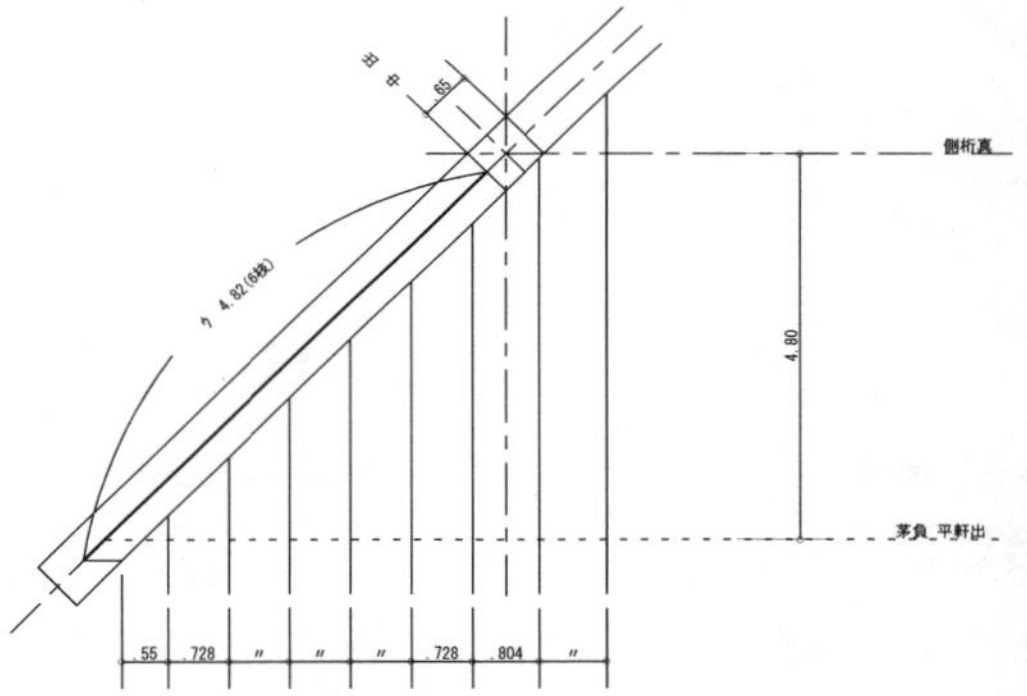

図７　南明寺本堂　一軒繁垂木
基本型 / 枝数式（A-1）　$L_{0\,(出)}$ ＝６枝

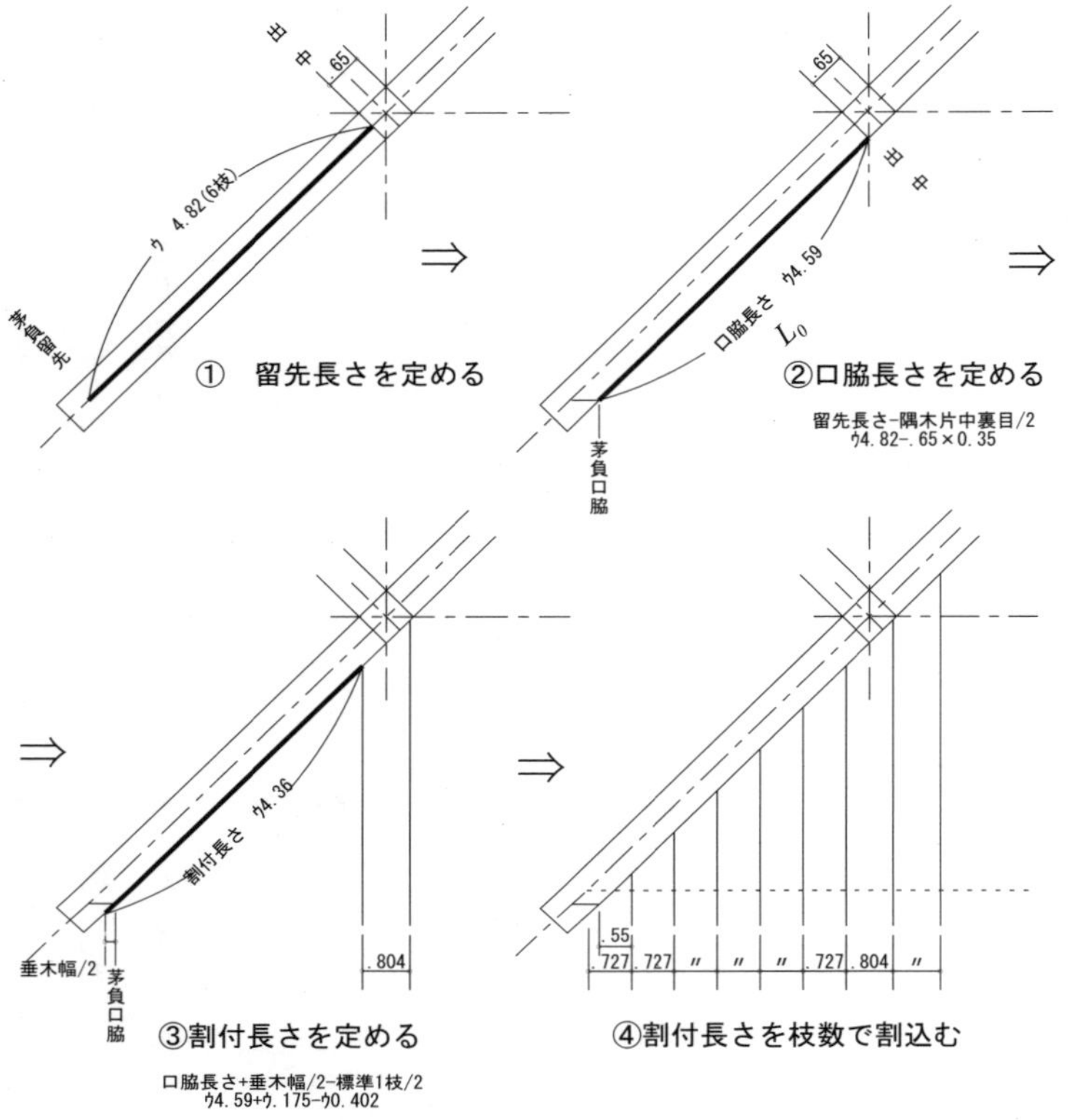

図8　南明寺本堂の配付垂木割の方法

L_0（出）から隅木片中裏目の半分を引いて裏目四・五九尺となる。

③配付垂木を割付けるためには、桁真で標準間の一枝寸法で手挟むから、標準間の半枝四・〇二寸を引き、さらに垂木の小間を揃えるために垂木幅半分裏目一・七五寸を茅負口脇に加えて、合せて裏目四・三六尺となる。

④その間を割付枝数で割込むと、

（裏目4.188尺＋裏目1.75寸）÷6枝＝裏目7.27寸

を得る。

計算上一枝で一厘ほど違うが、問題なく納まっている。

こうして標準間の一枝寸法と配付垂木割が揃わないの理由を、一軒繁垂木においても「留先法」で説明することができる。

円証寺本堂[10]：天文二一年（一五五二）（図9）

方三間堂で、軒廻りに文化七年（一八一〇）の修理を受けているが、隅木は四丁とも当初材で、地垂木は八割近く保存されていた。茅負も背面を除き当初材がよく残っていたため、全体に当初の軒形式が判明してる。

隅の軒出は、出中墨を基準に茅負留先L_0（出）までが裏目六・五六尺ほどで、標準一枝六・九寸の九・五枝分と考えられる。したがって、「留先法」の基本型／枝数式（A－2）に分類できる。

平の軒出は、隅の軒出とほぼ同じ六・五七尺で「出中押え法」である。

茅負外下角は矩で撓込みをせずに納まる。

配付垂木割は、標準の一枝寸法で桁真から追い出していき、茅負口脇と一番垂木の小間は残りとする。

広徳寺大御堂[11]：室町時代後期（図10）

三間堂で延宝七年（一六七九）に背面隅木が取替えられているが、他の二丁は当初材で垂木の保存状態も良く、茅負も中央部分に残り前回の修理で当初の軒に復原されている。

隅の軒出は、出中墨から茅負留先までL_1（出）裏目五尺と求められた。標準の一枝寸法は五・〇一九五寸であるから、ほぼ一〇枝であり基本型／枝割式（A－2）の可能性もあるが、より近い完数式（A－1）と判断した。

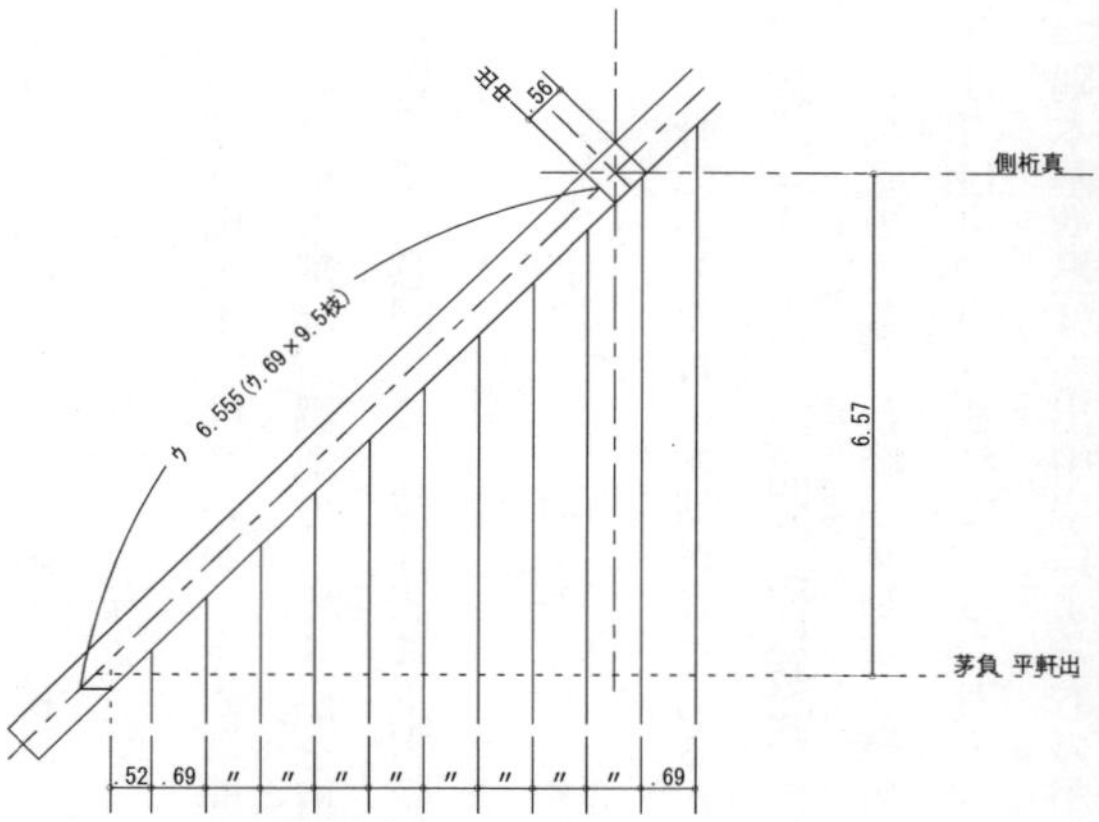

図 9　円証寺本堂　一軒繁垂木
基本型 / 枝数式（A-2）　$L_{0\,(出)}$ ＝ 9.5 枝

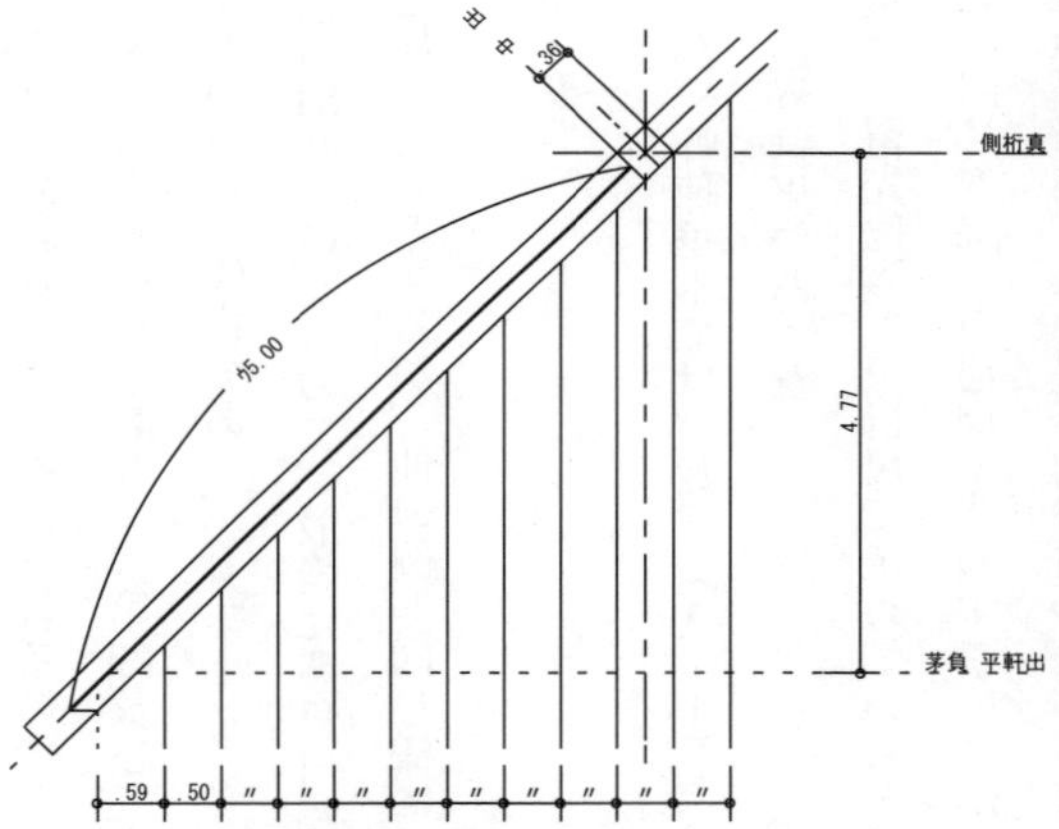

図 10　広徳寺大御堂　一軒繁垂木
基本型 / 完数式（A-1）　$L_{0\,(出)}$ ＝ウ 5.00 尺

平の軒出は四・七七尺である。茅負は外下角を矩とし投げ勾配は二・四寸であるが、そのままでは茅負口脇には納まらず、一・五寸程の撓込みをつけて納めている。

ここで、撓込みが生じる理由を考えると、平の軒出四・七七尺は、隅の軒出五・〇尺の〇・九五倍に定められていることが判る。つまり、平の軒出を「出中押え法」（一・〇倍）

より短く納めることで、あえて撓込みが生じるように計画されたと考えられるのである。

こうした平の軒出の定め方は、扇垂木ではよく見られる技法で詳しくは第四及び九章で述べることとする。

当堂は扇垂木ではないが、全体は禅宗様でまとめられた建物である。

配付垂木割は、標準の一枝寸法を桁真から追い出していくもので、最後に茅負口脇と一番垂木の小間が標準より広くなっている。報告書では意図して一枝寸法に垂木の幅半分を加えた値とするが、他の例と同じ様に単なる余りと考えた方が自然であろう。

四―三　一軒繁垂木の軒規矩の特徴と変容

一軒であるから基本型だけであるが、前述した一軒疎垂木では完数式（A―1）だけであったのに対し、繁垂木は一二例中八例が完数式（A―1）で、四例が枝数式（A―2）という結果であった。

完数式のうち、石峰寺薬師堂と泉福寺薬師堂は、留先位置を表目尺で定めていると推察された。特に、石峰寺では三重塔も留先長さは表目尺で決定されていると考えられるから、同じ寺院内の建物で共通する技法が見られる。

隅木基準墨は、出中墨によるものが五例、本中墨二例、入中墨五例であったが、特に奈良の遺構は出中墨を基準とする傾向が強いといえる。

配付垂木割は、標準の一枝寸法をそのまま追い出していき、茅負口脇と一番垂木の小間は残りとして大きく開くものが多い。また、茅負留先から口脇を定め、垂木数で割込んで配付垂木割を決定する例は、南明寺本堂、浄光寺薬師堂で認められた。

隅の軒出と平の軒出の関係では、同じ長さとする「出中押え法」の事例は東大寺開山堂で見られ、茅負外下角を鈍角とする。また撓込みは広徳寺大御堂で確認された。

表3　留先法による二軒疎垂木の検証結果

時代	建物名／層等	年代 年号	年代 西暦	留先の決定 茅負下角	木負留先	木負下角	基準	決定方法	A 基本型 A-1 完数(尺) 全長	A-1 地軒	A-1 飛檐	A-2 枝数(枝) 全長	A-2 地軒	A-2 飛檐	B 按分型 B-1 完数(尺) 全長	B-1 地軒：飛檐	B-2 枝数(枝) 枝数	B-2 地軒：飛檐	垂木割の決定 垂木数 地軒	垂木数 飛檐	論治納まり	1枝寸法(尺) 口脇～1	飛檐	論治～次	地軒	標準間	平軒出の決定 平の軒出(尺・枝) 地軒	枝数	飛檐	枝数	軒出の比率 飛／地	地：飛	撓込み	基本寸法(尺) 隅木幅	垂木幅	隅木／垂木	隅木巾裏目
	竜吟庵方丈	嘉慶1	1387	-	木	鋭	入	B-1							表9.50	5：4			2	1	-	1.15	-	-	2.56	1.70	3.68	2.16	2.94	1.73	.80	5：4	-	.29	.21	1.38	.21
	室生寺御影堂	室町前	1392	鋭	木	鋭	入	B-1							5.40	3：2			2	2	-	.53	1.17	-	1.68	1.68	2.97	1.77	2.15	1.28	.72	7：5	-	.48	.24	2.04	.34
室	洞春寺観音堂 身舎	永享2	1430	-	木	鋭	出	B-1							5.50	7：5			1	1	○	2.27	-	3.09	-	2.59	3.30	1.27	2.21	.85	.67	3：2	-	.46	.28	1.64	.33
	最恩寺仏殿(板軒) 身舎	室町中	1466	-	木	鋭	入	B-1							表8.00	(2：1)			-	-	-	-	-	-	-	-	3.60	-	1.85	-	.51	(2：1)	-	.40	-	-	.28
町	安国寺釈迦堂	室町中	1466	-	木	-	出	B-1							7.90	4：3			1	1	○	3.31	-	4.37	-	-	4.47	-	3.31	-	.74	(4：3)	-	.60	.35	1.71	.42
	慈照寺東求堂	文明17	1485	-	木	-	出	B-1							5.50	4：3			2	1	-	.81	2.50	-	2.09	1.62	3.24	2.00	2.36	1.46	.73	(7：5)	-	.34	.18	1.89	.24
	慈照寺銀閣 下	長享3	1489	-	木	-	出	B-1							5.30	5：4			1	1	○	2.32	-	2.85	-	2.64	3.00	1.14	2.30	.87	.77	9：7	-	.37	.23	1.61	.26
時	本蓮寺本堂	明応1	1492	鋭	木	鋭	本	B-1	(7.00	4.00	3.00)				7.00	4：3			2	2	○	1.30	1.69	1.83	1.83	1.75	3.97	2.27	2.95	1.69	.74	(4：3)	○	.50	.22	2.27	.35
	本蓮寺番神堂中祠	明応	1501	鋭	木	鋭	出	B-1							表4.15	6：5			2	1	-	.57	-	-	1.17	1.25	1.71	1.37	1.31	1.05	.77	9：7	-	.27	.16	1.69	.19
代	大恩寺念仏堂(焼失)	天文22	1553	鈍	論	-	出	B-1							6.40	5：4			1	1	○	-	-	-	-	3.02	3.59	1.19	2.74	.91	.76	(9：7)	-	.38	.25	1.52	.27
	興臨院本堂	永禄	1569	-	木	鈍									(張出し)				2	2	○	.81	1.69	1.69	1.67	1.63	3.54	2.17	2.56	1.57	.72	7：5	-	.40	.20	2.00	.28
	東光寺仏殿 身舎	室町後	1572	-	木	鋭	入	B-1							4.20	7：6			1	1	○	1.90	-	1.97	-	2.34	2.10	.90	1.81	.77	.86	7：6	-	.30	.21	1.43	.21

(表注)・「木負留先」欄の「木」は「留先法」によって木負留先を定めているもので、「論」は論治垂木真を定めているものである。
・「茅負下角」及び「木負下角」欄の「鋭」は鋭角に木造っているもの、「鈍」は鈍角となるもの、「－」は直角を示す。
・基本型と按分型の「全長」の寸法は裏目寸法で示している。「表」は表目寸法で隅の寸法を定めているものを示す。
・「論治納まり」欄の「○」は正規に納まるもの、「－」は論治垂木のないものを示す。
・「軒出の比率」の「地：飛」欄の比の値で（　）書きのものは、概略の比であって正確な比とならないものを示す。
・「撓込み」欄の「○」は茅負又は木負に撓込みがあるものを示す。その他は表1に同じ。

五　留先法による二軒疎垂木の検証

五―一　概要

二軒疎垂木は、半繁垂木を含み室町時代の一二例を検証した。この軒は、五間堂や三間堂、一間社の他方丈建築など住宅系の建築まで採用されていて多様な用途に対応できる軒形式といえる。検証の詳細は四例について述べ、その他は表3にまとめたとおりである。

五―二　遺構の検証

竜吟庵方丈[12]：嘉慶元年（一三八七）（図11）

竜吟庵は鎌倉時代に創建され、現在の姿に改造されたのは嘉慶元年で、それ以前の建物などの転用材を含み現存最古の方丈建築とされる。

軒廻りは、嘉慶元年から一度も解体されていない隅廻りが残り（東南隅）、ほぼ当初形式が復原されている。方丈建築であることから軒は木舞を入れて軽快な住宅風の造りである。また、正面側の軒出が側面より三・七寸ほど長いため、隅木は振れ隅になっている点も大きな特徴である。

隅木廻りの寸法は、振れ隅であるため裏目尺で計画するのは意味がなく表目尺で計画されていた。

隅の軒出は、入中墨を基準に茅負留先L_0（入）まで表目九・五尺と考えられた。木負留先はL_0（入）を5：4に按分して定めていて、L_1（入）は表目五・二六尺、L_2は表目四・二二尺である。

隅の軒出と脇間の関係は、正面側では確認できないが、側面の軒出は六・七九尺であることから脇間の柱間寸法八・五尺を1：4に按分した値（四／五）と考えられる。

平の軒出は、正面側が六・六二尺で地軒と飛檐を5：4に按分して木負位置を定めている。側面の軒出は六・二五尺で、同じく地軒と飛檐を5：4に按分している。つまり、振隅ではあるが隅と平の二面すべてで木負位置は軒出に対し同じ比率で定められている。

茅負外下角は矩とし、平の軒出は茅負留先から茅負投げ勾配で平まで引込んで決定していると考えられ、木負は若干鋭角に木造り勾配の調整がおこなわれていると考えられた。

配付垂木割は論治垂木を納めずに、桁内の枝割一・七尺より大きな割で割付けられていて計画が判然としないが、一番垂木を茅負留先から表目二尺で隅木真上に押え、二番垂木は一番垂木と桁真との間をほぼ半分に割った位置に定めたと推察された。

室生寺御影堂[13]：室町時代前期（図12）

当堂は、室町時代前期の方三間堂である。昭和五一年の修理において、大規模な現状変更がおこなわれたが、軒廻り材は保存状態がよく、地軒及び飛檐の両隅木、地垂木、木負のすべてと飛檐垂木の背面を除くすべてが当初材で、茅負のみが背面を除き天文材であった。そのため茅負の反り形以外は当初形式がほぼ完全に判明している。

軒を「留先法」で検証すると、隅の軒出は入中墨から茅負留先までL_0（入）を完数の裏目五・四尺で定めているものと判断された。この長さは、全体の柱間寸法一八・一三五尺のちょうど三割の値である。

木負留先位置L_1（入）は、隅の軒出を3：2に按分した位置（三／五）に定めているものと考えられ、入中墨を基準に、按分形／完数式（B－1）に分類することができる。

平の軒出は、茅負留先を引込んで定めたものと思われる。茅負は外下角を少しだけ（茅負裏側で一分高く削って）鋭角としている。

木負の位置は平の軒出全体を7：5に按分して定めていて、隅の木負留先位置に合せるように木負も鋭角に木造っている。

配付垂木割は論治垂木を納めずに、桁から外へ一本目を標準一枝と同寸とし、次を標準一枝の〇・九倍、次を〇・七倍に定めたと考えられる。

本蓮寺本堂⒁：明応元年（一五〇一）（図13）

当本堂は室町時代後期の五間堂で、軒、小屋裏とも創建から昭和三三年修理まで一度も解体を受けていなかったため、当初の部材の保存状態が良く特徴ある当初の軒形式が判明している。

隅の軒出は、本中墨を基準に茅負留先までL_0（本）を裏目七・〇尺とする。木負留先L_1（本）は、本中隅から裏目四・〇尺で、木

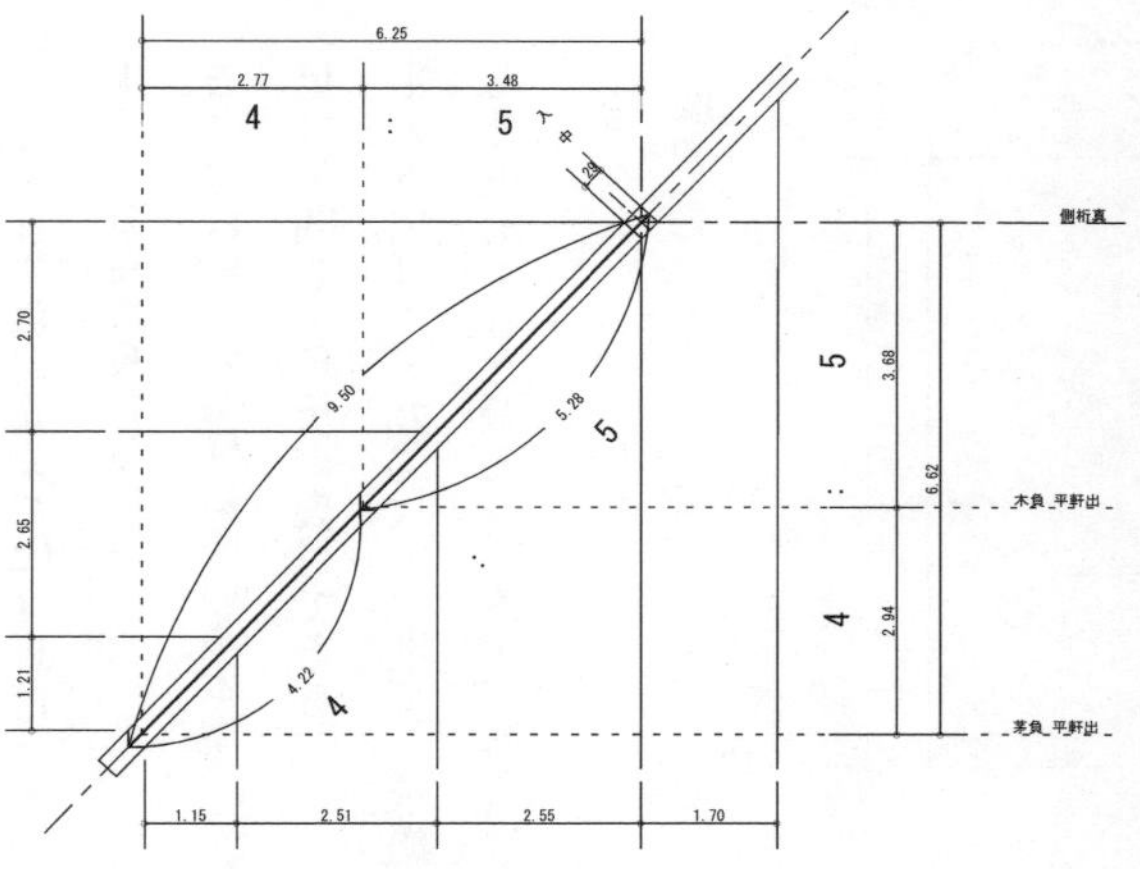

図11　竜吟庵方丈　二軒疎垂木
按分型 / 完数式（B-1）　$L_{0\ (入)}$ ＝表目 9.50 尺

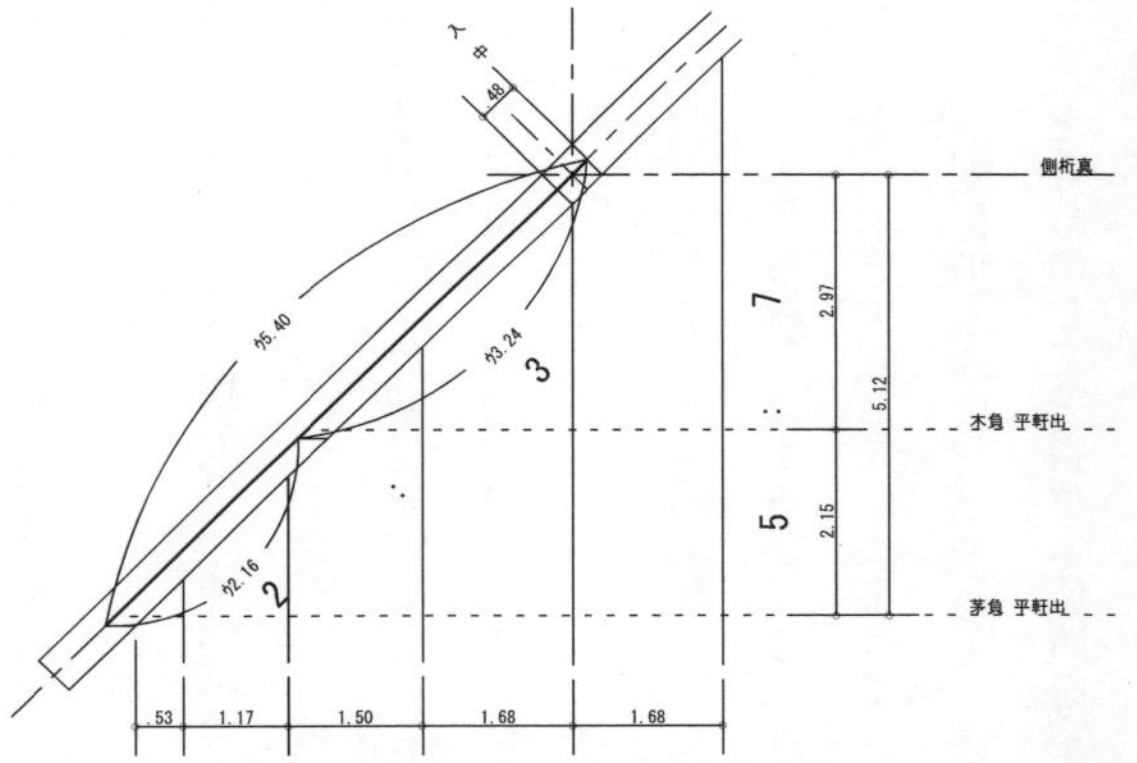

図12　室生寺御影堂　二軒疎垂木
按分型 / 完数式（B-1）　$L_{0\ (入)}$ ＝ウ 5.40

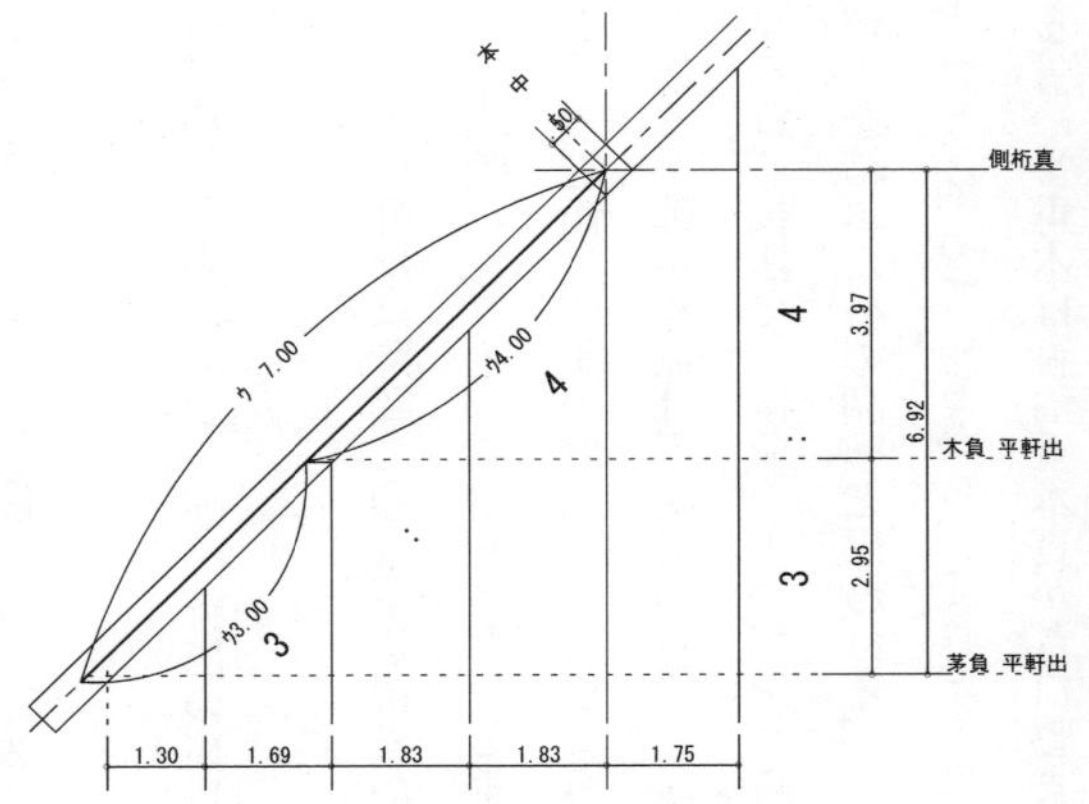

図13　本蓮寺本堂　二軒疎垂木
按分型 / 完数式（B-1）　$L_{0\ (入)}$ ＝ウ 7.00 尺

負留先から茅負留先までL2は裏目三・〇尺であるから、「留先法」の分類によれば、基本型／完数式（A－1）とも按分型／完数式（B－1）とも考えられる。

　ここでは、古い遺構に多い基本型／完数式（A－1）ではなく、按分型／完数式（B－1）に分類しておく。なお、隅の軒出の裏目七・〇尺は脇間七・〇尺の裏目である。

　平の軒出は六・九二尺で、地軒：飛檐を4：3に按分して木負留先を定めている。ただし、平の軒出は疑問で通常茅負留先から引込んで決定すると考えられるが、茅負は鋭角に木造り茅負の投げ勾配を一・四寸にしながら、実際に反り上がる勾配は九分と垂直に近い反りにしている。こうした納まりとする理由は、平の軒出を本来決められる位置より前に出す意図があった可能性があるが確かな点は不明である。

　木負も鋭角にするが、これは他でも見られる技法で、按分によって求められた平の木負位置と先に決まっている木負留先を結ぶための調整と思われる。

　配付垂木割は、二番垂木を論治垂木として納めているから、それと桁真の間を等分にして三番垂木位置を定めている。一番垂木は論治垂木真から口脇までを9：7に按分して定めていると考えられた。

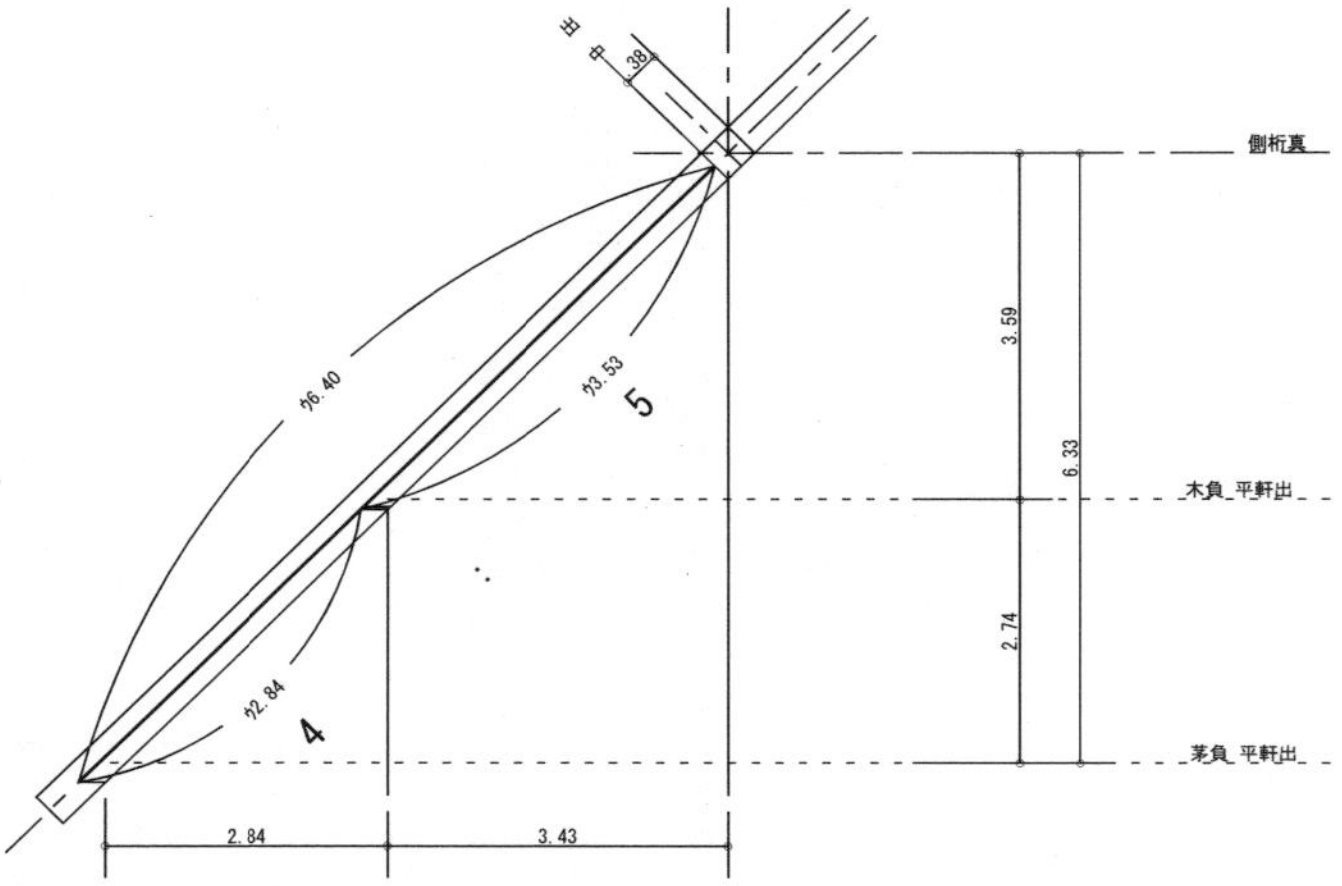

図14　大恩寺仏殿
按分型 / 完数式（B-1）　$L_{0(出)}$ ＝ウ6.40尺

大恩寺念仏堂(15)：天文二二年（一五五三）（図14）

五間四方の仏堂であったが一九九四年焼失した。

軒を「留先法」で検討すると、隅の軒は、出中墨から茅負留先L0（出）までを裏目六・四尺と完数で定め、木負留先廻りは論治垂木位置で5：4に按分されている。(注3)したがって、按分型／完数式（B－1）に分類することができる。

　平の軒出は、茅負留先を引込んだものと思われるが、茅負は外下角を鈍角に木造って口脇で八・二寸と大きく反っている（成四・八寸であるから一・七本の反りになる)。

平の軒出の木負位置は、全体の軒出を按分して定めた値とは少しズレがあり、また外下角を矩に木造っていることから木負留先をそのまま引込んで決めた可能性がある。

配付垂木は論治垂木のみを納め、それ以外は垂木を配さない。

五―三　二軒疎垂木の軒規矩の特徴と変容

検証の結果、「留先法」であるものは、一部確定し難いものがあるが、それ以外は全て茅負留先L_0を完数で定め、木負留先L_1を按分して定める按分型／完数式（B―1）であった。

「留先法」が認められない事例としては、興臨院本堂がある。留先長さは六・〇三尺で完数の誤差の範囲とも思われたが、木負留先位置を按分で求められなかった。一方、平の軒出は六・一尺で4：3に按分されているから、平の軒出が先に計画された「張出垂木」である可能性があると判断した。

隅の軒出L_0を表目尺で定めているものは、竜吟庵方丈、最恩寺仏殿、本蓮寺番神堂中祠で確認された。

隅木基準墨は、出中墨が七例、本中墨が一例、入中墨が四例でやはり出中墨を基準とするものが多い。

論治垂木を納めるものは八例、完全にずれて納めるものが四例あるが、疎垂木であるから論治廻りの納まりは意匠的な問題が優先されるのであろう。

平の軒出は完数となるものも枝割制にのるものはない。また、出中墨から茅負留先までと平の軒出が一致する「出中押え法」のものは、洞春寺観音堂（身舎）と慈照寺東求堂の二例で確認された。

六　小　結

本章では、第二章で検証した二軒繁垂木以外の平行垂木である一軒疎垂木、同繁垂木と二軒疎垂木の中世の軒を、「留先法」によって検証をおこなった。

その結果、疎垂木の一部においては、平から決定する「張出垂木」の可能性のあるものが認められたが、それ以外は全て「留先法」によって計画されたと考えられた。

留先の決定方法に関して第二章と本章の結果、つまり、すべての平行垂木における留先の決定方法を整理したのが表4である。

疎垂木は、一軒、二軒ともに枝割によるものはなく、完数によって決定されるのが共通し、一種類の決め方だけが対応している。

一軒疎垂木は基本型／完数式（A―1）だけであり、二軒疎垂木の場合は茅負留先までを完数とし、木負留先を按分で定める按分型／完数式（B―1）しか確認できない。

中世の繁垂木の建造物の平面計画は、一般的に枝割制でおこなわれるが、留先は枝割制だけではなく完数で決める例も少なくない。

一軒繁垂木の場合は、基本型／完数式（A―1）と基本型／枝数式（A―2）の両方が確認できる。

二軒繁垂木は、すべての形式があるが、古例を中心に基本型／完数式（A―1）が見られ、主流は基本型／枝数式（A―2）と按分型／完数式（B―1）である。

また、隅の諸寸法の計画は本来裏目尺でおこなうべきであるが、表目尺で決定していると思われるものが、各形式とも少数であるが確認された。また、振れ隅の隅も表目尺が使われていることが明らかになった。

隅木基準墨は、出中墨、入中墨、本中墨の三種類ともに確認できるが、本中墨は少なく出中墨がもっとも多い。特に奈良県内の遺構は出中墨を基準とする傾向が強い。

茅負の撓込みは、各形式一例ずつ確認された。また茅負外下角を鈍角にするものや逆に鋭角にするものが一部にあり、木負を鋭角にするものは、二軒疎垂木の約三分の二で認められた。

表4　平行垂木の軒形式毎の留先法の類型

軒形式＼留先法		基本型		按分型		総割型
		完数式 A−1	枝数式 A−2	完数式 B−1	枝数式 B−2	C
一軒	疎垂木	◎				
	繁垂木	○	○			
二軒	疎垂木	−		◎		
	繁垂木	○	◎	◎	○	△

（凡例）　◎：事例が多い　○：事例がある　△：数例の事例がある
　　　　　−：事例がない　塗潰し部分は対応する軒形式がないもの

参考文献

1　『重要文化財照蓮寺本堂修理工事報告書』（同修理委員会）、一九六〇．一
2　『重要文化財新長谷寺鎮守堂他六棟修理工事報告書』（同修理委員会）、一九五八．五
3　『重要文化財正蓮寺本堂修理工事報告書』（奈良県教育委員会）、一九五七．三
4　『重要文化財雨錫寺阿弥陀堂修理工事報告書』（和歌山県文化財センター）、一九九八．三
5　『国宝・重要文化財（建造物）実測図集』（文化庁）
6　『嚴島神社国宝並びに重要文化財建造物昭和修理綜合報告書』（国宝嚴島神社建造物修理委員会）、一九五八．三
7　大上直樹、西澤正浩、望月義伸、谷直樹：「軒の出と「引込垂木」について　近世軒規矩術の研究――その2」日本建築学会計画系論文集　第六七〇号、二四一一－二四二〇頁、二〇一一．一二（本書　第七章）
8　『国宝東大寺開山堂修理工事報告書』（奈良県教育委員会）、一九七一．一一
9　『南明寺国宝建造物修理工事報告書』（同修理事務所）、一九三七．一二
10　『重要文化財円証寺本堂修理工事報告書』（奈良県教育委員会）、一九八五．六
11　『重要文化財広徳寺大御堂修理工事報告書』（同修理工事委員会）、一九七一．六
12　『重要文化財竜吟庵方丈修理工事報告書』（京都府教育庁）、一九六二．六
13　『重要文化財室生寺御影堂修理工事報告書』（奈良県教育委員会）、一九七六．一二
14　『重要文化財本蓮寺本堂修理工事報告書』（同修理工事委員会）、一九五八．八
15　『重要文化財大恩寺念仏堂修理工事報告書』（同修理委員会）、一九五三．三

注

注1　「出中押え法」は、隅の軒出（出中墨から茅負留先までの裏目の値）と平の軒出（軒桁新から茅負外下角までの表目の値）を同じ寸法に揃える軒規矩術法をいう。甲良家文書「匠用小割」（東京都立中央図書館蔵）にも類似する技法が認められる。詳細は第九章で論じる。

注2　「張出垂木法」は、石川県立博物館蔵の荒川家文書に記載がある技法で、文献7（第七章）でその存在を指摘した。引込垂木の意味で

ある張込垂木に対する名称であるから、張出垂木の呼称は引出垂木の方が良いかもしれないが、荒木家文書の呼び方のままとする。

注3

「留先法」は、まず木負、茅負の留先を決定する技法で、次に口脇位置を定めることになる。木負口脇廻りは論治垂木真との関係があり調整は煩雑になるため、さまざまに工夫された納まりが考えられるが、木負留先として定めた位置を木負口脇ではなく論治垂木真とする方法も考えられる。

第四章　留先法による扇垂木の検証

一　はじめに

前三章において、中世の軒規矩術法は「留先法」であることを提案し、和様の建造物において一般的な軒形式である平行垂木（一軒疎垂木、同繁垂木、二軒疎垂木、同繁垂木）について検証をおこなった。

本章は、引続き中世の軒のうちから扇垂木について分析をおこなうものである。検証の方法は前章に準じるが、論考の主眼は留先位置の決定方法や軒出の決定方法であるため、扇垂木の割方については説明を最小限にとどめ、図面においても垂木は省略している。扇垂木の割方については第四編で述べる。

二　留先法の分類

通常、軒が扇垂木となる禅宗様仏殿において柱間寸法を決定する方法は、完数によるものやアイタによるもの又は枝割制などがあるとされているため[1]、留先位置の決定方法も前二章で提示した各分類方法が想定されたが、実際には完数によって茅負留先を定め、それを按分する方法のみが確認された。

留先長さの表記は、前二章と同じく隅木基準墨から木負留先までを木負留先長さL_1、そこから茅負留先までを茅負留先長さL_2とし、L_1とL_2を合せたもの、つまり隅木基準墨から茅負留先までをL_0とする。なお、L_1、L_0において、出中墨を基準とする場合はL_1（出）、L_0（出）、本中墨の場合はL_1（本）、L_0（本）、入中墨の場合はL_1（入）、L_0（入）と表記する。

三　留先法による扇垂木の検証

三―一　概要

鎌倉時代の遺構はなく、室町時代において扇垂木の軒規矩図のあるもの一五棟一八例の軒規矩を検証した。禅宗の仏堂が中心であるが、他に層塔、多宝塔、門、鐘楼などもあり、あまり規模の大きなものはない。また、時代別の内訳は室町時代前期が三例、中期が五例で後期が一〇例である。

詳細な検証は一五例について述べることとし、全体の検証結果は表1に挙げた。

扇垂木は論治垂木がないため、垂木割の制約がなく二軒繁垂木に比べて、木負、茅負の留先位置が比較的明快に確認できた。

三―二　遺構の検証

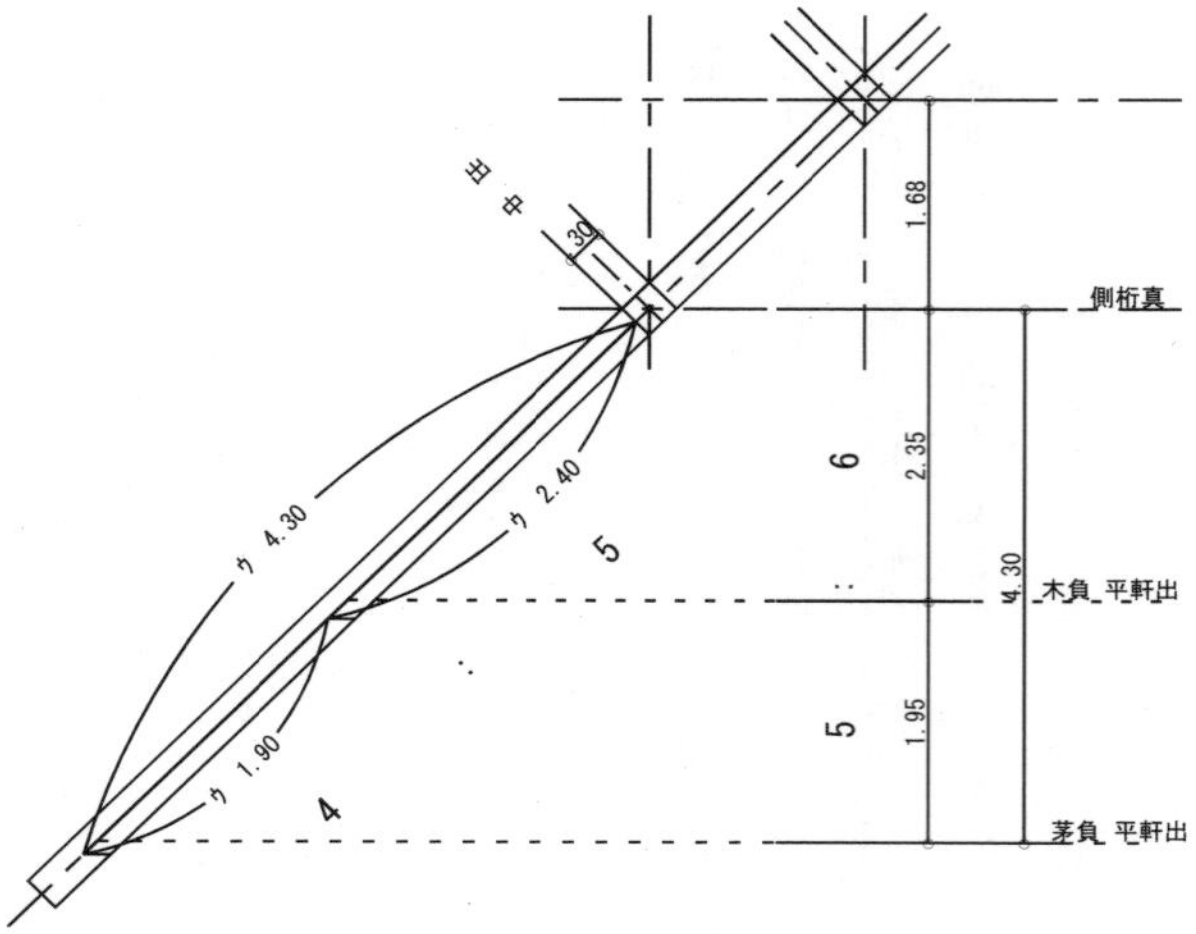

図1　永保寺開山堂拝堂
基準に按分型 / 完数式（B-1）　$L_{0\,(出)}$ ＝ウ4.30尺

室町時代前期の遺構の検証

永保寺開山堂拝堂：室町時代前期（図1）

開山堂は拝堂と奥之院からなり、拝堂は前方に建つ方三間堂である。地隅木は四丁の内三丁が当初材であるが、飛檐隅木は全て明治の取替え材である。垂木、木負、茅負も取替えが多いが、茅負は明治に鼻母屋などに転用されていることや小屋裏に保存されていた原寸型板から考え合わせると、明治四一年の解体修理は、当初形式に忠実に施工された可能性が高いと判断された。(注1)軒規矩図は奥之院とも実測図集(2)を参考にした。垂木の割付は不明な点がある

表１　留先法による扇垂木の検証結果

時代	建物名／層等	年代		留先の決定														平軒出の決定					基本寸法（尺）			
								A　基本型						B　按分型				平の軒出（尺）		軒出の比率						
								A-1 完数（尺）			A-2 枝数（枝）			B-1 完数（尺）		B-2 枝数（枝）										
		年号	西暦	茅負下角	木負下角	基準	決定方法	全長	地軒	飛檐	全長	地軒	飛檐	全長	地軒：飛檐	枝数	地軒：飛檐	地軒	飛檐	飛／地	地：飛	撓込み	隅木幅	垂木幅	隅木／垂木	隅木巾裏目
室町時代	永保寺開山堂　奥院	室町前	1392	ー	ー	入	B-1							*表7.00*	4：3			2.73	2.05	.75	4：3		.28	.14	2.00	.20
	永保寺開山堂　拝堂	室町前	1392	ー	ー	出	B-1							4.30	5：4			2.35	1.95	.83	6：5		.30	.14	2.14	.21
	金剛寺鐘楼 慶長改造	室町前	1392	ー	鋭	本	B-1							5.60	7：5			3.18	2.24	.70	√2：1		.40	.18	2.22	.28
	正福寺地蔵堂　身舎	応永 14	1407	ー	ー	出	B-1							5.00	6：5			2.57	1.90	.74	4：3	○	.33	.13	2.54	.23
	向上寺三重塔 3	永享 4	1432	鈍	ー	出	B-1							4.60	7：5			2.71	1.92	.71	√2：1		.46	.16	2.88	.33
	不動院鐘楼	永享 5	1433	ー	ー	入	B-1	(4.00	2.30	1.70)				4.00	4：3			2.10	1.60	.76	4：3		.32	.15	2.13	.23
	常福院薬師堂	室町中	1466	ー	鈍	出	B-1	(5.80	3.50	2.50)				5.80	3：2			3.47	2.26	.65	(3：2)		.38	.18	2.11	.27
	玉鳳院開山堂	室町中	1466	鈍	鋭	入	B-1							6.90	3：2			3.85	2.58	.67	3：2		.40	.26	1.54	.28
	善光寺薬師堂厨子	文明 15	1483	鋭	鋭	本	B-1							*表5.60*	3：2			.65	.53	.82	5：4	○	.13	.06	2.17	.09
	西明寺楼門	明応 3	1494	ー	鋭	出	B-1							4.30	7：6			2.34	1.98	.85	7：6		.36	.18	2.00	.25
	新海三社神社三重塔 1	永正 12	1515	ー	ー	本	B-1							4.70	4：3			2.56	1.91	.75	4：3	○	.35	.17	2.06	.25
	東観音寺多宝塔下	大永 8	1528	鈍	ー	出	B-1							4.50	4：3			2.60	1.91	.74	(7：5)		.28	.14	2.07	.20
	東観音寺多宝塔上	大永 8	1528	鈍	ー	出	B-1							4.30	7：5			2.41	1.68	.70	√2：1		.24	.13	1.92	.17
	三明寺三重塔　3	享禄 4	1531	鈍	ー	入	B-1							4.00	7：4			2.08	1.47	.71	√2：1		.24	.12	2.00	.17
	観音寺多宝塔　上	天文 5	1536	鈍	ー	出	B-1							4.10	4：3			2.33	1.67	.72	7：5		.33	.14	2.36	.23
	西明寺三重塔　2	天文 6	1537	鋭	鋭	入	B-1							4.20	7：6			2.10	1.90	.90	9：8		.34	.17	2.00	.24
	西明寺三重塔　3	天文 6	1537	鋭	鋭	入	B-1							4.00	6：5			1.99	1.75	.88	8：7		.34	.17	2.00	.24
	円通寺本堂	天文	1555	ー	鈍	出	B-1							6.50	9：7			3.60	2.70	.75	4：3	○	.44	.20	2.20	.31

（表注）・「茅負下角」及び「木負下角」欄の「鋭」は鋭角に木造っているもの、「鈍」は鈍角となるもの、「ー」は直角を示す。
・「基準」欄の「出」は出中墨、「入」は入中墨、「本」は本中墨を意味し、茅負、木負の留先を計る起点を示す。
・基本型と按分型の「全長」の寸法は裏目寸法で示している。「表」は表目寸法で隅の寸法を定めているもので斜体で示す。
・「軒出の比率」の「地：飛」欄の比の値で（　）書きのものは、概略の比であって正確な比とならないものを示す。
・「撓込み」欄の「○」は茅負又は木負に撓込みがあるものを示す。

が、振り分けの数枝は平行でそれから隅までは扇垂木とする。

「留先法」によって検証すると、隅の軒出は出中墨を基準に、茅負留先までL_0（出）を裏目四・三尺とし、それを5：4に按分して木負留先位置を定めたと考えられた。

実際の規矩図と比較すると、茅負留先位置は理論値より三分ほど先になるが、木負留先位置はよく一致する。茅負の反りが留先で一・二尺と大きいから、投げ勾配が四厘だけ急になれば納まる値である。

平成二四年の屋根替え部分修理の際に、小屋裏から明治の解体修理で使用された原寸型板が発見されたが、茅負口脇位置を示す原寸型板は何故か茅負口脇から先が欠失していたため、これ以上の確認はできなかった。

平の軒出は四・三尺であるから、隅の軒出の理論値と一致し、「出中押え法」であった可能性が高いと考えられた。木負の位置は平の軒出を6：5に按分して定めている。

なお、飛檐垂木の勾配は、完全な六ツ連によって納められている。(注2)

隅及び平の軒出四・三尺は、三手先の出一・六八尺を加えると、側柱真から五・九八尺であるが、脇間は五・二三尺であるから、柱真から測った軒出と脇間は８：７の関係になる。

幾分茅負留先位置に誤差があるが、「留先法」で計画されていて按分型／完数式（Ｂ－１）に分類できると考えられた。

永保寺開山堂奥之院上層：室町時代前期（図２）

開山堂の後方にある奥之院は相の間と接続しているため、一間四方の身舎に側背面三方に裳階が廻った変則的な平面である。下層の裳階部分は板軒であるが、上層の身舎は扇垂木になっている。上層の扇垂木は要を中央にとっているため、平行な垂木がなく全て扇状に配置されている。

保存図の軒規矩図は、寸法の押える位置が一般的な軒規矩図と異なっているため判り難いが、それを参考に隅を検討すると、隅の軒出は入中墨を基準に茅負留先までL_0（入）を表目で七・〇尺とし、それを４：３に按分して木負留先を定めているものと考えられた。　実際の図では三分の誤差が認められた。

平の軒出は四・七八尺であるが、茅負留先から引込んで定められたと推察された。それを４：３に按分して木負位置が決められている。

隅の軒出である表目七・〇尺は、裏目で読むと四・九五尺で、桁行きの柱間寸法一四・八六尺の三分の一となる。なお、桁行きの柱間寸法を裏目で読むとほぼ一〇・五尺になり、全体に表目、裏目が逆に使われて計画されている可能性のある建物である。

奥之院は拝堂とは異なった軒規矩で誤差も認められるが、「留先法」では同じく按分型／完数式（Ｂ－１）に分類できると考えられる。

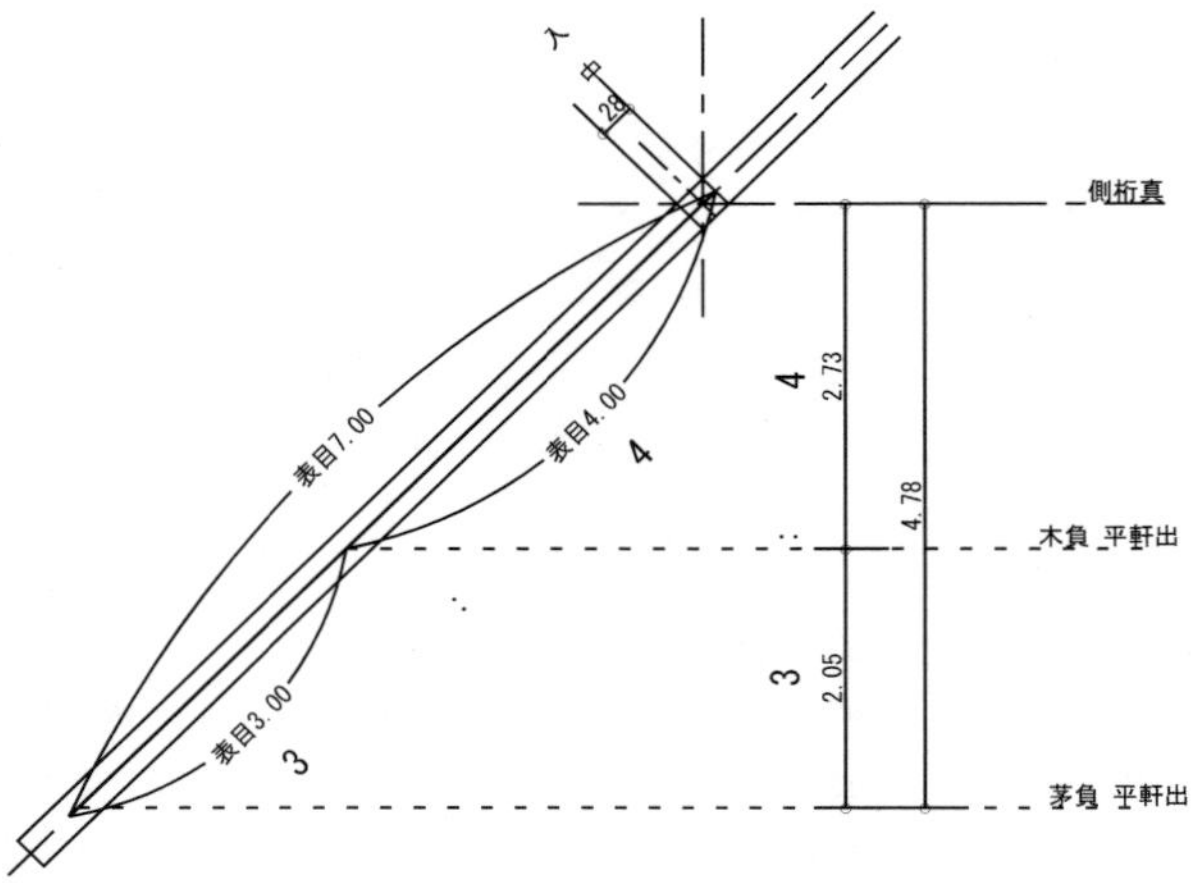

図２　永保寺開山堂奥之院
按分形 / 完数式（B-1）　L_0（入）＝表目 7.00 尺

室町時代中期の遺構の検証

正福寺地蔵堂上層[3・注3]：応永一四年（一四〇七）（図3）

正福寺地蔵堂は、三間四方に裳階を廻らした禅宗様仏堂で、報告書等によれば昭和八年の解体修理まで、地垂木は一度も解体されていなかった。飛檐垂木、茅負は享保一三年（一七二八）に取替えられているが、隅木は全て当初材が残り飛檐垂木、茅負も転用されているのが発見され、それらにより軒廻りは完全に復原された。

報告書には、軒規矩図が掲載されておらず詳細な記述もないが、実測図集にある軒規矩図を参考に「留先法」で検証をおこなった。

隅の軒出は、出中墨を基準に茅負留先までL_0（出）が正確に裏目五・〇尺で納まる。また筆者の作図では二分ほど短いが、6：5に按分した位置が木負留先になっている。

この隅の軒出は、脇間五・六八七尺と端間四・三四九尺の合計一〇・〇三六尺の半分の長さである。

平の軒出は四・四七四尺で、それを4：3に按分した位置が木負の位置となる。また、当堂は木負、茅負の撓込みが大変大きく、投げ勾配なりの正規の納まりに対し、茅負で四・六寸、木負で二・〇寸ほど奥に平の位置があることから、平の軒出は引込んで決定されてはいない。二・六分ほどの誤差はあるが、平の軒出は隅の軒出五・〇尺に対して〇・九倍となる四・五尺で計画されたものと考えられた（図4）。

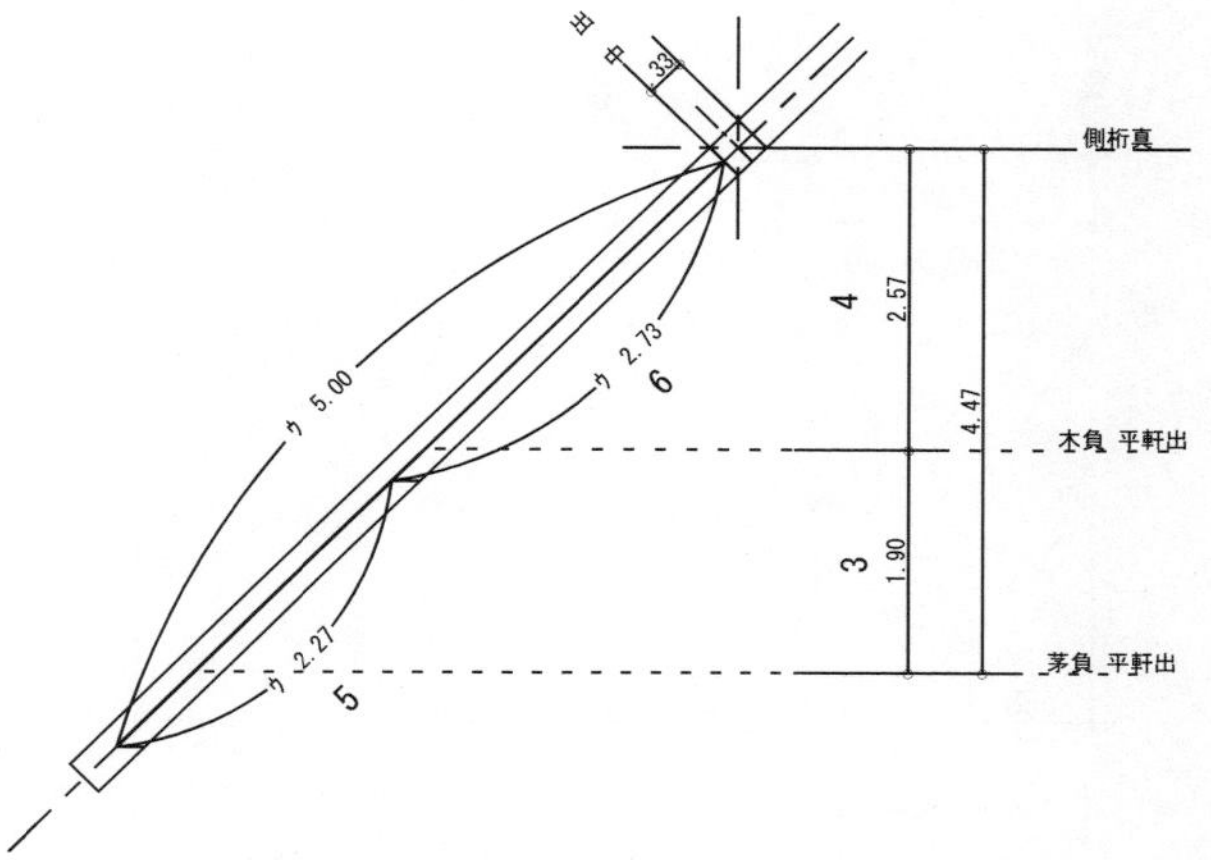

図3　正福寺地蔵堂
按分形 / 完数式（B-1）　$L_{0\,(出)}$ ＝ウ 5.00 尺

出中墨と茅負留先と平の軒出を揃える「出中押え法」の事例は、前章で紹介したとおり平行垂木でも数多く見られ、扇垂木では永保寺開山堂拝堂でも確認されたが、当堂では軒の反りをさらに強調するために、平の軒出を隅の軒出の〇・九倍に定めて、撓込みを敢えて大きくとったと考えられた。これに類似する技法は扇垂木では多く見られる。

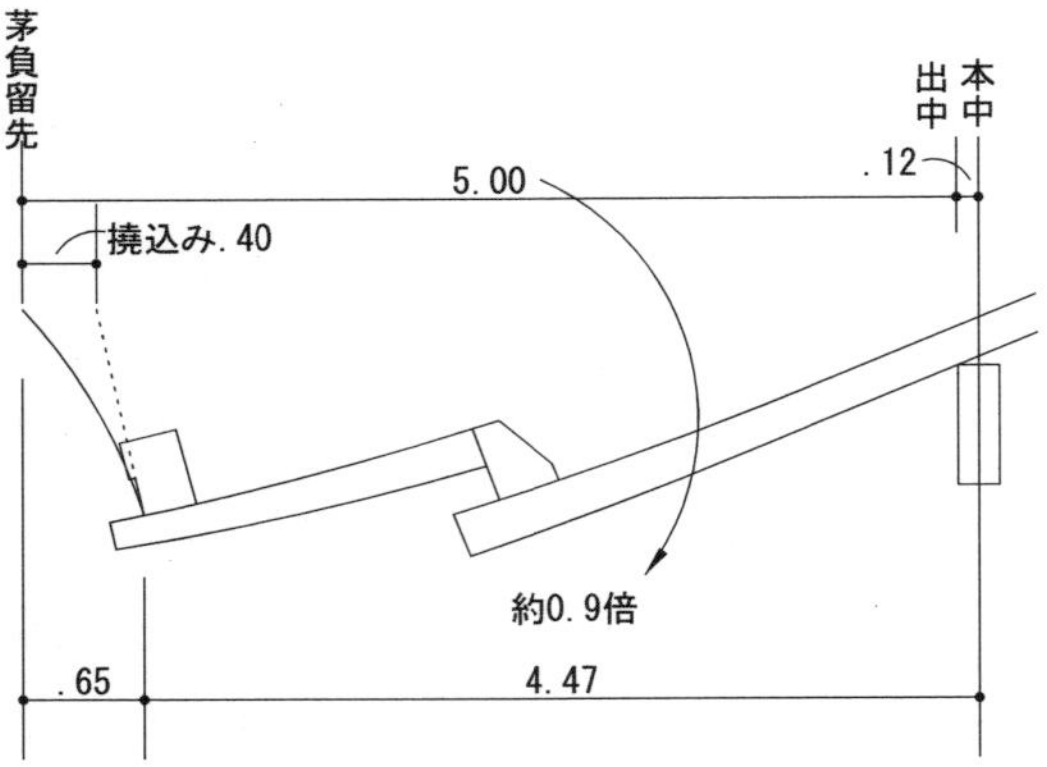

図4　正福寺地蔵堂　平断面図
茅負留先と平の軒出の関係

なお、報告書によれば、扇垂木は鎌倉割で割付けられていたとされる。

禅宗様仏殿の代表的遺構というだけでなく、当初の軒形式が残り「留先法」による分析でよく説明できる遺構である。按分型／完数式（B―1）に分類することができる。

向上寺三重塔初層[4]：永亨四年（一四三二）（図5）

初層が扇垂木で、二層以上は平行垂木である。部材の保存状態がよく、当初形式がよく保存されている。

「留先法」で分析すると、隅の軒出は出中墨を基準に、茅負留先までL_0（出）を裏目四・六尺とし、それを7：5に按分して木負留先位置を定めている。茅負、木負留先ともに、規矩図と理論値は誤差なく大変よく納まる。

平の軒出は四・六二尺であるが、茅負留先から茅負投げ勾配に引込んだ位置によく一致する。木負の位置はそれを$\sqrt{2}$：1[注4]に按分して定められたと考えられた。茅負は、飛檐垂木居定勾配一・二寸に対して、茅負外下角を鈍角にして前面投げ勾配を一・八寸とし、反出しを大きくしている。

また、隅の軒出と平の軒出は二分しか違わないから、永保寺開山堂拝堂と同様に、隅の軒出と平の軒出を揃える「出中押え法」である可能性が高い。

「留先法」による分析がよく納まる事例で、按分型／完数式（B―1）に分類することができる。

不動院鐘楼[5]：永享五年（一四三三）（図6）

袴腰の鐘楼で平、妻ともに全ての垂木が放射状に納まる。

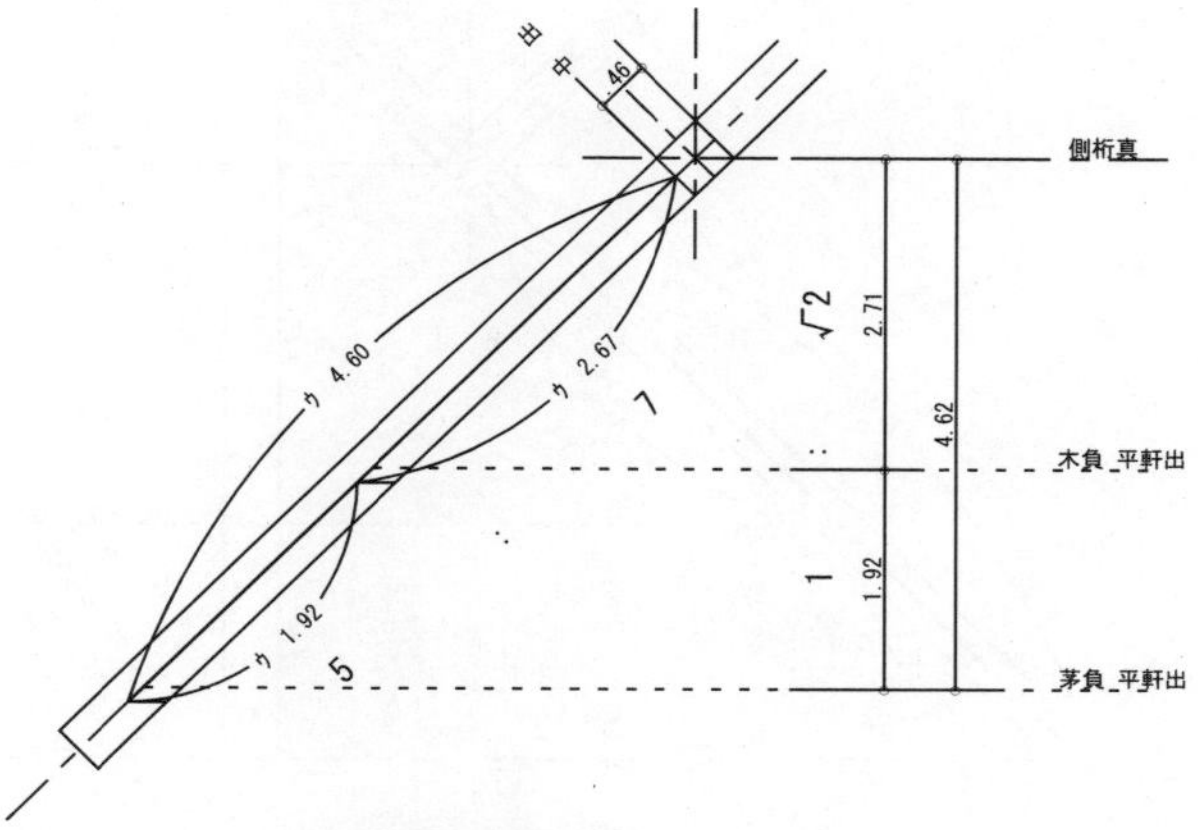

図5　向上寺三重塔初層
按分型／完数式（B-1）　$L_{0\,(出)}$ ＝ウ4.60尺

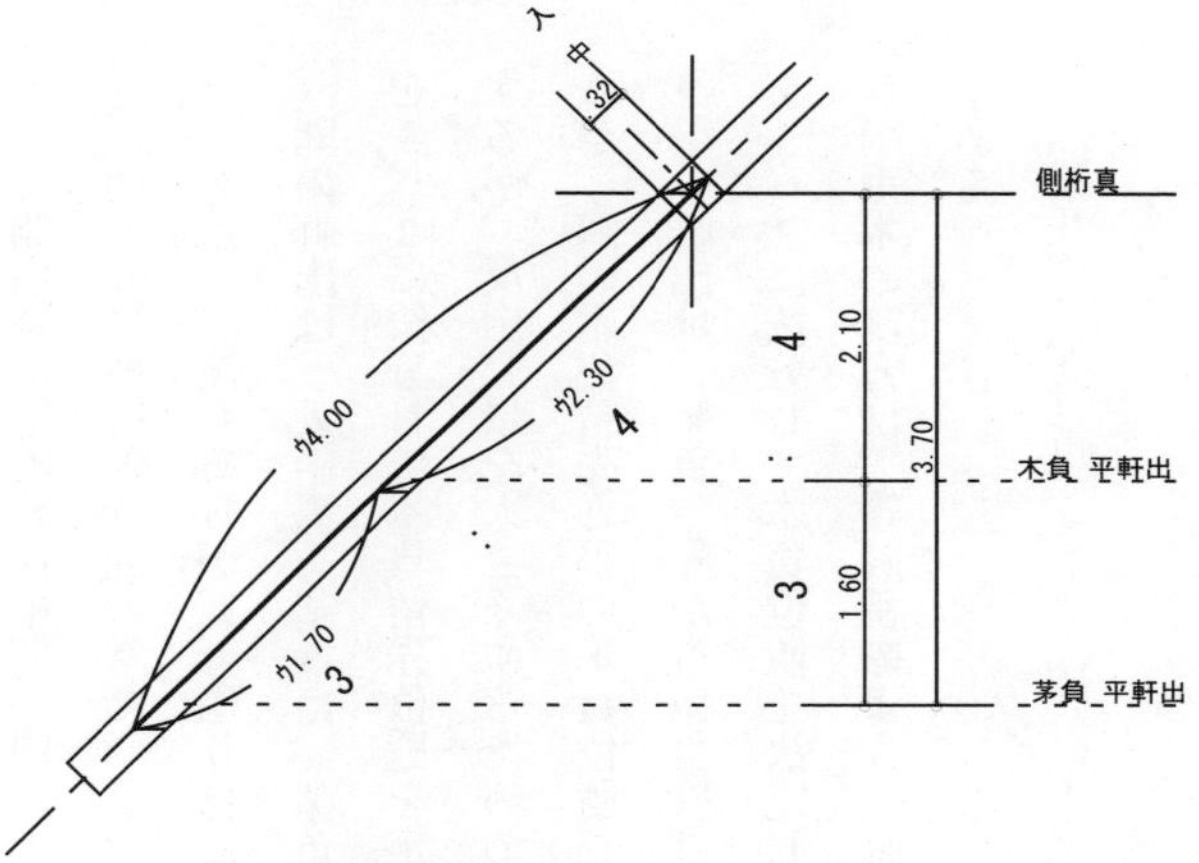

図6　不動院鐘楼
按分型／完数式（B-1）　$L_{0\,(入)}$ ＝ウ4.00尺

報告書には軒規矩について記載が少なく不明な点が多いが、隅木や茅負は当初材が残っていたようで、概ね当初形式が保存されていると思われる。

隅の軒出は、入中墨を基準に、茅負留先までL0（入）がちょうど裏目四・〇尺となる。それを4：3に按分して木負留先位置が定められていると考えられた。

平の軒出は、茅負留先を一・九寸勾配で一尺引込んだ位置に定められていて、それを4：3に按分して木負位置が決められている。

報告書によれば、扇垂木割は一番から一三番までを放射状に割付け、それ以降は妻、平それぞれの振分けを半径とする半円弧を描き、その円周上を均等に割付けたとするが、それ以上の説明がなく詳細は不明である。

資料は判然としないものもあるが、「留先法」でよく納まり、按分型／完数式（B－1）に分類することができる。

常福院薬師堂(6)：室町時代中期（図7）

方三間の禅宗様仏堂で、飛檐廻りは後世の改造で失われているが、飛檐垂木や茅負、飛檐隅木が転用されていて、それらにより復原整備された。そのため茅負の反りや飛檐隅木廻りに推定の部分を含むが、概ね規矩的な納まりは当初としてよいと思われる。

復原された軒規矩図を参考に「留先法」で検証すると、隅の軒出は出中墨を基準に、茅負留先までL_0（出）を裏目五・八尺とし、それを3：2に按分して木負留先としたと考えられる。按分した結果は地軒が三・五尺、飛檐が二・三尺となるから完数で追ったものともとれる。

平の軒出は、茅負留先から茅負投げ勾配で引込んだもので、それをおよそ3：2に按分して木負位置を決めたと考えられるが、少し誤差（三分）がある。

後世の改造のため完全には納まらないが、概ね「留先法」で計画されているもので、基本型／完数式（A―1）と見れなくもないが、他の例に準じて按分型／完数式（B―1）に分類する。

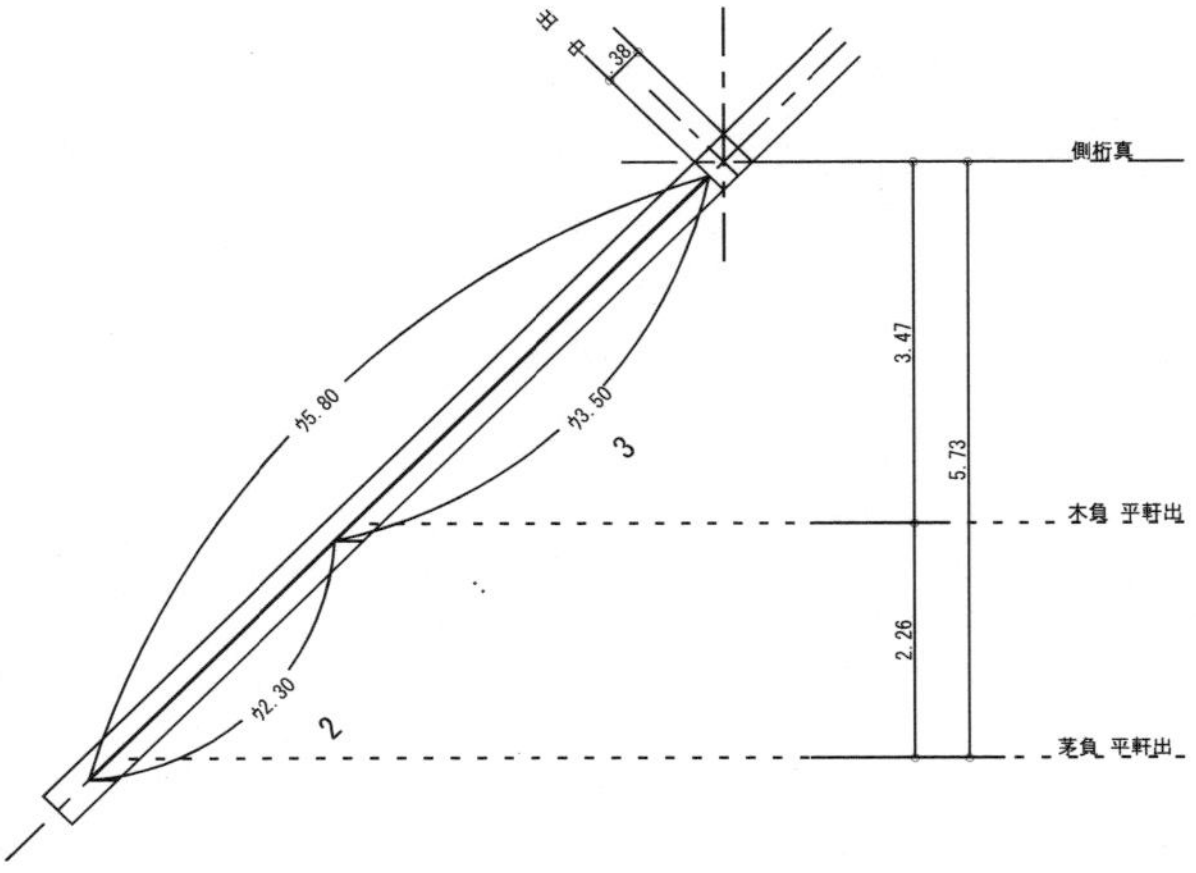

図7　常福院薬師堂
按分型 / 完数式　$L_{0(出)}$ ＝ウ5.80尺

玉鳳院開山堂[7]：室町時代中期（図8）

正面三間に奥行き五間の堂で、途中移築がおこなわれているため、変更された部分がある可能性もあるが、軒廻り材に古材を含んでいることから検証に加えた。

隅の軒出は、入中墨を基準に、茅負留先L_0（入）までを裏目六・九尺とし、それを3：2に按分して木負留先位置を定めていると考えられる。茅負外下角は鈍角とするが、反出し量を大きくするための調整であろう。一方、木負外下角は鋭角とするが、隅の木負留先と平の木負位置を調整した結果と考えられる。

平の軒出は、茅負留先から茅負投げ勾配で引込んで定めていると考えられ、それを3：2に按分して木負位置を決定している。

扇垂木の割方は、等間割のような軒規矩図が掲載されているが、説明がなく不詳である。

「留先法」で分析すると、按分型／完数式（B―1）に分類することができる。

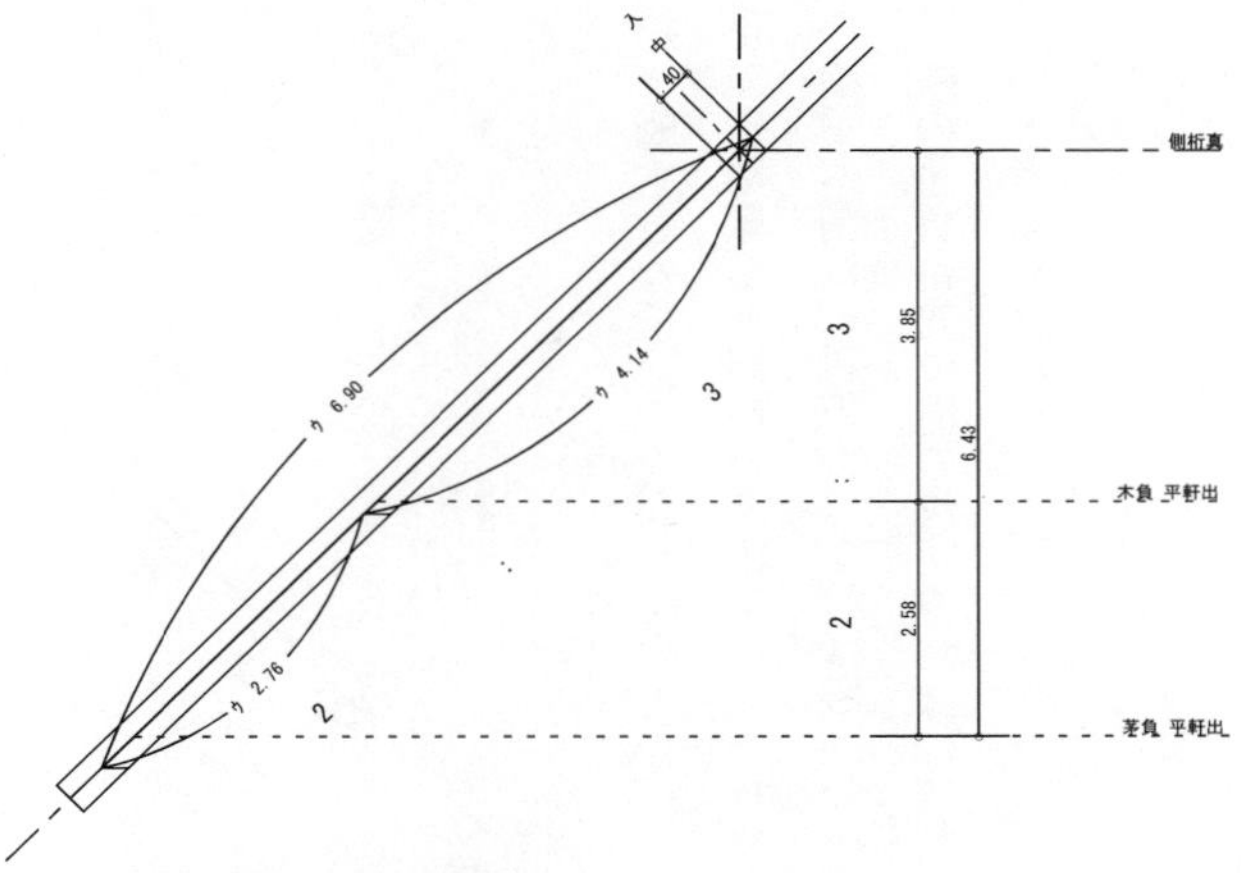

図8　玉鳳院開山堂
按分型／完数式（B-1）　$L_{0\,(入)}$ ＝ウ6.90尺

西明寺楼門[8]：明応三年（一四九四）（図9）

楼門で軒を扇垂木とする事例である。軒廻りは木負、茅負に取替えが多かったが、隅木、垂木等に当初材が残り、それらによって当初形式が判明したという。報告書の軒規矩図を参考に「留先法」による検討をおこなった。

軒規矩図の隅木側面において入中墨から茅負口脇までが明示されているから、それから茅負留先位置を定め検討すると、隅の軒出は出中墨を基準に茅負留先までL_0（出）を裏目四・三〇尺で定めていることが判明する。木負留先位置は、それを7：6に按分して定めている。茅負、木負の留先位置は理論値と大変よく一致する。平の軒出は、四・三二尺で、隅の軒出と二分の誤差で揃うため、永保寺開山堂拝堂と同様に、隅と平の軒出を揃える「出中押え法」の可能性が高いと考えられる。木負位置は、隅と同様に7：6に按分して定められている。

「留先法」による分析がよく納まる事例で、やはり按分型／完数式（B－1）に分類することができる。

新海三社神社三重塔初層[9]：永正一二年（一五一五）（図10）

和様を主にした意匠でありながら、初層の軒廻りのみを扇垂木にしている。初層は桁の痕跡から当初は平行垂木にする計画だったことが明らかにされている。

軒廻りの部材は、当初材も多く残っていて、昭和三一年の解体修理まで、隅廻りは一部を除き一度も解体されていなかった。

軒規矩図を参考に「留先法」で検討すると、隅の軒出は本中墨を基準に、茅負留先L_0（本）まで裏目四・七尺と考えられた。この位置は、軒規矩図から定めた位置より二分ほど長い。茅負留先までを裏目四・七尺とすると、それを4：3に按分した位置は木負留先としてよく一致する。

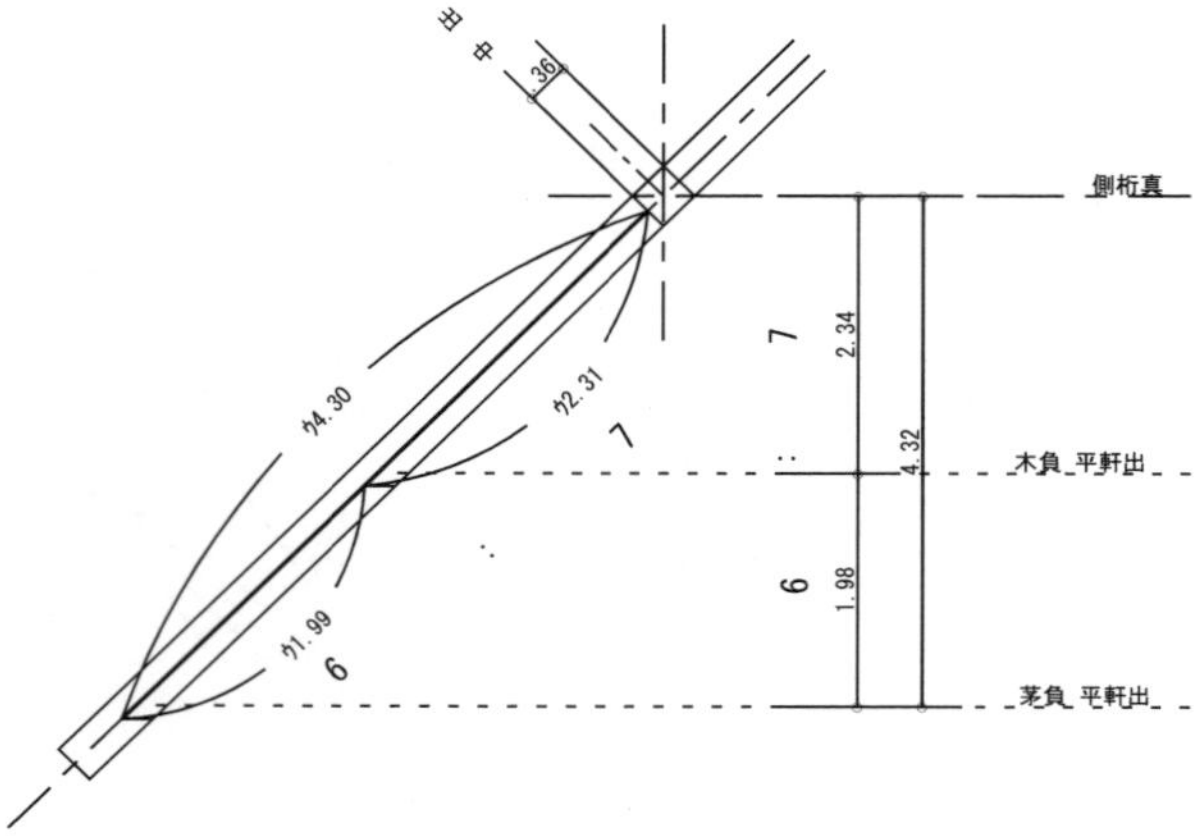

図 9　西明寺楼門
按分型 / 完数式（B-1）　$L_{0\,(出)}$ ＝ウ 4.30 尺

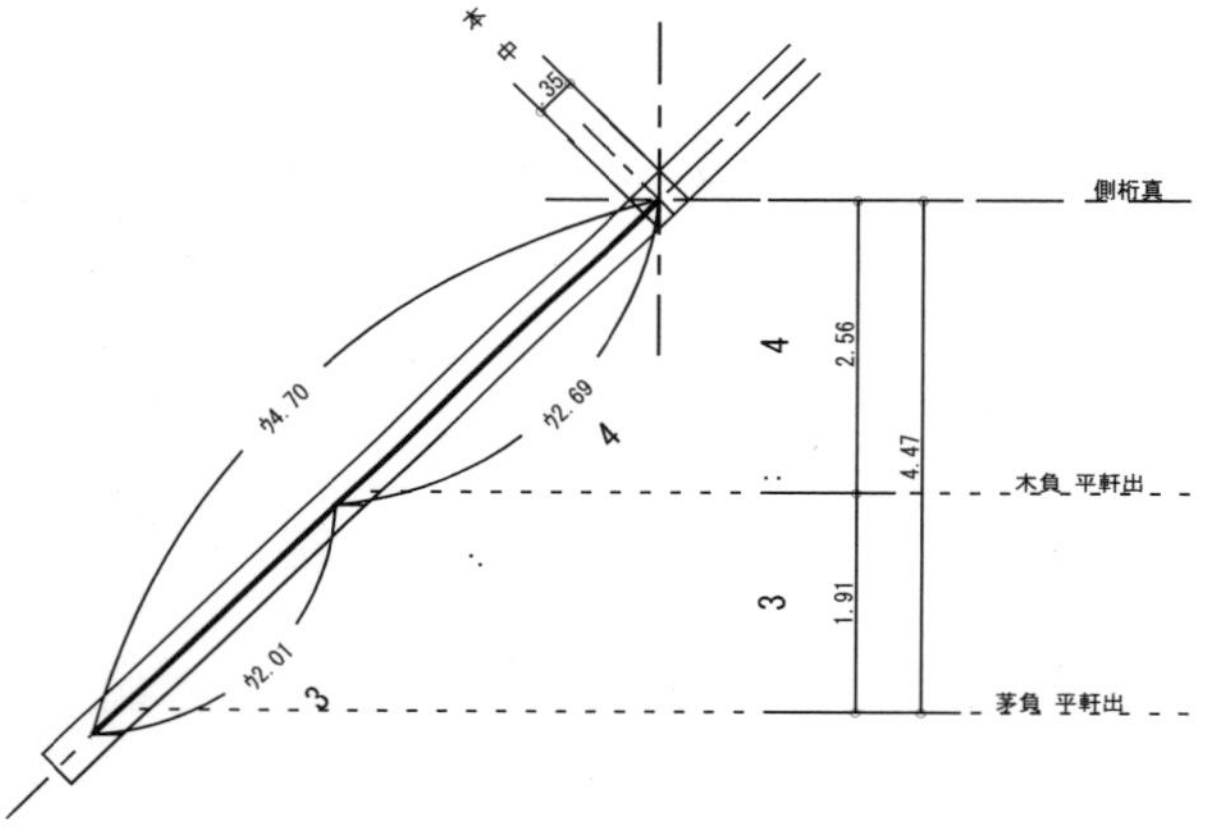

図 10　新海三社神社三重塔初層
按分型 / 完数式（B-1）　$L_{0\,(本)}$ ＝ウ 4.70 尺

茅負留先位置の二分の差異は通常ならば誤差の範囲であるが、二分短い位置は本中墨から一二枝である裏目四・六六尺にも近く枝割制で決めている可能性も考えられるところで、木負、茅負ともに撓込みがあるため確定が難しい。ここでは両方の可能性を指摘するが、他の扇垂木の事例や按分の結果が比較的正確であることから完数の四・七尺を結論とする。

平の軒出は、撓込みのため茅負の投げ勾配では決まらず、他の方法で決められたものと考えられる。先の正福寺地蔵堂では隅の軒出を〇・九倍とし大きな撓込みを付けていたが、ここでは平の軒出四・四七尺が隅の軒出四・七尺の〇・九五倍の値とよく一致することから、正福寺地蔵堂と同様の方法で決定されたと考えられた。

扇垂木割は、報告書によれば脇間の中央から扇とし鎌倉割で納められたとする。

隅の茅負留先位置の決定方法は、枝割制で決定された可能性もあるが、按分型／完数式（B―1）に分類した方が寸法の納まりもよいと考えられた。

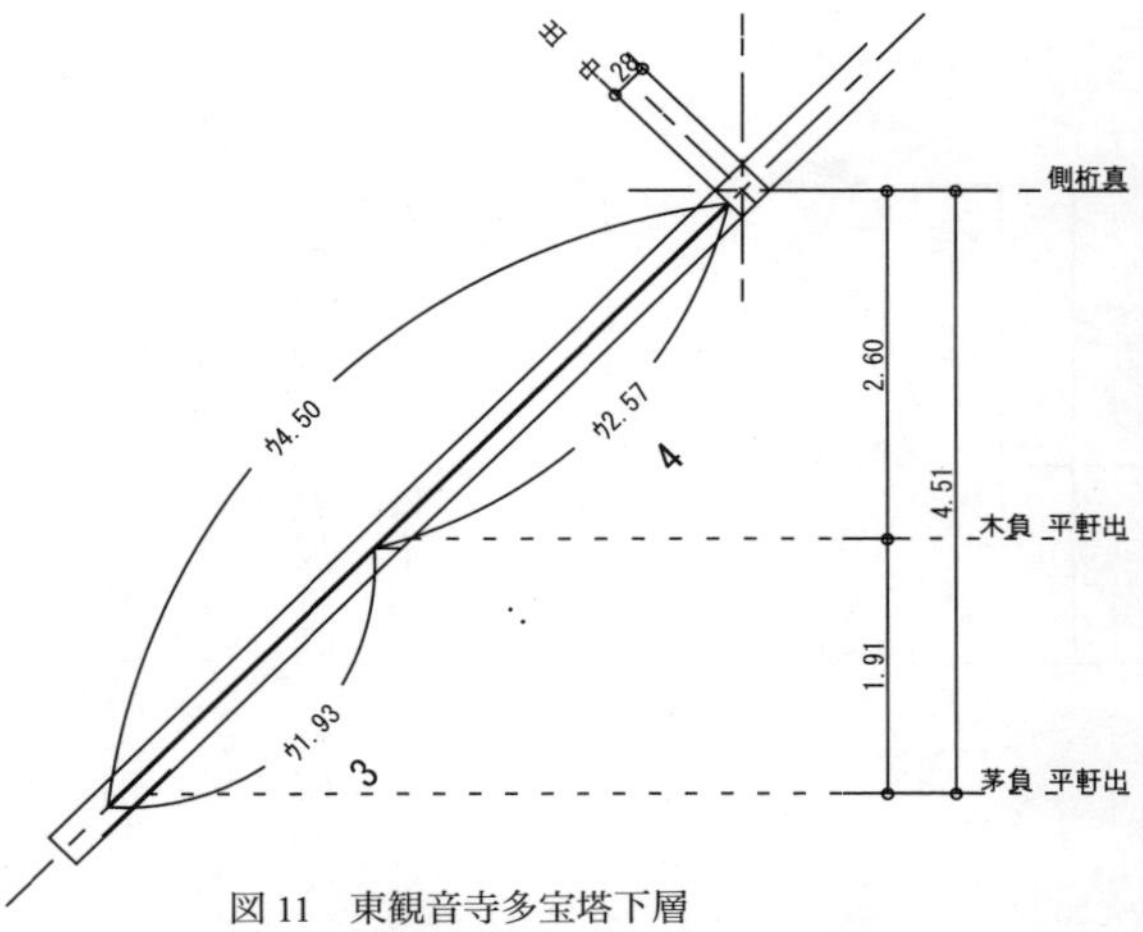

図11　東観音寺多宝塔下層
按分型 / 完数式（B-1）　$L_{0\,(出)}$ ＝ウ4.50尺

室町時代後期の遺構の検証

東観音寺多宝塔下層(10)（図11）、上層：大永八年（一五二八）

この塔は正徳に移築され、隅木にも正徳の墨書などが発見されているが、茅負などは当初材らしい。解体修理時の調査が十分とはいえず、報告書の記述も不明瞭で現状の軒がいつの時代であるかわからない。ただし、現状の軒規矩図を見ると他の中世の軒と同様の技法も確認できることから、正徳の移築に際しては新規に江戸の軒規矩で改造したのではなく、古材をそのまま新材に取り替えて組み立てた可能性も考えられるため参考に加えることにした。

まず下層であるが、この軒の大きな特徴は、茅負外下角を鈍角に木造り木負前面の投げ勾配を揃えていることであろう。規矩図から「留先法」で検証すると、隅の軒出は出中墨を基準に茅負留先までL0（出）を裏目四・五尺とし、それを4：3に按分して、木負留先位置を定めたものと推察された。なお報告書の軒規矩図は三分弱ほど茅負位置が先に納まっている。

平の軒出は一分ほどの誤差があるが、隅の軒出と同じ四・五尺に決めていると考えられるから「出中押え法」である。

木負位置は按分には乗らないが、これは木負留先から木負の投げ勾配で引込んで、平の木負位置を定めたものと考えられる。木負の外下角は矩である。

扇垂木の場合、木負、茅負を同じ投げ勾配に揃えても、飛檐垂木の長さは平と隅で同じにならないため、茅負外下角を鈍角にした意味は、隅の軒出と平の軒出を揃え、「出中押え法」とするための調整と考えられる。

以上の点から、正徳の現状の軒規矩は当初の形式を保存している可能性は十分あると考えられた。「留先法」の分類は、按分型／完数式（B－1）となる。

上層も下層と同様に、正徳材が中心のようであるが検証をおこなった（図は省略した）。

隅の軒出は本中墨を基準に茅負留先L0（本）まで裏目四・三尺となる。ここから五分もどった位置が茅負投げ勾配で反った場合の留先であるから、平で五分の撓込みがあることになる。隅の軒出四・三尺を7：5に按分して木負留先位置が決められている。茅負外下角は鈍角に木造られていて、さらに五分の撓込みがあり、かつ木負投げとも揃わないから、諸寸法の根拠が判り難い。しかし、平の軒出四・〇九尺は隅の軒出四・三尺のちょうど〇・九五倍の値になる点は、先の新海三社神社三重塔初層と同じ技法といえるであろう。茅負の外下角をもう少し鈍角として撓込みではなく茅負投げ勾配で納まれば、次の三明寺三重塔とほぼ同じ納まりになる。

平の木負位置は、茅負の出を正確に√2：1に按分して定められたものと考えられた。

以上のとおり、部材は正徳に取り替えられているが、下層と同様に当初形式を引き継いだ軒規矩である可能性があり、按分型／完数式（B－1）に分類することができる。

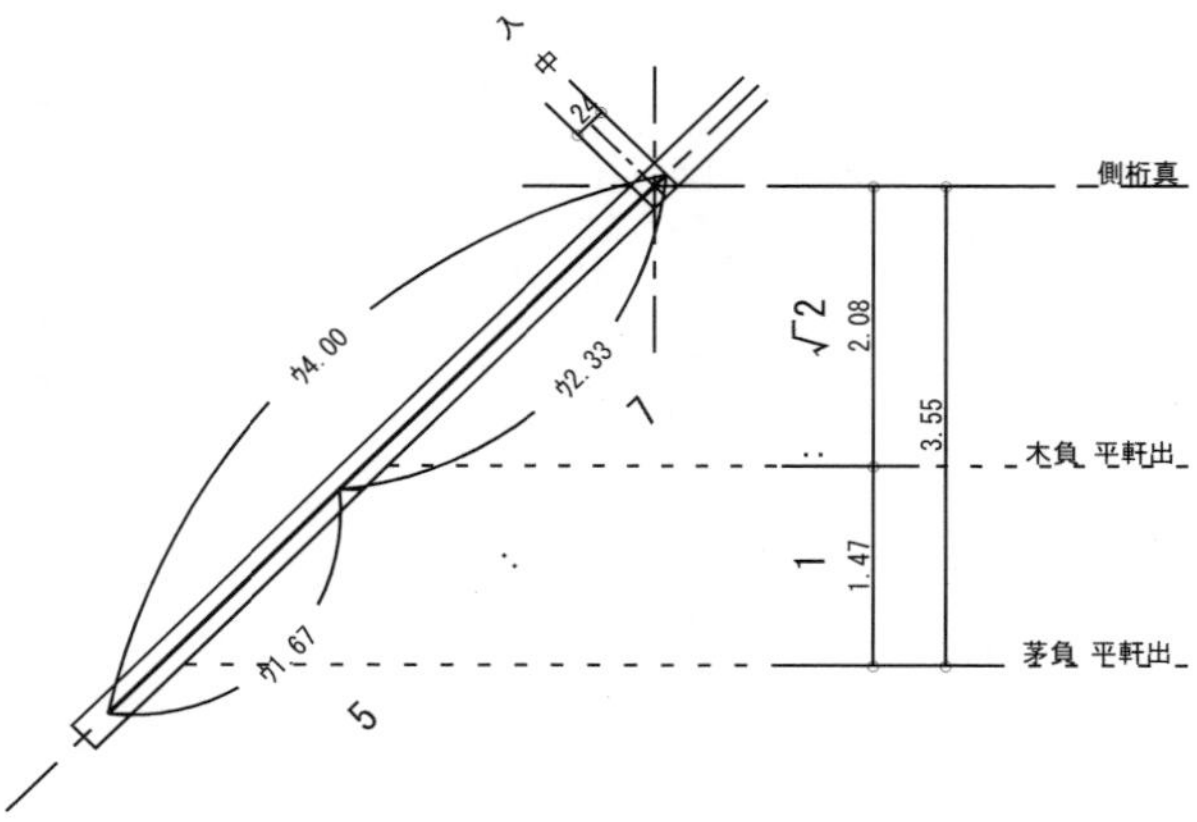

図12　三明寺三重塔三層
按分型／完数式（B-1）　$L_{0（入）}$ ＝ウ4.00尺

三明寺三重塔[11]三層：享禄四年（一五三一）（図12）

三明寺三重塔は総高さ五〇尺ほどで、指定文化財の中でもっとも小さい三重塔である。初層、二層は平行垂木とするが三層は扇垂木である。

初層の軸部は江戸時代中期に側柱七本を取り替えるなど、台輪以下に大規模な修復がおこなわれているが、それより上部はほとんど解体を受けておらず、当初形式をよく知ることができる遺構である。扇垂木の三層目も、軒廻りでは飛檐垂木が二〇本ほどが取り替えられただけであった。

軒規矩図を参考に「留先法」で検証すると、隅の軒出は入中墨を基準に、茅負留先L0（入）までちょうど裏目四・〇尺となる。それを7：5に按分して木負留先位置が決められていると考えられる。

木負は断面矩形であるが、茅負は外下角を大きく鈍角に開き、茅負の投げ勾配を三・三寸とし、口脇までの反り一・一尺に対し反出しは三・四寸にもなる。この塔では、茅負を鈍角としているが、茅負外下角が矩であれば大きな撓込みがなければ納まらなかったであろう。

隅の軒出と平の軒出の関係を見ると、隅の軒出は入中墨から裏目四・〇尺で決められているが、それを本中墨から取ると三・九二尺となる。これを〇・九倍すると三・五三尺になるから、平の軒出三・五五尺とほぼ一致する。

このように、隅の軒出に一定の比率を乗じて平の軒出とするのは、上述した正福寺地蔵堂、新海三社神社三重塔初層、東観音寺多宝塔上層と類似する技法とみることができるであろう。

平の木負位置は、平の軒出三・五五尺を$\sqrt{2}$：1に按分して定めているが、それも東観音寺多宝塔上層と同じである。

扇垂木の割方は、報告書によれば木負長さの「一三七の戻り割」(注5)によって割付けているとする。

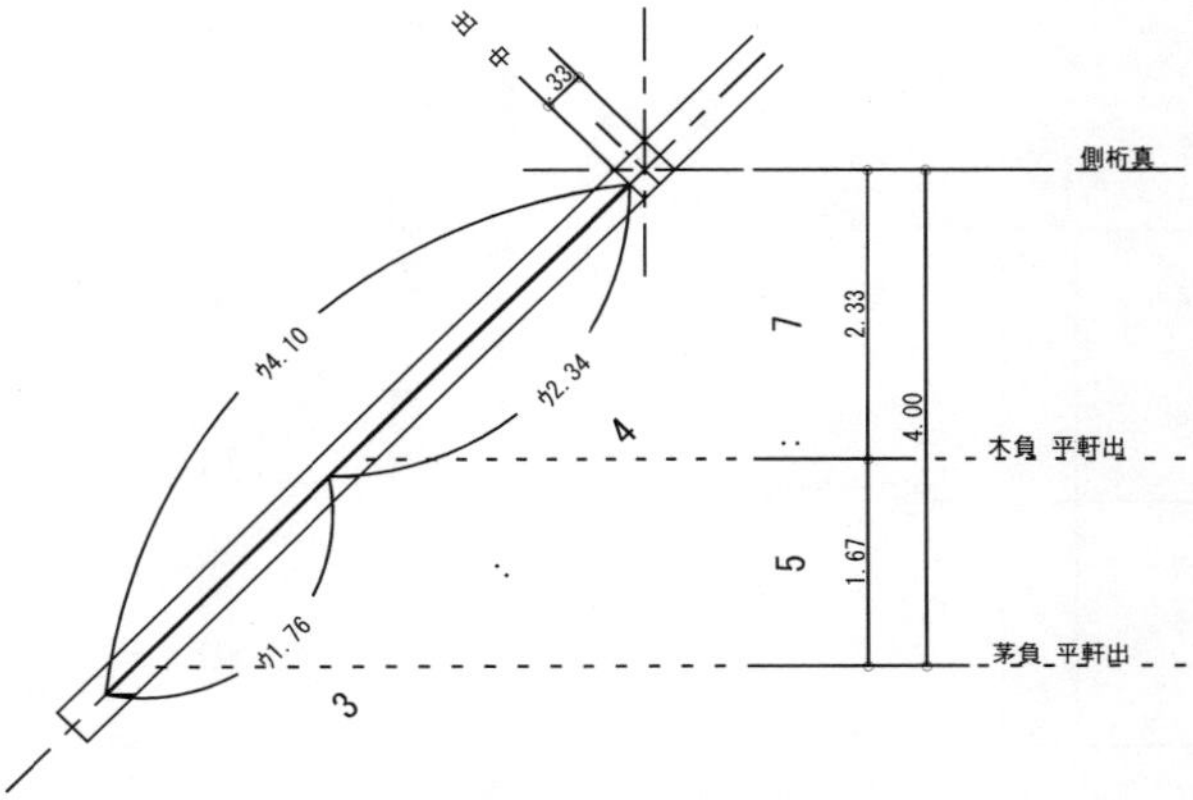

図13　観音寺多宝塔上層
按分型 / 完数式（B-1）　$L_{0 (出)}$ ＝ウ4.10尺

観音寺多宝塔上層(12)：天文五年（一五三六）（図13）

下層は平行垂木で部材の取替えもあるが、上層の扇垂木は一度も解体を受けずに、ほとんどが当初材であった。

隅の軒出は、出中墨を基準に茅負留先L0（出）まで裏目四・一尺とし、それを4：3に按分して木負留先位置を定めたと考えられる。隅の軒出は、報告書によれば上層平面の直径を一・五で除した値に一致するという(注6)。

平の軒出は、茅負留先と茅負前面の投げ勾配上に揃うが、茅負は外下角を鈍角として反り出しを大きくとっている。また、三明寺三重塔三層と同様に本中墨から留先を測り（裏目四・二二尺となる）、これを〇・九五倍すると平の軒出と同じ四・〇尺を得る。

この平の軒出の決定方法も、正福寺地蔵堂他と同様の技法であるといえるであろう。

平の軒出は、それを7：5に按分して木負位置が定められている。

なお、扇垂木の割付は報告書によれば、三明寺三重塔と同じく「一三七の戻り割」であったという。

西明寺（栃木）三重塔(13)二層、三層：天文六年（一五三七）（図14・図15）

初重は平行垂木で、二、三層を扇垂木とする。報告書によれば隅木は全て当初材で、垂木も当初材が残り後世の取替えは少なかった。木負、茅負も一部に当初材が残り、後世材も当初材の形式を踏襲するなど、当初の軒形式はよく保存されていたと推察される。ただし、解体修理ではなかったため諸寸法の中に十分整理されていない部分がある。

二層を「留先法」で検証すると、隅の軒出は入中墨を基準に茅負留先までL_0（入）を裏目四・二尺とする。それを7：6に按分して木負留先位置を定めている。

平の軒出は地軒の出二・一尺、飛檐の出一・九尺で、全体では四・〇尺と完数で押え比率は特に認められない。(注7)また、居定勾配と投げ勾配の関係から木負、茅負とも外下角は若干鋭角に木造られているのが判明す

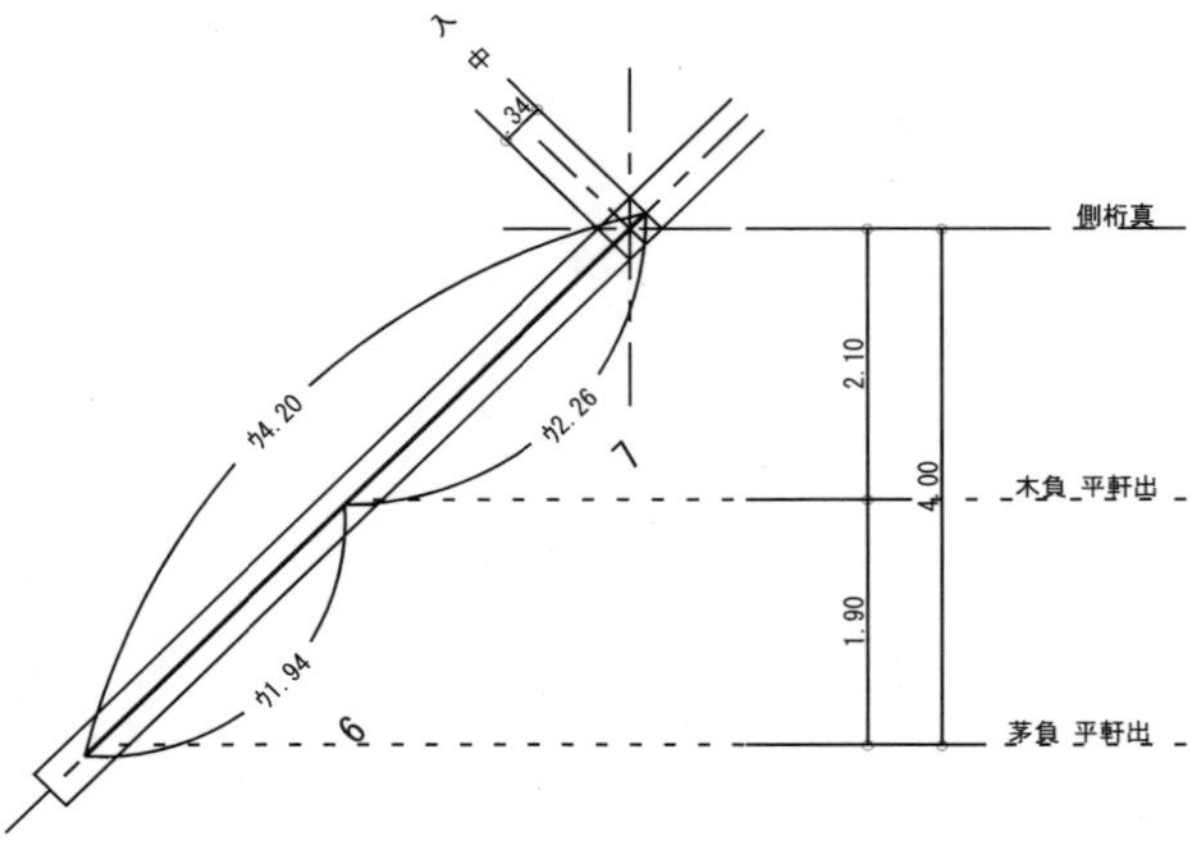

図14　西明寺三重塔二層
按分型/完数式（B-1）　$L_{0(入)}$＝ウ4.20尺

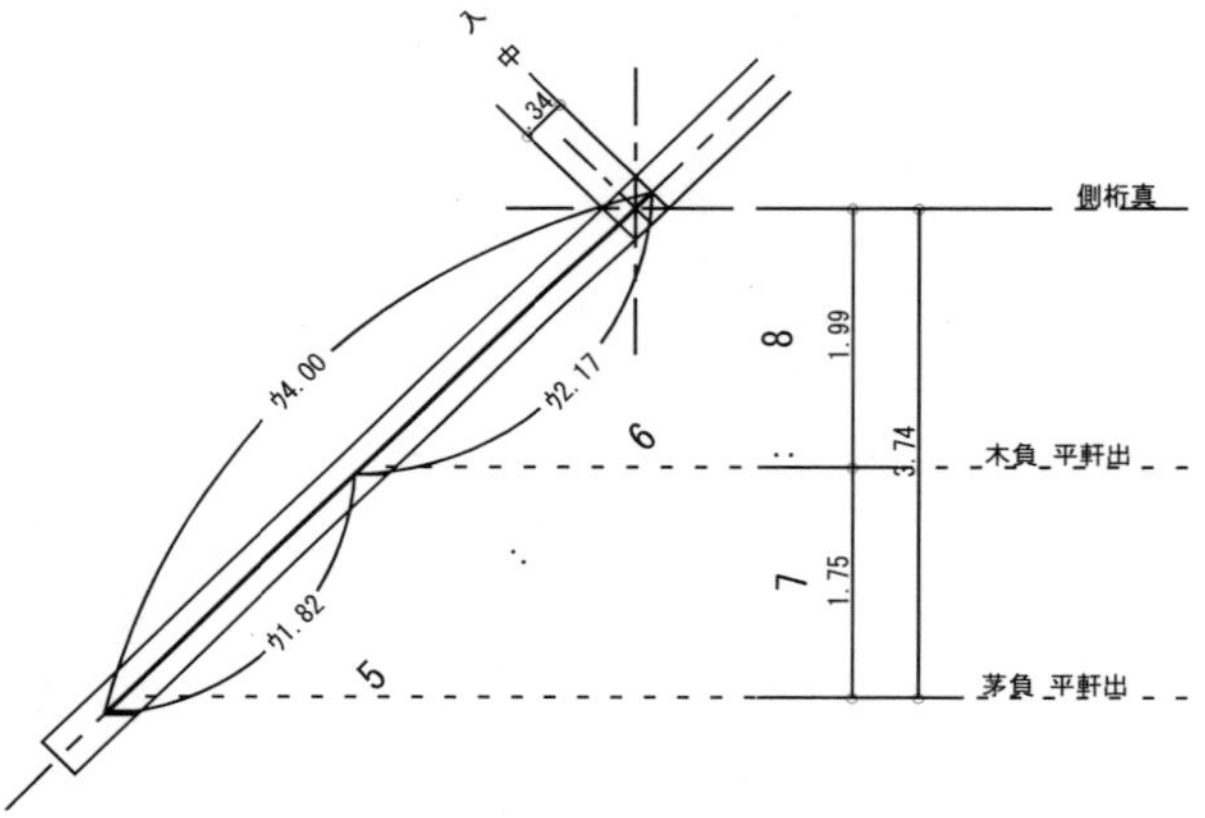

図15　西明寺三重塔三層
按分型/完数式（B-1）　$L_{0(入)}$＝ウ4.00尺

るが、実際には木負、茅負の前面の勾配より投げをもどした軒規矩図になっている。木負、茅負の投げ勾配において、隅と平の関係に無理が生じているのは、それぞれ独立して定められた可能性があるが未解体故の不整合かもしれない。

扇垂木の割付は、振分け真上に竜頭を置き全ての垂木が放射状に配されているが、詳細は報告書には記載がなく不明である。

「留先法」は按分型／完数式（B－1）に分類できるが、平の軒出も完数で決められている。

三層は、隅の軒出を入中墨基準に、茅負留先までL_0（入）を裏目四・〇尺と考えられた。理論値は規矩図より三分長い。それを6：5に按分して木負留先位置を定めたと考えられる。

平の軒出は二層とは異なり、茅負留先から投げ勾配に引込んで定めたと考えられ、それを8：7に按分して木負位置が定められている。ただし、二層と同様に、木負、茅負は若干鋭角に木造りながら、木負は隅で押し込む納まりになっているため、通常とは反対の無理な納まりが生じていて、規矩的には全体的に納まりが悪い。

「留先法」は按分型／完数式（B－1）に分類できるが、報告書はあまり整理されていない印象が残る。

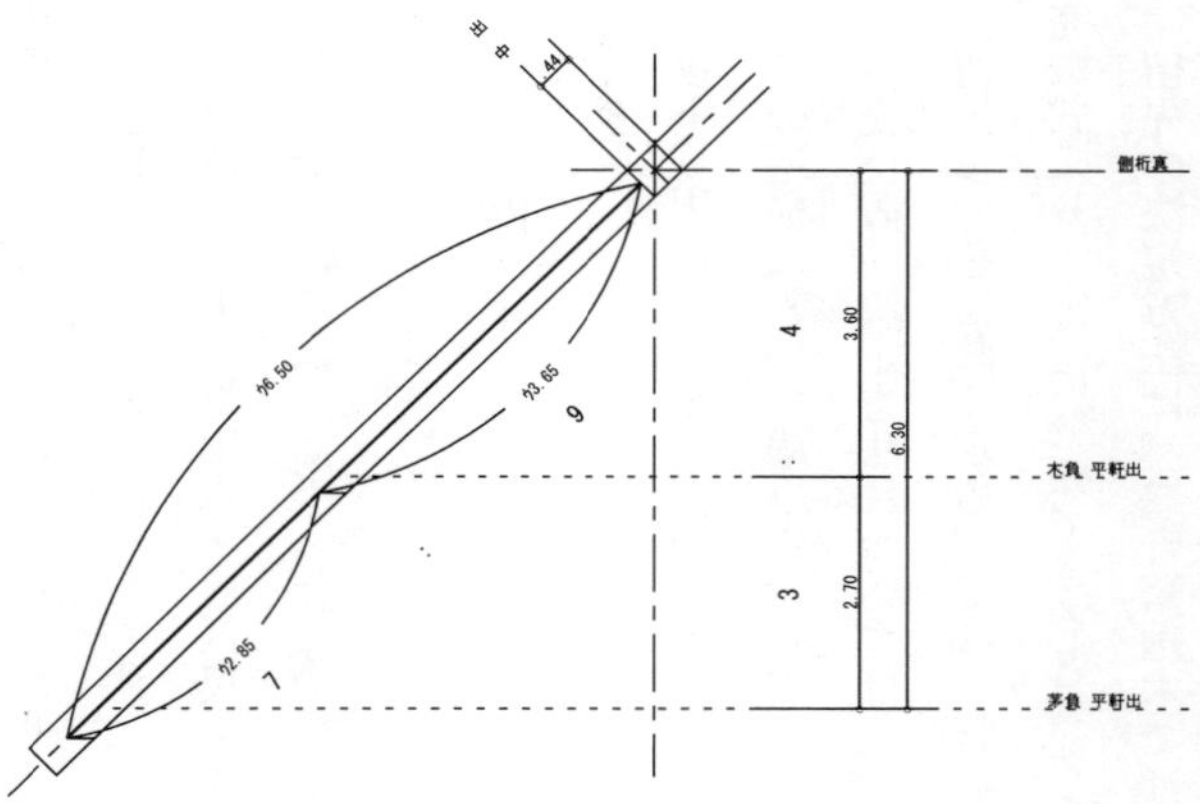

図16　円通寺本堂
按分型 / 完数式（B-1）　$L_{0\,(出)}$ ＝ウ6.50尺

円通寺本堂[14]：天文頃（図16）

方三間の禅宗様仏堂で、唐様仏殿の正規のものとされる。軒廻りの保存状態はよく当初形式を知ることができる。

隅の軒出は、出中墨を基準に茅負留先までL_0（出）を裏目六・五尺とし、それを9：7に按分して木負留先を定めている。

隅の軒出六・五尺に手先の出を加えると柱真から留先まで裏目七・七九尺となるが、総柱間の半分は一一・六七尺であるから、その比は2：3となる。

平の軒出は、茅負に撓込みがあるため投げ勾配で決められていない。隅の軒出を本中墨から取ると、六・六五尺となり、これを〇・九五倍すると六・三二尺になるから、二分の誤差で平の軒出と揃う。当堂の平の軒出も正福寺地蔵堂他と同様な方法によって撓込みが定められたと考えられる。

木負位置は平の軒出六・三八尺を4：3に按分して定めている。

「留先法」は、按分型／完数式（B―1）でよく納まる。

四　小結

以上、中世の扇垂木の遺構で軒規矩図があるものを、「留先法」によって検証し、主な遺構についてはその詳細を述べた。その結果は、全ての遺構において扇垂木の軒規矩が「留先法」によって計画されていたことを示すものであった。

留先位置の決定方法については、一部に基本型／完数式（A―1）の条件に合うものもあるが、すべての遺構において共通して茅負留先までを完数で定め、それを整数比で按分して木負留先を決めていることが確認できたことから、扇垂木では例外なく按分型／完数式（B―1）に分類できると考えられた。

留先の決定方法は、二軒繁垂木ではすべての分類形式が確認できたのに対し、扇垂木では按分型／完数式（B―1）だけに限られる点は対照的である。枝割によらないこの方法は扇垂木の軒規矩として相応しいのであろう。

また、扇垂木は配付垂木割や論治垂木などがないため、隅木の木負口脇廻りに制約が少なく簡潔に納めることができ、実際に軒規矩図の検証結果は、二軒繁垂木の場合と比べて規矩図と理論値はよく整合した。

一方、隅木の簡潔さに比べて平の軒出の決定方法は、若干面倒な仕掛けが認められた。

隅の軒出から引込んで、平の軒出が定められたものの他、隅の軒出と平の軒出の寸法を揃える「出中押え法」は、平行垂木と同様に使われているが、さらに平の軒出を短くすることで茅負に敢えて大きな撓込みを生じさせたり、茅負外下角を鈍角に木造りすることで扇垂木特有の大きな軒反りをさらに強調する技法が確認された。

「留先法」は、中世の扇垂木の軒規矩術法としても普遍的な技法として確認されたといえるであろう。

参考文献

1 関口欣也：「中世禅宗様仏堂の柱間（一）」日本建築学会論文集　第一一五号、四四―五一頁、一九六五．九

2 『国宝・重要文化財（建造物）実測図集』文化庁

3 『国宝正福寺地蔵堂修理工事報告書』、東村山市史編纂委員会、一九六八．一一

4 『国宝向上寺三重塔修理工事報告書』（同修理委員会）、一九六三．三

5 『重要文化財不動院鐘楼修理工事報告書』（同修理委員会）、一九五六．五

6 『重要文化財常福院薬師堂修理工事報告書』（同修理委員会）、一九五六．三

7 『重要文化財玉鳳院開山堂并表門修理工事報告書』（京都府教育庁）、一九五八．三

8 『重要文化財西明寺楼門及び塔婆（三重塔）修理工事報告書』（同修理委員会）、一九五四．四

9 『重要文化財新海三社神社三重塔修理工事報告書』（同修理委員会）、一九五六．四

10 『重要文化財東観音寺多宝塔修理工事報告書』（同修理委員会）、一九五九．七

11 『重要文化財三明寺塔婆修理工事報告書』（同修理委員会）、一九五一．一二

12 『重要文化財観音寺多宝塔保存修理工事報告書』（財団法人文化財建造物保存技術協会）、二〇〇一．九

13 前掲8に同じ。

14 『重要文化財円通寺本堂修理工事報告書』（文化財建造物保存技術協会）、一九七二．一二

注

注1 平成二三年当時、永保寺開山堂は屋根替え修理中で軒廻りの調査もおこなわれていた。主任の加藤雅大技師のご教示による。

注2 「六ツ連」については、第一〇章で述べる。飛檐垂木の勾配を数値で決めるのではなく、木負と茅負の外下角を水平に揃えることで、飛檐垂木の勾配を指定する方法である。木負、茅負だけでなく、桁下端も水平に揃える場合があるが永保寺開山堂はその古い例である。

注3 昭和五八年度文化財建造物修理技術者養成研修（東京）に配布された高端政雄の解説書も参考にした。高端正雄は昭和九年解体修理の設計監理に従事し保存図も作成している。撓込みある茅負の納め方については、隅木に茅負を架けてから茅負の中央部を押し込ん

で納めたと語っておられた。

注4　$\sqrt{2}$：1の按分は7：5に近似するが、按分値が$\sqrt{2}$：1の方がより近い場合はそれを採用した。第二章で述べた様に、この比で按分することを「延小目割」という。

注5　扇垂木における「一三七の戻り割」は等間割のひとつである。この技法を含め扇垂木の割方については、第一二章において検討する。

注6　文献12の報告書では、「隅木面で入中から茅負口脇（あるいは隅木真で本中から茅負向留）を上層平柱真々長さの半分とする。」とあるが、平柱真々は五・九四尺であるから半分は間違いであろう。

注7　但し、規矩図に対して断面詳細図の平の軒出の書込み寸法は、地軒二・〇五尺、飛檐一・九三五尺、合計三・九八五尺と一・五分違っている。ここでは規矩図の寸法を採用した。

第五章　留先法による八角軒・六角軒の検証

一　はじめに

前四章において、中世の軒規矩術法は「留先法」であることを提案し、平行垂木（一軒疎垂木、同繁垂木、二軒疎垂木、同繁垂木）と扇垂木について検証をおこなった。

本章では、八角堂と六角堂においても、軒規矩が「留先法」によって定められていることを検証したい。

ここで、平面が八角や六角である軒は、平面が矩形である軒と異なる納まりであるため、平面が矩形の軒を「四方軒」(注1)と呼び、平面が八角のものを「八角軒」、六角のものは「六角軒」と区別することとする。

検証の対象は、中世の軒で規矩図のある遺構が八角軒で三例しかないため、(注2)参考に資するために近世の遺構も三例検証に加えることとした。また、八角軒、六角軒の隅木基準墨（出中墨、本中墨、入中墨）は、四方軒とは異なる定め方が認められるため、まず近世の軒規矩術書を参考に整理をおこなった。

検証の方法は、前四章に準じておこなうが、八角軒、六角軒は四方軒以上に平面計画と密接な関係性があると考えられることから、軒の検証とともに平面計画も考察に加えた。(注3)

二　留先法の分類

「留先法」における留先位置の決定方法については、第二～四章でおこなったものと同じ分類方法を使用する。

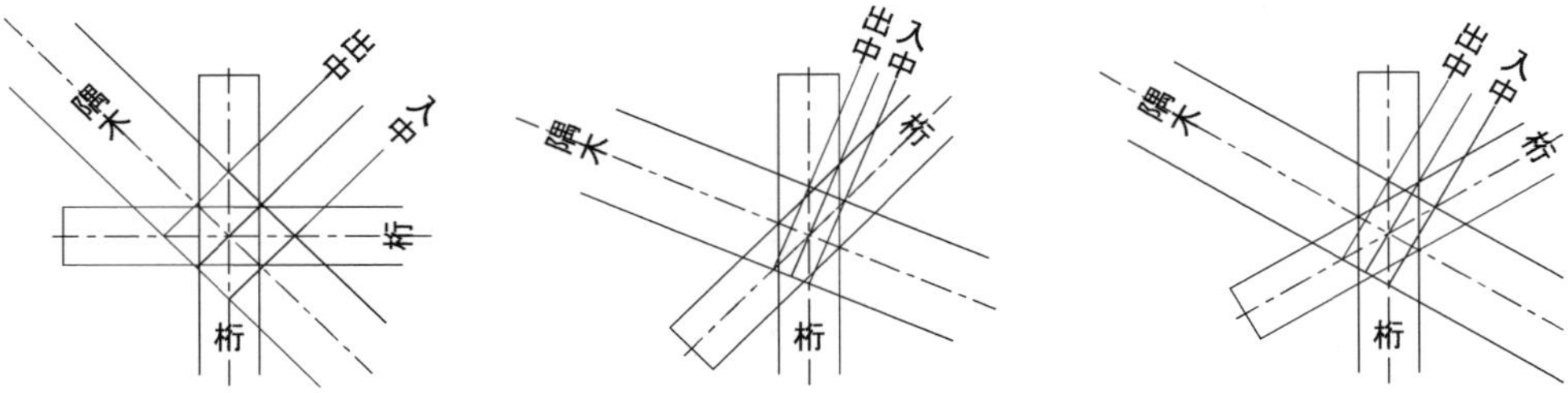

四方軒　　八角軒　　六角軒

図1　軒形式毎の出中墨と入中墨の一般的な関係

留先長さの表記は前三章と同じく、隅木基準墨から木負留先までを木負留先長さL_1、そこから茅負留先までを茅負留先長さL_2とし、L_1とL_2を合せたものつまり隅木基準墨から茅負留先までをL_0とする。なお、L_1、L_0において、出中墨を基準とする場合はL_1（出）、L_0（出）、本中墨の場合はL_1（本）、L_0（本）、入中墨の場合はL_1（入）、L_0（入）と表記する。

三　隅木基準墨について

これまで検証した四方軒では、振れ隅を除いて隅木が四五度に納まり、木負、茅負の留先位置は、隅木真上の隅木基準墨（出中墨、入中墨、本中墨）から定められていた。

隅木基準墨は、矩手に交わる桁とそれに架かる隅木の関係を表した墨で、四方軒の場合、出中墨と入中墨は隅木側面では桁真を示し、その間隔は隅木幅と同じ寸法となる。

一方、八角軒や六角軒では、相互に組み合う桁が矩手になっておらず、さらに隅木も四五度に納まっていないため、隅木基準墨を四方軒と同じ方法によって定めると、出中墨と入中墨の間隔は、八角軒で隅木幅の〇・四一、六角軒でも隅木幅の〇・五三ほどにしかならない（図1）。

事例が少ないため仕方のないことであるが、修理工事報告書においても垂木の歩みをどの基準によって割込んだのか判断しかねた様子が読み取れる。実際、八角軒等では規矩的に隅木の基準墨が四方軒のように統一されているとはいえず、遺構ごとに違う可能性があるため、慎重に見究める必要がある。

そこで、中世の八角軒を検討する手掛かりとするために、具体的な資料が得られる近世軒規矩術書における隅木基準墨の考え方を整理しておきたい。

近世軒規矩術書において八角軒、六角軒は、ともに隅木の納まる方向が四五度の真隅でないため、振隅の軒規矩の延長として扱われているのが一般的で、八角軒より六角軒を中心に記述されることが多く、八角軒はその類似例として簡単な解説で済まされるか省略されることもある。

六角軒等の軒規矩術が述べられている近世の軒規矩術書としては、木版本から紹介すると以下のものが挙げられる。(注4)

①『大工雛形秘伝書図解』：享保一二年（一七二七）

作図は京都柳田組の図師西村権右衛門、版元は京都永田長兵衛が開版である。一巻二冊からなる。また、その他に年代はさまざまであるが手描きの類型本がある。

乾之巻の末に六角指垂木、六角扇垂木が図とともに解説されていて、八角軒については僅かな説明があるだけである（類型本の中には六角軒が省略されているものもある）。

②『極秘六角雛形』：寛政七年（一七九五）

著者は伊達藩赤井幸七、版元は江戸須原茂兵衛。一巻一冊の大形の折れ本で、解説は少ないが大きな図で表現されていて、実際に作図して習得するような構成になっている。

六角の基本の墨を本かね（通常の尺）、中尺（隅木の尺）、下尺（垂木の出の基準）を使って説明する。

六角軒だけで、八角軒についての記載はない。

③『規矩真術軒廻図解』：弘化四年（一八四七）

鈴木正豊が著した一巻二冊からなる大形本で、須原茂兵衛が版元である。下巻に六角指垂木、六角扇垂木、八角扇垂木の軒規矩の解説がある。

④『匠家矩術新書』：嘉永元年（一八四八）

平内廷臣が著した一巻の大形本で、版元は梅坪社である。六角軒、八角軒については詳細な図とともに解説がある。

⑤『独稽古隅矩雛形』：安政四年（一八五七）

大工小林源蔵が著した一巻三冊からなる半紙本である。上巻に六角の出中墨、入中墨など基本事項の説明があり、下巻に六角の軒規矩について図と解説がある。八角軒は省略されている。

⑥手中家文書『類聚倭木経規矩部』：安永九年（一七八〇）

刊本ではないが明王太郎景明が著した手描きの規矩術書で、六角一軒指垂木、八角一軒扇垂木の軒規矩図がある。

以上六巻の近世軒規矩術書における、六角軒等の垂木割付の隅木基準墨について分類すると、以下の三種類にまとめることができる。

第一に、図2で示したとおり四方軒の場合と同様に、軒桁真と隅木側面との関係から導き出される出中墨を、垂木の割付の基準とするものである。ただし、本繁垂木でありながら四方軒のように出中墨を手挟むのではなく、疎垂木の割付のように出中墨に垂木真を揃えて割付ける。

この事例は①で確認できる。図が不鮮明で他の類型本を見ても判然としないが、出中墨と入中墨しか記載がないから、出中墨以外は考え難い。①は刊本の規矩術書としては最古であり、四方軒と共通した定め方は古式な方法と思われる。

第二に、図3に示したとおり、柱真を基準にするものである（敢えていえば隅木真上の本中墨である）。垂木は、そこから桁と矩手に延ばした真を手挟んで割付ける。これは②から⑤まで多くの規矩術書で見られる。②では、さらに柱真から隅木側面まで引出した位置を「外ノ出中」と呼び、通常の出中墨を「内ノ出中」と区別している（図4）。⑤では同様の墨を「垂木墨」と呼ぶ。

「外ノ出中」と呼ぶが、それは隅木側面上のことであり、実際には柱真から垂木割をおこなっているから、垂木は隅木や桁の幅に

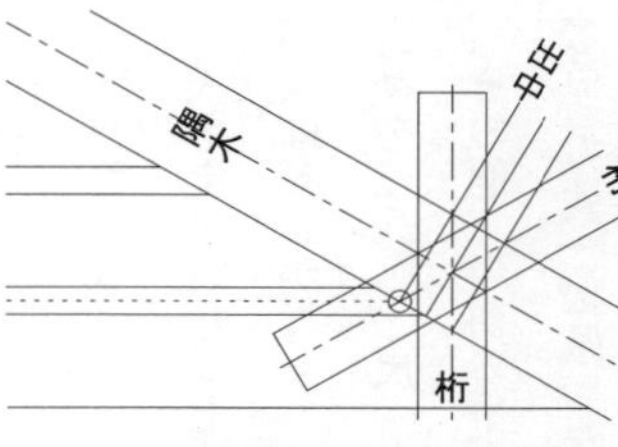

図2　垂木割基準 その1

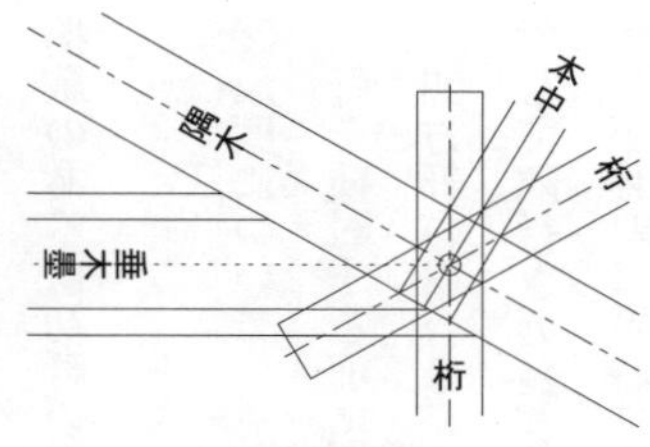

図3　垂木割基準 その2

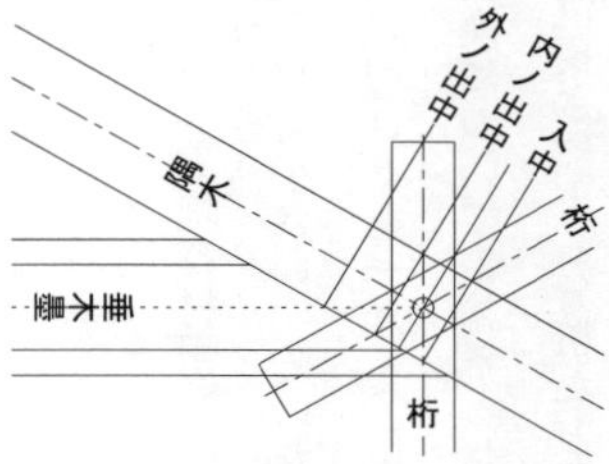

図4　垂木割基準 その2に同じ

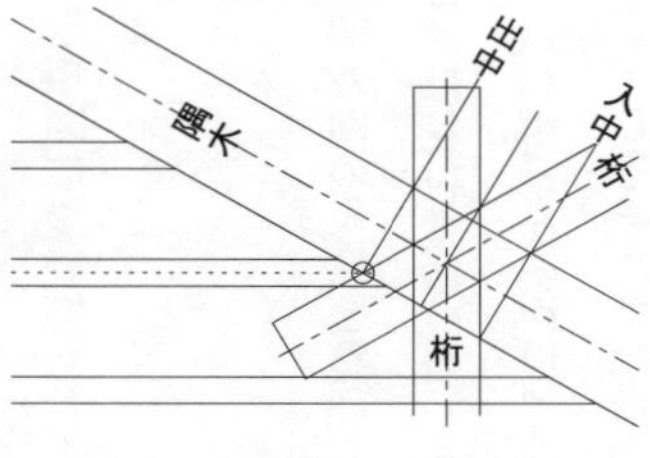

図5　垂木割基準 その3

関係せずに真勘定だけで割付けられている。

第三は、⑥だけでみられる基準であるが、桁真と隅木の関係から出中墨、入中墨を求めるのではなく、図5のとおり、桁の前面と隅木側面との交点を出中墨（○印）、桁の後面との交点を入中墨とするものである。この方法によると、垂木割の基準は隅木と桁の両方の幅に影響を受けることになる。⑥では、垂木は出中墨を手挟むのではなく出中墨を踏んで納めている。

この方法とする理由は、八角軒や六角軒において出中墨と入中墨の間隔が狭くなるための対処と考えられるが、後述するように中世においても桁外面を基準にする考え方が存在することから、①より古い形式を留めている可能性もある。

現代では出中墨や入中墨は、隅木と桁が納まる部分でしか使われないが、かつてはいろいろな用法があったらしく、⑥では、尾垂木を納める鴨栓の納まりにも出中墨や入中墨を使う例があり、①や荒木家文書でも[1]、隅木の茅負口脇廻りにも出中墨、入中墨を使っている。

以上のとおり、軒規矩術が整理された近世においても、六角軒等の基準墨は管見に限っても三種類が確認されることから、中世では近世以上に、さまざまな基準があったのであろう。

四　留先法による八角軒・六角軒の検証

四－一　概要

軒規矩図があり検証が可能な八角軒の中世遺構は、鎌倉時代以前の三棟のみで六角軒はない。長光寺地蔵堂は室町時代に建立された六角堂であるが、軒は江戸時代に全て取り替えられているため、近世の事例として検証に加えた。その他、参考に近世の八角軒一棟、六角軒一棟を加えた。

四－二　中世遺構の検証

法隆寺東院夢殿[2]：天平一一年（七三九）／寛喜二年（一二三〇）改造

①概要

法隆寺東院夢殿は、天平一一年（七三九）に建立された八角円堂で、現在の姿は寛喜二年（一二三〇）におこなわれた大規模な改造後とされる。

天平宝字五年（七六一）の『東院資材帳』には、夢殿の規模を「間別一丈六尺五寸」と記されているが、現在の柱間寸法は一五・四尺ほどしかなく一・一〇尺も小さい。そのため後世の改修が問題であったが、修理工事報告書の検討の結果は、一応当初は側対辺真々を三八・〇尺、入側対辺真々を一九・〇尺で計画されたとする。

その他、当初の平面規模についての論考としては、石井邦信による$\sqrt{2}$の近似値である方五斜七、方七斜十による平面規模の検討や、『営造方式』に倣った単位長さによる分析などがある。[3]

本章は、寛喜二年（一二三〇）に改造後の姿とされる現状の軒規矩を検証するが、平面計画についても触れる。さらに、報告書に掲載のある当初軒の復原規矩図についても若干の考察を加えたい。

②尺度について

軒を検討する前に振れ隅方向の尺度を整理しておきたい。

四方軒の場合は、隅行きは見付寸法に対して$\sqrt{2}$倍の裏目尺が使えるが、八角軒等の軒は振れ隅であるため、正面見付けの寸法に対して隅行きの長さは、八角軒で cosec22.5°=2.61 倍、六角軒で cosec30°＝2.0倍、になる。したがって、それに見合った隅行き用のさしが必要に思われるが必ずしもそうではなかった。

第三章で龍吟庵方丈を検証したように、振隅である同建物の留先位置は表目尺によって決定されていた。

したがって、夢殿や他の八角堂も隅木の諸寸法は表目尺であると考えられたが、検討の結果夢殿は裏目尺によって留先位置が決定されたと考えるのが都合がよいと判断された。この点は法隆寺西円堂でも同様で、興福寺北円堂は表目尺であった（近世の三棟も表目尺である）。

八角軒の隅木を、裏目尺や表目尺で計画する図法的な必然はないと思われるが、夢殿では軒以外の寸法も裏目尺で計画されていると考えられた。対して興福寺北円堂は、すべて表目尺によって計画されていると考えられることから八角堂の軒は、軒以外の一般の尺度に合わせているのかもしれない（法隆寺西円堂においては、軒以外が裏目尺であるかは、資料が不足していてはっきりしない）。

建物全体又は主要な寸法が裏目尺によるものを、仮に裏目建築と呼ぶとすると、すでに報告されている裏目建築としては、大山祇神社本殿[4]（京都）：応永二六年（一四一九）、十島菅原神社本殿[5]（熊本）：天正一七年（一五八八）、八勝寺阿弥陀堂厨子[6]（熊本）：室町時代後期（一六世紀後期）などがある。特に近年刊行された八勝寺阿弥陀堂の報告書では、類似の建物の検討の結果、明導寺阿弥陀堂[7]（熊本）：寛喜元年（一二二九）も裏目建築であったという新たな解釈が示されている。

裏目建築については今後検討しなければならない課題を多く含むが、研究が進むとその数は増える可能性があると考えられる。

③寛喜二年の平面計画（図6）

まず平面以外の主要な寸法でみると、裏目尺で計画されたと思われる切れのいい値を得る。特に総高（側柱礎石天から露盤宝珠天）は四四・五五五尺で、ほぼ裏目三一・五〇尺である。その他の値は注に掲げた。[注5]

平面の全体計画について検討すると、まず、『資材帳』の「間別一丈六尺五寸」の記述については、柱間の真々寸法を意味ではなく、柱間の外法寸法（柱間 15.40 尺 +1.37 尺）一六・七七尺を概数で表した値であると考えられる。

その理由は、後述する興福寺北円堂（承元四年　一二一〇）においても、すべての古記録が一丈七尺であるのに対して実際の遺構は一六・〇尺と一尺の開きがあるが、大岡實はこの相違について、古記録の一丈七尺は真々寸法ではなく柱の外法寸法一七・三七尺

であるとしている。(8)

これに類する例としては、中尊寺金色堂の棟木銘の記述（一丈七尺）と現状規模（一八・〇九尺）の違いについても、棟木銘は外法寸法である可能性が指摘されている。(9)

また、浅野清は柱間寸法が一六・五尺になるのは相対する側柱中心間の直径が四丈となる場合であるから、現状の柱間が一五・四寸となるのを記載の間違いではなかったかとしたが、(10)現状で柱真々を通る外接円の直径は、四〇・一六尺とほぼ四丈である。

では、現在の平面である寛喜の計画について考えてみたい。

まず、側柱の内転びであるが、柱足元と頭貫で隅行きに平均一・二寸強認められたとする。しかし、桁と頭貫は反対に五分程開きが認められるとされるから、柱底と桁の間では隅行きで都合六分程の内転びがあったのであろう。

それらを整理すると、側柱真々が一五・四〇〜一五・四一尺とすると、裏目尺では一〇・九尺ほどになる。この時建物中心から柱真まで隅行きの長さは、内転びを考慮して二〇・〇八尺（転びがない場合二〇・一三尺で、そこから五分を差引いた値）ほどになるが、この値は裏目尺で一四・二尺である。

留先位置は後述のとおり、隅柱真つまり隅木真上の本中墨から現状で裏目八・一尺である。したがって、建物中心から茅負留先までは、裏目14.2尺＋裏目8.1尺＝裏目22.30尺、となり、対角まで取ると裏目四四・六〇尺となる。先に示した建物総高は四四・五五尺であるから、対面する茅負留先の間の長さは、総高に対してほぼ正確に$\sqrt{2}$倍になっていることが判る。

このように、夢殿の平面は隅行き方向において、裏目尺の完数によって計画された可能性が高いと考えられる。

④留先法による現状（寛喜二年）の軒規矩の検証（図7）

現状の軒は報告書によれば、寛喜以降は形式に変更を改める程のものは見られないとするから、寛喜二年（一二三〇）の形式と考えてよいであろう。

桁内の垂木は桁の中央振分けと隅木側面上の本中墨を基準にその間を割付けられている。この割付け方は前節で述べた近世大工書の中では、見られなかった方法である。

報告書掲載の軒規矩図を参考に、留先位置を定めた結果が図7である。

尺度は検討の結果、軒以外の一般の部分と同様に裏目尺によっていると考えられた。なお、茅負留先を cosec 22.5°つまり二・六一倍の尺に換算しても、本中墨から四・三八八尺となるから（尺は二・六一倍の仮の尺の意味する）計画性のある値は得られない。隅木基準墨は隅木真上の本中墨と思われた。そこから木負留先までL_1（本）が裏目五・〇尺、さらに木負留先から茅負留先L_2までが裏目三・一尺で、本中墨から茅負留先までL_0（本）は裏目八・一尺である。この理論値は茅負留先位置で報告書の軒規矩図と裏目二分ほどの誤差であり、木負留先ではほぼ誤差なく納まっている。

「留先法」の分類によれば、本中墨を基準とした基本型／完数式（A－1）に分類できる。

木負留先長さL_1（本）と茅負留先長さL_2を比をとると、8：5がもっとも近い比であり、それは黄金比に他ならない。

平の軒出は、報告書によれば各面の茅負中央に約一寸の「抱込み」が認められ、この軒の特徴であると指摘されている。[注6]「抱込み」は「撓込み」と同じ意味であろう。つまり、茅負の平の軒出は茅負留先から茅負前面の投げ勾配を平の高さまで下ろした位置より、一寸入っているという意味と考えられる。

平の軒出を基準にして、「包込み」がなく茅負留先が出中墨から裏目八・〇尺と考えると隅の軒出は明快な値になるが、反対に木負と茅負の留先長さに黄金比は認められなくなるから、裏目八・一尺が寛喜の計画寸法でよいのであろう。

「包込み」がある理由を考えると、八角軒は、四方軒に比べて軒の深さの割には茅負の反り上がった部分が短いため、茅負全体の反りが弱くなる可能性がある（そのためか、夢殿の茅負曲線は両端でやや鋭く反る性質であったとされる）。[10] したがって、さらに茅負に「包込み」を加えることで、茅負の反りを強調することを意図したのではないだろうか。

平の軒出は、桁真から茅負外下角まで一〇・三一尺となり、それを5：3に按分して木負位置が定められている。軒出一〇・三一尺は裏目で七・二九尺であるが、これは、隅の軒出裏目八・一〇尺のちょうど〇・九倍の値である。

桁内の標準の一枝寸法は九・一八寸であるが、これも裏目で読むと六・五寸となり、やはり切れがいい値となる。桁外の配付垂木割は、留先法で定めた木負留先から論治垂木真位置を定め、そこと隅木側面の本中墨を三等分して一枝寸法を定めたものと考えられた。論治垂木から先はこの一枝寸法で一枝だけ取付け、その残りが一番垂木と茅負口脇の間の小間で、その値は七寸（裏目で五寸）

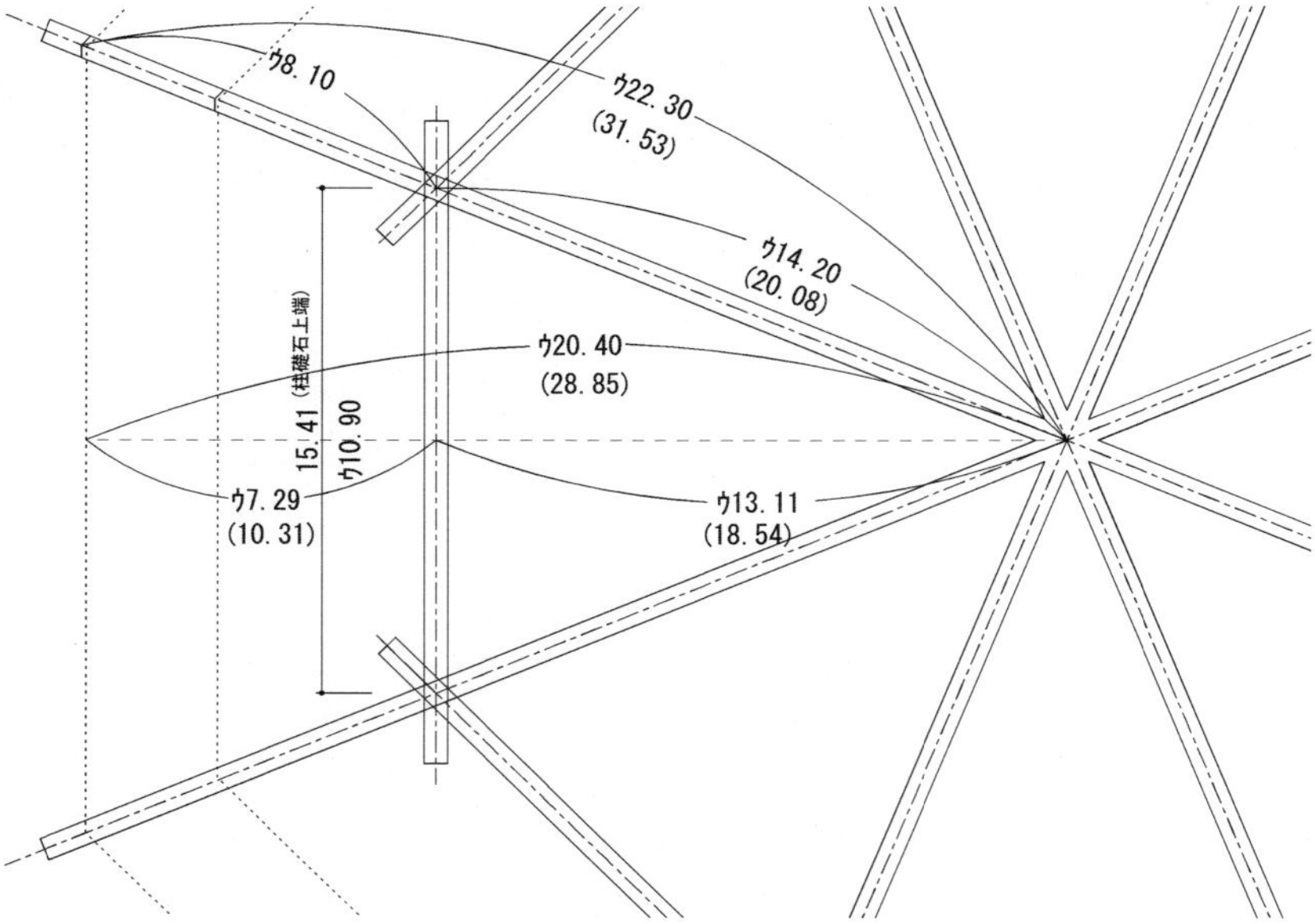

図６　法隆寺夢殿の現状（寛喜）平面の検証　（　）は表目尺の値

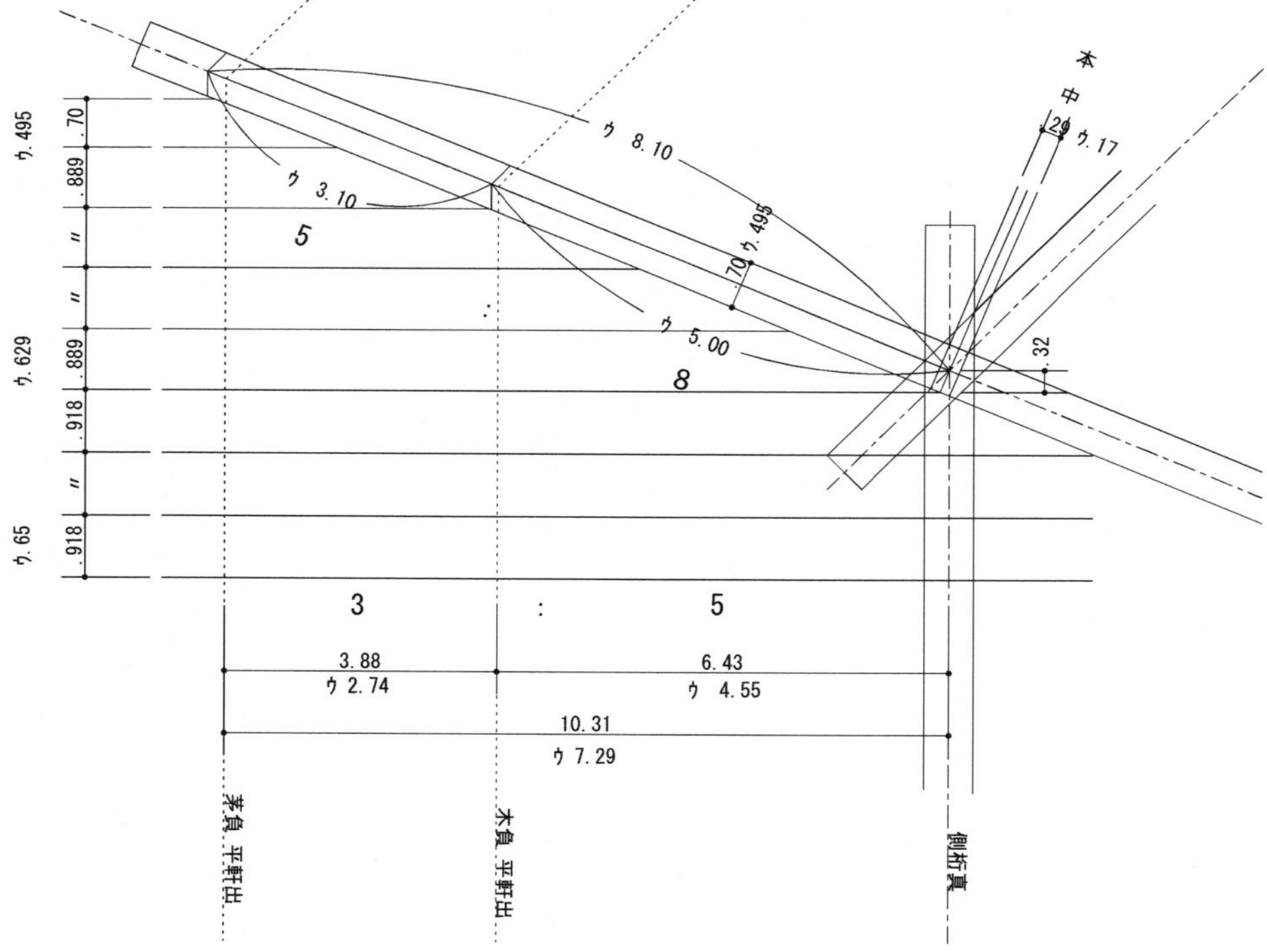

図７　法隆寺夢殿の留先法による検証（寛喜）

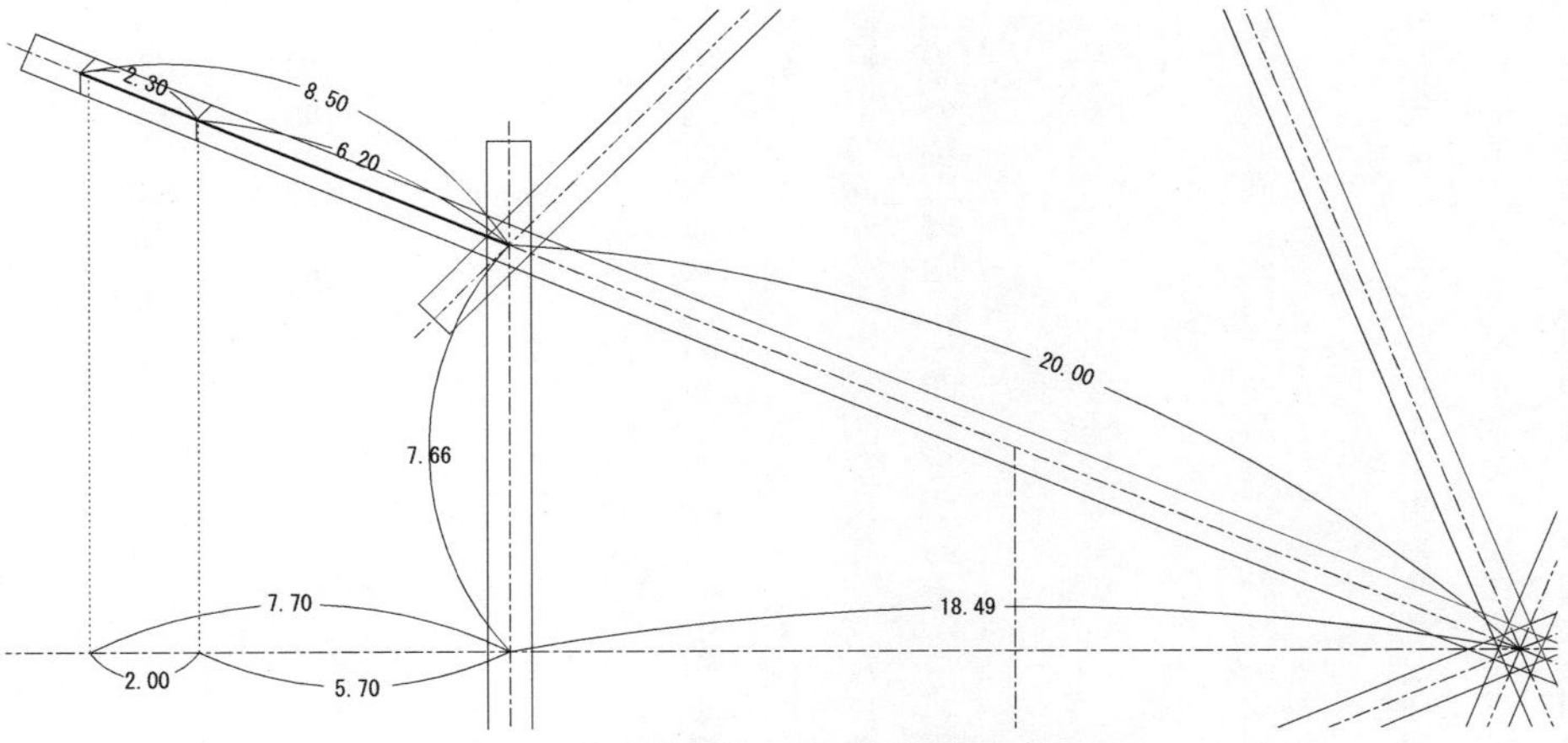

図8　法隆寺夢殿の留先法による検証（当初）

ほどになる。

⑤留先法による当初（奈良時代）の軒規矩の検証（図8）

報告書には当初の軒も復原されているので、奈良時代の遺構であるが「留先法」で検証してみたい。なお、発見古材は隅木を含め一とおりの部材があったが、復原資料としては十分なものはなく、ここの復原もあくまで参考程度である。

当初の平面は、側柱の対角距離を四〇・〇尺とし、平の軒出が地軒五・七尺、飛檐二・〇尺合計七・七尺と復原されている（寸法値は天平尺）。これを基に木負、茅負の留先を求めたのが図8である。

本中墨を基準に木負留先L_1（本）まで六・二尺、そこから茅負留先L_2まで二・三尺、合計L_0（本）八・五尺となる。地軒と飛檐は表目の完数ではあるが、整数比にはなっていない。

平の軒出も完数になっているから、軒規矩が隅又は平どちらが先に定められたか不明であるが、一応、茅負、木負留先が完数で得られることから、本中墨を基準に、基本型／完数式（A－1）に分類することができる。

参考程度の検証であるが、奈良時代においても留先法の存在が窺える事例である。

興福寺北円堂[12]：承元四年（一二一〇）

①概要

興福寺北円堂の創建は養老五年（七二一）に遡るが、現在の堂は承元四年（一二一〇）に再建されたものである。建物の建立年代は先の夢殿より下るが、夢殿は寛喜の修理の軒であるから、実際の軒の年代は興福寺北円堂の方が古いことになる。

軒は三軒の八角軒で中世では他に類例がない特徴ある形式である。ほとんど後世の修理を受けていないため、当初の軒形式がよく判明した遺構である。

②平面計画（図9）

修理工事報告書によると、一辺が一六尺の八角円堂で対峙する柱間（柱真の外接円の直径）は四一・八二尺になるという。つまり、側柱の柱間寸法を基準に八角の平面寸法を定めたとする。しかし、もう少し軒を含めた堂全体の計画性を検討する必要があろう。なお、当堂の尺度は隅行も一般の諸寸法も全て表目尺によっている。

また、後述する軒の検討では、軒桁外面を基準にしている可能性が高いと考えられた。

桁側面と隅木真の交点から建物中心までの距離を取ると、二一・三三尺を得る。この長さは標準の一枝寸法七・七六寸の二七・五枝分になる。建物の対角の長さ（桁側面の外接円の直径）となると、五五枝四二・六六尺となる。さらに、後述のとおり茅負留先位置は桁外面から一二・四二尺で一六枝にのる。したがって、対峙する茅負留先間の長さは六七・五一尺で八七枝分となる。

堂の総高は四〇・四五尺であるから、茅負留先総間との比は、ほぼ正確に3：5となる。夢殿より少しつぶれたプロポーションである。

さらに、平の軒出も建物中央からとると三一・〇七尺であるが、これは四〇枝の三一・〇四尺に三分の誤差であるから、枝割によくのっているといえるであろう。このように、平面計画は、側柱間寸法が一六・〇尺と完数ではあるが、軒を含め全体を見渡すと、隅行き方向において枝数による計画が支配的であることが見てとれる。

③留先法による当初軒規矩術の検証（図10）

軒は地垂木に飛檐垂木を二段に組む三軒で、報告書に倣い組む順番に頭に一、二を付して呼ぶ。

軒廻りの後世の修理は、江戸時代末期の嘉永に二の飛檐垂木上の網代や漆喰塗り、茅負の腐朽個所の矧木程度でそれ以外はほとん

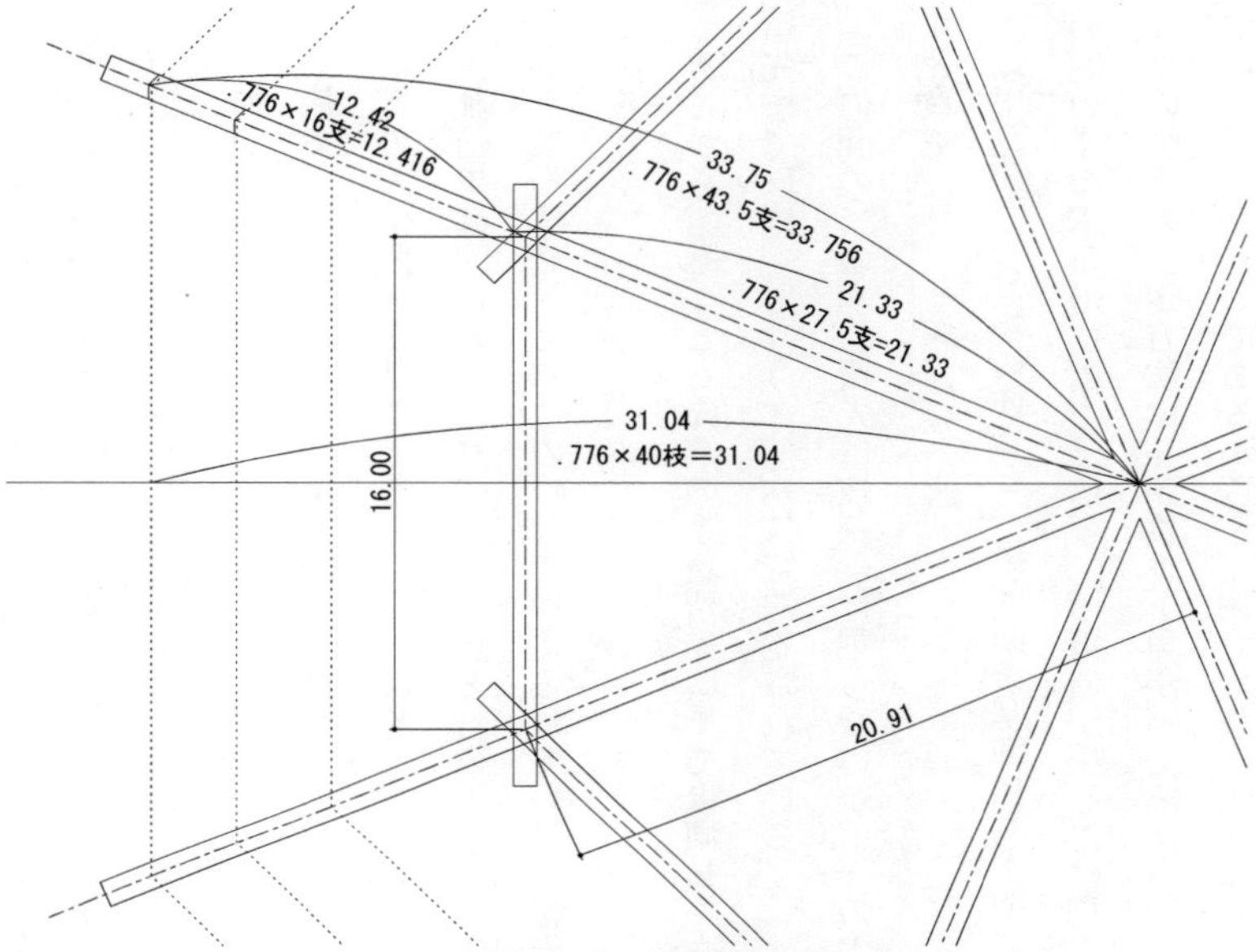

図 9　興福寺北円堂の平面の検証

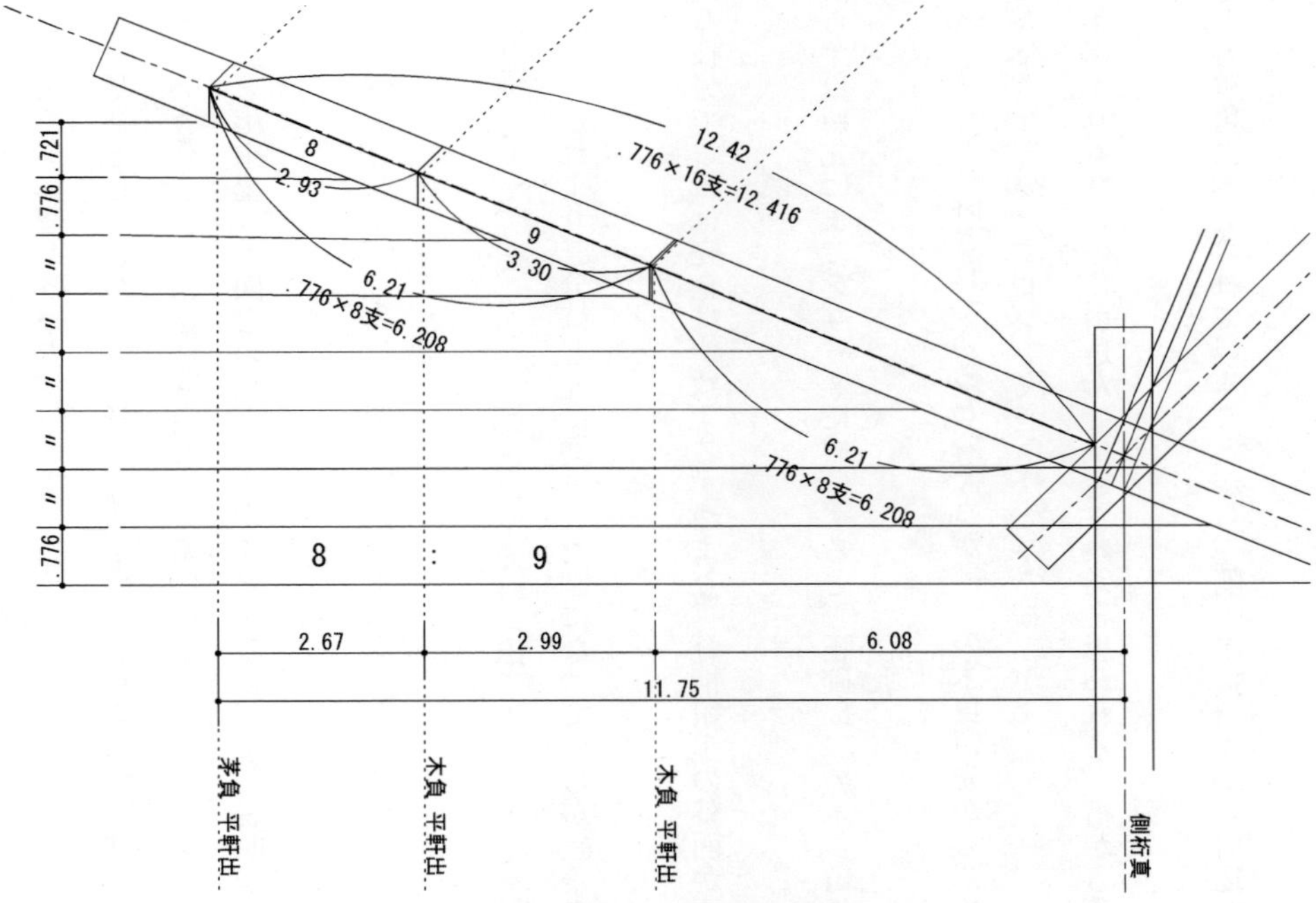

図 10　興福寺北円堂の留先法による検証

ど当初のままであった。

全体的に現場合せの仕事が多いため、決定寸法に確証が得難かった様子が修理工事報告書から窺える。まず、隅の軒出の基準を定める必要がある。先の夢殿では本中墨を基準としていたが、当堂では本中墨を含めすべての基準墨でうまくいかなかった。そこで、垂木真を軒桁組手の内側に揃えているという報告書の指摘に注目して、桁側面との交点を入中墨、出中墨の様に扱っていると仮定して、隅木真上において桁側外面との交点を出中墨、内面との交点を入中墨とすると、よく説明できると考えられた。

前節で、手中家文書の隅木側面上と桁側面の交点を出中墨等に扱う例を介したが、当堂の例は隅木真上の交点を基準とする点で異なるものの桁側面を基準としている点で類似しているといえるであろう。

検証結果は図10のとおりで、隅木真と軒桁組手の外側との交点を基準として、そこから一の木負留先L1（出）まで六・二一尺であるから、一枝七・七六寸の八枝で押えられている。報告書の軒規矩図はこれより三分ほど先に納まった図になっているが誤差の範囲であろう。

そこから、もっとも先端の茅負留先L2までは同じく六・二一尺八枝分でこれは完全に一致する。つまり、軒桁組手の外面から茅負留先までL0は、ちょうど一六枝で決定されている。

この間の二の木負留先は枝割には乗らないが、一の木負留先から茅負留先L2までを9：8に按分すると、正確に二の木負留先として納まる。

「留先法」の分類に従うと、桁前面を基準に基本型／枝割式（A－2）で計画されているといえるが、一の木負留先から茅負留先の間の二の木負の位置だけは、二の飛檐が少しだけ長く枝割に乗らないため按分によって決定されたのであろう。

平の軒出の決定方法は、茅負外下角が矩で撓込みがなく、他に手掛かりもないので引込んで決定されたと思われる。桁から茅負まででは一一・七五尺であるから、完数でもなく枝割にものっていない。

次に平の一の木負、二の木負位置が問題になるが、木負は両方とも鋭角に木造られていることから、隅の木負留先から引込んで決定されたとは考え難く鋭角は後の調整と考えられる。

隅と同じ様に桁側面を基準に考えると、平全体の軒出は、桁幅七・五寸の半分を引いて一一・三七尺となる。隅でも一の木負までとその先は同寸であったから、その半分をとると五・六九尺となる。この計算値は、実際の軒出五・七一尺と二分の誤差で一致する。さらに一の飛檐と二の飛檐の比を求めると、隅木と同じく9：8に按分されていることが判る。

以上から、平の木負位置は木負留先から引込まれて決定されたのではなく、一の木負、二の木負ともに按分によって定められており、木負留先と平の木負位置を納めるために、木負の外下角を鋭角に木造って調整したものと判断された。

配付垂木の割付方法は、報告書の記載どおり桁内側と隅木真の交点（桁外面隅木側面の交点にも一致する）を基準に、垂木真を揃えて配っている。

桁外の配付垂木も標準の一枝寸法によって小口間隔を揃えて隅まで配るが、垂木を平行に納めるのではなく、幾分小口を外に振って（扇状に）納めている。（注7）

法隆寺西円堂（13）：建長二年（一二五〇）

①概要

西円堂は元正天皇養老二年（七一八）に創建された後、永承三年（又は五年）に破損したものを、建長二年（一二五〇）に再建されたもので、それを証するように規模の違う遺構跡が解体修理中に須彌壇下から発見されている。

現在の堂は、柱間一辺を一五・一五尺とする八角円堂で、夢殿より少し規模が小さい。

軒廻りについては、部材の保存状況、時代別の判定など重要な情報が、修理工事報告書にあまり記述されていないため判然としない。ただ化粧裏板がよく残り、木負、茅負の断面もL字型で隅木の取替えの記述等もないことから、後世の改変は少なかったと推察される。

②平面計画（図11）

平面計画は、側廻りの柱間が一五・一五尺の時、建物中央と側柱真までの距離は一九・七八尺であるが、これを裏目尺に換算するとちょうど裏目一四・〇尺となる。後述するように、側柱真（本中墨）から、茅負留先までは裏目七・三〇尺となるから、対峙する茅負留先間隔は裏目四二・六尺となる。このように当堂も夢殿と同様に裏目による計画が支配的で、平面は裏目一四・〇尺を半径とする外接円、軒先は裏目二一・三尺を半径とする外接円で計画されていると考えられた。総高は報告書に記載がなく不明である。

全体計画において裏目尺を使い要所を完数で押える点は夢殿と共通するが、矩計など軒以外の寸法においても裏目が使用されたかは、報告書の図面に十分な寸法の書き込みがなく推定できなかった。(注8)

③留先法による当初軒の検証（図12）

報告書の軒規矩図を参考に「留先法」によって作図して検証すると、まず隅木の基準墨は側柱真、つまり隅木真上の本中墨であると考えられた。これは夢殿と同じである。

隅木本中墨を基準に、木負留先 L_1（本）までは裏目四・八尺であり、そこから茅負留先 L_2 までを裏目二・五尺とし、合計の隅の軒出 L_0（本）は裏目七・三尺と考えられる。

木負留先長さと茅負留先長さの間には整数比の関係はないから、留先は完数で木負、茅負の順に決定されていて、留先法の分類では、本中墨を基準に基本型／完数式（A―1）といえる。

平の軒出は、地軒六・一七尺、飛檐三・二四尺であるが、それぞれ裏目で見ると地軒裏目四・三五尺、飛檐裏目二・三〇尺、合計裏目六・六五尺となり、平の軒出もまた裏目で指定していた可能性が高いと考えられた。ただし、地軒と飛檐の出に整数比は認められず疑問が残った。

木負、茅負に「撓出し」はなく、それぞれ木負、茅負の留先と平の軒出は投げ勾配上に位置するが、木負の断面が矩であるのに対し、茅負の断面は少し鈍角としていたとされ、茅負については投げ勾配を調整している可能性も考えられるが理由は不明である。

配付垂木割は、報告書によれば軒桁口脇位置が隅木と交わる位置（隅木側面の出中墨位置にも極めて近い）を基準とし、桁内の垂木割は、その真墨と建物の振分け真との間を等間隔に割込まれて決定されている。つまり、桁内の一枝寸法八・一五寸は隅木や桁の幅が定まった後に、割込まれて決定された値であって、平面計画をおこなう為の基準ではない。したがって平面計画はあくまでも完数

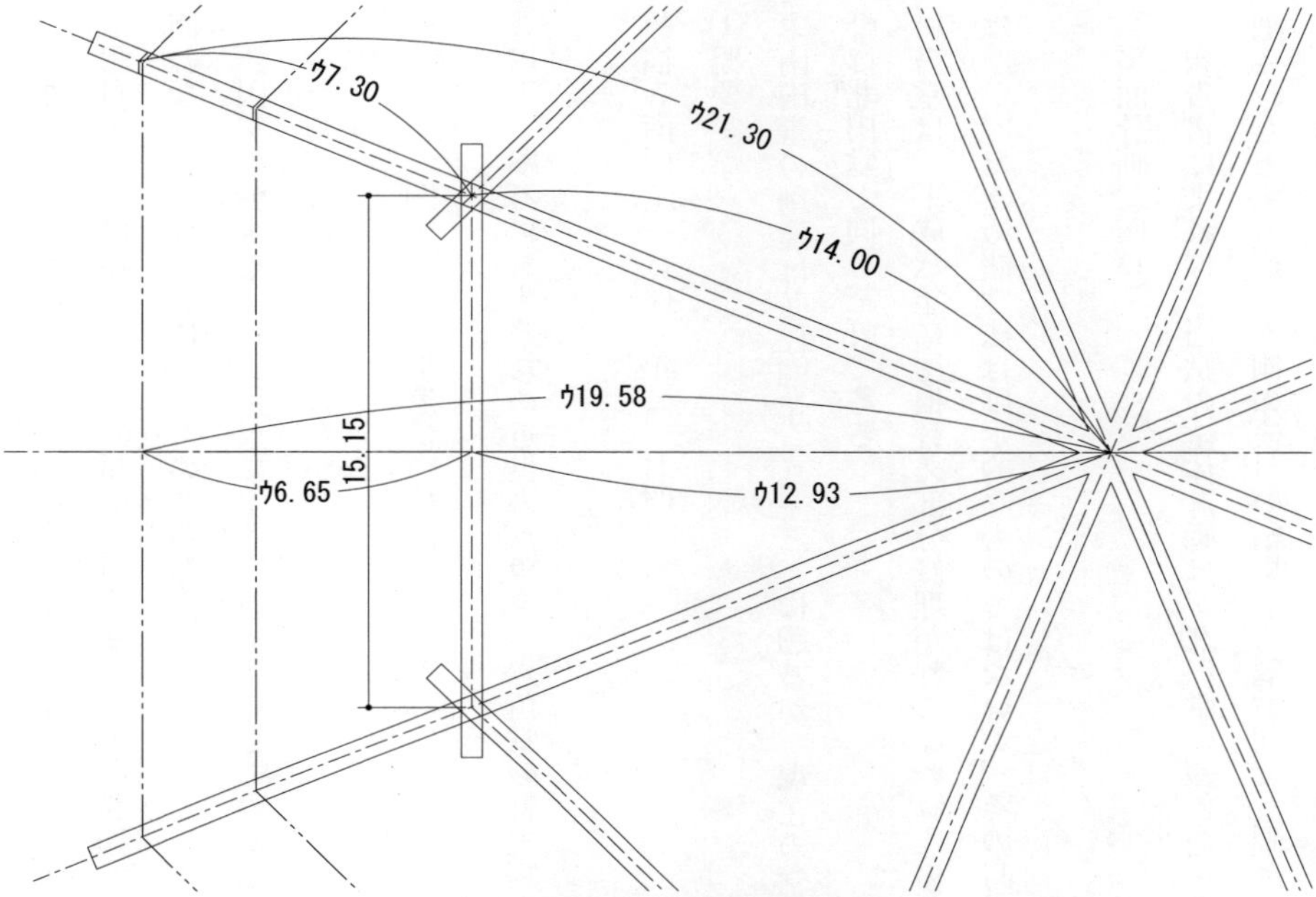

図 11　法隆寺西円堂の平面の検証

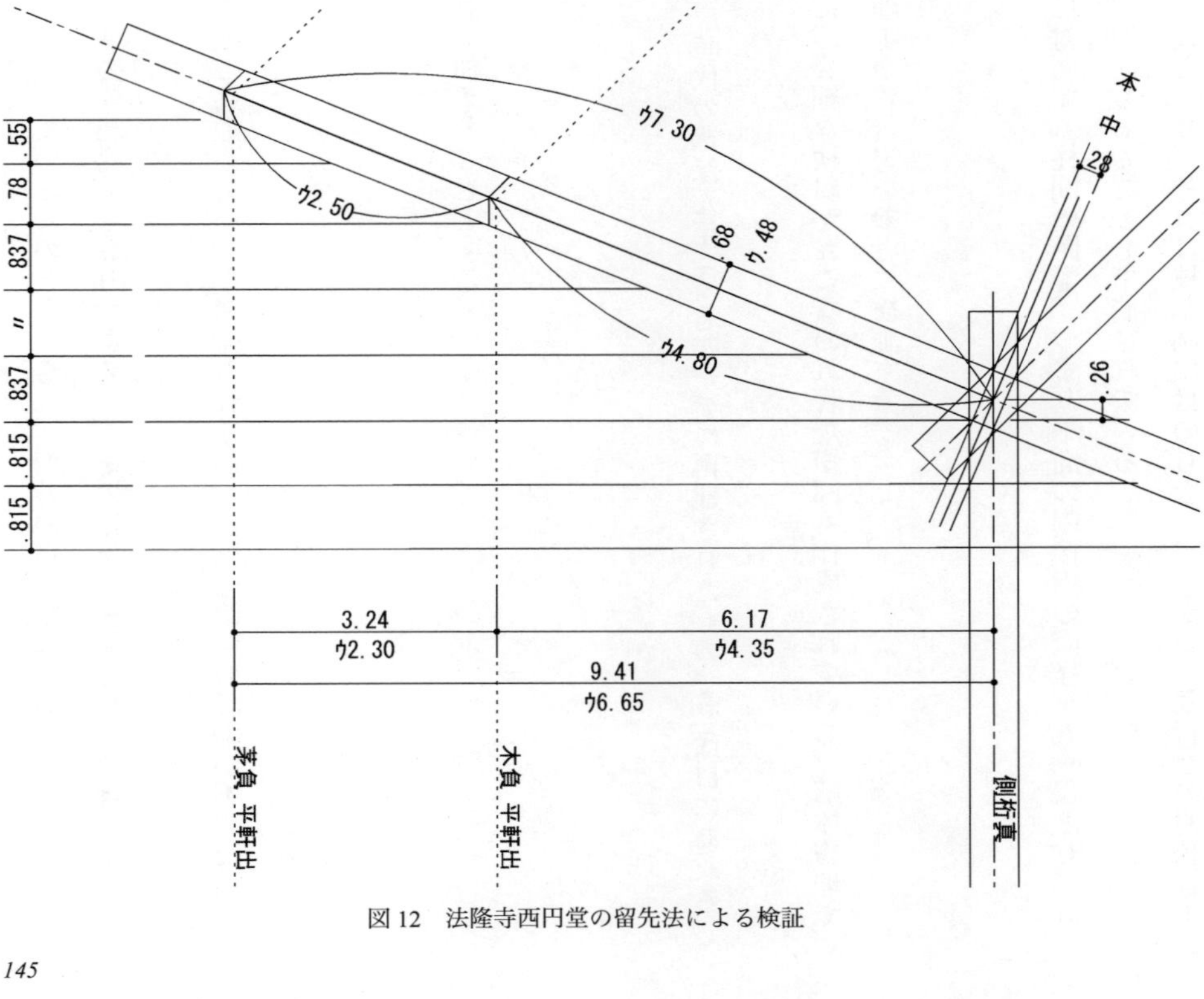

図 12　法隆寺西円堂の留先法による検証

制であり枝割制ではない。

また、論治垂木真は正しく納められているが、木負口脇から決められているものと考えられ、桁外の垂木割は論治垂木真と先の隅木側面上の桁口脇との交点の間を、割込まれて決定されているとする報告書のとおりであろう。その結果、桁内と桁外では垂木割が揃わないということになったのである。

西円堂の軒規矩は、裏目尺による完数で決定している点で、夢殿と共通していると考えられるが、後世の改変の詳細が不明な点が多いため確証が十分得られなかった。

四―三　近世遺構の検証

以下、参考に資するため近世の八角堂、六角堂の軒規矩も検証に加えることとする。

興福寺南円堂[14]：寛保元年（一七四一）

①概要

南円堂の創建は弘仁四年（八一三）に遡るが、現在の堂は江戸時代の寛保元年（一七四一）に再建されたもので三代目にあたる。軒は北円堂と同じ三軒である。

当堂は、平成八年に屋根替え部分修理がおこなわれたのを機に、詳細な検討がおこなわれ軒規矩図も作成されている。解体修理ではなかったため諸寸法は確定的なものではないが、その時の修理工事報告書を参考に検証する。

②平面計画（図13）

報告書によれば、当堂の全体計画は、北円堂の報告書を参考に対面する柱間の距離、つまり平面の内接円の直径を五一尺として計画されたとするが、入側の検討の結果から隅方向で計画された可能性もあることも指摘されている。

内接円の直径を五一尺とすると、側柱の柱間寸法は二一・一二尺となり、それは枝割制にはのらない。しかし、隅行きの対角線上に位置する柱の間の寸法、つまり側廻りの平面の外接円の直径は五五・二寸であり、一枝九・三五寸とするとほぼ五九枝となる。また、後述するように柱真（隅木真上の本中墨）から茅負留先までは一六枝になるため、対面する茅負留先を頂点とする外接円の直径は八五・一二尺となり枝割で九一枝になる。

一方、平の軒出は一三・五八尺で枝割にのらないから、当堂も八角の対角方向つまり隅行きにおいて、枝割で計画されていると考えられた。

③留先法による当初軒（寛保）の検証（図14）

軒は三軒で、北円堂に準じて木負は施工順に頭に一、二を付して呼ぶ。

軒規矩図を参考に「留先法」で検討すると、茅負留先位置は枝割制によくのることがわかる。

隅は本中墨を基準に、茅負留先 L_0（本）までを枝割制で一枝九・三五寸の一六枝分一四・九六尺と考えられた。一の木負留先 L_1（本）は、茅負留先まで L_0（本）を8：7に按分した位置に定めている。さらに二の木負留先は、一の木負留先から茅負留先までを9：8に按分した位置に定めている。それぞれ「留先法」で仮定した諸寸法は、報告書の軒規矩図と大変よく符合する。

平の軒出は一三・五八尺で枝割にのらず茅負は外下角を矩にするが、木負は一、二ともに鋭角に木造られている。また、木負の位置を検討すると、平の軒出全体を8：7に按分して、一の木負位置が定まり、さらに残りを8：7に按分した位置が二の木負位置として正確に求めることができる。

以上のことから、茅負は投げ勾配で引込んで平の全体の軒出が決められた後、木負は先に決められた木負留先と平の木負位置を結んで木負前面の投げ勾配が定められ、それに合わせて各木負の外下角が鋭角に木造られたと考えられた。

配付垂木の割方は、論治垂木も押えながら一番垂木から全て同じ一枝寸法で割付けられているが、垂木割は隅木基準墨や柱真と明確な関係が認められない。このことから一枝寸法は柱間寸法を押えるためではなく、上述したとおり隅行きで平面の全体計画をおこなうための基準の寸法ということができる。

「留先法」の分類では、はじめに茅負留先を枝数で定め、あとは按分して定めているから、本中墨を基準に按分型／枝数式（B－2）

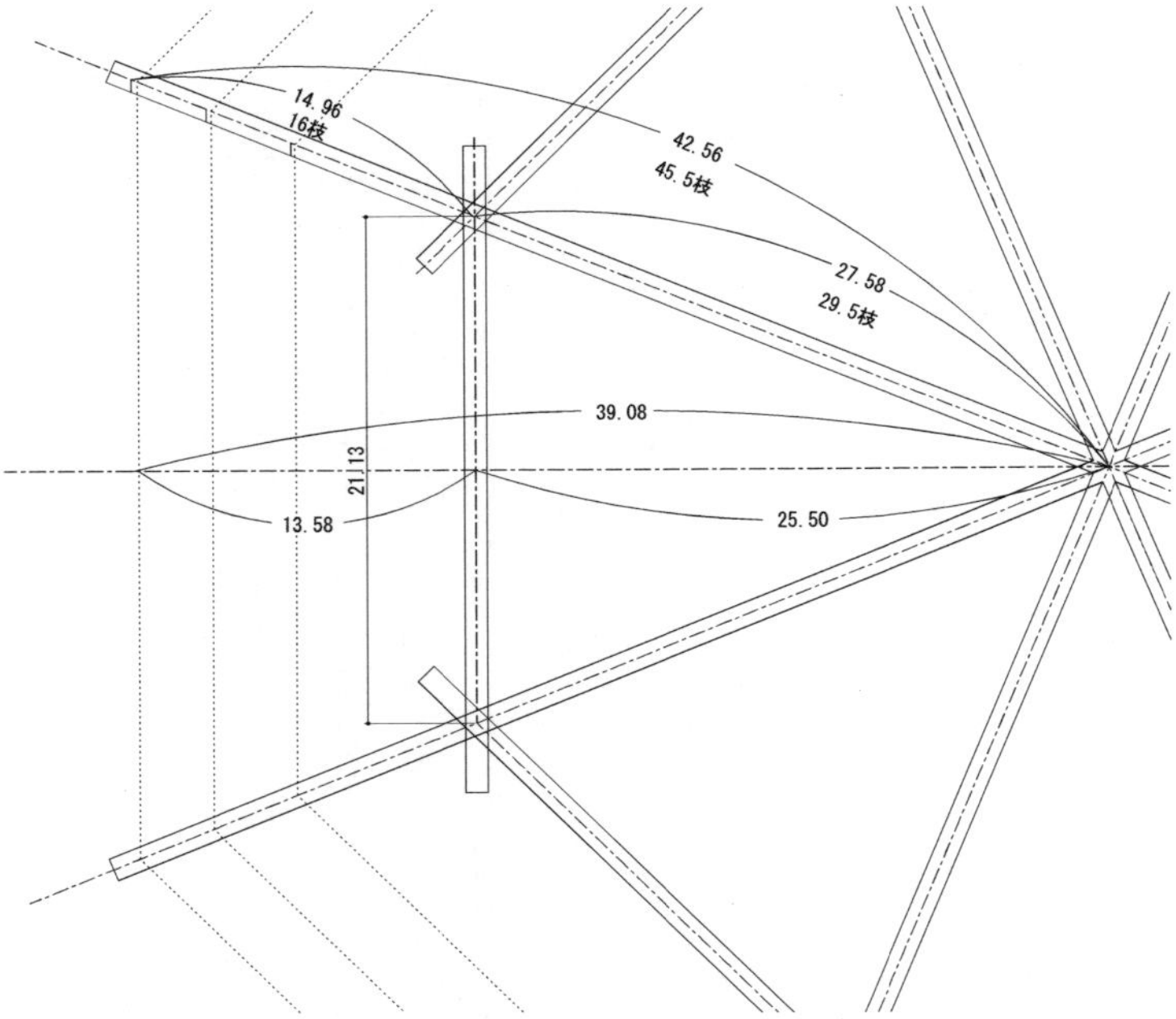

図 13　興福寺南円堂の平面の検証

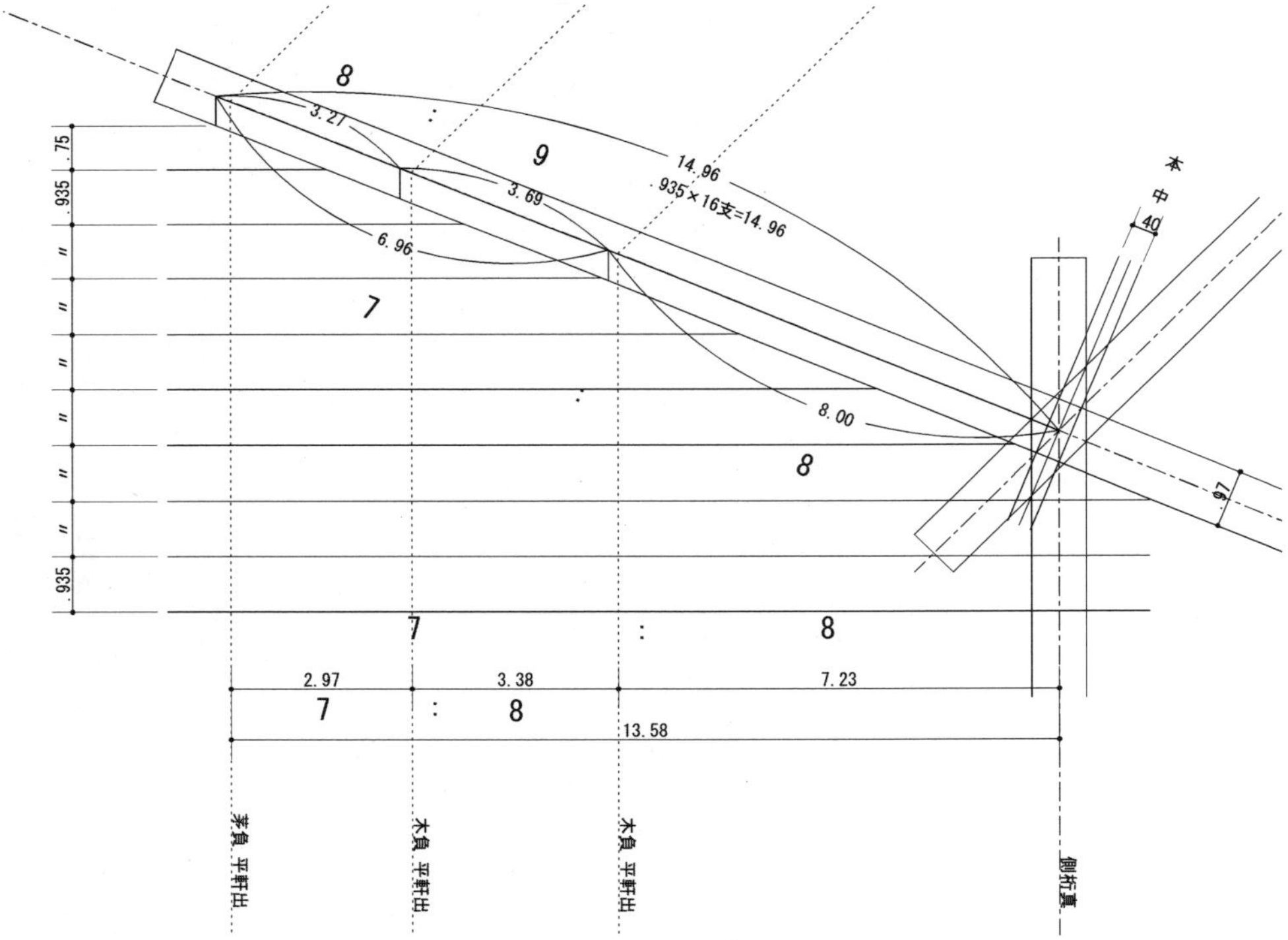

図 14　興福寺南円堂の留先法による検証

ということになる。この形式は鎌倉時代から散見できるが、主に室町時代中期に見られる形式であった。

特に本格的な仏堂ということで堂全体は枝割制を基本とするが、三軒という複雑さから大枠の寸法は枝割制で押えつつ、細部については按分を必要としたのであろう。

当堂は同じ興福寺の北円堂と同じ三軒で、按分型と基本型の違いや隅木基準墨の相違はあるが、表目尺による枝割によって留先を定める点で共通する点が多い。一方、裏目尺による完数制で計画されている法隆寺の二棟の八角円堂との計画の違いは対照的である。

長光寺地蔵堂[15]：永正七年（一五一〇）

①概要

長光寺は応保元年（一一六一）の創建と伝えられるが、現在の地蔵堂は永正七年（一五一〇）に建立されたものである（露盤銘）。軒は六角軒でさらに扇垂木という複雑な形式である。軒から下部は室町時代であるが、軒廻りは天保頃に全て取り替えられたものである。

②平面計画（図15）

平面計画は側柱の間隔を一四・四〇尺とするが、六角堂は隅行きも同じ寸法となるから、二八・八〇尺を直径とする外接円が平面の計画の基本と思われる。なお、内接円の直径は二四・九四尺であるから計画上意味のある値ではないと思われる。

③留先法による現状の軒（天保）の検証（図16）

修理工事報告書所収の軒規矩図を基に「留先法」で検討すると、本中墨を基準に茅負留先L_0（本）までを表目八・〇尺とし、それを3：2に按分して木負位置L_1（本）を定めたものと考えられた。誤差は茅負位置で二分、木負で一分それぞれ理論値が短いが、よく一致しているといえよう。

平の軒出は他の寸法との関連が見当たらず、地軒と飛檐の関係も比例関係を見いだせないことから、木負、茅負の留先を平まで引

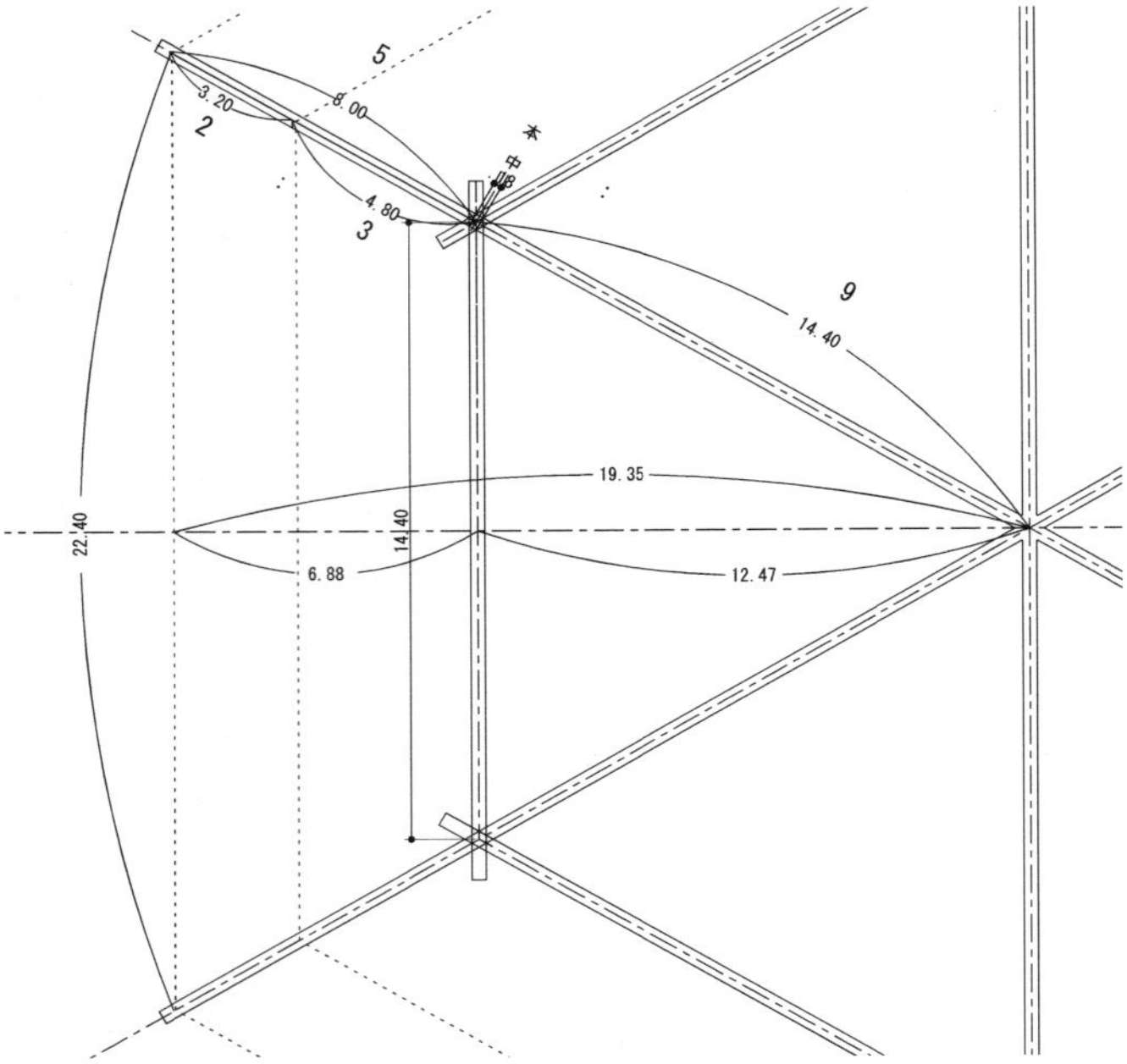

図15　長光寺地蔵堂の平面の検証

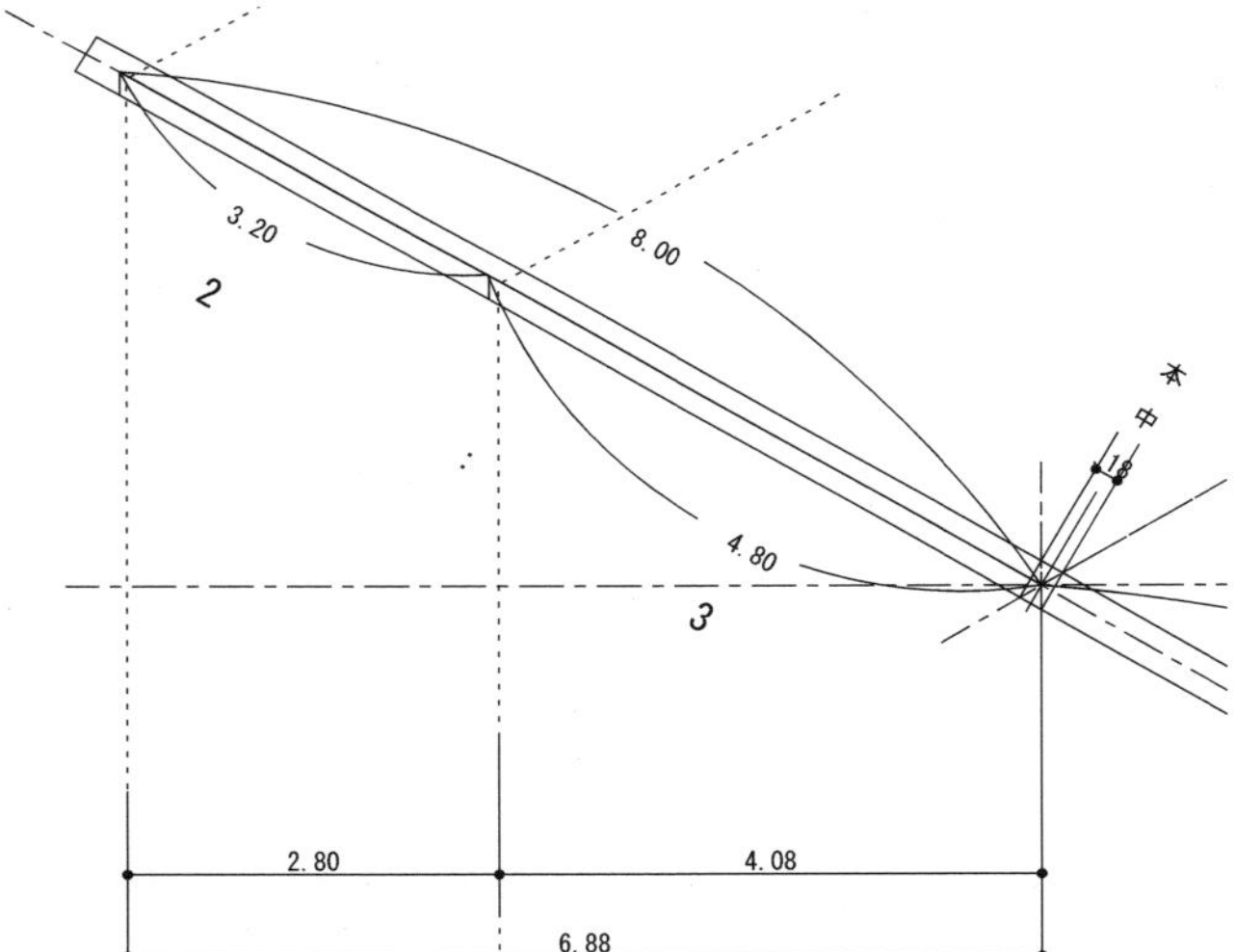

図16　長光寺地蔵堂の留先法による検証（天保改造）

込んで定めたものと考えられる。

六角の扇垂木割は、軒規矩図によれば等間割で割付けられているが、等間の値をどのように定めたかは判断し得る記載がなく不明である。

「留先法」による分類では、扇垂木の軒では一般的な、按分型／完数式（B－1）に分類することが可能である。

現状の軒はすべて天保に取り替っているものの、永正に建立された当初の形式を踏襲している可能性があると察せられた。

万福寺寿蔵[16]：寛文三年（一六六三）

①概要

万福寺宗祖である隠元禅師の塔所で、開山堂とも呼ばれる平面六角の小堂である。建立は寛文三年（一六六三）で、隠元が存命中に建立されている。

②平面計画（図17）

柱間寸法は六・三尺で、直径一二・六尺の外接円に納まる平面の計画と思われる。

③留先法による当初軒（寛文）の検証（図18）

軒は長光寺地蔵堂と同様に六角の扇垂木である。

軒規矩図を「留先法」によって検証すると、隅は入中墨を基準に茅負留先までL_0（入）を表目六・〇尺と定め、それを3：2に按分して木負留先位置L_1（入）を定めていると考えられる。

平の軒出は五・〇二尺で、木負、茅負ともに外下角は矩で、投げ勾配で引込んで定めたものと思われるが、平の木負位置もほぼ3：2に按分された位置にある。扇垂木割方は不明である。

「留先法」の分類では、入中墨を基準に按分型／完数式（B－1）である。

五　小結

以上、八角軒と六角軒について、中世の三例のほかに近世の三例を加えて「留先法」による検証をおこなった。事例数が少なく明確な傾向を指摘し難いが以下を一応の結論とする。

①中世の八角堂や近世の八角堂、六角堂においても、軒規矩の計画は「留先法」でおこなわれていたことを指摘できる。

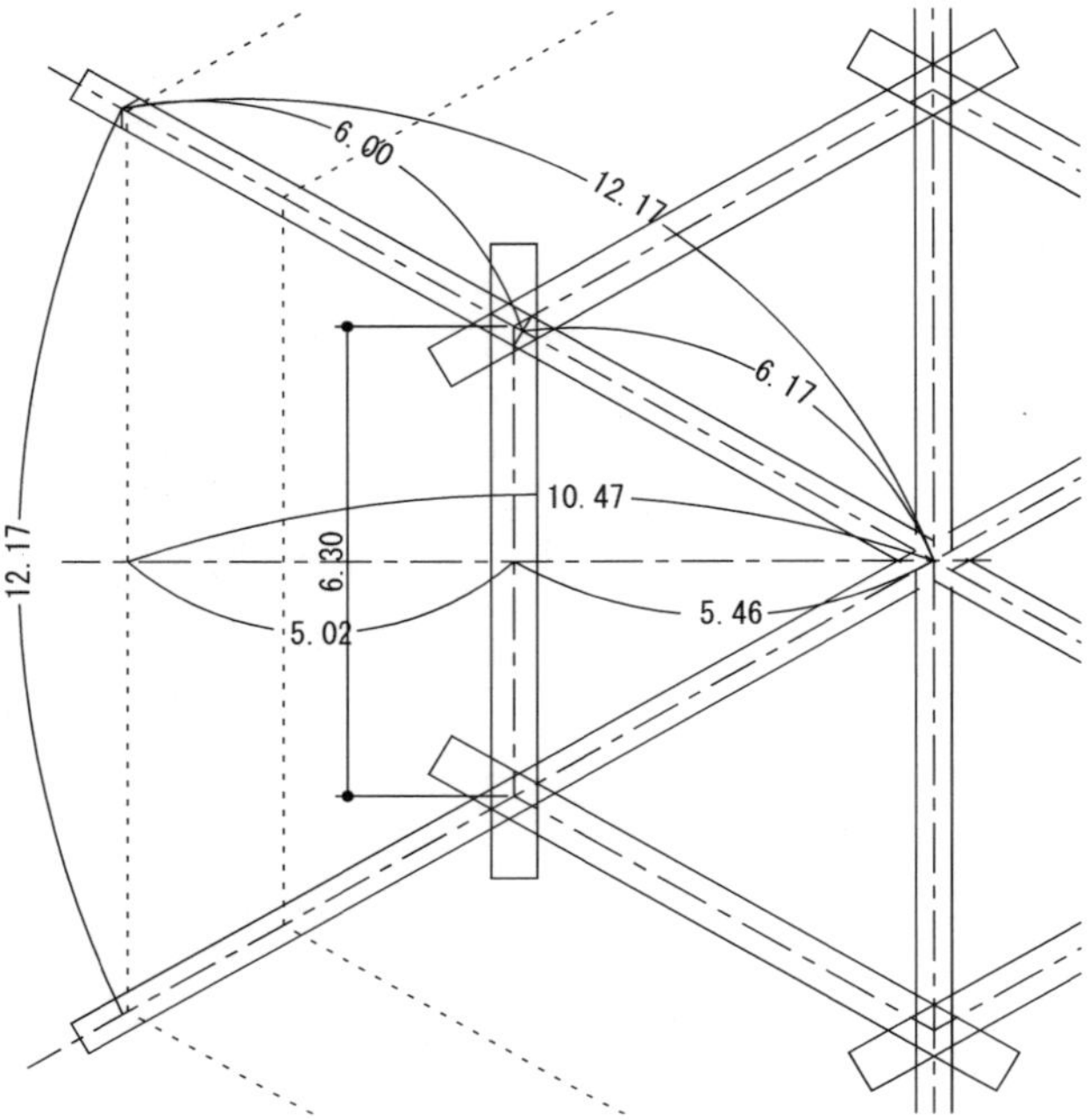

図 17　万福寺寿蔵の平面の検証

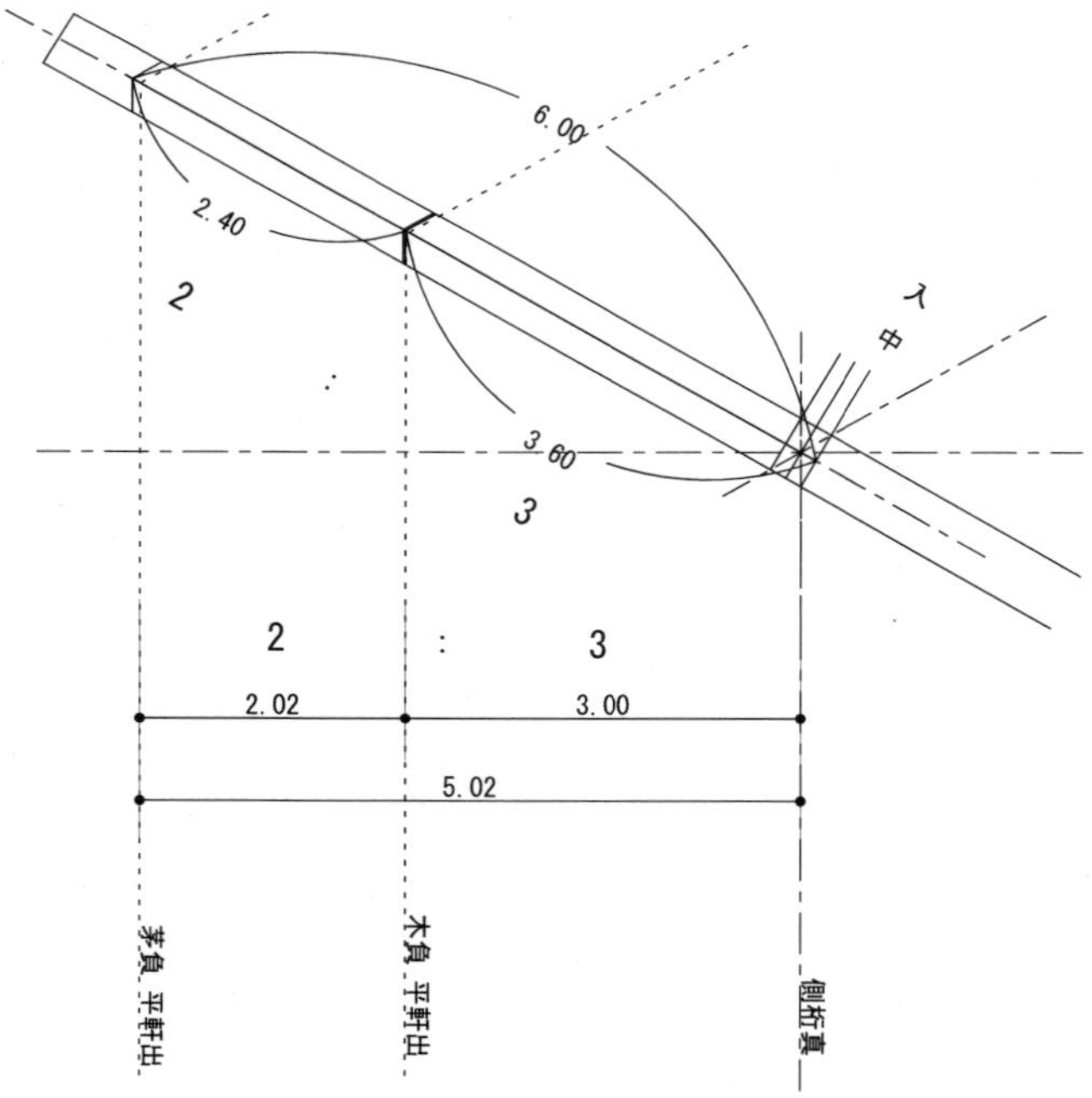

図 18　万福寺寿蔵の留先法による検証

②隅の軒出を定めるための隅木の基準墨は、本中墨とするものの他、四方軒の建物にはなかった軒桁外側を基準とするものがある。

③中世の三棟の八角軒の留先の決定方法は基本型で、近世の三棟の八角軒、六角軒は按分型である。

④寸法の定め方は、法隆寺の二棟は裏目尺の完数で定めているのに対し、興福寺は近世の南円堂も含めて二棟とも表目尺の枝割によって定めていて対照的である。

⑤平面寸法は柱間や内接円ではなく、外接円つまり隅木方向で計画されていると考えられた。さらに木負、茅負の留先は、その延長上に位置するから、八角堂や六角堂では主要な寸法は全て隅行きで決定されたのであろう。

以上のとおり、八角軒や六角軒においては、中世はもちろん近世までも「留先法」によって決定されていた。したがって留先法は中世の軒規矩術法においては、すべての軒形式に対応した普遍的な技法であったと結論付けることができるであろう。

参考文献

1　石川県立歴史博物館蔵　荒木家文書　二軒仕様図　整理番号二一
2　『法隆寺國宝保存工事報告書　第九冊　国宝建造物法隆寺夢殿及東院廻廊修理工事報告』（法隆寺国宝保存事業部）、一九四三．八
3　石井邦信：法隆寺夢殿と栄山寺八角堂の平面寸法による相互関係について：方五斜七による検討、日本建築学會研究報告　九州支部、一九七〇．二、一〇九－一一二頁。
同：夢殿の単位長について、日本建築学会研究報告．九州支部、一九七一．二、一四五－一四八頁。
4　『重要文化財大山祇神社本殿修理工事報告書』（京都府教育庁）、一九六六．六
5　『重要文化財十島菅原神社本殿他保存修理工事報告書』（文化財保存計画協会）、二〇〇一．三
6　『重要文化財八勝寺阿弥陀堂修理工事報告書』（文化財建造物保存技術協会）、二〇一五．三
7　『重要文化財明導寺阿弥陀堂修理工事報告書』（同修理委員会編）、一九五九．八
8　大岡實：『南都七大寺の研究』、中央公論美術出版、一九三三．一〇
9　『国宝中尊寺金色堂修理工事報告書』（同修理委員会編）、一九六八．七
10　浅野清：『昭和修理を通してみた法隆寺建築の研究』、一九八三．四、中央公論美術出版
11　同右。茅負曲線の性質は報告書に記述されていないが、文献10にはある。
12　『重要文化財興福寺大湯屋・国宝同北円堂修理工事報告書』（奈良県文化財保存事務所）、一九六六．三
13　『法隆寺國宝保存工事報告書　第四冊　國寶建造物法隆寺西圓堂修理工事報告』（法隆寺國寶保存事業部）、一九三八．三
14　『重要文化財興福寺南円堂修理工事報告書』（奈良県教育委員会）、一九九六．三
15　『重要文化財長光寺地蔵堂修理工事報告書』（同修理委員会）、一九五五．六

16 『重要文化財万福寺通玄門・開山堂・舎利殿・祖師堂・寿蔵附中門・総門・鼓楼・法堂修理工事報告書』（京都府教育庁）、一九七二・一二

注

注1　「四方軒」の呼称は、近世の大工文書である東京都立中央図書館蔵木子文庫の林家伝家文書（［木二〇―三］）に見える。この概念を使えば、平面が矩形の平行垂木と扇垂木を一括して把握し、八角軒、六角軒と区別することができる。

注2　中世の八角堂で軒規矩図のあるものは、ここで検証する法隆寺西円堂、夢殿、興福寺北円堂の三例の他に、三聖寺愛染堂（京都市、室町時代前期）があるが、一見して後世の改造による軒で報告書もないため検証から除いた。

注3　解体修理がおこなわれた八角堂においても、平面の計画法が、平面の一辺か、内接円や外接円などの直径で決めるのかが十分に明らかにされていない。八角堂や六角堂では、軒規矩と平面計画は密接な関係にあると考えられることから、同時に検証をおこなうこととする。

注4　近世木版本の書誌については、①『大工雛形秘伝書図解』は第六章、⑤『独稽古隅矩雛形』は第八章、それ以外はすべて第七章で紹介する。

注5　主な矩計寸法や部材の断面寸法で裏目尺と思われるものは以下のとおりである。

側桁高（側柱礎石天から側桁天）：一七・二五尺⇒裏目一二・二〇尺
入側桁高（側柱礎石天から入側天）：二一・二三尺⇒裏目一五・〇一尺≒裏目一五・〇〇尺
側柱高（側柱礎石天から側柱天）：一三・四七尺⇒裏目九・五五尺
入側柱（側柱礎石天から入側柱天）：一八・六八尺⇒裏目一三・二一尺≒裏目一三・二〇尺
内法寸法：九・四〇尺⇒裏目六・六五尺
連子窓内法：七・〇七尺⇒裏目五・〇〇尺
頭貫成：七・八寸⇒裏目五・五寸
飛貫成：八・五寸⇒裏目六・〇寸

桁・肘木幅：七・〇寸⇒裏目四・九五寸≒五・〇寸

巻斗敷面高さ：五・七寸⇒裏目四・〇寸

間斗束長：一・四一尺⇒裏目一・〇尺

注6　文献2（修理工事報告書）によれば、「茅負の隅木口脇は中央部分の飛檐棰の出に比して約一寸増しの勘定となり、且、飛檐棰の出の実測寸法に於ても端に行くに従って延びが認められるので、各面共茅負前面は中央に於いて約一寸の包込みを附することとした。」と一寸の包込み（撓込み）があったとされる。

注7　同様の事例は大報恩寺本堂：安貞元年（一二二七）でも報告されている。

注8　柱径一・四尺、側柱高一四・〇三尺など裏目尺で読むと、完数が得られそうな値はあるが、部材の時代別や切り縮めなど不明が点が多いため、平面計画や軒以外の部分においても裏目尺が使われていたかは判然としない。

第二編　近世の軒規矩術とその変容過程——引込垂木法——

第六章 『大工雛形秘伝書図解』と類型本による近世軒規矩術

一 はじめに

第一編では、中世の規矩術法は、実際の遺構における隅木の実測や修理工事報告書等の規矩図を検討した結果、現在広くもちいられている「現代軒規矩術法」ではなく、はじめに隅真における茅負・木負の留先位置を定める「留先法」であることを示した。

第二編では、第六章から第八章までの三章において、近世の軒規矩術法について書誌資料を基礎資料として解明するものである。近世の軒規矩術法の課題は、まず中世の「留先法」とは異なる近世独自の規矩術法である「引込垂木法」について、その技法の内容と中世との違いや変化の理由を明らかにする必要がある。さらに、「引込垂木法」の後に現れる「現代軒規矩術法」との関わりや影響についても考えなければならない。

本編各章の構成とその概要は以下のとおりである。

第六章では、規矩術書の最古の木版本である『大工雛形秘伝書図解』に各地に伝わる類型本が存在し、それらに共通する祖本（秘伝書）が存在した可能性があったことを指摘し、そこで述べられている「引込垂木法」を解明する。

第七章では、『大工雛形秘伝書図解』と『独稽古隅矩雛形』を除く木版本や手描きの大工文書の近世規矩術書を検討し、そのすべてにおいて述べられている規矩術法が、「引込垂木法」であることを確認する。

第八章では、江戸時代末期に著された『独稽古隅矩雛形』は、「引込垂木法」ではあるが、作図の基準を隅木側面に統一することで、近世規矩術に大きな変化をもたらしたことを明らかにし、その考え方が「現代軒規矩術」に影響を与えたことを指摘する。

　ところで、江戸時代にはそれぞれの大工棟梁家において秘伝の規矩術書が作られ(1・注1)、中期以降は木版本が刊行されたため規矩術は広く流布されることになったが、序章でも述べたように、軒規矩術は近世の初・中期には完成を見たという認識が以前から存在していた。例えば先学の指摘によれば、軒規矩術は「飛鳥時代の仏教建築の移入と同時にはじまり、暫時発展し鎌倉時代に概ね進歩発展を見るに至り(2)」、「江戸時代初中期には全くその完璧に達した(3)」とされてきた。

　そうした認識のもと、長年文化財建造物の修復に携わった上田虎介が近世規矩に関する多くの著作を著したため、近世規矩術は解明されたかのような印象を受けるが、上田の規矩術法は実際には近世の規矩ではなく、中世と近世の技法を現代の理解によって解釈をまとめあげた「新規矩術(4・注2)」であった点に注意しなくてはならない。

　その後の規矩術の全体的な総括としては、岡田英男が多くの文化財建造物修理の成果をまとめたうえで、近世的規矩術法の特徴を指摘している(5)。

　しかし、完成されたとする近世規矩術法においてさえ、いまだ不明な点が多く存在しているのである。大岡實が、かつて「いまだに日本建築史を一貫して規矩の変遷を叙述したものがない(6)。」と指摘した状況は、多くの文化財建造物修理による蓄積を積んできた今日においても、さほど変わっていないといえるのである。

二　『大工雛形秘伝書図解』と類型本について

　近世の木版本における規矩術書は、すでに内藤昌の先駆的研究書があり(7)、それを参考に軒規矩術に関するものを拾い出すと一〇冊程を挙げることができる(8)。しかし明治期に大量に出版された規矩術書と比べるとその数は意外に少ない。

　それらの近世の軒規矩術の刊本のうち、図と説明文によって作図の流れを具体的に理解できるものとしては、『大工雛形秘伝書図解』と『独稽古隅矩雛形』の二巻を挙げられる。その他では、江戸末期の平内廷臣が和算を駆使して完成した『矩術新書』や、その門弟の本林常将の積極的な出版活動が指摘できる。

　さて本章は、規矩術書としてもっとも古い木版本で、享保一二年（一七二七）に刊行された『大工雛形秘伝書図解』（写真1）とそ

写真１　『大工雛形秘伝書図解』乾・坤

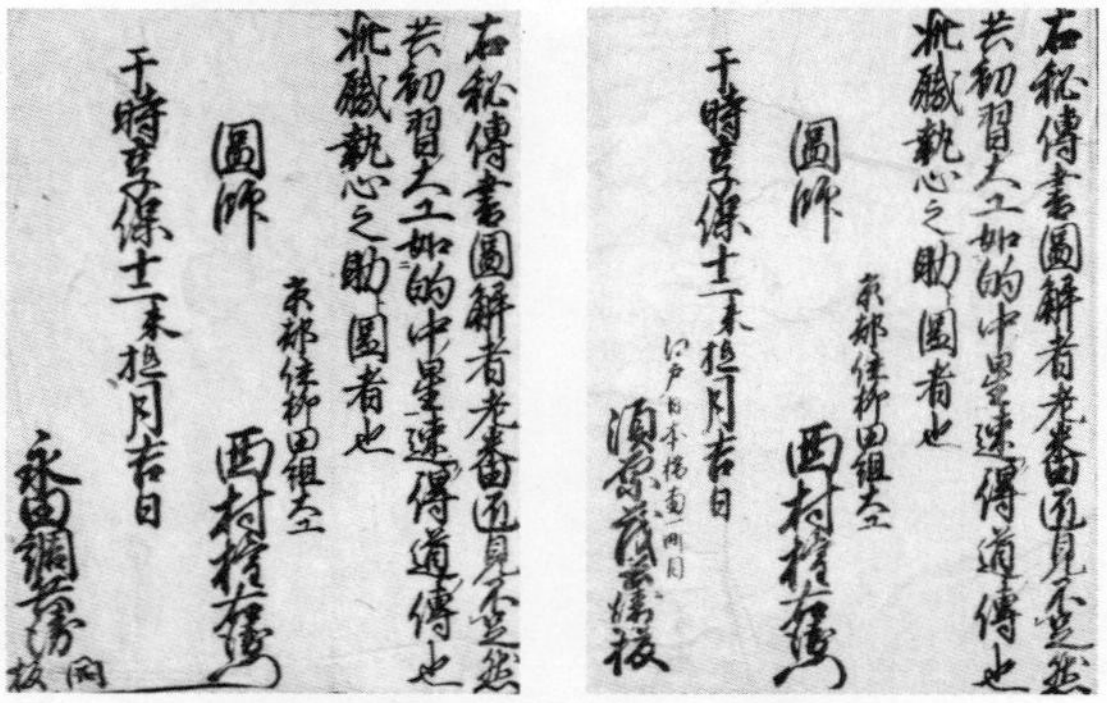

写真２　『大工雛形秘伝書図解』の２種類の刊記
（左が永田調兵衛版、右が須原茂兵衛版）

の類型本を通して、近世の規矩術法を検討するものである。

同書は、乾・坤の一巻二冊という構成からなり、巻之乾が軒規矩術書となっていて、巻之坤は木割書である（以後『秘伝書図解』と称し巻之乾を指すこととする）。

また、『秘伝書図解』には、少しずつ表現は異なるが、基本的な部分の内容が共通する手描きの類型本が各地に存在する。

ここで検討するのは、『秘伝書図解』の他同書が刊行される前年の享保一一年（一七二六）の年記のある「久保田家文書」（香川県高松市）、年代不詳の「坂上家文書」（滋賀県甲賀市、ほぼ同じ内容のものが二巻ある）、明治初期に写された「岩城家文書」（富山県滑川市）、そして東京都立中央図書館所蔵の木子文庫の「林家文書」のうち安政四年（一八五七）の年記のある文書資料の合計六巻である。

二―一　『秘伝書図解』の概要

書誌の概要

巻頭に文照軒一志による序文があり、「世に大工の書あまた有りといへ共、角か祢の法なし、さるによつて、此度角かねの法図る」と、これまで大工書は多数あったが、隅矩術（軒規矩術書）はなかったため刊行する旨が述べられている。事実、木版本としては軒規矩術書の最初であることはすでに先学が指摘しているとおりである。(9)

巻末の刊記によれば、享保一二年（一七二七）に出版されたもので、京都の柳田組の大工西村権右兵衛の名が図師として記されている。また、版元は江戸日本橋南一丁目の須原茂兵衛であると紹介されることが多い（写真2右）。

須原茂兵衛は武鑑の出版などで著名な江戸出版界の大店で、江戸時代中期以降、建築関係の木版本も数多く出版している。享保一二年五月には木割書の『匠家極秘伝集』[10]も刊行していて、『秘伝書図解』とともに同時に企画されたとの指摘もある。[11]しかし、『秘伝書図解』には須原茂兵衛版のほかに、京都の永田調兵衛開版の刊記のあるものが存在することに注意しなくてはならない。

永田版で伝来が明らかなものとしては、三重県指定文化財伊賀藤堂藩伊賀作事方関連文書（旧安場家文書）のなかにある一冊がそうである。鮮明な仕上がりで、明らかに初刷りに近いものである[注3]（写真2左）。

この時期は、享保七年（一七二二）一一月に類版や重版を規制する目的で出版を統制する条目が出された直後で、享保一二年に出版された『匠家極秘伝集』は公式の割印帳に記載があるが、[12・注4]同年に刊行されたはずの『秘伝書図解』は記載がない。

これを遡る元禄一三年（一七〇〇）八月に出版された『新編拾遺大工規矩尺集』においても、永田調兵衛と須原茂兵衛両方の版が併存していることから、両者は以前から関係があったことが窺える。

享保期はまだ京都の版元が全盛期で、ようやく江戸の版元が育ちつつある状況であったことなどから、[13]両方の刊記のあるものが存在する理由は、京都の永田調兵衛が享保一二年に開版して販売した後、江戸の須原茂兵衛が木版を購入して再販した可能性があるのではないかと考えられる。

したがって、『秘伝書図解』の刊記にある享保一二年は、永田調兵衛による初版（開版）の年と推察され、須原茂兵衛版が『匠家極秘伝集』と同様に享保一二年から広く流布したかどうかは疑問で、須原茂兵衛版の刊記の年号については慎重に判断する必要がある。

内容と過去の研究

上巻である巻之乾は、序を含み二四丁四八頁からなり、二〇項目におよぶ軒規矩に関する図と説明文がある。内容は図1に示したとおり、平角大矩写からはじまり角木雁木矩、桁の隅木落掛、入中墨・出中墨、二軒繁垂木、六角二軒扇垂木、向拝の縋破風廻りの納まりまで、ほぼ軒規矩術全般にわたり述べられている。

巻之坤は木割書で、目次以下一八丁三六頁一三項目からなり、内容は高麗門からはじまり拝殿、社殿などの木割から擬宝珠の割付といった詳細にまでわたっているが軒規矩術に関するものではなく、また仏堂に関する部分も一項目だけである。解説の方法も巻之乾に比べて統一された印象があり性格を異にする。

先学による『秘伝書図解』についての論考は、上田虎介の解説書、[14]狩野勝重の解題[15]があるほか『秘伝書図解』の一部に書かれている「むつつれ」について細見啓三の論考[16]がある。また近世木割書、規矩術書の総論として中谷礼仁も触れている。[17]

上田の論考は、先の昭和五〇年に発表した小林源蔵著『独稽古隅矩雛形全三冊』（以下『隅矩雛形』という）の解説書[18]の後に発表されたもので、現代の規矩術法から見た軒規矩術の解説書といった性格が強く、近世規矩術である「引込垂木法」については解明されているといい難い。

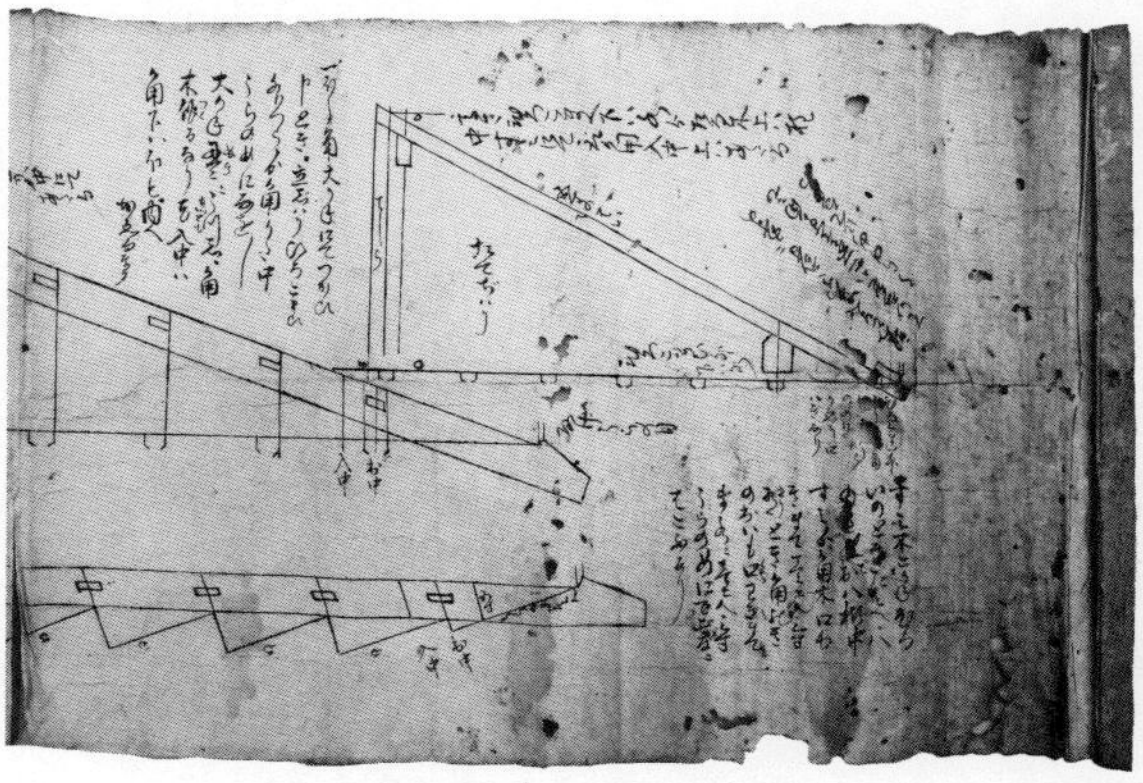

写真３　久保田家文書

二―二　久保田家文書の概要

香川県高松市の久保田家は、京都において寺社奉行の如き堂宮大工を取り締まる仕事に従事していた家柄[19]で、工事経歴書からは、文政元年に創業した堂宮大工で代々高松において活躍したことが窺える。特に多数の大工文書、絵図を所蔵し、近年整理がすすみ高松市歴史博物館で展示もおこなわれている。[20]

所蔵文書のうち寛政三年（一七九一）の銘のある木割書などが、高松市歴史博物館に寄贈されているが、そのほかに享保一一年（一七二六）の銘のある『秘伝書図解』の類型本と考えられる巻子本がある（写真３）。

それが『秘伝書図解』を描き写したものでないことは年代からも判明するが、内容がより詳細で正確であることから、『秘伝書図解』に祖本が存在し、それと共通する類型本としてよく、後述する坂上家文書と内容が酷似する。

法量は幅二七・四cm、長さ五四六・四cmと坂上家文書より少し長い。巻末に「享保十一

丙午　正月吉日　久保田善五良」の銘があり、『秘伝書図解』が出版される前年に描かれている。この久保田善五良は家伝によれば、久保田家十三代にあたり、墓標によれば宝暦七年（一七五七）没とされるから、享保一一年に描き写したのは善五良が青年から壮年期にかけてのことであろう。

内容は、坂上家文書と極めて良く似ているが、最後に六角の軒規矩二種（平垂木、扇垂木）がある点で異なる。図は坂上家と同様にトレースしたもので、実際に坂上家絵図と重ねると図の寸法は完全に一致する。ただ、坂上家文書が曲線を定規で描くなど非常に丁寧に仕上げられているのに対し、フリーハンドで描いている部分が多い。一方、図の描き漏れなどは坂上家より少なく詳細である。説明書きや図の書込み文字は、坂上家が片仮名を多用するのに対し、『秘伝書図解』と同じように平仮名で書かれている。

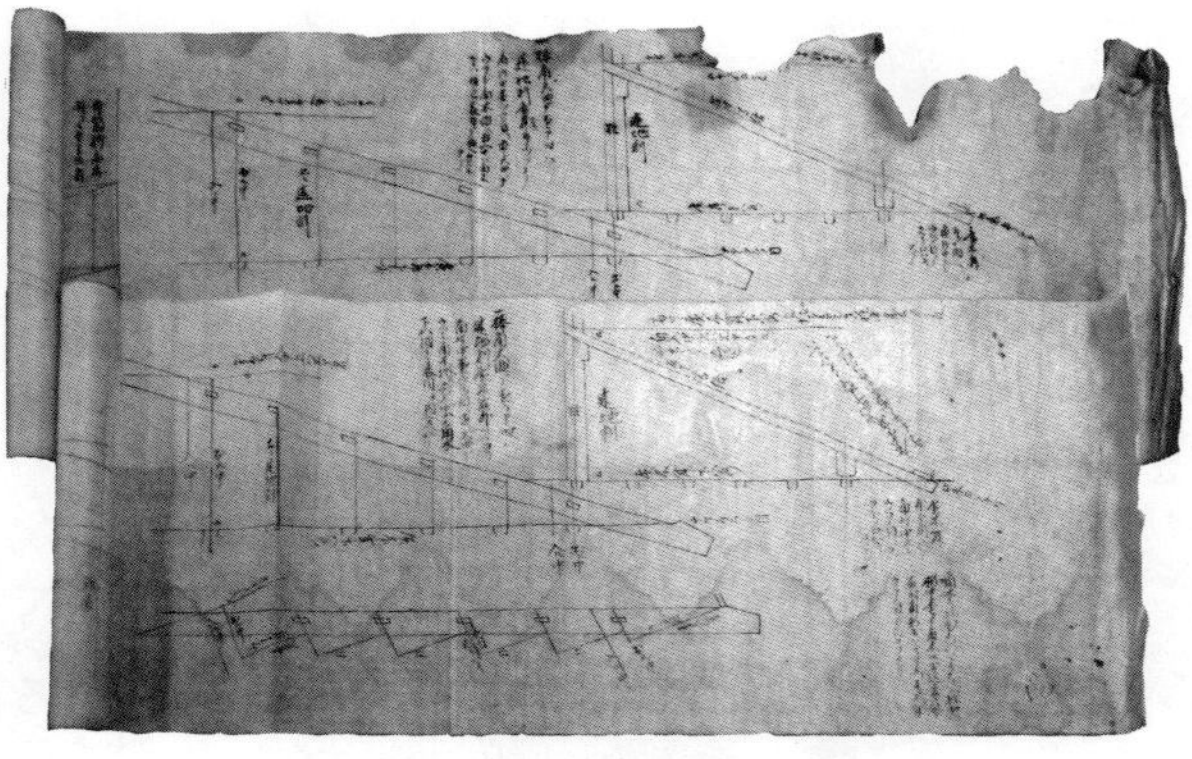

写真４　坂上家文書（手前がA、奥がB）

二―三　坂上家文書の概要

近年、滋賀県甲賀市の坂上家から発見された大工文書で、巻子本が二巻あり坂上家文書A、Bとする（写真４）。内容は一見して判るほど『秘伝書図解』や久保田家文書と酷似しており、特に図のほとんどが久保田家文書と同形、同寸である。制作時期は不明であるが、内容の相違から『秘伝書図解』をそのまま描き写したものでないことは明らかである。制作年代は久保田家文書と同時期の享保頃のものと考えておく。

A及びBの内容は図１の通りで、Aにある「せき棟造」がBにないことを除いて同じ内容である。ただし、文字の筆致は異なり、BはAを描き写した可能性がある（以降、特に断りがない場合はAを指す）。

坂上家は、近在の旧水口町牛飼で宮大工をしていた家系で、（注５）周辺の近世の社寺建築の棟札などに名前を散見することができる。（21・22・注６）

図は一〇分の一程度の縮尺で描かれているが、寸法に多少の斑もあるから直接製図したものではなくトレースしたものと考えられ、部分的に陸墨などの基準墨を朱墨で引いている。法量は幅二七・六cm、長さ五一一・七cm（一三枚綴り）である。

二―四　岩城家文書の概要

滑川市立博物館所蔵の岩城家文書は、江戸時代末期から大正時代にかけて滑川周辺で活躍し三代続いた堂宮大工の岩城家に伝来する大工資料である。

永井康雄らが整理・調査した研究[23]によると、資料数は約五五〇〇点に上り、年代は延享のものが四点ある他は寛政二年（一七九〇）から大正一四年（一九二五）までの約一三五年間にわたる建築技術書、設計図、測量図などである。

（→これより前の部分は欠失）

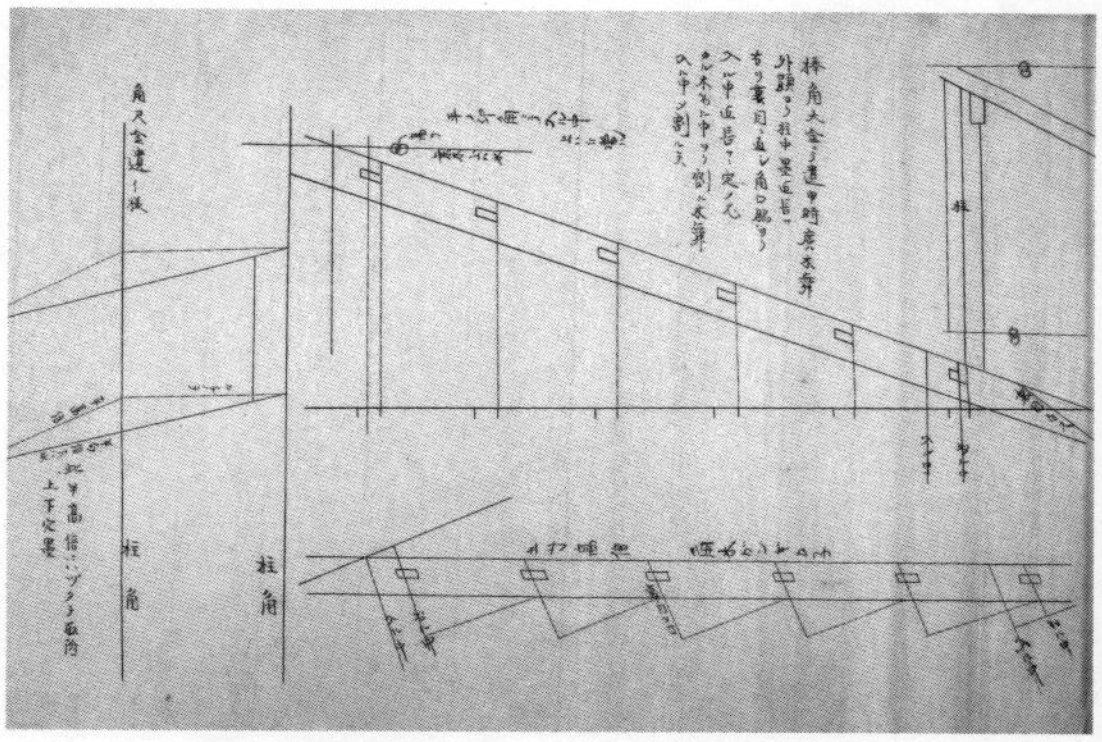

写真5　岩城家文書（先頭の頁が欠失している）

三代目の庄之丈は、東本願寺の明治再建工事などを通して、木子棟斉や伊藤平左衛門、その後は伊東忠太など明治の主要な棟梁、建築家の知遇を得て幅広い活動をおこなっている。特に東本願寺再建に際しては、明治一九〜二〇年と二四〜二五年の二度京都に出向いて仕事をしていて、この間に多くの技術書を描き写している。

『秘伝書図解』の類型本と思われるものは、手描きの巻子本（仮二一―七―一）で、巻末に「柴田忠右衛門氏所持之分安田友次郎写之／於京都岩城荘之丈写之」(注7)とあることから、これも明治期に京都で描き写したことが判明する。

この巻子本は先頭の一枚を欠失していて年代も不明であるが、林家文書同様に久保田家文書や坂上家文書にはなく、後世に加えられたと思われる詳細図があることから、元の図は他家の文書より時代が降る可能性がある。

線は定規を使い丁寧に描かれていて、基準となる墨は他の類型本と同様に朱墨をもちいている。文字は片仮名使いで内容は林家文書に近い。

二―五　木子文庫林家文書の概要

東京都立中央図書館所蔵の木子文庫のうちの林家文書については、木割書、規矩術書の他に賀茂神社や知恩院などの建地割図を含むもので、(24) 規矩術に関する文書が多いのも注目される。

この林家文書のなかに、林重九雛形という五二枚一組になった規矩術及び木割書がある。(注8) その内の表紙（[木〇二一－三－二二]）によれば、安政四年（一八五七）四月に京の亀尾組の木匠高城平七誠定より伝授されたものを、林重九が描き写したものであることが判る。(注9)

岩城家文書同様に、描き写した元図の二代前までの伝来を記している。

林家は大徳寺大工を代々務めた工匠で、林重九は林家十五代宗栄と名乗り幕末から明治にかけて木子清敬とともに活躍した大工であった。(25)

この一組の絵図は、『秘伝書図解』とは時代も図面の枚数も一致するものではないが、規矩術に関する部分については、二五枚のうち九図が『秘伝書図解』と酷似しており、「二夕軒反り隅法」（[木〇二一－三－四四]）はほとんど同じである。

全体は、近世を通して変更されたり詳細図などが加えられたものと推察され、説明文や図などの内容から判断すると、『秘伝書図解』よりも坂上家文書や岩城家文書に近い内容である。

二―六　『秘伝書図解』と類型本の関係

『秘伝書図解』と類型本の内容項目を、全て順番に並べて比較したものが、図1である。『秘伝書図解』の順番を基本に、久保田家文書、坂上家文書A、同B、岩城家文書、林家文書も上から順番に配置し、同じ内容のものを線で結んだ。なお、久保田家、坂上家文書、岩城家文書で表題がない図は、『秘伝書図解』の表題を参考に（ ）付で表記した。

図1 『秘伝書図解』と類型本の内容比較図

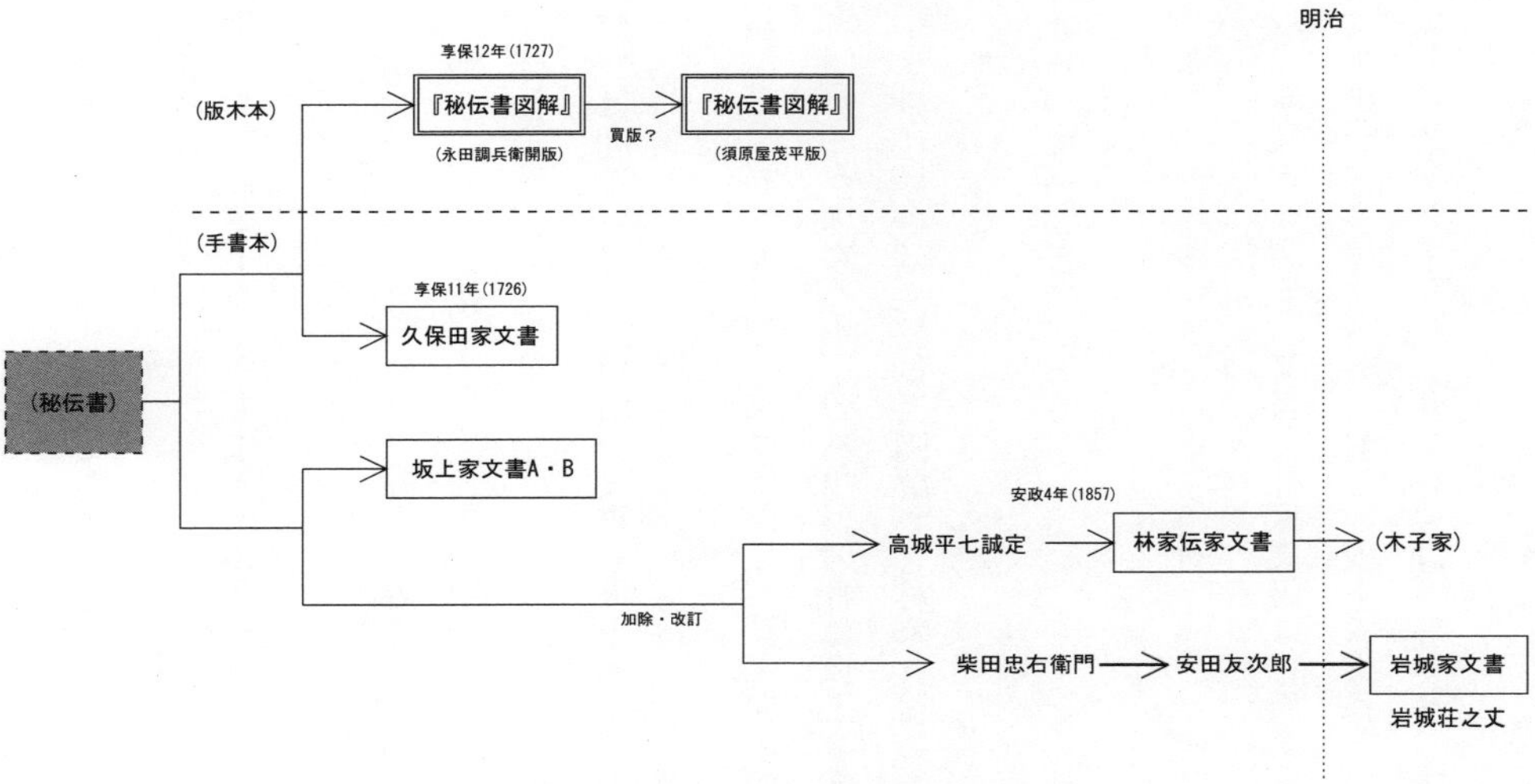

図2 『秘伝書図解』と類型本の関係図

図の順番について

久保田家文書と坂上家文書は、六角の軒の有無や説明文の内容の違いを除けば、順番も同じで図も同寸であることから、ともに祖本に近いものと思われる。

『秘伝書図解』は、祖本を木版本にするために新規に大工の西村権右衛門が図師として描き下ろしたものと推定されるが、図の順番に相違が見られる。

「四　井筒桁角木おちがかり」や「二十　すがる破風ねじかね」などは内容が独立しているから、位置の前後は編集上の都合と思われるが、「十三　ふたのきこぐちわり」と「十四　二軒角木造り様同茅負水まわし」の順番は他の類型本とは逆になっている。軒の設計は、まず「十四　二軒角木造り様同茅負水まわし」がおこなわれた後、「十三　ふたのきこぐちわり」（茅負の垂木割と軒廻りの伏図を一緒に描いた図）が描けるから、実際の設計手順としては『秘伝書図解』は間違いで、久保田家文書や坂上家文書の方が正しいといえる。

また、久保田家文書と坂上家文書Ａには「せき棟造」の図があるのに対し、『秘伝書図解』では巻之乾にはなく、巻之坤に掲載されていて木割の扱いになっている。さらに、「十八　六角すみ指たる木」と「十九　六すみ扇たる木」の六角形の軒は坂上家文書にはなく、『秘伝書図解』、久保田家文書、岩城家文書にある。その他、「五　出中入中すみ仕様」は『秘伝書図解』と林家文書にあるが、久保田家文書、坂上家文書にはなく、基本的な事項として適宜省略された可能性が考えられる。岩城家文書も「一軒木舞物」が二軒より後ろに配されるなど、一部順番が入れ変わっているものがある。

表記方法について

『秘伝書図解』と久保田家文書は、平仮名を中心にした表現であるのに対し、坂上家文書、岩城家文書と林家文書は、漢字と片仮名で書かれている。他にも『秘伝書図解』と久保田家文書では隅木の墨を「出中、入中」と表記するのに対し、坂上家文書、岩城家文書と林家文書では「出ル中、入ル中」とするなど、『秘伝書図解』と久保田家文書のグループと坂上家文書、岩城家文書、林家文書のグループとは、それぞれに共通点が認められる。

また、『秘伝書図解』は単色刷りであるが、類型本は通常の墨のほかに、陸水、垂木真、流墨などを朱墨で表現し部材の関係が把握しやすくなっている。『秘伝書図解』の「十六　扇たるきアユミの仕様」では、類型本と同様に朱引きで描くことを指定している個所があるが、(注10)この部分などは『秘伝書図解』が単色刷りでありながら、朱墨で描くことを指定した祖本の記述をそのまま写したことを思わせる個所である。

内容について

概ね全ての文書で図の書込みや説明書きの表現に多少の違いが認められるものの、内容においては大きな相違はなく、同じ内容を述べている。

『秘伝書図解』と類型本の関係性をまとめてみると、以下のような推察が可能で図2に示す変遷過程があったと思われる。

①『秘伝書図解』は享保一二年に、京都柳田組の図師西村権右衛門によって著されたと考えられていたが、前年の享保一一年の年記のある久保田家文書が存在し、また内容がより詳しい類型本が存在することから、基となる祖本又は秘伝書といったものが存在したと推察される。

②久保田家文書や岩城家文書は、ともに京都で描き写されたもので、坂上家文書もその可能性がある。『秘伝書図解』は京都で書かれ、林家も京都の大工家であることから祖本又は秘伝書は京都の大工の間で広く書き継がれてきたもので、それが地方に流布していったものと推察される。

③林家文書は、現状では『秘伝書図解』やその他の文書と体裁も異なるが、全五二枚のうち一〇図はよく一致する内容で、それ以外は詳細図が多い。このことから元の祖本又は秘伝書であったものが、長い時間を経て京都の大工組の間で、加除・訂正が加えられて幕末まで大工の間に伝えられたものと推察される。岩城家文書にも『秘伝書図解』、久保田家文書、坂上家文書にない詳細図があり、林家文書と共通する部分がある。

④久保田家文書、坂上家文書、林家文書ともに、基となる図は同じものをトレースしたものと推察できるが、表現方法や説明書きの内容などから、『秘伝書図解』と久保田家文書のグループと坂上家文書、岩城家文書と林家文書のグループに分類することができる。

三　『大工雛形秘伝書図解』と類型本の近世軒規矩術――二軒繁垂木の技法

江戸時代中期に出版された『秘伝書図解』は、図の正確さにおいて十分ではない部分もあるが、類型本を加えることによって内容を補完することが可能となり、近世の軒規矩の基本をもっともよく理解することができる軒規矩術書である。

以下、『秘伝書図解』と類型本によって、軒規矩のもっとも基本形である二軒繁垂木についての近世軒規矩法を明らかにしたい（図3～7に『秘伝書図解』と類型本の二軒繁垂木の軒規矩図とその説明文の読み下しを掲げた）。

三―一　『秘伝書図解』と類型本の二軒繁垂木の概要

『秘伝書図解』では、「十四　二軒角木造り様同茅負水まわし」が、二軒の軒規矩を示すもので、二丁四頁にわたって述べられている。内容は、図を見開きとし、その前に「木負茅負水廻しの事」、後に「二軒角木造ようの事」という表題のある説明文を添えている。

図は上段に隅木、下段に茅負、木負を重ね軒の平断面も合わせた図からなる。軒の設計方法の説明も「平の軒出の決定」と「隅木の造り様」の二段階の構成になっている。

まず、「むつれ」を前提としていることが冒頭に書かれている。他の類型本から「むつれ」は「六つつれ」（六ツ連）のことで、その意味は、『日本建築辞彙』によれば、丸桁、木負、茅負の下端が水平に納まることをいう。(26) ただし、『秘伝書図解』では、「弐軒むつつれのすみと申事、きおいかやおい高さ同したかさなり」と、木負と茅負だけが水平に納まるもので、桁との関係は記述がなく、図にも桁は描かれていない。(注11) 他の類型本には「六ツ連」との記述はあるがその意味の説明はない（「六ツ連」については、第一〇章で述べる）。

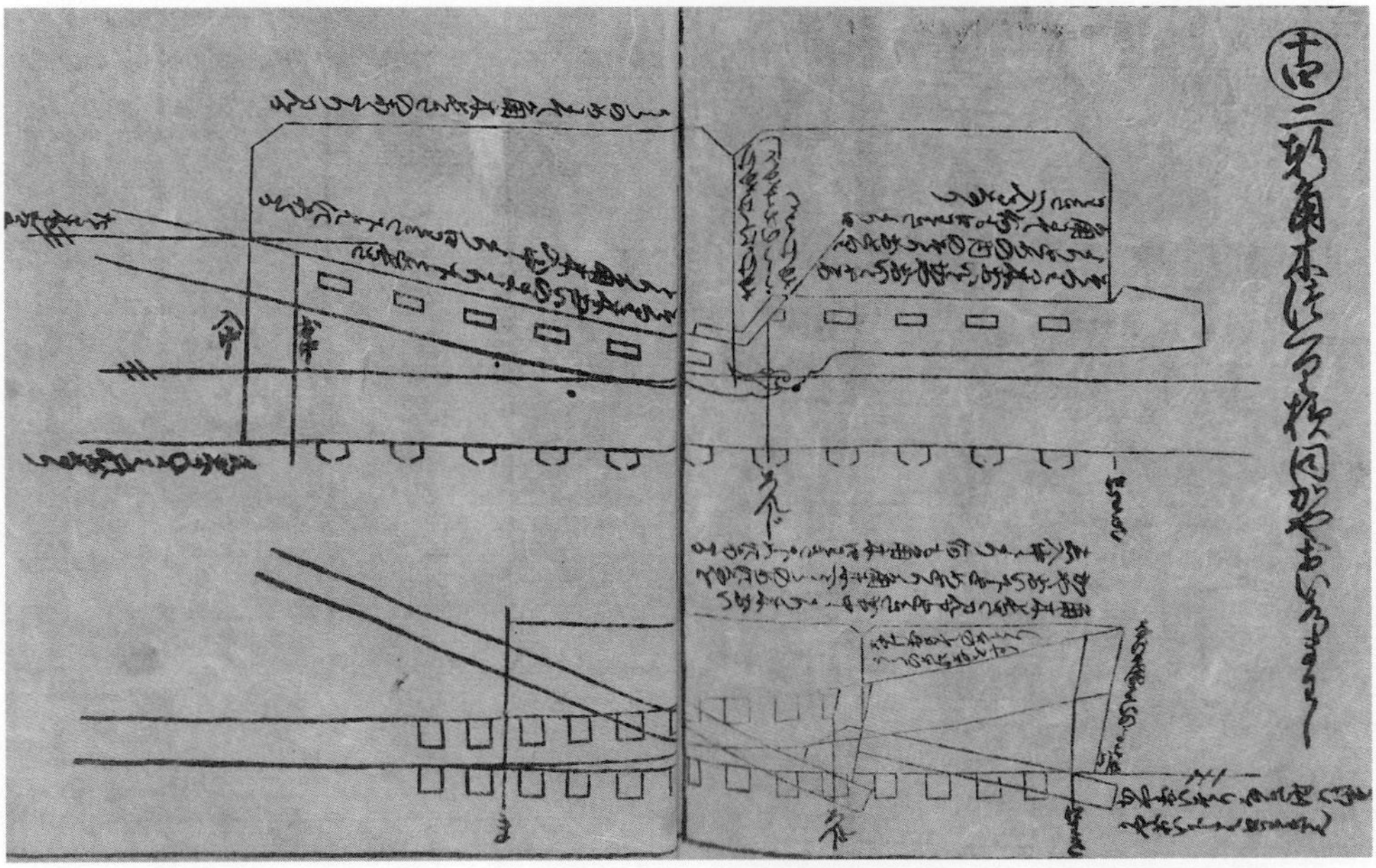

木おいかやおい墨廻しの事
一　弐軒むつれのすみと申事　きおいかやおい高さ同く
高さなり　かやおい下ハ水にたる木あよび志つけ　ろんし
こしかけたる木中すミたつ水にひきあげ　きおい口はき
まてろんしたる木の下ハ中すミより　おおのきのこうばい
よこてに引あけきおい口はきなり　それより角木かた
なかうらのめさしだし　きおいそとつらなり　並かやおいの
下ハ水のところにて　たる木五志内とこま壱つおき　たつ
水にひき阿げ　すミ木口はきなり　又角木かたなか
うらのめにさしたし　小のきのこうはいのよこてひき
阿げかやおい外つらなり口伝
十四　二軒角木造り様同茅負水ま己し
二軒角木造ようの事
一　かやおいま　うちよりそりだし申時　くはぎよう上ハに
かやおいそりぼとまてをつけ申なり　但し角木へ
きおいかやをい高さいれ申とき　たてぢはりの口はき
下ハの高さをとりすミ木口わき下ハへあて申候
一　きおい木つ口ミの水ならいかたまよりはくとも木おい
のなけかやおいのなけほどにそとつらにかゆミつくり
つけ申候　このきのけらくびきりあまりところび申さす
してよく候　何つれも口伝有こと

図3　『秘伝書図解』の二軒繁垂木の軒規矩

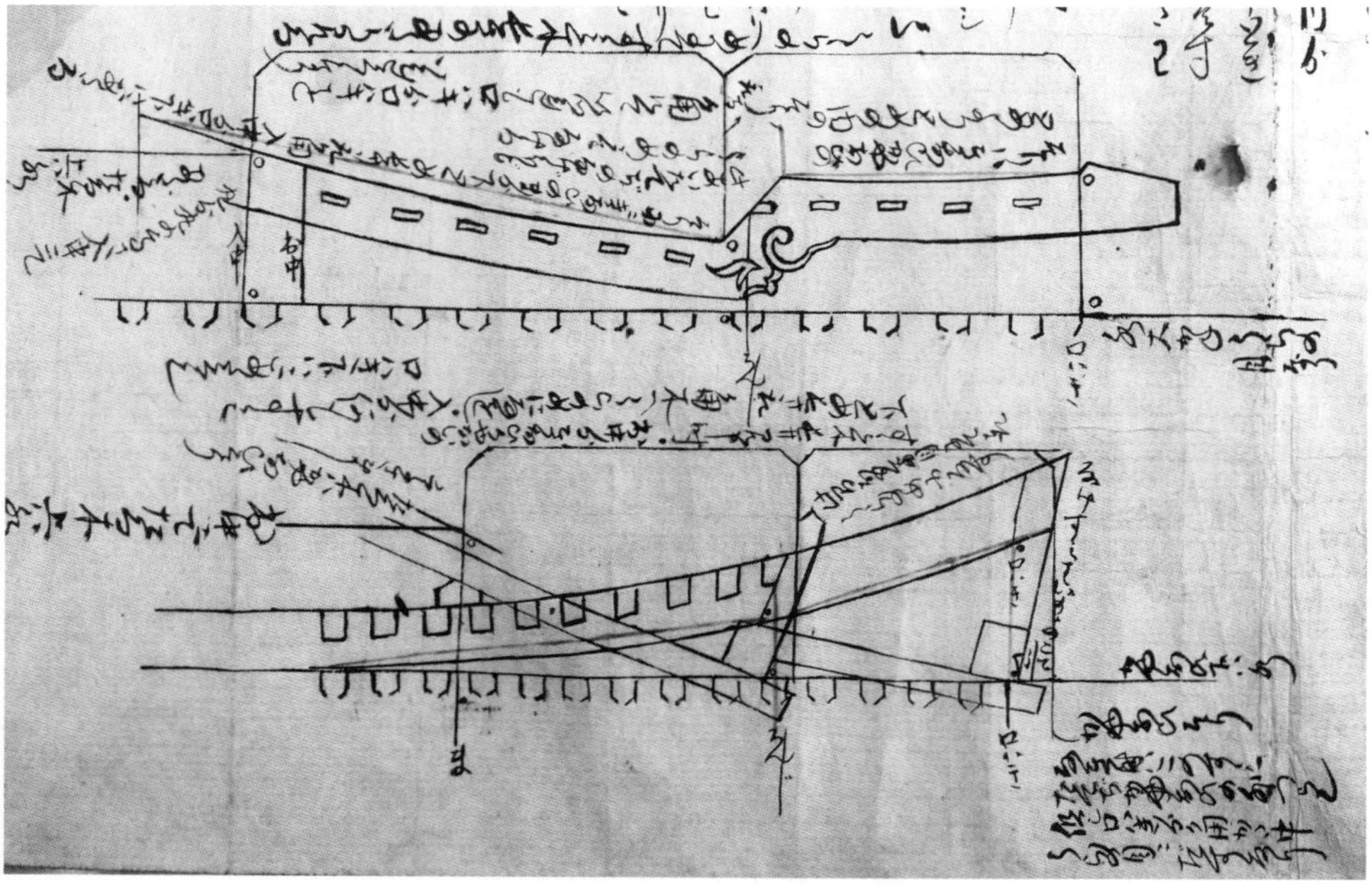

一ふたのき　むつつれのすみたとへハ五しゆ七しゆと申とき　ろ
んじ二度にふむなり　かやおい下ハ水にたる木あゆびしつけろ
んじ中すミ　たつみつに引あげ　きおひロハキにてろんしのた
る木の下ハ中すミより　大のき乃　はいのよこて出引あげ　き
おひの口はきなり　それよりすミかたスミうらのめにてま水に
さしだしきおひ外つらなり幷かやおひの下ハ水たる木あゆび
五しゆど　こま壱ツおき　たつ水に引あげすミロハきなり又角
かたなガうらの目にて　さしだし小のき乃はいのよこて出引あ
げかやおひ外つらなり

一かやひ間内よりそりだし申ときたとへハ間にて壱寸反り申と
きはくはきやう上ハにも壱寸乃そりつけ申なり但シ角木へき
おいかやおひロハき高さいれ申とき　たてぢハりのいつれも口
はき下ハの高さをとりすミ木ロハき下ハの高さいれ申なり右
ふたのき　水ちかひ乃角ふせぢハ　大か年又ハしゆ引の心見る
ため　重(かさね)て入ふ申候角木へ　高サいれ申時　きおひか
やおひの口ハき　まるより丸の高さ角木へあひ□んの通りいれ
申候とめさきまての長さ取角木へうらのめになおし入中より
いつれも口脇までの佐賀さにあたるなり

図４　久保田家文書の二軒繁垂木の軒規矩

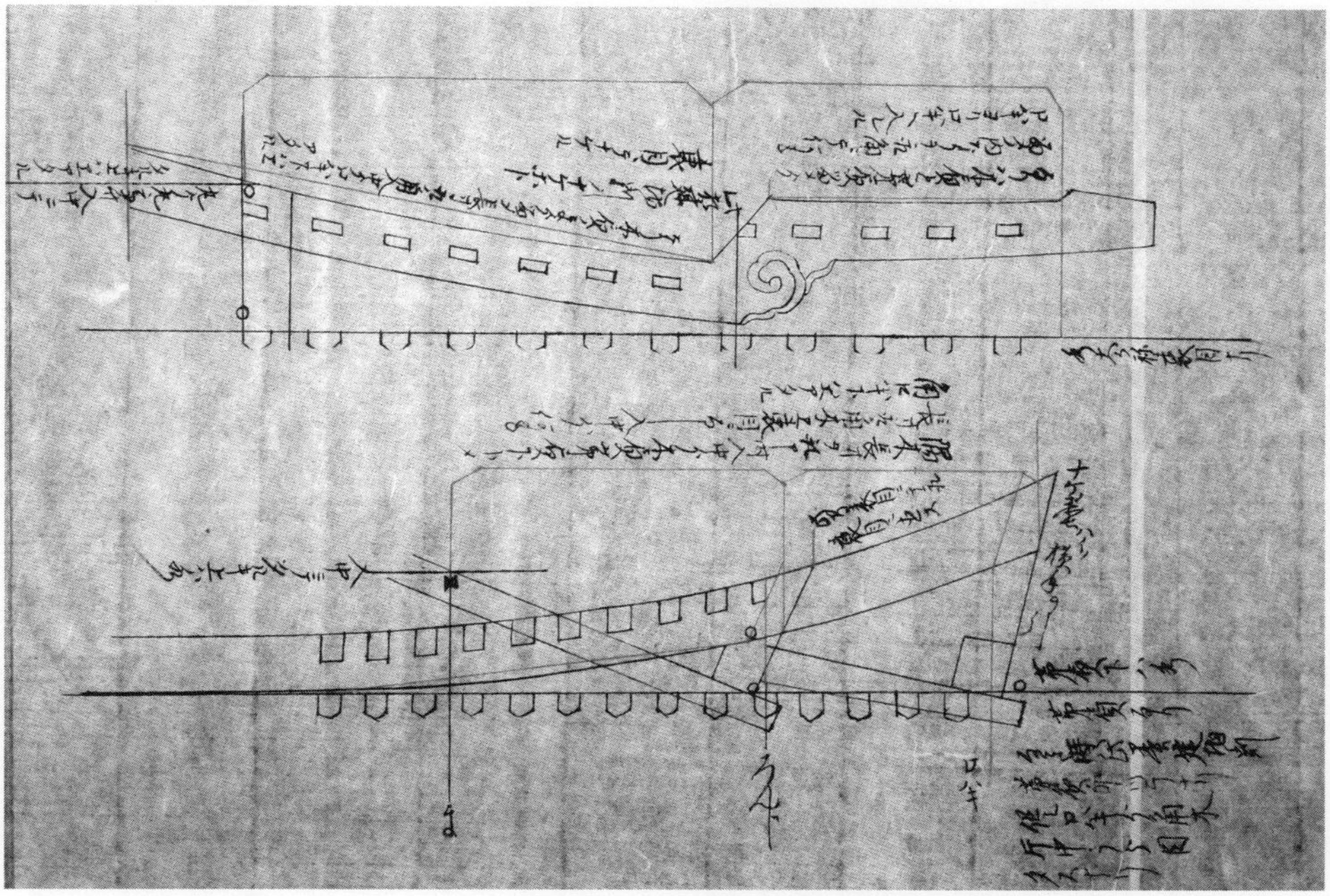

一　弐軒六ツつれノ墨　たとへハ五枝七枝と申ときろんじ弐度おき
て茅負下ハノ水ニ垂木あゆミ志つけろんじ中墨立水ニ引上ケ木
負口ハキろんじタルきノ下ハ中スミナリ
其より角片裏目ニ平水ニ移シ廻し　木負外ツラ並茅負下ハ水垂
木申ゆミ五枝と
こま壱ツオキ立水ニ引上テ角口ハキナリ又角片中裏目ニテ
さし廻し小軒ノハイノ横手ヲ
引上げ茅負外つらなり
一　茅負間内ヨリ反り申時ハ丸たとえハ壱寸反り申時ハ丸桁上ハニ
モ壱寸の反り付け申ナリ
但シ角木へ木負口ハキ高さ入り申時　建地割何しも口ハキ下ハ
ノ高サヲ取り角木口はき

図5　坂上家文書の二軒繁垂木の軒規矩

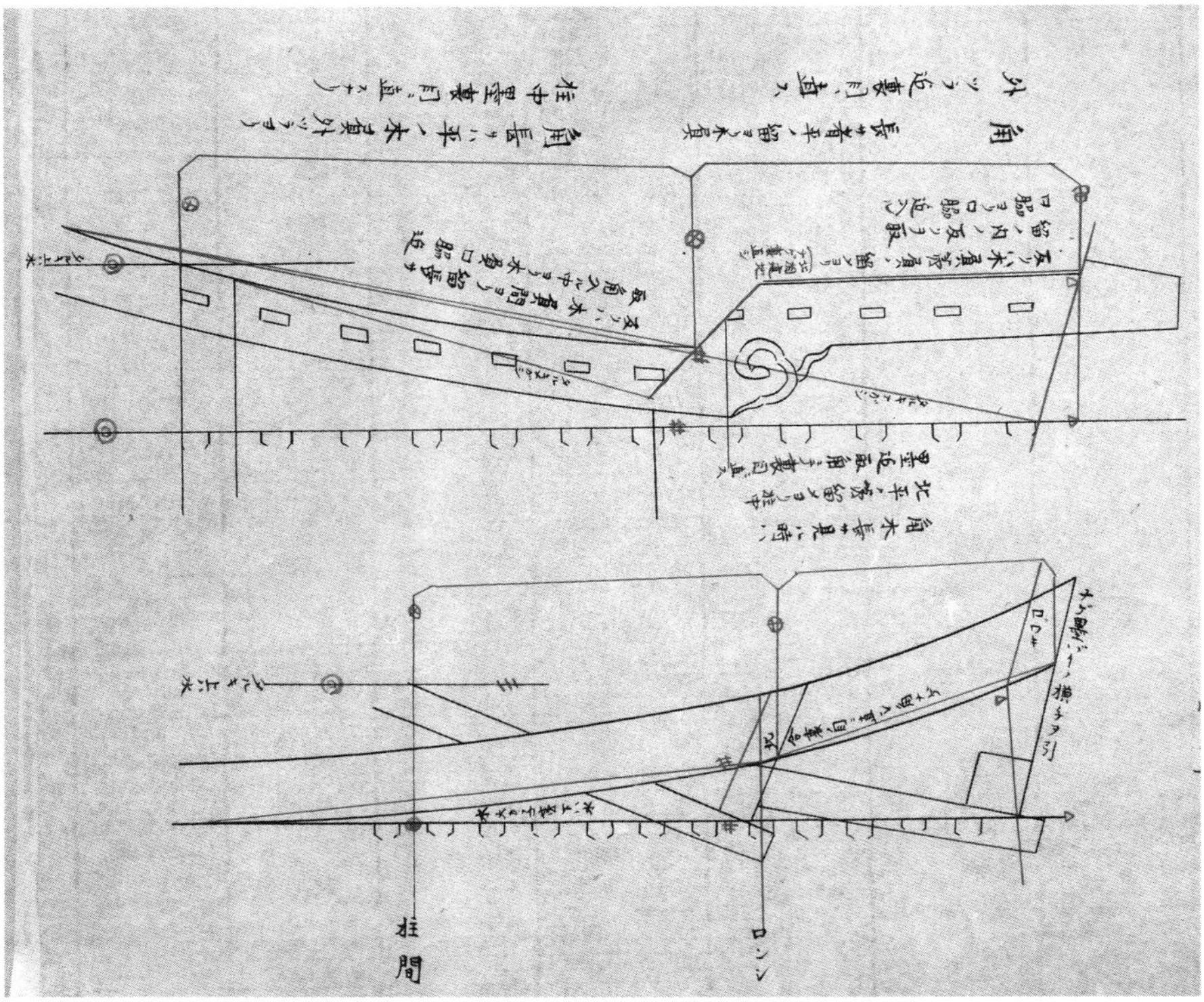

貳軒六ツつれノ墨タトヘハ五シ七シト申時ロンジ貳度續茅下ハ水
垂木アユミ仕附ロンジ中墨立水ニ引上ケ木負口　ロンジ垂木下バ
中墨ナリソレヨリ角片中裏目満（真）水ニ指出シ木負外ツラ幷茅負
下バ水垂木アユミ五シト駒壱ツ置立水引上ケ角口脇下ハナリ又角
片中裏目ニ差出シ小桁倍ノ横テ引上ケテ茅負外面ナリ
茅負間内ヨリ反リ申時タトヘ間ニ而壱寸反リ申時ハ丸桁上バニテモ壱寸
反リ附ケ申候ナリ
但シ　木負茅負高サ入申時平建地割ノ何連モ口脇ヨリ
垂木上バ水取角口脇下ハ入ル中タルキ上バヘ當ルモノ

図６　岩城家文書の二軒繁垂木の軒規矩

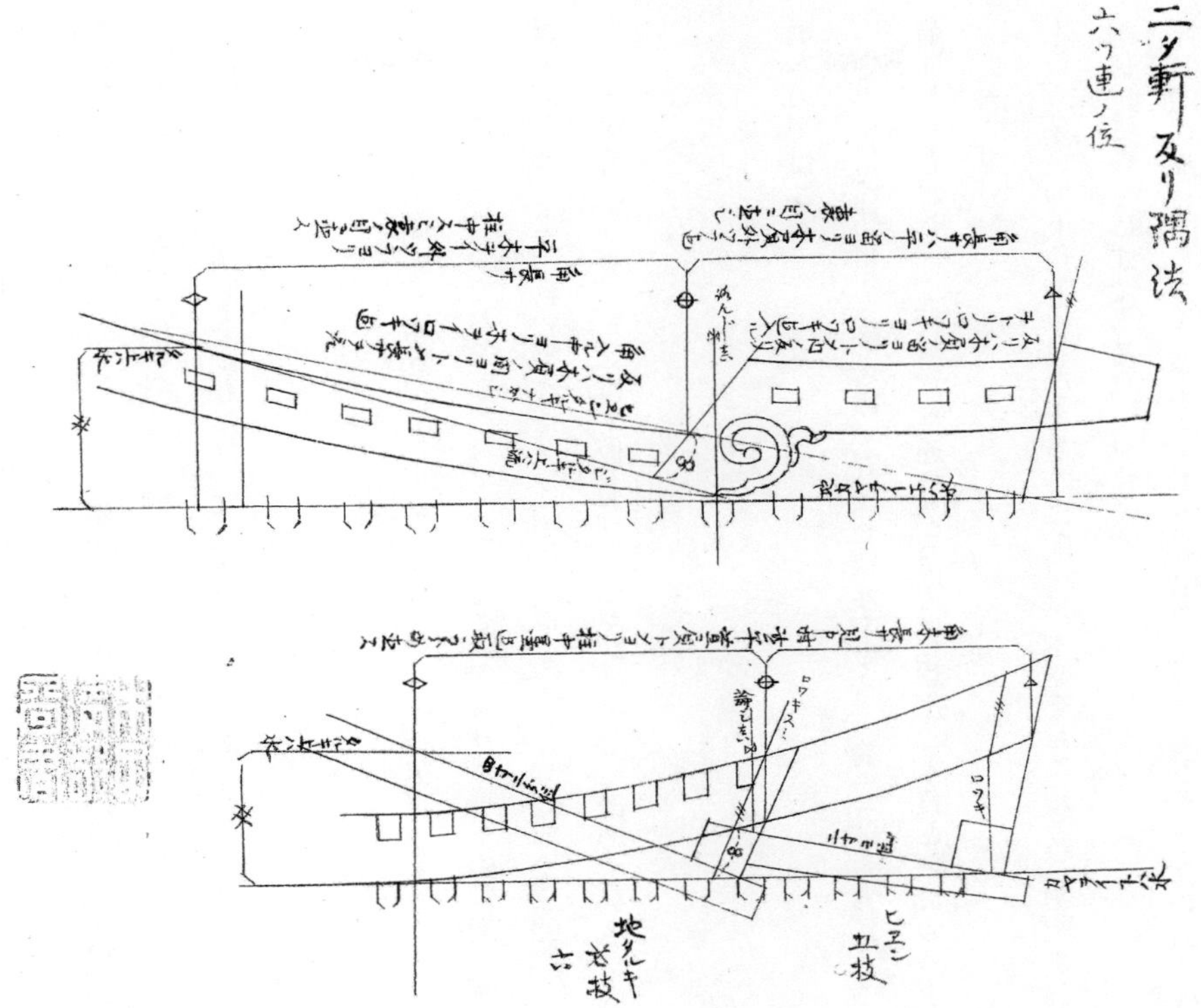

二タ軒反り隅法

六ツ連ノ位

一　弐軒六ツつれ墨　たとえへハ　五枝七枝ト申時ろんじ弐度置申
茅負下ハ水極あゆミ志つけろんじ中墨立水ニ引上ケ
木負ロワキろんじ極下ハ中墨ニ夫ヨリ角(木)片中うらの目
真水さし出シ木負外ツラ并ニ茅負下ハ水垂木あゆミ
五枝ト小ま壱ツ置　立水引上ケ　角ロワキ下ハ也　角(木)片中墨
うらの目ニさし出し小軒ノ倍ノ横手ヲ引上ケ茅負外ツラ也

一　茅負間内ヨリ反り申時　たとへハ間ニ而　壱寸反り申ス時
丸桁上ハ迄ニ而　反り付ルなり
但シ木負茅ヲイ高サ入申時　平立地割敷　ロワキヨリタルキ
上ハ水取角(木)ロワキ下ハヨリ入ル中タルキ上ハ江当ル事

図７　林家文書の二軒繁垂木の軒規矩

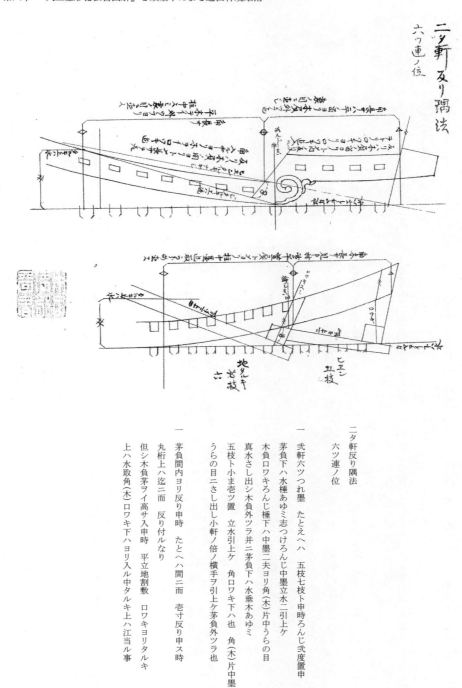

三―二　平の軒出の決定（図8）

この規矩術で最終的に求めるのは平の軒出であり、その方法は下段の木負、茅負の正面図と平の断面図を重ねた図と前後の説明で理解するようになっている。

『秘伝書図解』、類型本ともにほぼ共通した内容であるが、『秘伝書図解』は枝数の表記を省き、他は五枝七枝であることを明記している。

平の軒出を求める作業の基本は、

①垂木の割付→②地軒の出の決定→③飛檐の出の決定

という大きく三段階でおこなわれていて、茅負の反り、垂木の勾配、垂木割と各部材の寸法は別に決めておく必要がある。

以下、もっとも内容の整った久保田家文書を中心に、『秘伝書図解』と類型本に書かれている二軒繁垂木の軒出の求め方を考察することとする。なお、原文は平仮名等であるが漢字等に改めている（図9に久保田家文書の軒規矩図をトレースして読み下した図を掲げた）。

①垂木の割付

「二軒、六ツ連の墨、例えば、五枝七枝と申す時、論治二度踏むなり、茅負下端水に垂木歩仕付」（久保田家文書）

前述したとおり、二軒で六ツ連である場合を想定し木負と茅負の外下角は水平に納まった状態とする。また、軒の出が五枝七枝の場合を例に説明している。

木負、茅負の下角陸水を引きそこに配付垂木割をおこなう。明記されていないが、近世であるから垂木割は標準間と同じ一枝間隔で割付けていくはずである。

軒の出五枝七枝という意味は、平の軒出を枝割で指定しているのではなく桁外の配付垂木数のことで、地垂木七枝（本）、飛檐垂木五枝（本）という意味である。

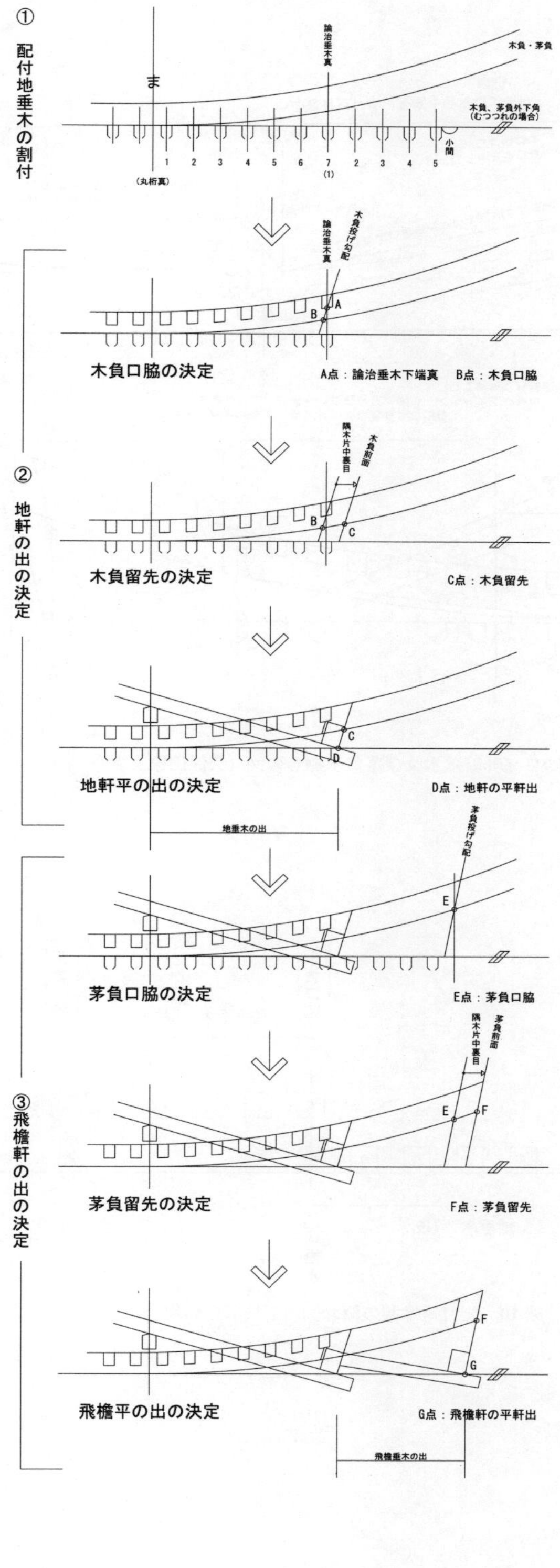

図８　平の軒の出の決定方法
（引込垂木法）

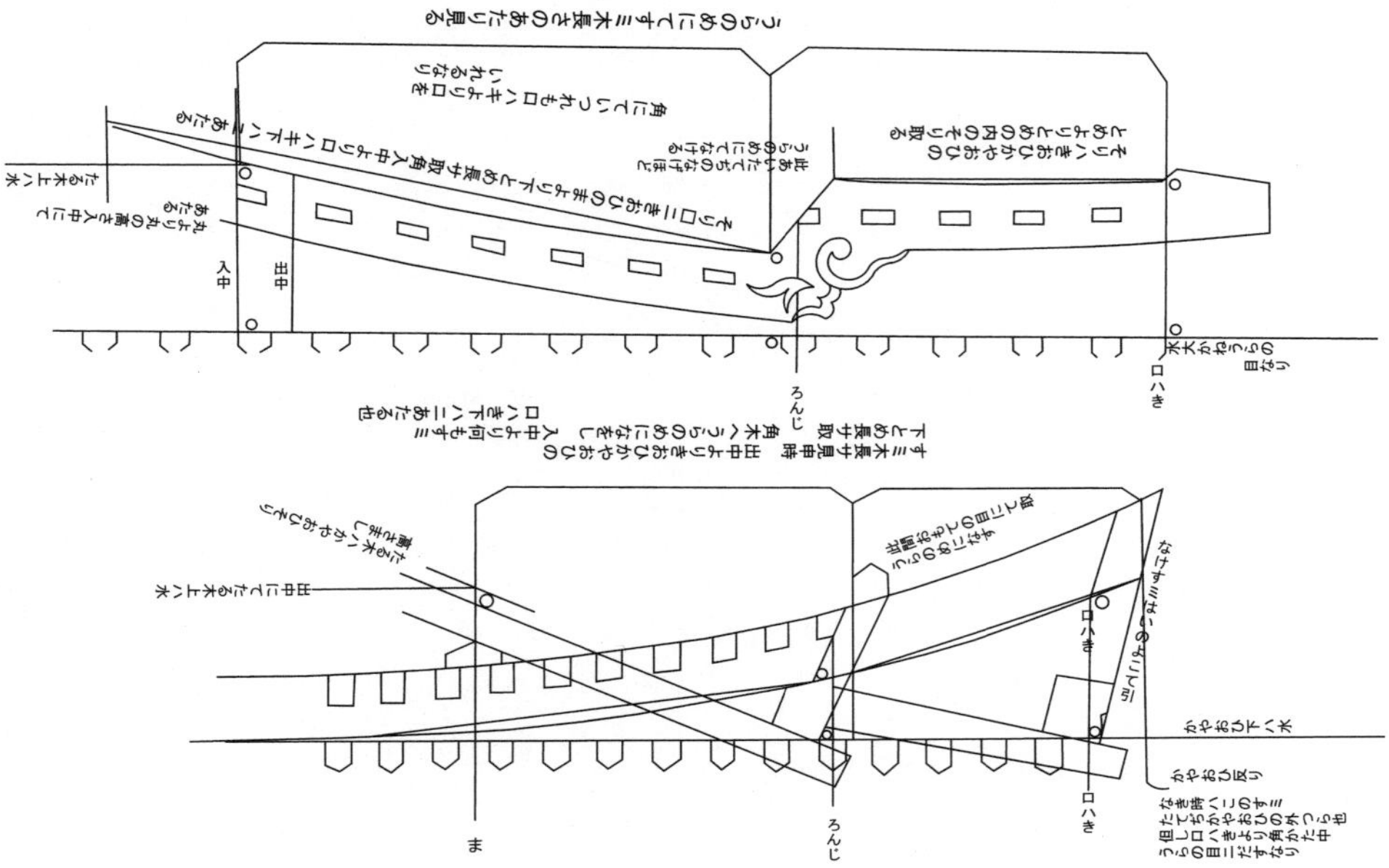

図 9　二軒繁垂木及び茅負水廻しの図（久保田家文書）

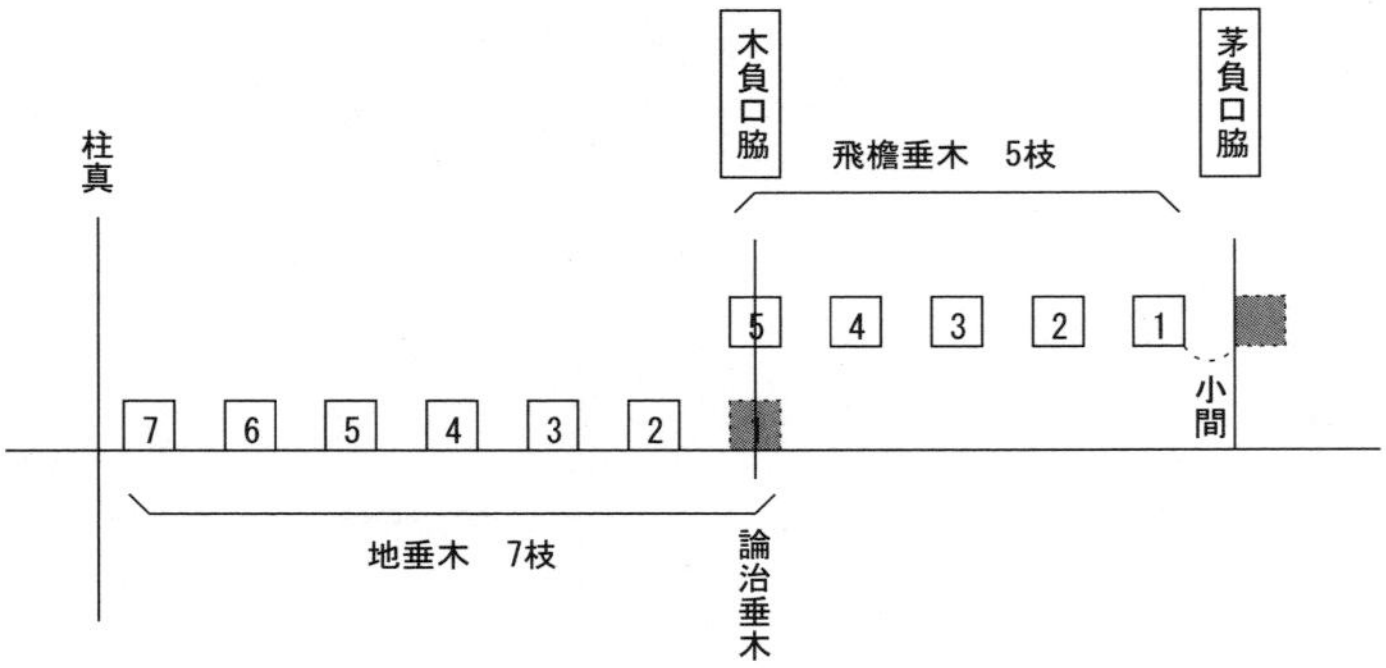

図 10　配付垂木割の概念図（七枝五枝の場合）

注意すべき点は、論治を「二度踏む」という記述で、坂上家文書や林家文書では論治垂木を「二度置き」とし、岩城家文書では「二度続」とする（『秘伝書図解』では省略されている）。

この「二度踏む」の意味は、地軒の七枝目が論治垂木位置であり、そこから飛檐垂木の枝数を数えるという意味で、図からもそのことは確認できる。

ところが、論治垂木真には地垂木は存在しないから、地垂木の七枝目はなく実際の地垂木数は六枝（本）となる。他の類型本や「二度踏む」などの記述のない『秘伝書図解』も図はすべて同じである。「二度踏む」の概念は図10に示したとおりで、実在しない七枝目の地垂木を含んだ軒出の指定方法である点に注意が必要である。

このような指定方法は、もともと論治垂木位置にも地垂木があったことを窺わせるものであるが、実際に論治位置に地垂木が納まる例は、中尊寺金色堂（天治元年　一一二四）で確認できる。

②地軒の出の決定

「論治中墨立水に引上げ、木負口脇にて論治の垂木の下端中墨より、大軒配の横手出、引上げ木負口脇なり、それより隅片墨の裏目の目にて真水に差出木負外面なり」（久保田家文書）

七番目の垂木を論治垂木とし、その真を木負まで引上げ、垂木下端の真の位置から木負の投げ（＝大軒配の横手）を入れ、木負下端との交点が真の木負の口脇となる。

次に、その投げをさらに水平に隅木片中裏目を出すと、その投げは木負の前面の投げであり木負下端との交点は木負留先となる。明示はしていないが、それを平の高さである木負、茅負外下角の陸水まで下ろしてきた位置が地軒の平の出となる。つまり、木負留先を定めてから、平の軒出が決まるのである。

ここで注目すべきは、図解法で軒出を求めるために、近世では実際には加工することがなくなっている木負の留先まで作図していることであろう。

③飛檐の出の決定

「幷茅負の下端水垂木歩五枝と小間一つ置き」（久保田家文書）

すでに垂木割は指定しているが、再度飛檐垂木数と細部の指定をおこなっている。

地垂木と同様に、論治垂木から先の配付の飛檐垂木を五枝茅負下端水上に割付け、一番垂木の先には小間を一つ置くとする。この小間の端が茅負口脇位置になる。

この指定によって、茅負口脇まで整然と垂木を配ることが可能となることは重要で、ややもすると論治垂木の納まりのみが軒規矩の要所と考えられるが、この小間を納めることは論治垂木とともに、近世軒規矩の重要な押え所である。

続いて、「立水に引上げ隅口脇なり、又角片中裏の目にて、差出し小軒の配横手に出、引上げ茅負の外面なり」（久保田家文書）

その小間を垂直に立ち上げた位置が茅負口脇で、そこに茅負の投げ（＝小軒の配横手）を入れ、木負と同様に同じ投げを隅木の片中裏目外へ出したものが茅負外面となり、茅負下端との交点が茅負留先になる。また記載はないが、その勾配なりに茅負下角陸水まで下げた位置が飛檐垂木の平の軒出となる。したがって、茅負留先が定まってから、平の軒出が決まるのである。

以上により、配付垂木割、茅負の形状と平の軒出が求められ、論治垂木も一番垂木と茅負口脇の小間も整然と納めることができる。

また、平の軒出ははじめに枝割制で何枝何枝と決めているのではなく、最後に結果的に求められるため、平の軒出が枝割にのったり完数などにはならず、端数のついた長さになる可能性が高い。この点は現代でも誤って解釈されがちな個所である。

このように、最初に指定している五枝七枝は、枝割制で平の軒出を指定しているのではなく、配付垂木の本数を示しているもので、しかも七枝目は実際には存在しないから、配付垂木の実数は一二枝（本）ではなく一枝少ない一一枝（本）となる。

こうして、隅木の留先から引込んで平の軒出を定める規矩術法の名称は、この「十四　二軒角木造り様同茅負水まわし」では、特に呼称はないが、『秘伝書図解』の中では、「十一　一軒こまい物」において「（前略）角にてうらのめ二寸のはし申候、角にて極め申候へばひきこミ仕候（後略）」（傍線は筆者、以下同じ）や、「二軒ふせ地の事」にも「引こみ垂木」の記述を確認できる。

そのほか、『秘伝書図解』の影響が認められる『独稽古隅矩雛形』(27・注13)では、同様の技法を「引込垂木」として説明している（ただし、第八章で述べるように、『独稽古隅矩雛形』では基準などの考え方に違いがある）。

第七章で述べるように、同様の作図法は引込垂木以外の呼び方が存在していたが、現在では引込垂木の呼称は広く知られていることから、本書でも引込垂木を使うこととする。

三－三　隅木の造り様

地軒や飛檐の平の軒の出が求められると、次の段階は隅木を造ることである。現代では平の軒の断面と木負、茅負の反りが決定していれば、隅木の設計は容易に作図することができるが、『秘伝書図解』と類型本では正式な規矩的解法ではなく、要所を押えて決める簡易的な方法で隅木の設計をおこなっている。

『秘伝書図解』と類型本では隅木についての説明が少なく、隅木の図とそこに書き込まれた数か所の注釈と符丁で理解するしかなく作業の手順もないので大変判り難いが、以下の作図法であると推察される。

まず、茅負の図の上部に、柱真（丸桁真）である「ま（間）」から、木負留先までと木負留先から茅負留先までの長さが指示されていて、「隅木長さ見申す時、出中より木負茅負の下留長さ取り、隅木に裏の目に直し、入中より何れも角口脇に当たる也」（久保田家文書）との書込みがある。問題なのは傍線部分の出中が『秘伝書図解』でも同じ出中であるのに対し、坂上家文書では入中とし、岩城家文書では柱間、林家文書では柱中墨としていて、この「ま」の捉え方が、類型本の間で差異があることである。

隅木の側面を基準とする「現代軒規矩術法」では、茅負正面見付けにおいて柱真（丸桁真）は当然出中墨であるが、ここでは隅木真上にある留先を対象にしているから、柱真（丸桁真）である「ま」は本中墨とするのが正しい。

木負、茅負の留先長さを「ま」から取り、その長さを裏目に直すことは、隅木の真で本中墨から留先長さを取ることと同じことで、それを隅木側面に移し、入中墨から取ると口脇位置を求めることができる意味と解される。その関係は図11に示した。

実際の長さは、茅負の見付で「ま」から木負、茅負の留先までを取るから寸法自体は、呼び方が出中墨でも入中墨であっても変わらないが、柱真（丸桁真）である「ま」をどう捉えるかが、類型本の内でも定まったものがないという事実は、江戸時代の軒規矩史を考える上で重要な点であるといえる。[注13]

以上によって、木負、茅負の口脇の出は決まるが、口脇高さは説明がなく符丁で示されているだけである。例えば、久保田家文書、

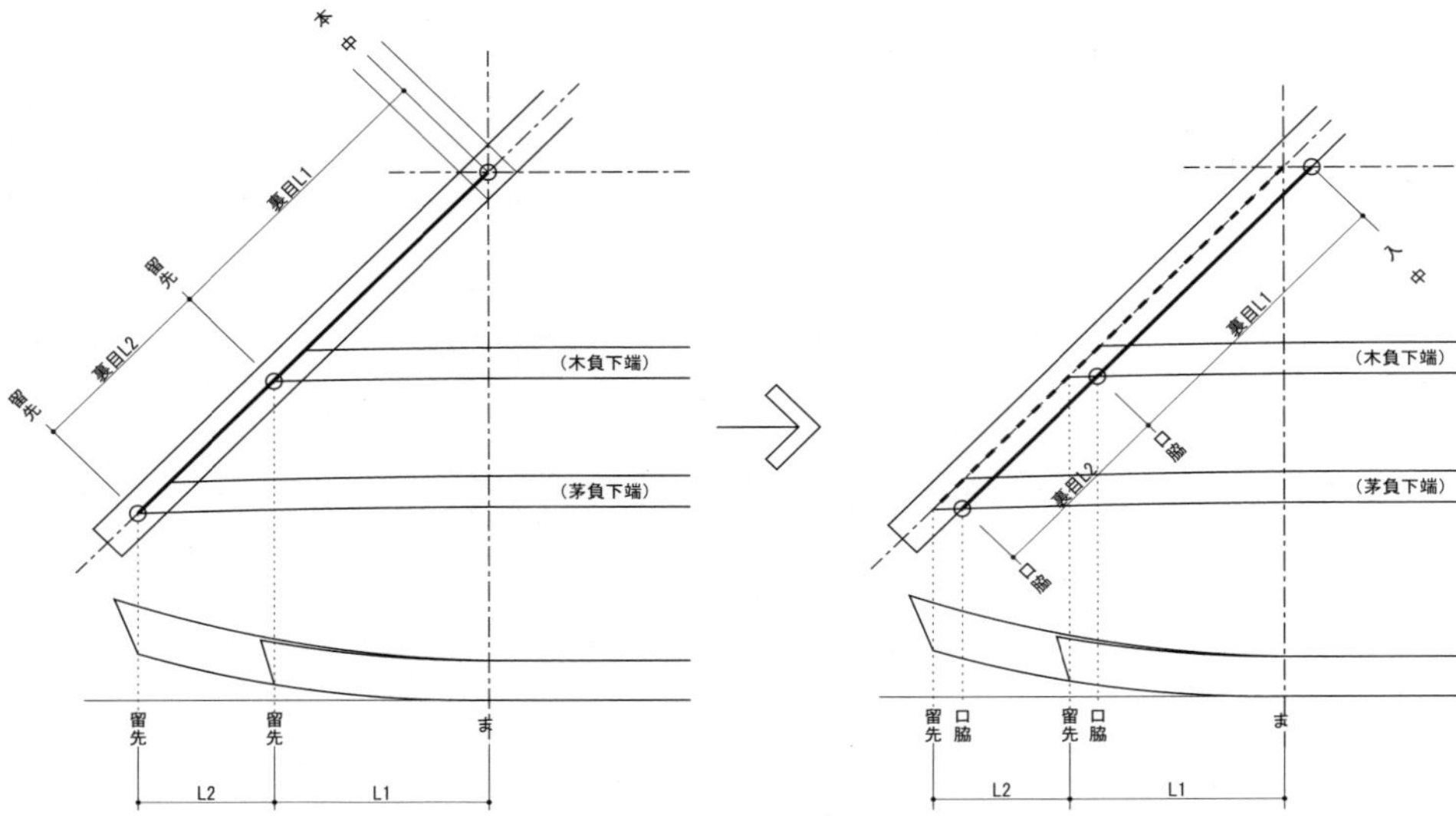

図 11　木負、茅負の口脇を求める方法

坂上家文書ともに○印、△印で指定しているが、『秘伝書図解』はこの高さの指示がなくさらに判り難くなっている。

次に、茅負の反り形を隅木に写し、隅木の形を決める方法が必要である。この説明は、隅木に朱で引かれた引渡し線上に、

地隅木：「反り所に木負の間より下留長さ取り隅木入中より口脇に当たる」（久保田家文書）

飛檐隅木：「反りは木負茅負の留先より留内の反り取る」（同）

とあるが意味が判然としない。特に地隅木の内容は先に見た隅木の長さを見るものと、あまり変わらない内容にも読める。ただ、飛檐隅木の説明は図などから判断して、木負の留先から茅負の留先まで引渡し墨を引き、茅負下端の撓み（留内の反り）を、隅木上の木負上端から茅負口脇まで引いた引渡し墨に写して飛檐隅木の形状を決めるものと推察できる。

そうすると、地隅木の部分も同様に木負に引かれている引渡し墨からの撓み（反り）を隅木の引渡し墨に写して地隅木の反りを決められる。

すなわち、本来茅負の反り形を正確に写すためには、垂木毎の反りを求めて、それを隅木に写していく作図が必要であるが、ここでは木負、茅負下端に引渡し墨を引き、その撓みを隅木に写すことによって、隅木の反り形を決めたことを説明していると思われるのである（図12）。

同じように茅負に引渡し墨を入れた事例は、手中家文書『類聚倭木経』[28]でも確認することができる。同文書では撓みの値を内接円で示している。

「引込垂木法」は比較的判りやすい技法で、平の軒の断面と木負、茅負

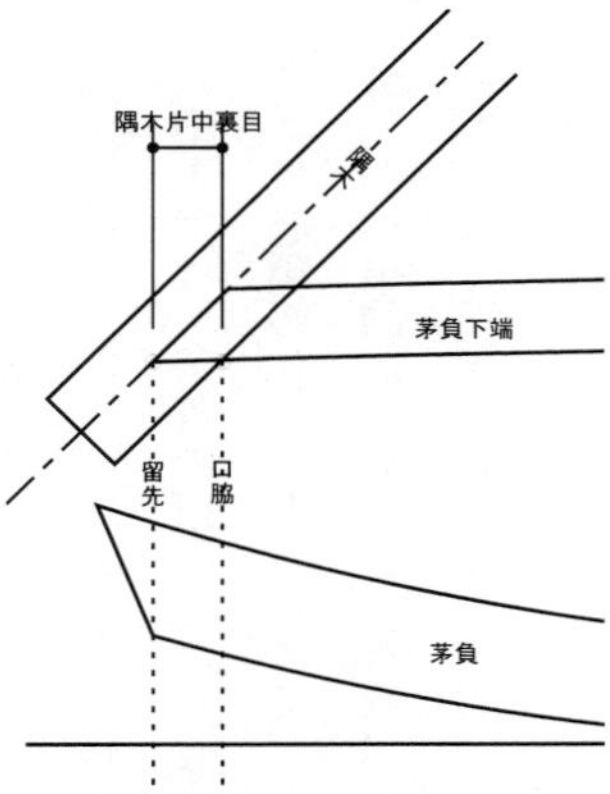

図 13　留先と口脇の
隅木片中裏目の関係

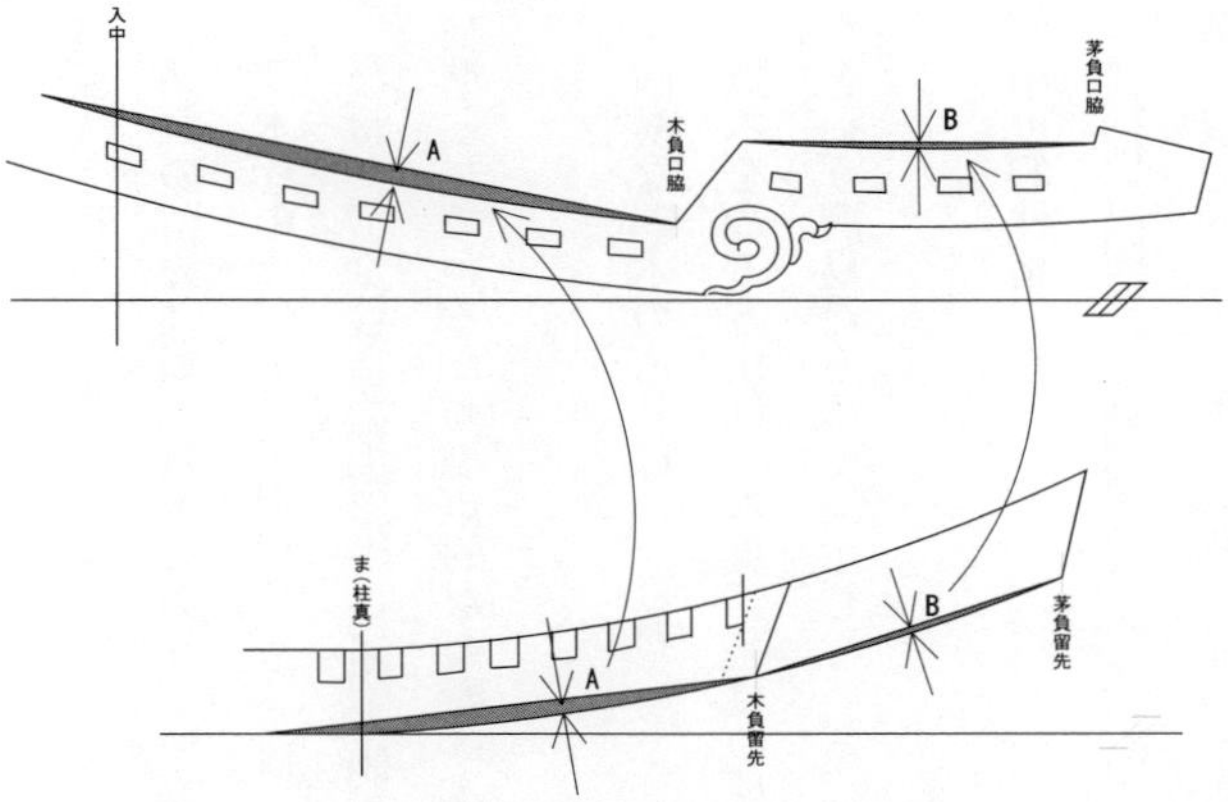

図 12　茅負の反りを隅木に写す方法

の反りの関係を明瞭に確認することができるが、『秘伝書図解』と類型本における隅木の制作方法は現代の軒規矩ほど規矩的に完成したものとはいえない簡易的な方法であり、隅木の作図に苦労しているように見受けられる。

三―四　『秘伝書図解』と類型本による二軒繁垂木のまとめ

以上、『秘伝書図解』と類型本による二軒繁垂木の軒規矩をみてきたが、そこで示されているのは、後世に「引込垂木法」と呼ばれる技法である。以下、その要点を中世や現代の軒と比較してまとめると以下のとおりとなる。

①配付け垂木割による軒の計画

枝数によって示される軒の出は、配付垂木数を示していて最初に配付垂木割を決めることから始められる。これによって、垂木割は標準間と同じ寸法とし、論治垂木真も先に押えることができる。また、茅負口脇と一番垂木との小間も先に合わせて納めるから、配付垂木割は整然と納められる。

中世の軒規矩では、配付垂木割が標準の枝割寸法と一致せず、論治垂木や茅負口脇からの小間も揃わないことが多いが「引込垂木法」は最初にもっとも納めたい個所を決めてから、それに合うように関連する寸法を決めていくもので、論治垂木真と小間を揃えた茅負口脇の納まりこそが、近世の軒規矩のもっとも優先した事項であるといえる。

②木負、茅負の留先と平の軒出の決定

「現代軒規矩術法」は、隅木の口脇を基準とする考え方であるから、隅木の側面での作業を前提としている。しかし、『秘伝書図解』と類型本では、茅負の留先ばかりでなく実際に加工することのない木負の留先までも作図で求めている。それは、平の軒出を決めるためには必須の作図であるためで、木負も茅負も留先を決めそこから投げなりに平の高さまで引込むことによって、地軒や飛檐の平の軒出が結果的に決められるためである。

したがって現代において一般的に解釈されているように、(29・注14)平の軒出を枝割制で何枝何枝と最初に決めるものではないことを指摘できる。

③留先と口脇──隅木片中裏目の関係──

茅負の留先は隅木真上にあり、口脇は茅負が隅木側面と交わる点である。茅負の留先と口脇の関係は、茅負を正面から見て留先から隅木片中裏目（隅木幅の約〇・七倍）もどった位置が口脇となる（図13）。

なお、「現代軒規矩術法」は隅木側面を基準とするため木負、茅負の口脇が規矩的な要所であるが、「引込垂木法」では、隅木真を基準としているため規矩的な要所は木負、茅負の留先である点に注意しなければならない。

④簡易な隅木の造り様

隅木を造る方法は、木負、茅負の反り形を写して正確に設計するのではなく、木負、茅負に引いた引渡し墨からの撓みを隅木に写すという簡易な方法で決定している。

⑤中世的性格

『秘伝書図解』と類型本で年代が明らかでもっとも古いものは享保一一年（一七二六）の久保田家文書であるが、図の茅負の反りは茅負成の約二・五本分あり、他の木版本に比べても近世の軒としては極めて大きい。また、平の垂木の勾配についても、室町時代から桃山時代に多用されながら近世では恰好が悪いとされ、採用されなくなる「六ツ連」をもちいて説明している点なども、中世的な軒を想起させる部分を含んでいるといえる。

四　小結

享保一二年に出版された『秘伝書図解』は、軒規矩術書としてもっとも古い木版本であるが、それより古い類型本が存在することから、基となる共通の祖本又は秘伝書といった性格のものが存在していたと考えられる。

その秘伝書を京都の書林永田長兵衛が、木版本のために京都柳田組の大工西村権右衛門に描き直させ開版したのが『秘伝書図解』であり、後に江戸の書林須原茂兵衛に版木が渡りより広く刊行されたものと推察される。

類型本のうち、林家文書は京都大工組の間において江戸時代末期まで伝えられたものであり、久保田家文書、岩城家文書は京都で描き写したものが、地方へ伝えられたものである。同様な事例は、まだ各地で確認される可能性があろう。

『秘伝書図解』やその類型本に描かれた軒規矩術法は、「引込垂木法」と呼ばれる技法で、中世以前の軒規矩ではなしえなかった桁外の配付垂木割を、標準の一枝寸法と揃えることを可能とした点で、規矩術法に大きな発展をもたらしたのであった。

ただし、隅木は口脇などの要所を押えて簡易的に決定していくもので、規矩的に完成したものではなかったことを指摘できる。

参考文献

1　鎌倉市教育委員会編（関口欣也）：「鎌倉造営名目」『鎌倉市文化財総合目録――建造物篇――』、同朋出版社、一九八七．一〇

2　乾兼松：『明治前日本建築技術史』新訂版、臨川書店、一九八二．五

同：『規矩読本』、彰国社、一九四九．六

3　服部勝吉・上田虎介：『建築規矩術』、彰国社、一九四八．七

4　上田虎介：『日本建築規矩術（近世規矩）』、私家版、一九八二．五

5　岡田英男：『日本建築の構造と技法　下』、思文閣、二〇〇五．八
6　大岡實：『日本建築の意匠と技法』、中央公論美術出版、一九七一．一〇
7　内藤昌：「大工技術書について」『建築史研究』三〇、一－一八頁、一九六一．一〇
8　近世の軒規矩に関する木版本として、主なものとして以下が挙げられる。
①『大工雛形秘伝書図解』、西村権衛門、享保一二年（一七二七）
②『軒廻棰雛形』、立川富房、宝暦一四年（一七六四）
③『極秘六角雛形』、赤井幸七恒嘉、寛政二年（一七九五）
④『増補初心伝』、石川七郎右衛門、文化九年（一八一二）
⑤『規矩真術軒廻図解』、鈴木正豊、弘化四年（一八四七）
⑥『矩術新書』平内延臣、嘉永元年（一八四八）
⑦『新撰早引匠家雛形』初編、本林常将、嘉永四年（一八五一）
⑧『新撰早引匠家雛形』二編、本林常将、安政三年（一八五六）
⑨『独稽古隅矩雛形』小林源蔵、安政四年（一八五七）
⑩『匠家雛形軒廻り口伝書』本林常将、安政六年（一八五九）
9　服部文雄：『文化財講座日本の建築4　近世Ⅰ』、第一法規出版、一九七六．九
10　廣丹晨父纂『雛形匠家極秘伝』、須原茂兵衛、享保一二年（一七二七）
11　狩野勝重：『江戸科学古典叢書三五大匠手鑑・秘伝書図解・大工規矩尺集』、恒和出版、一九八二．二
12　『江戸本屋出版記録』上巻、ゆまに書房、一九八〇．四
13　今田洋三：『江戸の本屋さん』、NHKブックス、一九七七．一〇
14　上田虎介：『大工雛形秘伝書図解　上の巻　解説』、私家版、一九七七．九
15　前掲11に同じ。
16　細見啓三：「むつつれ考」『奈良国立文化財研究所創立四〇周年記念論文集』、九八九－九九九頁、一九九五．九

17　中谷礼仁：『幕末・明治期規矩術の展開過程の研究』、私家版、一九九八．三
18　上田虎介：『独稽古隅矩雛形　全三冊　解説』、私家版、一九七五．一一
19　黒川隆弘：『讃岐近世社寺建築の造営に関与した堂宮大工』、私家版、一九九四．三
20　神奈川大学建築史研究室編：『近代をつくった大工棟梁―高松の大工　久保田家とその仕事―』、二〇〇八．一一
21　滋賀県教育委員会編：『滋賀県の近世社寺建築』、一九八六．三
22　甲賀市：『小山岩雄家文書調査報告書』―滋賀県甲賀市甲南町深川―　甲賀市史編纂叢書第二集、二〇〇八．三
23　永井康雄：『日本古典建築の設計原理の分析と現存遺構との比較に関する研究』平成一七年度～平成一九年度科学研究補助金　基盤研究（C）研究報告書、二〇〇八．五
24　費迎慶・永井康雄・飯淵康一：「木子文庫・林家傳家圖書」における神社の設計方法に関する研究　その一　一間社の設計方法について」、日本建築学会東北支部研究会報告会、一四七－一五四頁、二〇〇七．六
同：「同　その二　三、五間社の設計方法について」、一五五－一六〇頁、二〇〇七．二
伏見唯：林家木割書について（一）―林家の由緒―、日本建築学会関東支部研究報告、二八五－二八八頁、二〇〇六
同：同（二）―嘉元期の賀茂別雷神社本殿と木割「賀茂様之三間社」の比較―、日本建築学会関東支部研究報告、二八九－二九二頁、二〇〇七．二
25　前掲24のうち、費迎慶・永井康雄・飯淵康一：「木子文化・林家傳家圖書」における神社の設計方法に関する研究　その一　一間社の設計方法について」、日本建築学会東北支部研究会報告会、一四七－一五四頁、二〇〇七．六
26　中村達太郎：『日本建築辞彙』、丸善、一九〇九．六
27　小林源蔵：『独稽古隅矩雛形』、千鐘房（須原屋茂兵衛）、安政四年（一八五九）
28　明王太郎手中家文書『類聚倭木経』「隅木口決但シ反垂木豁物」の図、安永九年（一七八〇）
29　伊藤要太郎：『匠明五巻考』、鹿島出版会、一九七一．一二

注
注1　文献1「あふ木たる木ノよせシノめうもく」では「これまつ代のためニさしひきまてかキ志るしおくなり、人ニ見せウツさせレバミ

やうがあるましく候」など、他人に見せることを戒める記載がある。

注2　文献4において述べられている規矩術は、上田氏による近世的規矩術の解釈であって、自らも「新規矩術法」と称している。内容は、近世の規矩術法に関して論じたものとはいい難い。

注3　三重県指定有形文化財（歴史資料）藤堂藩作事方関連文書の附指定の中に『秘伝書図解』があるが、その巻之坤の刊記に「永田調兵衛開版」とある。

注4　その他、宝暦六年の刊記のある須原屋茂兵衛版の立石定準著『匠家必用記』三巻も同年の出版記録はないが、五年後の宝暦一四年に京都永田調兵衛により版権が許可された事例がある。版権免許の件では須原屋茂兵衛と永田調兵衛との間に相互関係が認められる。

注5　坂上家の四代前は旧水口町牛飼に居住し、杣大工組の組頭小山九兵に従い惣代を務めた文七である。甲賀市編『小山岩雄家文書調査報告書』（二〇〇六年）によれば、文七は高山村光照字本堂や牛飼の栄林寺本堂の建設を請負うなど力量のあった大工であった。

注6　文献21によれば、牛飼村の坂上大工の名は旧甲南町（現甲賀市）竜法師の金龍院表門（文化三年、牛飼村坂上惣兵衛宗寛）、旧信楽町（現甲賀市）杵原の八坂神社本殿（貞享五年、牛飼村坂之上某）で認められる。

文献22によれば、牛飼村の大工の作事願書が報告されている。

注7　巻末の書込みは「柴田忠右衛門氏所持之分安田友次郎写之／於京都岩城荘之丈写之」とあるが、巻子の貼り合わせ部分には「柴田忠右エ門様在之龍処安田友治郎殿拝借之／京都於テ／今井文吉殿写之□下候分」とあり内容が異なる。しかし、柴田忠右衛門が所持していたものを京都で写したことは間違いがない。

柴田忠右衛門は、東本願寺寛政度再建大師堂では「肝煎柴田忠右衛門貞照」、同本堂や大師堂門では棟梁方として「柴田新八郎貞英（木子棟斉）」と並んで棟札にその名が見える（『東本願寺明治造営百年』、真宗大谷派本廟維持財団、一九七八：五）。

注8　木子文庫目録のうち、［木〇二一－三一－二二］を表紙とする一連のもので、一枚ずつのものが五二枚からなる図面集である。内容は規矩術書二五枚、木割書二〇枚、絵様ほか七枚からなる。概ねまとまっているが、一部関係のない図面も混在しており、完全に意図された順番になっているわけではない。［木〇〇－〇〇］は東京都立中央図書館の目録の番号である。

注9　表紙の文面は、「安政四丁巳歳四月　紙数五拾貳枚／洛陽醒井中立売下ル／甲斐突抜町亀尾組／木匠／先師／高城平七誠定伝授也／慶応二丙寅年正月三日命終／同月廿日改葬／建築割其外矩術図／林氏蔵」

注10　『秘伝書図解』「十六　扇たるきアユミの仕様」で、「(前略) 志ゆ (朱) にてま水にて引出し　又　かやおいそりもとにてかゆミたる木の上ハそれ々々に志ゆ (朱) にてま水に引出し　きおいかやおい外つらまであひもん (合紋) の志ゆ (朱) 引にあとさきあはして (後略)」とあり、朱引を指定している個所がある。( ) 書きは筆者による。

注11　ここであえて六ツ連と指定する意味は不明であるが、六ツ連によって、木負、茅負の下端を揃えて描くことができ、図が煩雑にならない。例えば、久保田家文書等では六つ連と記載されているのは、この二軒のみで、他は木負、茅負の下端水の高さを違えて表現している。対して、『秘伝書図解』の図はすべて六つ連で表現していて、木版本の煩雑さを回避しているように思われる。

なお、第一〇章で述べるとおり、六ツ連は室町時代から増し、桃山時代にピークを迎えるが、江戸時代には急速に見られなくなる技法で、中世的性格が強いと指摘できる。

注12　文献27に下巻に「五十　引込垂木」の説明がある。

注13　その他、久保田家文書と坂上家文書では、隅木尻の束への納まり (隅指矩遣様) において、「此出中と入中ノふりわけ引付はしらほと見る又柱かた中うらのめニかえる　柱つら」と、本中墨のことを出中墨と入中墨の振分けとしていて本中墨を直接表現することはない。

注14　『匠明』における枝数による軒の表記を、『匠明五巻考』堂記集図6－9などでは、枝割制による平の軒出としている。

第七章　近世の軒規矩術書と引込垂木

一　はじめに

前章では、江戸時代中期の享保一二年（一七二七）に刊行され、規矩術書でもっとも古い木版本とされる『大工雛形秘伝書図解』(1)（以下『秘伝書図解』と呼ぶ）とその類型本に述べられている二軒本繁垂木の軒規矩は、「引込垂木法」であることを明らかにした。(2)「引込垂木法」については、後の安政四年（一八五七）に小林源蔵が著した『独稽古隅矩雛形』(3)（以下『隅矩雛形』と呼ぶ）においても解説されているが、基準の考え方に相違が認められるため次章で改めて述べることとし、本章では『秘伝書図解』と『隅矩雛形』以外の軒規矩術書（大工文書及び木版本）の技法について検討する。

二　近世軒規矩術の軒出についての現代の解釈

近世の木割書で、軒出が七枝五枝と表記されている場合、先学の成果では平の軒出を枝割制の枝数で表わしたものと見なすのが一般的である。しかし、『秘伝書図解』で述べられている「引込垂木法」では、枝数は配付垂木の枝（本）数を示していて、平の軒出は木負や茅負の留先を引込むことによって結果的に決まることを前章で述べた。

つまり、軒出の表記について「現代軒規矩術法」と「引込垂木法」は、まったく違う理解の上に立っているための、同じ枝数の表記であっても実際の軒出の長さは異なってくることになる。

そこでまず、近世の軒出の意味について整理しておきたい。

二―一 『匠明』における軒出の表記について

近世初期の代表的木割書である『匠明』[4]に記載のある建物の種別ごとの軒出の表記の方法について整理すると、次の四つに分類することができる。

『匠明』の軒出の表記の分類

①妻の柱間寸法などを基準に、その寸法を按分して軒出とするもの
「門記集」：四脚門之図、唐棟門、冠木門、薬医門、御幸門
「堂記集」：六角堂、鐘撞堂（切妻）
②扉の位置など建物の部位を手掛かりに決定しているもの
「門記集」：棟門、瑞籬門、唐門、上土門
③実長で表現しているもの
「門記集」：平棟門、櫓門
「社記集」：拝殿又ハ舞殿（疎垂木）
「堂記集」：北京大仏殿
「殿屋集」：主殿
④枝数で表現しているもの
「門記集」：総門（切妻）、五間中門、五間山門、三間山門、壱間山門、三間楼門、一間楼門（扇）
「社記集」：拝殿又ハ舞殿を除くすべて
「塔記集」：すべて
「堂記集」：北京大仏殿、六角堂、鐘撞堂を除くすべて

①と②は、六角堂のような特殊なものを除くと全て小規模な切妻系の建物で、簡易な軒出を指定する方法といえる。

③の実長で示すものの内、「北京大仏殿」は、実際の建物の規模の表記であって木割としての記述ではない。(5・注1)平棟門は切妻造りであるが、他の櫓門、拝殿又ハ舞殿、主殿は隅木入りの疎垂木と思われ、それぞれ実長で指定されている。例えば、主殿の軒出は「一檐ニ〆柱真よりかやおゝいそとマテ五尺弐寸出る也」と軒出を五尺二寸と明記している。(6・注2)このように、実際の建物と隅木入りで疎垂木のものは、桁真から茅負外下角までの平の軒出を実長で指定している。

④の枝数によって軒出を示すものは、門をはじめ社殿、塔、堂と大部分を占めて、軒出の指定方法の基本形式といってよいであろう。それらの建物は用途から見て繁垂木と思われるが、表記の上では切妻系の軒か隅木入りの軒かは区別されていない。ただ、指図のあるものは軒先線に隅木が記入されている場合があるので、隅木の有無は図面からは区別することが可能になっている。

伊藤要太郎の軒の表記についての解釈

伊藤要太郎の『匠明五巻考』における軒出の解釈を引用すると、「檐七枝、五枝」、「大檐六枝、小檐五枝」は五巻中に各所に散見する。これは檐の長さすなわち丸桁真から木負外づらまでの長さが七枝、木負から外へ向って茅負の外づらまでの間の長さが五枝のことで(7)(後略)」とし、具体的に『匠明五巻考』堂記集の図6〜9でそれを図化して示している。(8)これは社記集の図5(9)(切妻造りにおける七枝五枝の断面図)と同じ解釈に立つもので、隅木の有無は関係なく枝数による軒の表記は図1の通り、桁真から木負、茅負の外下角までを枝割制で指定しているものとする。

二—二　上田虎介の近世軒規矩と軒の出の解釈

昭和五五年に近世軒規矩術の選定保存技術保持者に選定された上田虎介は、同年一一月に『独稽古隅矩雛形全三冊解説』(10)を著すなど、近世の軒規矩術を集大成したとされる。(11)

上田虎介は同書において、『隅矩雛形』の下巻の「五十　引込垂木」(図2)の説明である「引こみ垂木ハかや負に反りあるときに

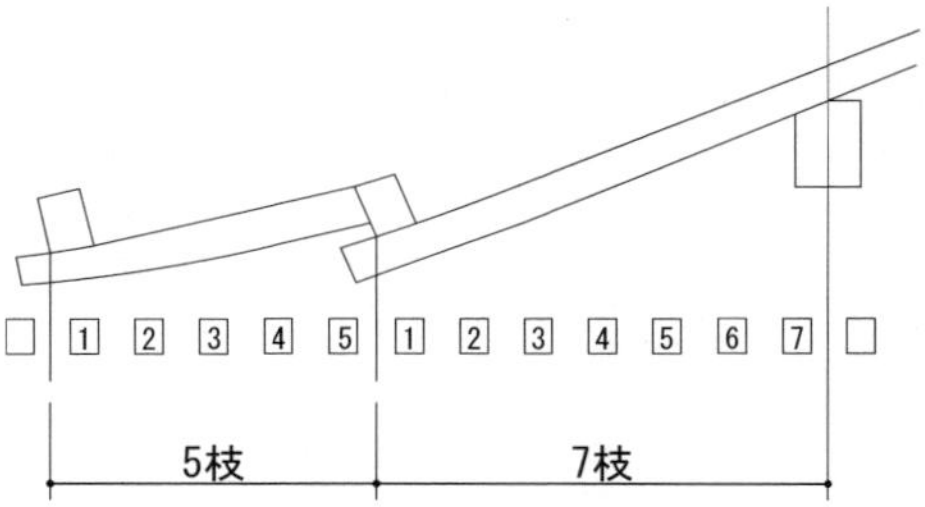

図１　枝割制による軒出（『匠明五巻考』堂記集図８を参照して作図）

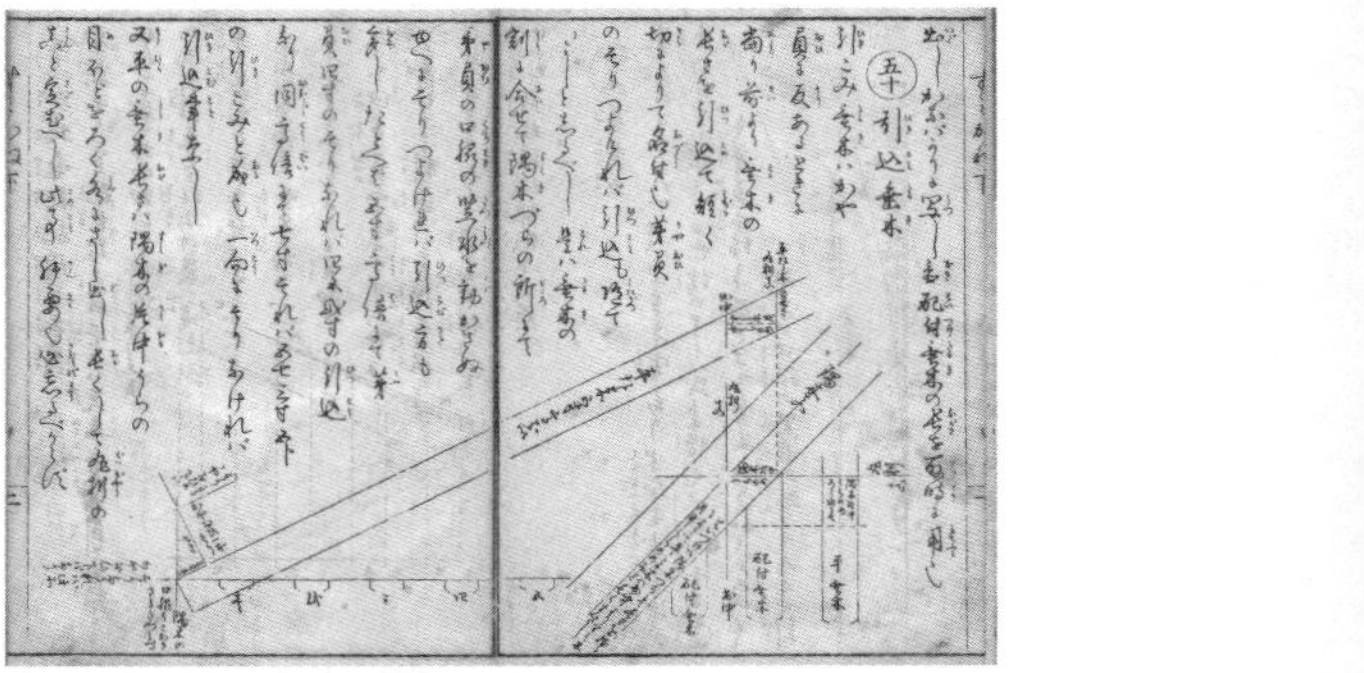

図２　『独稽古隅矩雛形』下巻「五十　引込垂木」

当たり前より垂木の長さを引込て短く切るによりて名付也」（傍線筆者、以下同じ）を引込垂木は茅負に反りがある時に、普通に納めた場合の垂木よりも引込こむところから、その名が出ているとする。(12)「普通」とは原文中の傍線部の「当り前」を指し、近世には「引込垂木法」とは別に、より普通な（「当り前」）の技法が存在するとしている。

この「当り前」の技法について上田虎介は、昭和五三年に著した『増補改訂日本建築規矩術語解説』において、「「当り前」とは引込垂木のやり方によらない普通のやり方」(13・注3)と説明している。つまり、普通（「当り前」）のやり方とは、まず先に平の軒出が枝割等で決められ、茅負は平から反り上がり口脇に納まり結果的に配付垂木割が決定される軒規矩のことで、現代で広く理解されている「現代軒規矩術法」を指している。

しかし、『隅矩雛形』の原文については、狩野勝重が「引こみ垂木ハかや負に反りあるときに当たり、前より垂木の長さを引込て短くするより名付也」と、句読点の位置が異なった読下しをおこなっていて、上田虎介の「当り前」とは全く別の文意を示している。(14・注4)『隅矩雛形』では、「普通の」という意味では、「常の」を使っているから、(15・注5)「当り前」は普通という意味の表現として不自然で狩野の読下しの方が適切であろう。

上田虎介は「引込垂木法」を近世の一部の技法と認めつつも、それは古い技法であり近世は平の軒出を先に決定するという別の「当り前」の技法が存在することを確信している様子が読み取れる。

二―三　文化財修復における軒出の理解

文化財建造物の修理報告書の軒の記述をみても、平の軒出を基準に考える方法が一般的である。一例を示すと、重要文化財如意寺三重塔（至徳二年）修理工事報告書では、平の軒出は、実際は初層でも地軒六・八三枝、飛檐四・六一枝であるが、各層とも四捨五入されて七枝五枝と解説されている(16・注6)（配付垂木数は六枝五枝である）。

このように、現代において軒出は枝割制などで決められた平の軒出と解されることが一般的であるといえる(17・注7)。

三　大工技術書における二軒繁垂木の軒規矩術法

はじめに棟梁家等に伝わる近世大工技術書において述べられている軒の計画が、どのようなものであるか見ていきたい。一六世紀のものとして木子文庫林家伝家文書『木摧』、一七世紀のものとして、河内家文書『鎌倉造営名目』、甲良家文書「匠用小割」、「匠用小割図」、一八世紀のものとして手中家文書『類聚倭木経』、一九世紀のものとして荒木家文書を例にとり、その軒規矩術の内容を検証する。

これらの軒規矩術書は図と設計の流れの説明からなるのを基本とするが、時代が古いものほど説明だけで図はなく時代が下るにつれ説明は少なくなり、逆に図の精度が向上し図のみで理解が可能になっていく。

三―一　林家伝家文書『木摧』の軒規矩術

東京都立図書館所蔵の木子文庫は、明治時代以降に木子清敬が収集した資料で、木子家の資料の他、中井家、甲良家、林家などの他家の大工資料を多く含む貴重なものとして、すでに多くの先学によって木割を中心とした論考が多数発表されている(18)。この木子文庫に、大徳寺大工職を務め賀茂流、嵯峨流を名乗った林家の資料が含まれている。その中の『木摧』は木割が主な内容であるが、軒規矩術に関する個所も含んでいる(注8)。

『木摧』の概要

『木摧』は木子文庫［木二〇―三］の一巻で、表紙を除き八四丁からなる冊子である。目次の後に「天正五年二月洛陽上賀茂庄／

林作左衛門宗廣／寛永年間／巻末増補／林作左衛門宗相」の銘があり天正五年に書かれた後、寛永年間に書き加えられたことがわかるが年代に疑問を呈する考えもある。(19) しかし、前半部は天正期のものとして間違いがないであろう。寛永年間の増補部分は判然としないが、当初部分には丁の間に割印があり用語も「木ヲイ」、「カヤヲイ」、「垂木」（一部で「椽」）とするのに対し、割印のない「廿五　唐様之佛殿」以降は、「木をゐ」、「かやおゐ」、「椽」と表記が違っていることから、この部分以降が寛永年間の増補である可能性が高いと考えられる。

『木摧』は表題通り木割の書で、増補部分を含めると、「第一　広間」からはじまり、門、社殿、鐘楼、鳥居、重塔、楼門、唐様仏殿などのほか、途中に「床之覚」、「書院の覚」などを含み、ほぼ全ての建築に対応した内容になっている。加えて軒規矩が記述されている個所があり、「廿　軒廻之小摧」では、「軒廻之小摧茂物覚」に続き、「扇垂木歩」、「広間ノ隅木」、「隅木之作様」の説明がある。また、増補部分と思われる「卅　賀茂様ノ一間社」の中には「重椽之軒廻覚」として、前半部より少し具体的な軒規矩の解説がある。

『木摧』における軒出の表記

『木摧』における軒出に関する表記を拾ってみると、「軒ノ長サ四尺五寸」（台所）、「軒ノ長サ間内四分一可出但カヤノ外面迠」（唐門）、「四方軒ノ出葉六枝五枝、唐ヤウハ六枝七枝」（鐘楼）、「軒之長サ出葉ハ六枝五枝」（三重塔）、「軒之出葉七枝五枝」（寶形堂）、「軒之長サ六し五し」（多寶）、「軒之長サ七枝六枝」（三間四面堂）、「軒ノ長サ控柱ノ中ズミホド出ヘシ」（薬医門）、「軒ノ出葉拾弐枝六枝ヽト出」（唐様之佛殿）などがある。

表現の方法は、隅木入り（『木摧』では四方軒という）の繁垂木の建築は枝数で表記され、それ以外は実長や部材の位置を手掛かりに決定されていて基本的には『匠明』と同じであるといえる。

『木摧』「軒廻之小摧茂物覚」における軒規矩

二軒繁垂木の軒規矩である「軒廻之小摧茂物覚」の内容は、以下のとおりである。

一①茂棰ノ隅木先曲地ヲシテ見ル時知ル、六シ五シノ時クワン行ニハタバサミ打也、②(注9)七シメノ木ヲイノ懸所ハ木ヲイ口チワキト隅木ノ木面トノ四ツ居ヲ、七シメノ棰ノ真ト定

一③地別ヲスル時木ヲイノ置所ハ、七シメノ棰ノ内面ト木ヲイ内ツラ　ト合テ木ヲイヲ懸ル

一④一チハイ付ノ置所ハ、隅木ノ木面トカヤヲイノ外ノ口ワキカラ一小間有様ニアユム也、⑤ヒラノアユミト隅木ノ木ヅラカタ小間ナキヤウニアユムヘシ

一⑥地ワリニスル時ハ、カヤノ内ツラガ垂木アユミノ間中墨ニアテテ、カヤヲイヲケバ隅木ニ取カカリテ、ヒラ間ノアユミト隅木ノ木ヅラト同間ニ成テ軒

一⑦茂物ノ隅木ノ作様ハ、先高配ノ水ヲウチ木ヲイトカヤヲイト喉違也、⑧軒ノ出葉ヲサシテ見テ、浦ノ目ニマワシ椗木ヲ極テ水ナリニ当テ立水ノ隅墨ヲ引テ、カヤノソリホト亦垂木ノマシ程ヲアゲテ下ス也、⑨隅木ノ鼻見コシニ切、右ニ先垂木流ヲ引也是ハ茂物ノ隅木センサク也

全体の構成は、比較的整然とした内容で設計の流れは掴みやすく、(1)軒出の指定、(2)論治垂木の位置、(3)平の断面における木負位置（地割）、(4)一番垂木（一配付）の位置、(5)平の断面における茅負の位置（地割）、(6)隅木の作様という順番になっている。以下、参考のために図化した図3とともに見ていく。

①の二軒繁垂木の隅木は曲地をして分かる、というのは実際に木負、茅負や垂木などの曲がった部材の原寸図を描いて決まるという意であろうか。ここでは地軒が六枝、飛檐が五枝の場合で説明しようとしている。この枝数は、平の軒出を枝割制で指示しているのではなく、繁垂木であるから丸桁真で垂木が手挟んで納め、桁外の配付垂木を六枝五枝に配ることを指示している。

②の四ツ居は交差する意味であろう。木負が隅木に納まる口脇部分を指していて、そこに七枝目の垂木（論治垂木）を納めるとする。

③の地別とは地割の意味で、平の軒の断面の設計を述べている。平の軒の断面において、木負の位置（地軒の出）は、七枝目の垂木の内側と木負の内側を揃えるとする（図3のA点）。木負の内側が設計の押え所となる考え方は現代の軒の考え方では不都合があるが、ここでは規矩的な原理を示しているのではなく、こうすれば概ね納まることを示しているのであろう。後の規矩術書と異なる部

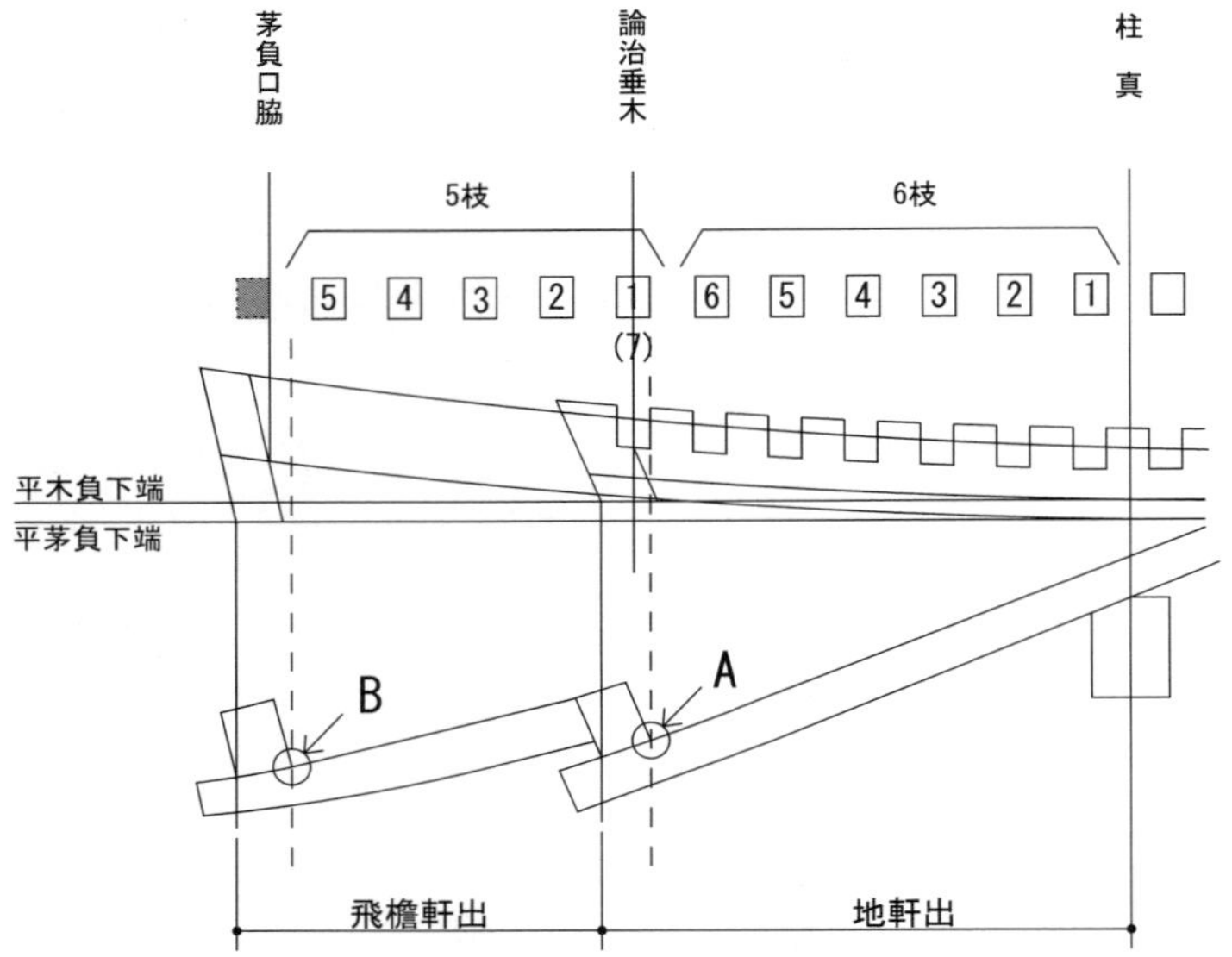

図3　林家伝家文書『木摧』「廿　軒廻之小摧」の図解

分である。

④は、一配付垂木の位置を示したものである。一配付垂木とは茅負口脇から見て最初の飛檐垂木の意味で、論治垂木と同様にこの垂木が茅負を納める基準の垂木となる。説明は茅負の口脇が決まった後に、垂木の小間を揃えて一配付垂木を決めると読めるが、小間と揃えるには先に垂木配りが決まっていなければならず、ここは垂木に合わせて小間を取り、茅負口脇位置を決める意味と思われる。

⑤は、カタ小間の意味が分かり難いが、カタ＝片の意で平の垂木歩と隅木の垂木歩に違いがないようにすべきであると思われる。

⑥は、③と同様に飛檐の地割、すなわち平の軒の断面における茅負の位置（飛檐の出）の出し方を示している。茅負の内側を、垂木歩の間中に揃えるとする。この場合の垂木歩は茅負と一配付垂木の小間のことで、この中心と平の茅負内側を揃えると概ね納まるとの意味であろう（図3のB点）。茅負下端や前面の投げ勾配や隅木の幅も指定されていないから、絶対に納まるという規矩的な説明ではない。

⑦以降は、隅木の作様である。先に決まった平の木負、茅負の出をもとに、地垂木の流墨を打ち勾配を決定するが、飛檐は木負と喉違に納めるとする。ここで喉違の説明はないが茅負を木負から少し（一寸程度）低く納めることで、その勾配になるように飛檐の高さを決定することである。(注10)

⑧は、⑦で決めた平の断面を裏目に直した定規を作成して、隅木の流し墨に当てて立水を引き、茅負の反りや垂木の増しを入れて設計する意であろう。ここの立水は垂直ではなく垂木の流し隅に対して直角の意味と思われる。

⑨は、主語がないが隅木鼻を垂木の見越しに切る意味で、後世の木割書でもよく述べられる事項である。そして、再度隅木の設計

には平の垂木の流墨を引き付ける必要があると述べている。

『木摧』の軒規矩の特徴

以上の通り『木摧』は、はじめに垂木割をおこなう点で、「引込垂木法」であるが、その技法の細部について説明しているのではなく、指示した通りに寸法を押えると概ね納めることができるという内容になっていて、後の規矩術書とは違う初期的な秘伝書という性格の軒規矩術法といえる。(注11)

三―二　河内家文書『鎌倉造営名目』の軒規矩術

『鎌倉造営名目』は関口欣也の解題によると、古くから鎌倉大工の家柄である河内吉太郎所蔵の大工関係の古文書で、寛永一〇年(一六三三)の三間仏殿名目より幕末まで六六〇点もの文書からなる鎌倉工匠の基礎資料である。この中には天文・天正年間の写本もふくみ、室町時代末期以降の鎌倉工匠の建築設計法を示すものとして、『三代巻』、『木砕之注文』、『大工斗墨曲之次第』、『孫七覚書』そして『匠明』などと並び屈指の木割資料とされる。(20)

『鎌倉造営名目』における軒の表記

『鎌倉造営名目』における軒の表記を拾ってみると、「ノキの長さハ十三しゅなり」(楼門名目)、「ノキの長さ十一しゅなり」(三重塔名目)、「ノキ二十しゅ、ヲノキ二六しゅ、このキ二四しゅ」(五重塔名目、四ちうの事)などがあり、本繁垂木と思われるこれらの建物の軒出(長さ)は枝(しゅ)数で表現されていて、『匠明』と基本的に変わるところはない。

『鎌倉造営名目』における軒規矩術

『鎌倉造営名目』の九、二軒・扇垂木名目の後半の「ふたのきの□」の部分において、具体的に軒規矩の設計の流れを示す部分がある。

この部分は「河内吉エ門　慶安三年（一六五〇）　とらノ五月吉日」の記載があり、林家伝家文書『木摧』に続く軒規矩術書の古例と思われる。

> ①大ちニてハたる木あイびヲシてシカケたる木の中すミよりキヲイのそりヲおいて、②それよりすミ木かた中すミのびにてイタスへシ、③カやヲイもとも木のそりヲヲイてかた中すミのびにていたすへし、④タタシくてんニあり、⑤スミ木にてハシンかけたる木ノ中すミヲキヲイノそとノつらエアへし、⑥ころびハ七寸壱分にてたる木こはいなり、⑦かやヲイ本ハすミ木かた中すミ内ゑかえすなり、⑧ころびのすミヲひくへし、⑨たる木あゆびたくしてあゆぶへシ、これニこころゑへし

①は、地割において垂木歩をおこない仕掛垂木（論治垂木）の真を定めて、そこに木負の投げ勾配をとる、といった内容であろう。

②は、先に決めた論治垂木真から、隅木片中裏目を出した位置に木負の投げ勾配をとれば木負の向留が求められ、そこから投げ勾配で平の高さまで下ろして地軒の平の軒出を決めるという意味と思われる。

③は、とも木の反りの意味が判り難いが、木負、茅負の反り形が同じである意味で平行軒を指していると考えられる。木負と同じ反り形を使って茅負の口脇を決めて、そこから隅木片中裏目を出して向留を定め、木負同様に平の軒出を決めるという内容と思われる。

④ただし口伝あり。

⑤からは隅木についての内容で、隅木においては論治垂木の真を木負の外面に合わせること、つまり論治垂木廻りを正規の納まりにすべきことを述べている。

⑥は隅木上では地垂木の勾配は平の〇・七一倍したものとする。隅では垂木の勾配が延べ勾配になることを述べている。

⑦は解釈が難しい。「茅負本」の意味は隅木片中墨返した位置とあるから、茅負口脇である可能性がある。つまり、茅負口脇の位置は茅負留先から隅木片中（裏目が抜けている）内側にもどした位置であるとの内容と思われるが判然としない。

⑧は飛檐垂木の延べ勾配を引く意味と思われる。

⑨は隅木上で飛檐垂木歩を割込むという意味であろう。地垂木割は最初におこなっているが、飛檐垂木割については明記されていなかった。ここで砕くして歩むとあるから、最後に茅負口脇と論治垂木真の間の飛檐垂木を割付けると解釈できる。

『鎌倉造営名目』の軒規矩の特徴

説明文が短く不明な点もあるが凡の内容は知ることができる。全体の構成は前半が平の軒の決定で後半は隅木の内容になっていて、『秘伝書図解』と類似していることが指摘できる。また、初めに配付垂木割をおこなって論治垂木真を決定した後、そこから隅木片中裏目を出して木負の位置を決定するのは「引込垂木法」の技法である。⑦以降の隅木の説明は判り難く、飛檐垂木の割付が、論治垂木と茅負口脇を決定した後、割込んで決定されるように読める。そうであれば、飛檐垂木割については『秘伝書図解』と異なる別の考え方である可能性もあるが判然としない。

『鎌倉造営名目』では、軒出を『匠明』と同様に枝数で表現しているが、やはり枝数は平の軒出を示しているのではなく配付垂木数を示している。軒規矩は飛檐垂木廻りに不確定な部分を含むが、基本的に配付垂木割から始め、結果的に軒出が決まる「引込垂木法」と考えられる。

三―三　甲良家文書「匠用小割」及び「匠用小割図」の軒規矩術

東京都立中央図書館所蔵の建仁寺流の甲良家文書の『建仁寺派家伝書』「匠用小割」と「匠用小割図」は、延宝五年（一六七七）から宝永期に成立したとされる冊子本の秘伝書で、甲良宗賀、宗俊、宗員の編著になる。[21]

「匠用小割」は御所と堂宮の細部の木割書で、軒規矩は堂宮用小割之事に記載されている。それに対応した図集が「匠用小割図」で、そこに平の軒断面と若干の説明の書込みがある（図４）。

「匠用小割」の軒規矩に関する部分は、以下のとおりである。

「一、①軒の出し様地割のためにしるす、②たとへハ、大軒の出は六枝小軒の出は五枝の時、③垂木あよびを以、丸桁の中墨よりかぞえて大軒六枝とし、④七枝目の中墨ハ木負の口脇なり、⑤それより桷の下は半分裏のかねにて出し是を木負ツラと心得へし、⑥又小軒ハ七枝めの垂木より五枝とかぞえて六枝めの垂木の内つらをかやおいの口脇、⑦それよりすみ木の下は片中うらめのかねにて出るかやおいの外つらと心得へし」

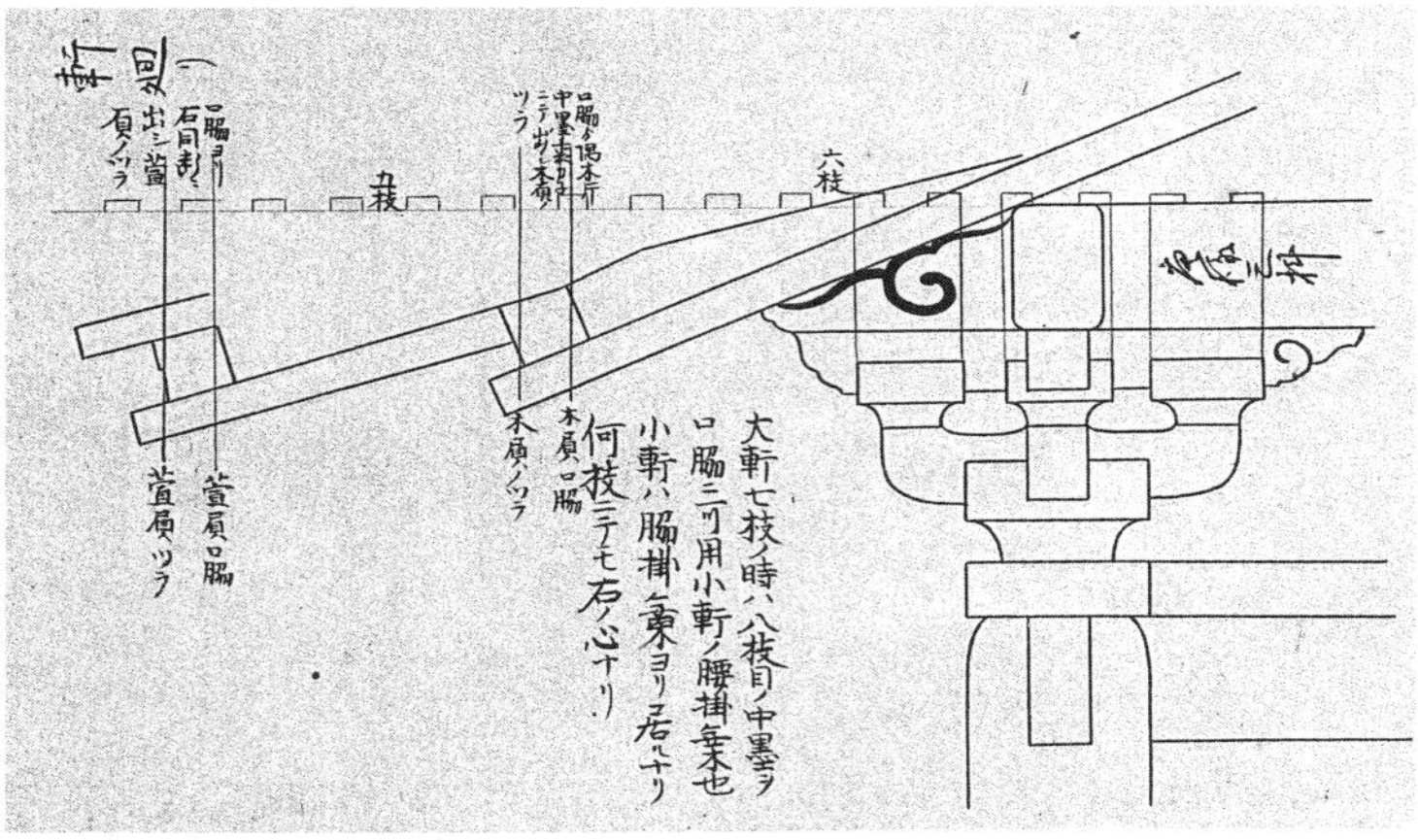

図4　甲良家文書「匠用小割図」

①は、軒出の決定の方法と垂木割のためにここに記すと述べている。

②は、軒出が地軒六枝、飛檐五枝の場合を述べている。具体的な軒の枝数で説明を進めようとするもので、枝数による軒出の指示は他の軒規矩術と同じである。

③は、地軒の垂木歩が丸桁真から六枝とする。先に示した枝数が平の軒出ではなく、配付垂木を桁真から割付けることを示している。

④そして、次の七枝目を木負の口脇とする。同時にこの位置は論治垂木真でもある。注意したいのは最初の軒出の指定である六枝の次の七枝目が論治真になることで、『秘伝書図解』では初めに指定した七枝目が論治真であった。結果は同じであるが、「匠用小割」の枝数は実際の地垂木の数を示し、『秘伝書図解』は論治真位置を示しており一枝引いたものが実際の地垂木数になる。

⑤そこから、隅木片中裏目を出すと木負の外面になる。外面が決まれば、それを投げなりに平の高さまで下ろした位置が地軒の平の軒出になる。

⑥は、飛檐は七枝目（論治垂木）から数えて五枝をとり、さらに一枝出てその内面を茅負の口脇とする。これは、近世軒規矩において論治垂木真を揃えることと同じほど重要な部分で、茅負口脇から一番の飛檐垂木の小間を他の垂木小間と揃える指定をしている。

⑦その口脇から隅木片中裏目を出して茅負外面とする。ここは、木負同様に口脇から隅木片中裏目を出すことによって茅負前面を求め、投げなりに平の茅負の高さまで下ろした位置が飛檐垂木の平の軒出の位置になる。

以上の通り、木負、茅負と平の軒出の決定方法について具体的に述べられている。軒の枝数の表記はやはり平の軒出を示しているのではなく配付垂木数を示すもので、明らかに「引込垂木法」であることが判る。ただし、木負、茅負の前面の投げの説明がなく、そこから反りの分を引き下げて、平の位置が求められることも説明がない。木負、茅負の投げについて記載がないのは、それらが垂直に反り上がるものか口伝の範疇なのか定かではない。図は平の断面のみで、隅木についての図はないが若干の説明がある（この隅木の記述については連続したものとは思われず問題がある。詳細は第九章で検証する）。

この「匠用小割」も「引込垂木法」であり、要点が簡潔に述べられている軒規矩術書である。

三―四　手中家文書『類聚倭木経　規矩部』の軒規矩術

神奈川県大山の手中家は、延徳五年（一四九三）まで遡ることができ、代々「明王太郎」を名乗る大工である。近年資料の公開と子孫の手中正の著作[22]により広く知られる資料で、すでに多くの論考がおこなわれている。[23]

手中家文書のうちの『類聚倭木経　規矩部』（以下『類聚倭木経』と呼ぶ）は優れた内容で、一八世紀後期の軒規矩術書としてこの時代を埋める重要な資料である。

『類聚倭木経』は、安永九年（一七八〇）に明王太郎景明が著した秘伝書で「規矩部」と「彫刻部」の二部からなる。「規矩部」の内容は度量衡からはじまり、一軒木舞物、二軒本繁垂木、三軒垂木、吹寄垂木、扇垂木、六角振隅、片振隅、鵯栓まで八角を除く規矩術全般についての明快な図面からなり、出版を想定していた可能性があったらしい。[24]

この内、二軒本繁垂木の軒規矩について考察する。

内容は、（1）「二軒本繁垂木平伏地」と表題のある垂木割、平断面と木負、茅負を重ねた図と、それを伏図にして関連がよくわかる一組の図（図5）、（2）平断面図に木負、茅負を重ね、大きく詳細を示した図、（3）同じく縮尺の大きい隅木の図の三つの部分からなり、図の明快さと相まって大変判りやすい軒規矩図になっている。説明は少なく図によって部材の関連を理解させようとするもので、一定以上の知識のある者を対象にした軒規矩術書ということができる。

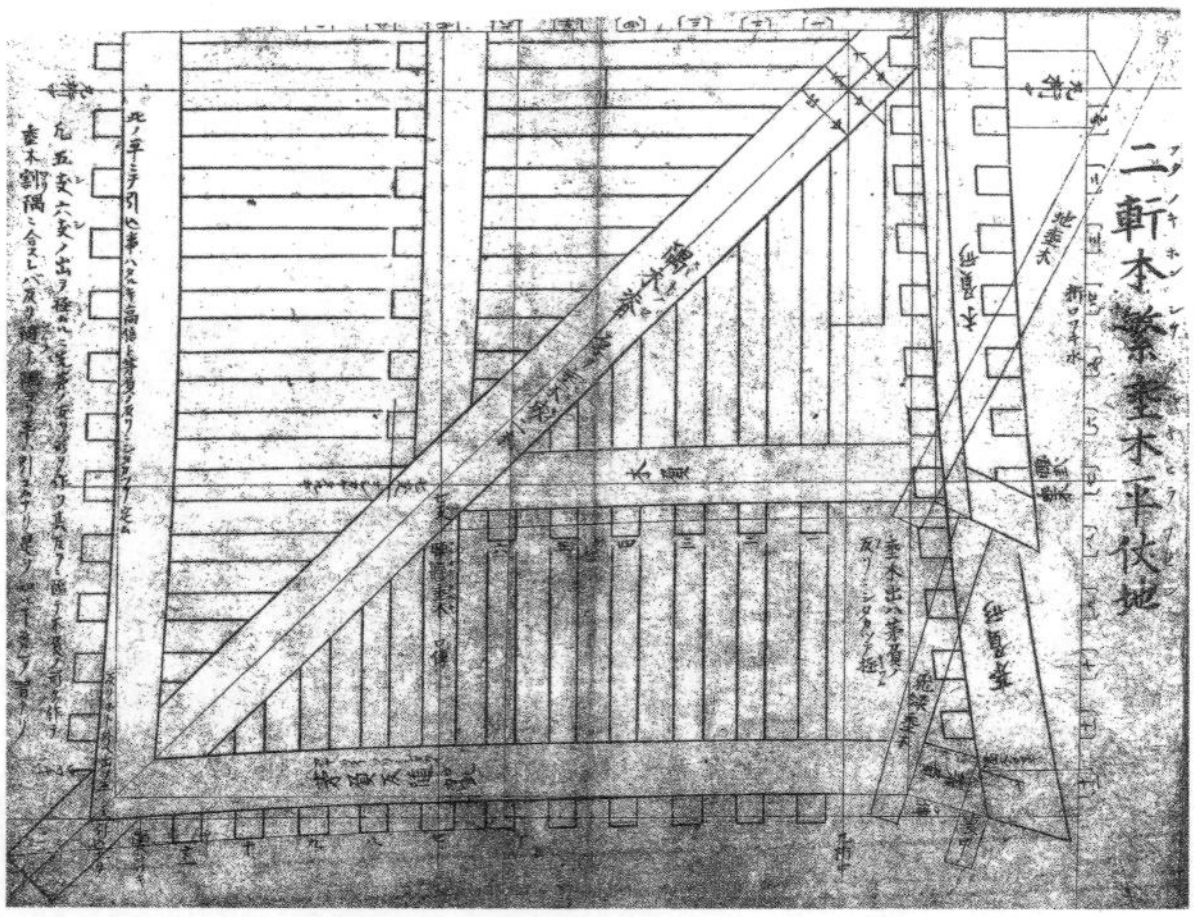

図５　手中家文書『類聚倭木経 規矩部』二軒本繁垂木平伏図

図中の説明書きを書きだすと、

「①凡五枝六枝ノ出ヲ極ルムルニ、②先茅ノ反リ形ヲ作リ其反リニ追テ木負ノ形ヲ作テ、③垂木割隅ニ合スレバ反リ随テ隅ヨリ平ハ引コムナリ、是ヲ知ル□第一ノ智ナリ」

「④垂木出ハ茅負ノ反リニシタカツテ極」

①では、他の軒規矩術書と同様に、最初の前提として軒出を枝数で示している。枝数は五枝六枝で、配付垂木の地軒が六枝、飛檐が五枝であることを意味している。他の軒規矩術書とは地・飛檐の順番が逆になっている。論治垂木位置の記載はないが、図から地垂木の出六枝の一枝先の七枝目が論治垂木真となる。

②では、茅負の反り形を先に作り、同じ反り形で木負を作ることが明記されており興味深い。これにより、木負、茅負の反りが同じ平行軒であることが判る。

③以下、「垂木割隅ニ合スレバ」の意は、①でおこなった垂木の割に合わせて論治垂木真や茅負口脇を決める意味であろう。それに木負、茅負の投げを入れ、そこから隅木片中裏目を出ることによって木負、茅負の留先が求められる点は省略されているが図から推定できる。そこまで求めれば、木負、茅負の投げを引込んで平の軒出が求められる。また、「隅より平は引込」という表現があることは、引込垂木という名称は使っていないが、『秘伝書図解』に引き続き確認できる点は重要であろう。

④は、茅負の図の下に書かれている説明書きで、平の軒出は茅負の反り（引込）によって決まることを明確に記述している。

以上の通り、手中家文書『類聚倭木経』においても二軒繁垂木の軒出を五枝六枝と枝数で指定しているが、やはり配付垂木数を示し、平の軒出は「引込垂木法」による作図によって導き出される。

隅木の設計は、『秘伝書図解』と同じように、木負、茅負の引渡し墨からのタルミを隅木に移す方法で描かれている。

三－五　荒木家文書「二軒の図」の軒規矩術

石川県立歴史博物館所蔵の荒木家文書は、加賀建仁寺流の流れを汲む江戸時代後期に活躍した大工家の文書で、軒規矩図を含む多数の図面が残されている。

ここでは、荒木仁右衛門の銘のある一九世紀の二軒繁垂木の軒規矩図（図6）を検討する。(25) 軒規矩術書は特に説明がなく、図と書き込まれた注釈のみである。

文書の明らかな年代は不明であるが、描いた荒木仁右衛門は文化九年（一八一二）の加賀藩太夫関谷中務藤原政良の居宅の棟札写(26)に井上明矩門人で大工棟梁として荒木仁右衛門長成の名が見え、さらに文化一三年（一八一六）の大野織人平定能の舎家の棟札写(27)にも井上明矩門人大工棟梁荒木長成とあるから、(28) 一八世紀後期に生まれ一九世紀の前半から中頃まで活躍したことが推察される。それらの資料によって、この二軒繁垂木の軒規矩図も一九世紀前期のものと見て大過はないであろう。

図の構成は『秘伝書図解』とほとんど同じで、上下二段になっていて下に木負、茅負と平断面を重ねた図を配し、上に隅木を描く。図は基準墨を朱墨で描き、平と隅の関係が符丁で指示されていて判りやすい。

軒出は表題に五枝四枝と明記されている。『秘伝書図解』のような「六ツ連」の指定はなく、茅負が木負より少し下がった喉違い(注12)で納まっている。図の書込みは、隅木鼻や飛檐垂木鼻のコキに関することなど細部の諸注意である。ただし、論治垂木真から隅木片中裏目を差出すという要点はきちんと指示されている。

下段の木負と茅負の図は、それぞれを重ねて描き同じ反り形を使うものであることが判る。軒出は地軒が五枝と指定されているが、実際に地垂木は四本のみで、五枝（本）目は木負口脇で、木境垂木（論治垂木）となる。

他は図から読み取るしかないが、論治真から隅木片中裏目を出して、木負投げを取り木負の平の高さまで下がった位置が平の地軒の出となっている。木境垂木から四枝（本）が飛檐垂木で、一番の飛檐垂木と茅負口脇の間を小間に揃え茅負口脇とし、そこから隅木片中裏目を出して茅負留先を定め、茅負投げ成りに反り元の高さまで下げたものが平の軒出になっている。

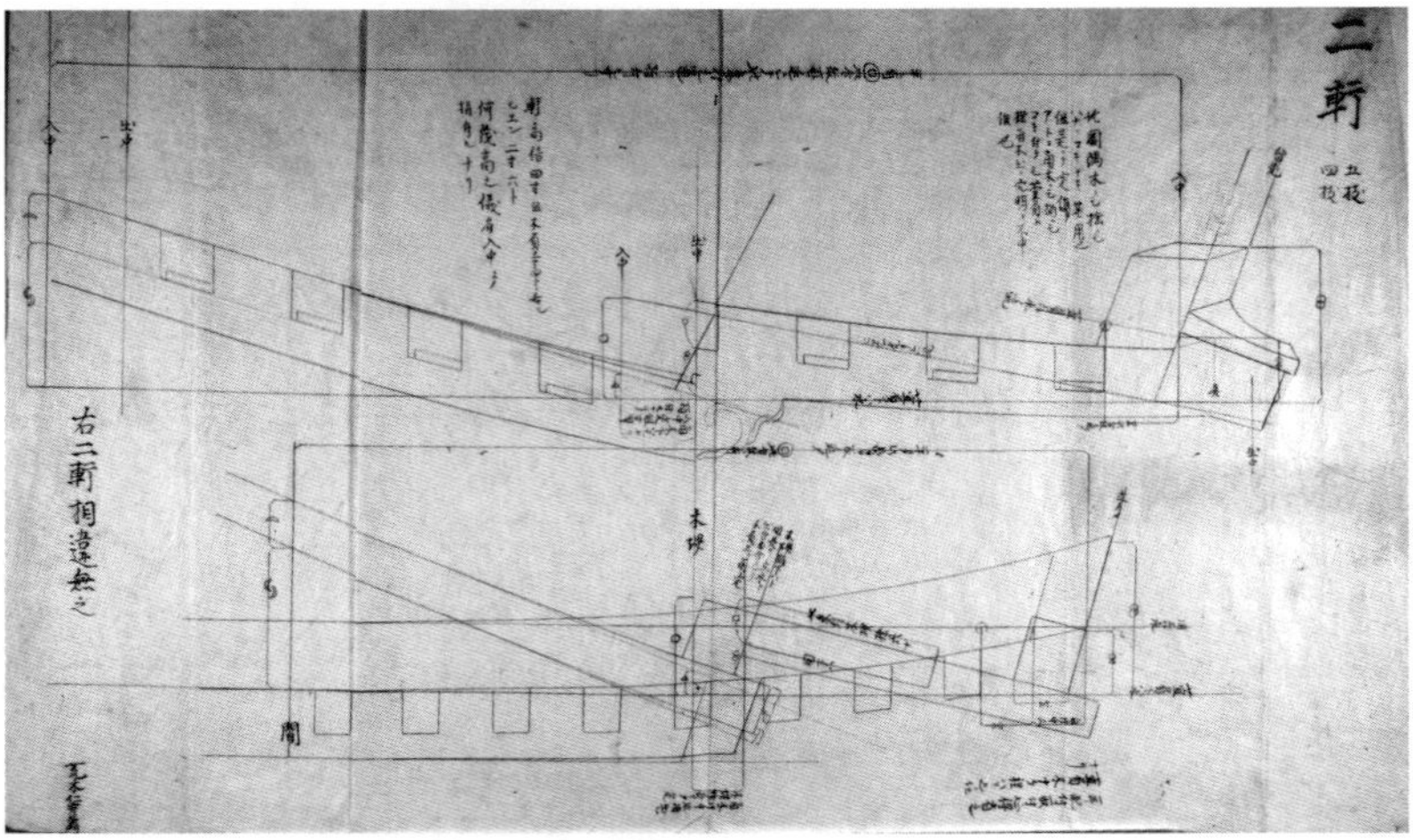

図6　荒木家文書　「二軒の図」

以上の軒の技法は、完全に「引込垂木法」であると指摘できる。また、書込みに「耳配付取付ニ心得有之、萱負木ナケ程ハリ込ニ仕ナリ」とあり、引込と同じ意味で「張込」という言葉をあてている。後述するように荒木家文書では引込垂木を「張込垂木」と称している。

ところで、この軒規矩図の隅木には論治垂木真を出中墨とし、そこから内へ入中墨さらに茅負口脇付近にも入中墨が引かれている。

軒桁位置以外に入中墨、出中墨を記す例は、『秘伝書図解』に一軒の場合の例があるが二軒の例は珍しい。図の関連から判断すると、隅木上に飛檐垂木の勾配を取るために仮想の墨として入れたと推察される。

四　木版本における二軒繁垂木の軒規矩術

近世の軒規矩術を知る資料としては、棟梁家に伝わる大工技術書の他に、一般に刊行された木版本がある。軒規矩に関する木版本は、前述した享保一二年（一七二七）に刊行された『秘伝書図解』がもっとも古いとされ、合せて一〇冊程刊行されているが、本章では一八世紀の『軒廻棰雛形』、一九世紀の『規矩真術軒廻図解』、『匠家矩術新書』、『新撰早引匠家雛形』の四巻の二軒繁垂木について考察する。(注13)

四―一　『軒廻棰雛形』の軒規矩術

立川富房が宝暦一四年（一七六四）に著した一巻四冊からなる軒規矩術書で、版元は須原茂兵衛である。体裁は大判の折本形式で、

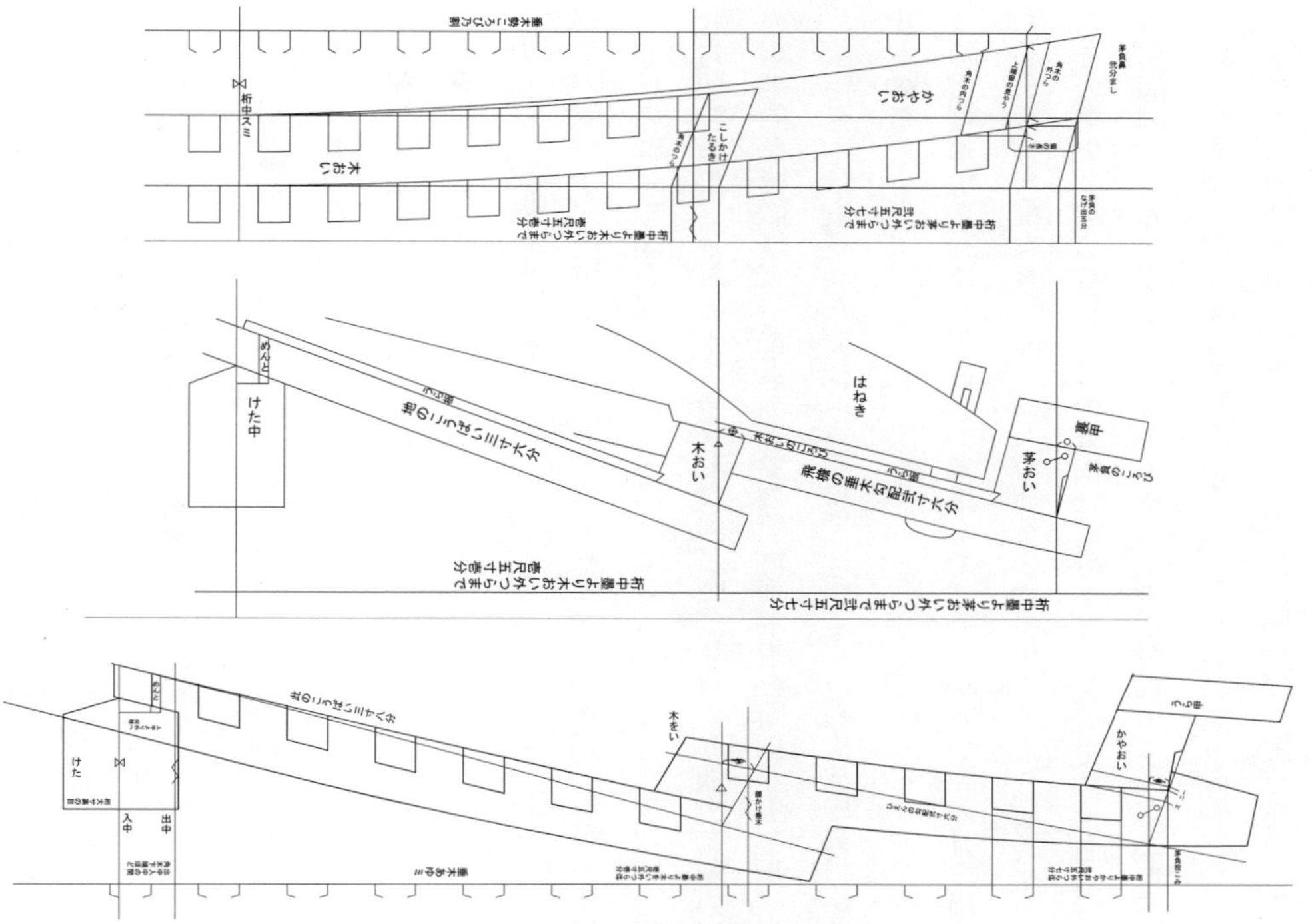

図7　『軒廻棰雛形』二軒の軒規矩図

四冊の内訳は一軒、二軒、扇垂木之上・同下からなる。内容は軒廻りの木割を含むが、ほとんど図のみで説明のない軒規矩術書である。解説書というよりトレースして軒規矩を習得する課題図集のような性格を有する。秋田藩大工戸崎家文書の中には同書を写したものが存在し、規矩の稽古に利用されたとされる。(29)

巻之二の二軒繁垂木の軒規矩を図化したのが図7である。実寸で一枝二寸二分に描かれているが、平の地軒の出は一尺五寸一分（六・八六枝）、飛檐の出は一尺六分（四・八二枝）と枝割に乗らず、平の軒出は枝割制で決められていない。

一方、下の平断面と木負、茅負を重ねた図には垂木割が描かれていて、それを基準に論治垂木真が定められている。論治真から隅木片中裏目を出して木負留先を定めてから、木負勾配で平の位置まで下ろして平の地軒の出が決定されている。飛檐の出も同様に一番垂木の外に小間を取り茅負口脇とし、そこから隅木片中裏目をだして留先を定めた後、茅負勾配で平の位置まで下ろした位置が平の飛檐の出となる。このように『軒廻棰雛形』の軒規矩術も「引込垂木法」である。

隅木は先に示した手中家文書『類聚倭木経』や『秘伝書

図解』の様な簡易な方法によるものではなく、隅木上に平の断面の垂木上端墨、木負と茅負の前面投げ勾配を加え、茅負投げ勾配には茅負の反り高さを隅木に写す規矩的に正しい作図がおこなわれている。

四―二　『規矩真術軒廻図解』の軒規矩術

『規矩真術軒廻図解』は、弘化四年（一八四七）に鈴木多吉正豊が著した上・下巻の二冊からなる大型の折れ本である。版元は江戸須原茂兵衛である。

『軒廻垂木雛形』と同様に説明は少なく、大判のトレース課題の様な性格を有する。木子文庫林家伝家文書の中にも同書を描き写したと思われる図がある(注14)（[木二〇―一一]）。

上巻は、棒隅、振れ隅、一軒、二軒、下巻は扇垂木、六角指垂木からなるが、他に六枝懸図、軒廻之木割表、平や隅勾配の弦（のび）の表や茅負の継手、仕口図まであり総合的で実務的な軒規矩に関する内容になっている。

二軒の軒規矩図を図化したのが図8である。一枝寸法は八分七厘程度で、垂木幅は四分である。地垂木は四寸勾配、飛檐垂木は三寸勾配である。茅負と木負の反形は同じで、茅負のみ隅で二割の増しがある。

規矩的な特徴は、一番垂木までの配付垂木割を同じ寸法とし、さらに茅負口脇位置を一番垂木から小間を揃えて定めている。

論治垂木は桁真から七枝（本）目で、そこから隅木片中裏目出た位置に木負投げ勾配を取り、平まで下ろした位置が地軒の平の軒出とする。

論治垂木から五枝(本)目が一番垂木で、そこから小間の分を出した茅負口脇から隅木片中裏目出た位置が茅負留先となる。留先から茅負投げ勾配なりにもどった位置を平の軒出とする(地軒は木負の留先まで表現していないが、留先位置の投げ勾配は表現されている)。

その結果、求められた平の軒出は地軒が五寸九分で六・七八枝、飛檐が四寸一分五厘で四・七七枝と枝割に乗らない。『規矩真術軒廻図解』においても、そこに示されている軒規矩は「引込垂木法」であることが判る。

隅木は見上げ図を添えて垂木や木負、茅負の納まりの関係がわかりやすいように工夫されている。隅木側面には『軒廻棰雛形』と同様に平の断面の垂木上端、木負、茅負前面投げ勾配を重ねて描き茅負の反りを隅木に写している。

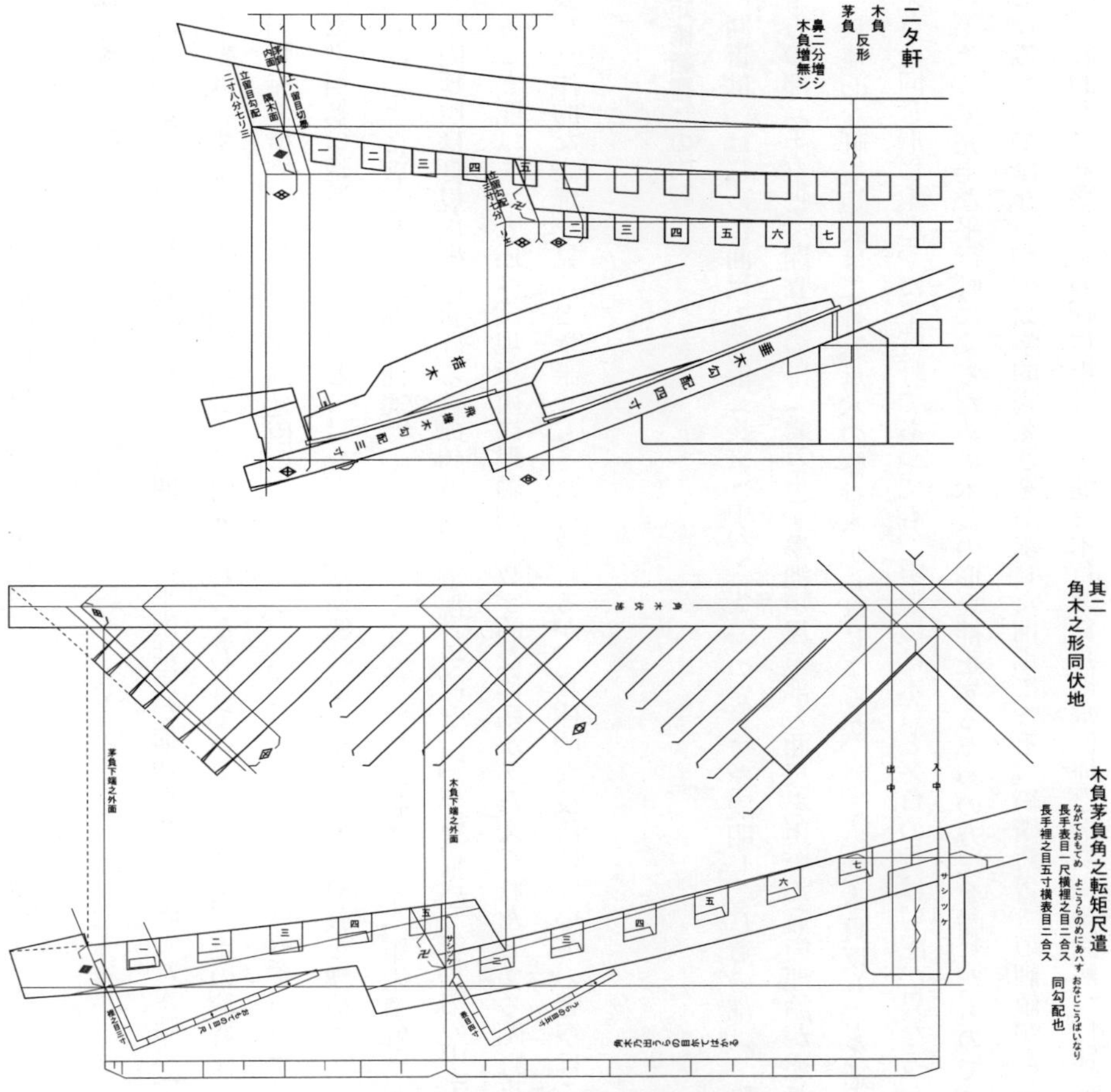

図８『規矩真術軒廻雛形』二軒の軒規矩図

その他、木負、茅負の正面からの姿図は、これまでの木版本の様に投げて（傾いて）納まった状態の図ではなく、現代の規矩と同じように前面を垂直に起こした図になっている。そのため、茅負の留先の向留は茅負の前面の投げ勾配ではなく、中勾勾配（ここでは立留目勾配という）に換算したものになっている点は大きく発展しているといえるであろう。ただ、この茅負の図と平の断面とを上下に配して、茅負の反り上がった留先上端も一致させている点は疑問である。平断面は通常の投げ勾配であるのに対し、木負、茅負は中勾勾配であるから厳密には反り高さは一致しないのが正しく、規矩的には納まっていない図になっている。(注15)

中勾勾配をはじめて図に具体的に表現したものであるが、前の時代の表現がそのまま用いられている点で未完な部分を含んでいるといえる。

四―三　『匠家矩術新書』の軒規矩術

概　要

『匠家矩術新書』は、嘉永元年（一八四八）に平内廷臣が梅坪社から出版した木版本で、一巻一冊からなる（以下『矩術新書』と呼ぶ）。本書は、すでに多くの先学によって研究がおこなわれていて、特に関野克の論考はその基礎といえる。(30)

関野克の指摘によれば、平内廷臣は文政五年（一八二二）に大棟梁平内政孝の養子になり天保年間の江戸三和算家の一人に数えられた。当初は建築のことは得意ではなかったが研鑽によって規矩術の奥義を極めたという。著書は『矩術新書』をはじめ、文政九年（一八二六）に著された『曲尺捷遥』、天保四年（一八三三）に出版された『矩術要解』があり、ほかに和算書がある。

平内廷臣は軒規矩術における数理的役割を重視していて、『矩術新書』の凡例の中で「矩術は数学にあらざれば、則ちその理を究むること能はず」と述べ、規矩術に理論的、数学的な体系があたえられたとする関野克の見方が定着している。確かに驚くほどの数表や立体的な表現を見るとき誰しもそれを感じるが、具体的な技法についての考察はこれまでほとんどおこなわれていなかった。

『矩術新書』の内容

同書は、はじめに曲尺の名儀（長玄・中勾・矩などの定義）を説明し、八算の部（一桁による割算）、見一の部（二桁による割算）、開平方の部（平方根）、開立方の部（立方根）、墨縄矩尺の部と曲尺を用いた算術理論が述べられ、軒廻りの勾配の原理を説く図解が続く。

具体的な軒規矩図は二軒繁垂木の棒垂木からはじまるが、続く「隅木負反り形を造る図解」が注目される（図9）。これは木負と茅負を同じ形に木造った平行軒であっても、実際には木負と茅負の投げ勾配が異なるから、同じ形のままでは完全な平行軒にならない。そこで完全な平行軒にするために木負の形を補正するための方法を論じたもので（補正したものを木負の真形という）実務上問題になるものではないが、数学的完全さを追求した補正にこそ『矩術新書』の価値があるといえる箇所であろう。

一般的な二軒繁垂木の軒規矩は「出隅反木負茅負幷地飛檐榱之形隅縄矩図解」に述べられていて、さらにそれを立体的に表現した図が加えられている。

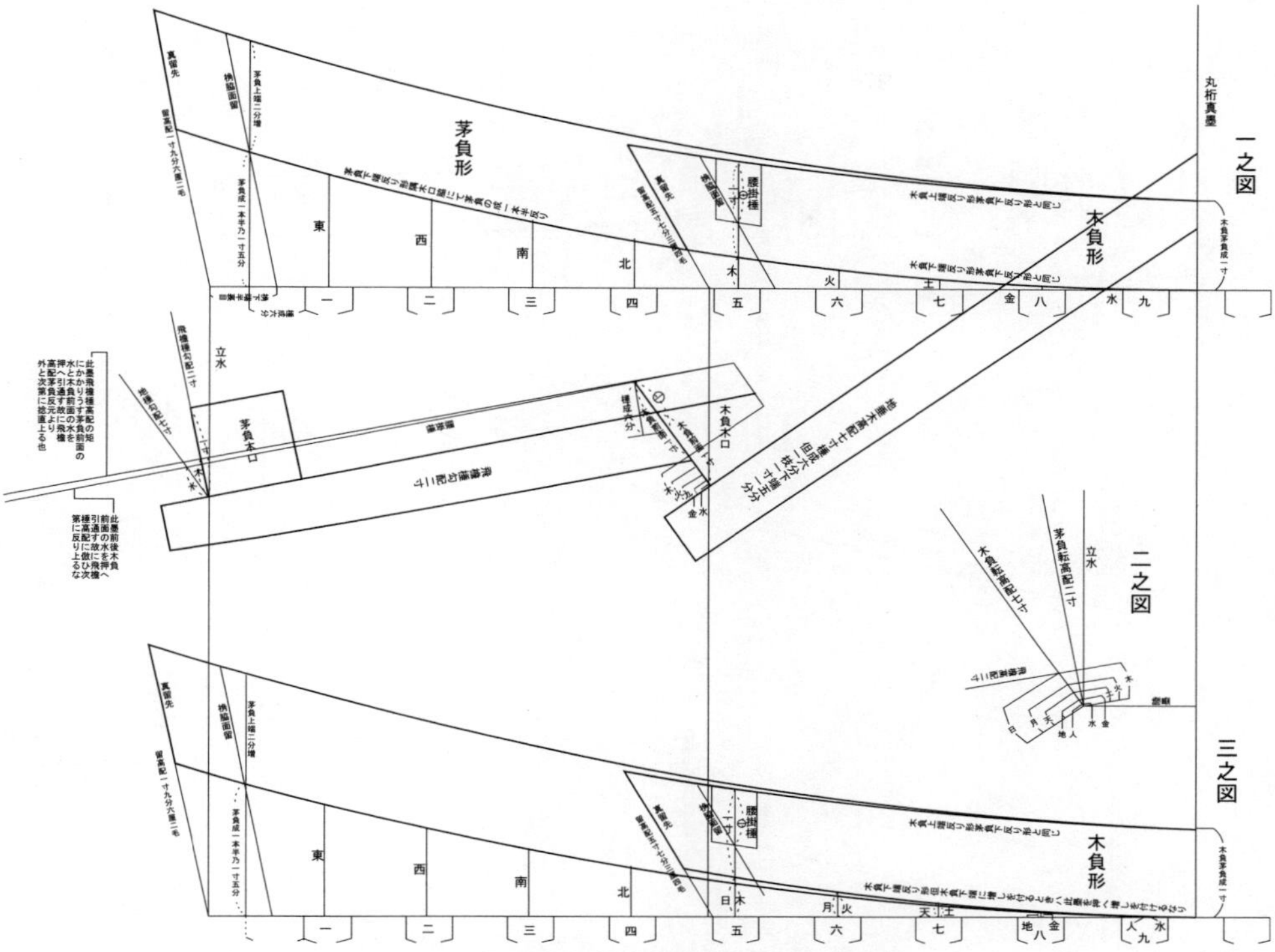

図9　『匠家矩術新書』「隅木負反り形を造る図解」

次に茅負の反りが強い場合に、平の軒出が短くなるためにその補正方法を二通り述べている点は他の軒規矩術書には見られない項目で、この部分も平内廷臣がおこなった在来の技法の補正である。

以下、入隅が網代組になる場合に木負、茅負を捻じ上げる方法が述べられ、六角軒、八角軒、扇垂木、六角扇垂木、八角扇垂木、さらに「幅榱起原儀之全図」、「正方真向盤面之図」、「五角真向盤面之図」とその用法の解説が続き、最後に「正方形直形扇垂木間偶数表」、「正方形直形扇垂木間奇数表」がある。

以上のとおり、『矩術新書』は二軒繁垂木や六角形、八角形の平行垂木及び扇垂木まで網羅し和算を駆使した近世軒規矩術の集大成といえる木版本である。

『矩術新書』の軒規矩

一般的な二軒繁垂木の軒規矩は、「出隅反木負茅負幷地飛檐之形墨縄矩図解」で述べられている。

構成は茅負正面図と平断面図を組み合わせたものと、隅木の二つの図（図10）からなり、さらに軒を立体的に表現した図が加えられている。解説は特になく、先の軒規矩術書と同じように詳細な図面の書込みから理解する

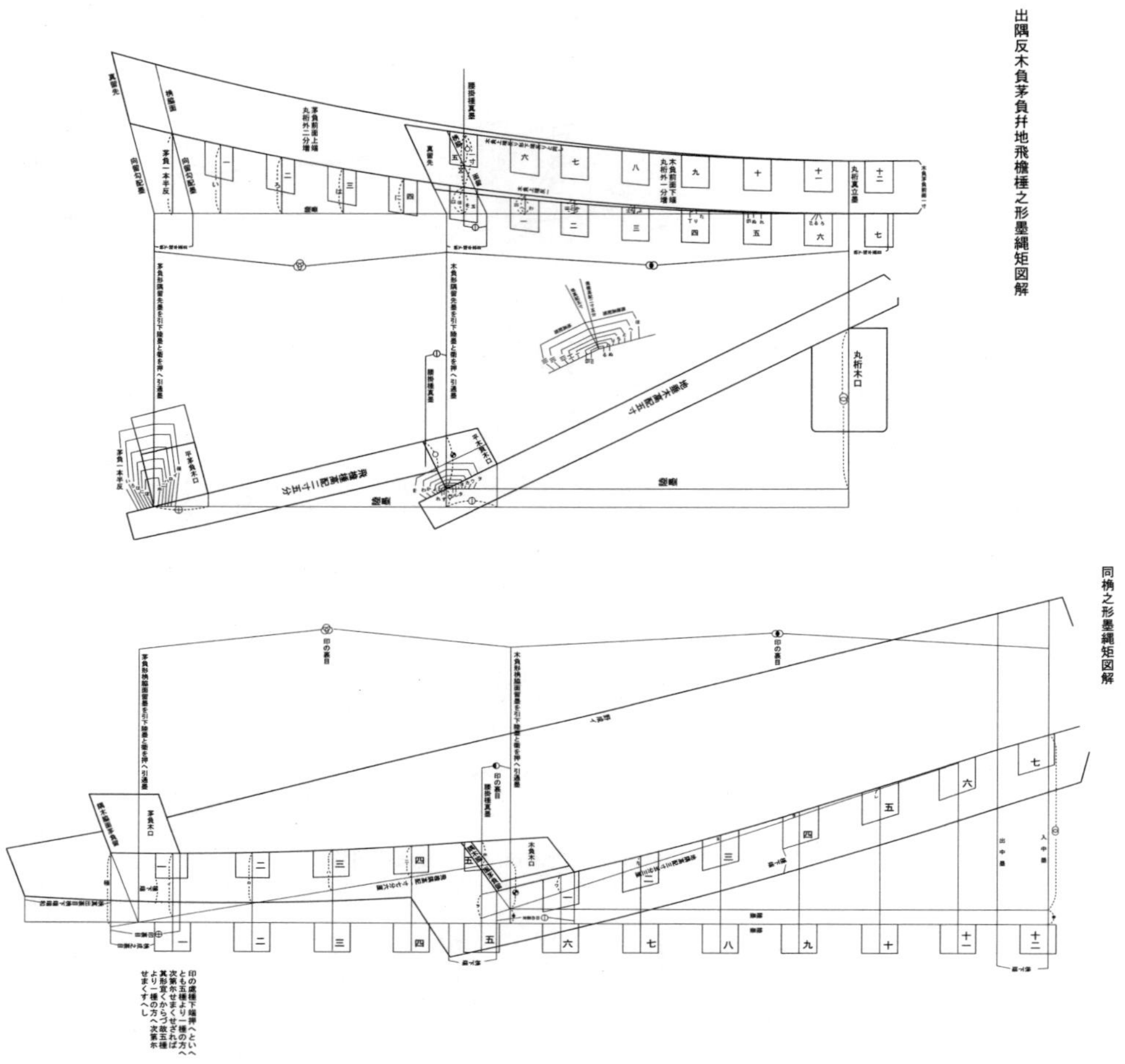

図 10 『匠家矩術新書』「二軒の軒規矩図」

必要がある。

はじめの木負、茅負立面図と平の断面図が一体となった図は、それまでの軒規矩術書と変わる部分はない。地垂木六枝、飛檐垂木五枝の軒出で「引込垂木法」であることは間違いがなく、結果的に平の軒出が求められる。続く隅木の図も先行の軒規矩術書と同様に、平の垂木勾配と木負、茅負の前面投げ勾配を重ねて描いたものである。

このように軒規矩が、大きく二部で構成された図面で説明される点は、最初の木版本である『大工雛形秘伝書図解』以来変化していないことを指摘できる。

さらに、茅負の反りが大きい場合、引込が大きくなり格好が悪くなるとしその補正方法を二通り述べている。

まず「反木負茅負地飛檐垂木之形」では、「出隅茅負木負反り多き者並の通仕かけるときハ投込多きゆゑ平の檐縮之形悪くなる也仍て木負茅負の反り多き者茅負を平にて捻出し平の檐出多く形好しきやうに造るへし」と、茅負の反りが大きい場合は「投込み」（＝引込）も大きくなるから平の軒出を前方へ「捻出し」して恰好をよくすると述べている。

続いて「其術言假令茅負二本反りにては一本の反りを平にて捻出の墨縄矩図解左の如し」とあるように、例えば茅負が二本反る場合には一本反る場合の反出しになるように、平の軒出を前に出すとする。この場合の結果はちょうど「半木投げ」[31]と同じ効果となるが、条件が異なれば半木投げにはならないから決して同じ意味ではない。[32]

さらに、「其二　反木負茅負地飛檐垂木之形」では別な方法を述べている。通例通り平の軒出を茅負二本反る場合として一旦決めた後、平の軒出をそのままに茅負の反りを一本反り出した場合に合せて茅負を短くすることによって反出しを小さくするもので、そのためはじめに決めた垂木割を後で短くした分だけ割戻す作業をおこなうというものである。

中世では茅負の反りをより強調するために茅負を前面投げより多く反り出す所謂「撓込み」とすることは、扇垂木のような軒ではよく認められることであるが、近世ではまったくその逆で、反出しが大きくなると平の軒出がより短くなるため恰好が悪いとされているのである。軒の意匠に対する意識が完全に逆転している。

以上のとおり、『矩術新書』は、その数学的精緻をもって、近世規矩術書の最高峰といわれる地位にあるが、その根本原理は『秘伝書図解』以来の「引込垂木法」となんら変わりはないと指摘できる。

ただ、数学的精緻さは木負、茅負の微小な捩れも補正して真形を求めるまで高められ、さらに中世では好んでおこなわれた茅負の隅での反り出し（撓込み）を嫌い、逆に反り出しを減じるための補正方法まで考え出すに至ったのであった。

四－四　『新撰早引匠家雛形』の軒規矩術

概　要

『新撰早引匠家雛形』は、平内廷臣の門人で盛岡藩の工匠本林常将[33・注16]が著した一巻二冊からなる木割書、規矩術書で、幕末期から明治期にかけて広く流布した木版本である（以下『匠家雛形』と呼ぶ）。この木版本は、五年後の安政三年（一八五六）に上下二巻からなる二篇が出版され、さらに二〇年後にあたる明治八年（一八七五）にも上下二巻からなる三篇が世に出されたが、この時はすでに

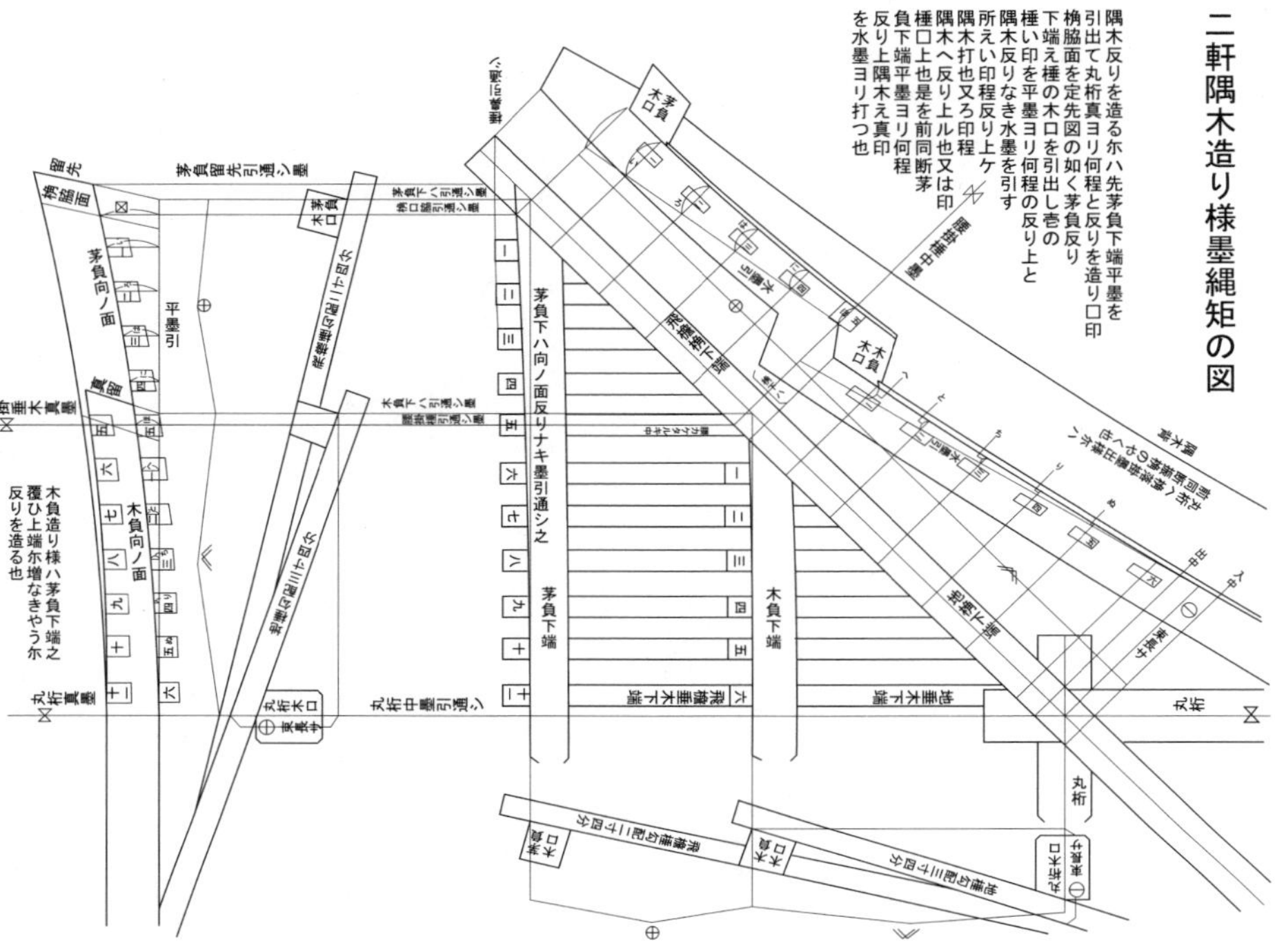

図 11　『新撰早引匠家雛形』二軒の軒規矩図

本林常将は故人となっていた。

以上のように同書は都合三篇六冊からなる大著になったが、武家住宅、数寄屋に関する個所は若干だけで、内容は主に社寺建築の木割と規矩に関するものである。

『匠家雛形』の巻之下が軒規矩に関する内容である。扇垂木などでは先の『矩術新書』をそのまま引用している部分があるが、全体の構成などは『秘伝書図解』に影響を受けたと思われる部分が多い。

『新撰早引匠家雛形』の軒規矩

はじめは、規矩の基礎である四方ふんばる柱（四方転びの柱）、朝がほ指曲尺遣様（朝顔指し漏斗）からはじまり、以降、茅負の転び、隅木長さの取様、小平起し垂木長さの取様、鼻の切様、桁の隅木落掛墨、軒廻り部材の木口割など基礎的な規矩の説明が続き、一軒疎棰垂木が軒規矩のはじめにある。次に反りのない振隅の説明があり、二軒の真隅の繁垂木の軒規矩術の説明がつづく。

二軒繁垂木の軒は「二軒隅木造り様墨縄矩の図」という図で説明されている（図11）。左に茅負正面図と平の断面を配し、中央に見上げ図とその上部に隅木側面図を置き、すべての図を関連づけて配置している点は、それまでの茅負正面図と平の断面図を組み合わせた図と隅木の図の二部の図面で構成されていた軒規矩術書から大きく変化したといえるもので、すべての図の関係性が大変把握しやすい様に工夫されている。さらに下部には、もうひとつ平の断面図を配しているが、この配置の方法は「現代軒規矩術法」にも通じる図面位置である。

規矩術法については特に説明の書込みはなく、図面上の各部材の関連で理解するようにできているが、図の構成からも「引込垂木法」であることは間違いない。まず配付垂木を先におこなって、木負、茅負の口脇を定めてから留先を決めた後、平の軒出が決められる軒規矩である。隅木の造り様については比較的詳しく説明されている。

本林常将は平内廷臣の門人であったが、同書では特に平内廷臣がこだわった木負の真形や茅負の大きな反出しの場合の補正方法、あるいは茅負向留の中勾勾配については触れられておらず、部材相互の関係に重点が置かれた軒規矩術法になっている。実務家であった本林常将と数学者であった平内廷臣の関心の相違がよく表われているといえるだろう。

以上の通り、江戸時代の木版本である『軒廻棰雛形』、『規矩真術軒廻図解』、『匠家矩術新書』、『新撰早引匠家雛形』においても、そこに述べられている軒規矩術は、すべて『秘伝書図解』と同じ「引込垂木法」であることを指摘できる。

五　近世における二種類の軒の決定方法

以上、近世の大工技術書五巻、木版本四巻における二軒繁垂木の軒規矩術を考察した。最古の『木摧』ははっきり確定できないが「引込垂木法」であると推定することができ、その他は全て明らかに「引込垂木法」であった。

引込垂木という名称を明記し、その説明があるのは後に小林源蔵が著した『隅矩雛形』であるが、木負、茅負の向留から前面の投げ勾配で平の高さまで下がって、平の軒出が決まる「引込む」は、『秘伝書図解』や手中家文書『類聚倭木経』でも見られる。同じ語義で、「荒木家文書」では「張込む」、『匠家矩術新書』では「投込む」が使用されている。

「引込垂木法」である二軒本繁垂木の軒出は枝数で表現されているが、その枝数は配付垂木の本数を示すもので、伊藤要太郎が『匠明五巻考』で述べているような平の軒出を枝割制で決定するものではない。また、上田虎介が「当り前」とした軒も二軒繁垂木の軒では存在した形跡が認められない。

ところで、繁垂木であっても社殿や門などの切妻系の軒は、茅負が反り上がっても垂木の割付に支障は生じないから、そもそも引込垂木は意味がない。また、隅木のある軒においても主殿や広間などの疎垂木のものは垂木を均等に配る必要がなく、やはり引込垂木である必然性がない。このように引込垂木である必要がないものや不可能な軒における枝数や完数による軒出の表記は、やはり『匠明五巻考』で伊藤が示したように平の軒出（桁真から茅負外下角まで）を示していることは間違いがない。

そうすると、一見同じように見える軒出の指示であっても、引込垂木の場合とそうでない場合があることになる。

こうした二種類の軒が存在することを確認できる事例が、荒木家文書のなかにあるので紹介する。

五―一　荒木家文書の二つの軒仕様

石川県立歴史博物館所蔵の荒木家文書は一九世紀の引込垂木の事例として、すでに本章で検証したが、それとは別に一九枚綴りの軒規矩図がある。[34] これも年代、作者は不明であるが、前後の関係から一九世紀のものと見て間違いないであろう。

この綴りの中に、「二軒張込仕様」と「一軒木舞物仕様但シ張出也」があり、それぞれ別の軒規矩術を示している。

「二軒張込仕様」（図12）は二軒繁垂木で、図面の内容、部材の関係などから「引込垂木法」であることが明らかである。

一方、「一軒木舞物仕様但シ張出也」（図13）の方は、表題や書込みから垂木間一尺五寸の一軒疎垂木の軒で、平の軒出が桁真から茅負外下角までが五尺と指定されている。

疎垂木で平の軒出を完数で指定するのは『匠明』他でも見られることで、これは平の軒出が基準であることを示している。つまり、一軒疎垂木のように簡易な軒の場合、「引込垂木法」とは反対に先に平の軒出を決定し、そこから茅負が「張出し」すなわち反り上がる軒規矩術であることを表している。

表題の「張出」からも「張込垂木」（引込垂木）とは反対の意味の軒であることは容易に推察できるが、同じ図面の綴りに「引込垂木法」である「張込（垂木）」とその反対の技法が、「張出（垂木）」という明確な名称によって区別されている貴重な資料であるということができる。

五－二　近世の二つの軒決定法と軒形式

「引込垂木法」（張込垂木）の最大の特徴は、中世には成しえなかった桁外の配付垂木割を桁内の枝割寸法と同じく整然と納められることであり、隅木のある本繁垂木（一軒、二軒とも）の軒でこそ必要とされる技法である。

一方、荒木家文書で確認できた「張出垂木」は、先に平の軒出を指定するもので、平の位置から茅負が反り上がり、結果として木負、茅負の口脇が決まる技法で、一軒疎垂木のような簡易な軒にふさわしい技法である。また、隅木のない切妻造り系の軒も「引込垂木法」にする必要はなく、先に平の軒出を定める「張出垂木」であったと考えられる。

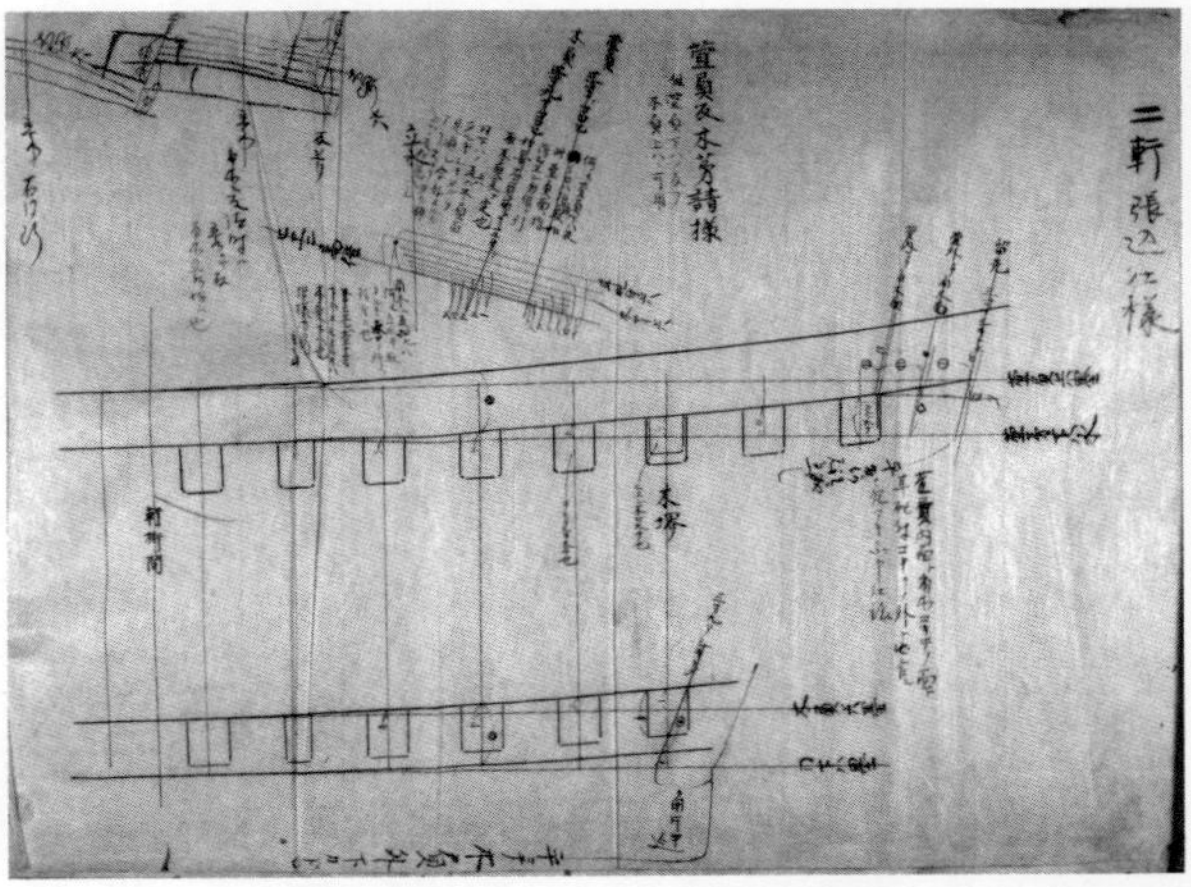

図 12　荒木家文書　「二軒張込仕様」

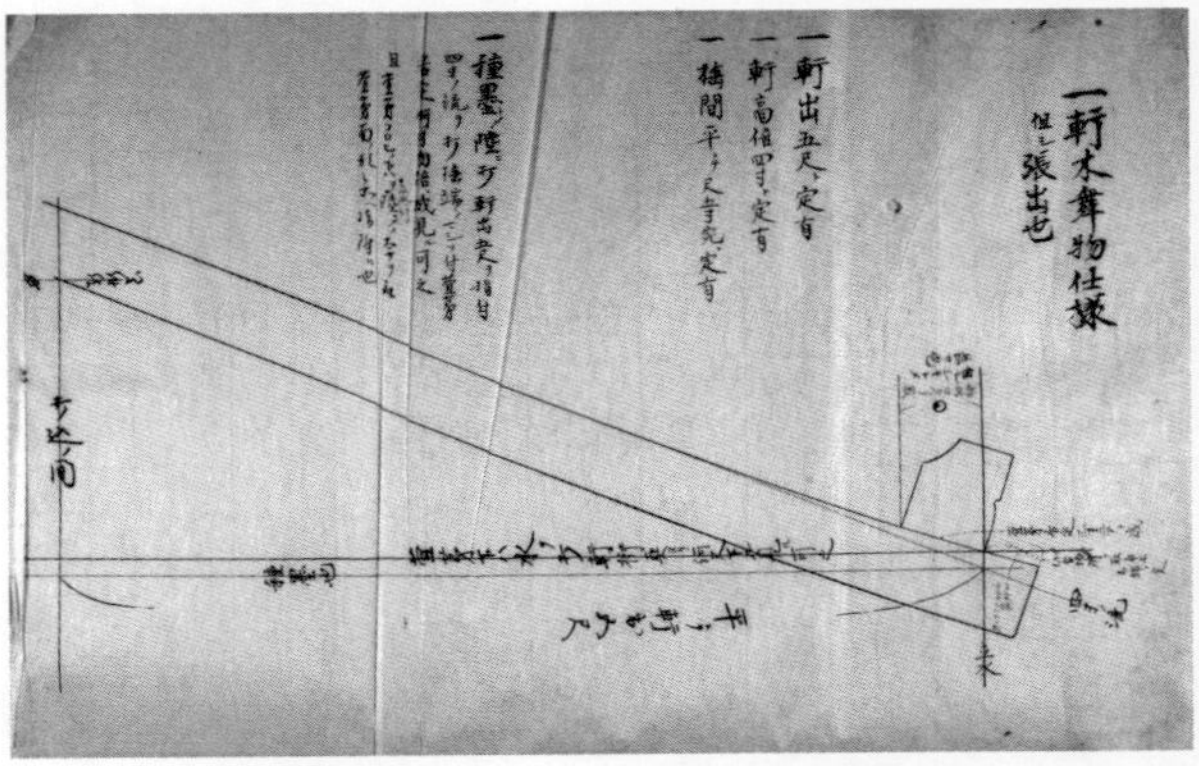

図 13　荒木家文書　「一軒木舞物仕様但シ張出也」

『匠明』では、軒の形式を区別せずに軒出を枝数や完数で指定しているため、軒出の意味はすべて図 1 で示されたように平の軒出と解釈され、それが「現代軒規矩術法」の常識となってしまったと考えられるのである。

実際には枝数による軒出の指定は、「引込垂木法」による配付垂木数を示すものと、「張出垂木」や切妻造り系の軒における平の軒出を示す二通りが存在することに注意しなくてはならない。

六　二種類の引込垂木の表示方法

「引込垂木法」による軒出は、「七枝五枝」などと枝数で表記され、桁外の配付垂木の本数を示したものであるが、その本数の取方にも二通りの方法があるので注意が必要である。

前章で示した『秘伝書図解』の類型本では七枝五枝の場合、配付垂木の地軒が七枝で飛檐が五枝という意味である。ただし説明書きの中に論治垂木を二度踏む（又は敷き、続）という指示があり、地軒の指定である七枝は、丸桁から七枝（本）目が論治垂木位置である意味で、地垂木の実際の数は六枝（本）である。飛檐の五枝は論治を含み五枝（本）で、それに小間一つを加えたものが茅負の口脇となる。その関係を概念図で示すと図14の様になる。

これと同じ表記の事例は、『秘伝書図解』の類型本（坂上家文書、久保田家文書、岩城家文書、林家伝家絵図）の他、荒木家文書、清水文庫などの加賀建仁寺流の秘伝書類がある。特に清水文庫「瀧谷妙成寺本堂絵図」(35)では、軒出が八枝六枝と書き込まれているが（図15）、実際の重要文化財妙成寺本堂の(注17)配付垂木数は、地軒が七枝（本）で飛檐は論治垂木から六枝（本）と、絵図の軒出の指示に比べて地垂木が一本少ないから、論治垂木位置で垂木を二度踏んでいることがわかる（写真1）。

木版本では、『規矩真術軒廻図解』において論治垂木位置の地垂木は、描かれていないが次の地垂木は二番から始まっているから、論治垂木を一番垂木と見ていると考えられ右記と同じ考え方といえる。

これらの形式は主に京都、加賀を中心とした規矩術書にみられ、古い時代のものが多いことから、仮に「古式」と呼ぶこととする。対して、甲良家文書「匠用小割」では六枝五枝の引込垂木の場合が述べられているが、六枝（本）は地垂木の実数で、それから一枝（本）出た位置に論治垂木が納まる。飛檐垂木は同じく論治を含み五本である。このように、「古式」とは異なり枝数は実際の垂木の枝（本）数を示している。この場合の七枝五枝の概念図を図16に示す。

この表記は、他に戸崎家文書（秋田）、朴澤家文書（宮城）、手中家文書、木版本では『軒廻垂木雛形』、『匠家矩術新書』など江戸を中心とした軒規矩術書で見られ、時代も新しいもので確認できることから仮に「新式」と呼ぶこととする。

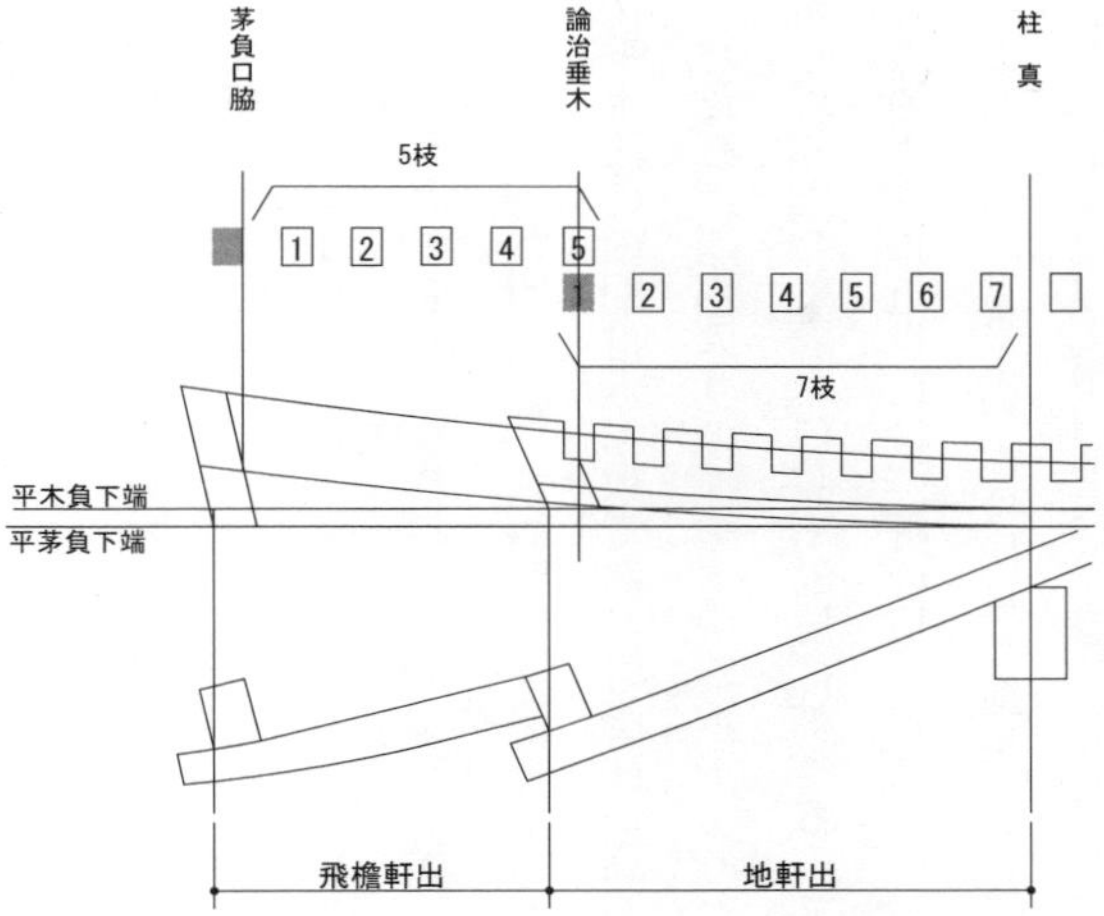

図 14　引込垂木の軒（「古式」7 枝 5 枝の場合）

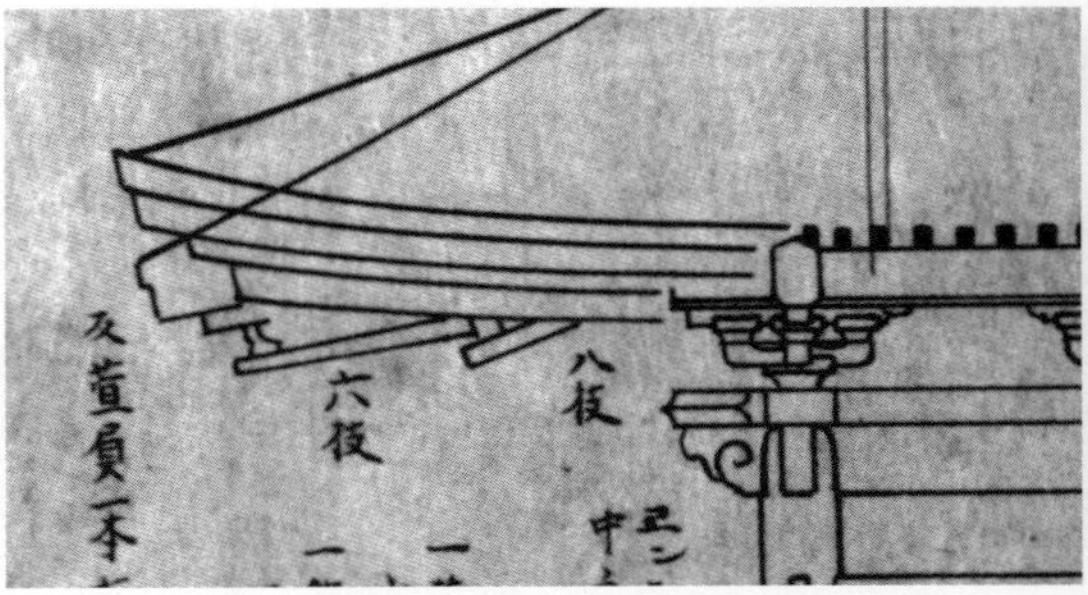

図 15　「瀧谷妙成寺本堂」（部分）
（地垂木 8 枝、飛檐垂木 6 枝）

写真 1　妙成寺本堂の軒
（地垂木 7 枝、飛檐垂木 6 枝）

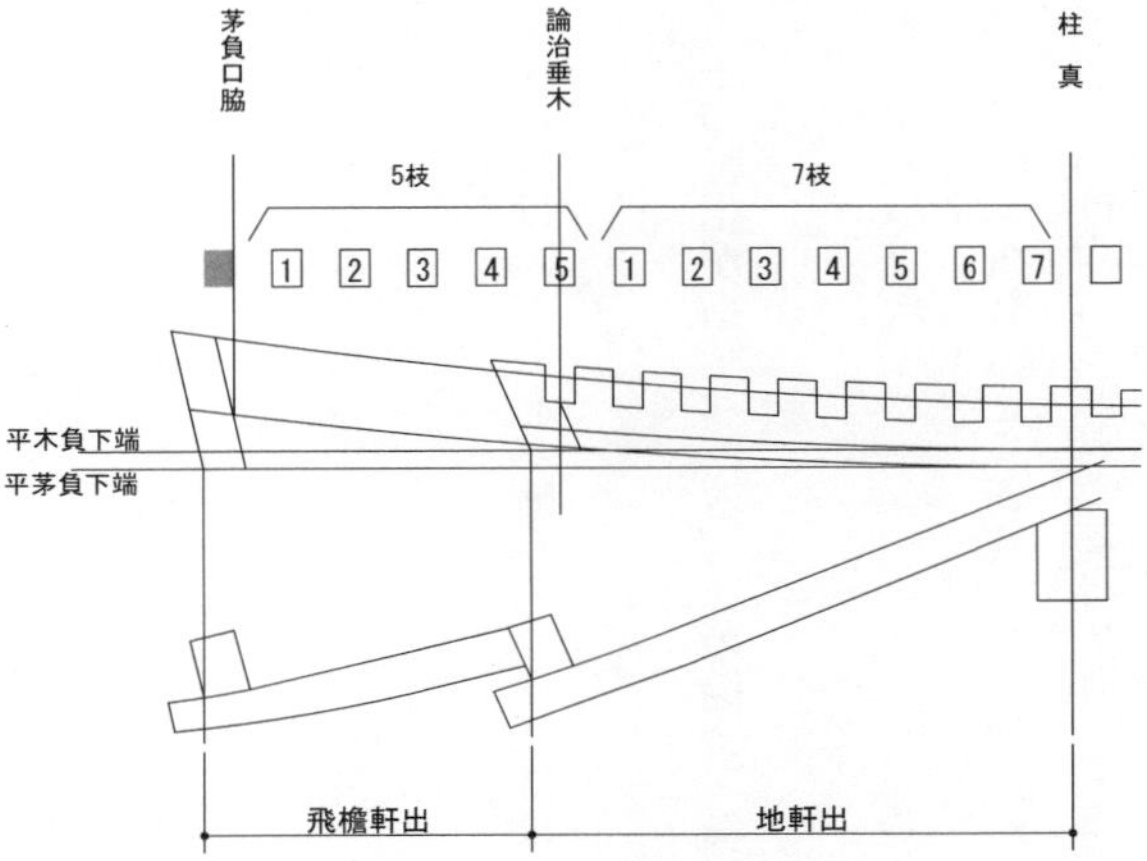

図 16　引込垂木の軒（「新式」7 枝 5 枝の場合）

「古式」と「新式」とでは同じ枝数の表記であれば、実際の垂木数は古式が一枝（本）少ないから注意が必要である。「新式」は垂木の実数を表記するので判り易く、時代が下るにつれて主流になっていったと考えられる。(注18)

七　小結

一六～一九世紀の大工技術書五巻、木版本四巻における二軒繁垂木の軒規矩を考察した結果、すべてが「引込垂木法」であった。また、前章で示した『秘伝書図解』や『隅矩雛形』も同様に「引込垂木法」であるから、大工技術書の上からは近世の二軒繁垂木の軒規矩は、「引込垂木法」以外の技法は確認できない。

一方『匠明』の軒出を示す枝数は、図1に示したように全ての建物に共通して、平の軒出を枝割制によって桁真から茅負外下角までの水平距離を示すものと考えられてきた。

しかし『匠明』の軒の表記は、他の大工技術書と特に違いは認められないから、軒出を示す枝数は隅木のある繁垂木の場合には、「引込垂木法」の配付垂木数である可能性が高いと考えられる。

ただし、隅木入りの疎垂木や繁垂木であっても切妻系の軒は、枝割制のほか完数などで平の軒出が指定される。この場合、軒は平から反り上って隅木口脇や破風に納まるのである。

このように近世には、軒の形式に応じて二種類の軒の決定方法が存在することを指摘することができる。

また、「引込垂木法」は枝数で指定されるが、二軒の場合、論治垂木位置の指定方法の違いで、「古式」と「新式」の二種類が存在する。「古式」は論治垂木を地軒と飛檐で二度数えるため指定数より実数は一枚（本）少なく、「新式」は実数のとおり指定する。

参考文献

1　『大工雛形秘伝書図解』、西村権右衛門、享保一二年（一七二七）

2　大上直樹、西澤正浩、望月義伸、谷直樹：『大工雛形秘伝書図解』と類型本による近世軒規矩術について近世軒規矩術の研究――その

3　1、日本建築学会計画系論文集　第六六六号、一四八一－一四九〇頁、二〇一一．八（本書　第六章）
4　『独稽古隅矩雛形』、小林源蔵、安政四年（一八五七）
5　伊藤要太郎：『匠明・匠明五巻考』、鹿島出版会、一九七一．一二
6　鎌倉市文化財総合目録編さん委員会（関口欣也）：「鎌倉造営名目」『鎌倉市文化財総合目録―建造物篇―』所収、同朋舎出版、一九八七．一〇
7　前掲4に同じ。
8　前掲4に同じ。
9　前掲4に同じ。
10　前掲4に同じ。
11　上田虎介：『小林源蔵著独稽古隅矩雛形全三冊解説』、私家版、一九七五．一一
12　服部文雄：「故上田虎介先生と近世規矩」、建築史学　第二号、一八五－一八八頁、一九八四．三
13　前掲10に同じ。
14　上田虎介：『増補改訂日本建築規矩術語解説』、私家版、一九七八．一一
15　狩野勝重：『江戸科学古典叢書16　隅矩雛形／矩術新書』、恒和出版、一九七八．一〇
16　前掲3に同じ。
17　『重要文化財如意寺三重塔修理工事報告書』（文化財建造物保存技術協会）、一九九七．三
18　伊藤延男、五味盛重：「中世建築の構造技法」『文化財講座　日本の建築三　中世Ⅱ』、第一法規、一九七七．九
稲葉信子：「木子清敬と明治二〇年代の日本建築に関する研究」、私家版、一九八九．三
費迎慶・永井康雄・飯淵康一：「木子文庫・林家傳家圖書」における神社の設計方法に関する研究その一　一間社の設計方法について」、日本建築学会東北支部研究会報告会、一四七－一五四頁、二〇〇七．六
同：「同　その二　三、五間社の設計方法について」、一五五－一六〇頁、二〇〇七．六
伏見唯：林家木割書について（一）―林家の由緒―日本建築学会関東支部研究報告集、二八五－二八八頁、二〇〇七．二

同：同（二）―嘉元期の賀茂別雷神社本殿と木割「賀茂様之三間社」の比較―日本建築学会関東支部研究報告、二八九―二九二頁、二〇〇七．二
19　伏見唯：林家木割書について（一）―林家の由緒―日本建築学会関東支部研究報告集、二八五―二八八頁、二〇〇七．二
20　前掲5に同じ。
21　河田克博：『日本建築古典叢書三　近世建築書―堂宮雛形二　建仁寺流』、大龍堂、一九八八．一二
22　手中正：『宮大工の技術と伝統　神輿と明王太郎』、東京美術、一九九六．四
23　佐藤千春、西和夫：大山大工手中明王太郎敏景筆『伊勢道中日記』について―道中記の分析と描写された建築の検討―日本建築学会関東支部研究報告集、三九三―三九六頁、一九九五
西和夫編：『伊勢道中日記旅する大工棟梁』、平凡社、一九九九．一一
平山育男：国分寺市戸倉神社社殿と手中明王太郎について　国分寺戸倉神社の調査より1、日本建築学会関東支部研究報告集、五三七―五四〇頁、二〇〇四、他一連の研究
山岸吉弘：大工棟梁「明王太郎」による在郷寺社普請の方法について　日本建築学会計画系論文集NO.656、二四七三―二四九七頁、二〇一〇．一〇、他一連の研究
24　前掲22に同じ。
25　石川県立歴史博物館蔵「荒木家文書」整理番号二一
26　前掲25に同じ。整理番号一三八
27　前掲25に同じ。整理番号一三七
28　田中徳英：『加賀藩大工の研究―建築と技術の文化―』、桂書房、二〇〇八．一一
29　永井康雄：『近世造営組織と建築技術書の変遷に関する研究』、私家版、一九九八．九
同じ文書は秋田県立図書館所蔵大工関係資料目録no.47「軒廻り垂木大和割之伝」である。
30　関野克：「規矩術について」『文化財と建築史』所収、二三九―二六四頁、鹿島出版会、一九六九．一一
31　上田虎介：「茅負の所謂本木投と半木投について」日本建築学会研究報告二九―二、一九九―二〇〇頁、一九五四．一〇

32 岡田英男：「建築規矩術を中心とした建築構造技法の史的発展に関する研究」『日本建築の構造と技法』岡田英男論文集所収、思文閣、二〇〇五．八において半木投げとする。

33 渡邊重之助：「盛藩工匠界大偉人　本林重之助常将先生略傳」昭和二年九月一一日盛岡市でおこなわれた建築資料展覧会に際して著されたもの。

34 石川県立歴史博物館蔵「荒木家文書」整理番号一六

35 金沢市立玉川図書館蔵清水文庫「能劦瀧谷妙成寺本堂五十分一」

注

注1 実際の建物の軒の出を実長で示すのは、『匠明』以外の木割書でも認められる。文献5では、円覚寺正続院仏殿「一上やノの丿長さヲものキキヲイ外ノツらまで二尺七寸、キオイ外ツらヨリかやヲイ外ノツらまて壱尺八寸四分、合四尺五寸四分、くわんきやう仲すミヨリかやヲイ外ノツらまて」とある。

注2 他に、殿屋集では「当世二檐ニいたしてハ六尺五分出す。又七尺間ノ時ハ七尺出すへし。」と軒の出を実長で指定している例がある。

注3 この説明の補足として第六三図引込垂木がある（下図）。引込垂木が「当り前」より短くなることを示す意図があったと思われ、隅木の側面を基準にしながら真で平の断面図を見ているため、矛盾した図になっている。

注4 読解だけで特に引込垂木についての説明はない。

注5 「常の」は、上巻十一板宮千鳥屋根板や中巻四十二隅木落掛などで用いられている。

注6 文献16において、「軒は各重とも二軒・平行垂木である。一支寸法は各層異なるが、軒の出は、柱真から丸桁真まで六支、地檐七支、飛檐五支の出になっている。」とする。実際は二層が六・八九枝、四・八四枝、三層も六・九二枝、四・

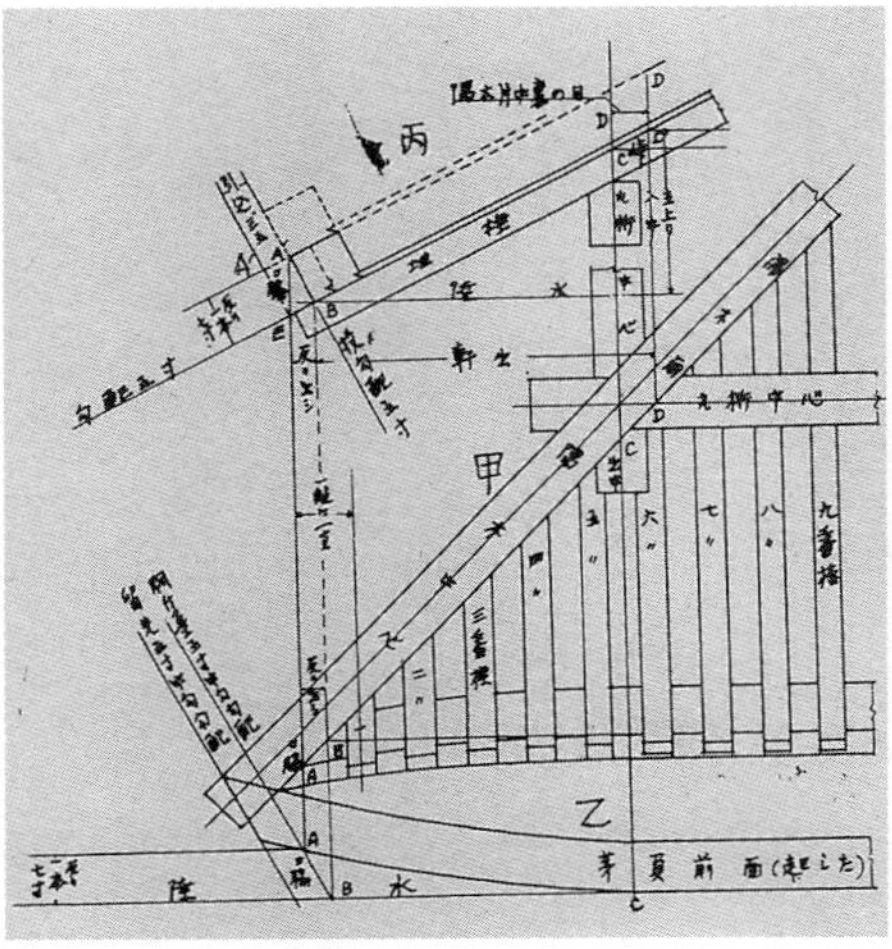

八六枝である。

注7　文献17においては、正しく枝数を配付垂木数とする。

注8　他に、『嵯峨様軒廻之覚』[木二〇－五]（寛永二〇年、林作左衛門）があるが、広間客殿の軒規矩であるため割愛した。また、明治二二年に林宗栄が『木摧』の規矩の要所を書きだした『家傳隅矩尺遺法』[木二〇－一二]や、その他の木割書の一部分にも軒規矩術について記述した個所がある。

注9　七は、もともと六と書かれてあったものを、後に訂正されたものである。『木摧』の後半の増補部分である「重椽之軒廻覚」では七枝とあるから、寛永年間に訂正が加えられた可能性がある。この部分は、論治垂木位置を示すもので、後述の通り二通りの方法がある。六枝目が論治位置とすると、地軒の出が五枝となり短すぎるから、単純な間違いの可能性もあり、どちらが正しいか判断が難しい。ここでは、訂正後の七枝で考えることとする。

注10　喉違いは、『木摧』の中で散見できる。茅負の高さが、木負より一寸程度低く納まるように飛檐の勾配にすること。喉違いについては第一〇章で詳しく述べる。

注11　『木摧』「十九寶形堂」では、「一扇垂木ノ時者アユミ二口伝有也、木摧之書ニ書事ニテハ無之、千金ヲホトコストモ言トモコレヲ沙汰スヘカラス」と口伝を秘伝とする記述がある。『木摧』は全体的に、秘伝的な内容である印象がある。

注12　前掲注10に同じ。

注13　他に江戸時代の代表的な木版本として、赤井幸七恒嘉が完成二年（一七九五）に著した『極秘六角雛形』、石川七郎右衛門が文化九年（一八一二）に著した『増補初心雛形』や本林常将のその他の著作がある。『極秘六角雛形』や本林常将の著作は「引込垂木法」であるが、『増補初心雛形』は軒規矩術としては十分な説明になっていない。

注14　表題は『軒廻図解秘伝』で安政六年（一八五九）、林宗栄の制作になる。

注15　それまでの木版本では、平の軒出を求めるために、茅負前面の投げを示している。実際の茅負向留の加工の切墨は中勾勾配でなくてはならず、茅負前面投げ勾配のままに加工すると留先が口を開いてしまう。古くからこの関係は理解されていたと思われるが、木版本の中できちんと計算を示した点に『規矩真術軒廻図解』の価値がある。説明図の中にも垂木勾配が四寸のときに茅負の立留勾配を問う問題とその解答があり、立留勾配（中勾勾配）を熱心に論じている。

注16　本林常将の略伝は、文献33によれば盛岡藩の工匠本林忠之助の長男として文化一四年（一八一七）六月一二日に生まれる。常将は諱で通称は重之助といった。幼少より建築技法を習得し資性豪宕気概ありといい、深く算数に通じ設計の速さは神の如くであったという。壮年期に江戸に出て藩邸に住み幕府大棟梁の平内廷臣に師事し、同門下の白眉と称されたという。後年盛岡にもどり藩の大棟梁に禄二口で召抱えられ名字帯刀を許された。明治になると四年に北海道函館に移りさまざまな企画をするが実現することなく、明治六年一一月二八日に同所で没した。著作は江戸時代の建築関係の木版本著者としては最多で左記のとおり多くの著作があるが、未だ開版に至らなかったものも多かったという。

①新撰早引匠家雛形：嘉永四年（一八五一）②新撰早引匠家雛形二編：安政三年（一八五六）③大工日用唐尺秘法安政三年（一八五六）④匠家雛形軒廻り口伝書：安政六年（一八五九）⑤匠家極秘四方転柱之図同振勾配之図　全：安政六年（一八五九）⑥新撰早引匠家雛形三編：明治八年（一八七五）⑦軒廻矩術早見：明治八年（一八七五）

注17　慶長九年（一六〇四）、五間堂、入母屋造、こけら葺。重要文化財。

注18　例えば林家文書のうちでも、安政四年（一八五七）の二タ軒反り隅法六ツ連ノ位［木二一—三—四四］は『秘伝書図解』の類型本で「古式」であるが、明治二一年に書かれた家伝隅矩尺遺法［木二〇—一二］では、「一茂垂木ノ隅木先曲地ヲシテ見ル時知ル六枝五枝ノ時、丸桁ニハ手挟打也。七枝目ノ木負之懸所ハ、木負口脇ト隅木ノ木面トノ四ツ居ヲ七枝目ノ垂木之真ト定」と軒出の指定は垂木の実数でおこなっていて「新式」に変わっている。

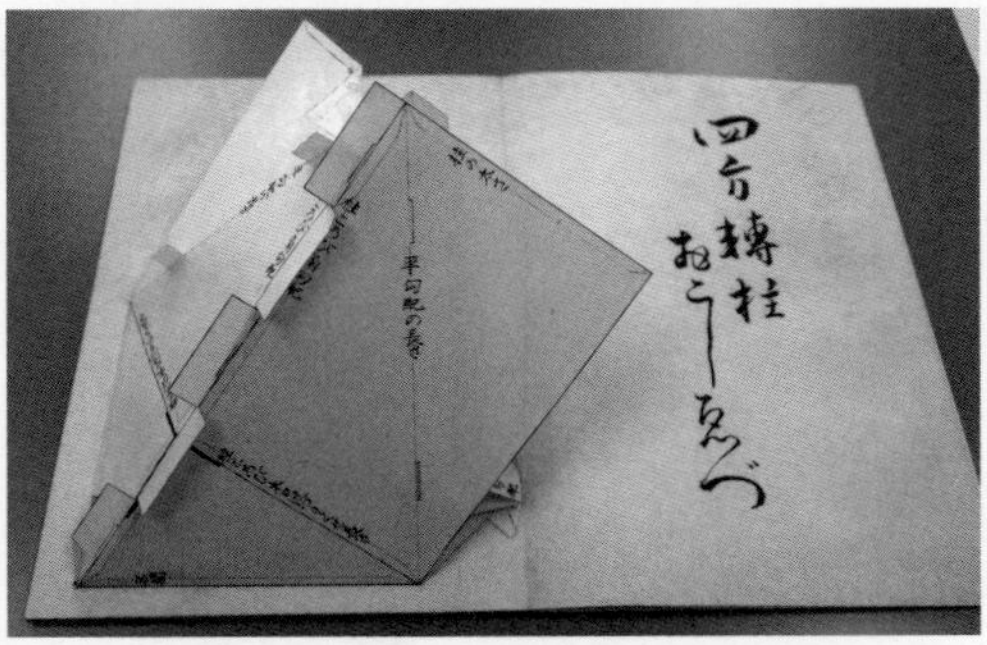

『匠家極秘四方転柱之図同振勾配之図 全』（上図）では、起し絵にすることによって立体的な関係を理解しやすいように工夫されている。
平内廷臣がおこなった立体視の試みは門人である本林にも受け継がれている。

第八章　引込垂木の変容――『独稽古隅矩雛形』と現代軒規矩術法――

一　はじめに

近世の軒規矩術法について第六章では、（1）軒規矩術法の最古の木版本とされる『大工雛形秘伝書図解』とその類型本において、「引込垂木法」が述べられていることを指摘し、その技法を明らかにした。また、第七章では（2）一六世紀から一九世紀までの主要な近世大工技術書における二軒繁垂木の軒規矩術法もまた「引込垂木法」であることを確認した。

「引込垂木法」の「引込む」は、他に「張込む」や「投込む」などと表記されてきたが、（注1）技法として明確に解説されるのは幕末の安政四年（一八五七）に小林源蔵が著した『独稽古隅矩雛形』まで降る。

同書は、現在においても文化財建造物修理技師の間で軒規矩術の基本的文献とされ、（3・4注2）文化財修理の木工技能者研修で参考書として利用されるなど文化財修理の分野に大きな影響をあたえた軒規矩術書であるが、通常使用されている「現代軒規矩術法」とは設計の工程がまったく異なる軒規矩術法であることに注意しなくてはならない。（5・注3）

本章は、「現代軒規矩術法」とは異なる技法でありながら、現代においてもなお参照される『独稽古隅矩雛形』の「引込垂木法」の特徴を明らかにするとともに、軒規矩術法が近世から現代へ変容する背景を考察する。

二　現代軒規矩術法と引込垂木法の相違

二―一　現代軒規矩術法の設計工程と基準

「現代軒規矩術法」の設計の工程は、平の軒出を決めるところからはじめると考える。軒廻りのすべての基本は平の断面図であり、軒は平の位置から木負、茅負が反り上がり隅木の口脇に納まると一般的に理解されている。(6・注4)

ここで、「引込垂木法」により設計されたと考えられる近世遺構が、「現代軒規矩術法」で作図された例を、図1（重要文化財備中国分寺五重塔の軒規矩図(7)）に掲げる（説明のために入中墨、出中墨、隅木側面などを筆者が書き加えている）。

軒規矩図は、軒の見上げ図を中心に、下段に軒桁、木負、茅負の姿図、右側に平の断面図、左上に隅木の側面図を配置する構成になっていて、各部材間の幾何的な関係がよく理解できる。

このような軒規矩図は現在ではほとんどの修理工事報告書で確認できるが、初期の軒規矩図の中には作図の原理は同じでありながら見上げ図がなく、すべての図が平行に配置されていて部材同士の関連がつかみ難いものもある。

「現代軒規矩図法」では、木負、茅負はそれぞれ前面を垂直に起こした姿図になっていて、向留の勾配は中勾勾配であり、そのまま加工墨になっている。

さて、「現代軒規矩術法」において規矩的な要点のひとつは、設計の基準が隅木側面に統一されていることである（図1で隅木側面を太線で表示）。出中墨や入中墨を介して平の断面図、木負、茅負そして隅木の関係が明確に関連付けられているため、平の断面図上に隅木側面を表現することが可能となり、隅木の設計を容易にしている。

しかし、隅木側面を基準とすることで、木負、茅負の姿図（正面図）における軒桁真が出中墨であるのに対し、同じ桁真が平の断面図においては入中墨となる不一致が生じるため、中世や近世における軒規矩図や建地割図のように、軒桁真を揃えて茅負の立面図と平の断面図を重ねて表現することはできない。

その他、隅木側面を基準であるため、これまで留先までであった木負、茅負の反りの寸法は口脇までである。

二―二　引込垂木法の設計工程と基準

前章で述べたとおり、「引込垂木法」の設計方法は、一六世紀後期の林家傳家文書『木摧』(8)から、一九世紀中期の『匠家矩術新書』(9)まで原則的には同じ内容であり、隅木の作図法が少し改良された以外はさほど大きな変化は認められない。

「引込垂木法」は、はじめに配付垂木割をおこない、木負、茅負の留先定め、そこから引込んで平の軒出を決定した後、次の段階で隅木廻りの設計をおこなうもので、その具体的な事例として『秘伝書図解』の類型本の坂上家文書(注5)を図2に掲げた。図の構成は、下段に平の断面図と木負、茅負の正面図を重ねた図があり、その上段に隅木側面図が配されている。はじめにおこなう工程が下段の図で、配付垂木割、木負、茅負の形状、留先、平の軒出の決定方法を示す内容になっているが、この図は、木負、茅負の正面図と平の断面図の軒桁真は一致しているから、設計の基準はすべて部材の真であって軒桁真は本中墨とするのが正しい(注6)（もう少し正確にいうと隅木真上の本中墨である）。

上段の隅木の設計では、『秘伝書図解』や坂上家文書などの類型本は幾何学的な方法によらず、要所を押さえて作図する簡易な作図法とするが、『軒廻棰雛形』(10)以降の軒規矩術書では隅木と同じ面に平の断面の主要な墨（垂木上端、木負・茅負の前面）を描くもので、隅木との関係は幾分わかりやすくなっている（図3）。しかし、それでも平の断面図を隅木側面に移してから隅行き方向に延ばす作図は、多少の幾何学的知識を必要とするから江戸時代当時においても理解し難いものであったに違いない。

二―三　「現代軒規矩術法」と「引込垂木法」の相違

「現代軒規矩術法」では平の軒出は最初に決定されると考えるのに対して、「引込垂木法」では留先を引込んで最後に求められるから、まったく逆の設計工程であるということができる。

また、作図上では設計基準の相違が大きい。「現代軒規矩術法」ではすべての図において共通して隅木側面を基準とするのに対し、「引込垂木法」では隅木だけ側面を基準とするが、平の断面図や木負、茅負の正面図にはそうした意識がなく、通常の建地割図等と同様に真を設計の基準としている。つまり、隅木側面の図とその他の図面の間に共通の基準が存在しない。

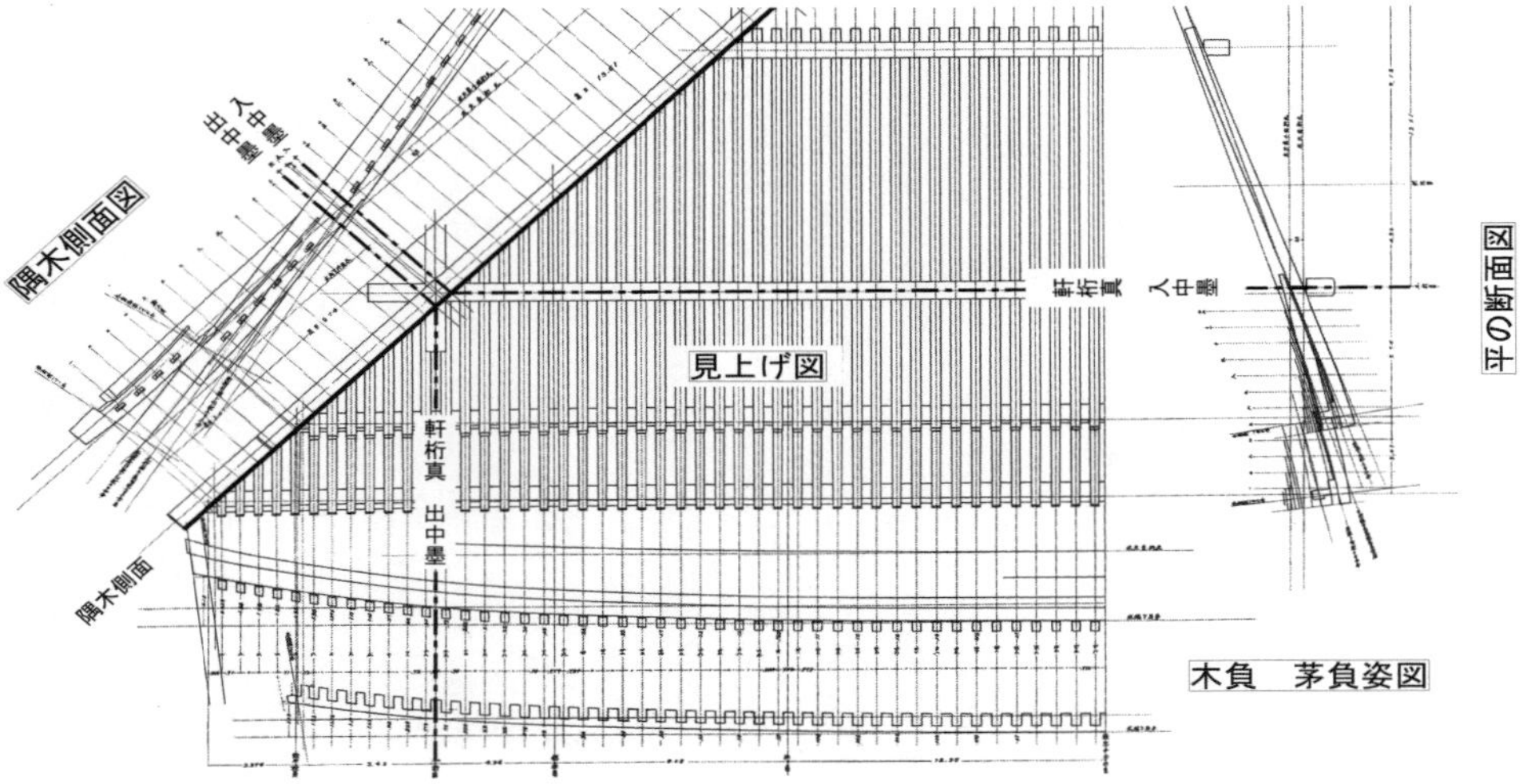

図１　現代軒規矩術法による軒規矩図（備中国分寺五重塔の規矩図　文献７より引用・加筆）

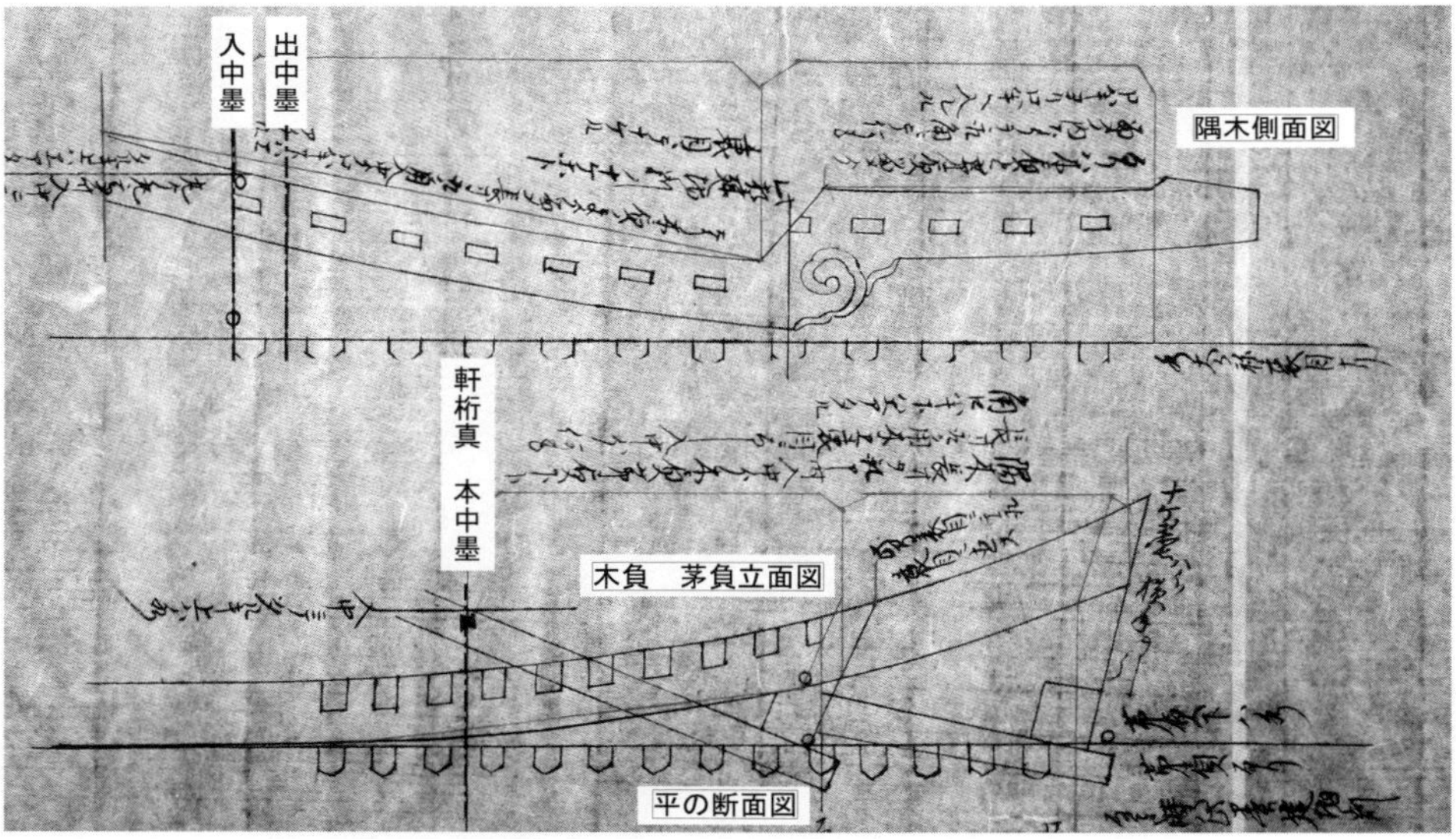

図２　引込垂木法の軒規矩図（坂上家文書に加筆）

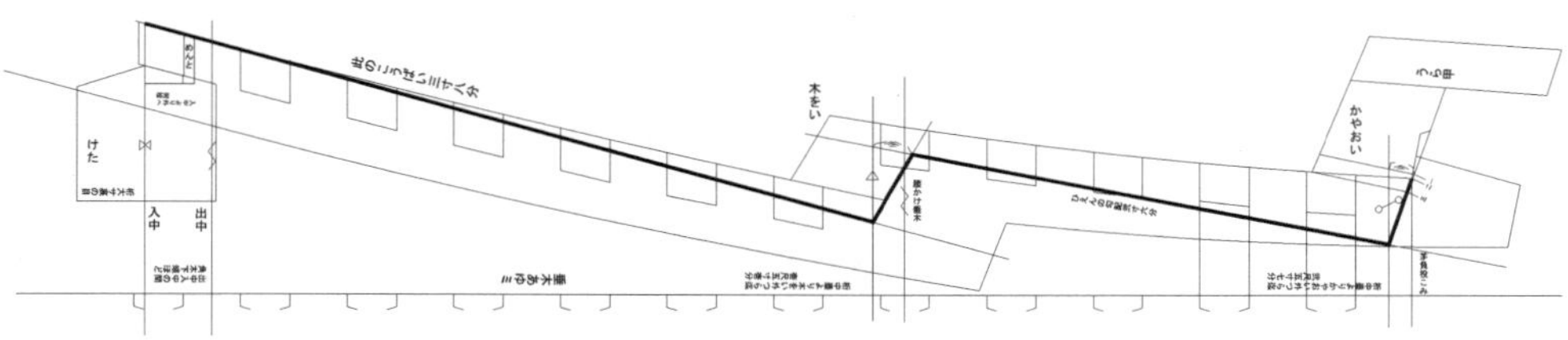

図３『軒廻極雛形』の二軒隅木の図（平の垂木上端、木負・茅負前面を太線で示す）

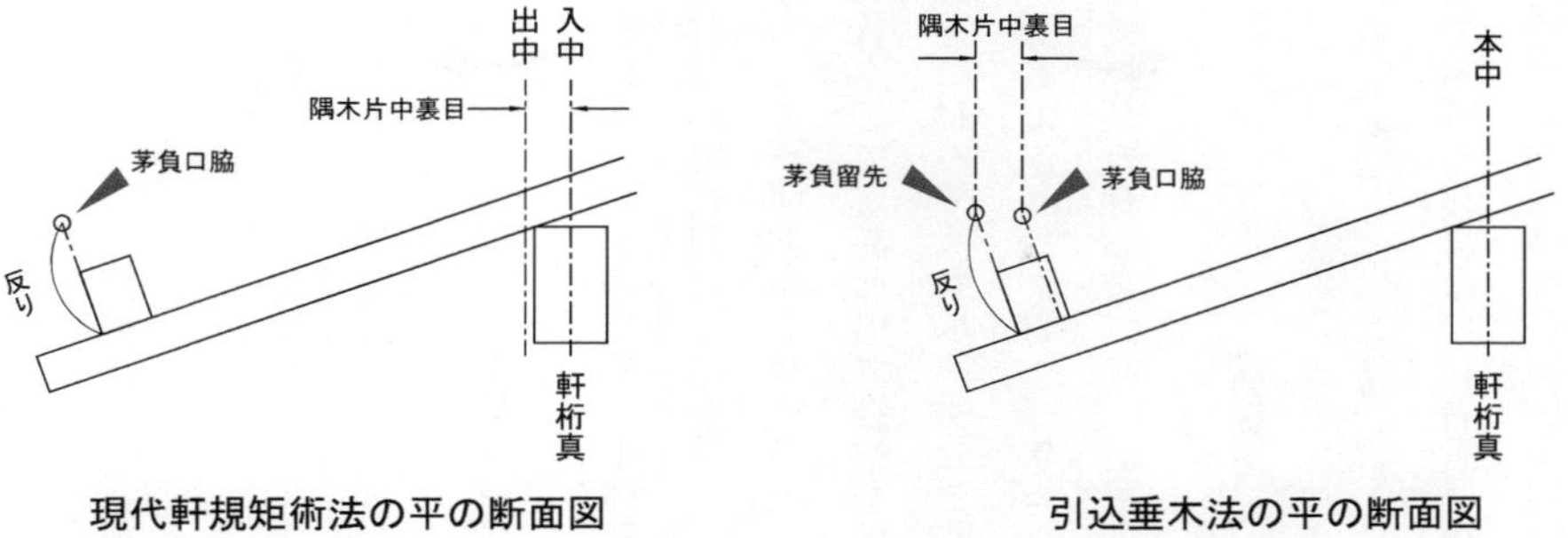

図４　軒規矩法の違いによる平の断面図の比較

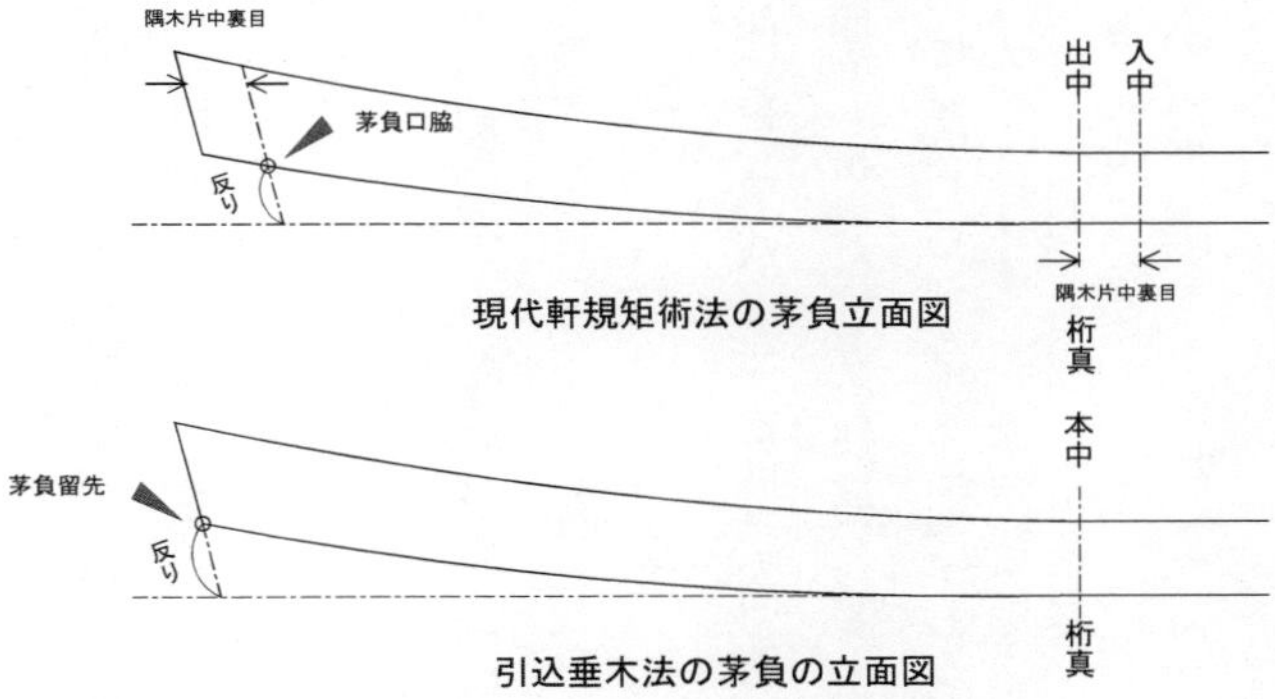

図５　軒規矩法の違いによる茅負立面図の比較

こうした基準の違いについて、平の断面図で比較すると（図４）、「現代軒規矩術法」では軒桁真は入中墨となり、そこから隅木片中裏目だけ出た位置が出中墨になるのに対して、「引込垂木法」では軒桁真はすべて本中墨（隅木真上）となる。

茅負の反りは、「現代軒規矩術法」では茅負前面の投げ勾配上に口脇までの反りを取るが、「引込垂木法」は茅負前面の投げ勾配上に留先までの反りを取り、口脇はそこから隅木片中裏目もどった位置に口脇までの反りを取るから、やはり「現代軒規矩術法」とは異なる。

茅負正面図（図５）で比較すると、「現代軒規矩術法」では、軒桁真は出中墨となり隅木片中裏目もどった位置が入中墨となる。茅負前面は垂直に起した姿図とし、反りは口脇までとすることが多い。対して、「引込垂木法」では軒桁真は本中墨（隅木真上）であり、茅負は納まった（投げた）とおり水平に見た正面図で、茅負の反りは茅負留先までの反りで定めるのが古くからの方法である。

以上のとおり、両技法の間の設計工程と設計の基準の相違は大変大きく、「現代軒規矩術法」に見慣れた立場からすると、「引込垂木法」は一見矛盾しているように見えるほど違う。

三　『独稽古隅矩雛形』の軒規矩法

近世の最後期に小林源蔵によって著された『独稽古隅矩雛形』は、「引込垂木法」を説く軒規矩術書でありながら、「現代軒規矩術法」においても参考にされるのはどのような理由によるのであろうか。

三―一　小林源蔵昌長について

小林源蔵の子孫である小林義平、源一郎両氏の著作によれば(11)、小林源蔵昌長は戦国期末から現在の長野県佐久市野沢に居を定めた小林家の九代目で、大工として源蔵を名乗るようになってからは三代目にあたる(注7)。寛政七年（一七八五）生まれ、安政五年（一八五八）江戸にて築地本願寺御堂の施工途中に没した。

若くして京都へ出て修業を重ね、天保三年（一八三二）には京大工組の西六条組の組頭水口若狭宗勝に弟子入りし、後には本願寺御堂において棟梁水口伊豆を助け、脇棟梁も務めたほどの技量の持ち主であったという。

源蔵の作品は、嘉永二年（一八四九）に完成した神光寺三重塔があるが、明治三年に同寺が廃絶したため貞祥寺に移築され、現在は長野県の有形文化財に指定されている(12・注8)。

三―二　『独稽古隅矩雛形』の書誌

『隅矩雛形』は、安政四年（一八五七）六月に江戸千鐘房（北畠（須原）茂兵衛）から出版された木版本で、内容は完全な軒規矩術書で木割を含まない。著者は小林源蔵昌長で息子の昭長が校正をおこなっている。全三冊からなる半紙本で、序文は源蔵に本の出版を進めた儒者伊藤馨鳳山(注9)が書いている。

内容は、小林源蔵の付言によれば、初心の輩に向けたもので基礎的な解説であるとし、上達の木匠が見るものではないとするが、軒規矩術に関する基礎から扇垂木までを網羅する大著であることに違いない。

上巻は二九節で竪水の説明からはじまり振れ隅、垂木割法など規矩術の基本事項が中心に述べられている。中巻は一九節からなり、配付垂木長さや仕口などの部材の加工方法が主な内容で、下巻は引込垂木を含む軒規矩術法が二〇節にわたり分かりやすい図と詳細な説明が述べられている。

同書に関する既往の研究としては、近世規矩の選定保存技術保持者であった上田虎介の解説書や論考がある。(13)

三―三　『隅矩雛形』の軒規矩術

具体的な軒規矩術法は下巻で述べられている。はじめに一軒の軒規矩が述べられ、続いて二軒、六角軒（二軒）、扇垂木と続き、最後は九輪割という内容になっている。

扇垂木以下を除くと一軒から六角軒までの構成は表1のとおりで、一軒の説明は「四十九　茅負反」、「五十　引込垂木」、「五十一　反物壱軒配附垂木長」、「五十二　反物壱軒隅木」という四節からなる。これが小林源蔵の考える軒規矩の設計の基本工程である。続く二軒、六角軒には引込垂木についての説明がなく、三節から構成されているが、その理由は引込垂木の理屈はどの軒であっても同じであるために、説明は一軒の中だけにとどめ二軒以降は省略されただけである。

上田虎介はここで引込垂木だけを独立した項目の説明と理解したため、引込垂木を特別な技法であると位置付けて引込垂木の理解

表1　『隅矩雛形』下巻の内容
（扇垂木以下除く）

一　軒	二　軒	六角（二軒）
四十九　茅負反	五十三　弐軒茅負幷木負反	五十六　六角弐軒茅負木負反
五十　引込垂木	―	―
五十一　反物壱軒配附垂木長	五十四　弐軒配附垂木長	五十七　六角弐軒配附棰長
五十二　反物壱軒隅木	五十五　弐軒隅木	五十八　六角弐軒隅木

を大きく誤ってしまった。説明の全体の構成から見ても、この位置に引込垂木が独立して述べられているのは不自然である。

そこで、はじめに引込垂木が省略されていない一軒の軒規矩で小林源蔵の軒規矩の考え方を確認し、その後、二軒繁垂木の軒規矩の技法を検証したい。

軒規矩術の構成

一軒の軒規矩術法は、「四十九　茅負反」からはじまり、「五十　引込垂木」、「五十一　反物壱軒配附垂木長」、「五十二　反物壱軒隅木」の四節によって構成されている。

『隅矩雛形』以前の「引込垂木法」である『秘伝書図解』の類型本と比較すると、「四十九　茅負反」と「五十　引込垂木」を合わせたものが図2の下段の図に該当し、「五十二　反物壱軒隅木」が図2の上段の図に対応している。

そして、「五十一　反物壱軒配附垂木長」が、配付垂木長を求める図として新たに加わり四節の構成になっている。この図は『隅矩雛形』ではじめて現れた図で、それ以前の「引込垂木法」にはなく、小林源蔵の軒規矩の考え方が良く理解できる図である。こうした『隅矩雛形』の規矩術法とそれ以前の「引込垂木法」の関係を比較したものが図7である。

一軒繁垂木の軒規矩

では『隅矩雛形』の考える軒規矩術を一軒繁垂木を通して節ごとに見ていきたい。

①はじめに「四十九　茅負反」が示される（図8）。そこでは反りのある茅負正面図と、「引込垂木法」では必ず初めにおこなう配付垂木割が描かれている。さらに一番垂木から小間を揃えた位置に茅負口脇が定められている。

反りは茅負成半本から三本まで反り、上端は二分増しとあり、『隅矩雛形』以前の軒規矩術書と大きく変わるところはないが、茅負反りを口脇で押えているのが新しい傾向である。また、軒桁真を出中墨としている点もこれまでの規矩術書にはなかった点である。

②続く「五十　引込垂木」はまさに「引込垂木法」を説明した項目である。図は平の断面だけでなく、隅木が軒桁に落掛る組手部分の伏図も添えられていて、部材や墨の関係はわかり易い（図9）。

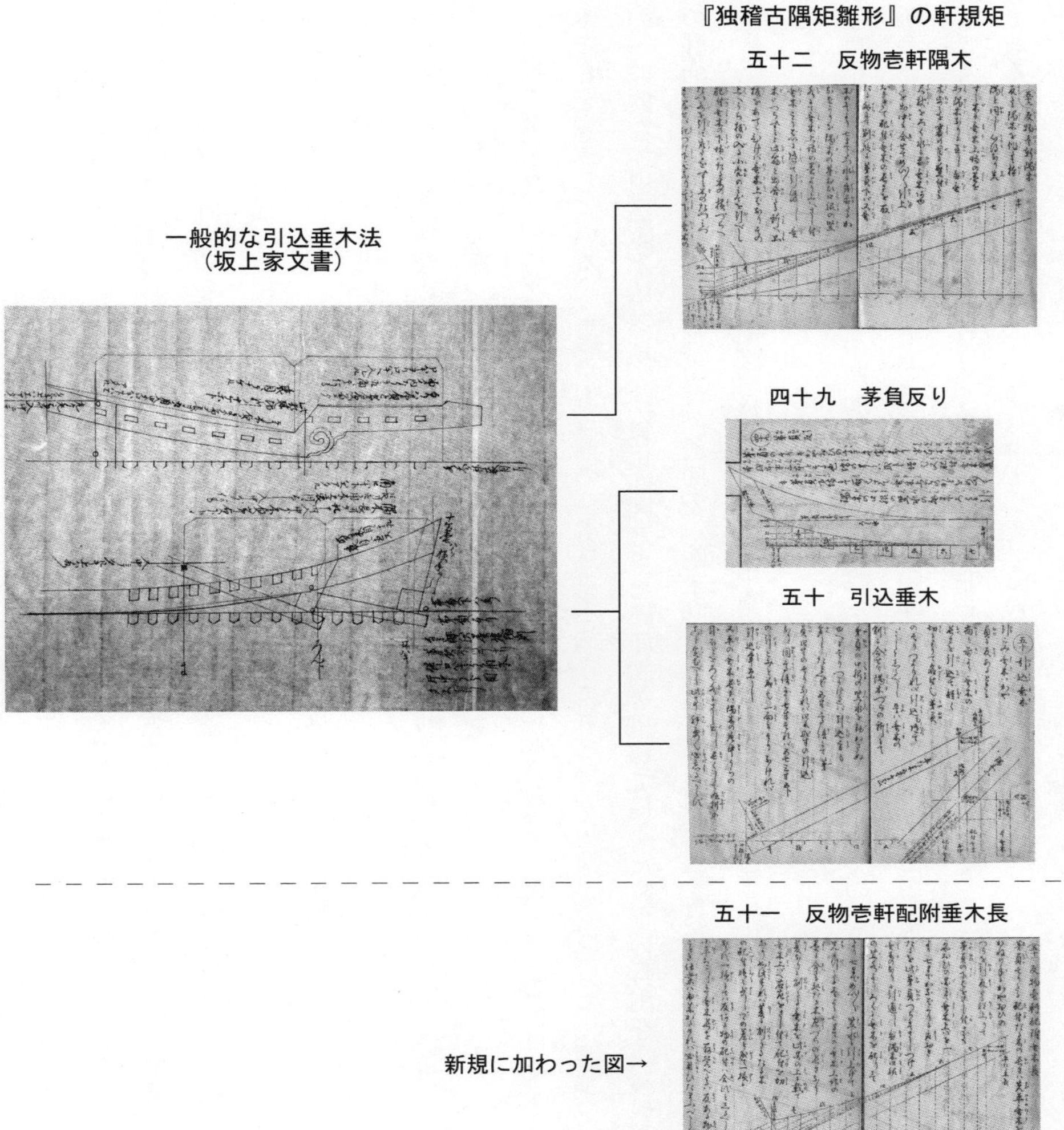

図７　一般的な引込垂木法と『独稽古隅矩雛形』の軒の比較

説明では、「引込垂木ハかや負に反あるときに当たり前より垂木の長さを引込て短く切によりて名付也（後略）」とある。これまでの「引込垂木法」では、引込むとは木負、茅負の留先位置から、それぞれの前面の投げ勾配で引込むという意味であったが、『隅矩雛形』では隅木側面を基準としているから、茅負口脇から平の高さまで引込むことを意味している。

この節の説明を、上田虎介は『隅矩雛形』の解説において、「引込棰は茅負に反りがある時に、普通に治めた場合の棰よりもその長さを引込めて短く切って治めるところからその名が出ている。」（原文のまま）と、「引込垂木法」とは別に「普通」の技法が存在するとした。(注10) 上田がいう「普通」の技法は、当時も一般的な技法と考えられていた文化財修理において通常使われていた規矩術法、つまり「現代軒規矩術法」を指していて、「引込垂木法」は「普通」の技法（「現代軒規矩術法」）より、垂木の長さ（平の軒出）が短くなる「普通」ではない技法と解釈したのであった。

当然、上田がいうところの普通に納める「現代軒規矩術法」は江戸時代には存在しておらず、近世のすべての大工技術書において、二軒繁垂木は「引込垂木法」であったことは前章で述べたとおりである。

図には、丸桁真（軒桁真）が出中墨から隅木片中裏目もどった位置に記されている。このことは明示はされていないが、軒桁真が入中墨であることを意味している。この点も以前の「引込垂木法」にはなかった点である。

これまでの一般的な「引込垂木法」は、茅負正面図と平の断面図を重ねて描くため平の軒出を決めやすいが、『隅矩雛形』ではそれらが別々の図面になっている。この理由は、前節の「四十九　茅負反」において茅負正面図における軒桁真を出中墨としているのに対し、「五十　引込垂木」の平の断面図では軒桁真を入中墨としているために、茅負正面図と平の断面図を重ねて描くことができないのである。

軒桁真が茅負正面では出中墨で、平の断面図では入中墨である理屈は、それまでの「引込垂木法」ではなかった考えであるため、間違いやすかったに違いなく（現代でも間違いやすい）、この節の説明の最後に「平の垂木長さハ隅木の片中うらの目ほどをろく水にさし出し長くして丸桁の真と定むへし此の事肝要也必忘るばからず」と、出中墨から隅木片中裏奥へもどした位置が軒桁真となることは、重要であるから間違えないようにと注意書を添えている。

このように平の断面における軒桁真を入中墨とし、そこから隅木片中裏目出た位置が出中墨となるのは、軒規矩の基準を隅木側面に統一した必然的な結果であるが、それまでの軒規矩術書にはない画期的なことであった。その効果が次の「五十一　反物壱軒配附垂木長」ではっきりする。

③「五十一　反物壱軒配附垂木長」は前述のとおり、これまでの「引込垂木法」には見られなかった図で、配付垂木の長さを定めるのが目的とするが、実際にはさらに重要な効果がある。

図の基本は先の「五十　引込垂木」と同じ平の断面図で出中墨の位置も同じであるが、出中墨を手挟んで配付垂木割が描かれている。茅負前面の投げ勾配上に配付垂木ごとの反りを取り、それを垂木勾配なりに伸ばして垂木割との交点（垂木尻位置）を求めることで、配付垂木長さを定めるものである。

こうした作図を可能にしたのは、隅木の側面を基準にしたことによる効果で、本来は隅木においてのみ必要であった出中墨や入中墨を、平の断面図にも表示できるようになったのである。そのため平と隅の間に共通の基準ができ、平の断面寸法を隅木側面に写すのを容易にしたのである。

図の表題は配付垂木の長さを見る図とするが、もう少し踏み込んでいうと平の断面図上に隅木側面を重ねて表現できるようになっていることが重要で、平の断面図上の配付垂木の位置は隅木の形状も表現しているのである。

④続く「五十二　反物一軒隅木」は、隅木を作成するための図であるが、前の「五十一　反物壱軒配附垂木長」を垂直方向の寸法はそのままに、水平方向の寸法だけを$\sqrt{2}$倍すれば隅木を容易に完成することができる。

それまでの「引込垂木法」は、茅負正面図と平の断面図を作成した後、隅行き方向の図上で平の垂木勾配や茅負前面の投げを作図して、そこから隅木を決定する必要があったため煩雑で間違いやすかったが、『隅矩雛形』では平の断面図で作図した隅木側面をそのまま隅行き方向だけを引き延ばせばよく、作業性や精度は格段に向上したといってよい。

こうした変化は軒規矩を隅木側面に統一したことで平の断面図に出中墨や入中墨の表現が可能になった効果で、隅木と共通の基準墨をもつことで図面相互の関係を明確にしたのであった。

四十九　茅負反

茅負のそりはかやおひの高さにて定るなり　半本壱本壱本半弐本弐本半三本とそる也　端のましハ弐分増し也又配付垂木の菱は茅負下端にて所也　さて垂木上ばのかどをめいめい隅木の口脇の竪水の処までろくに引出しかなバかりに写し置配付垂木の長を取時に用也

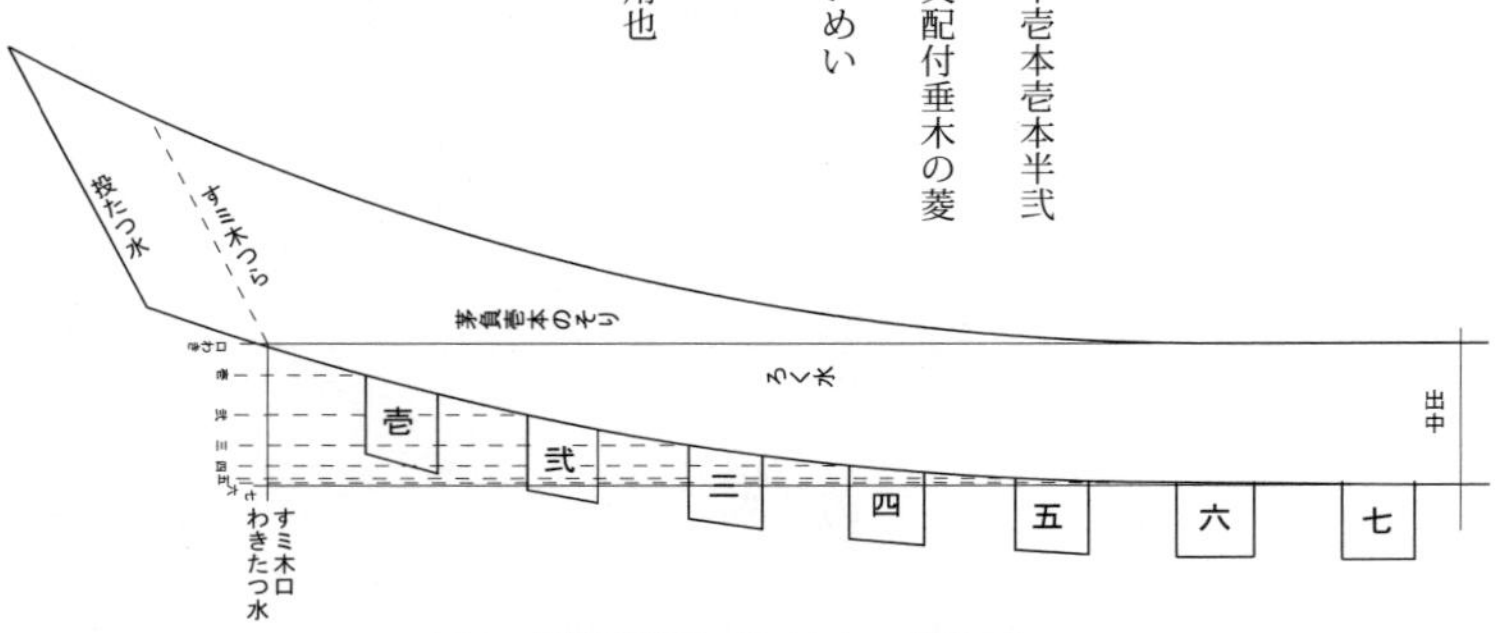

図８ 『隅矩雛形』「四十九　茅負反」

五十　引込垂木

引こみ垂木ハかや負に反あるときに当り前より垂木の長さを引込て短く切によりて名付也　茅負のそりつよけれバ引込も従てつよしと志るべし　是ハ垂木の割に合せて隅木づらの処にて茅負の口脇の竪水を動かさぬゆへにそりつよければ引込方も多し　たとへば五寸高配にて茅負四寸のそりなれバ四五弐寸の引込なり　同高配にて七寸それバ五七三寸五分の引こみと成也　一向にそりなければ引込事なし

又平の垂木長さハ隅木の片中うらの目ほどをろく水にさし出し長くして丸桁の真と定むへし此事肝要也必忘るばからず

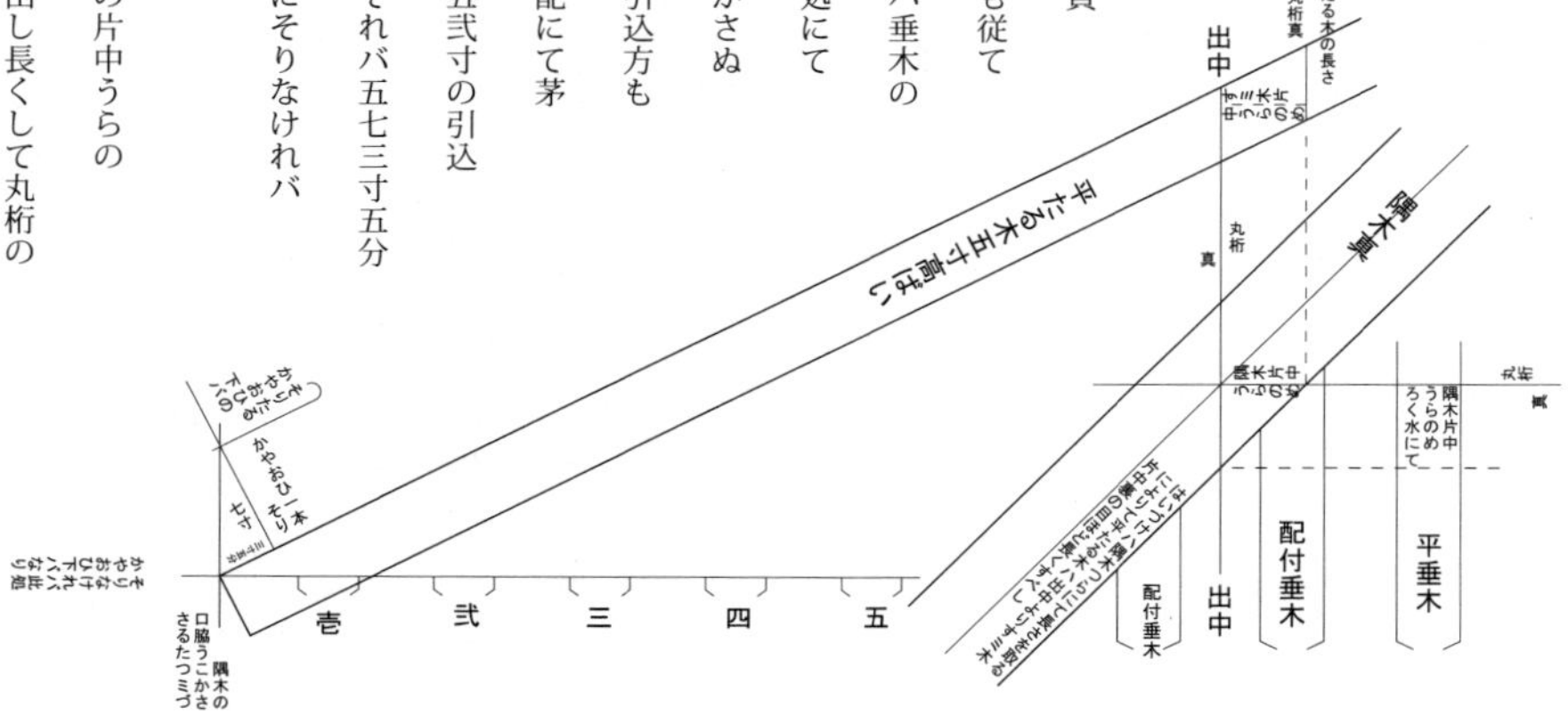

図９ 『隅矩雛形』「五十　引込垂木」

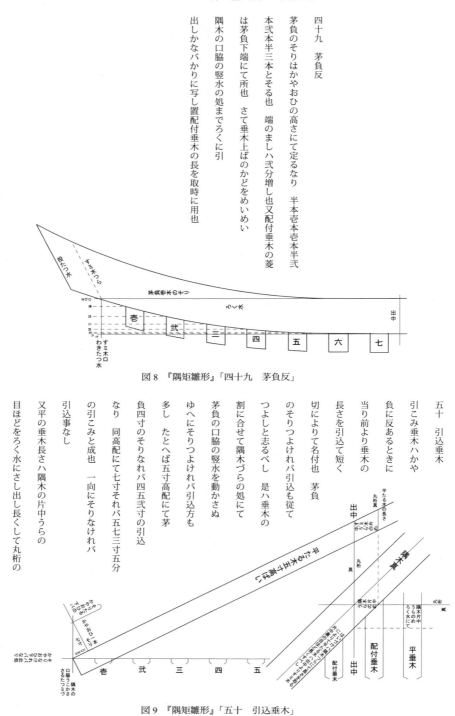

五十一　反物壱軒配附垂木長
茅負そりたる配付けだる木の長さハ先平垂木を引上端より
かねの手にかやおひの
つらを引　反たる程上りて
茅負の下ばをさし付けて
かやおひの図にて垂木上端を一
より七までかなばかりに取おき
たるを此茅負つらにてさしつけ
垂木のなりに引通し置　隅木口脇
の竪水よりろくに垂木を配り壱
より七までめいめい竪水に引上げて
先に引たる壱より七までの垂木上端の
墨に合たる処　たる木左づらの長さなり
菱なりに削たる垂木を此図の上に載て
垂木上バへ右左をさし付て配付を切
なり　如此すれバ菱に削たるたる木
の配付段々少しづつの差と成て一様に
ならず一様にてハ反ある物の配付ハ合ずと志るべし
小平おこしにて垂木長を取覚へたるハ反ある物にいたりてかくの
ごとき仕業ハ出来がたけれバ必用ひたまふべからず

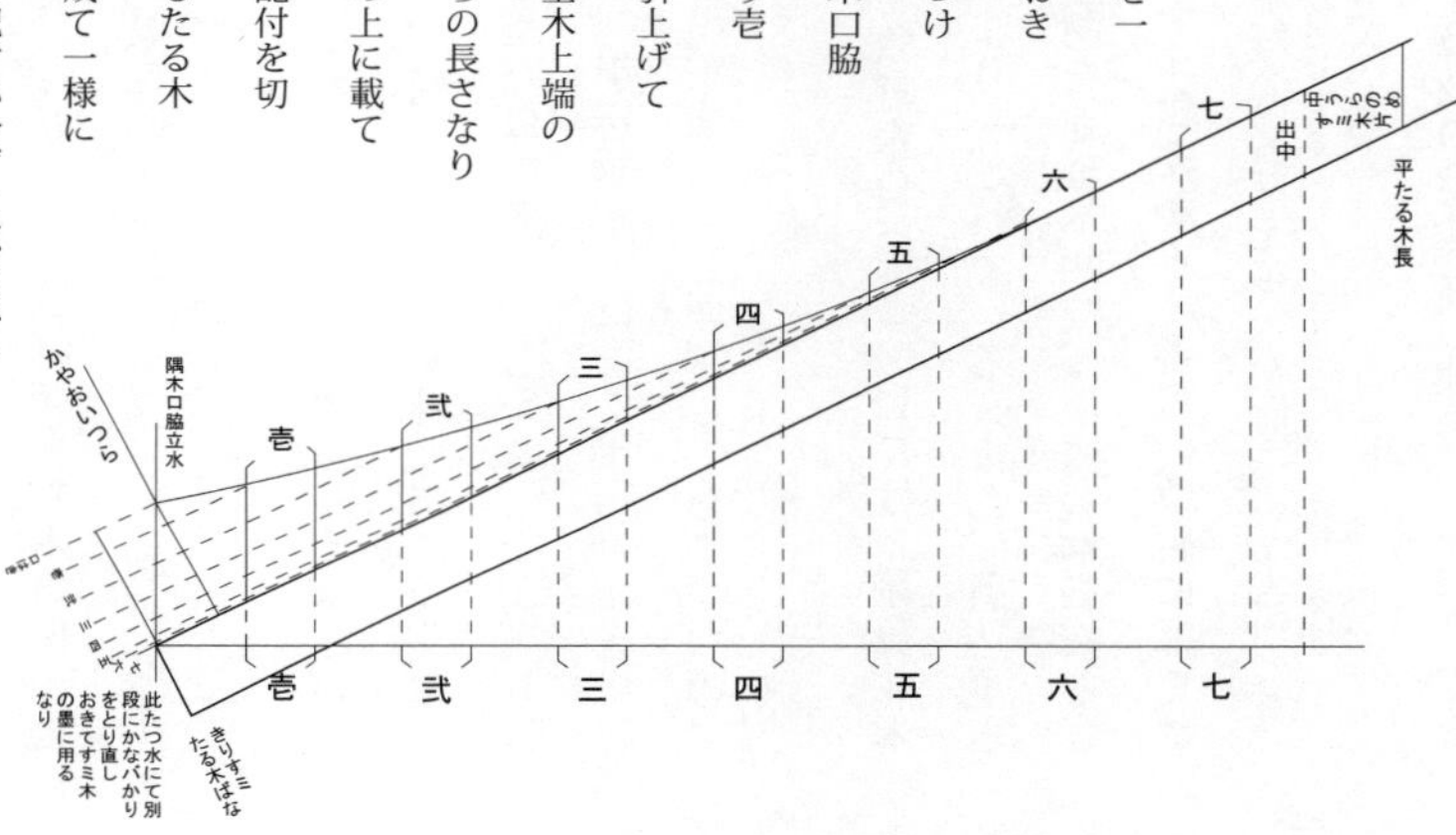

図 10 『隅矩雛形』「五十一　反物壱軒配附垂木長」

五十二　反物壱軒隅木
反たる隅木を作るも棒
隅と同じ心得なる　先
すミ木に垂木上端の墨を
打　隅木なりに直し置垂
木歩ミを裏の目に盛付たる
尺杖をろく水に置　垂木あゆ
ミを出中に合せてめいめい引上
おき　さて配付垂木の長さを取
たる処にて別段に茅負下バ垂
木の壱より七までたつ水に取置たるか
なばかりを隅木の茅おひ口脇の竪
水にて垂木上端の墨より上へさし付
垂木こうばいに従て引渡し垂
木のつらずミと此筋と出合たる所へ品
板をあててひけバ垂木上バなり　その
上へうら板の入る小穴のミぞを引べし
配付垂木の下端ハたる木の横づらへ
たつ水を引て取たるをすミ木のたつミづ
にて写せバ配づけ下バなり　其下に垂木の
下バの太さほど置てすミ木の下端をひくべし

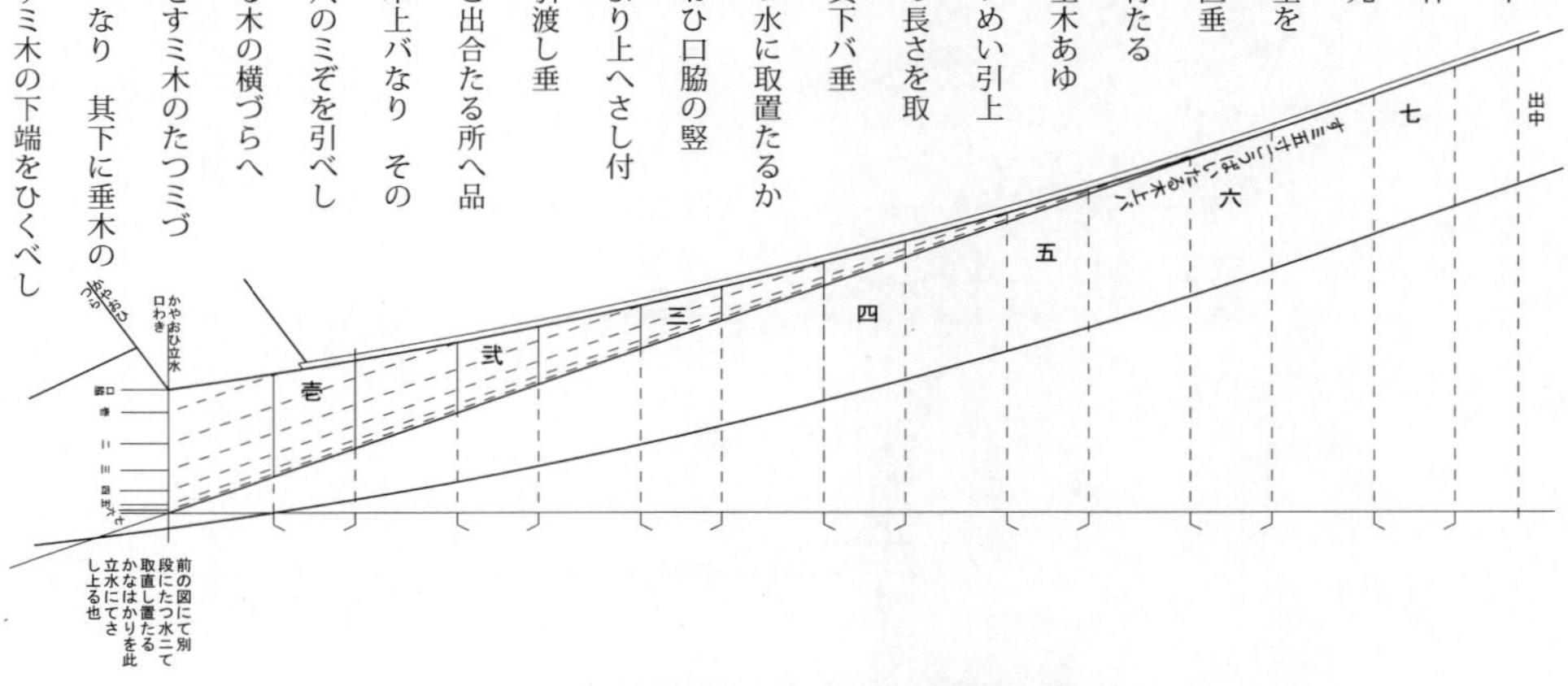

図 11 『隅矩雛形』「五十二　反物壱軒隅木」

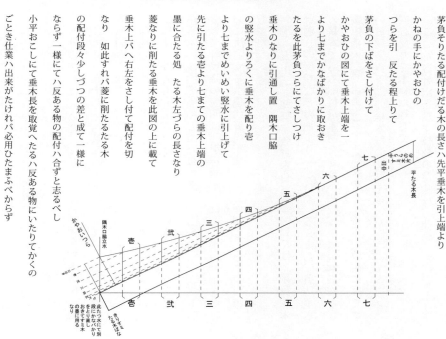

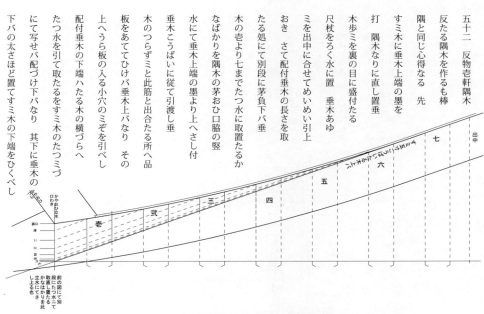

二軒繁垂木の軒規矩

次に、軒規矩の基本である二軒繁垂木の軒規矩について見ていきたい。

一軒の四節に続いて、「五十三　弐軒茅負幷木負反」にはじまり、「五十四　弐軒配附垂木長」、「五十五　弐軒隅木」の三節からなる。

前述のとおり二軒には、引込垂木に関する説明はないが、これは「引込垂木法」ではないという意味ではなく単に引込垂木の説明を省略しただけである。しかし、上田虎介は、この二軒以降の説明は、引込垂木ではなく平の軒出をはじめに決定する「現代軒規矩術法」と理解してしまったのであった。

①「五十三　弐軒茅負幷木負反」（図12）は、茅負、木負廻りの反りなどの納まりを述べている。また、引込垂木の基本である配付垂木割を地垂木四枝、飛檐垂木三枝とし、腰掛垂木（論治垂木）を茅負先から三番目の位置に押えている。茅負下端の垂木毎の反りを垂木左側で立水にとり、同じ反りを木負に写している。

ここでも軒出を示す枝数の意味は、他の「引込垂木法」と同様に、平の軒出ではなく配付垂木数である（『秘伝書図解』の類型本等のように、二度置きなどはせず実数である）。

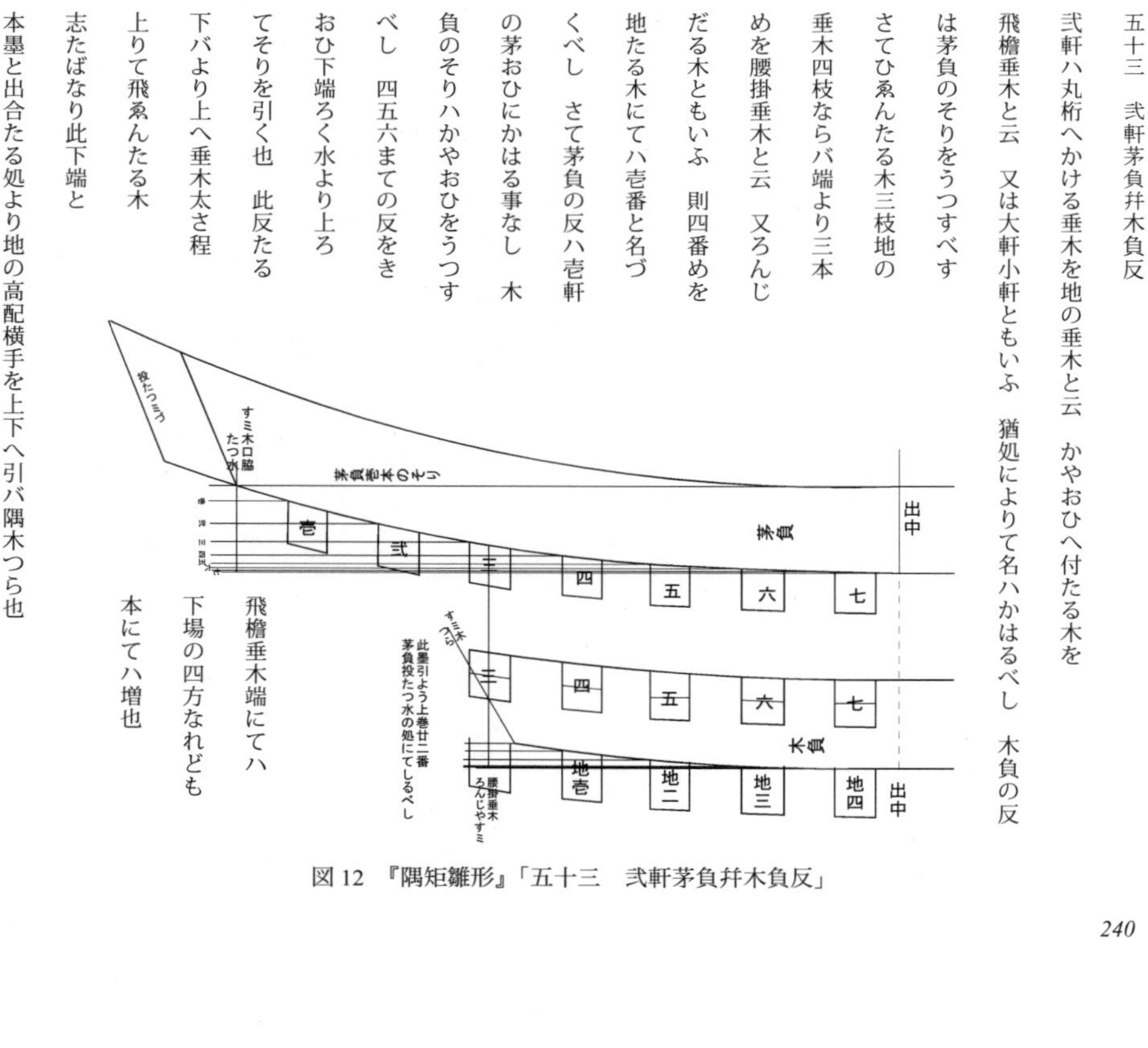

此墨引よう上巻廿二番
茅負投たつ水の処にてしるべし

弐軒ハ丸桁へかける垂木を地の垂木と云　かやおひへ付たる木を
飛檐垂木と云　又は大軒小軒ともいふ　猶処によりて名ハかはるべし　木負の反
は茅負のそりをうつすべす
さてひゑんたる木三枝地の
垂木四枝ならバ端より三本
めを腰掛垂木と云　又ろんじ
だる木ともいふ　則四番めを
地たる木にてハ壱番と名づ
くべし　さて茅負の反ハ壱軒
の茅おひにかはる事なし　木
負のそりハかやおひをうつす
べし　四五六までの反をき
おひ下端ろく水より上ろ
てそりを引く也　此反たる
下バより上へ垂木太さ程
上りて飛ゑんたる木
志たばなり此下端と
本墨と出合たる処より地の高配横手を上下へ引バ隅木つら也
飛檐垂木端にてハ
下場の四方なれども
本にてハ増也

図12　『隅矩雛形』「五十三　弐軒茅負幷木負反」

五十四　弐軒配附垂木長

先地の垂木を勾配なりに引　茅負口脇の竪水とろんじ中墨と出中と合せろく水にてたる木歩ミをいたし　たつ水に引上さて地の壱より四までハ飛檐の四より七までなれバ茅負づらにて取置たるかなばかりを平の地垂木よりかねの手に上へ四五六七とさし付る也　地にては壱弐三四と成なり是をたる木高配につれて引通此筋とたる木左のつらと出合たる処へ品板を当ひけバ地の配づけ垂木上端なりさて此そりの上バより木負のつらにてたる木太さほど上るたる処ろんじ垂木の下ばなり　此下バと中墨と合たる処より木負のつら墨を引べし　此垂木の下端よりひゑんだる木の高さをさし付上ばを飛檐高配に引　是ハかなバかりのミなれバ是より上へ弐壱口脇とさし付　下へハ四五六七とさし付ひゑん高配なりに引也　竪水に引置たる垂木の左づらと出合たる処へ品板を当ひけバひゑんの配付上バなり木負へかかる垂木の長さも反あるうちハ四五六七めいめい少しづつ長さ違ふ也　後ハ皆一様の長さなり

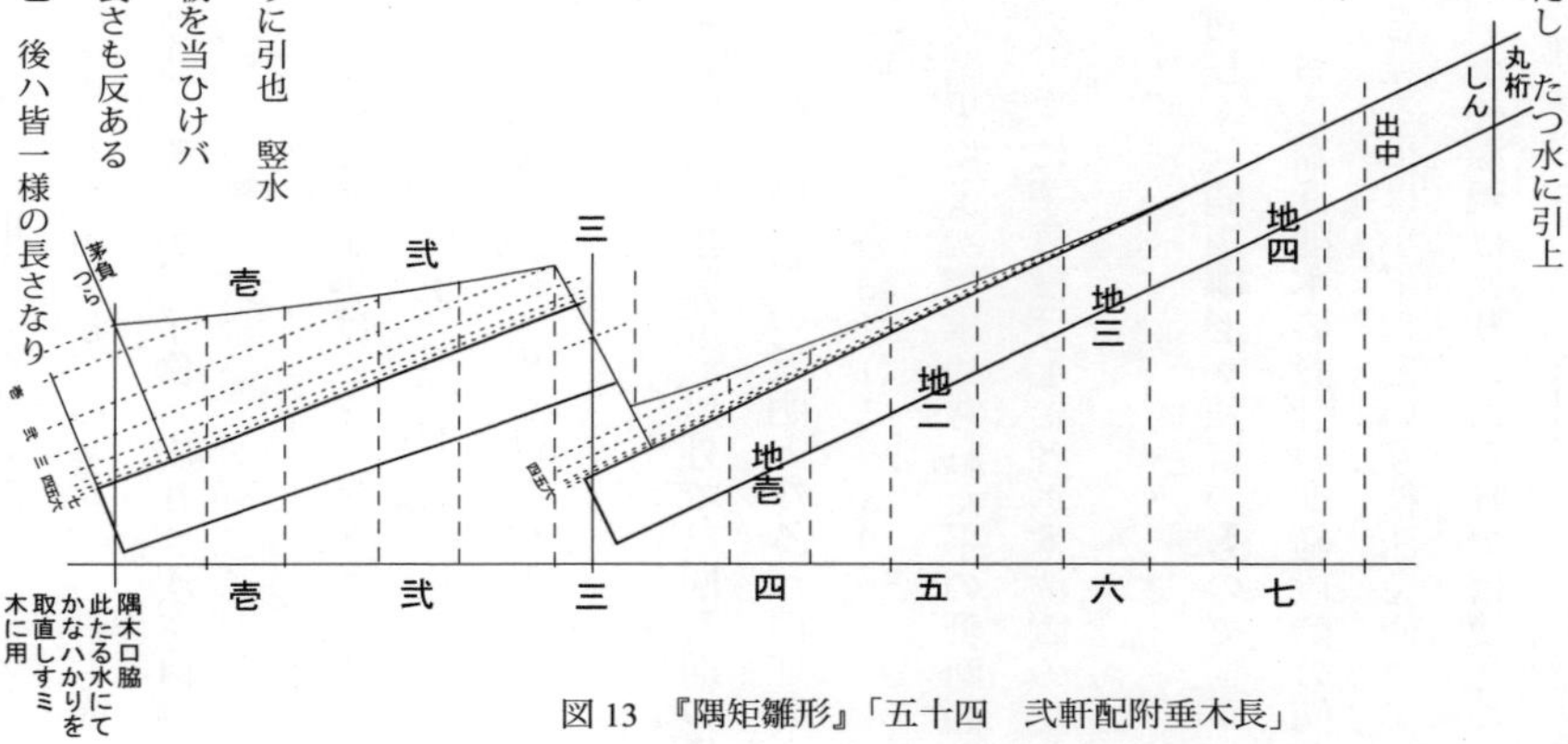

図 13 『隅矩雛形』「五十四　弐軒配附垂木長」

五十五　弐軒隅木

弐軒隅木も壱軒隅木と同じ志得なり　さて配付の長さを取たる所のろんじ中墨にて竪水に直し取たるかなバかりをすミ木のろんじ中墨にて垂木上端の墨より四五六七とたつミづにて写し地の垂木高ばいなりに引て地垂木壱二三四の左つらと合たる処へ品板をあてって引　是配付上バ也　又ろんじ垂木下バ上端をも竪水にて取たるを此たつミづにて写し此上バよりひゑんの隅高配を引出し三より上のかなばかりをたつミづにて隅木口脇たつミづにて直しとりたる写し作る事是又同し心得也其外壱軒の隅木に替事なし　五拾二番見合べし

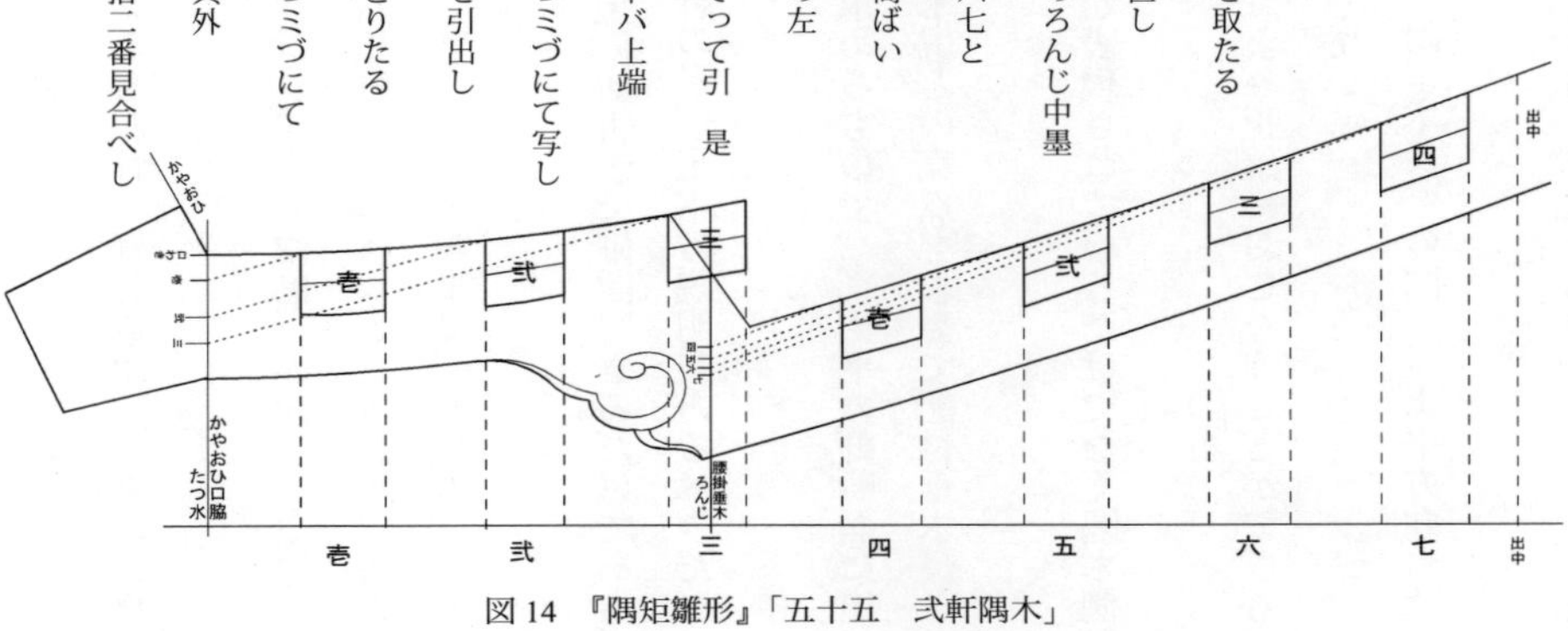

図 14 『隅矩雛形』「五十五　弐軒隅木」

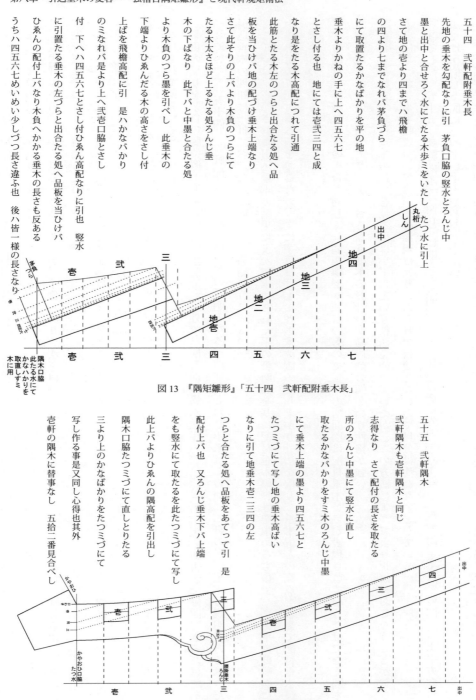

茅負、木負における軒桁真は出中（墨）と明記されていて、設計の基準は一軒の場合と同様に隅木側面としていることがわかる。また、茅負の反りを茅負成一本反ることを指定しているが、一軒と同様に茅負口脇位置において一本反るという意味である。これは「現代軒規矩術法」から見ると当然であるが、茅負の反り寸法を口脇で押えることは古くからおこなわれてはおらず、元々は茅負留先位置までの反りを指定していた。

木版本で茅負反りを留先で指定している例を挙げると、享保一二年（一七二七）の『秘伝書図解』[14]にはじまり、宝暦一四年（一七六四）の『軒廻棰雛形』[15]、寛政二年（一七九〇）の『極秘六角雛形』[16]そして弘化四年（一八四七）の『規矩真術軒廻図解』[17]などで確認できる他、安永九年（一七八〇）の手中家文書『類聚倭木経　規矩部』[18]など手描きの大工文書も同様である。一九世紀中頃まで、茅負の反りの基準はすべて留先であって口脇ではない。

茅負の反りを茅負口脇位置で取るのは、『隅矩雛形』以外では同時期の嘉永元年（一八四八）の『矩術新書』で確認できるだけである。

②続いて、「五十四　二軒配附垂木長」（図13）の説明となる。前述のとおり本来はこの前に二軒の引込垂木の説明があるべきだが、引込垂木の理屈は一軒でおこなっているため省略されている。

ここでは、省略された引込垂木の結果によって求められた平の軒断面を基に配付垂木の長さを求めるもので、まず平の軒断面に出中墨を定めて配付垂木割をおこない、次に茅負投げ上に各垂木位置の反り上がり寸法を取り、垂木尻との交点を求めて配付垂木長さを求めるのである。

この図は、基本は一軒の場合と同じく『隅矩雛形』独自のもので、平の断面図に配付垂木長さが表現されているだけでなく隅木側面が表現されている図であり、次におこなう隅木の設計の準備段階の図という性格が強い。

なお、それまで配付垂木の長さを見るには小平起という技法を使っていたが、この方法によってより正確におこなうことができるようになった。小平起については、小林源蔵は反りのある軒では使えないので自分は使わないとしている。[注11]

③そして「五十五　弐軒隅木」（図14）に隅木の説明がある。作図方法は先の「五十四　二軒配附垂木長」の図を、水平方向の寸法だけ$\sqrt{2}$倍した図になっていて大変わかりやすい。

まず、出中墨を基準に垂木割を裏目で割付けてそれを上に引き上げる。一方、各垂木の茅負の反り高さを垂直に取り、そこから垂木勾配なりに先に引付けた垂木割へ引くと交点が垂木尻の位置になる。

こうして得られた各垂木尻位置を結んだのが隅木側面における垂木上端線で、隅木の反り形の基本となる。この部分の設計は、かつて『秘伝書図解』や手中家文書『類聚倭木経　規矩部』[18]では、茅負の撓みを使って円弧で作図していたのであるが、わかりやすく改善されたのであった。

なお、作図は勾配なりの寸法を一切もちいず水平と垂直の関係からのみ定めている点も重要な点で、平を隅に変換した時に誤差が生じにくいように配慮されている。

『独稽古隅矩雛形』の軒規矩術の特徴と価値

近世末に刊行された『隅矩雛形』の軒規矩術法は、一軒、二軒とも基本的な考え方は「引込垂木法」である。

「引込垂木法」は、すでに近世前期以降は本繁垂木の軒規矩法として一般的なものであるから、その原理自体に新規性はないが、『隅矩雛形』では、すべての軒廻りの図を隅木側面を基準に統一することで、従来隅木のみの基準墨であった出中墨、入中墨（出中墨から隅木片中裏目もどった軒桁真として表記されている）を茅負の正面図や平の軒断面にも表現することができるようになり、すべての図に共通の基準をもたらしたのであった。

このことによって、平の断面図上に配付垂木を併記することが可能となり、配付垂木長さを簡単に把握できるようになったばかりでなく、以前は苦労していた隅木の設計は、それを水平方向に$\sqrt{2}$倍に延ばせばよいだけになったのである。また、同時に茅負の反りの基準も留先から、隅木側面との交点である口脇に変化していくことになったのであった。

こうした『隅矩雛形』の「引込垂木法」の技法は、近世を通して見られる「引込垂木法」と設計の基本的な考え方は同じではあるが、設計の基準が隅木真から側面に変更されたという意味においては、別の技法として区別すべきであると考えるのである。

隅木側面が設計の基準であることは、木負、茅負においては口脇を基準としていると見ることもできるから、『隅矩雛形』の軒規矩術法は「引込垂木法」でありながら口脇を基準にしているという意味で、仮に「引込垂木口脇法」と呼び、それまでの一般的な「引込垂木法」とは区別したい。

四　『独稽古隅矩雛形』の近代への影響

『隅矩雛形』は安政四年（一八五七）の出版以後、明治九年（一八七六）に一度再版されたが、明治以降どのように受け入れられていたかを出版事情から検証したい。

明治維新以降、戦前までに刊行された規矩術書は数多くのぼることが指摘されている[(19)]。それらの内容は単なる軒規矩だけでなく幾何学の基礎や継手、仕口のものなどを含み、近世に刊行された木版をそのまま流用したものも少なくない。そこで、明治以降に刊行された軒規矩術のみを扱った主なものを選び、その引用元と思われる江戸時代の木版本と軒規矩術の内容を分類したものが表2である。

軒規矩術の内容が、通常の「引込垂木法」をA、『隅矩雛形』と同じ「引込垂木口脇法」をB、それ以外のものをCの三つに分類した。その結果、全三一冊の内二八冊が従来からの「引込垂木法」であるAで、『隅矩雛形』の影響と思われる「引込垂木口脇法」Bはわずか二冊、その他Cが一冊であった。

一般的な「引込垂木法」Aに分類できるものは、『規矩真術軒廻図解』、『矩術新書』、『新撰早引匠家雛形』[(20)]などの近世の木版本を引用したものや明治初期の規矩術書の類本が多い。

例えば、明治四一年（一九〇八）に東京高等工業学校教員の斎藤平次郎が著した『日本建築規矩術』[(21)]や、建仁寺嫡流を継ぐ大島盈株の遺作集で昭和四年（一九二九）に刊行された『日本建築図集』[(22)]においても、茅負や平の軒断面に出中墨はなく、従来の「引込垂木法」と認められる内容で、『矩術新書』をそのまま流用した個所もある。

「引込垂木口脇法」Bに分類できる二冊のうち、明治一五年（一八八二）に内野清蔵が著した『明治新撰隅矩独稽古』[(23)]は、『隅矩雛形』を主に引用した内容であるが、その他に『秘伝書図解』や『規矩真術軒廻図解』などを継ぎ接ぎした内容を含むことから、単に過去の軒規矩術書を寄集めたに過ぎず、「引込垂木口脇法」[(24・注12)]が受容されたという面では当てはまらない。

もう一冊の明治四三（一九一〇）年刊の岡田金兵著『規矩合雛形』[(25)]は、新規に書き下ろされたもので、一軒、二軒の軒規矩は「四

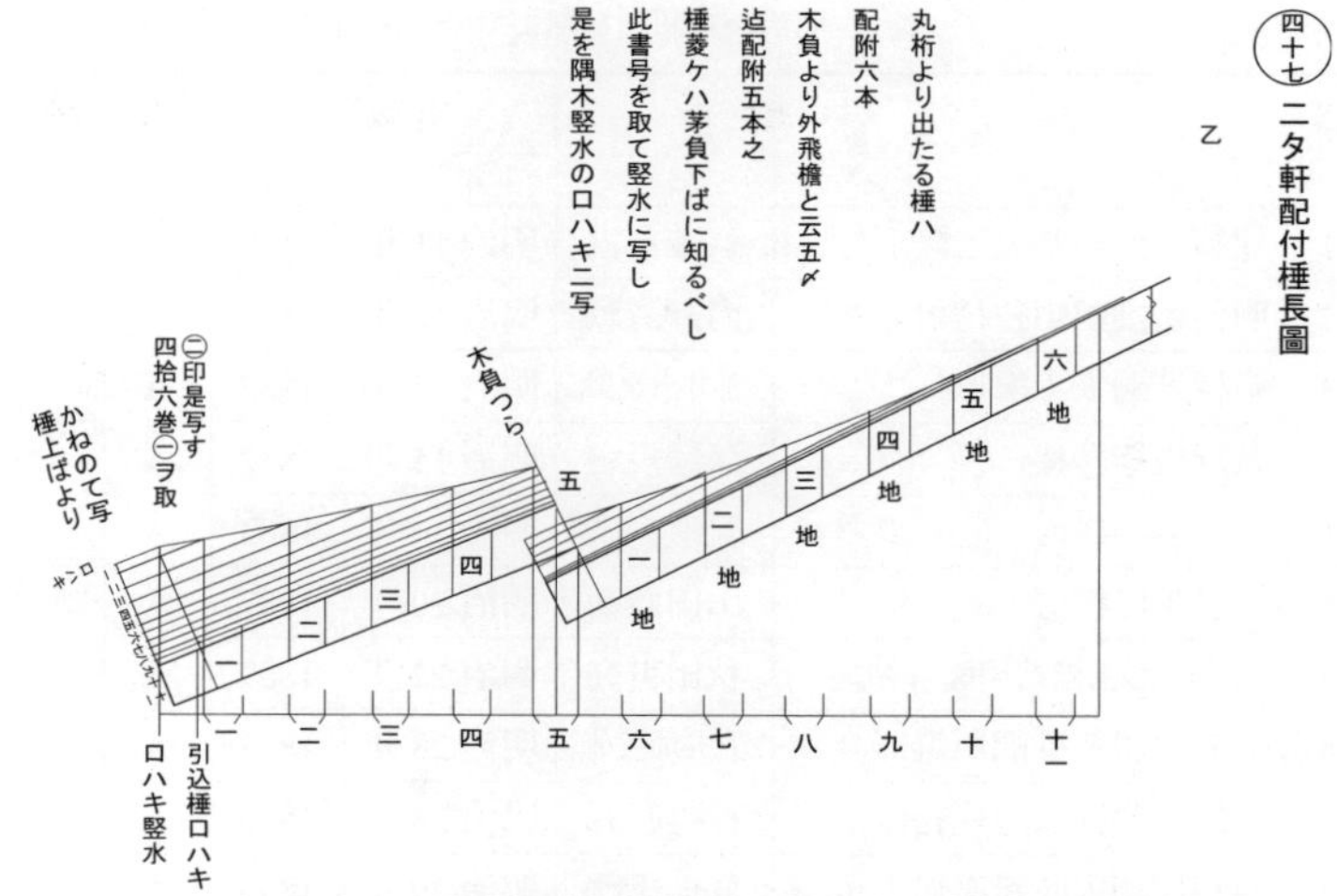

図15　『規矩合雛形』（岡田金兵著）の「四十七　二軒配附榧長圖」

十六　二タ軒茅負圖」、「四十七　二タ軒配付榧長圖」、「四十八　二タ軒隅木圖」の三図からなり、『隅矩雛形』の二軒の軒規矩と同じ構成になっている。また、図面の内容も「四十六　二タ軒茅負圖」では茅負正面図の軒桁真を出中墨とし、「四十七　二タ軒配付榧長圖」では平の断面図において軒桁真から隅木片中裏目出た位置に出中墨を引き垂木割の基準としていて、隅木側面を基準とした作図方法の軒規矩術書であることがわかる。同書は『隅矩雛形』の影響を受けた可能性のある数少ない刊本である（図15）。

なお、平島国太郎が明治四五年（一九一二）に著した『大工雛形』[26]は、唯一どちらにも属さないCに分類できる。内容は平の軒出を枝割制で定め茅負が反り上がるもので、一見すると「現代軒規矩術法」に近いが、一番垂木と茅負口脇が著しく狭くなっていて、規矩的に十分に納まっているとはいい難く未熟な我流というべき内容である。

以上のとおり、刊本という間接的な資料であるが、明治以降、昭和初期に至っても刊行された軒規矩術書の内容は、ほとんどが従来からの「引込垂木法」であることが判る。このことから、『隅矩雛形』の「引込垂木口脇法」は優れた軒規矩術でありながら、一般的にはあまり受入れられなかったことが窺われる。

五　『独稽古隅矩雛形』と現代軒規矩術法の関係

「引込垂木法」は近世軒規矩術書に広く認められ、明治以降も今日まで刊本に掲載されている軒規矩術法である。また、幕末期には小林源蔵が著した『隅矩雛形』によって、「引込垂木法」と基本的な作図法は同じでありながら、設計の基準が隅木側面に統一さ

表 2　明治から昭和初期までの規矩術書における軒規矩の形式

番号	書　名	著　者	出版年		軒形式	引　用　本						
			年号	西暦		①	②	③	④	⑤	⑥	⑦
1	建築伝法早割大工雛形	秋瀧友吉	明治 11 年	1878	A							
2	明治新撰隅矩独稽古	内野清蔵	明治 15 年	1882	A/B	○			○			○
3	新撰軒廻大工雛形	荒井忠次郎	明治 15 年	1882	A				○			
4	新撰規矩階梯	江崎規定	明治 15 年	1882	A						○	
5	当世初心雛形	落合大賀範国	明治 16 年	1883	A		○					
6	当世番匠雛形	山田藤助	明治 20 年	1887	A		○					
7	明撰雛形工匠技術図解初編	秋田世高	明治 22 年	1889	A					○		
8	実測秘法新撰隅矩雛形全	石井卯三郎	明治 28 年	1895	A						○	
9	新撰早学匠家墨縄秘法	石井卯三郎	明治 28 年	1895	A						○	
10	規矩準縄大匠新雛形大全	亀田吉郎平	明治 29 年	1896	A						○	
11	新撰規矩雛形	石井卯三郎	明治 30 年	1897	A						○	
12	改撰大工初心図解二篇	青山佐太郎	明治 31 年	1898	A				○			
13	大工雛形隅矩独稽古全	泉幸次郎	明治 34 年	1902	A							
14	明治新撰規矩的当図解	藤原金次郎	明治 36 年	1903	A					○	○	
15	日本建築規矩術	斉藤兵次郎	明治 37 年	1904	A					○		
16	匠家必携	菅原春広	明治 39 年	1907	A						○	
17	明治 新隅矩早学	又間安三郎	明治 40 年	1907	A						○	
18	和洋建築新雛形	亀田吉郎平	明治 40 年	1907	A						○	
19	大工さしがねつかい	斉藤兵次郎	明治 41 年	1908	A					○		
20	和洋建築軒隅絃法図解	亀田吉郎平	明治 41 年	1908	A						○	
21	規矩合雛形	岡田金兵	明治 43 年	1910	B							○
22	和洋建築規矩術	津田信良	明治 45 年	1912	A					○		
23	大工雛形	平島国太郎	明治 45 年	1912	C							
24	新式規矩術	大竹巽他	大正 10 年	1921	A						○	
25	良くわかる和洋規矩術	秋保安治	大正 15 年	1926	A				○	○		
26	規矩術　全	大沢一郎他	昭和 3 年	1928	A					○		
27	日本建築図譜	大島盈株	昭和 4 年	1929	A					○		
28	中村の規矩	中村只八	昭和 7 年	1932	A						○	
29	改良規矩術さしかね使ひ	高藪良二	昭和 8 年	1933	A					○		
30	規矩術	山本一次	昭和 9 年	1934	A				○	○		
31	社寺建築	角南　隆	昭和 9 年	1938	A					○		

(表注)
軒形式は A= 引込垂木、B= 引込垂木口脇法、C= その他
引用本は　①＝大工雛形秘伝書図解 ②＝軒廻垂木雛形 ③＝増補初心伝 ④＝規矩真術軒廻図解
⑤＝匠家矩術新書 ⑥＝新撰早割匠家雛形 ⑦＝独稽古隅矩雛

れた「引込垂木口脇法」というべき技法が提示された。他方、現在文化財建造物修理の分野で使われているのは、昭和一〇年前後に完成したと推察される「現代軒規矩術法」であることを序章で示した。

この「引込垂木法」、「引込垂木口脇法」、「現代軒規矩術法」の三つの軒規矩術法には、どのような関係があるのであろうか。

これまでに述べたとおり、「引込垂木法」と「現代軒規矩術法」は、設計の基準や図法において相違点が多く、直接的な技術史的発展過程を見い出すのが難しい。

しかし、『隅矩雛形』で示された「引込垂木口脇法」は、それまでの「引込垂木法」と設計の基準では異なるが図法上では共通する。一方、「引込垂木口脇法」と「現代軒規矩術法」は作図法はまったく異なるが、設計の基準を隅木側面に統一している点では同じ考え方に立っていると見ることができる。

以上から、三つの軒規矩術法は以下のような過程で変容したと推察することができる。

五―一　「引込垂木法」から「引込垂木口脇法」へ

近世における主要な軒規矩術法である「引込垂木法」は、配付垂木割された茅負正面図と平の断面図によって軒の基本的構成が決められ、次にその関係を隅行きに移して隅木を決定するが、木負、茅負の正面図と平の断面図は真を基準に作図しているのに対し、隅木だけは側面を基準にして作図するため、平から隅への変換は決して判りやすいものではなかった。

そこで、作図の基本は「引込垂木法」でありながら、軒廻りのすべての図を隅木側面を基準として計画する「引込垂木口脇法」が、幕末期に考え出されたのであった。この方法は、隅木側面を統一した基準とすることによって、各図面の関係性を明確にすることを可能にしただけでなく、平の断面図においても隅木側面を表現しているため、隅木の設計は単にそれを$\sqrt{2}$倍にすればできるようになり、隅木の設計を飛躍的に合理的にかつ容易におこなえるようにしたのであった。

一方、隅木側面を統一した基準とする考え方は、茅負正面図と平の断面図において軒桁真がそれぞれ出中墨と入中墨と異なってしまうため、茅負正面図と平の断面図を重ねて表現する従前からの「引込垂木法」の考え方からすると、理解され難い部分も含んでいたため、明治以降も一部を除いてあまり受け入れられず一般にはそれまでの「引込垂木法」の方が広く利用されてきたのであろう。

五―二　引込垂木口脇法から現代軒規矩術法へ

「現代軒規矩術法」は文化財建造物修理の分野で使われる軒規矩術法で、昭和一〇年前後に成立したと推察されるが、成立の過程は不明な点が多い。

「現代軒規矩術法」は、平の軒出をはじめに定めると考えるから、「引込垂木法」とはまったく反対の技法であるということができるが、すべての図を隅木側面を基準とする点では、「現代軒規矩術法」と「引込垂木口脇法」は同じである。

また、平の軒出をはじめに定めるという「現代軒規矩術法」の考え方は現在では定着しているが、古い報告書では、茅負を「包込む」(法隆寺夢殿)(27)や「打込む」(中尊寺金色堂)(28)など引込に類する表記が認められることから判断して、もとは隅から引込むと考えられていた茅負が、時代が降るにつれて平から反るという考え方に変化し固定されてきたと考えられ、「引込垂木口脇法」との類似性も窺われるのである。

こうした軒規矩術の変化の背景には、文化財建造物修理において軒規矩術を集大成したとされる吉田種次郎の影響があると考えられる。

明治四年生まれの吉田は、明治三六年から昭和二七年までの長きにわたって文化財建造物修理に携わり、特に軒規矩術法の分野で大きな足跡を残した功績によって、褒章、勲章のほか規矩術の研究で無形文化財に指定されているが(29)、吉田は軒規矩術法を『隅矩雛形』の著者である小林源蔵昌長の三男で、明治期に主に奈良で社寺建築の新築や修復をおこなった小林勝長から学んでいる。

また後に近世規矩術で選定保存技術保持者に指定された上田虎介は、昭和八年に吉田種次郎から、軒規矩を習得するために『隅矩雛形』を薦められたことを回顧している(注13)。

したがって、文化財建造物修理における規矩術法の源流は、溯れば『隅矩雛形』を著した小林源蔵にたどり着くのであって、現代の軒規矩術法に隅木側面を基準とする口脇法が取りいれられたことは、ごく自然なことであったと推察されるのである。

以上のように、「引込垂木口脇法」を、近世の「引込垂木法」と現在使用されている「現代軒規矩術法」の間に置くことで、軒規矩術法が近世から近代へ変容していく様子をよく理解することが可能となるのである。

六　小語

近世の軒規矩術法は、「引込垂木法」を基本の技法とし、隅木の設計方法を少しずつ完成させてきたが、幕末期に小林源蔵が著した『隅矩雛形』で示された「引込垂木口脇法」によって、大きく変容することになった。

『隅矩雛形』の「引込垂木口脇法」の基本は「引込垂木法」であるが、軒廻りのすべての図において設計の基準を隅木の側面に統一することで、茅負正面図、平の断面図、隅木側面図の関係を明確にしただけでなく、懸案であった隅木の設計も合理的且つ容易にしたことが重要である。この点は近世の軒規矩術においてもっとも大きな変化であった。

ところが、図面によって軒桁真の表記が異なるため、茅負正面図と平の断面図を重ねて表現できないという欠点があり、新築を主におこなう一般の宮大工には受け入れ難い部分も含んでいたのであろう。

しかし、その合理的な図法は特に文化財建造物修理の分野に受け継がれて、新たに「現代軒規矩術法」の成立に影響を与えたと考えられるのである。

こうした事情が、『隅矩雛形』を今日までも参照され続けている重要な軒規矩術書として位置づけられる理由と考えられる。

参考文献

1　大上直樹、西澤正浩、望月義伸、谷直樹：『大工雛形秘伝書図解』と類型本による近世軒規矩術について　近世軒規矩術の研究――その1、日本建築学会計画系論文集　第六六六号、一四八一―一四九〇、二〇一一・八（本書　第六章）

2　大上直樹、西澤正浩、望月義伸、谷直樹：軒の出と「引込垂木」について　近軒規矩術の研究　その2、日本建築学会計画系論文集　第六七〇号、二四一一―二四二〇、二〇一一・一二（本書　第七章）

3　上田虎介：『独稽古隅矩雛形　全三冊　解説』私家版、一九七五・一一

4　関美穂子編：『古建築の技　ねほりはほり』、理工学社、二〇〇〇・八

5　『岡山県指定重要文化財金山寺三重塔』（財団法人文化財建造物保存技術協会）、二〇〇二．一一
6　大森健二：「日本建築における軒の意匠について―その一―」日本建築学会学術講演梗概集（近畿）、一九七一．二
7　『重要文化財備中国分寺五重塔修理工事報告書』（財団法人文化財建造物保存技術協会）、一九九四．三
8　木子文庫『木摧』［木二〇―三］（東京都立図書館蔵）、天正五年（一五七七）
9　平内廷臣：『匠家矩術新書』、梅坪社、嘉永元年（一八四八）
10　立川富房：『軒廻棰雛形』、須原茂兵衛版、宝暦一四年（一七六四）
11　小林義平、小林源一郎：宮大工〝小林源蔵〟「佐久」特集号所収、佐久史談会、一九八五．一一
12　洞源山貞祥寺編：『佐久市有形文化財貞祥寺三重塔修理工事報告書』、一九九二．七
13　前掲3の他に、
上田虎介：「ひとりけいこすみかね雛形所載の「隅木尻の枘」の解説」日本建築学会近畿支部研究報告集 計画系、二八三―二八六頁、一九七三．六
同：「ひとりけいこすみかね雛形所載の隅木受短柱の解説」日本建築学会近畿支部研究報告集 計画系、二七九―二八二頁、一九七三．六
同：「ひとりけいこすみかね雛形所載の「尾垂木鴟栓」の解説」日本建築学会学術講演梗概集（東北）、一四五九―一五五〇頁、一九七三．八
14　西村権右衛門：『大工雛形秘伝書図解』、永田長兵衛版開版、享保一二年（一七二七）
15　前掲10に同じ。
16　赤井幸七恒嘉：『極秘六角雛形』、須原茂兵衛版、寛政二年（一七九五）
17　鈴木正豊：『規矩真術軒廻図解』、須原茂兵衛版、弘化四年（一八四七）
18　手中家文書『類聚倭木経　規矩部』神奈川県立公文書館蔵、安永九年（一七八〇）
19　中谷礼仁：『幕末・明治期規矩術の展開過程の研究』私家版、一九九八．三
20　本林常将：『新撰早引匠家雛形』、須原屋茂兵衛版、初編が嘉永四年（一八五一）、二編は安政三年（一八五六）、三編は明治八年（一

八七五）に刊行された。本林は平内廷臣の門弟である。

21　斉藤兵次郎：『大工さしがねつかい』、出版人森友吉、明治四一年（一九〇八）

22　田邊泰他編：『大島盈株氏遺作日本建築圖譜第壱集規矩軒廻り』、大島先生云作図刊行会、一九三六．一一、内容は平内廷臣の『匠家矩術新書』をそのまま流用したものも多い。

23　内野清蔵：『明治新撰隅矩独稽古』、出版人林斧介、明治一五年（一八八二）

24　富合村誌編さん委員会：『富合村誌』、一九七一．七

25　岡田金兵：『規矩合雛形』、出版人同人、明治四三年（一九一〇）

26　平島国太郎：『大工雛形』、出版人同人、明治四五年（一九一二）

27　『国宝建造物法隆寺夢殿及東院回廊修理工事報告』（法隆寺国宝保存事業部）、一九四三．八

28　『国宝中尊寺金色堂保存修理工事報告書』（同修理委員会編）、一九六八．七

29　東京国立文化財研究所：『日本美術年鑑』昭和三三年版（一九五八）

注

注1　「引込む」は他に手中家文書『類聚倭木経』に見られ、「張込む」は石川県立博物館蔵の荒木家文書、「投込む」は『匠家矩術新書』にある。表現は違うが全て「引込垂木法」である。

注2　文献3において規矩術（近世規矩）の選定保存技術保持者であった上田虎介は、昭和八年当時、正福寺地蔵堂の修理現場で吉田種次郎から、『隅矩雛形』を学ぶように指導を受けたことを述べている。吉田は元奈良県技師、監督で最初期の文化財技師である。昭和二七年に規矩によって重要無形文化財の指定保持者に認定された。昭和三〇年には紫綬褒章を受けている。持田また文献4では、同じく規矩の選定保存技術保持者である持田武夫が上田の『隅矩雛形』の口語訳で学んだことを述べている。持田は現在、文化財建造物木工技能者研修の講師を務めている。

注3　近年の近世遺構の修理工事報告書では、「引込垂木法」であると指摘される記述が見られるものもある。文献5もその例であるが、やはり平の軒出を枝割制で捉えていて「引込垂木法」を正確には理解されていないように思われる。

注4　ただし、修理工事報告書では、実際に平の軒出をどのように計画されたかを考察した例がほとんど見当たらず、平の軒出の決定方法は不明のままである。文献6において大森健二は、軒高さと平の軒出のつくる投げ勾配によって定めたとの仮説を述べている。

注5　坂上家文書は文献1で紹介した『秘伝書図解』類型本のひとつである。滋賀県甲賀市坂上家の大工文書で現在は甲賀市教育委員会所蔵。

注6　図2に掲げた坂上家文書では軒桁真を入中墨とし、『秘伝書図解』では出中墨とするなど類型本の間においても混乱があるが、時代が下がる滑川市立博物館蔵岩城家文書（二一―七―一）では「柱間」、木子文庫林家傳家絵図の二軒反り隅法［木〇二一―三―四四］では「柱中墨」とするなど、入中墨、出中墨などの表現を避けている。

注7　小林家歴代の源蔵を文献11から宮大工のみをひろって作成したのが左系図である。三代源蔵昌長の三男源三郎勝長は奈良で活躍し、その門人に吉田種次郎がいる。下図は三代小林源蔵昌長の肖像（文献11から転載）。

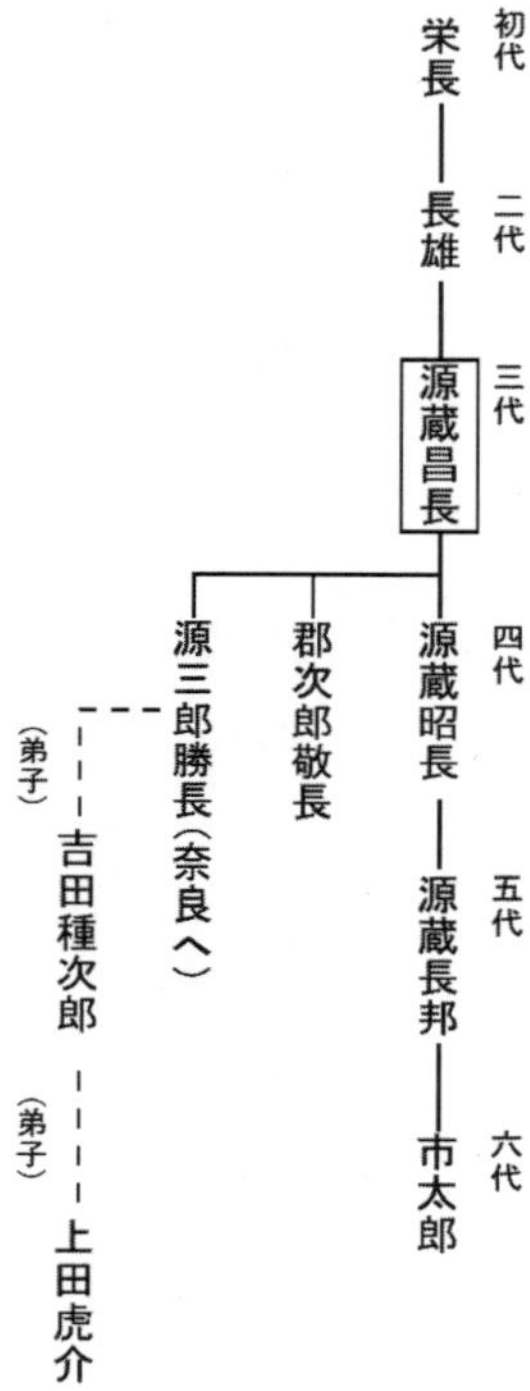

注8　貞祥寺三重塔は、佐久市指定文化財を経て、現在は長野県指定文化財になっている（左写真）。元は小梅町松原の神光寺に嘉永二年（一八四九）に建立されたが、同寺が廃絶したため明治三年（一八七〇）に貞祥寺に移築されたものである。

この移築については、昭和三〇年に地元の有志と東京大学教授藤島亥治郎が直接神光寺の礎石を調査して移築を確認した様子が文献11に掲載されている。幕末の建立であるが小林源蔵昌長の作品として、かねてから注目されていた遺構であった。

全体に小規模な三重塔で、初層、二層は平行垂木とするが三層は扇垂木とする。また、初層各面の両脇間を窓とせずに薄肉彫りの彫刻を嵌めるなど、中世以来の伝統的な比例に源蔵の工夫の跡が見られる秀作である。

注9　出羽の人で天童藩の文学や三河田原藩藩校成章館教授などを歴任した儒学者。

注10　文献3他において、引込垂木の説明は「五十引込垂木」だけで、それ以外は引込垂木ではなく「当り前」の技法としている。

注11　『独稽古隅矩雛形』中巻「卅三　小平起垂木」に小平起しの技法の説明がある。

注12　岡田金兵は、熊本県下益城郡杉合村の宮大工で、『規矩合雛形』の著作のほか、地元では技量に優れ多くの門人を率いて社寺や神輿を建立したことが文献24で紹介されている。

注13　注2に同じ。

第三編　中世から近世にかけてのその他の技法

第九章　隅の軒出と平の軒出の関係について

一　はじめに

第三編は、これまでに述べた軒規矩術法以外の軒廻りの納まりについて考察する。第九章では隅の軒出と平の軒出の関係、第一〇章では垂木の勾配の決定方法、第一一章では茅負曲線の決定方法について論じたいと思う。

序章でも述べた通り、「現代軒規矩術法」では、平の軒出をはじめに決定すると考えるが、平の軒出は完数でなかったり、枝割にのっていないことがほとんどで、実は平の軒出がどのように決定されたかは、これまで明らかにされていなかった。その課題に唯一取り組んだといえるのは大森健二で、平の軒出の根拠を軒出と柱長さの作る勾配に求めようとしたものであったが、厳密な軒出の決定方法とまではいえないものであった。(1・注1)

こうした平の軒出をいかに定めるかという課題については、前章までに論じてきたように、中世も近世も基本的にはまず木負、茅負の留先を定めた後、そこから引込んで決定されることを明らかにしたところである。

繰り返しの指摘になるが、『匠明』等の木割書にある枝数による軒出の指定は、隅木のある軒においては配付垂木数を示していることはすでに述べたとおりで、「現代軒規矩術法」では、この枝数を平の軒出と誤って理解したために軒は平の軒出から定めるものとされてきたのであった。

一方、中世の「留先法」や近世の「引込垂木法」においては、木負や茅負の留先位置は、軒をはじめに規定する重要な位置であることを示した。そこで、木負、茅負の留先までの長さを「隅の軒出」と呼び、軒規矩術を理解する手掛かりとして論を進めたいと思う。
また、茅負の撓込みが生じる理由や外下角が鋭角となる木負或いは鈍角の茅負の納まりについてもその理由を明らかにしたい。

二　隅の軒出と平の軒出の関係とその類型

二―一　隅の軒出と平の軒出の関係の課題

近世の「引込垂木法」では、通常隅の軒出と平の軒出の関係つまり茅負留先と平の茅負位置は、共に茅負投げ勾配上にあり茅負の反りの始点と終点の関係にある。このことは基本的には中世の「留先法」においても同様で、隅の軒出と平の軒出は茅負の反りが決まれば、投げ勾配上に一義的に定められる関係にある（図1）。

しかし、中世の軒の中には、茅負留先から見て平の軒出の方が茅負投げ勾配線上より内側に納まる「撓込み」という納まりも存在し、事例も少なくないため、中世的な軒規矩術の特徴であると説明されることもある。

こうした隅の軒出と平の軒出の関係を、近年の修理工事報告書では平から見て「撓出し」（ためだし）と呼び、軒が隅で軽く見えるように現場でおこなわれる施工上の調整等とされることが多い[2·注2]が、本章では留先を基準とし平で押込む「撓込み」で統一する[注3]。

茅負が撓込みで納まるとき、茅負留先位置が「留先法」によって先に定められているとすると、平の軒出は具体的にどのような方法に

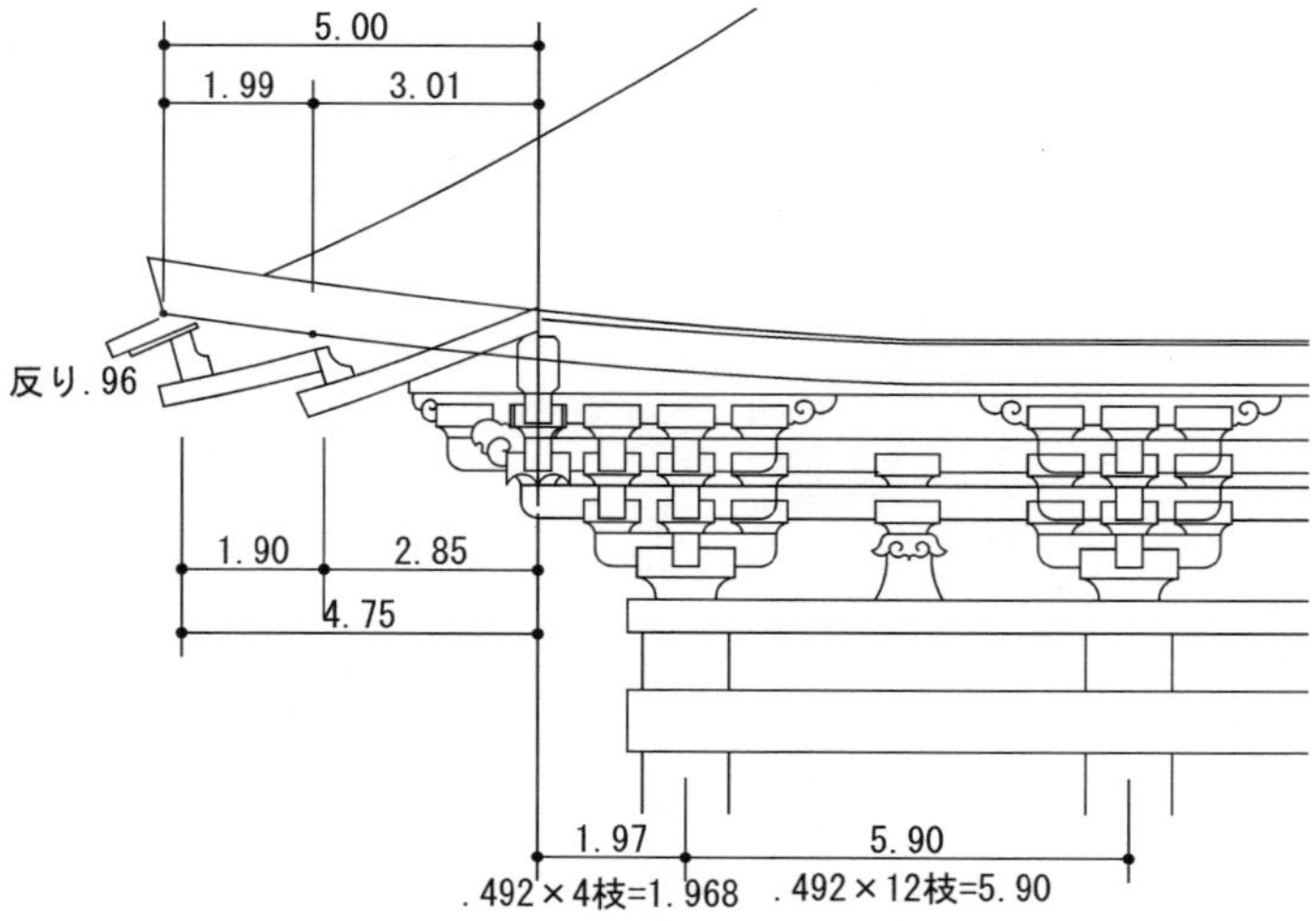

図1　善光寺造営図の内の鐘楼古図（複製）の実測図（部分）
原図は縮尺1/10の建地割図で、その軒廻り部分を計測し図化したものである。
茅負留先は茅負投げ勾配で平の位置から茅負1.5本（9寸6分）反り上がった位置である。

よって定められているのであろうか。

また、第三章で示したように、隅の軒出と平の軒出の関係を示すものとして、隅の出中墨から茅負留先位置までの長さを（裏目尺）、表目に直して平の軒出とするものが少なからず存在する。この技法を仮に「出中押え法」と呼ぶこととしたが、本章においてはその事例をもう少し詳しく検討する。

その他中世では木負の外下角を鋭角に木造る場合や、茅負の外下角を鈍角に木造る例もある。こうした納まりも単に意匠的な調整ではなく、隅の軒出と平の軒出の関係によって説明できることを示したい。

二―二　隅の軒出と平の軒出の関係の類型

以上のように、隅の軒出と平の軒出の関係は複雑に見えるが、以下のとおりに整理することが可能である。

まず、大きな分類として、「引込型」と「非引込型」に分類することができる。隅の軒出から引込んで平の軒出を決める基本のものと、それ以外の形式である。

「引込型」は、さらに二つの形式が考えられる。

ひとつは、茅負、木負ともに留先から引込んで平の軒出を定める形式で、「茅負／木負引込法」と呼ぶこととする。図法的にはこの形式がもっとも納まりが良く、近世の「引込垂木法」はこの方式に該当する。

もうひとつは、茅負だけ留先を引込んで平の全体の軒出を定めた後、それを整数比に按分して平の木負位置を定めるもので、「茅負引込／木負按分法」と呼ぶこととする。

これらの二つの「引込型」は、平の軒出を定める基本的な技法といえるもので、隅の軒出から一義的に平の軒出が定まり、原則として撓込みは生じない。そのため中世から近世にかけて多くの軒は、この方式によって平の軒出が決められていると考えられる。

一方、「非引込型」は、「引込型」以外の方法で平の軒出を定めるもので、「引込型」と比べると、事例の数は多くはないが、撓込みが生じるものを含んでいる。

「非引込型」のひとつが先に述べた「出中押え法」で、平の軒出を隅の軒出（出中墨から茅負留先まで）と同じ寸法に揃えて納める技法で、近世大工文書にはそれを思わせる記述も存在する。

この技法は、茅負の投げ勾配によっては撓込みが生じる場合がある。

もうひとつは、平の軒出を隅の軒出の一定の比率（〇・九〜〇・九五倍程度）で定めるもので、「比例法」と呼ぶ。これは隅の軒出に対し、「出中押え法」よりさらに平の軒出を短くしたもので、必然的に茅負に撓込みが生じることになる。逆にいえば撓込みを生じさせるための技法ともいえるもので、主に中世の軒で確認できる。

以上四つに分類した平の軒出の決定方法について、それぞれの技法を説明し実際の遺構を検証する。

三　茅負／木負引込法による平の軒出の決定方法

「茅負／木負引込法」は、平の茅負、木負位置を、ともに隅の軒出である茅負及び木負の留先位置から、平の高さまで引込んで平の軒出を定めるもので、茅負、木負の外下角は基本的に矩（直角）に木造られると考えられる（図2）。

軒規矩術的に、もっとも基本的な納まりといえる方法で、近世の軒規矩術書に書かれている「引込垂木法」は、すべてこの方法で平の軒出を定めている。

四　茅負引込／木負按分法による平の軒出の決定方法

一方、中世では木負の外下角を鋭角とするものが多数存在する。また、平の軒出においては、地軒と飛檐の間に整った整数比が認められる例が多い。

何も制約がなければ、上記の「茅負／木負引込法」で納まるが、木負の平の軒出が整数比で決定することで、木負留先とを結ぶ木負の投げ勾配が必然的に定まり、それに合せて

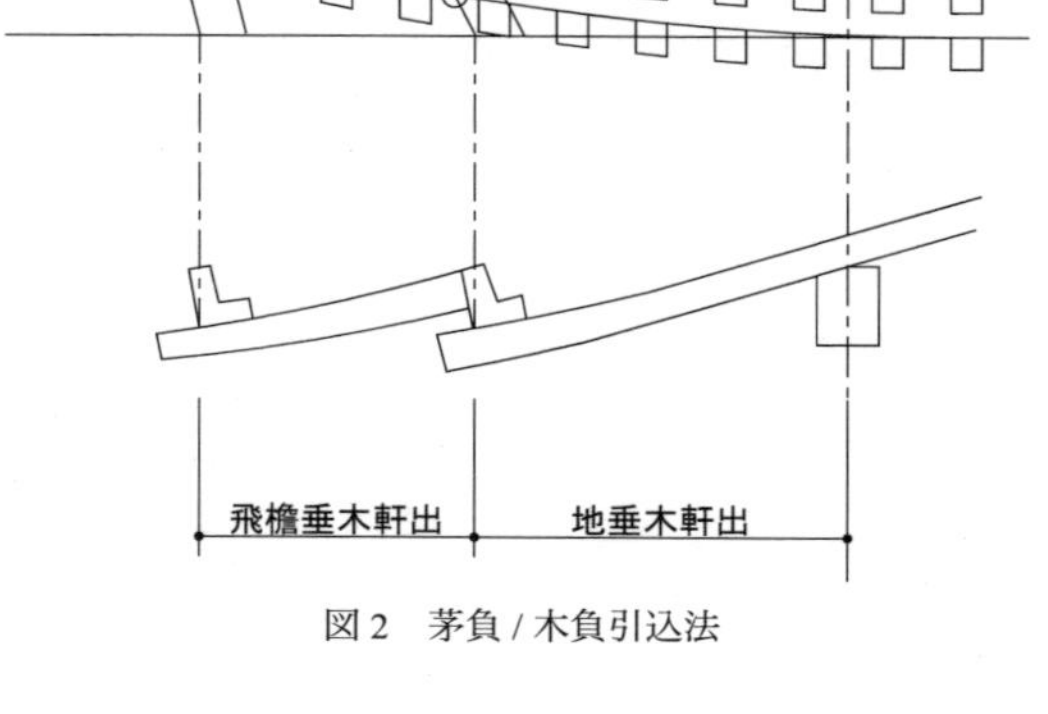

図2　茅負 / 木負引込法

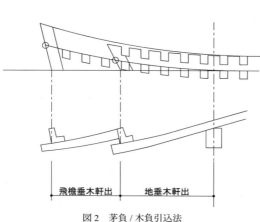

木負の外下角を鋭角に調整したと考えられる技法である。

この場合、平の軒出は以下の工程で計画されたと考えることができる（図3）。

①留先法で、隅木真上の茅負、木負の留先位置を定める。

②茅負留先を勾配で引込んで、平の全体の軒出（平の茅負位置）を定める。

③平の全体の軒出を整数比で按分して、平の木負位置を定める。

④先に定めた木負留先位置と平の木負位置を結ぶのであるが、地垂木の居定勾配をそのまま木負投げ勾配としてもうまく納まらない場合が考えられる。そこで、木負を鋭角に木造り、木負の投げ勾配を調整して納めることとしたのであろう。

この技法はすでに第二章でも原理を示したが、「茅負引込／木負按分法」と呼び、「茅負引込／木負引込法」と区別する。

中世遺構において平の地軒と飛檐の長さに整数比の関係が認められ、木負の外下角が鋭角になるものは「茅負引込／木負按分法」と考えられ、中世では比較的一般的な納め方であったと推察される（もちろん木負外下角を矩とし地垂木の居定勾配で調整する場合もあったと考えられる）。

五　出中押え法による隅の軒出と平の軒出の関係

「引込型」の様に、留先から投げ勾配で引込んで平の軒出を決定する方法に対し、平の軒出を投げ勾配によらないで決定するのが「非引込型」である。「出中押え法」がそのひとつで、隅の軒出を平の軒出に揃える特徴ある技法である。平安時代の遺構でも確認できる古くからの技法で遺構例も少なくない。

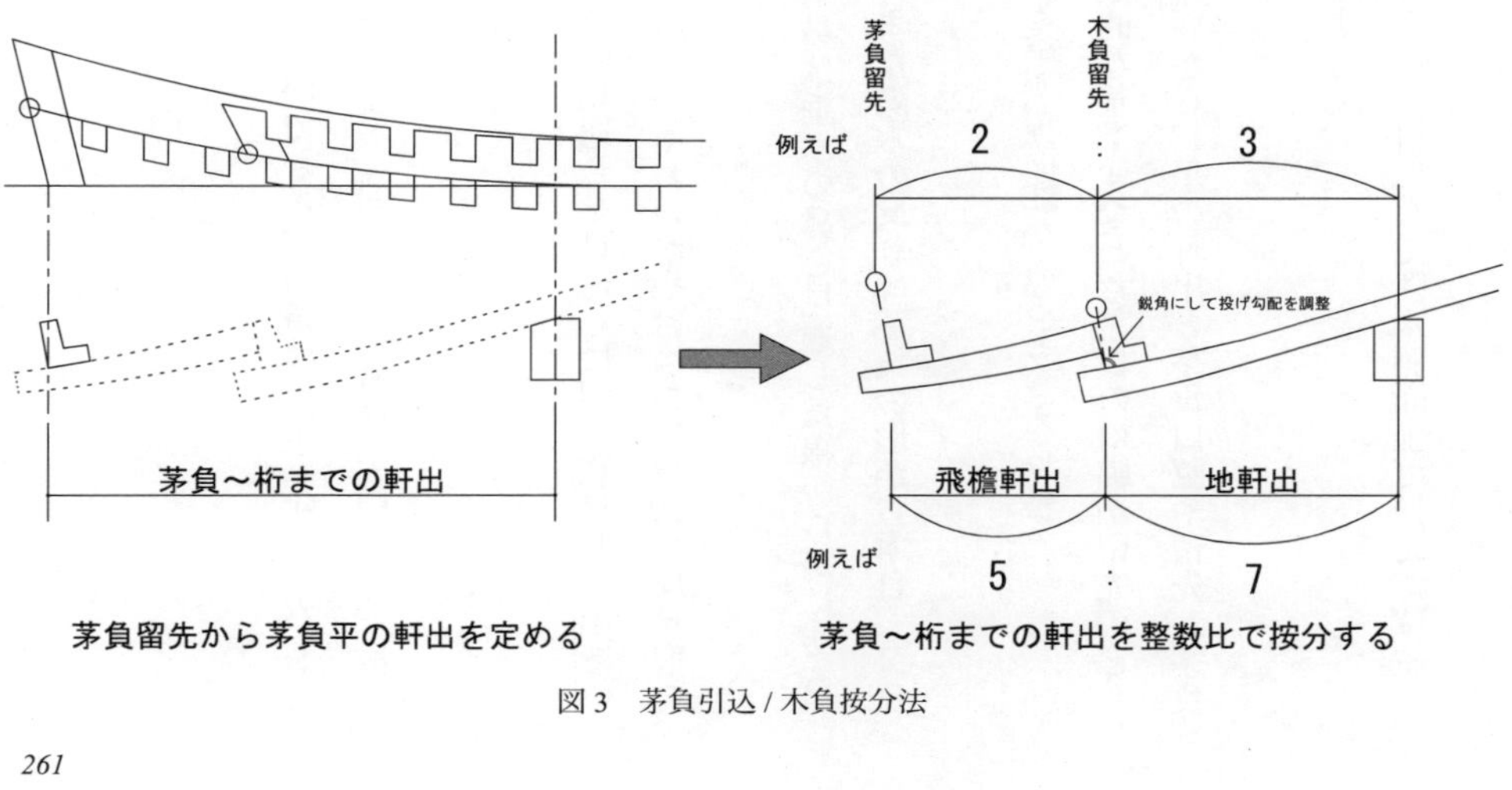

図3　茅負引込 / 木負按分法

はじめに、「出中押え法」と思われる近世の書誌資料を検証し、その後に実際の遺構について検討する。また、「出中押え法」の中で、茅負に撓込みが生じる場合があることも指摘したい。

五―一　隅の軒出と平の軒出の関係を示す書誌資料

隅木と平の軒出の関係を示す書誌資料として、『建仁寺家伝書』「匠用小割」を挙げることができる。同書は延宝五年（一六七七）から宝永（一七一〇）にかけて成立したとされる小割、つまり細部の木割や納まりを記した文書で、前半に「御所様小割之事」、後半に「堂宮用小割之事」という内容からなっている。(3)

堂宮用之小割に、隅木の関する以下の一節がある。

「一　桷の太サハ下ハ垂木弐つ歩、桁の落掛リハ垂木の下端ほど、はなの長さは垂木はなの見通しを見返しに切、惣長サハ出る中墨より軒の長サヲ裏かねニ当る。勾配も長手を裏かねニ持てかくるなり、反ハかやおいの形ニて木おいかやおいの口脇にて反ヲ取合すみ木のなりを作るへし、委ハ地割ニて知へし」（傍線筆者、以下同じ）

つまり、「隅木の幅は垂木二本分で、垂木下端の隅木の木余りは垂木下端とする。隅木鼻は垂木の鼻を見通した線から矩に切る。隅木の長さは軒出を裏目にとり出中墨から当たる。勾配は水平方向を裏目にして決める。また隅木の反りは茅負の形から木負、茅負の口脇位置で反りを取りそれを写して作る。」という意味になろう。

この内の「惣長サハ出る中墨より軒の長サヲ裏かねニ当る」の記述が、「出中押え法」を示す可能性があると考えられる。ここでいう惣長さは、隅木の小口位置とすると反りが無い場合でも短すぎるから、規矩的な基準すなわち茅負の口脇か留先のどちらかを指定しているのは間違いない。また、あえて撓込みなどを想定しているとは考え難いから、平の軒出と茅負口脇や留先が茅負投げ上にある一般的な納まりであり、軒の長さは平の軒出で間違いない。

まずこの記述の意味する納まりを、まず「現代軒規矩術法」とした場合で検証することとする。

「現代軒規矩術法」では、出中墨は隅木側面上の出中墨であるから、そこを基準に平の軒出を裏目にして隅木側面上で押えた位置は、茅負口脇である（図4）。

この時、茅負の反り出しは、平の軒出から隅木片中裏目出ることになる。茅負の投げ勾配は一般的に一／一〇～二／一〇程であるから、反り出しの大きい二／一〇の投げとし[注4]、隅木幅を五寸とすると、茅負の口脇位置は平から三・五寸ほど反り出すことになる。それだけの反り出しとなるには、茅負の投げ二／一〇勾配で、一・八尺（垂直方向で）の反りが必要となる計算になる。

一方、「匠用小割」の木割によれば、隅木下幅に対し茅負の成は一・二五倍の木割になるから[注5]、隅木五寸の場合茅負の成は六・二五寸となり、一・八尺の反りは茅負二・八八本分の反りが必要となる。

茅負三本近い反りは不可能ではないが、近世の軒規矩として一般的とはいえず、「匠用小割」の記述を、隅木側面の出中墨を基準に、口脇までとする「現代軒規矩術法」の考え方では説明が難しいといえるだろう。

次に、「匠用小割」の記述を「留先法」や「引込垂木法」と同様に隅木の真を基準とした考え方で検証する。

ただその前に、茅負に反りが無い棒隅の平の軒出と隅木の関係を図5に示しておく。棒軒は茅負に反り出しはないから、平の軒出を裏目尺に直し隅木真上の本中から取ると、茅負留先位置が定められる。

では、茅負に反りがある場合で見てみたい。出中墨は隅木真上の出中墨とし、そこから平の軒出を裏目尺に直した値を取り、その位置を茅負留先とする。その関係を図化したのが図6である。

この場合、茅負の反り出しは、隅木幅片中裏目の半分つまり〇・三五倍となる。

茅負の反りも二／一〇の投げ勾配とすると九寸（垂直方向で）となり、茅負成の一・四四本分となる。少し大きい値であるが、無理なく納まる値である。このことから、「匠用小割」の「惣長サハ出る中墨より軒の長サヲ裏かねニ当る」の記述は、隅木の真で計画するものと考えられる（煩雑を避けるため、片中裏目の半分は$\sqrt{2}/4 \fallingdotseq 0.35$としている）。

また、この納まりは、茅負の反りがない棒軒の場合（図5）と比べると、茅負留先を隅木幅半分先に移動させたものと見ることができる。

つまり、「出中押え法」は、茅負に反りがある場合に、引込みなどの作図によらず隅の軒出を出中墨から取り、それを平の軒出にとれば軒は概ね納めることができるという簡易的な軒規矩術法であると考えられるのである。

なお、先の原文は平の軒出が先に決まっていて、それを隅木に写すという内容に読めるが、前後の記述を検討する必要がある。

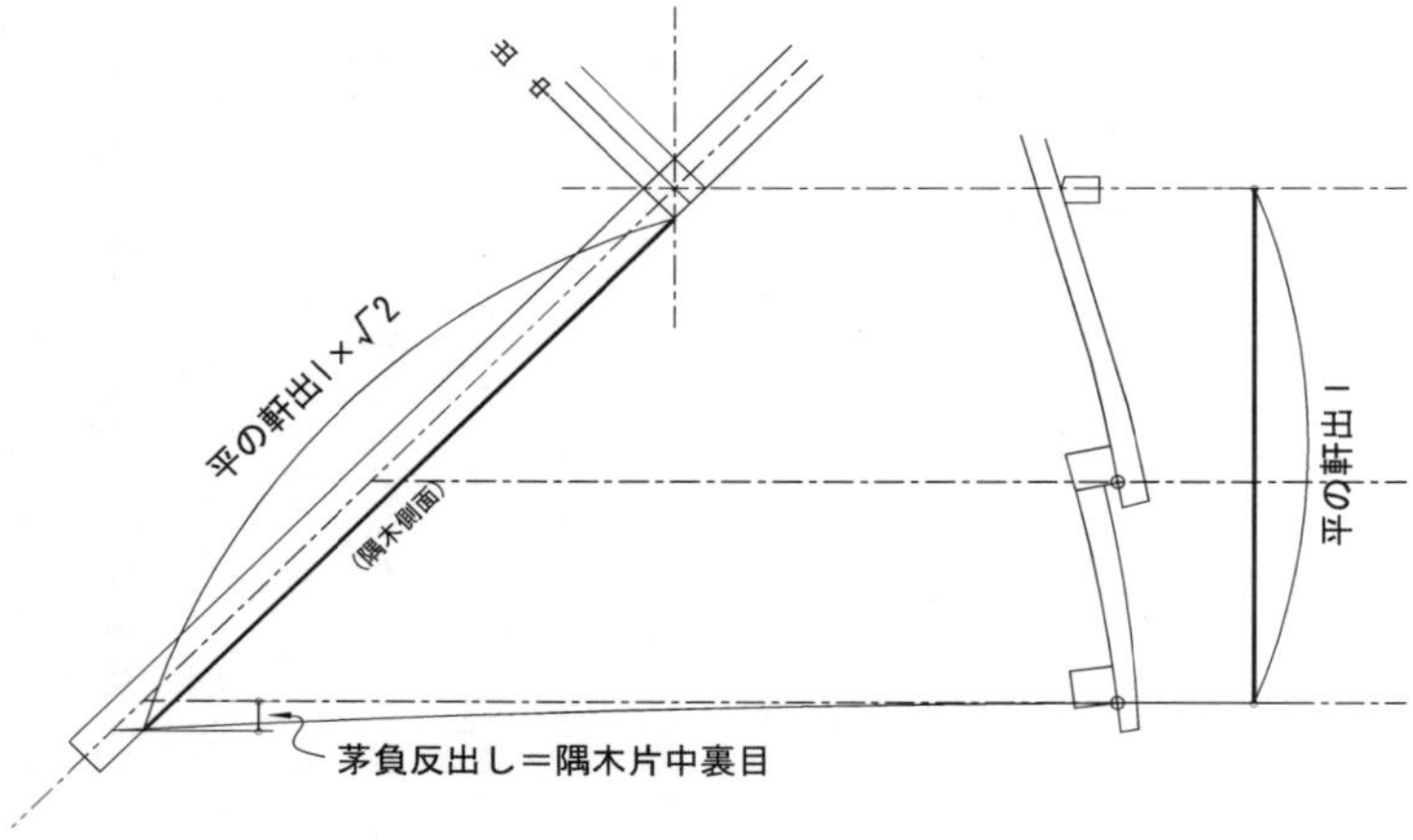

図４「匠用小割」の記述を「現代軒規矩術法」とした場合の納まり

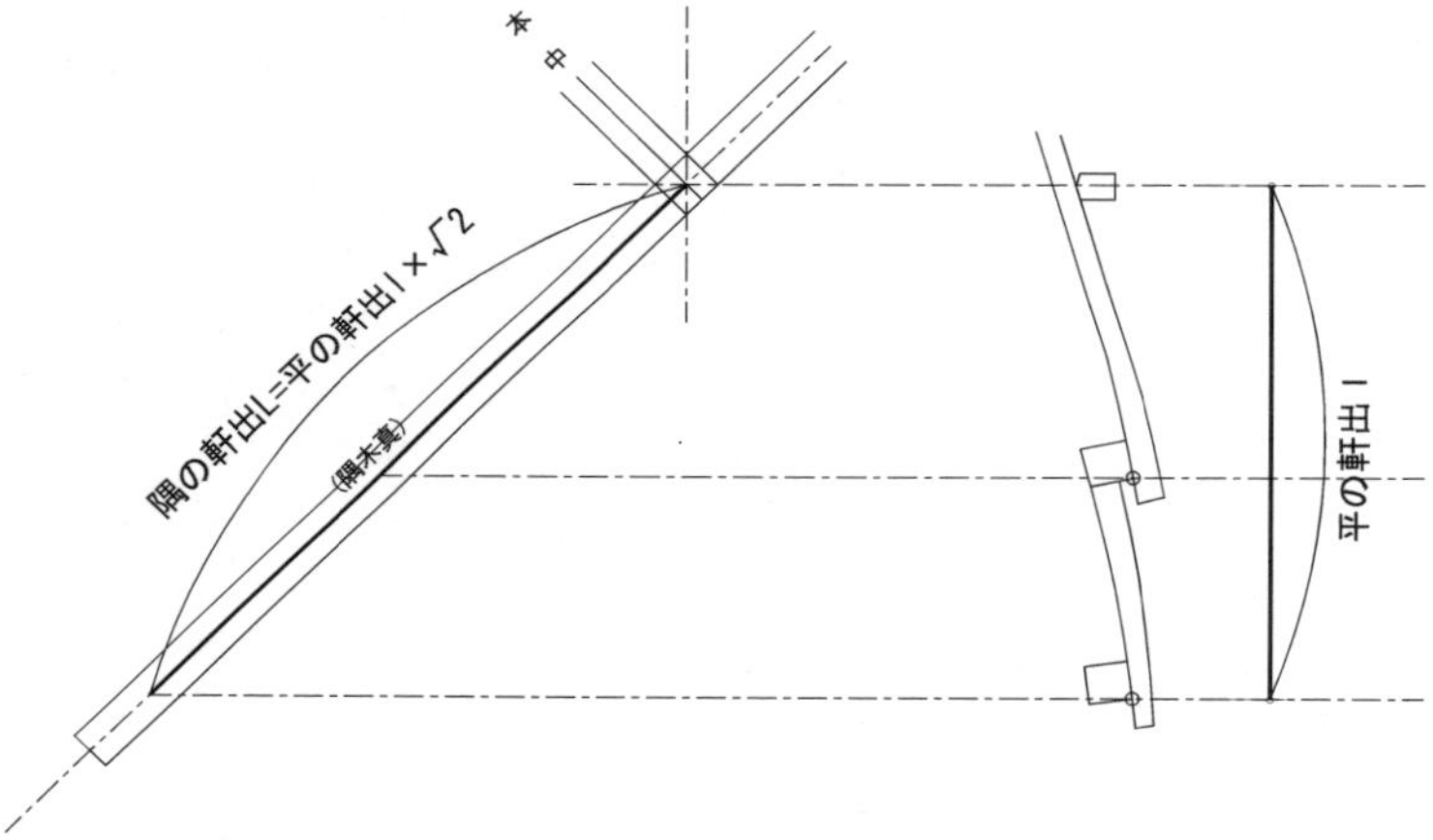

図５　棒軒の場合の隅の軒出と平の軒出の関係

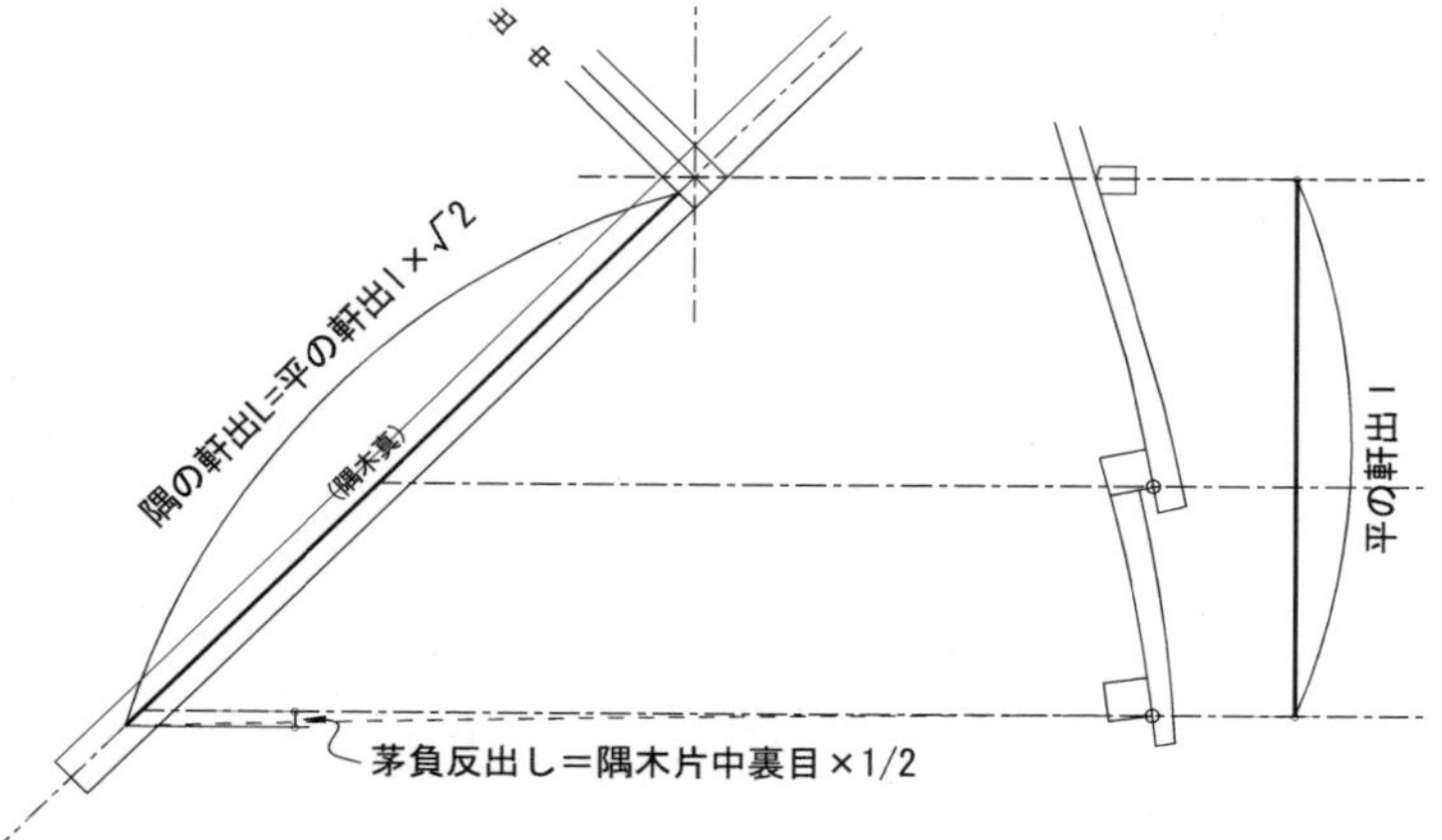

図６「匠用小割」の記述を「留先法」、「引込垂木法」とした場合の納まり

原文の後段には、

「一、軒の出し様地割のために爰にしるす、たとへハ、大軒の出は六枝小軒の出は五枝の時、垂木及びを以、丸桁の中墨よりかぞえて大軒六枝とし、七枝目の中墨ハ木負の口脇なり、それより桷の下は半分裏のかねにて出し是を木負ツラと心得へし、又小軒ハ七枝めの垂木より五枝とかそえて六枝めの垂木の内つらをかやおいの口脇、それよりすみ木の下は片中うらめのかねにて出

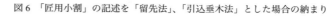

　　るかやおいの外つらと心得へし」

とあり、ここでは平の軒出の出し様としてすでに第七章で検討した「引込垂木法」の技法が述べられている。[4]

第二編で述べたように、「引込垂木法」の説明方法ははじめに配付垂木割と平の軒出の決定があって、それを基に隅木の造り様を説明するというように二段階でおこなわれているのが一般的で、それはほとんど定式化しているといってよい。

それに対し、「匠用小割」では、「出中押え法」と推察される隅木の設計が先にきて、その後に「引込垂木法」による軒出の定め方を説明しているから、定法とは順番が前後しているだけでなく設計工程上不可解な説明になっていて、混乱しているといわざるを得ない。

したがって、「匠用小割」のこの部分は、後で挿入された感が否めず、何らかの理由によって「引込垂木法」とは異なった規矩術法が、現在の位置に付け加えられた可能性が考えられるのである。[注6]

いずれにしても、原文のままでは前後の関係に一貫性のない記述ではあるが、隅の軒出と平の軒出を同じに揃えることを記述している点は、管見では唯一の資料であり、そうした技法が存在することを示す注目すべき一節といえるであろう。

五－二　「出中押え法」の概念

ここで、「留先法」における「出中押え法」の概念を、隅の軒出と平の軒出の関係からもう少し整理しておきたい。

「出中押え法」の納まりの伏図上の基本概念図はすでに図6に示した通りであるが、断面図で示すと図7となる。

図は平の断面図に隅木の出中墨、入中墨、茅負留先の関係を判り易く示すために、隅木真を基準にした断面図にしてある（以下、本章の断面図は同様の基準で作図している）。また、隅の軒出L_0（出）は、平の断面図上で表現しているので全て表目尺である。

なお、以下の図面で使用するL_0（出）等の意味は、第二章で定義したものに準じている。

さて、「出中押え法」の基本は、出中墨から茅負留先までの隅の軒出L_0（出）と平の軒出lが一致する納まりということである。

「出中押え法」では、茅負の留先と平の軒出の位置が茅負投げ勾配上で納まるためには、茅負の反出し[注7]が隅木片中裏目の半分に一致する必要がある。つまり、茅負の反出しをD、隅木幅をWとすると、図8のとおり$D = W \times 0.35$になる様に、隅木の幅と茅負の反り及び投げ勾配を決めなければならない。

こうした「出中押え法」の納まりが可能となるのは茅負の反りがほぼ平均的な値となる軒で、茅負が大きく反る軒には対応できない。また、逆に飛檐垂木の勾配が緩いときも、茅負投げが垂直に近くなるため、反出しが隅木片中裏目の半分に満たず納まらない可能性もある。ただ、その場合は茅負に撓込みをおこなうことで納めることが可能となる（図9）。

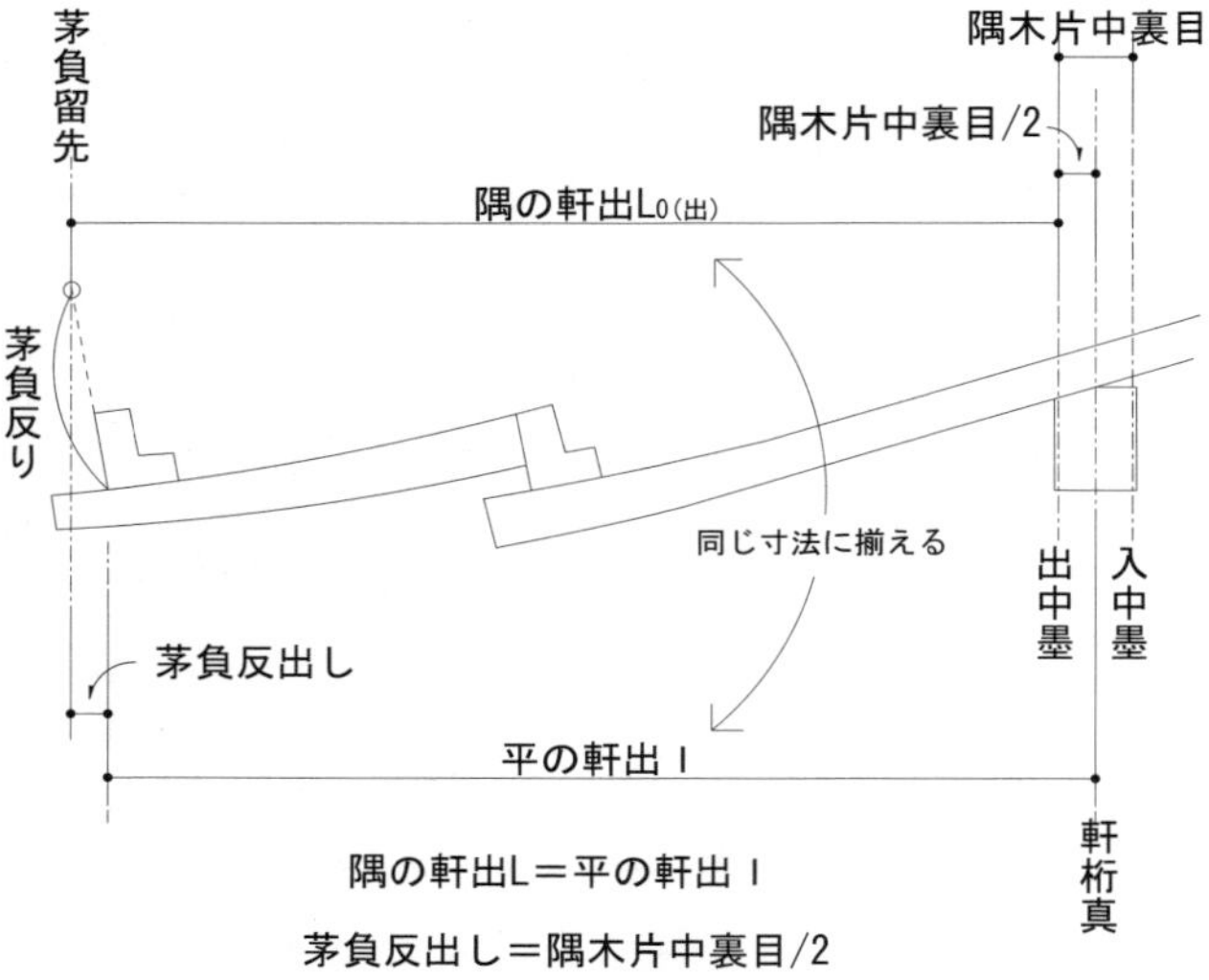

図7　出中押えの概念説明図

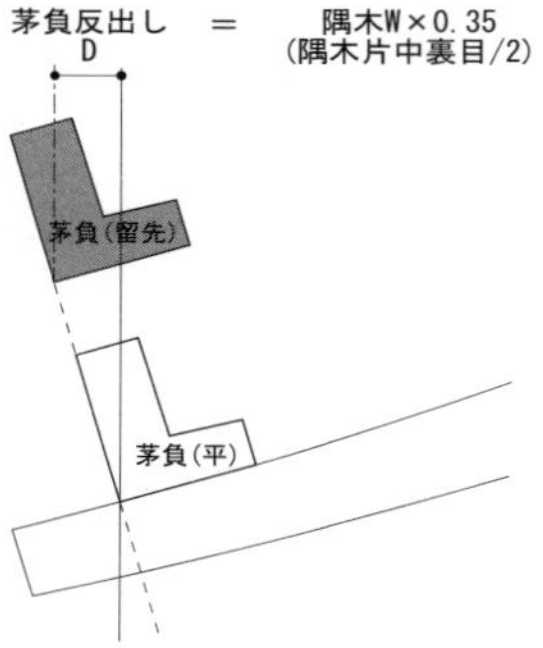

図8　茅負廻りの平と隅の関係

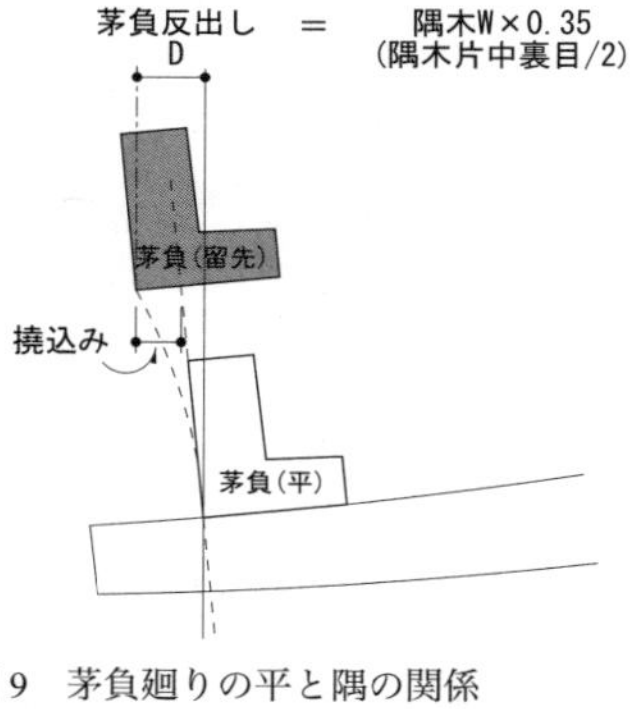

図9　茅負廻りの平と隅の関係
投げ勾配が急で撓込みが必要となる場合

五―三　遺構例による検証

平安時代後期から江戸時代までの間で、実際の遺構のなかから「出中押え法」を検証する。

二軒繁垂木の「出中押え法」の事例

平安時代の事例

平安時代中期の遺構である醍醐寺五重塔、後期の平等院鳳凰堂、中尊寺金色堂では「出中押え法」は確認できないが、當麻寺本堂と一乗寺三重塔では、その可能性があると考えられた。[注8]

當麻寺本堂[5]：永暦二年（一一六一）は、垂木、隅木等軒廻りの当初の部材の保存状態は良いが、当初の施工寸法の斑が大変大きいため、修理工事報告書では当初の計画寸法について確定的な値が示されておらず、軒規矩図も全体に各面の実測の平均値によって作成されたと推察される。

平の軒出は報告書の軒規矩図を参考に、当初の平の軒出を仮に当初尺八・〇〇尺とすると、当初尺の延びを一・〇〇八尺[注9]として、現尺では八・〇六尺となる。報告書の軒規矩図の平の軒出は八・〇四尺であるから、その誤差は二分で納まるので平の軒出は当初尺で八・〇〇尺と考えて大過はないと思われる（軒の出は、各面の地垂木で最大五・六寸もの斑がある。飛檐垂木の出の実測値は記載がない）。

隅の軒出を飛檐隅木鼻のコキが無いものとすれば（報告書でもほとんど無かったと推測されている）、作図によって出中墨から茅負留先つまり隅の軒出L_0（出）までは、現尺で裏目尺八・〇五尺となる。その値は仮定した平の軒出と一分だけの違いである。つまり当初の軒出は隅、平とも当初尺で八・〇〇尺（現尺八・〇六尺）であるから、「出中押え法」であった可能性が高いと考えられる。

その関係を整理したのが図10・11である。伏図の中の寸法は現尺で、（　）内の値は当初尺である。断面図は当初尺で表した。

軒規矩全体を「留先法」で分析すると、隅は出中墨から木負留先までL_1（出）は当初尺で四・五尺、木負留先から茅負留先までL_2が当初尺で三・五尺の完数で留先が決定されていると考えられる。また、平は全体の軒出当初尺八・〇尺を、地軒：飛檐を七：四に按分して木負位置を定めたと推察される。

隅木の幅は八・六寸であるから、隅木片中裏目の半分の値は〇・三五を乗じて三寸となる。隅の軒出と平の軒出が揃う「出中押え法」であるとすると、この三寸が茅負の反出しとして必要になる。

報告書の軒規矩図によれば、飛檐垂木の引渡し勾配は七・五分と水平に近く、茅負の投げも九分勾配とほぼ垂直であるため、茅負外下角も若干鈍角に木造っているが、茅負の反出し寸法は隅木の留先には足りない。そこで、報告書によれば茅負は一・二寸の撓込みを付けて納めたとする。

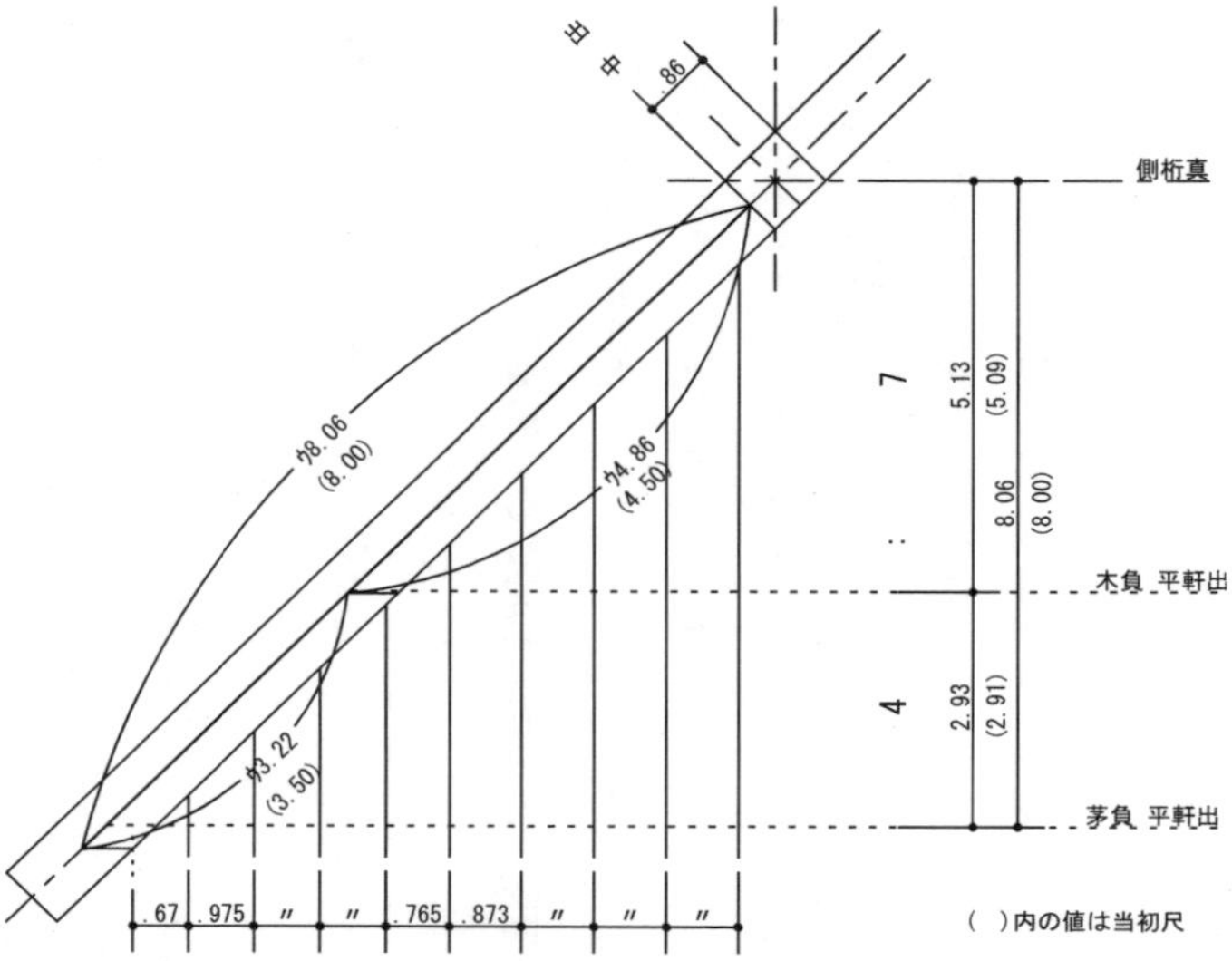

図10　當麻寺本堂の軒廻りの納まり（当初計画の推定案）

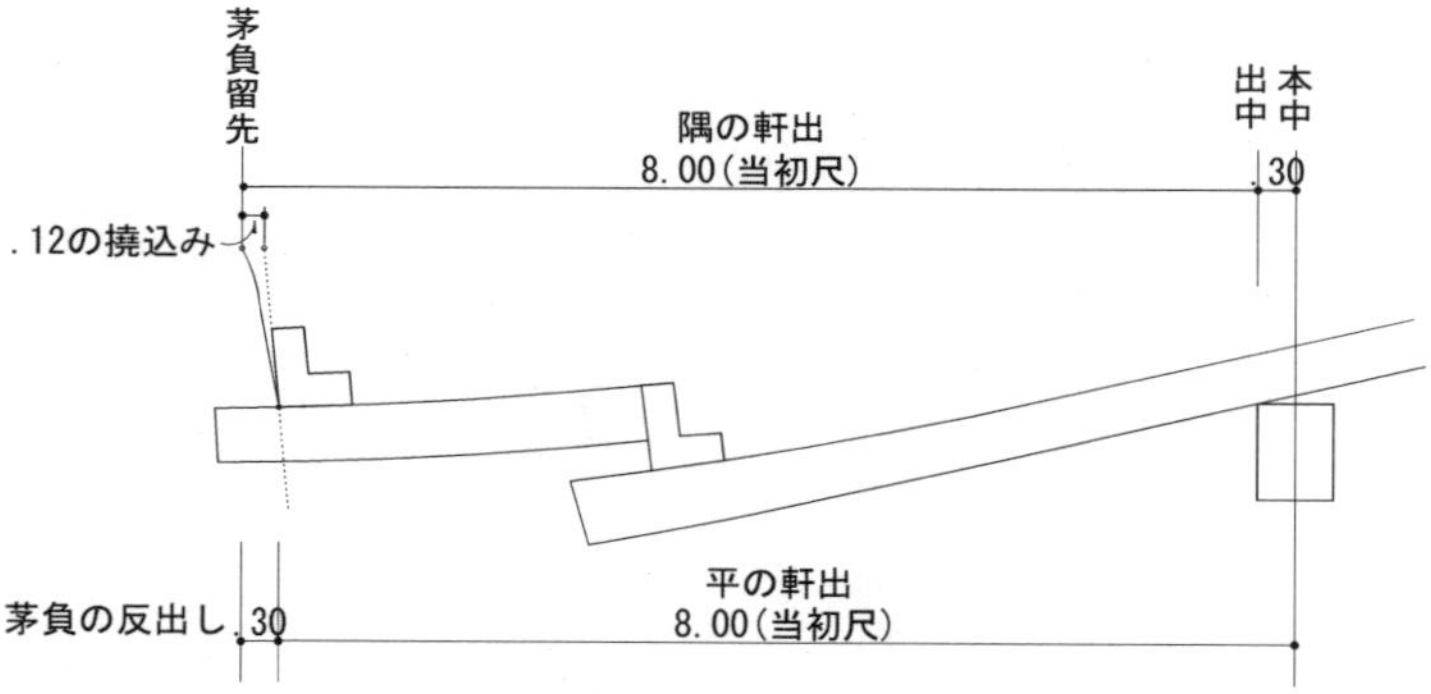

図11　當麻寺本堂の軒の平の断面図（当初計画の推定案）

平安時代後期以降で検討できる資料のある遺構の中では、當麻寺本堂が「出中押え法」を確認できるもっとも古い例である。また茅負に撓込みが認められる理由も、「出中押え法」に起因していると指摘できる。

一乗寺三重塔二層(6・7)：承安元年（一一七二）は、初層から三層まで入中を基準とした「留先法」の軒であるが、「出中押え法」が確認できるのは二層目で撓込みも認められる。初層は隅の軒出に比べて平の軒出が長く三層は飛檐隅木に当初材が残っていなかった。

二層の軒規矩を「留先法」で分析すると、隅の軒出が入中墨を基準

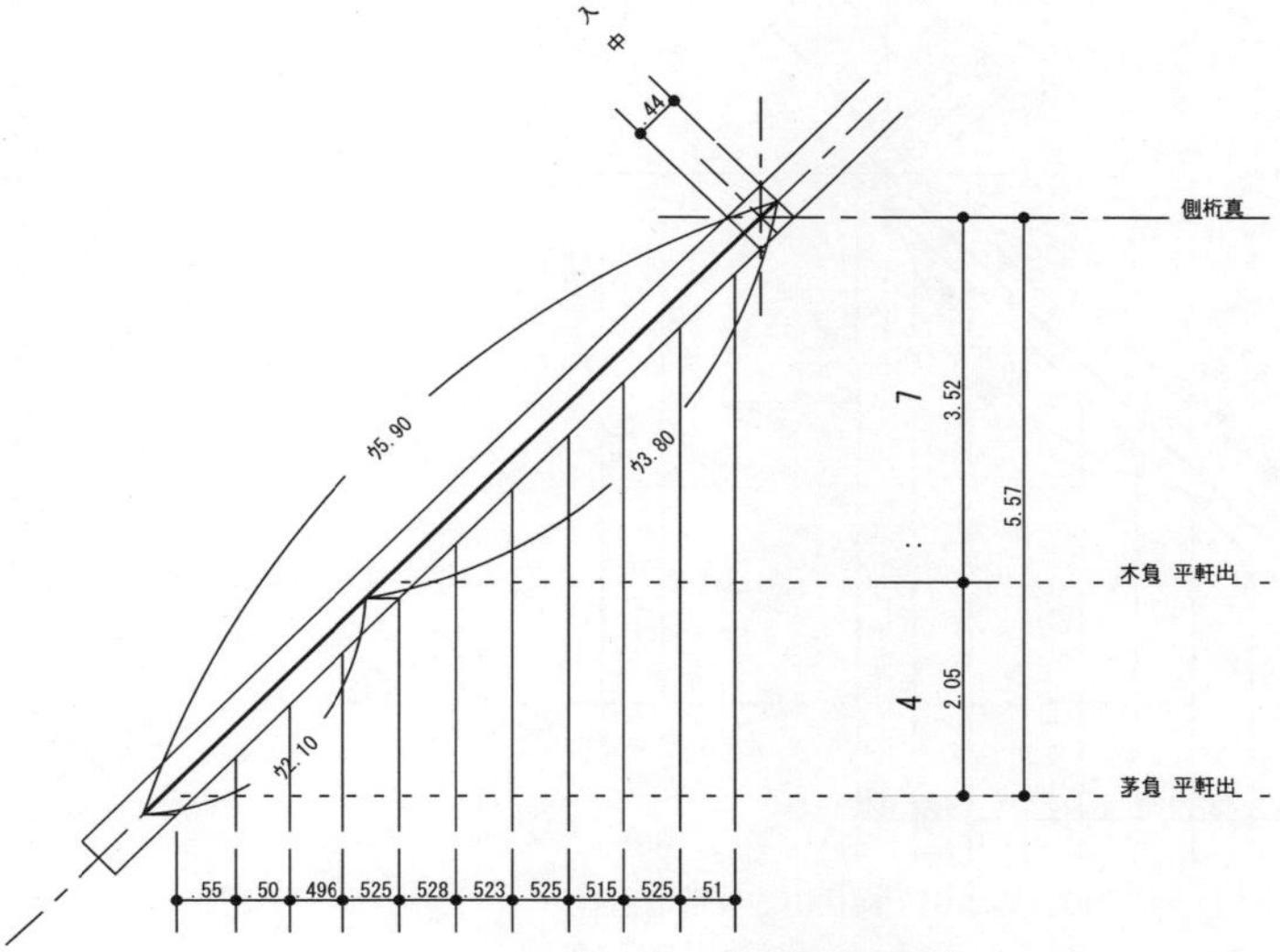

図 12　一乗寺三重塔二層の軒廻りの納まり

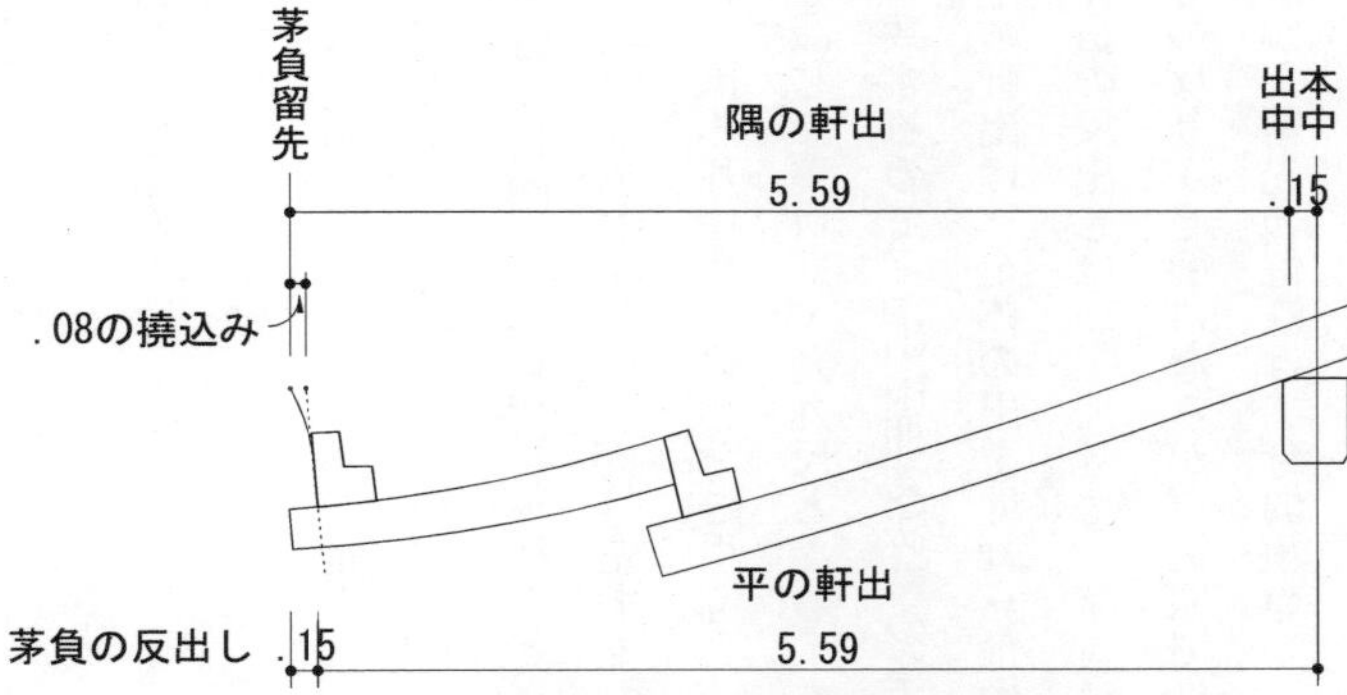

図 13　一乗寺三重塔二層の軒の平の断面図

に、木負留先までL_1（入）が裏目三・八尺、木負留先から茅負留先までL_2が裏目二・一尺と完数で決められていて、全体の隅の軒出L_0（入）は裏目五・九尺と考えられる。隅木幅は四・四寸である（図12・13）。

「留先法」では、隅の軒出は入中墨を基準に決められているが、出中墨から茅負留先までL_0（出）は、全体L_0（入）から隅木片中の裏目（4.4寸×0.707＝3.1寸）を引いて裏目五・五九尺となる。

一方、平の軒出は五・五七尺であるから二分の誤差があるが、ほぼ一致していると見て良くこの軒も「出中押え法」であると考えられる。また平の軒出も當麻寺本堂と同様に、全体の軒出を地軒と飛檐を7：4に按分して木負位置が定められている。

茅負の反出しは、隅木片中裏目の半分が必要であるから、隅木幅に〇・三五を乗じた値一・五寸が必要となるが、茅負前面の投げ勾配は一寸と垂直に近いため、茅負の反りは口脇で六・八五寸あるが反出しは留先でも七分程しかない。したがって、十分な茅負留先までの反出しが得られず、當麻寺本堂と同様に茅負で八分程の撓込みが必要になったと考えられる。

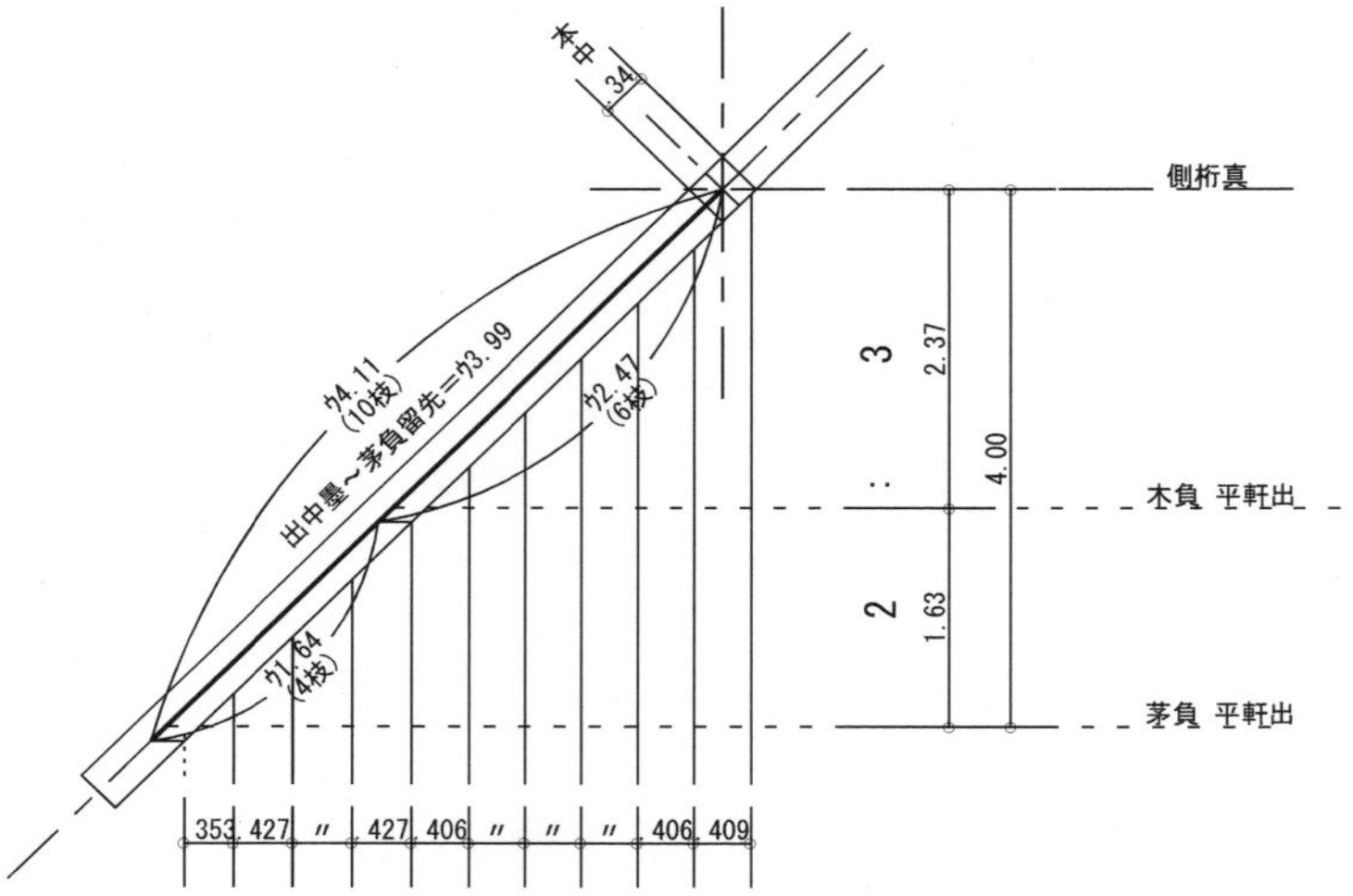

図 14　鎌倉時代の事例：海住山寺五重塔初層

鎌倉時代の事例

海住山寺五重塔初層[8]：建保二年（一二一四）は、第二章において「留先法」によって分析したが、本中墨を基準に木負留先までL_1（本）裏目二・四七尺（六枝）、木負留先から茅負留先までL_1裏目一・六四尺（四枝）とし、全体の隅の軒出L_0（本）は裏目四・一一尺（一一枝）となる（図14）。

この値は本中墨から茅負留先までの長さであるから、出中墨からの長さをとるために隅木片中裏目の半分を引くと、隅木幅三・四寸に〇・三五を乗じた一・二寸を減じて裏目三・九九尺となる。これは一分の誤差があるが平の軒出四・〇尺と一致するので、「出中押え法」の条件を満たし復原も正確と考えられる。

平の軒出は、全体の出を地軒：飛檐を3：2に按分している。

茅負の反出しは一・二寸で、茅負前面の投げ勾配一・七寸に対し計算上は七・〇寸の反りが必要になるが、復原では六・〇寸の反りで施工されたため、実際に納まった留先の位置は二分弱短い。

これは、隅木鼻にコキがあるための修正か、茅負に撓込みをせずに茅負反りを優先したための二次的な修正であるか不明であるが、隅木鼻にコキがないとして茅負留先を求めると平の軒出とはよく納まる。つまり、「出中押え法」であるが、當麻寺本堂や一乗寺三重塔のように、茅負に撓込みは必要ではなく、隅の軒出と平の軒出は茅負投げ勾配上で納まっていた可能性がある。
同様の納まりは、明通寺三重塔初層：文永七年（一二七〇）でも確認することができる。
鎌倉時代に「出中押え法」で撓込みが確認できるのは、他に大報恩寺本堂：安貞元年（一二二七）の復原軒を挙げることができる。

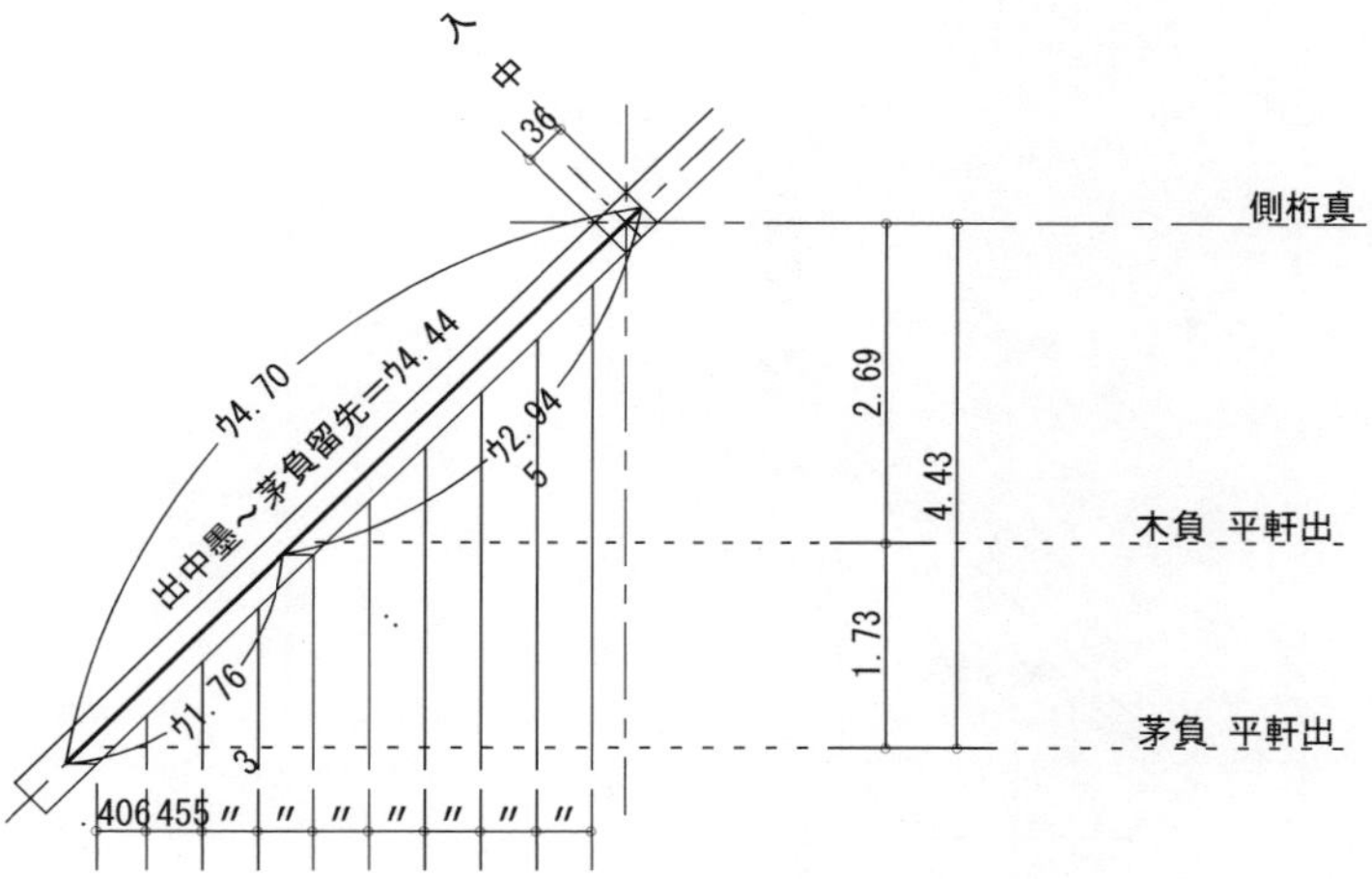

図 15　室町時代の事例：圓福寺本

室町時代の事例

「出中押え法」と思われるものは、多少の誤差があるが二〇例ほど確認された。

室町時代前期では、明王院五重塔初層：貞和四年（一三四八）が古例で、當麻寺本堂と同じく撓込みがある事例である。

撓込みを必要とせずに「出中押え法」となる例は、幾分誤差があるが法隆寺地蔵堂：応安五年（一三七二）が可能性のある古例である。

納まりの良いものとしては、圓福寺本堂[9]：応安四年（一三七一）を挙げられる（図15）。隅の軒出は入中墨を基準に茅負留先までL_0（入）を裏目四・七尺とし、それを五：三に按分して木負留先を定めている。出中墨から茅負留先までL_0（出）は、隅木幅は三・六寸であるから、隅木片中裏目（二・六寸）を引いて四・四四寸となる。平の軒出は四・四三尺であるから誤差は一分で納まる。

反出しは、隅木幅に〇・三五を乗じて一・二六寸となるが、茅負投げは二寸勾配で、口脇まで六・八寸の反りは一・三寸の反出しになるから四厘の誤差でほぼ一致する。

その他では、福祥寺本堂宮殿：応安元年（一三六八）、宝福寺三重塔三層：永和二年（一三七六）、宝幢寺本堂：室町時代前期、などを挙げることができる。

室町時代中期では、撓込みのある例として西郷寺本堂[10]：応永一三年（一四〇六）

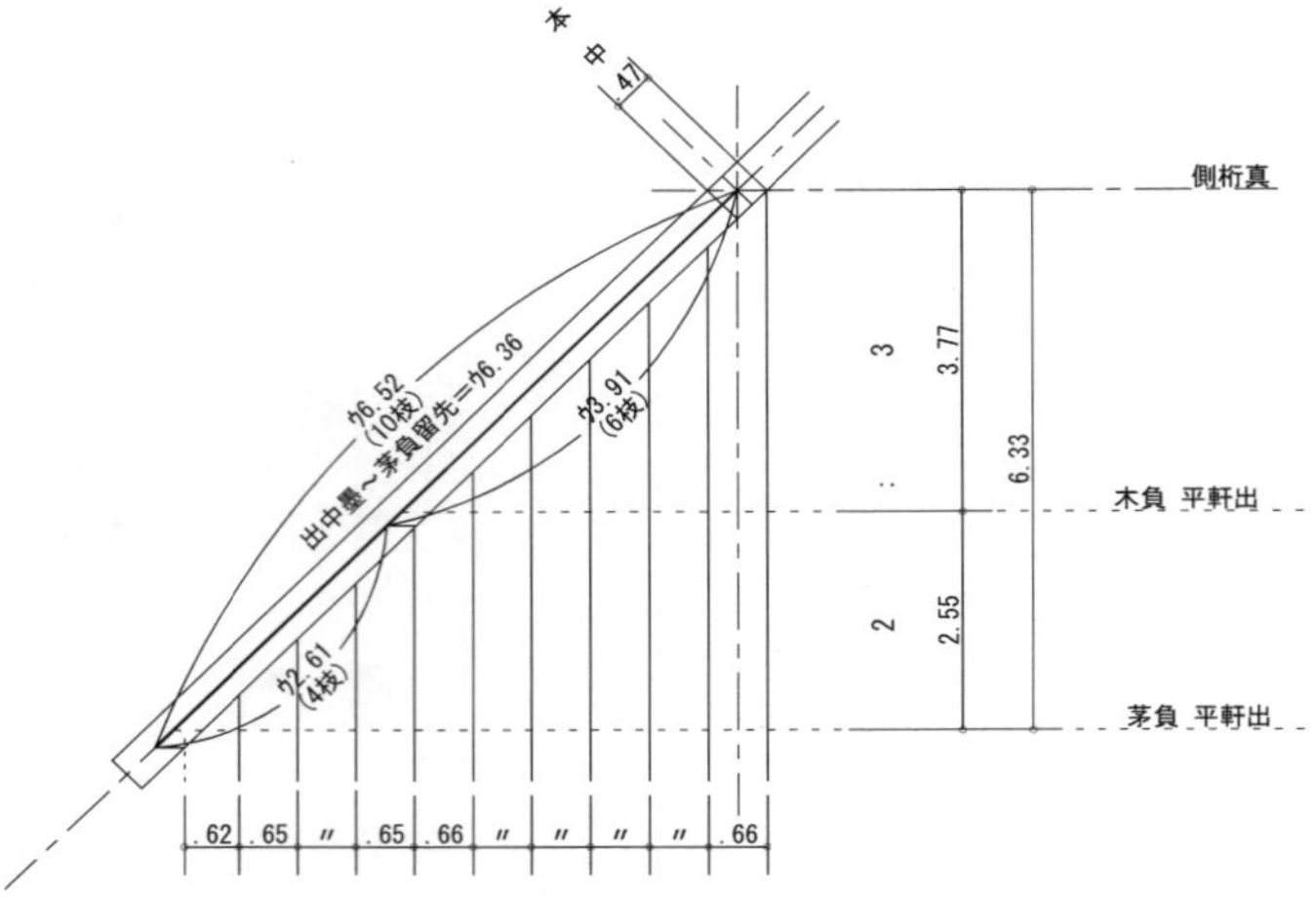

図 16　室町時代の事例：西郷寺本堂

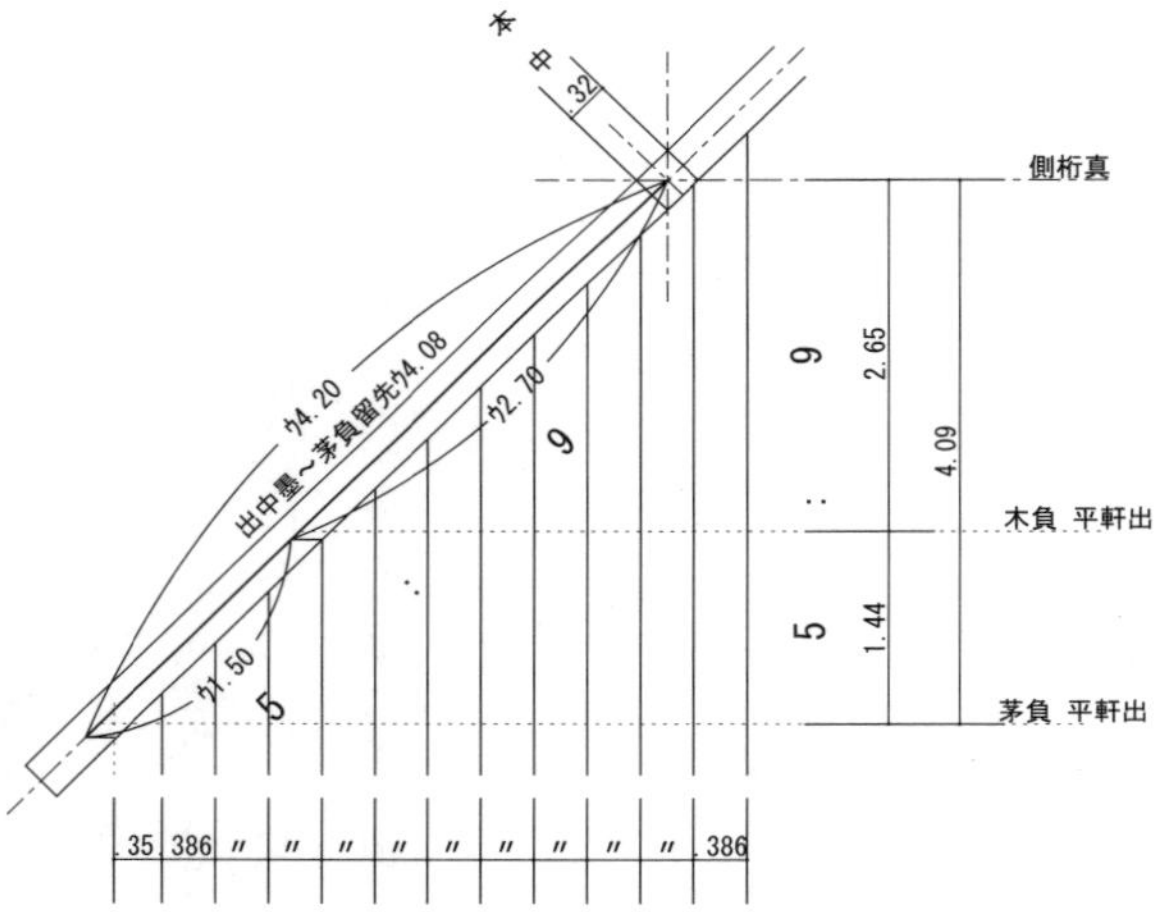

図 17　室町時代の事例：雨錫寺阿弥陀堂宮殿

が挙げられる（図16）。隅は本中墨から木負留先までL_1（本）を六枝（裏目三・九一尺）、木負留先から茅負留先までL_1を四枝（裏目二・六一尺）と定め、全体の隅の軒出L_0（本）は一〇枝（裏目六・五二尺）の出となる。隅木幅は四・七寸である。

出中墨から茅負留先までL_0（出）は、隅木片中裏目の半分（裏目一・七寸）を引いて裏目六・三五尺となる。平の軒出は六・三三尺であるから二分ほどの誤差で納まり「出中押え法」であると判断できる。平の軒出はそれを地軒・飛檐を3：2に按分している。反出しは一・七寸が必要であるが、茅負投げ勾配が六分、口脇までの反りが九寸で五分ほどの反出ししかないため、一・二寸の撓込みが必要となったのであろう（報告書は平の軒出の決定寸法が二分ほど短く一・五寸の撓込みとする）。

撓込みがなく反出しが隅木片中裏目の半分に揃うものは、護国院多宝塔上・下層：文安六年（一四四九）、密蔵院多宝塔上・下層：室町時代中期などが挙げられる。

室町時代後期になると遺構が増えるが、特に永正・天文期に集中して見られる。

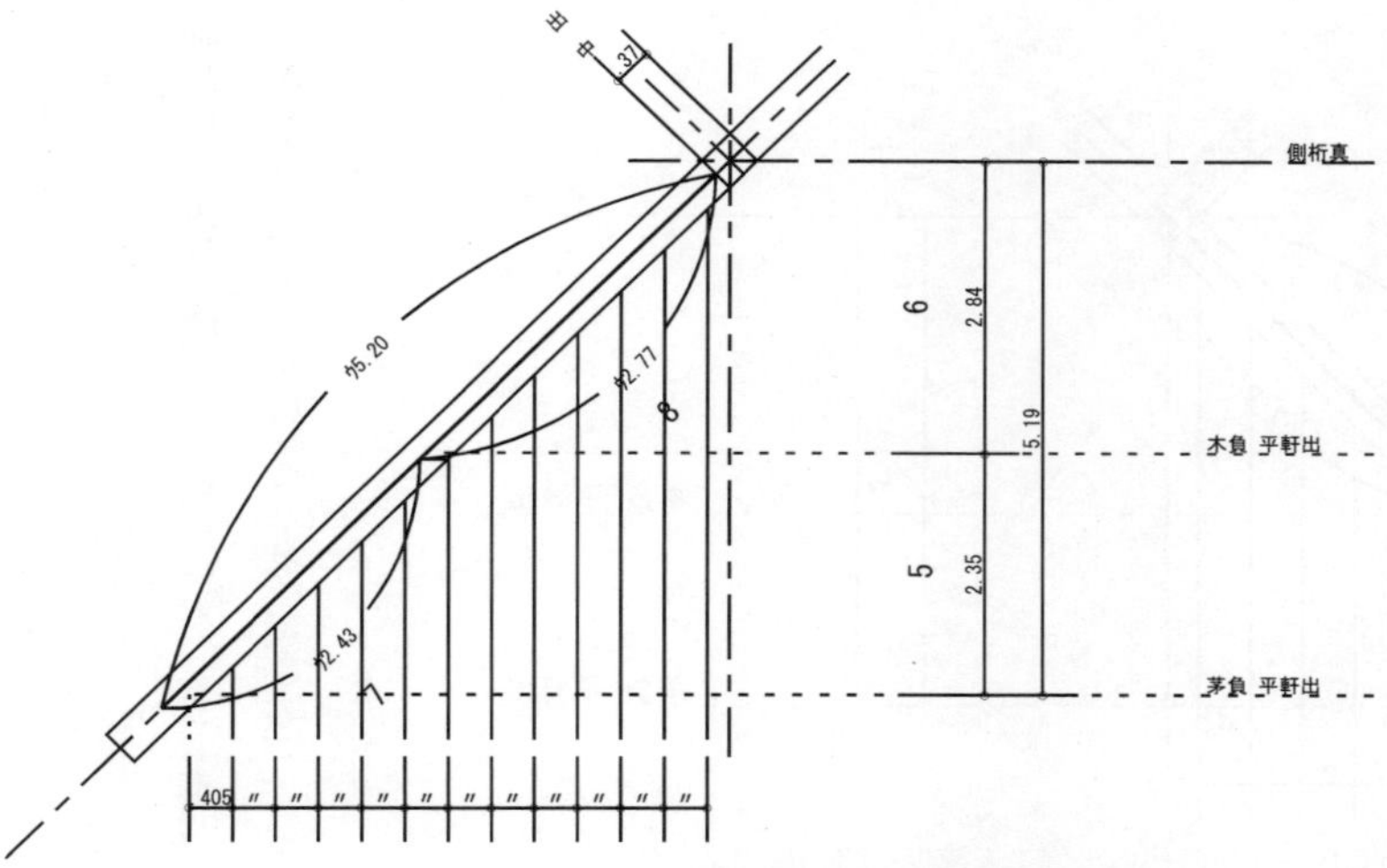

図 18　桃山時代の事例：金剛峯寺奥院経蔵

撓込みのある例としては小規模ではあるが雨錫寺阿弥陀堂宮殿[11]：永正一一年（一五一四）が挙げられる（図17）。隅は本中墨から茅負留先までL_0（本）裏目四・二〇尺とし、それを9：5に按分して木負留先を定めている。隅の軒出L_0（出）は、L_0（本）から隅木幅三・二寸の隅木片中裏目の半分一・一寸を引いて裏目四・〇九尺となり、平の軒出と一致し「出中押え法」と認められる。茅負は投げ二・一寸で、口脇位置まで四・六寸の反りでは三分足りないため撓込んで納めている。

撓込みのないものは、広八幡神社楼門：文明七年（一四七五）、竹林寺本堂：永正八年（一五一一）、大威徳寺多宝塔：永正一二年（一五一五）、東光寺本堂宮殿：永正一四年（一五一七）、立石寺三重小塔：永正一七年（一五二〇）、観音寺多宝塔下層：天文五年（一五三六）、根来寺大塔下層：（天文）、西明寺三重塔初層：天文六年（一五三七）、大聖寺不動堂：室町時代後期、浄厳院本堂：同、金剛寺仁王門：同、丈六寺本堂上・下層：同、などが挙げられる。

桃山時代の事例

桃山時代は「出中押え法」の遺構が数多く確認できるが、撓込みがある例は確認できない。特に慶長期は諸寸法が理論値とよく一致するものが多い。

金剛峯寺奥院経蔵[12]：慶長四年（一五九九）は、隅の軒出L_0（出）を裏目五・二尺で定め木負留先は8：7の按分で決めている。

平の軒出は五・一九尺で一分の誤差で一致する。隅木幅三・七寸で、片中裏目の半分はそれに〇・三五を乗じて一・三寸となり、反出し寸法が定まる。茅負投げ勾配は一・七寸で七・六寸の反りであるから、一・三寸の反出しとなり「出中押え法」としてよく納まる（図18）。

その他の遺構としては、勝鬘院多宝塔下層：慶長二年（一五九七）、法華寺本

堂：慶長六年（一六〇一）、都久夫須麻神社本殿身舎：慶長七年（一六〇二）、白鬚神社本殿：慶長八年（一六〇三）、聖神社本殿：慶長九年（一六〇四）、高台寺開山堂：慶長一〇年（一六〇五）、吉野水分神社楼門：同、醍醐寺如意輪堂：慶長一一年（一六〇六）、大崎八幡宮本殿：慶長一二年（一六〇七）、本門寺五重塔初層：同、油山寺三重塔初・二層：慶長一六年（一六一一）、石山寺多宝塔下層：慶長修理、などを挙げることができる。

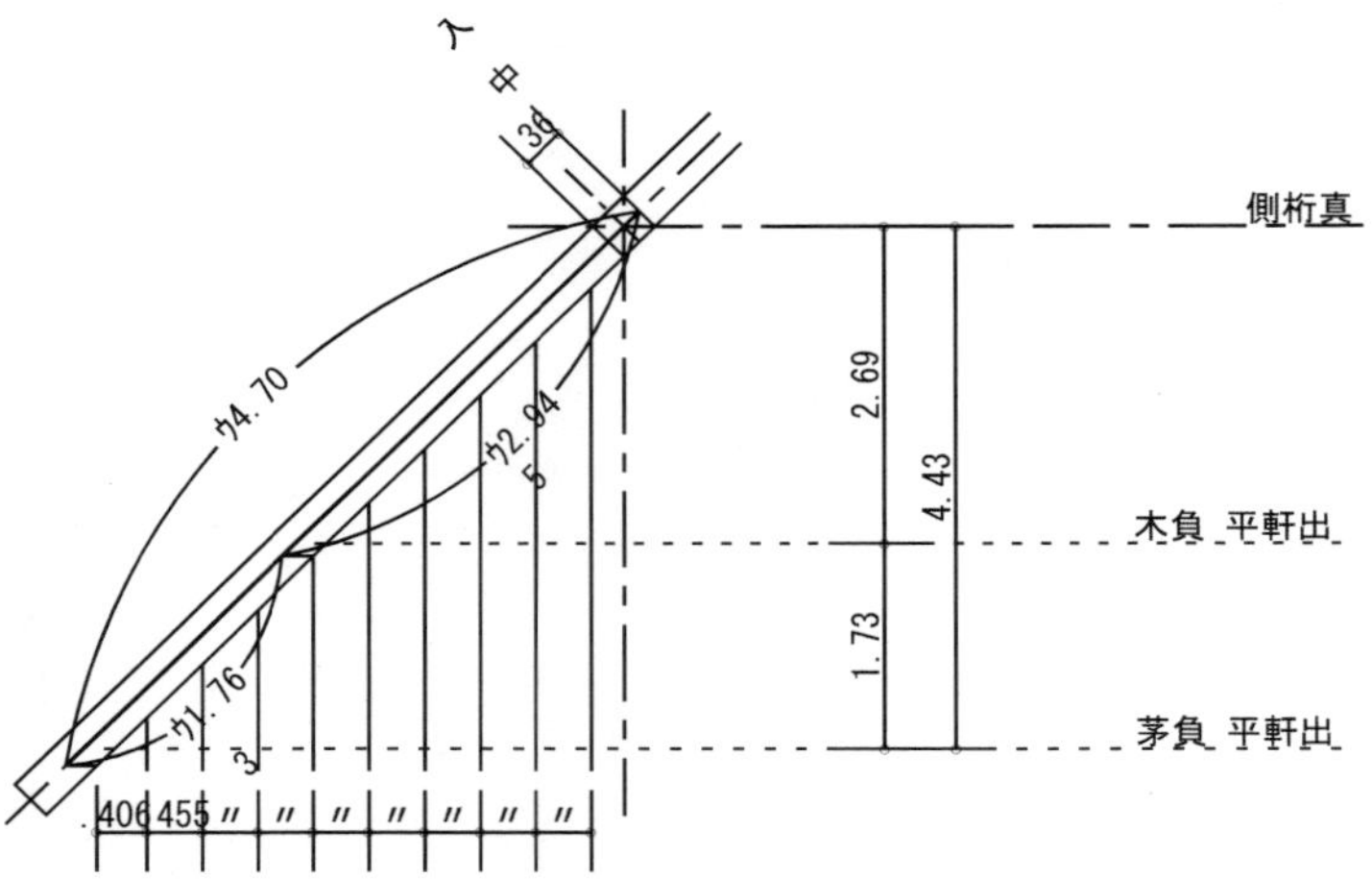

図19　江戸時代の事例：天徳寺三門

江戸時代の事例

江戸時代の軒規矩術は、木版本などでは「引込垂木法」しか論じられていないが、指定文化財を見る限り、実際は「留先法」で計画されたものも多い。その内「出中押え法」の遺構例も二〇例ほど確認できる。

桃山時代には確認できなかった撓込みのあるものも一例ある。

天徳寺三門[13]：宝永六年（一七〇九）では、隅の軒出を入中墨から茅負留先までL_0（入）を完数で裏目七・八尺と定め、6：5に按分して木負留先を決定している。隅の軒出L_0（出）は、隅木幅四・八寸の片中裏目三・四寸を引いて裏目七・四六尺となり、平の軒出七・四七尺と一分の誤差で納まる。

茅負の反出しは隅木幅に〇・三五を乗じて一・七寸ほど必要になるが、茅負投げ勾配は一・八寸で口脇まで四・五寸の反りに八分の反出ししかなく、九分ほどの不足を撓込みとしている（図19）。

それ以外で撓込みのない「出中押え法」は、知恩院三門下層：元和七年（一六二一）、教王護国寺灌頂院：寛永六年（一六二九）、當麻寺奥之院鐘楼門：正保四年（一六四六）などが挙げられる。

一軒疎垂木・板軒の「出中押え法」の事例

一軒疎垂木や板軒は軒の形式としてはもっとも簡素で、「出中押え法」の技法に向いている軒形式といえる。鎌倉期のものはないが室町時代、桃山時代にその事例が確認できる。

室町時代は、主に小規模な仏堂、神社拝殿に見られる。板軒の例であるが、洞春寺観音堂裳階：永享二年（一四三〇）が古例で、室町時代後期では雨錫寺阿弥陀堂：永正一一年（一五一四）、白山神社拝殿（滋賀）：室町後期、新長谷寺阿弥陀堂：同、が「出中押え法」である。

この内、雨錫寺阿弥陀堂[14]は撓込みがある形式である。二軒繁垂木で紹介した同寺の宮殿も「出中押え法」で撓込みがある。

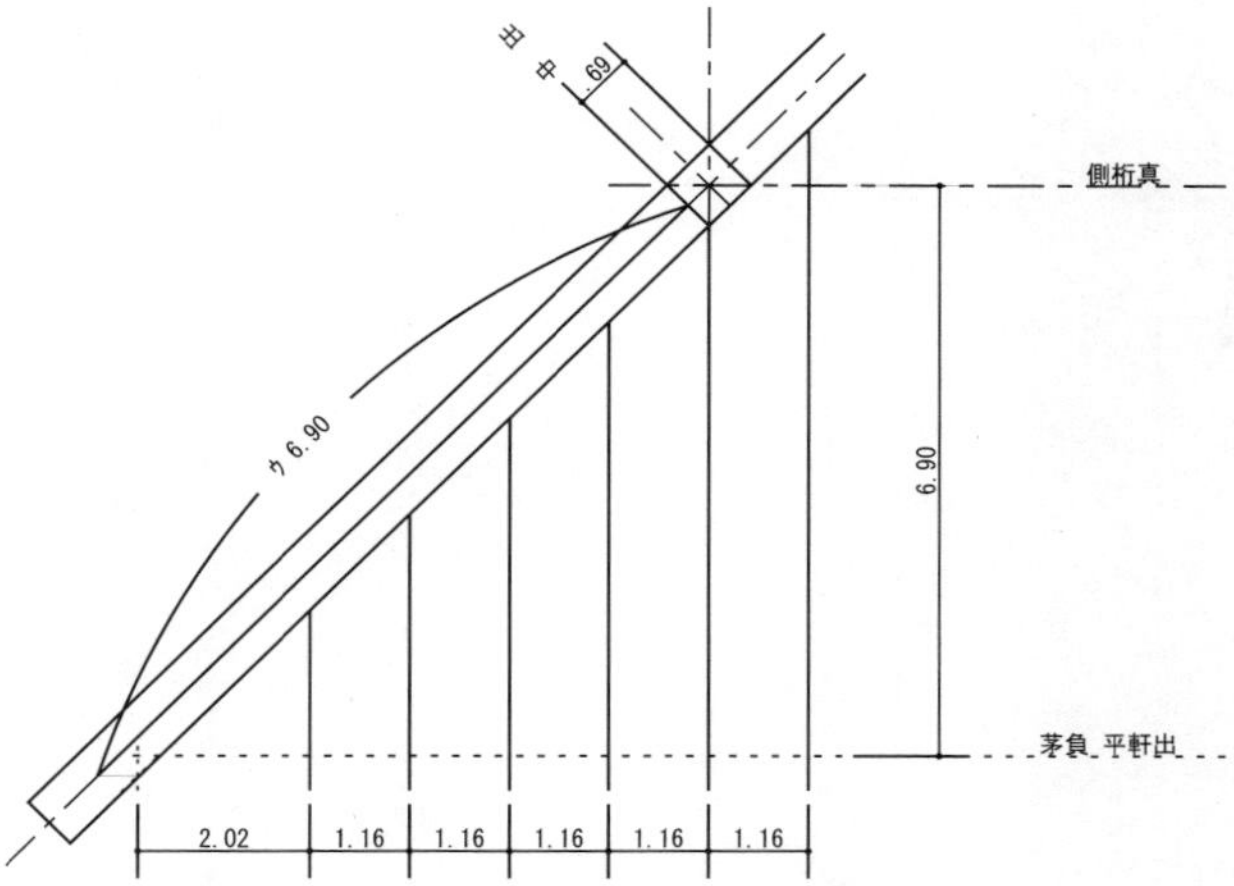

図20　一軒疎垂木の事例：雨錫寺阿弥陀堂

隅の軒出L_0（出）を裏目六・九尺とし平の軒出と一致する。

茅負の反出しは、隅木幅六・九寸に〇・三五を乗じた値二・四寸が必要であるが、茅負投げ勾配が一・九寸に反りが七・二寸では、一・五寸ほど足りず撓込みを必要としている（図20）。

桃山時代では、方丈や書院造りで確認できる。二条城台所：慶長七年（一六〇二）、妙心寺小方丈：慶長八年（一六〇三）、長命寺護摩堂：慶長一一年（一六〇六）などが挙げられる。

江戸時代では、大津別院：慶安二年（一六四九）が挙げられる。

一軒繁垂木の「出中押え法」の事例

一軒繁垂木は、鎌倉時代以降の小規模な仏堂で認められる。地域別では奈良の遺構が多く撓込みのある事例は確認されていない。

鎌倉時代では、東大寺開山堂[15]：建長二年（一二五〇）が古い例である。報告書によれば工事中に変更があった可能性が指摘されているが、当初材の保存状況も良く納まりも大変良い。

隅の軒出L0（出）は四・七〇尺とし、平の軒出とも一致する。隅木幅五・四寸に〇・三五を乗じて反出し一・九寸を得る。茅負投げ勾配は三・九寸、反りは口脇で四・八寸となり良く納まるが、そう納めるために茅負外下角を鈍角に木造り投げ勾配を調整している（図21）。

室町時代は薬王院観音堂：貞和三年（一三四七）、円証寺本堂：天文二一年（一五五二）を挙げることができる。

桃山時代は傳香寺本堂：天正一三年（一五八五）、江戸時代は東大寺三昧堂：延宝九年（一六八一）、浄興寺本堂：延宝、がある。

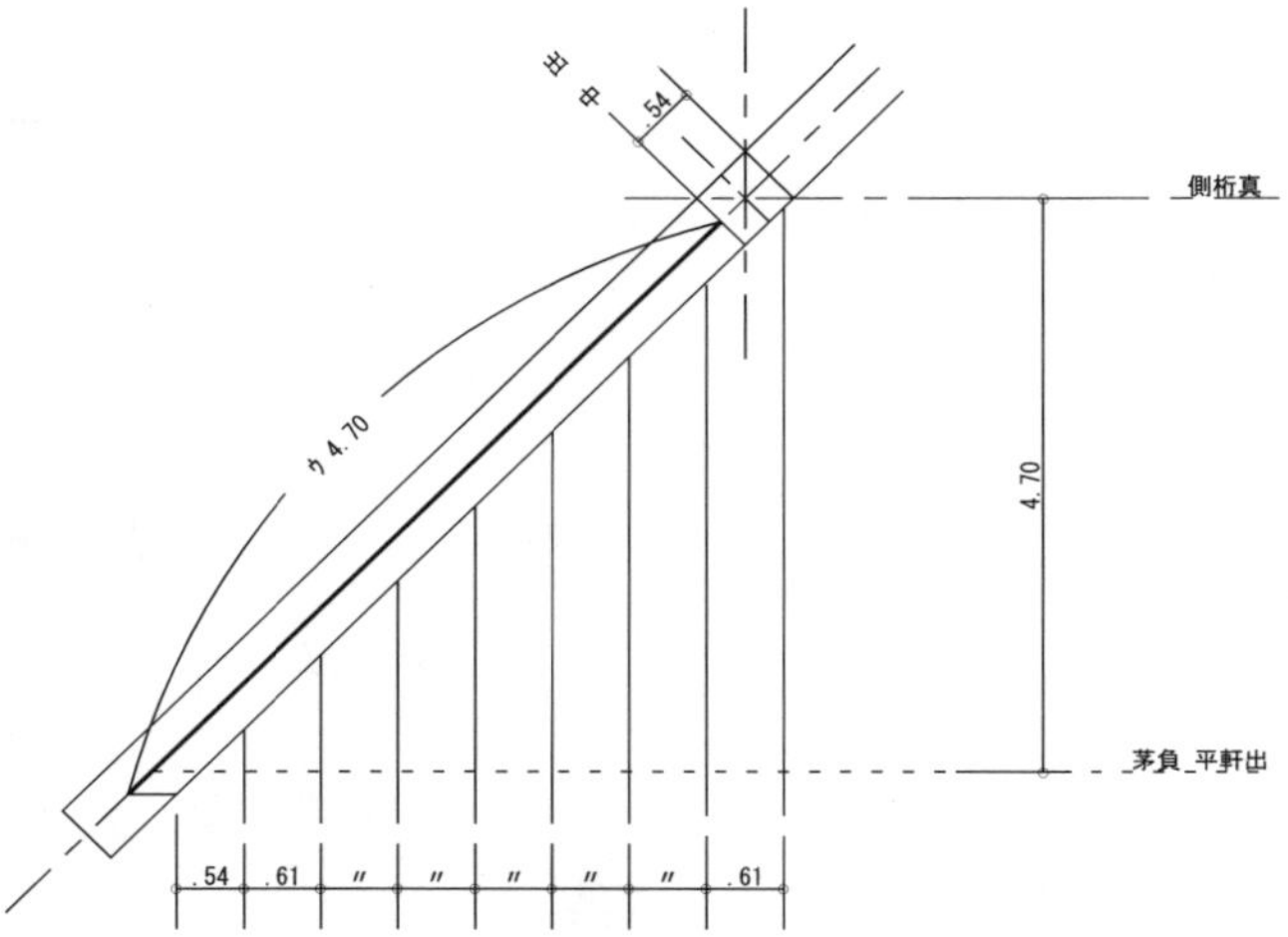

図21　一軒繁垂木の事例：東大寺開山堂

二軒疎垂木の「出中押え法」の事例

二軒疎垂木では書院造りなどの住宅風の建物や小規模仏堂などで確認される。

室町時代では、洞春寺観音堂身舎：永享二年（一四三〇）、慈照寺銀閣下層：長享三年（一四八九）などがある。

桃山時代は、園城寺唐院大師堂[16]：慶長三年（一五九八）（図22）や同灌頂堂：同では、実際の飛檐隅木鼻に大きなコキがあるが、コキが無いとして作図すると良く納まる。

江戸時代では、伊賀八幡宮随身門：寛永一三年（一六三六）、性海寺本堂：慶安がある。

扇垂木の「出中押え法」の事例

鎌倉時代はないが、室町時代では向上寺三重塔初層[17]：永享四年（一四三二）、西明寺楼門：明応三年（一四九四）、東観音寺多宝塔：大永八年（一五二八）などを挙げることができる。

向上寺三重塔は、平行垂木の三層目も「出中押え法」として良く納まるが、初層は隅の軒出L_0（出）を裏目四・六尺と完数で定め、それを7：5に按分して木負留先を決定している（図23）。平の軒出は四・六二尺であるから、二分ほどの誤差で揃う。地軒：飛檐は正確に$\sqrt{2}$：1で按分されている。茅負投げ勾配は一・八寸で七・三寸の反りで、撓込みを付けず良く納まるが、それは茅負外下角を鈍角に木造って投げ勾配を調整しているためである。

桃山時代では、長楽寺仏殿：天正五年（一五七七）、本門寺五重塔二層：慶長一二年（一六〇七）などを挙げることができる。

江戸時代では、知恩院三門上層：元和七年（一六二一）、伽耶院多宝塔上層：正保五年（一六四八）などがある。

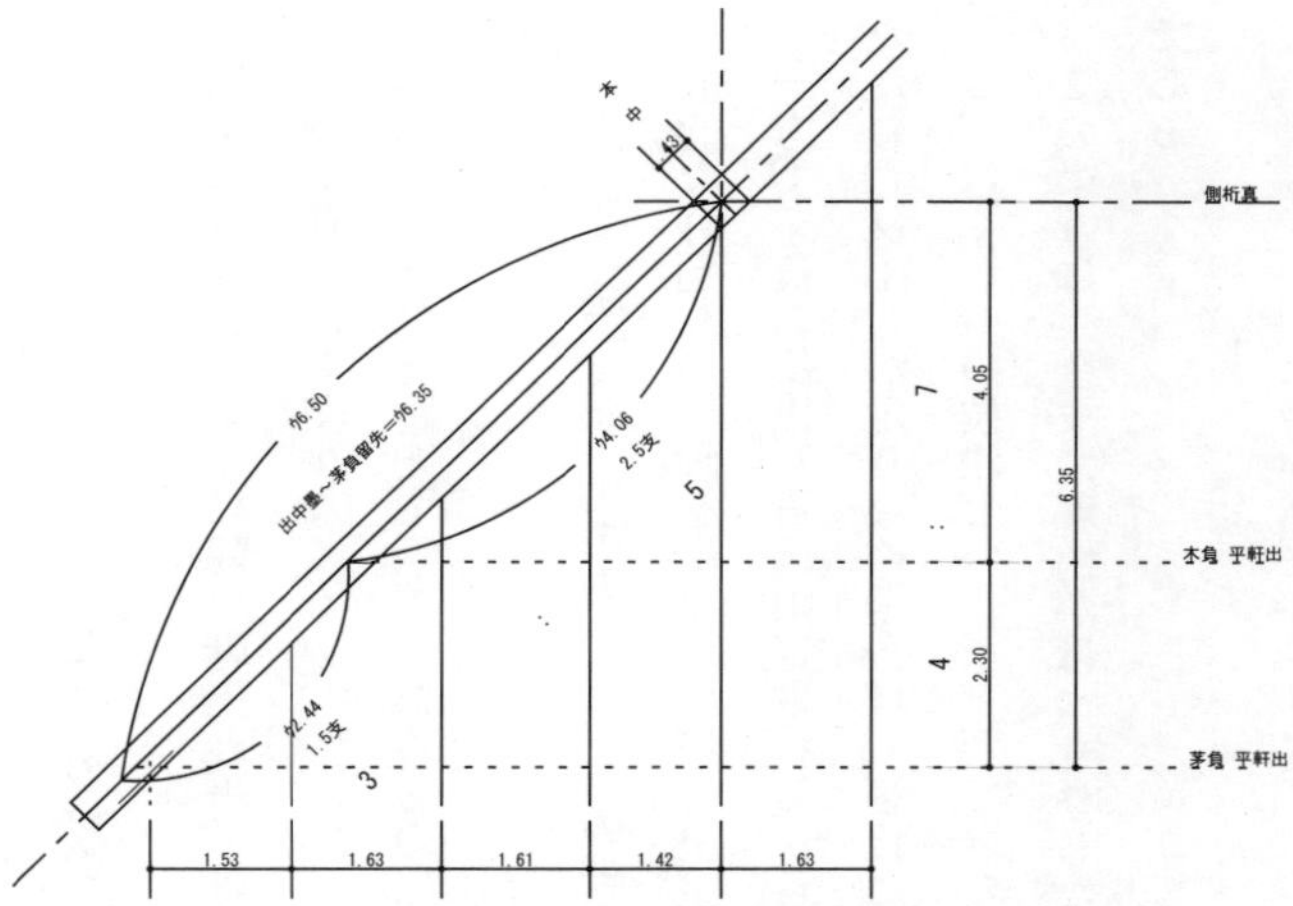

図22　二軒疎垂木の事例：園城寺大師堂

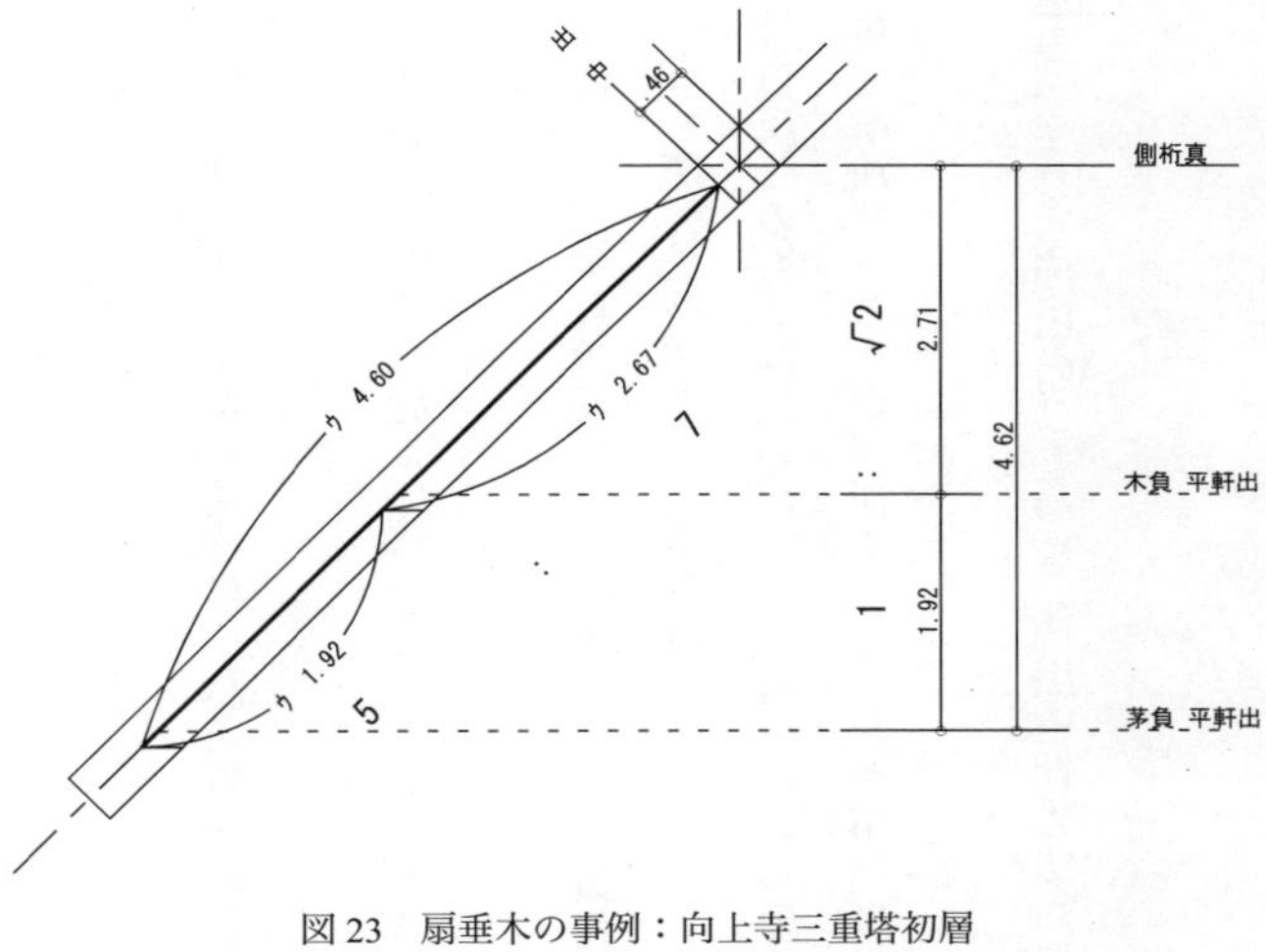

図23　扇垂木の事例：向上寺三重塔初層

五―四「出中押え法」の特徴

以上、紹介したように隅の軒出と平の軒出の関係が「出中押え法」である遺構は、八角軒や六角軒を除くすべての軒形式で確認でき、遺構数も決して少なくない。

本章では三分を超えて誤差があるものは除いていたため後世の改造や施工の斑などを考慮すると、その数はもっと増える可能性があるだろう。

「出中押え法」は、出中墨からの隅の軒出を平の軒出にとり、茅負の反出しを隅木幅の片中裏目の半分に押えて設計するもので、一般的な軒廻りの計画を素早く簡易に決定することができる便利な技法といえるだろう。

一方、茅負の反出し量は限定されるから、一般的な茅負反りのものは良いが、反りの少ないものや反対に大きなものには使えない。ただし、反出しが足りない場合は、茅負に撓込みをつけて解決することが可能で、そうした事例は平安時代後期から確認できることから、古くからの技法ということができる。

このように、今まで理由がはっきりしなかった撓込みが生じる理由のひとつを、「出中押え法」によって説明することができるのである。

六　比例法による隅の軒出と平の軒出の関係

六―一「比例法」の技法

留先から引込んで平の軒出を定めるもの以外の方法は、「出中押え法」と「比例法」である。この技法の考え方の一部は、すでに第四章で触れたが本節で整理することとする。

「出中押え法」は、隅の軒出と平の軒出が揃う（同じ寸法）納まりであったが、「比例法」は、隅の軒出に対して一定の数値を乗じて平の軒出をさらに短く定めるものである。

具体的には、まず「留先法」で隅の軒出を定め、それを約〇・九〜〇・九五倍して平の軒出を定めるもので、もとより茅負は通常の投げ勾配では納まらず、茅負を隅で大きく反り出すのを目的とした平の軒出の定め方ということができる。ただし隅の軒出の基準は出中墨だけではない。

六―二　遺構例による検証

二軒繁垂木の「比例法」の事例

円教寺食堂[18]：室町時代中期（寛正頃）は、当初の飛檐隅木は残っていなかったが、当初の茅負の調査等で当初の軒規矩が復原された。

　木負、茅負ともに大きな撓込みが認められ、茅負では本来の茅負投げ勾配によって納まる口脇位置より七・〇寸も前に出ている。修理工事報告書では「異常な反出し」とまでいい切り、「軒の高い長大な建物故に保護的及び美観的な何ものかがこのようにさせたのであろう。」と、その設計意図を図りかねている。

　この軒を隅の軒出と平の軒出を比較すると、隅の軒出L0（本）は九・四七尺であるのに対し、平の軒出は八・五六尺であることから、隅の軒出の〇・九倍を平の軒出に当てていることが判る。美観的な何ものかは別にして大きな撓込みの根拠は、隅の軒出に対し〇・九倍という比例によって平の軒出が決定されていると説明できるのである（図24）。

　円教寺食堂の例は少し極端な例ではあるが、同様の事例は明王院本堂：元応三年（一三二一）が隅の軒出の〇・九四倍を平の軒出とし、桑実寺本堂（復原）：室町時代前期の同〇・九六倍、小山寺三重塔：寛正六年（一四六五）の同〇・九五倍、清水寺本堂：明徳四年（一四九五）の同〇・九五倍、木幡神社楼門：室町時代中期の同〇・九五倍、新海三社神社三重塔二層：永正一二年（一五一五）の同〇・九五倍、同三層の同〇・九三倍、などを挙げることができる。

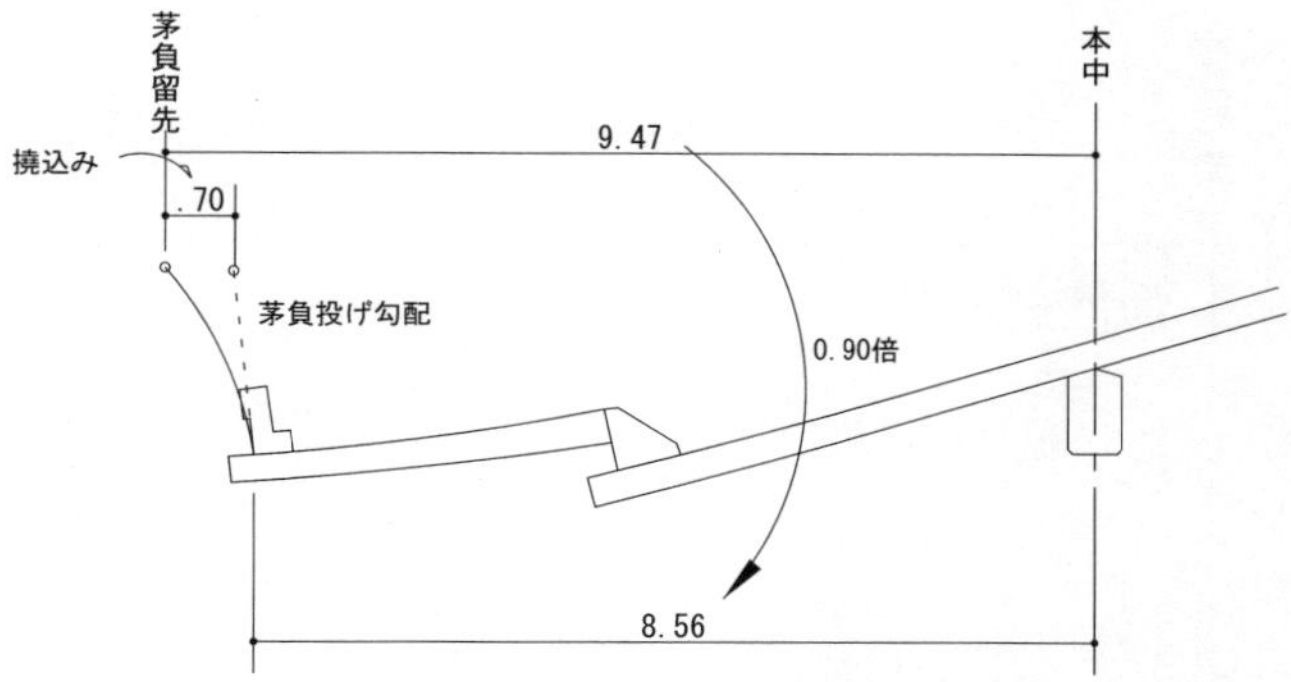

図24　円教寺食堂の隅の軒出と平の軒出の関係

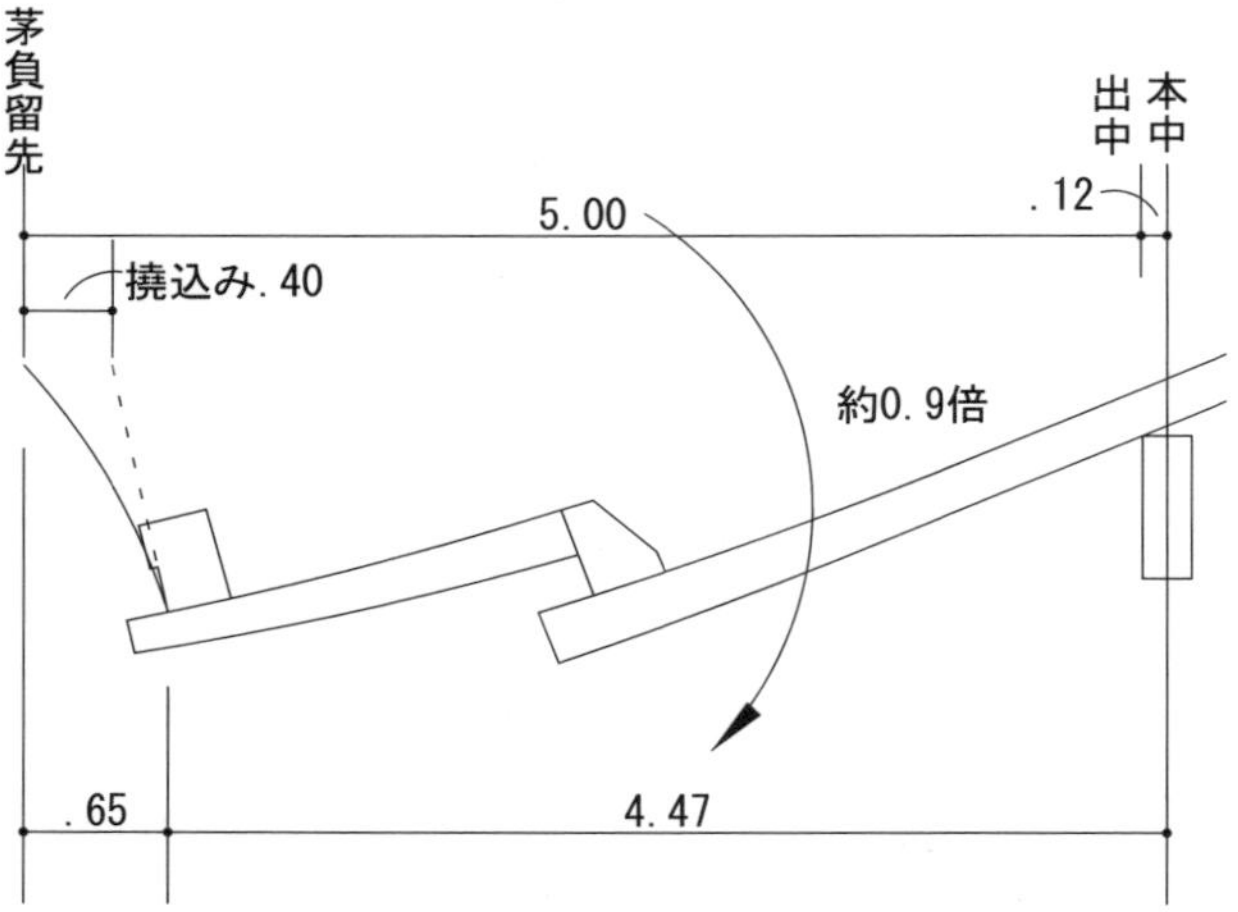

図25　正福寺地蔵堂隅の軒出と平の軒出の関係

扇垂木の「比例法」の事例

正福寺地蔵堂：応永一四年（一四〇七）については、すでに第四章で述べた通り、隅の軒出L_0（出）の〇・九〇倍を平の軒出とし、茅負を大きく撓込んで納めている（図25）。

隅の軒出に対する平の軒出の比率は円教寺食堂と同じ値であるが、当堂は出中墨を基準にしているため平の軒出はより短くなっていて撓込みは大きい。

同様の事例は、善光寺薬師堂厨子：文明一五年（一四八三）の〇・九〇（隅の軒出はL_0（入）として算出）、新海三社神社三重塔初層：永正一二年（一五一五）の〇・九五、円通寺本堂：室町時代後期の〇・九五などを挙げることができる。

茅負を鈍角にする「比例法」の事例

三明寺三重塔(19)：享禄四年（一五三一）は初層、二層を平行垂木とし三層だけを扇垂木とするが、各層ともに大きく反出す軒に特徴がある。部材は初層を除き保存状態は良好で、特徴ある軒規矩の技法が確認できる。

各層とも同様な茅負の納め方をしているが、ここでは三層の扇垂木の納まりを例にとることとする（図26）。

軒の計画は「留先法」によって、入中墨を基準に隅の軒出L_0（入）を裏目四・〇尺で定めているが、茅負留先位置を出中墨からとるとL_0（出）三・九二尺となる。一方、平の軒出は三・五五尺であるから、「比例法」によって隅の軒出の約〇・九〇倍を平の軒出に定めていることが判る。

この場合、茅負外下角を飛檐垂木引渡し勾配に矩（直角）に木造ると撓込みを付けないととても納まらないが、当塔では茅負外下角の角度を鈍角に木造ることで、茅負の投げ勾配を調整して撓込みを付けずに納めるという工夫をおこなっている。

具体的に見ると、飛檐垂木の居定勾配は二・二寸であるから、通常は茅負を矩に木造り投げ勾配も二・二寸とするのが一般的であ

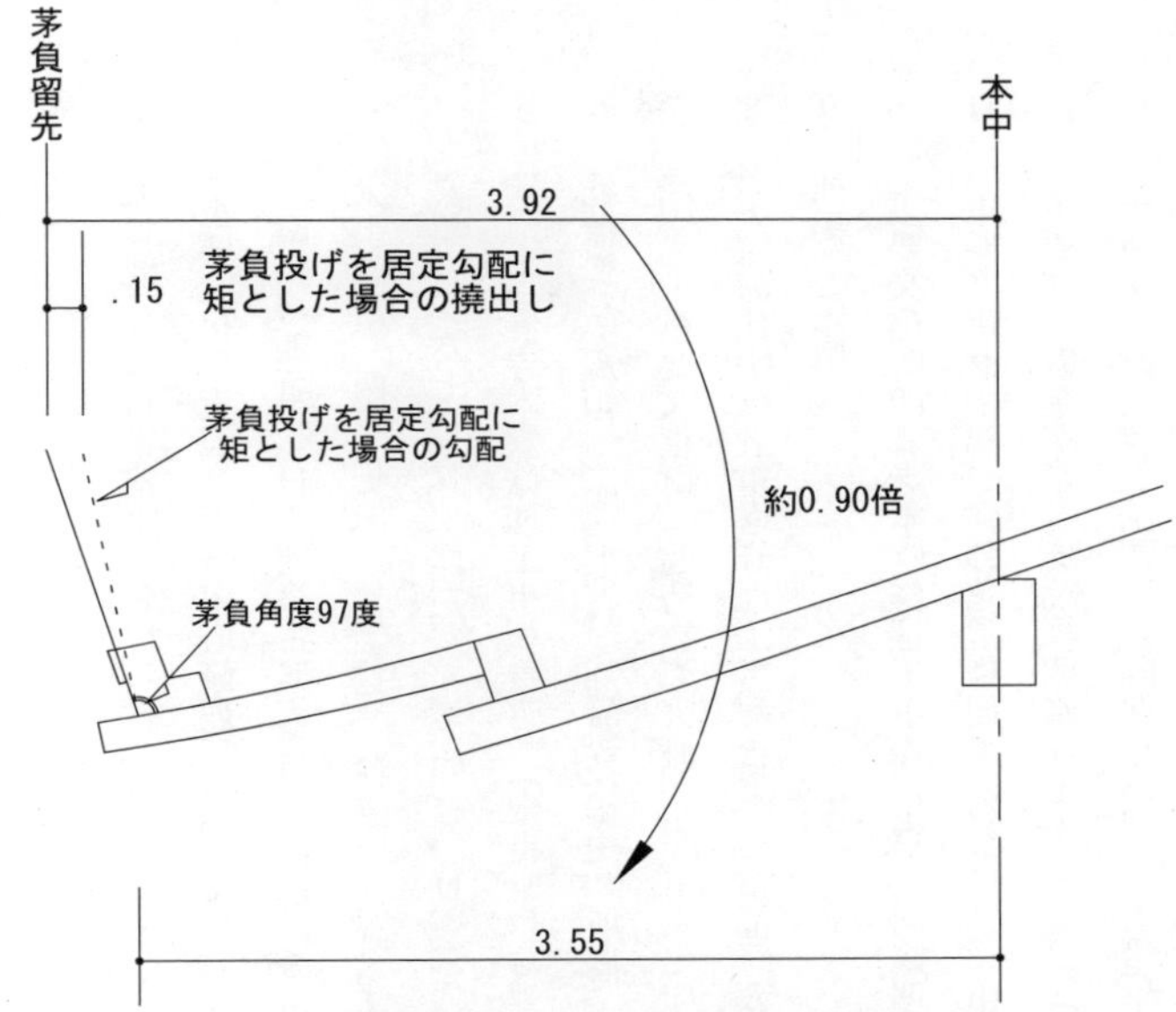

図26　三明寺三重塔三層　隅の軒出と平の軒出の関係

り、この場合反出しは五・〇寸ほどになるが、先に定められている留先はその一・五寸先にあるため、さらに同寸の反出しが必要となる。そこで、反出しが都合六・五寸になるように、茅負外下角を九七度ほどの鈍角に木造っているのである。

類似の例は、東観音寺多宝塔下層・上層：大永八年（一五二八）、観音寺多宝塔下層・上層：天文六年（一五三七）でも確認することができる。

七　小結

以上、「留先法」や「引込垂木法」において最後に決定される平の軒出が、どのように決定されたかという課題を隅の軒出と平の軒出の関係に着目して整理をおこなった。

平の軒出を決定する基本的な方法は、茅負留先から平の高さまで引込むのを原則とし（「引込型」）、木負も引込むもの（「茅負／木負引込法」）と茅負だけを引込み平の軒出を按分して木負位置を定めるもの（「茅負引込／木負按分法」）の二通りの方法があることを指摘した。

また、引込みによらないで決定するものがある（「非引込型」）。出中墨を基準とした隅の軒出寸法と平の軒出を同じ寸法に揃える技法を「出中押え法」と呼ぶこととした。これと類似した技法は近世前期の書誌資料でも確認でき、実際の遺構についても平安時代後期から江戸時代まで軒形式に拘わらず多くの遺構で確認することができた。

また、「出中押え法」は、茅負の反出しを隅木片中裏目の半分に納めなければならないが、必要な反出しが得られない場合には、茅負を撓込みとする必要が生じることを指摘した。

撓込みは、これまで飛檐垂木の長さを揃えるためや、軒先を隅で軽く見せるためにおこなうとされてきたが、[20]実際にはその様な例は少数であり、「出中押え法」において多く確認できるのである。

さらに、隅の軒出を〇・九～〇・九五倍して平の軒出とする「比例法」と呼ぶ技法が存在することを示した。「比例法」は、「出中押え法」よりさらに平の軒出を短くするもので、茅負が撓込むのを前提にした平の軒出の決め方と考えられる。

このように平の軒出の決定方法は、隅の軒出と平の軒出とその関係に着目すると、今まで現場合せとしか考えられなかった撓込みの理由や、外下角が矩にならない木負或いは鈍角となる茅負が生じる理由などの関係を説明することができることを指摘できる。

参考文献

1　大森健二：「日本建築における軒の意匠について―その一―」日本建築学会学術講演梗概集（近畿）、一九七一・一一
2　『重要文化財東観音寺多宝塔修理工事報告書』（同修理委員会）一九五九・七、
3　河田克博編著：『日本建築古典叢書三　近世建築書　堂宮雛形二建仁寺流』、大龍堂書店、一九八八・一二
4　大上直樹、西澤正浩、望月義伸、谷直樹：「軒の出と「引込垂木」について　近世軒規矩術の研究―その2」、日本建築学会計画系論文集　第六七〇号、二四一一―二四二〇頁、二〇一一・一二（本書　第七章）
5　『国宝当麻寺本堂修理工事報告書』（奈良県教育委員会）、一九六〇・一〇
6　乾兼松：「規矩」『明治前日本建築技術史』所収、新訂版、臨川書店、一九八二・五
7　『国宝・重要文化財（建造物）実測図集』、文化庁
8　『国宝海住山寺五重塔修理工事報告書』（京都府教育庁）、一九六三・三
9　前掲7に同じ。
10　『重要文化財西郷寺本堂修理工事報告書』（同修理委員会）、一九六五・一〇
11　『重要文化財雨錫寺阿弥陀堂修理工事報告書』（和歌山県文化財センター）、一九九八・三
12　『重要文化財金剛峯寺奥院経蔵修理工事報告書』（和歌山県文化財センター）、一九七八・一二
13　『重要文化財天徳寺山門・総門保存修理工事報告書』（文化財建造物保存技術協会）一九九八・一二

14　前掲11に同じ。
15　『国宝東大寺開山堂修理工事報告書』（奈良県県教育委員会）、一九七一・一一
16　『重要文化財園城寺唐院大師堂・唐門及び毘沙門堂修理工事報告書』（滋賀県教育委員会）、一九九〇・三
17　『国宝向上寺三重塔修理工地報告書』（同修理委員会）一九六三・三
18　『重要文化財円教寺食堂護法堂修理工事報告書』（同修理委員会）、一九六三・一
19　『重要文化財三明寺三重塔修理工事報告書』（同修理委員会）、一九五一・一二
20　大岡實：「茅負に於ける特殊なる技法」建築史　第二巻第三号所収、二四八－二五四頁、一九四〇・五

注

注1　文献1において、大森健二は柱長さに対する軒出の比率を投げ勾配として軒出を捉える方法を提案している。

注2　文献2において、上層では撓込みが各面同じように五分あることが確認されたが、計画性はなく現場における施工上の調整とする。

注3　古い報告書では、「包込む」（法隆寺夢殿）や「打込む」（中尊寺金色堂）など撓込に類する表記が認められる。

注4　例えば同時代の教王護国寺灌頂堂：寛永六年（一六二九）の茅負前面の投げ勾配は二／一〇である。この時期二／一〇程度とするものは一般的に見られる。

注5　「匠用小割」の中の堂宮用小割之事によれば、隅木の幅は「垂木ハ下端弐分斗」で、「桷の太サハ下ハ垂木弐つ」とあるから隅木幅は四分斗となる。茅負の成は「かやおい大サは四分斗、長ケハ五分斗」と五分斗の指定であるから、茅負成は隅木幅の一・二五倍であることが判明する。

注6　異なった規矩術法としては、第七章で紹介した「張出し垂木」のように、簡易な軒において平の軒出を先に定める技法が考えられるが、これ以上の推察はできない。

注7　平の軒出の寸法は茅負を留先から引込んで定まるのが基本であるが、平からみると茅負は反り上がるとした方が理解しやすく、慣用語としても分かりやすいため、納まりの説明には平を基準に反出しを使うこととし図面の表現もそれに統一した。

注8　平安時代後期の醍醐寺五重塔、平等院鳳凰堂、中尊寺金色堂、当麻寺本堂、一乗寺三重塔は、詳細な報告書や刊行本があり、部材の

保存状態も良い。それ以前の遺構は当初軒の形跡が不明なものが多いため、今回は検証対象から除いている。

注9　柱間寸法が現尺で一〇・〇八尺を当初尺一〇尺として換算。

第一〇章　垂木の勾配の指定方法とその変容

一　はじめに

本章は、垂木の勾配の指定方法について書誌資料と実際の遺構を参考に考察をおこなうものである。

近世における木割書において、垂木の勾配は単位水平長さに対する垂直高さで指示されるのが一般的で、例えば四寸勾配（四／一〇）というように、正接（tangent）によって絶対的な角度として一義的に指定される。こうした垂木勾配の指定方法は、今日では一般建物においても広く用いられているところである。

しかし、中世や近世の大工技術書においては、こうした絶対的な勾配とは異なる垂木勾配の指定方法が記述されていることに着目したい。例えば、『大工雛形秘伝書図解』(1)に述べられている「六ツ連」が、その代表的なものとして挙げられる。

「六ツ連」とは、茅負の位置を木負と水平に納まるように飛檐垂木の勾配を定めるもので、木負と茅負の相対的な位置関係によって垂木の勾配を指定する技法のひとつである。この様に四寸勾配などの絶対的な角度決定によらないで、垂木の勾配を指定する技法が大工技術書の中に散見できる。

垂木の勾配は、建物種別や規模ごとに長い経験の積み重ねのうえに、さまざまな方法が考え出されてきたと思われるが、近世の木割書、特に木版本の場合には、すぐに判る絶対的な角度によって指定される事が多いため、元々の垂木勾配の決定の原理が見失われがちである。

本章はこうした視座から、まず書誌資料に記載のある垂木勾配の指定方法について整理をおこない、それを手がかりに中世から近世にかけての垂木勾配が、いかに指定されまた変容してきたかを考察する。

なお本章では、便宜的に四寸勾配（四／一〇）のように数値によって指定される垂木勾配を〈絶対勾配〉、「六ツ連」のように部材間の位置（高さ）の関係によって指定する勾配を〈相対勾配〉と呼ぶこととする。

二　絶対勾配による垂木勾配の指定方法

はじめに、木割書等の書誌資料において垂木勾配が〈絶対勾配〉によって決定されている事例を確認したい。

二―一　地垂木のみを絶対勾配で指定する事例

阿部家所蔵文書

近江竹生島の建築に携わった阿部家に所蔵され、中世の木割書とされる「阿部家所蔵文書」における垂木の勾配に関する記述について乾兼松の論考(2)を参考にすると、「鐘楼」では二軒でありながら「たる木こうはい三寸」とあるだけである。

この場合、勾配が指定されている「たる木」とは地垂木のことで、飛檐垂木の勾配については何も記述されていない。その他の「三重塔」、「楼門」も同様で、地垂木の他には小屋組の引渡し勾配が指定されているが、飛檐垂木の勾配についてはやはり記述がない。つまり、最初期の木割書においては、地垂木を〈絶対勾配〉で決定するだけで飛檐垂木の勾配は指定されないという形式がまず確認できる。

「大工斗墨曲尺之次第」

同じく乾兼松が論考した中世の「大工斗墨曲尺之次第」(3)の「向唐門」でも地垂木を六寸の〈絶対勾配〉とするのに対し、飛檐垂木は「破風の水こぼれに合せて作るへし」と破風に合せて加減するとの指示があるが、やはり勾配の指定は見られない。

ただ、同書中の「堂作り」においては、垂木勾配三寸に対し飛檐勾配は「木遺ひ」とあるのが注目される。このままでは意味が不明であるが、「遺」が「違」とすれば、後述する近世の「萱違い」と類似する技法である可能性が考えられるし、「水違い」であれば、水平に納まる六ツ連とは違うという意味である可能性もある。いずれにしても、〈相対勾配〉によって飛檐垂木の勾配を指定している可能性のある記述として注目されるが、原資料を確認できない現在ではこれ以上のことは不明である。

斎藤家文書「木砕之注文」

斎藤家文書「木砕之注文」は、新見貫次、永井規男の論考(4)によれば、永禄五年(一五六二)又は天正二年(一五七四)に筆録され、「家伝資料的な技術書であるところに特徴がある」とされる木割書である。

内容は木材明細的な性格がつよく、勾配を決定している個所は少ないが、その中の「内室之仏殿之注文之事」において、地垂木を三寸の〈絶対勾配〉としながら、やはり飛檐垂木の勾配については記述が見当たらない例がある。

河内家文書「造営名目」

江戸時代前期の河内家文書「造営名目」(5)でも、「三チウノトウメウもく」(三重塔名目)において、「たる木こはい三寸四分ノこはいなり、ふきちこはいハ三寸六分ノこはいなり」と、地垂木の勾配を指定し続いて小屋組の勾配が記述されているが、やはり飛檐垂木の勾配については触れていない。

以上の通り中世から近世初期までの数例の木割書を見る限り、垂木の勾配は地垂木を〈絶対勾配〉で指定しているが、飛檐垂木については一部〈相対勾配〉の可能性があるものが存在するものの、表記上は何も記載されないのが一般的であったと考えられる。

地垂木は構造耐力上重要な部材であるから垂木掛けや軒桁等二点以上で支持するため、〈絶対勾配〉で定められるが、飛檐垂木は木負に欠き込む個所で固定されているだけで、垂木尻の調整によって勾配は自由に変えることができるという違いがある。

飛檐垂木のこうした納まりは、軒の意匠の観点から軒先高さや茅負反りを調整する余地とも考えられるが、何の基準もなかったとは考え難く、単に記述されなかっただけで何らかの決定方法が存在したことは十分に考えられるところである。

以上の木割書で確認した垂木勾配の決定方法は、一部に門を含むが仏堂、三重塔や鐘楼など二軒繁垂木とする本格的な主要建物でおこなわれていることに注意したい。

二―二　地垂木、飛檐垂木ともに絶対勾配とする事例

慶長期に祖本が成立した『匠明』[6]の垂木勾配の決定方法について見ると、例えば堂記集三間四面堂之図においては、

「一、高配。大檐三寸七分配、小檐弐寸三分配」

とあり、地垂木、飛檐垂木ともに〈絶対勾配〉で決定されている。同書ではこうした表記方法が一般的である。

『匠明』は江戸時代中期に再編されたとされるが、慶安四年（一六五一）の「社記集」の写本の古例である「小林家本」においても、〈絶対勾配〉による勾配の指定が認められることから、[7]江戸時代前期には地垂木、飛檐垂木ともに〈絶対勾配〉で指定されることは、すでにおこなわれていたのであろう。

それに続く、近世中期木割書の刊本をみても、明暦元年（一六五五）に瀬川政重が著した『新編武家雛形』、元禄一三年（一七〇〇）の『大工規矩尺集』や享保六年（一七二一）鈴木重春が著した『大匠手鑑』においても、地垂木、飛檐垂木ともに〈絶対勾配〉で指定されているのが確認できることから、〈絶対勾配〉だけで決定するのは、『匠明』以後の大工技術書では一般的なことであったのであろう。

三　相対勾配による垂木勾配の指定方法

次に、書誌資料に見られる〈相対勾配〉による垂木勾配の決定の事例について確認する。

三―一　軒柱勾配――「三代巻」の勾配指定方法

『愚子見記』第八冊に所収されている「三代巻」は中世の木割を含むものであるが、[8]この中に古い垂木勾配の指定の記述と思われるものがある。

書院造古法の木割部分にあるもので、

「小壁ノ高、長押ノ下葉ヨリ桁ノ上葉二尺八寸。是ハ軒柱ノ高倍也。ヲモ屋ノ高サ、垂木ノ勾倍ニ依テ可レ許ス。」

とあり（傍線筆者、以下同じ）、この中の「軒柱高配」が、文字どおり垂木の勾配を示すものと思われる。このままでは意味がわかり難いが、『匠明』殿屋集にある「七尺間ノ時ハ七尺出スヘシ」[注1]との記述を参考に軒の出を七尺と仮定すると、長押下端から桁天端までが二・八尺であるから、図1の通り、長押下端、垂木下端、桁天端で四寸の勾配を作図することができる。

七尺の軒出と四寸勾配は少し出すぎで急に思えるが、同じ日本番匠記系本の『番匠之秘伝集』[9]（静嘉堂文庫）では、

「壁之高、長押従下端、桁上端一尺八寸用之也。是、軒柱木排也。」

と長押下端から桁天端までを一・八尺としているから、垂木を三寸勾配と仮定すれば軒出は六尺ということになる。

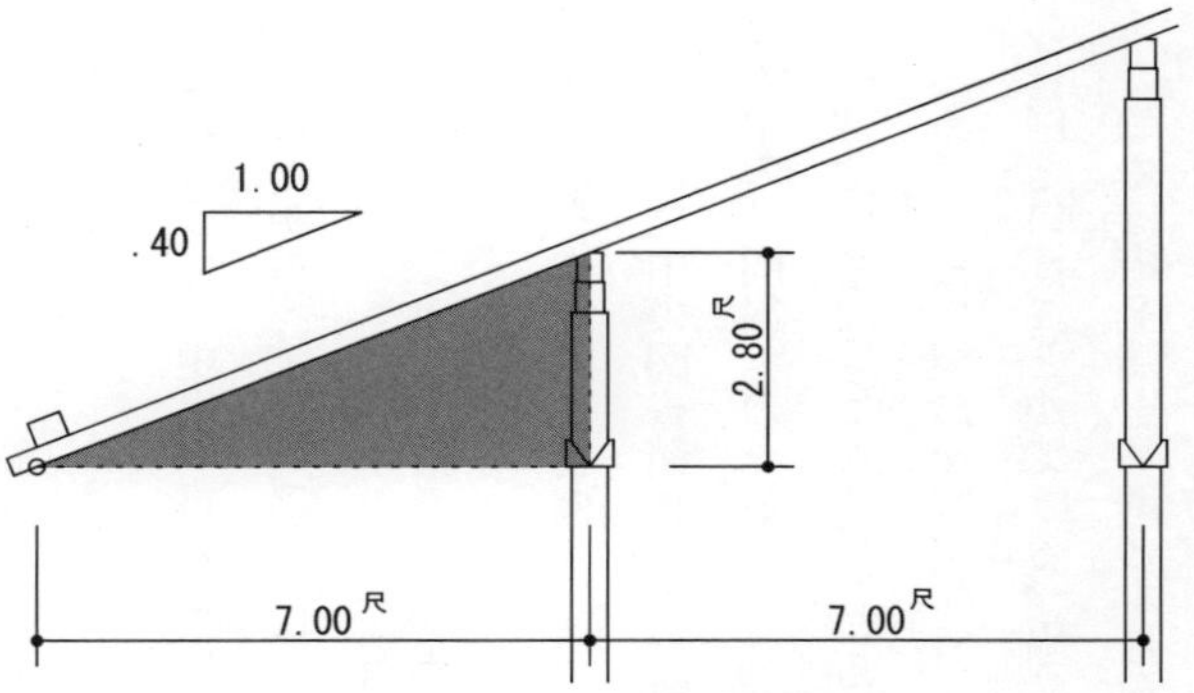

図1 『三代巻』「軒柱高配」の概念図

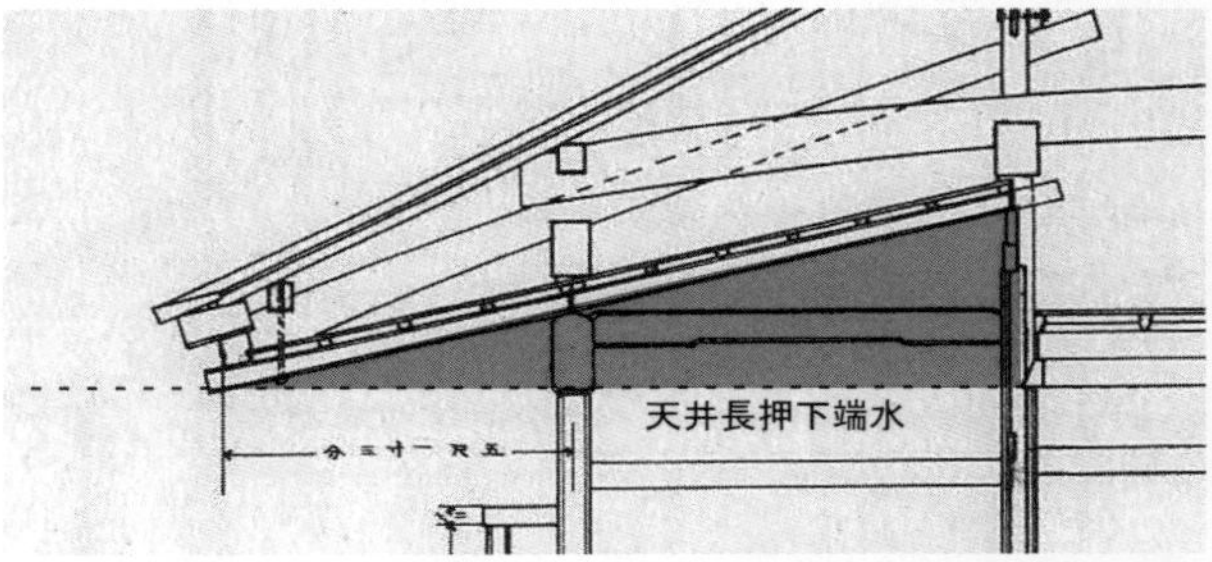

図2　園城寺光浄院客殿における垂木と長押の関係（修理工事報告書より作図）

このように、「軒柱勾配」[注2]は必要な軒出が明示されていないが軒出は既定のこととして、水平方向は垂木下端と長押下端を揃え、垂直方向は長押下端から桁上端までを指定することによって、勾配を決定する〈相対勾配〉のひとつの例と考えることができる。

「軒柱勾配」で指定されたと推察することができる遺構例として、園城寺光浄院客殿[10]の断面図を図2に掲げる。身舎の蟻壁長押下端を基準陸水として軒桁下端と地垂木下端を揃え、軒出五・一三尺、基準陸水から桁上端まで一・二三尺で地垂木の引通し勾配は二・四寸となる。

この技法は、その他の書院造りや方丈等の建物でも確認できる。図は省略するが黄梅院本堂[11]：天正一四年（一五八六）は飛長押下端と垂木下端で二・三寸勾配、衡梅院本堂[12]：慶長九年（一六〇四）は桁下端と垂木下端で二・三寸

勾配、天球院本堂[13]：寛永は桁下端と垂木下端で二・八寸勾配、勧修寺書院[14]：一七世紀末は天井長押と垂木下端で三・一寸勾配などが挙げられる。

このように、中世の書院造古法である「柱軒勾配」と類似する技法が、桃山期から江戸中期までの方丈、書院造りにおいてもみられることから、「柱軒勾配」は、方丈系の建物の垂木勾配の定め方として、ある程度定式化されていた可能性があると考えられる。

三―二　桁の上端を基準とする技法

甲良家文書「門集」の事例

東京都立中央図書館蔵の甲良家文書（『建仁寺流家伝書』）は、延宝五年から宝永年間にかけて成立したとされる大工秘伝書である。[15]この中の「門集」の一節に、

「又桁の上はと木負かやおゐの上はの横水を見通スを古来の習に有之とも恰好よろしからず用ゆへからす」

とある。その概念を図化すると図3の通りで、木負、茅負と桁の上端を水平に揃えることによって垂木勾配を決定する〈相対勾配〉の一例ということができる。当然事前に軒出が定まっていなければならないがその記述はない。

ここでは桁上端を基準とするが、下端を基準に揃える「六ツ連」と類似する技法ともいえる。

また、こうした納まりが江戸時代前期にはすでに古来のものとして恰好が悪い技法と認識され、使わない方が良いとしている点は注目される。

成岡家文書「四脚門」の事例

同じく桁上端を基準とした〈相対勾配〉の事例として、成岡家文書[注3]のなかに「四脚門」の以下の記述がある。

「一　高配ハ六寸五分鼻ニテハ桁之上ハヨリ木負上端ヲ棰下ハト壱ツ下及茅負之上端ニテハ棰せい壱ツ下ケ及び是ニテおも之棰之反リまて極る也」

つまり、桁上端を基準として陸水を引き、そこから下がった位置に木負と茅負の上端を納まるように指定している（図4）。木負

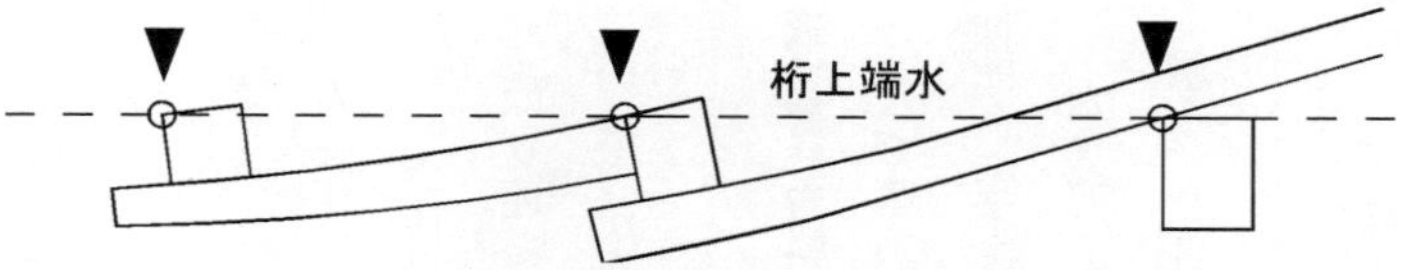

図３　甲良家文書「門集」棟門の概念図

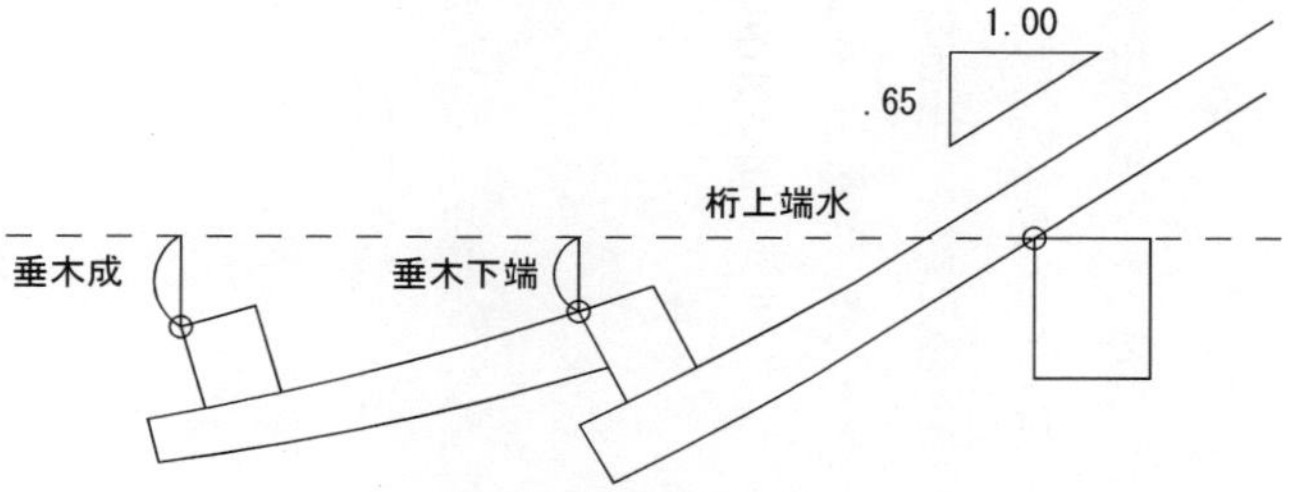

図４　成岡家文書　「四脚門」の概念図

は垂木幅、茅負は垂木の成だけ桁上端から下がるから、茅負は木負から垂木幅の二割ほど低く納めるという指定になる。

『新撰大工雛形』巻之二「平楼門」

同書は宝暦九年（一七五九）に小暮甚七が著した一巻五冊からなる木版本で、[16] 巻之二に「平楼門」（図によると三手先で入母屋造の八脚門）の木割がありその中で、

「一　高配三寸弐分ひえん桁上ハ木負上ハ見通し也」

とする。地垂木の勾配は三・二寸の〈絶対勾配〉とし、飛檐垂木は茅負を桁、木負の上端に揃うように勾配を定める技法と解され、甲良家文書「門集」と類似する内容である。

『新撰大工雛形』においては、他の建物の垂木勾配はすべて〈絶対勾配〉だけで決定されているが、平楼門だけが桁上端を基準として飛檐垂木を〈相対勾配〉で決定している。

その他の事例

鶴岡市立郷土博物館蔵の庄内藩大工棟梁小林家文書の「むなかとのもんの事」は、先の甲良家文書「門集」と類似することが永井康雄らによって報告されている。[17]

その他、前述の「阿部家所蔵文書」においても、「九尺の棟門の一」の中の軒出の決定について、乾兼松は茅負上端角を桁真より三尺であるとしているから、[18] 中世には軒出を定める場合でも、木負、茅負の上端を基準とする考えがあったらしい。

棟門のような小規模な建物の場合、実際の施工の時に桁上端から見通して、木負、茅負の出や高さを調整することは、十分にあり得たことであろう。

桁上端を基準に木負、茅負を揃える「六ツ連」と類似する技法は、「六ツ連」とともに近世木割書では、主に棟門、四脚門など中小規模の門で確認されることから、門建築において定式化された垂木の勾配の決定方法であったと考えられる。

四　絶対勾配と相対勾配の組合せの事例

次に書誌資料において、地垂木を〈絶対勾配〉とし、飛檐垂木を〈相対勾配〉とする事例を考えてみたい。この代表的なものとして、「六ツ連」を挙げることができるが、それ以外にも茅負を木負より下げて納めるなどさまざまな技法がある。

四―一　「六ツ連」

「六ツ連」（むつつれ）の勾配は、実際の遺構例では鎌倉時代初期には見られる技法であるが、書誌資料としては鶴岡市立郷土博物館蔵の小林家文書に類似例が認められ、江戸時代以降の刊本などで確認することができる。

「六ツ連」は、「むつれ」ともいい、「六ツ連の墨」、「六ツ連の位」、「六ツ連の配」などとも表現される。先行研究としては細見啓三の論考がある。(19)

近世書誌資料における六ツ連

「六ツ連」と類似する内容の資料としては、「小林家文書」の「門之もくろく・むねかとの事」が古く、永井康雄らの論考によれば、棟門の桁下端と木負内側、茅負内側を揃えるとする。(20)

「六ツ連」という名称の初見としては、管見では木割書の刊本として最古に属する『新編武家雛形』(21)と思われる。同書は明暦元年（一六五五）に江戸の瀬川政重によって撰じられたもので、「六ツ連」については、「むなかどの事」の項で以下の説明がある。

「カウハイハ六寸五分、ひえんのこうばい六つつれなれとも、すこしはやきがよし。六ツつれとは、けたの下ばときをいの下ばとかやおいの下ばもあふやうにいたすを六つつれと申なり」

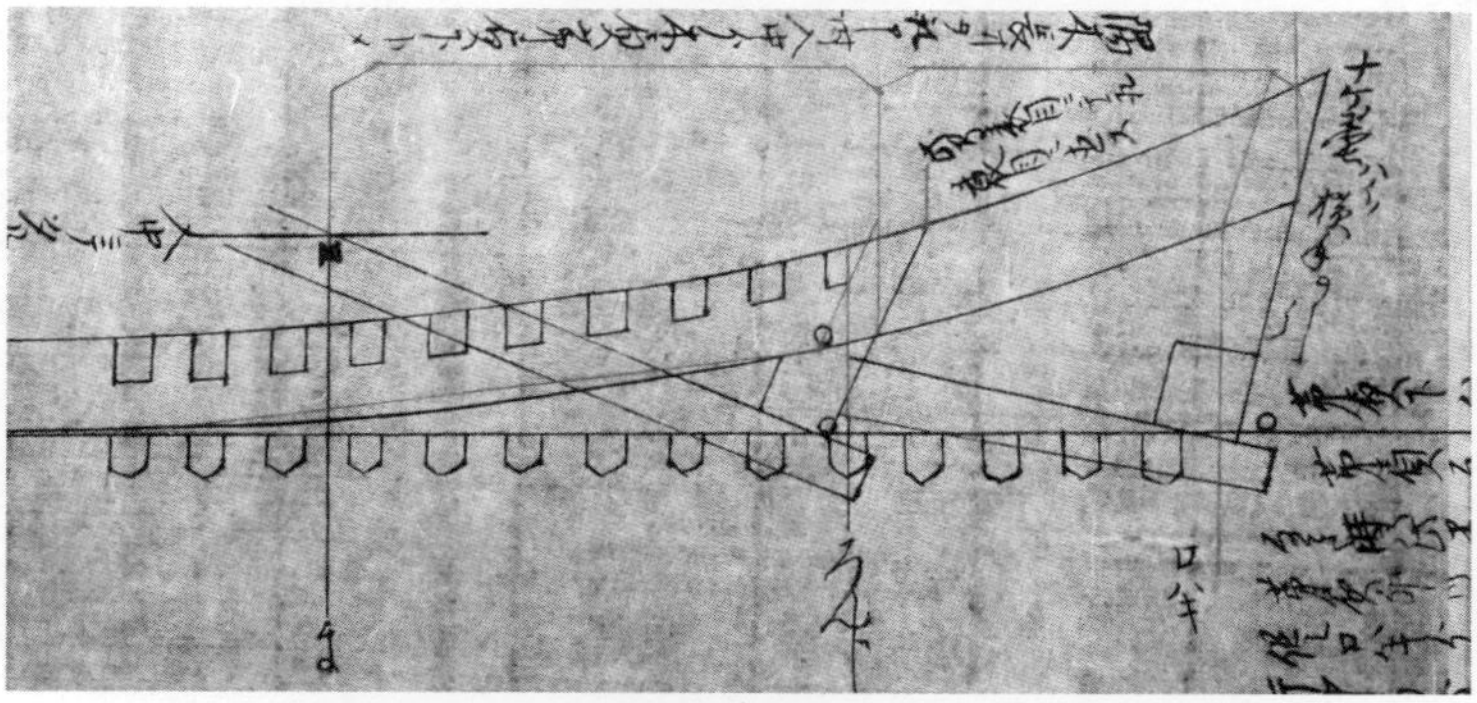

図5　『大工雛形秘伝書図解』類型本の坂上家文書の「六ツ連」

これより、「六ツ連」は地垂木を六・五寸の〈絶対勾配〉で決定し、飛檐垂木は桁、木負、茅負の各下端の三点を水平に揃える〈相対勾配〉で定める技法であることがわかる。

『新編武家雛形』では、飛檐垂木の勾配を「六ツ連」とするのを基本としながら、少し急にした方が良いと指示しているから、茅負は木負より少しだけ下がった位置になり後述する「喉違い」に近い納まりを推奨していることになる。

同書では、棟門の軒についてのみ「六ツ連」とすることが述べられているが、他の刊本においても棟門だけを「六ツ連」とする例はその後もみられる。

『新編武家雛形』のこの記述は、享保二年（一七一七）に出版された同系本の『大匠雛形』にも掲載されている。

続く「六ツ連」に関する記述は、享保一二年（一七二七）に刊行された『大工雛形秘伝書図解』[22]とその類型本[23]にある。その中の二軒繁垂木の説明で、「六ツ連」の場合の軒規矩が述べられている。

上巻である乾之巻の「木おいかやおい水廻しの事」の中で、

「弐軒むつつれのすみと申事きおいかやおい高さ同し高さなり」

とあり、図においても木負、茅負の下端に陸墨が描かれている（図5）。ただし、桁は表現されておらず、ここでは木負と茅負の下端（二点）を揃えて納める勾配を意味している。

当時においても、「六ツ連」は木負と茅負の関係によって飛檐垂木の勾配を決定するのが本来の目的で、桁下端までも水平に揃える場合（三点）と、そうでない場合（二点）があったことが窺われる。

以後、江戸時代の刊本の中では、「六ツ連」の記述は今のところ確認できないが明治以降は多くの木割書などで触れられている。

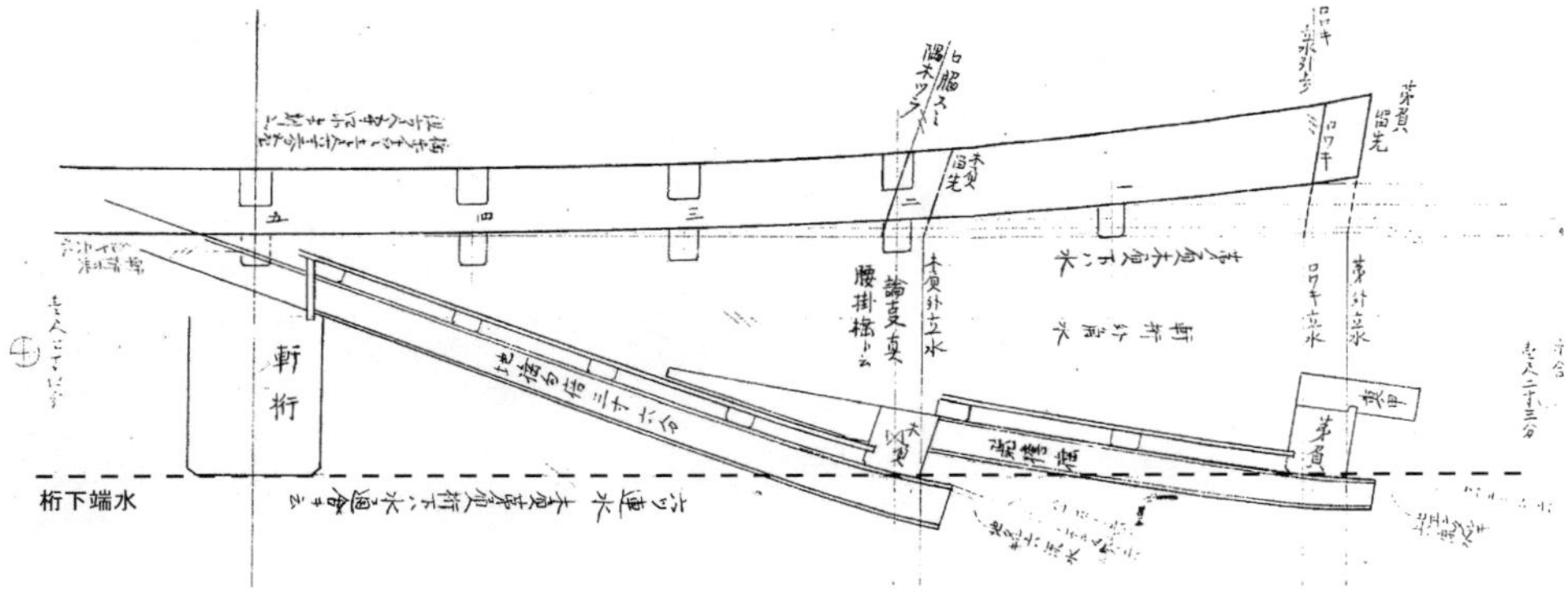

図6　木子文庫［木 28-4-37］部分　（明治 20 年 12 月　林宗栄図）　桁下端水筆者加筆

明治期の六ツ連

刊本では、明治一五年（一八八二）に河合信次が著した『新撰雛形工匠技術之懐』下巻(24)がその古い例で、「三間拝殿」の項において、

「丸桁の下端を木負茅負の下端と三ツ陸に揃よふにすれば自然の高配となるものなり是を六ツ連こうはいという」

とあり、舞殿形式の拝殿の軒を「六ツ連」（桁下端を含めて三点）の勾配で納めると自然な勾配になるとする。

しかし、近世以降は一般的に「六ツ連」は、甲良家文書「門集」と同様に、古い勾配と認識されていたようで、林家伝家文書の明治二一年林宗栄作図の「弐夕軒アバラ木舞物軒地割」(25)（図6）の書込みに、

「飛檐棰勾倍六ツ連位とあり、但六ツ連勾倍ノ軒納リ付而ハ古風之作ニシテ賀茂禁中之造図有」

とあり、「六ツ連」（三点）は、林家賀茂流が禁中での造営に用いた古式な軒の勾配であったことが記されている。また、「六ツ連」との記載はないが、平安神宮大極殿の復原においても「六ツ連」になっている規矩図がある。(26)

「六ツ連」の定義については、明治三九年（一九〇六）に中村達太郎が著した『日本建築辞彙』(27)によれば、

「むつづれのこーばい（六連の勾配）茅負木負及び丸桁ノ各下端が同水平ニアルヲ「六連」トイフ斯ノ如キ様ニ棰勾配ヲ定メタル場合ニ之ヲ「六ツ連の勾配」ヨイフ。」

とあり、ここでは木負、茅負と桁下端（三点）が揃う納まりとする。

同書では、「六ツ連」の語源までは触れていないが、明治四一年（一九〇八）亀田吉郎平

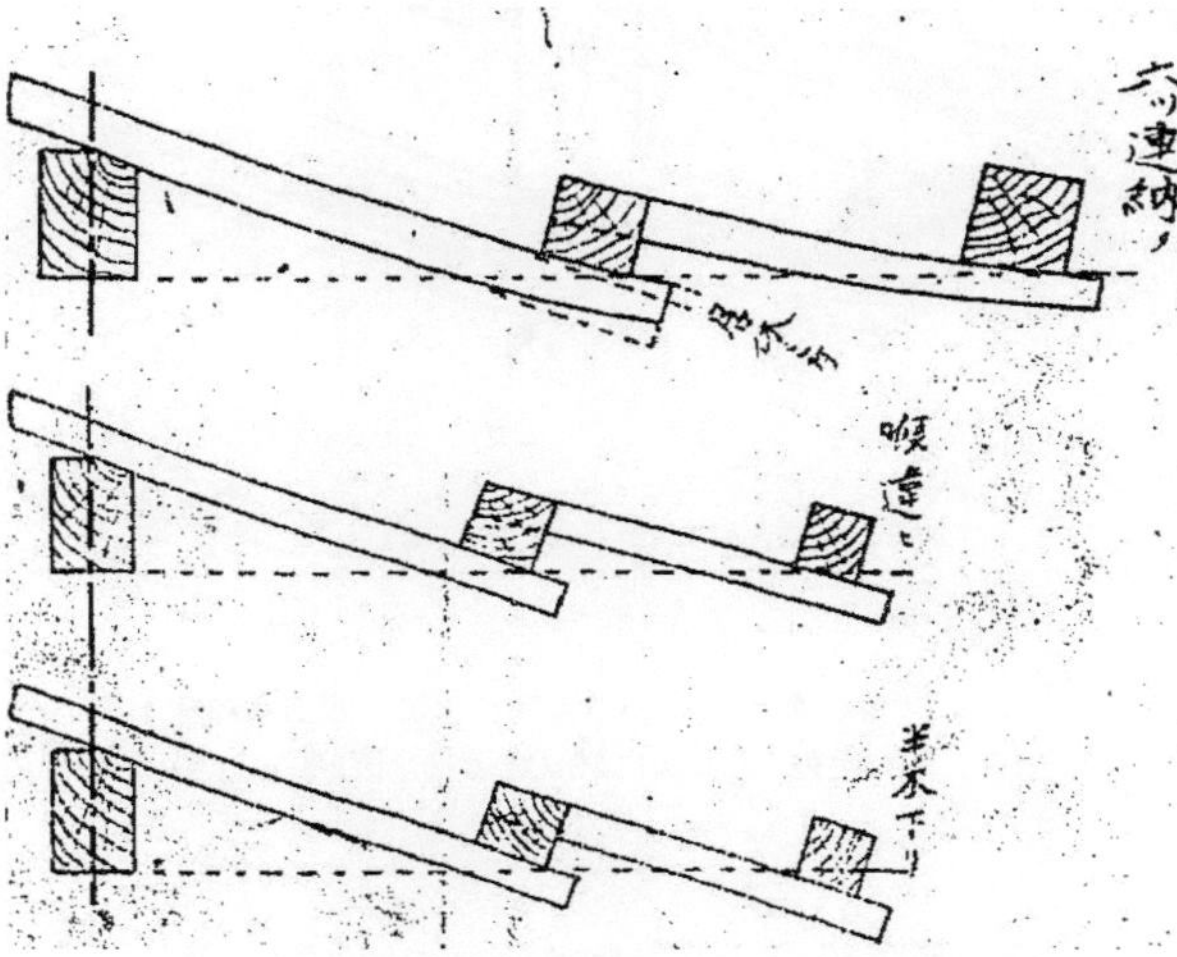

図7　「六ツ連」、「喉違」、「半木下り」（上から）の概念図
（明治 37 年刊『日本建築規矩術』から転載）

が著した『和洋建築軒隅絋法図解』(28)では、二軒陸連ノ法として、「陸連」の字をあてている。「六」は「陸」であって、「六ツ連」とは水平に連なっている状態をいうものと推察され、これが語源を正しく表現しているのであろう。

それ以後では、斎藤兵次郎が明治三七年（一九〇四）に著した『日本建築規矩術』(29)が重要で、「六ツ連」の他に、後述する「喉違い」、「半木下り」が図とともに説明されていて、こうした納まりをよく理解できる（図7）。

同書で斎藤は、「此れらの仕方は勾配によりて定まらざるもの」と記述している。つまり、〈絶対勾配〉によらない垂木勾配の決定方法であると解説している。

また、同書では「二タ軒に稱々ありて古風のものにてありては茅負は木負下バ角の水平線より下るを忌み共に水平線中にをくものとせり之を「六っ連納め」といふ」と、やはり「六ツ連」を古風な技法と認識している。同じ図を斎藤は、明治四一年（一九〇八）の『大工さしがねつかい』(30)にも掲載している。

この後、斎藤の説明は前述した明治三九年（一九〇六）『日本建築辞彙』や、明治四一年の亀田吉郎平の『和洋建築軒隅絋法図解』に引き継がれたようであるが、「六ツ連」が古風な技法であるとの指摘は見られなくなる。

「六ツ連」の技法は、地垂木の勾配を〈絶対勾配〉で定めた後、飛檐垂木の勾配を木負、茅負又は桁を加えて水平に揃えるという〈相対勾配〉で定めるもので、中世の実例も大変多く、歴史的建造物の軒の勾配を考える上で重要な技法であるということができる。

六ツ連の実例

「六ツ連」の実際の事例を掲げると、茅負、木負の高さが揃う「六ツ連（二点）」は、海住山寺五重塔初層(31)：建保二年（一二一四）、法隆寺東院鐘楼(32)：鎌倉時代前期、など鎌倉時代の遺構から確認できる。一方茅負、木負、桁の高さが揃う「六ツ連（三点）」の事例は少なく、如意寺三重塔(33)：至徳二年（一三八五）、永保寺開山堂拝堂(34)：室町時代前期（図8）、などが古例に属する。

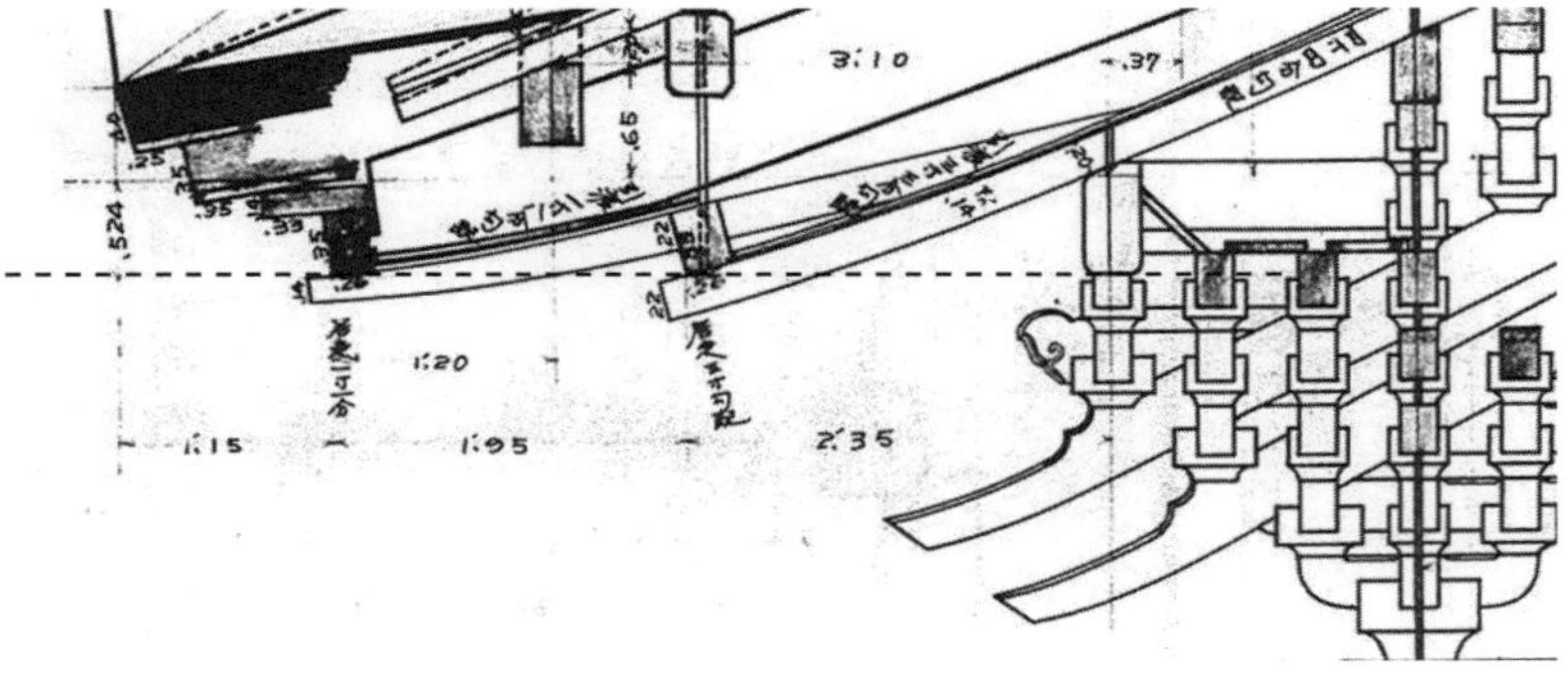

図8　「六ツ連（3点）」の実例　永保寺開山堂拝堂
（『国宝・重要文化財（建造物）実測図集』から転載　下端水筆者）

四―二　喉違い

「六ツ連」に対し江戸時代以降は、前述した「甲良家文書」「門集」や『新編武家雛形』の記述の通り茅負が木負より下に納まる飛檐勾配の方が恰好が良いとされ実例も多くなる。その納まりをよく理解できるのが、木子文庫の林家伝家文書の中の木割書で、地垂木を〈絶対勾配〉で納めた後、飛檐垂木を茅負が木負から下がった位置（高さ）に納める〈相対勾配〉を総称して「萱違い」と呼ぶ。

「萱違い」は茅負の下がった寸法に応じて、「喉違い」、「半下り（萱半下がり）」、「成違い」の三種類に分類される。

その内の「喉違い」は、林家伝家文書『木摧』[木二〇―三](注4)の「第一広間」において、

「一椽板高配　三寸八分　ひえんハ　ノトチカイ」

とあり、（地）垂木を三・八寸の〈絶対勾配〉（椽板勾配で指定）とし、飛檐垂木を喉違いとなるような勾配に納めるとする。

「喉違い」の意味は、林家伝家文書『木摧』[木二〇―九](35)「十三しゆうらうの堂」（鐘楼堂）に、以下の具体的な説明がある。

「但ひみつノ定リハノドチカイ也此センサクハ
ヲモタルキヲ三寸八分ニひきてきおいをのセてその下は
から水ヲ引て木おいヲノセてその下はヲ一寸下テ
かやおいをしからるヲノドチガイとゆふ也」

とあり、ここから「喉違い」が、地垂木を三・八寸の〈絶対勾配〉に据えてから茅負を木負より一寸低く納める意味であることがわかる。この説明は斎藤兵次郎の『日本建築規矩術』の説明と一致するから、「喉違い」は単に林家だけの用法ではなく、広く使われていた技法であったと考えられる。

『木摧』では、「当流にては喉違也」との一節が多く見られ、林家では「喉違い」を飛檐垂木の勾配の標準の決定方法としていることが窺える。

また、江戸時代の軒規矩術書では、ほとんどの図が「喉違い」の納まりで描かれていることから、[注5]江戸時代の軒の納まりとして「喉違い」は一般的な形式であったのであろう。

「喉違い」が確認できる近世以前の遺構としては、室町時代中期の東福寺三門上層[36]：応永一二年（一四〇五）が挙げられる。

四―三　半木下り

「半木下り」も「萱違い」のひとつで、「喉違い」より茅負がさらに低く茅負の成の半分下がる納まりである。

林家伝家文書の寛永二〇年（一六四三）に林作左衛門が著した『嵯峨様軒廻之覚』[37]［木二〇―五］には、

「一広間・客殿　軒勾配は先三寸八分　飛椽の萱違は萱半分也という」

とある。この「萱違い」とは文脈から、木負と茅負の高さが違った（下がった）高さに納まるもの一般を意味している。

そして、地垂木を三・八寸の〈絶対勾配〉で納め、飛檐垂木は茅負が木負陸水から茅負の成半分低く、納まるような勾配とすることが述べられている。林家伝家文書の中では「萱半さがり」と表現されていることが多いが、本書では斎藤兵次郎の『日本建築規矩術』に倣って「半木下り」と呼ぶ。

その他、『木摧』［木二〇―三］の「廿一三間四面堂」においても、飛檐垂木の勾配を「喉違い」とするのを基本としながら、反りのある時は、かや半分（半木下り）とする。同様に『木摧雑部』[38]［木二〇―四］では唐様の場合、「セイ違」とするのを基本としながら、半唐様の場合は「半サガリ」に加減する記述がみられる。つまり、茅負の反りが強いほど茅負中央の位置を下げて、茅負の形を調整しているのである。

四―四　成違い

飛檐垂木の勾配を定める時に、木負より茅負が成一本下げて納めるもので、林家伝家文書『木摧』［木二〇―三］に見える。その他「十七楼門覚」、「廿四唐様之計別」、「廿五唐様之佛殿」など反りの強い唐様において採用されている。林家伝家文書『木摧雑部』［木二〇―四］では、「嵯峨様之鐘楼」において唐様ならば茅負は「セイ（成）違い」で、半唐様ならば「萱半サガリ」とする。

以上のように、林家では、地垂木を〈絶対勾配〉とし、茅負を〈相対勾配〉である「萱違い」（喉違い、半木下り、成違い）とする組合せを垂木勾配指定の標準的な軒の技法としていたことが判る。

しかし、幕末の文久元年（一八六一）にまとめられた『林家傳神社佛閣規矩尺集』［木二〇―七］[39]では、『匠明』やそれ以外の木割書の刊本と同じ様に、全ての垂木勾配を〈絶対勾配〉で決定する方式に変わり、飛檐垂木の勾配を〈相対勾配〉によって決定する例は見られなくなる（ただし、棟門だけは「飛檐六連之倍」で決定されている）。

四―五　六ツ連と萱違いの類似性

「六ツ連」と「萱違い」は、木負と茅負の位置（高さ）関係は異なるが、地垂木を〈絶対勾配〉で定めて、飛檐垂木を〈相対勾配〉で定めるという垂木勾配の指定方法としては共通している。

また、飛檐垂木を〈絶対勾配〉で指定しないという観点に立てば、最初に述べた阿部家所蔵文書などに見られる地垂木だけを〈絶対勾配〉で指定し、飛檐垂木については記述のない方法も同系統の技法と見ることもできよう。

つまり、地垂木の勾配を〈絶対勾配〉で指定し、飛檐垂木の勾配を〈相対勾配〉とするか明記しない技法は、二軒の本格的な建物における垂木勾配の指定方式として、中世から近世まで広く存在した普遍的な技法であったと考えられるのである。

こうした技法を、仮に「絶対―相対式」と総称したいと思う。

五　絶対－相対式の遺構例と類型

二軒の垂木勾配の決定方式である「絶対－相対式」は、木負と茅負の位置（高さ）の差によって名称が異なるから、高低の関係を仮に不等式（高い方を不等式の大∨とする）で示すと、「六ツ連」は［木負＝茅負］、「萱違い」は［木負∨茅負］と表現することができる。

一方、実際の遺構について修理工事報告書等の図面から検証すると、茅負の方が木負より上に納まる［木負∧茅負］となるものが多く、特に中世遺構でその傾向が顕著である。

そこで、木負と茅負の関係を下記に示すA類からC類までの三種類に分類し、さらに事例の多い形式のものを図9で示す小分類に分類した。

①A類：［木負∧茅負］となるもので、A1〜A3まで小分類し、それ以外はAでまとめた。

木負、茅負の上端が揃うものをA1、木負下端と飛檐垂木下端が揃うものをA2、木負に納まる飛檐垂木下端位置と茅負下端が揃うものをA3とした。実際は他にいろいろなパターンがあるが煩雑になるためそれ以外をAで総称し、適宜備考に記載した。

②B類：［木負＝茅負］となるもので、「六ツ連」である。

「六ツ連」（三点）をB1、「六ツ連」（三点）であるが木負、茅負と桁以外の部材に揃えるものをB2、「六ツ連」（二点）をB3とした。

③C類：［木負∨茅負］となるもので、「萱違い」である。

「喉違い」をC1、「半木下り」をC2、「成違い」とそれ以上のものをC3とした。

この分類に基づき、文化財建造物のうち鎌倉時代から江戸時代までの軒廻りが詳細に判明する規矩図のあるものを選び、軒廻りの諸寸法を整理し上記の区分に従い分類をおこなったものが表1である（参考のため、詳細に調査された平安時代中・後期の六棟も加えている）。

なお、表1で対象とした建物の種別は、「絶対－相対式」が主に見られる隅木入りの二軒繁垂木の軒に限った。先に述べた一軒の方丈系の「軒柱勾配」や切妻系の門建物は、六ツ連に類似する事例も存在するが軒の構成が違い遺構数も少ないため除いている。

(表1　続き　1)

時代	建物名	層等	年代 年号	年代 西暦	垂木勾配 地垂木	垂木勾配 飛檐垂木	軒出(尺) 地垂木	軒出(尺) 飛檐垂木	茅負>木負	茅負=木負	茅負<木負	備考 (茅負と木負の関係以外等)
室町時代	不動院鐘楼	–	永享 5	1433	0.30	0.20	2.10	1.60		B3		
	円教寺大講堂	下	永享 12	1440	0.37	0.16	5.98	3.78		B3		
	当麻寺薬師堂	–	文安 4	1447	0.28	0.22	3.64	2.13		B3		
	護国院多宝塔	下	文安 6	1449	0.30	0.19	3.73	2.81			C1	
		上	文安 6	1449	0.40	0.25	3.06	2.15		B3		
	円教寺常行堂	–	享徳 2	1453	0.34	0.12	5.40	4.00	A2*			
	如意寺文殊堂	–	享徳 2	1453	0.32	0.16	3.90	3.00	A			
	新長谷寺本堂	–	長禄 4	1460	0.33	0.23	3.93	2.50			C1	
	円教寺大講堂	上	寛正 3	1462	0.36	0.16	5.16	3.88		B3		
	小山寺三重塔	–	寛正 6	1465	0.36	0.25	2.70	1.90		B3		
	円教寺食堂	–	寛正頃	1466	0.30	0.14	4.87	3.70		B3		
	中尊寺旧覆堂	–	室町中	1466	0.25	0.15	3.50	2.31	A			
	木幡神社楼門	–	室町中	1466	0.38	0.22	2.45	1.96		B3		B1 に近い
	熊野神社本殿	–	室町中	1466	0.40	0.25	1.58	1.24		B3		
	密蔵院多宝塔	下	室町中	1466	0.34	0.16	2.83	2.13		B3		B1 に近い
		上	室町中	1466	0.36	0.16	3.02	2.01		B3		
	性海寺多宝塔	下	室町中	1466	0.32	0.14	2.52	1.74	A			桁下端＝飛檐棰下端
		上	室町中	1466	0.25	0.10	2.03	1.25	A2			
	玉鳳院開山堂	–	室町中	1466	0.31	0.14	3.85	2.58	A			
	久安寺楼門	–	室町中	1466	0.37	0.16	4.47	2.47	A3			桁下端＝木負下駄欠き
	石峯寺三重塔	1	室町中	1466	0.27	0.17	3.61	2.37	A2*			桁下端＝木負下駄欠き
		2	室町中	1466	0.38	0.17	3.61	2.37	A3			桁下端＝木負下駄欠き
		3	室町中	1466	0.37	0.17	3.61	2.47	A3			
	興福寺大湯屋	–	室町中	1466	0.48	0.31	4.30	2.95		B3*		
	南法華寺礼堂	–	室町中	1466	0.34	0.17	5.60	4.14		B3		
	護国院楼門	–	室町中	1466	0.42	0.35	3.72	2.36			C2	
	真光寺三重塔	1	室町中	1466	0.37	0.21	2.74	1.99		B1		
		2	室町中	1466	0.36	0.20	2.74	1.94		B3		
		3	室町中	1466	0.32	0.13	2.76	1.94	A3			
	厳島神社宝蔵	–	室町中	1466	0.30	0.22	3.75	2.42		B3		
	安国寺釈迦堂	–	室町中	1466	0.42	0.26	4.47	3.31			C1	
	善光寺本堂(大分)	–	室町中	1466	0.28	0.11	4.24	3.02		B2		茅負＝木負＝肘木上端
	常福院薬師堂	–	室町中	1466	0.40	0.21	3.47	2.26			C2	桁下端＝木負外上角か
	寶塔寺多宝塔	下	永享 10	1468	0.34	0.20	2.05	1.43		B3		
		上	永享 10	1468	0.50	0.16	2.05	1.50		B3		
	広八幡神社楼門	–	文明 7	1475	0.30	0.19	3.32	2.11	A			
	烏帽子形八幡本殿	–	文明 12	1480	0.31	0.16	2.44	1.63	A3			
	不動院本堂(奈良)	–	文明 15	1483	0.27	0.23	4.54	2.68			C1	
	善光寺薬師堂厨子	–	文明 15	1483	0.72	0.26	0.65	0.53		B3*		
	慈照寺東求堂	–	文明 17	1485	0.28	0.17	3.24	2.36		B3		
	慈照寺銀閣	上	長享 3	1489	0.30	0.20	3.15	3.10			C2	
	教王護国寺講堂	–	延徳 3	1491	0.32	0.22	6.35	3.60	A			
	本蓮寺本堂	–	明応 1	1492	0.33	0.23	3.97	2.96			C2	桁下端＝木負下駄欠き
	定光寺本堂	裳階	明応 2	1493	0.31	0.22	3.20	2.50			C2	桁下端＝木負下駄欠き
	西明寺楼門	–	明応 3	1494	0.40	0.25	2.34	1.98		B3		
	石峯寺薬師堂厨子	–	明応頃	1501	0.28	0.25	1.61	1.15		B1		
	本蓮寺番神堂中祠	–	明応	1501	0.31	0.21	1.71	1.31	A3			
	龍正院二王門	–	文亀 4	1504	0.30	0.12	3.19	2.33	A3			
	若松寺観音堂	–	永正 6	1509	0.27	0.16	3.19	2.33		B1		
	長光寺地蔵堂	–	永正 7	1510	0.32	0.31	4.44	3.14			C3	
	地蔵峰寺本堂	–	永正 10	1513	0.27	0.14	3.89	2.88	A			桁下端＝木負下駄欠き
	雨錫寺阿弥陀堂	厨子	永正 11	1514	0.37	0.22	2.65	1.44		B3		
	新海三社神社三重塔	1	永正 12	1515	0.27	0.17	2.56	1.92	A			
		2	永正 12	1515	0.31	0.18	2.53	1.56	A			
		3	永正 12	1515	0.35	0.23	2.52	1.46	A			
	大威徳寺多宝塔	–	永正 12	1515	0.38	0.25	2.14	1.50		B3		
	霊山寺仁王門	–	永正 13	1516	0.30	0.13	2.48	1.80	A2			
	東光寺本堂	–	永正 14	1517	0.37	0.14	4.84	3.73		B3		
	東光寺本堂厨子	–	永正 14	1517	0.35	0.19	2.18	1.32	A			
	平等寺薬師堂	–	永正 16	1519	0.43	0.19	2.95	2.37		B3		
	成法寺観音堂	–	永正	1522	0.35	0.25	2.86	2.67			C2	
	名草神社三重塔	1	大永 7	1527	0.36	0.11	3.32	2.37	A2			
		2	大永 7	1527	0.40	0.15	3.30	2.40	A2*			桁下端＝木負下駄欠き
		3	大永 7	1527	0.40	0.15	3.30	2.40	A2*			桁下端＝木負下駄欠き
	久麻久神社本殿	–	大永 7	1527	0.32	0.10	2.50	1.77	A			
	東観音寺多宝塔	下	大永 8	1528	0.28	0.10	2.60	1.91	A3			
		上	大永 8	1528	0.40	0.15	2.41	1.68		B3		
	薬王院本堂	–	享禄 2	1529	0.39	0.23	4.70	3.70			C1	
	三明寺三重塔	1	享禄 4	1531	0.31	0.15	2.04	1.50	A3			
		2	享禄 4	1531	0.36	0.26	1.99	1.33		B3		
		3	享禄 4	1531	0.29	0.22	2.08	1.47		B3		
	観音寺多宝塔	下	天文 5	1536	0.30	0.10	2.56	2.00	A3			
		上	天文 5	1536	0.38	0.11	2.33	1.67	A3			
	西明寺三重塔(栃木)	1	天文 6	1537	0.40	0.24	2.34	2.02		B3*		
		2	天文 6	1537	0.35	0.22	2.10	1.90		B1*		
		3	天文 6	1537	0.40	0.22	1.99	1.75		B1		
	多治速比売神社	–	天文 10	1541	0.38	0.28	2.32	1.43			C2	
	地蔵院本堂	–	天文 11	1542	0.30	0.23	3.42	2.41		B1		
	円教寺金剛堂	–	天文 13	1544	0.30	0.14	2.84	2.04		B3		
	遠照寺釈迦堂	–	天文 18	1549	0.28	0.14	3.23	2.46	A2*			
	小菅神社奥社本殿	–	天文	1555	0.38	0.24	4.75	3.44		B3		
	根来寺多宝塔	下	天文	1555	0.35	0.22	5.76	3.49		B3		
		上	天文	1555	0.39	0.25	5.95	3.75			C1	
	円通寺本堂	–	天文	1555	0.42	0.23	3.60	2.70		B2*		
	慈光寺開山塔	–	天文 25	1556	0.22	0.15	1.07	0.73	A2			
	護徳寺観音堂	–	弘治 3	1557	0.40	0.34	4.43	2.45			C2	
	勝福寺観音堂	–	永禄 1	1558	0.36	0.17	3.40	2.45		B3		
	都久夫須麻神社本殿	庇	永禄 10	1567	0.30	0.16	3.10	2.58		B3*		
	興臨院本堂	–	永禄	1569	0.29	0.21	3.54	2.56			C2	
	土佐神社本殿	–	元亀 2	1571	0.35	0.19	4.35	2.62		≒ B3		
	円満寺観音堂	–	室町後	1572	0.22	0.03	2.63	1.70	A			
	大聖寺不動堂	–	室町後	1572	0.33	0.15	2.90	1.94	A3			
	観音寺観音堂	–	室町後	1572	0.23	0.17	4.15	1.86	A			
	建長寺昭堂	–	室町後	1572	0.34	0.25	3.13	2.06		B3		
	前山寺三重塔	1	室町後	1572	0.33	0.20	2.52	1.52	A			
		2	室町後	1572	0.30	0.20	2.21	1.53	A			
		3	室町後	1572	0.24	0.20	2.23	1.55		B3		
	雲峰寺仁王門	–	室町後	1572	0.36	0.20	2.52	2.06		B3*		
	浄厳院本堂	–	室町後	1572	0.30	0.15	4.27	3.13	A			
	金剛寺仁王門	–	室町後	1572	0.30	0.22	3.04	2.18		B1		

表1　木負、茅負、桁の関係一覧表

時代	建物名	層等	年代		垂木勾配		軒出（尺）		茅負>木負	茅負=木負	茅負<木負	備考（茅負と木負の関係以外等）
			年号	西暦	地垂木	飛檐垂木	地垂木	飛檐垂木				
平安時代	醍醐寺五重塔	1	天暦 6	952	0.23	0.13	5.23	2.68	A2			
	法隆寺大講堂	−	正暦 1	990	0.37	0.24	5.95	2.96	A1			
	平等院鳳凰堂	身舎	天元 1	1053	0.34	0.21	5.06	2.85	A1			
		裳階	天元 1	1053	0.18	0.08	3.14	1.81	A			茅負下端＝垂木掛け下端も
	中尊寺金色堂	−	天治 1	1124	0.31	0.17	3.62	2.20	A2*			
	當麻寺本堂	−	永暦 2	1161	0.23	0.08	5.03	2.95	A			
	一乗寺三重塔	1	承安 1	1171	0.40	0.26	3.72	2.10	A*			
		2	承安 1	1171	0.36	0.21	3.52	2.05	A1			
		3	承安 1	1171	0.30	0.18	3.60	1.98	A			
鎌倉時代	福智院本堂	−	建仁 3	1203	0.28	0.12	4.46	3.20	A			
	海住山寺五重塔	1	建保 2	1214	0.35	0.23	2.37	1.63		B3		
		2	建保 2	1215	0.31	0.19	2.29	1.49	A			
		5	建保 2	1216	0.31	0.19	1.96	1.40	A3			
	大報恩寺本堂	−	安貞 1	1227	0.22	0.08	4.82	2.87	A			
	法隆寺夢殿（鎌倉改造）	−	寛喜 2	1230	0.43	0.23	6.44	3.88		B3*		
	東大寺念仏堂	−	嘉禎 3	1237	0.45	0.25	3.50	2.86			C2	
	元興寺極楽坊本堂	−	寛元 2	1244	0.30	0.18	5.27	2.54	A			
	光明寺楼門	下	宝治 2	1248	0.32	0.11	2.56	2.35	A2			
		上	宝治 2	1248	0.36	0.15	2.66	2.24	A2			
	法隆寺西円堂	−	建長 2	1250	0.34	0.27	6.17	3.26		B3*		
	新薬師寺地蔵堂	−	文永 3	1266	0.28	0.12	2.85	2.24	A3			桁下端＝飛檐垂木下端も
	明通寺三重塔	1	文永 7	1270	0.36	0.17	3.40	2.50	A			
		2	文永 7	1270	0.33	0.17	3.40	2.50	A2			
		3	文永 7	1270	0.33	0.12	3.40	2.50	A2			
	西明寺本堂	−	鎌倉前	1274	0.25	0.09	4.56	3.19	A3			
	長寿寺本堂	−	鎌倉前	1274	0.30	0.09	4.22	3.15	A2			
	如意寺阿弥陀堂	−	鎌倉前	1274	0.26	0.12	3.10	2.35	A2			
	法隆寺東院鐘楼	−	鎌倉前	1274	0.37	0.25	3.12	1.79		B3		
	金剛峯寺不動堂	背北	鎌倉前	1274	0.27	0.18	3.73	2.54		B3		
	長弓寺本堂	−	弘安 2	1279	0.25	0.16	5.00	3.00	A			
	大善寺本堂	−	弘安 9	1286	0.30	0.17	4.95	3.38		B3		
	海竜王寺経蔵	−	正応 1	1288	0.56	0.44	4.16	2.24			C3	
	明王院本堂	−	元応 3	1321	0.27	0.12	3.64	2.40	A2			
	豊満神社四脚門	−	元享 3	1323	0.26	0.12	3.28	2.30	A2*			
	浄土寺本堂	−	嘉暦 2	1327	0.24	0.14	4.25	3.10	A			
	日竜峯寺多宝塔	下	鎌倉後	1332	0.32	0.16	2.91	1.80	A			
		上	鎌倉後	1332	0.32	0.16	2.44	1.40	A2			
	金蓮寺弥陀堂	−	鎌倉後	1332	0.26	0.17	3.14	2.10	A2			桁下端＝飛檐榱下端
	石山寺鐘楼	−	鎌倉後	1332	0.36	0.14	3.28	2.44	A			
	西明寺三重塔	1	鎌倉後	1332	0.30	0.17	3.12	2.05	A			
		2	鎌倉後	1332	0.31	0.20	3.21	2.01	A			
		3	鎌倉後	1332	0.39	0.23	3.08	1.88		B3		
	法道寺食堂	−	鎌倉後	1332	0.28	0.16	3.15	2.10	A3			
	朝光寺鐘楼	−	鎌倉後	1332	0.27	0.18	2.42	1.59	A			
	安楽寺塔婆	−	鎌倉後	1332	0.31	0.15	3.20	2.20	A3			
	浄妙寺多宝塔	下	鎌倉後	1332	0.26	0.16	2.77	2.03	A			桁峠＝茅負外上角
		上	鎌倉後	1332	0.29	0.17	2.37	1.69	A			同上
	石手寺三重塔	1	鎌倉後	1332	0.36	0.15	3.46	2.41	A2*			
		2	鎌倉後	1332	0.36	0.15	3.37	2.26	A3			
		3	鎌倉後	1332	0.36	0.15	3.32	2.03	A3			
室町時代	浄土寺阿弥陀堂	−	貞和 1	1345	0.29	0.15	3.90	2.95		B3		
	延暦寺転法輪堂	−	貞和 3	1347	0.32	0.16	5.53	3.91		B3		
	明王院五重塔	1	貞和 4	1348	0.34	0.11	3.50	2.60	A2			
		2	貞和 4	1348	0.34	0.11	3.50	2.60	A2			
		3	貞和 4	1348	0.34	0.11	3.50	2.60	A2			
		4	貞和 4	1348	0.34	0.11	3.50	2.60	A3			桁下端＝地垂木鼻上端
		5	貞和 4	1348	0.34	0.11	3.50	2.60	A3			同上
	石津寺本堂	−	延文	1360	0.33	0.20	3.97	2.53		B3		
	福祥寺本堂宮殿	−	応安 1	1368	0.28	0.25	1.61	1.15		B1		
	圓福寺本堂	−	応安 4	1371	0.24	0.20	2.69	1.73	A			桁峠＝木負外下角
	法隆寺地蔵堂	−	応安 5	1372	0.24	0.20	3.05	1.93		B3*		
	興隆寺本堂	−	文中 4	1375	0.28	0.14	3.76	2.95	A2*			
	宝福寺三重塔	1	永和 2	1376	0.38	0.24	2.58	1.72		B3		
		2	永和 2	1376	0.41	0.18	2.35	1.67	A2*			
		3	永和 2	1376	0.38	0.17	2.33	1.67		B3		
	道成寺本堂	−	天授 4	1378	0.30	0.15	5.60	3.40	A2*			桁下端＝木負下駄欠き
	如意寺三重塔	1	至徳 2	1385	0.30	0.18	3.29	2.22		B1		
		2	至徳 2	1385	0.30	0.18	3.19	2.24	A2*			
		3	至徳 2	1385	0.30	0.18	3.19	2.24	A			
	西国寺金堂	−	至徳 3	1386	0.30	0.16	4.32	2.64	A3			
	温泉寺本堂	−	至徳 4	1387	0.27	0.17	4.43	3.01	A2*			
	竜吟庵方丈	−	嘉慶 1	1387	0.28	0.14	3.68	2.94		B3		
	滝山寺三門	−	室町前	1392	0.30	0.17	4.72	3.35		B3		
	妙楽寺本堂	−	室町前	1392	0.31	0.11	4.00	3.10	A2			
	桑実寺本堂	−	室町前	1392	0.33	0.16	4.13	3.4		B3		
	春日神社本殿	−	室町前	1392	0.30	0.14	2.03	1.33	A2*			
	宝幢寺本堂	−	室町前	1392	0.32	0.17	3.97	2.80		B3		桁下端＝木負下駄欠き
	喜光寺本堂	身舎	室町前	1392	0.33	0.18	5.54	3.51	A			
	鞆淵神社大日堂	−	室町前	1392	0.30	0.19	4.84	2.82		B3		
	同　厨子	厨子	室町前	1392	0.35	0.35	1.30	0.96		B3		
	清水寺本堂	−	室町前	1392	0.32	0.11	6.06	4.17	A2*			
	永保寺開山堂	拝堂	室町前	1392	0.44	0.18	2.35	1.95		B1		
		奥院	室町前	1392	0.28	0.14	2.73	2.05	A2			
	金剛寺鐘楼	−	室町前	1392	0.43	0.22	3.19	2.24		≒ B1		
	室生寺御影堂	−	室町前	1392	0.28	0.19	2.97	2.14		≒ B1		
	常徳寺円通殿	−	応永 8	1401	0.24	0.05	3.61	2.05	A2			
	東福寺三門	下	応永 12	1405	0.39	0.24	5.93	3.98	A			
		上	応永 12	1405	0.45	0.33	5.88	3.76			C1	
	西郷寺本堂	−	応永 13	1406	0.26	0.09	3.77	2.55	A3			
	正福寺地蔵堂	身舎	応永 14	1407	0.42	0.26	2.57	1.90		B2*		
	東大寺大湯屋	−	応永 15	1408	0.45	0.25	2.99	2.00	A			
	吉川八幡宮本殿	−	応永 15	1408	0.40	0.22	3.47	3.26		B3*		
	遍照院三重塔	1	応永 23	1416	0.42	0.27	3.02	2.02			C1	
		2	応永 23	1416	0.35	0.25	3.06	1.98		B3*		
		3	応永 23	1416	0.36	0.34	3.06	1.95			C2	
	興福寺東金堂	−	応永 22	1425	0.38	0.24	3.06	1.95		B3		桁下端＝木負下駄欠き
	洞春寺観音堂	上	永享 2	1430	0.30	0.30	3.30	2.22			C2	
	向上寺三重塔	1	永享 4	1432	0.38	0.17	2.74	1.91	A			
		2	永享 4	1432	0.23	0.20	2.78	1.95		B3*		
		3	永享 4	1432	0.20	0.17	2.45	1.96		B3		

（表1　続き　3）

時代	建物名	層等	年代		垂木勾配		軒の出（尺）		茅負＞木負	茅負＝木負	茅負＜木負	備考（茅負と木負の関係以外等）
			年号	西暦	地垂木	飛檐垂木	地垂木	飛檐垂木				
江戸時代	崇福寺大雄宝殿	下	正保 3	1646	0.30	0.15	2.69	2.46	A2			桁口脇＝茅負外下角
		上	正保 3	1646	0.40	0.27	4.49	2.99			C1	
	雲竜院本堂	－	正保 3	1646	0.30	0.15	3.86	3.23		B3		
	三輪神社須賀社本殿	－	正保 4	1647	0.30	0.16	2.39	1.65	A			
	当麻寺奥院鐘楼門	－	正保 4	1647	0.27	0.22	3.05	2.05		B3		
	伽耶院多宝塔	下	正保 5	1648	0.35	0.22	3.10	2.10		B1		
		上	正保 5	1648	0.40	0.21	3.05	2.05		B3		
	那谷寺鐘楼	－	慶安 2	1649	0.36	0.29	2.57	1.73			C1	
	飯道神社本殿	－	慶安 2	1649	0.37	0.18	2.80	1.94	A			木負外下角＝飛檐垂木小口上端
	土佐神社鼓楼	－	慶安 2	1649	0.50	0.26	3.43	2.44			C3	
	旧一乗院宸殿	－	慶安 2	1649	0.32	0.18	3.49	2.54	A			木負外下角＝飛檐垂木小口上端
	本山寺三重塔	1	承応 1	1652	0.29	0.10	3.88	2.73	A2*			桁下端＝飛檐垂木下端
		2	承応 1	1652	0.30	0.15	3.93	2.68	A			
		3	承応 1	1652	0.30	0.14	3.92	2.66	A			
	広八幡社天神社本殿	－	慶安 5	1652	0.44	0.26	2.94	1.98			C2	
	性海寺宝塔	－	慶安	1652	0.33	0.03	0.37	0.27	A			
	輪王寺大猷院二天門	－	承応 1	1652	0.40	0.22	3.30	2.60			C1	
	性海寺本堂	－	慶安	1652	0.35	0.25	3.00	2.49			C3	
	輪王寺大猷院霊供所	－	承応 2	1653	0.33	0.22	3.04	2.05		B3		
	瑞龍寺仏殿	裳階	万治 2	1659	0.42	0.24	4.27	2.60			C1	
		身舎	万治 2	1659	0.42	0.23	4.16	3.12			C2	
	津軽為信霊屋	－	江戸前	1660	0.21	0.16	3.55	2.42	A2*			
	塩沢寺地蔵堂	－	江戸前	1660	0.30	0.23	2.60	1.91		B3		
	尾張大国霊社楼門	－	江戸前	1660	0.36	0.23	3.68	2.47			C1	
	臨済寺本堂	－	江戸前	1660	0.22	0.15	3.46	2.71	A			
	久米寺多宝塔	下	江戸前	1660	0.31	0.21	2.97	2.06			C1	
		上	江戸前	1660	0.31	0.23	2.47	1.66		B3		
	高良大社拝殿	－	寛文 1	1661	0.38	0.28	3.50	2.70			C2	桁下端＝木負下駄欠き
	萬福寺寿蔵	－	寛文 3	1663	0.30	0.22	3.00	2.02		B3*		
	最勝院五重塔	1	寛文 6	1666	0.30	0.20	3.31	2.34		B3		
		2	寛文 6	1666	0.30	0.20	3.75	2.34		≒ B3		
	専修寺御影堂（三重）	－	寛文 6	1666	0.37	0.27	7.29	4.42			C2	
	萬福寺天王殿	－	寛文 8	1668	0.32	0.22	5.30	3.50			C1	
	妙成寺経堂	－	寛文 10	1670	0.45	0.34	3.14	2.22			C3	木負から茅負成 1.5 本下がり
	古熊神社拝殿	－	寛文	1673	0.36	0.30	2.60	2.13			C2	
	観音寺金堂	－	延宝 5	1677	0.31	0.18	3.96	2.47		B3		
	法華経寺祖師堂	－	延宝 6	1678	0.38	0.28	4.92	3.57			C3	
	道成寺仁王門	－	元禄 7	1694	0.36	0.27	4.59	2.75			C2	桁下端＝木負下駄欠き
	地蔵院本堂（三重）	－	元禄 13	1700	0.47	0.30	4.91	3.54			C3	
	二荒山神社中宮	－	元禄 14	1701	0.40	0.32	3.56	2.48			C2	
	大乗寺仏殿	下	元禄 15	1702	0.40	0.17	3.42	2.42			C1	
		上	元禄 15	1702	0.40	0.25	3.42	2.42			C2	
	天徳寺山門	－	宝永 6	1709	0.30	0.23	4.10	3.37			C2	
	東大寺中門	－	正徳 4	1714	0.38	0.20	6.23	3.67	A			
	神明社観音堂	－	享保 19	1734	0.30	0.20	1.59	1.12		B3		
	東大寺回廊	－	元文 2	1737	0.40	0.32	4.00	2.54			C2	
	東大寺回廊	－	元文 2	1737	0.40	0.36	3.96	2.59			C2	
	専修寺如来堂（三重）	下	延享 5	1748	0.37	0.25	7.38	4.92			C2	
		上	延享 5	1748	0.37	0.25	6.58	4.44			C2	
	粉河寺大門	－	宝永 4	1754	0.35	0.21	4.80	3.25		B3*		
	善光寺山門（山梨）	－	明和 4	1767	0.30	0.23	5.40	3.40			C2	
	国分寺金堂	下	安永 8	1779	0.50	0.25	5.00	4.10			C3	
		上	安永 8	1779	0.50	0.25	4.30	3.50			C2	
	善光寺本堂（山梨）	下	寛政 1	1789	0.32	0.23	5.93	4.41			C2	
		上	寛政 1	1789	0.32	0.23	5.16	3.76			C2	
	東光寺三門	下	文化 9	1812	0.40	0.20	4.69	2.93		B3*		
		上	文化 9	1812	0.37	0.27	3.77	2.69			C2	
	東照宮五重塔	1	文政 1	1818	0.35	0.29	3.50	2.35			C2	
		5	文政 1	1818	0.43	0.35	3.50	2.35			C2	
	妙心寺仏殿	下	文政 10	1827	0.37	0.27	4.96	3.66			C2	
		上	文政 10	1827	0.39	0.23	4.99	3.73			C1	
	備中国分寺五重塔	1	文政	1830	0.30	0.21	3.97	2.38		B3		
		2	文政	1830	0.30	0.23	3.96	2.47			C1	
		3	文政	1830	0.31	0.25	3.94	2.35			C1	
		4	文政	1830	0.30	0.25	3.93	2.37			C1	
		5	文政	1830	0.31	0.25	3.92	2.33			C1	

（表注）・勾配は水平 1.00 に対する垂直の値
・軒の改造年代が明らかなものは、建立年代に関わらずその年代の位置に配した。
・元図に勾配の記載のないものは筆者の計測による。
・＊印は木負下端ではなく地垂木引通し墨高さを基準とするもの。

（表1　続き　2）

時代	建物名	層等	年代		垂木勾配		軒の出（尺）		茅負＞木負	茅負＝木負	茅負＜木負	備考（茅負と木負の関係以外等）
			年号	西暦	地垂木	飛檐垂木	地垂木	飛檐垂木				
室町	丈六寺三門	下	室町後	1572	0.32	0.25	2.61	1.85			C1	
		上	室町後	1572	0.30	0.20	2.53	2.12			C1	
	東光寺仏殿	身舎	室町後	1572	0.39	0.18	2.10	1.81			C1	
桃山時代	長楽寺仏殿	身舎	天正 5	1577	0.36	0.21	3.44	2.37			C1	桁下端＝茅負外上角
	不動院楼門	下	文禄 3	1593	0.43	0.33	4.09	3.09			C3	
		上	文禄 3	1593	0.43	0.35	3.43	2.48			C2	
	延暦寺常行堂法華堂	–	文禄 4	1595	0.27	0.20	4.50	2.65		B3*		
	羽黒山正善院黄金堂	–	文禄 5	1596	0.34	0.19	4.53	3.22		B3		
	笠森寺観音堂	–	文禄 6	1597	0.33	0.28	3.97	2.68		B3		
	長命寺三重塔	1	慶長 2	1597	0.30	0.17	3.50	2.11	A			
		3	慶長 2	1597	0.30	0.17	3.49	2.11	A			桁下端＝飛檐棰下端
	勝鬘院塔婆	下	慶長 2	1597	0.35	0.25	5.00	3.30		B3*		
		上	慶長 2	1597	0.38	0.22	3.21	2.44		B3		
	薬師堂（群馬）	–	慶長 3	1598	0.30	0.23	3.86	1.86			C2	
	園城寺唐院大師堂	–	慶長 3	1598	0.30	0.20	4.05	2.30		B3*		
	園城寺唐院灌頂堂	–	慶長 3	1598	0.30	0.18	4.55	2.30		B3		
	三宝院純浄観	–	慶長 3	1598	0.30	0.187	3.89	2.72			C1	
	妙心寺山門	下	慶長 4	1599	0.36	0.23	5.03	2.87			C1	桁下端＝茅負外上角
		上	慶長 4	1599	0.38	0.29	4.99	3.72		B1		
	金剛峯寺奥院経蔵	–	慶長 4	1599	0.33	0.20	2.84	2.35			C1	
	法華寺本堂	–	慶長 6	1601	0.30	0.18	4.42	3.30		B3*		
	石山寺礼堂	–	慶長 7	1602	0.25	0.14	5.47	3.58	A			
	都久夫須麻神社本殿	身舎	慶長 7	1602	0.32	0.21	3.53	2.48		B3		
	教王護国寺金堂	裳階	慶長 8	1603	0.48	0.31	6.23	3.35		B3*		
		身舎	慶長 8	1603	0.40	0.23	6.23	3.55		B3		桁下端＝木負下駄欠き
	白鬚神社本殿	–	慶長 8	1603	0.32	0.20	5.32	2.60			C1	
	寶積寺三重塔	–	慶長 9	1604	0.40	0.21	2.71	2.00		B3		
	聖神社本殿	–	慶長 9	1604	0.30	0.21	2.96	2.01		B3		
	高台寺開山堂	–	慶長 10	1605	0.33	0.22	3.00	2.22		B3*		
	吉野水分神社楼門	–	慶長 10	1605	0.32	0.12	3.17	2.21	A3			
	天満神社楼門	–	慶長 10	1605	0.43	0.32	3.12	2.34			C2	
	金剛寺塔婆	下	慶長 11	1606	0.40	0.15	2.74	1.82		B3		桁下端＝木負下駄欠き
		上	慶長 11	1606	0.29	0.20	3.27	2.29	A3			
	大崎八幡宮本殿	–	慶長 12	1607	0.33	0.23	3.60	2.15		B3*		
	竜泉寺仁王門	–	慶長 12	1607	0.30	0.16	2.42	1.84	A3			
	与杼神社拝殿	–	慶長 12	1607	0.41	0.27	3.00	2.60			C2	
	本圀寺経蔵	–	慶長 12	1607	0.35	0.18	3.95	2.15		B3		
	本門寺五重塔	1	慶長 12	1607	0.36	0.18	3.52	2.50		B3		
		2	慶長 12	1607	0.36	0.18	3.42	2.61		B3		
		3	慶長 12	1607	0.36	0.18	3.42	2.61		B3		
		4	慶長 12	1607	0.36	0.18	3.42	2.61		B3		
		5	慶長 12	1607	0.40	0.20	3.42	2.61		B3		
	金剛證寺本堂	–	慶長 14	1609	0.42	0.19	5.47	2.97		B3*		
	金剛證寺宮殿	宮殿	慶長 14	1609	0.30	0.10	1.31	0.57	A			
	油山寺三重塔	1	慶長 16	1611	0.37	0.22	2.80	1.93		B3		
		2	慶長 16	1611	0.30	0.22	2.80	1.93		B1		
		3	慶長 16	1611	0.43	0.43	2.40	1.97			C3	木負から茅負成 1.5 本下がり
	弘前八幡宮唐門	–	慶長 17	1612	0.31	0.16	2.65	2.18		B3		
	岡寺仁王門	–	慶長 17	1612	0.31	0.18	2.78	2.37		B3		
	青井阿蘇神社楼門	–	慶長 18	1613	0.40	0.20	2.56	1.73	A3			
	与賀神社楼門	–	桃山	1614	0.46	0.20	2.70	1.80			C1	
	護国院鐘楼	–	桃山	1614	0.40	0.20	2.40	1.74		B1		
	石山寺多宝塔	下	桃山	1614	0.27	0.20	3.46	2.38		B3		
		上	桃山	1614	0.35	0.22	3.33	2.35			C1	
	油日神社拝殿	–	慶長	1614	0.25	0.18	3.43	2.30			C1	
	妙成寺祖師堂	–	慶長	1615	0.40	0.25	2.80	2.18			C2	
江戸時代	飯野八幡宮本殿	–	元和 2	1616	0.34	0.15	3.21	2.13	A			桁上端＝茅負上端
	本興寺開山堂	–	元和 3	1617	0.37	0.22	3.70	2.45			C1	
	古熊神社本殿	–	元和 4	1618	0.25	0.22	2.60	2.13			C2	
	屋島寺本堂	–	元和 4	1618	0.40	0.21	4.04	2.55		B3		
	本願寺書院	–	元和 4	1618	0.38	0.28	3.72	2.85			C2	
	乙宝寺三重塔	3	元和 5	1619	0.32	0.23	3.74	2.06	A			
	鹿島神宮仮殿	–	元和 5	1619	0.42	0.28	3.91	2.91			C2	
	知恩院三門	下	元和 7	1621	0.34	0.20	7.50	5.00			C1	桁下端＝木負下駄欠き
		上	元和 7	1621	0.40	0.16	5.88	4.22	A			
	薦神神社神門	下	元和 8	1622	0.48	0.36	2.55	1.70			C2	
		上	元和 8	1622	0.43	0.27	3.15	2.40			C2	桁下端＝木負下駄欠き
	四天王寺元三大師堂		元和 9	1623	0.32	0.18	5.24	3.34		B3*		
	四天王寺五智光院	–	元和 9	1623	0.36	0.23	5.00	3.60			C1	桁下端＝木負下駄欠き
	四天王寺六時堂	–	元和 9	1623	0.34	0.18	5.18	4.18		B1		
	長遠寺本堂	–	元和 9	1623	0.40	0.25	5.35	2.86			C2	
	生善院観音堂	–	寛永 2	1625	0.35	0.25	2.20	2.00			C1	
	二条城遠侍	–	寛永 3	1626	0.32	0.22	3.97	3.54			C1	
	甚目寺三重塔	1	寛永 4	1627	0.36	0.18	4.02	2.82	A			
		3	寛永 4	1627	0.30	0.22	3.98	2.78		B1		
	律学院本堂	–	寛永 4	1627	0.38	0.22	3.80	2.55		B3*		
	南禅寺三門	下	寛永 5	1628	0.35	0.19	6.16	4.14		B3*		
		上	寛永 5	1628	0.44	0.29	4.83	3.77			C2	
	東照宮本殿（青森）	–	寛永 5	1628	0.40	0.30	2.20	1.65			C2	
	長勝寺三門	–	寛永 6	1629	0.40	0.38	3.94	3.06			C3	
	教王護国寺灌頂院	–	寛永 6	1629	0.23	0.22	5.15	3.60		B3*		
	寛永寺清水堂	–	寛永 8	1631	0.35	0.20	4.20	3.12			C1	
	清水寺三重塔	–	寛永 9	1632	0.34	0.22	4.52	3.32			C1	
	曼陀羅寺正堂	–	寛永 9	1632	0.32	0.18	4.62	3.26			C1	
	延暦寺大講堂	–	寛永 11	1634	0.35	0.20	6.34	3.38		B3		
	東照宮上社務所	–	寛永 13	1636	0.35	0.25	3.45	2.15		B1*		
	大徳寺経蔵	–	寛永 13	1636	0.30	0.24	3.98	2.83			C1	
	伊賀八幡宮御供所	–	寛永 13	1636	0.40	0.30	2.42	1.98			C2	
	伊賀八幡宮随身門	–	寛永 13	1636	0.37	0.21	3.43	2.44			C1	
	延暦寺根本中堂	–	寛永 17	1640	0.35	0.26	6.30	4.46		B3*		
	那谷寺三重塔	1	寛永 19	1642	0.35	0.22	1.23	1.11		B3		
		2	寛永 19	1642	0.36	0.22	1.44	1.18		B3		
		3	寛永 19	1642	0.35	0.18	1.44	1.18	A			
	真禅院三重塔	1	寛永 19	1642	0.32	0.20	3.30	2.38		B3		
		2	寛永 19	1642	0.36	0.24	3.25	2.33		B1		
		3	寛永 19	1642	0.40	0.28	3.20	2.28			C1	
	教王護国寺五重塔	–	寛永 20	1643	0.32	0.15	5.23	2.68	A3			
	仁和寺鐘楼	–	寛永 21	1644	0.38	0.25	3.75	2.60			C1	
	日御碕日沈宮門客社		寛永 21	1644	0.38	0.36	2.44	1.44			C2	
	伽耶院本堂	–	正保 3	1646	0.30	0.20	4.41	2.37		B3		

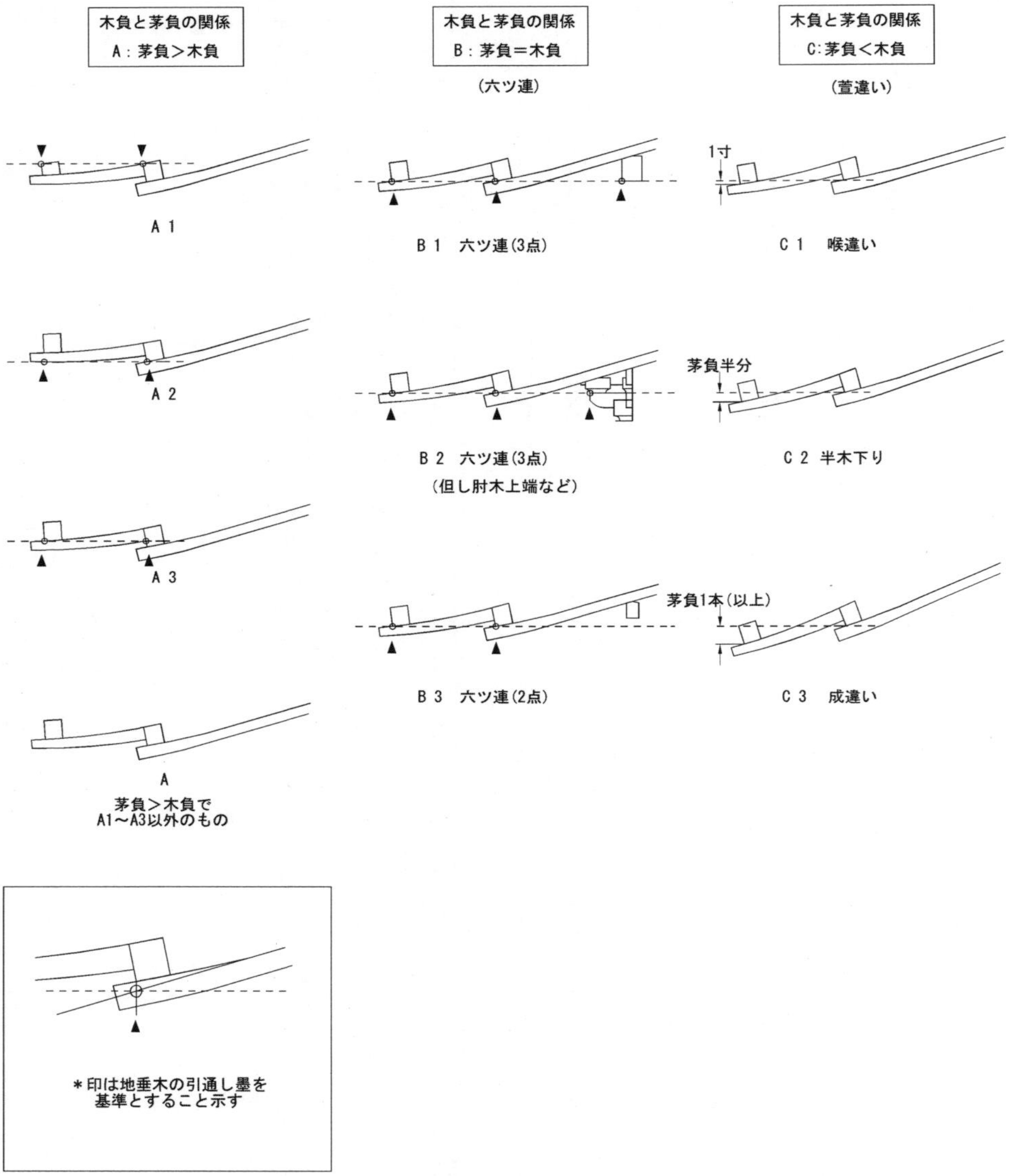

図９　絶対－相対式の類型図

表2　木負と茅負の関係総括表

区　分	A類（木負＜茅負）				B類（木負＝茅負）			C類（木負＞茅負）		
	A1	A2	A3	A	B1	B2	B3	C1	C2	C3
平安時代	3	2	−	4	−	−	−	−	−	−
（小計）	9				−			−		
鎌倉時代	−	11	7	14	−	−	7	−	1	1
（小計）	32				7			2		
室町時代	−	22	16	23	12	3	54	11	11	1
（小計）	61				69			23		
桃山時代	−	−	4	4	3	−	27	8	5	2
（小計）	8				30			15		
江戸時代	−	3	1	13	5	−	25	25	31	7
（小計）	17				30			63		
全　体	3	38	28	57	20	3	114	44	48	11
（総計）	127				136			103		

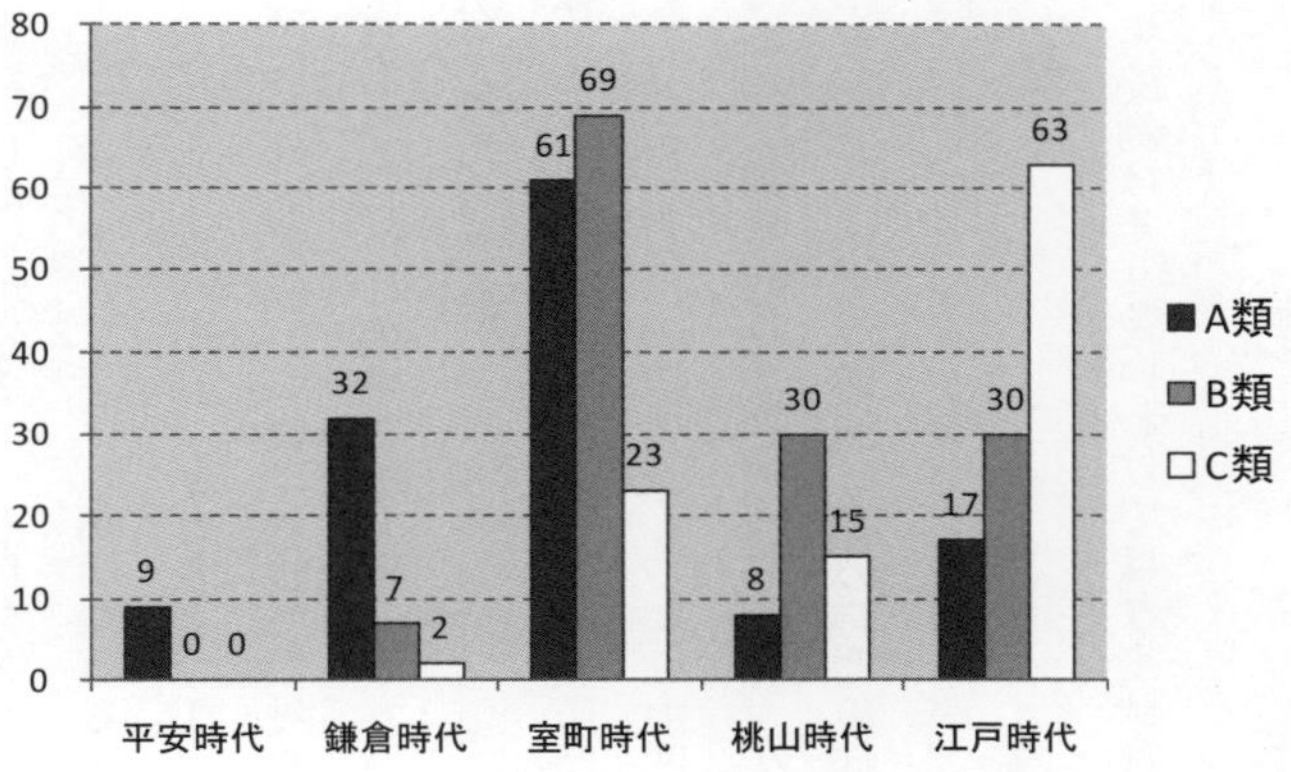

図10 「絶対－相対式」の時代別変化（実数）

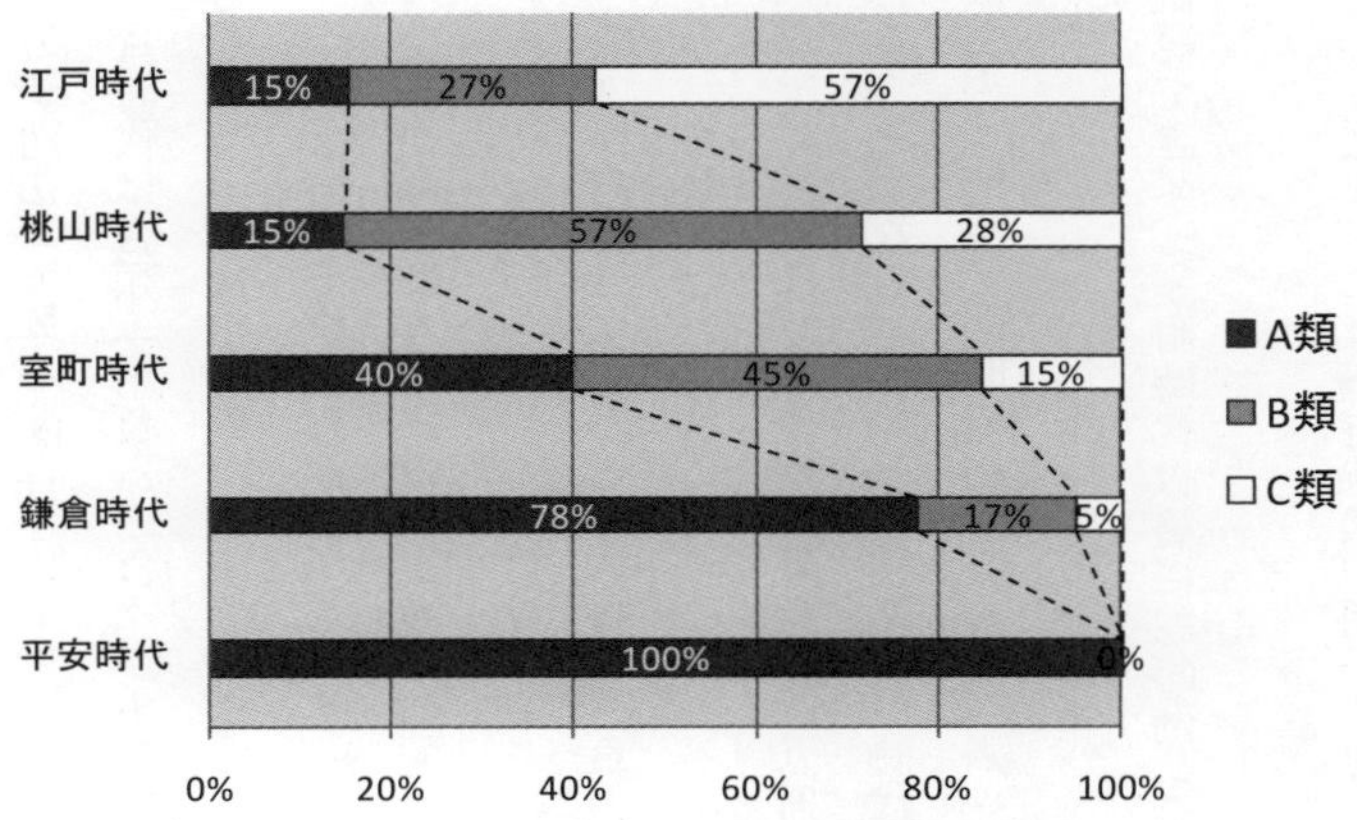

図11 「絶対－相対式」の関係種別の時代別変化（比率）

六　垂木勾配の変容過程

表1の内容から、木負と茅負の関係を総括したのが表2で、それをグラフに表現したのが図10（実数）、図11（比率）である。図11で、古代から中世を経て近世に至るまでの木負と茅負の関係をみると、古代や鎌倉時代はA類［木負＜茅負］が主流を占めるが、室町時代から桃山時代まではB類［木負＝茅負］がもっとも多く、江戸時代になるとC類［木負＞茅負］が多くなることがわかる。つまり、概略的にいうと時代が降るにつれて茅負が木負に対して相対的に下がっていくという変容過程が認められる。

こうした変化の理由のひとつは、時代が下るにつれて屋根が大型化していくために棟位置が高くなり、屋根の引渡し勾配も急勾配に変化していくことに呼応しているものと考えられる。

個々に見ると、A類は多様な納め方法があるが事例が多いものでは室町時代のA2やA3が目立つ。しかし、木負と茅負の高低差の関係性がはっきりとは認められないものも多く、古い時代のものは自由度が高かったのかもしれない。

B類［木負＝茅負］は、「六ツ連」であって鎌倉時代初期から見られるが、室町時代以降急に増加し全体の半分近い四五％を占めるようになる。さらに、桃山時代には一気に五七％まで増加しこの時期の軒を特徴付けることになる。しかし、続く江戸時代には二七％まで激減する。このように、桃山時代に「六ツ連」が集中した結果が、後の甲良家文書「門集」や明治に至るまで「六ツ連」が古風な軒と認識される理由であったのであろう。

木割書にある「六ツ連」（三点）は、実際例はそう多いわけではなく鎌倉時代には確認できず、室町時代以後に二〇例（「六ツ連」全体の一五％以下）を数える程度である。

C類［木負＞茅負］は、「萱違い」で、鎌倉時代に散見できるが、はっきり確認されるようになるのは室町時代中期からで、一五％ほど確認される。桃山時代は二八％と暫時増加し、江戸時代に入ると一気に増加して五七％に達するようになり「萱違い」は江戸時代の代表的な軒の勾配となることが数字の上からも確認できる。

桃山時代の「六ツ連」と「萱違い」の比率が、江戸時代にはちょうど逆転した関係になっているのは興味深い傾向である。ただ、実際には近世の指定文化財は由緒のある大寺院の比率が高いことを考えると、それらは比較的保守的な軒の納まりである可能性があり、江戸時代の未指定の建造物を含めた全実数においては、C類「萱違い」の比率ははるかに高いに違いない。

七　小　結

以上、書誌資料と現存する建造物から、垂木の勾配の指定方法とその変容過程について考察した。

垂木の勾配の指定方法が、〈絶対勾配〉と〈相対勾配〉の二通りの方法があると考えると、垂木勾配の指定の方法は大きく分けて以下の四つの方法に分類することができる。

七―一　絶対―相対式

地垂木の勾配を〈絶対勾配〉、飛檐垂木の勾配を〈相対勾配〉で定めるもので、木負より茅負が高いもの、揃うもの（「六ツ連」）、低いもの（「萱違い」）に分けることができる。「萱違い」はさらに茅負の高さの違いから、「喉違い」、「半木下り」、「せい違い」に分けることができる。

木負と茅負の高さの関係は概ね時代が古いほど木負より茅負が高く、時代が下るに連れ茅負が低く納まる傾向が見てとれる。この方式は、二軒繁垂木の主要建物を中心に用いられたことが木割書からも窺われ、中世から近世にかけて広く採用された技法であったと考えられる。

七―二　軒柱勾配

木割としては『三代巻』に記述があり、長押等の陸水に垂木鼻に揃える〈相対勾配〉で、方丈や書院造りで見られる方法である。実際の遺構からも類似例が多数確認できる。

七―三　桁上端を基準とする方法

桁上端の陸水を基準に木負、茅負位置を決めるもので、二軒であっても地垂木、飛檐垂木両方の勾配を〈相対勾配〉で決める方法である。「六ツ連」との類似性があり、特に中小規模の門（棟門）でみられる。

七―四　全て〈絶対勾配〉とする方法

地垂木、飛檐垂木ともに〈絶対勾配〉で決定するもので、近世前期以降、刊本の木割書では一般的な決定方法となった。

以上のように、垂木の勾配の決定方法はさまざまな方法が存在していて、後世の木割書にあるように垂木の勾配全てを〈絶対勾配〉だけで決定するのではないことを指摘できる。

参考文献

1　西村権右衛門：『大工雛形秘伝書図解』、永田屋調兵衛開版、享保一二年（一七二七）
2　乾兼松：「木割」『明治前日本建築技術史』所収、新訂版、臨川書店、一九八二．五、ここで阿部家所蔵文書の鐘楼は吉野朝を下らないとする。
3　前掲2に同じ。同書によれば、手書きの木割書で桃山時代を下らないものとされる。
4　新見貫次、永井規男：「洲本御大工斎藤家旧蔵の木割書について」日本建物学会近畿支部研究報告、五二一―五二四頁、一九八一．六
5　斎藤家文書「木砕之注文」は、洲本市立淡路文化資料館蔵
6　鎌倉市文化財総合目録編さん委員会（関口欣也）：『鎌倉市文化財総合目録――建造物篇――』、同朋出版社、一九八七．一〇　伊藤要太郎：『匠明・匠明五巻考』、鹿島出版会、一九七一．一二
7　永井康雄：「近世建築技術書に関する研究―庄内藩大工棟梁小林家蔵史料を中心に――」科研研究成果報告書、二〇〇六．五
8　内藤昌：『愚子見記の研究』、井上書院、一九八八．六

9 前掲8に同じ。
10 『国宝光浄院客殿国宝観学院客殿修理工事報告書』（滋賀県教育委員会）、一九八〇・六
11 『重要文化財黄梅院本堂修理工事報告書』（京都府教育庁）、一九七六・八
12 『重要文化財衡梅院本堂修理工事報告書』（京都府教育庁）、一九七八・三
13 『重要文化財天球院本堂附玄関修理工事報告書』（京都府教育庁）、一九七二・三
14 『重要文化財勧修寺書院修理工事報告書』（京都府教育庁）、一九五三・六
15 河田克博：『日本建物古典叢書三　近世建物書―堂宮雛形二　建仁寺流』、大龍堂、一九八八・一二
16 小暮甚七：『新撰大工雛形』巻二、須原茂兵衛版、宝暦八年（一七五八）
17 永井康雄、飯淵康一他：「庄内藩大工棟梁小林家旧蔵の慶長以前の木割書に見られる門について」―棟門（一）―日本建築学会技術報告集第一七号、二〇〇三・六　同（二）第一八号、二〇〇三・一二
18 前掲2に同じ。
19 細見啓三：「むつつれ考」『奈良国立文化財研究所創立四〇周年記念論文集』所収、九八九―九九九頁、一九九五・九
20 前掲17に同じ。
21 『新撰武家雛形』、瀬川政重、明暦元年（一六五五）
22 前掲1に同じ。
23 大上直樹、西澤正浩、望月義伸、谷直樹：「『大工雛形秘伝書図解』と類型本による近世軒規矩術について近世軒規矩術の研究――その1」、日本建築学会計画系論文集第六六六号、一四八一―一四九〇、二〇一一・八（本書　第六章）。図5は類型本の坂上家文書である。（本書　第六章）
24 河合信次：『新撰雛形工匠技術之懐』下巻、寧寿堂、明治一五年（一八八二・三）
25 東京都立中央図書館蔵木子文庫林家伝家文書［木二八―四―三七］規矩図「二軒反り隅法」
26 北尾嘉弘：『社寺建築の軒反りの研究』所載「大極殿軒廻り木負茅負隅反り元矩尺計之図」、私家版、一九九九・六
27 中村達太郎：『日本建築辞彙』、丸善、明治三九年（一九〇六・六）

28　亀田吉郎平：『和洋建築軒隅絃法図解』、林美盛堂、明治四一年（一九〇八．八）
29　斎藤兵次郎：『日本建築規矩術』、信友堂書店他、明治三七年（一九〇四．三）
30　斎藤兵次郎：『大工さしがねつかい』、信友堂書店、明治四一年（一九〇八．八）
31　『国宝海住山寺五重塔修理工事報告書』（京都府教育庁）、一九六二．三
32　『法隆寺國寶保存工事報告書第三冊』（法隆寺国宝保存事業部）、一九三七．三
33　『重要文化財如意寺三重塔修理工事報告書』（文化財建造物保存技術協会）、一九九七．三
34　『国宝・重要文化財（建造物）実測図集』、文化庁編
35　木子文庫林家伝家文書『木摧』［木二〇―九］寛永七年（一六三〇）西賀茂村林作左衛門の奥書がある。
36　『国宝東福寺三門修理工事報告書』（京都府教育庁）、一九七八．三
37　木子文庫林家伝家文書『嵯峨様軒廻之覚』［木二〇―五］寛永二〇年（一六四三）林作左衛門の奥書がある。
38　木子文庫林家伝家文書『木摧雑部』［木二〇―四］寛永二〇年（一六四三）林作左衛門の奥書がある。
39　木子文庫林家伝家文書『林家傳神社仏閣規矩尺集』［木二〇―七］文久改元（一八六一）林重右衛門藤原宗栄校正の奥書がある。

注

注1　文献6「殿屋集」で古法主殿の木割において軒出を柱間寸法に揃えることを指定している。古い書院造で柱間寸法が七尺であった例は、竜吟庵方丈前身建物が報告されている。

注2　一般に軒出は軒廻りの諸寸法で最初に決められるもので、木割書においても勾配はなくても軒出は必ず決定されている。勾配を決定する場合にはすでに軒出は決まっていることが普通である。

注3　成岡家は華村長左衛門を名乗り、中世から駿河を本拠にした大工棟梁家である。文書は「鎌倉様御秘伝書木割秘伝規矩」の表題がある木割書で、京都大佛殿御大工河原豊後と喜多越後の奥書があるから原本は桃山時代まで遡る可能性があるが、実物は後世の写本である。成岡正治氏から写しを提供いただいた。

注4　木子文庫林家伝家文書『木摧』［木二〇―三］は、「天正五年二月洛陽上賀茂庄　林作左衛門宗廣／寛永年間／巻末増補／林作左衛門

宗相」の奥書があり、天正五年（一五七七）に宗廣が著したものに寛永年間に宗相が書き加えた木割書で、割印の有無、用語の相違から前半部は天正五年のものと思われる。

注5　例えば、立川富房が宝暦一四年（一七六四）に著した『軒廻棰雛形』、赤井幸七が寛政七（一七九五）に著した『極秘六角雛形』、弘化四年（一八四七）の『規矩真術軒廻図解』、平内延臣が嘉永元年（一八四八）に著した『匠家矩術新書』、本林常将が嘉永四年本（一八五一）に著した『新撰早引匠家雛形』、山田泰平が嘉永四年（一八五一）に著した『新撰増補大匠雛形大全』、小林源蔵が安政四年（一八五七）に著した『独稽古隅矩雛形』など、茅負はすべて「喉違い」の納まりになっている。

第一一章　茅負の反りの決定方法

一　はじめに

本章は軒規矩術法においてはもちろんであるが、日本建築様式史上においても長年の課題でありながら、いまだ十分な結論に達していない茅負の曲線の規定の方法について考えたい。

具体的には茅負の曲線を客観的に分析する方法を提案し、その方法によって実際の茅負の曲線を分析することによって中世から近世までの軒形式ごとの茅負曲線の特徴を明らかにするとともに、その変容を捉えようとするものである。

ここで茅負の曲線とは茅負の下端の曲線をいう。茅負下端線は垂木上端を結んだ線であり、軒の形状を規定する基本の線だからである。一方、茅負の上端線は下端線を上に移動させ留先で増しをつけて作図されると解される。(注1)

二　先行研究

明治以後、茅負曲線作図の試みは多く提案されたが、それらは新築時において茅負の曲線を作図するための正解を追求するもので、もちろん歴史的建造物の茅負曲線の解析方法ではなかった。

そこで、すでに序章で概要を述べたが先行研究について再度少し触れておきたい。

代表的な歴史的建造物の茅負に関する研究としては、文化財修理の経験のある大岡實の昭和初期の一連の規矩術の研究があり、その中に茅負曲線の論考がある。(1)

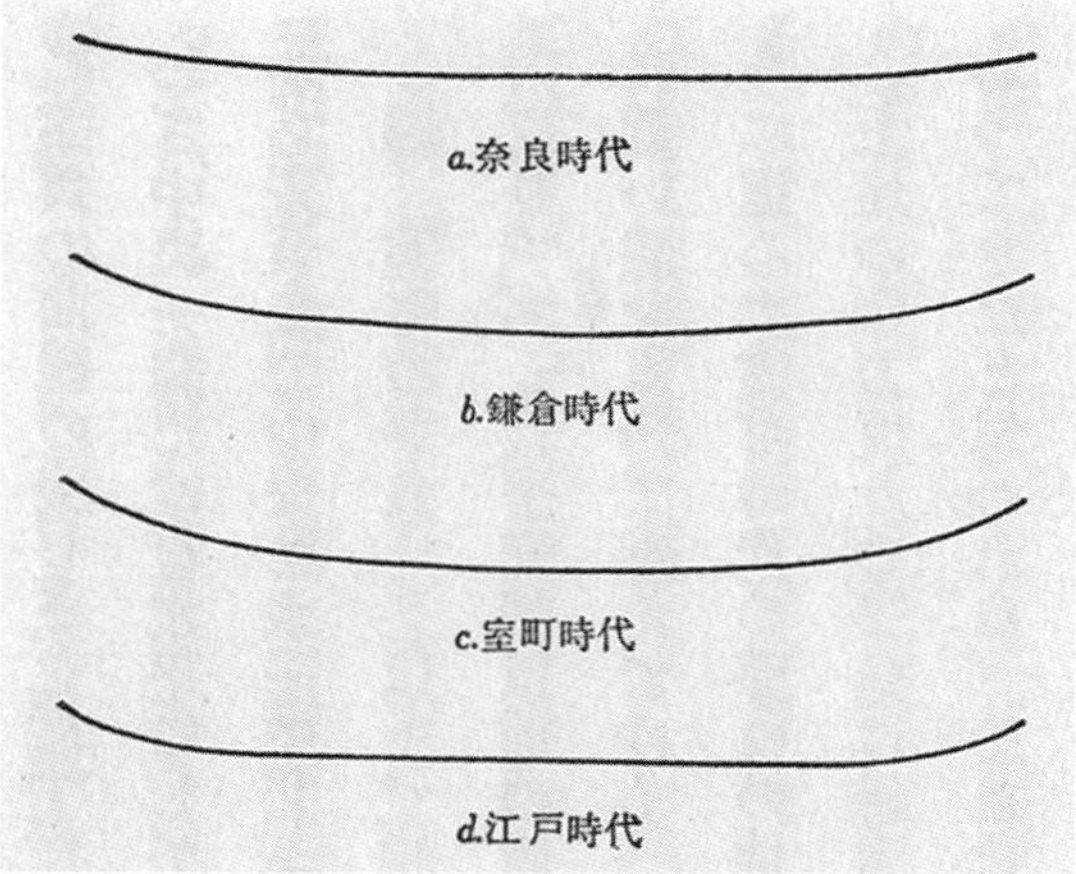

図１　茅負曲線の時代別の比較図（文献１より転載）

大岡は、特に鎌倉時代の茅負曲線において軒全体が反る真反りの場合、中央でＶ字に折れが生じる事例の紹介や、奈良時代から江戸時代までの茅負曲線の特徴を比較した略図を提示し（図１）、茅負の反りの形状の特徴を時代別に総括するなど、軒規矩術法の解明に一定の指導的役割を果たしたが、具体的な茅負曲線の決め方までは論じることはなかった。

その後、十分な議論は進められないまま最近に至って、麓和善は幕末に木子棟斉が示した幾何学的手法以降に提案されたさまざまな茅負曲線の設計案を紹介して、それを曲線式としてまとめて、歴史的建造物にも適用して分析しようと試みた。麓はそれを「ＣＡＤ軒反り式」と命名した(2)。

麓の結論は、「角南Ⅱ案改良式があらゆる時代・様式の軒反り曲線を抽出することができる最良式である」とした（角南Ⅱ案の元案を図２に示す(3)）。この案は茅負曲線を客観的に解析しようと手法であるが、明治以降に提案された幾何的な解法はあくまで新築時のもので、それによって歴史的な茅負曲線を解析したもののため提示された数式のパラメータが複雑で、実用にはそぐわないものであった。

その後、京都の宮大工の流れを汲む北尾嘉弘もまた、ＣＡＤを使用して茅負曲線をいくつかの設計方法に分類して歴史的建造物の分析をおこなった(4)。

分析方法は円弧によるもののほか、明治以降に提案された図法を基に五種類に大分類して、ＣＡＤによる高い精度の作図によって検証したものであった。

北尾によれば、根拠は示されていないが円弧による設計は古代より使用されていた技法とされ、検証結果も中世から近世まではほとんどが円弧によるもので近世以降はさまざまな方式が提案され、それによって設計されてきたとする。

茅負曲線が円弧によるという意味は、丸桁真から茅負口脇までを結んだ茅負下端曲線が円弧からなるというもので、実務的には大

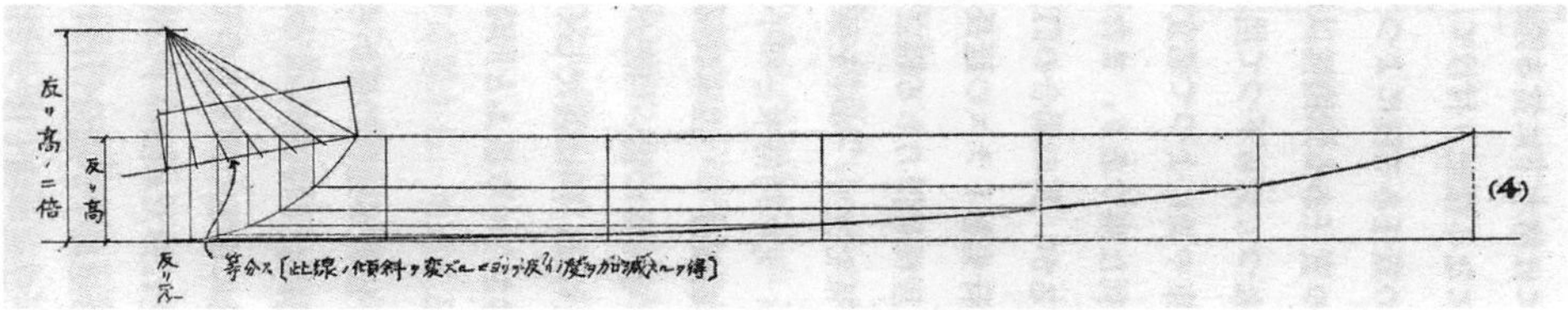

図2　角南Ⅱ案の原案（文献3より転載）

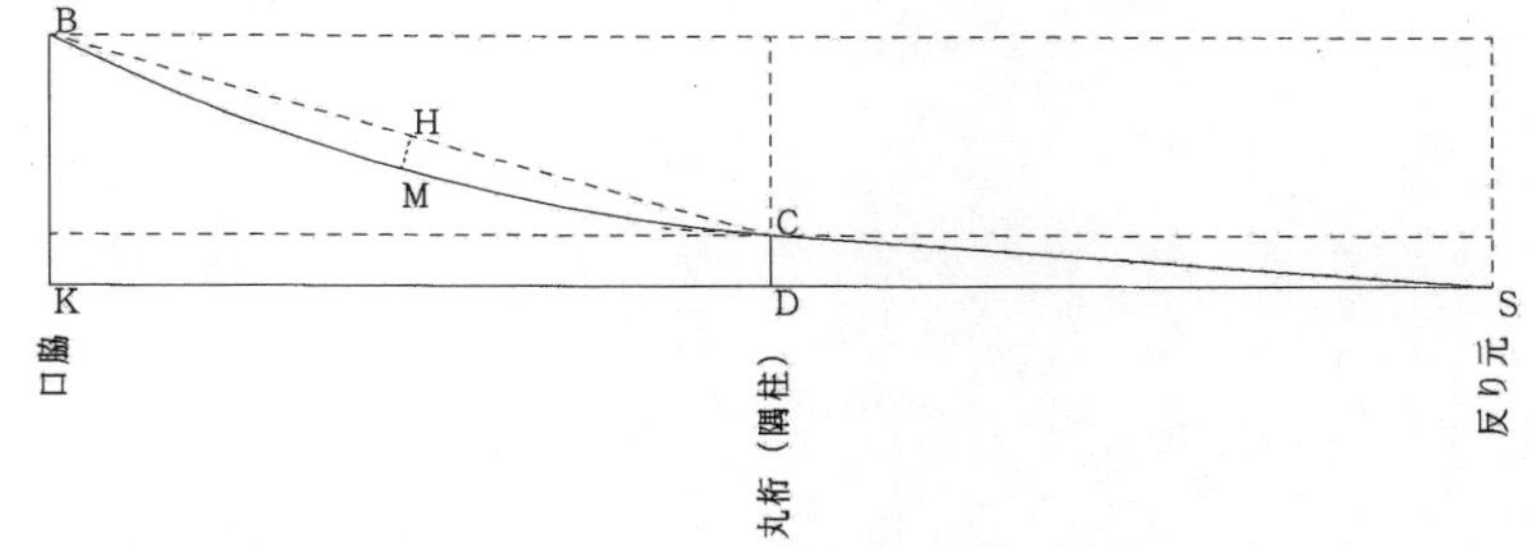

曲線（①円弧）ＢＭＣ：長刀の刃

直線（又は曲線）ＣＳ：長刀の柄

タルミ　　　　　ＨＭ／ＢＣ

図3　円弧を用いた茅負曲線の設計方法（文献4より転載）

変分かりやすい。

円弧を指定するためには、丸桁真と茅負口脇を結んだ引渡し墨にタルミをとって作図するのだが、歴代の北尾家では、この方法によってタルミを一分から一寸までの定規を作成して軒の設計に使用していたという。

北尾の論考は、検討した実例が中世二二件、近世一六件と十分とはいえないまま、「タルミは各時代を通じて一・三／一〇〇〜二・九／一〇〇程度」と結論付けている点で検証事例の不足を感じるが、実務に準じた示唆に富む方法であると考えられる。

三　検証方法

本章は近世以前の歴史的建造物の茅負の曲線の特質を捉えるために、北尾嘉弘による円弧による分析手法に若干の改良を加え新たな検証方法を提案したい。

北尾の案の具体的な方法は図3に示すとおり、茅負下端曲線を円弧と見なしそれを「タルミ」の値で指定するというもので、茅負下端の丸桁真から茅負口脇までを結んだ引渡し墨を引き、その中央と茅負下端の差ＨＭを定めて、引渡し墨の長さＢＣ（絃）[注2]との比ＨＭ／ＢＣを、「タルミ」とするのである。こ

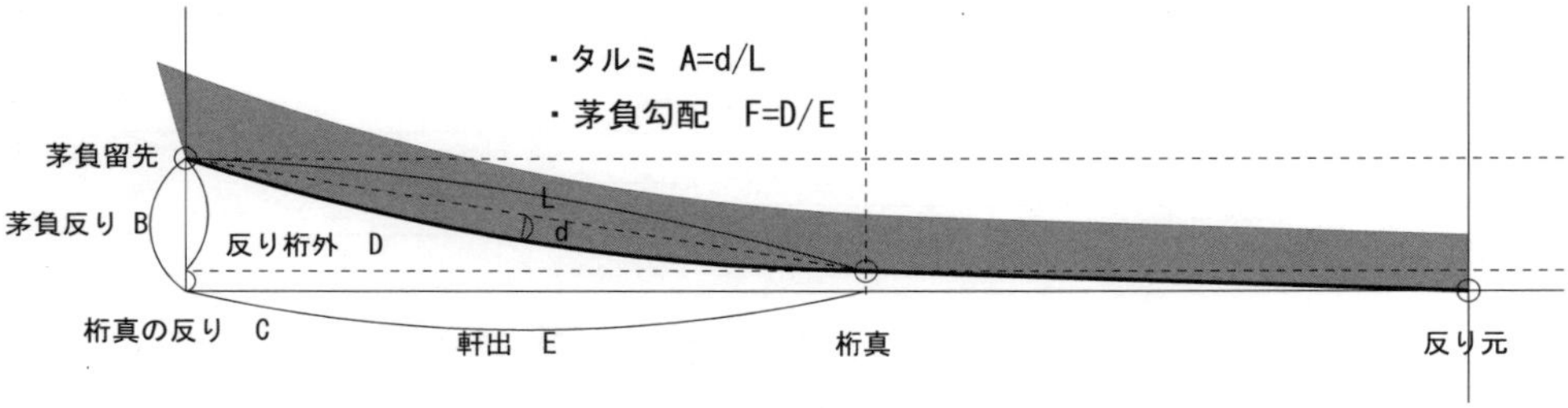

図4　軒先廻りの諸寸法の関係図

れによって茅負の曲線が一義的に定められ、他の茅負の曲線と客観的に比較できるようになるというものである。

北尾案では、［タルミ］を求めるために、桁真から茅負口脇位置までを引渡し墨（絃）としているが、本書でこれまで論じてきたように、軒規矩の基準は茅負留先であるとの考えから、［タルミ］も茅負留先位置で求めたものに変更することとする。

さらに北尾案にはないが、［タルミ］だけでは茅負の曲線の性質を把握するのは不十分と考え、茅負下端の引渡し線（絃）の角度を新たに加えることとした。

これを［茅負勾配］と呼ぶ。茅負が桁真から留先までどの程度の角度で反っているかを把握する概念で、これまでの軒規矩術にはなかった考え方である。[注3]

以上の［タルミ］と［茅負勾配］という二つの概念を使うことで、まず［茅負勾配］によって茅負下端の反りが決定され、それに［タルミ］を付けることで、茅負下端の曲線の性質が一義的に決定されると考えられるのである（したがって、以下は［茅負勾配］、［タルミ］の順に述べることとする）。

［茅負勾配］と［タルミ］の具体的な求め方は、北尾案を修正した図4に示すとおりで、桁真から茅負留先までの引渡し墨の長さ（絃）をLとし、Lで茅負下端と絃の中央のタルミ長さ（矢）dを除した値d／L＝Aを茅負の［タルミ］とする。

［茅負勾配］Fは、桁真から留先までの水平距離Eで桁真から茅負留先までの垂直の反りDを除した値D／E＝Fとする。本章では、［タルミ］と［茅負勾配］の値が混同されないように［茅負勾配］はF／一・〇と表記する。

なお、茅負の反り元は桁真より建物中央寄りにあるのが普通であるが、その間は緩い勾配の直線とするか、桁真から留先までの茅負曲線と連続した曲線として馴染ませて作図すると考えている。

この［茅負勾配］と［タルミ］の二つの指標を使って、中世と近世の大工文書等の書誌資料に見られる茅負の図面の検証をおこない、次に実際の歴史的建造物について検証をおこなうこととする。

参照した資料は、文化財建造物修理工事報告書と、『国宝・重要文化財（建造物）実測図集』から規矩図のあるものから、後世の改造が少なく図面の精度のよい二六八例を選定した。

算出方法は、規矩図をスキャナーで取り込み、CADソフト（MicroGDS）上でさらに、桁真、茅負留先、同中央を結んだ三点円弧と引渡し線を作図した後、それから、［茅負勾配］F、［タルミ］Aを算出した。（注4）

それぞれの結果は軒の形式毎を表2～7に、時代ごとと全体の平均値を表8、表9にまとめた。

四　書誌資料に見る茅負曲線

四－一　中世絵図における茅負曲線の性質

中世以前は建築技術に関する書誌資料が少ないため、茅負の形状を知り得る資料としては精度も低いが参考のため検証した。

善光寺造営図　鐘楼建地割図（図5）

文明六年（一四七四）の善光寺焼失後の享禄四年（一五三一）に描かれた六棟分九図の一枚で、縮尺は一〇分の一である。(5)

茅負は比較的正確に描かれていて、茅負の反り元は桁真から茅負留先までの長さを返した位置でほぼ脇間の中央付近と思われる。ここでは桁真から留先までは直線に近いので、反り元を基準に留先まで引渡し線を引き、［茅負勾配］を求めると〇・一／一・〇を得る。反りの部分は円弧からなり［タルミ］は〇・〇二二ほどになる。

都久夫須麻神社本殿古図（図6）

修理工事報告書(6)に掲載されている断面図二面は享徳四年（一四五五）の年紀があるとされるが、(7)現在は所在が不明である。

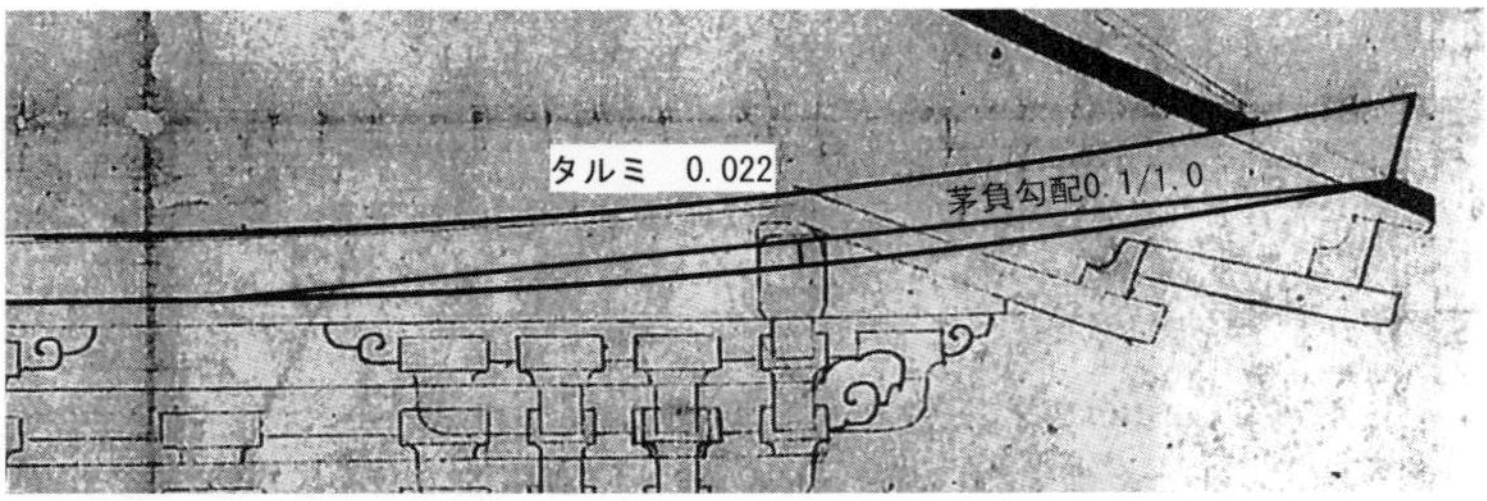

図５　善光寺古図鐘楼の茅負のタルミ（文献５より転載・加筆）

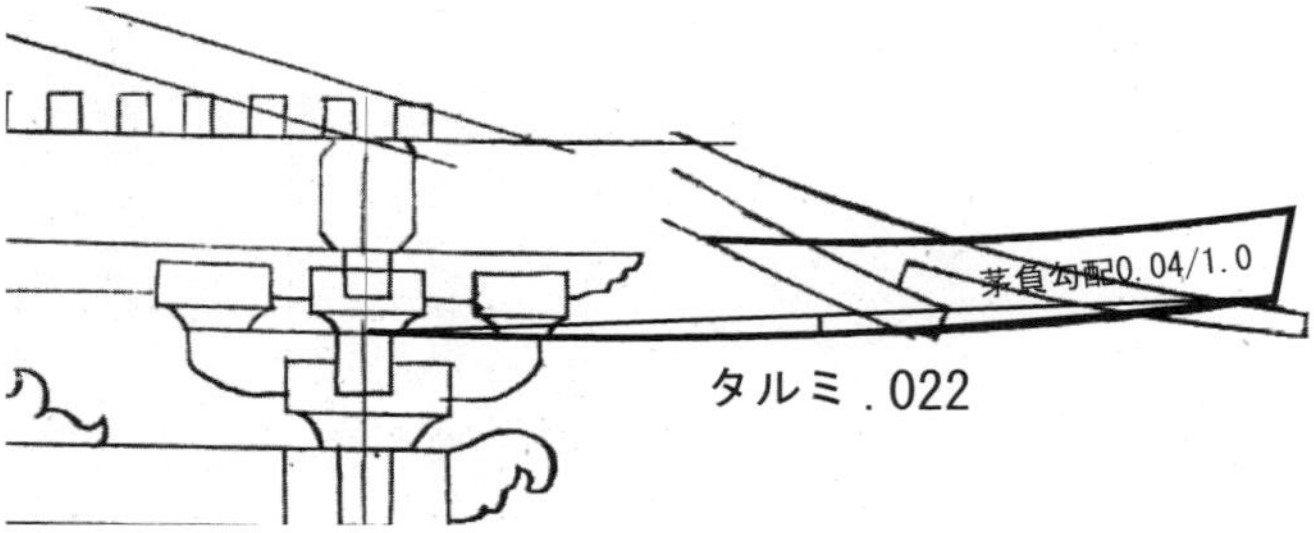

図６　都久夫須麻神社古図の茅負タルミ（文献６より転載・加筆）

桁真に反り元を置くと、反り自体は少ないが茅負下端曲線は円弧と認められる。［茅負勾配］は水平に近い〇・〇四／一・〇で、［タルミ］は〇・〇二二であった。

中世の絵図資料二件は、反り元も違うがともに同じ［タルミ］〇・〇二二を得た。後述する通り、室町時代における二軒繁垂木の実際の遺構の［タルミ］の平均値は〇・〇二三であるから、比較的よく近似した値といえる。

四―二　近世書誌資料における茅負曲線

中世末から近世にかけては、棟梁家に代々伝わる秘伝書類が作られ、江戸時代以降は木版本の大工技術書が出版されるようになるが、そうした書誌資料にも、茅負曲線の定め方を具体的に記したものはほとんど確認できない。

ただ、規矩術書の手描本や木版本は、中世の建地割図に比べて茅負の形状が比較的正確に描かれていて、当時の軒反を具体的に知る手掛かりになる。ここでは二軒繁垂木の軒規矩図における茅負について検証をおこなった。

『大工雛形秘伝書図解』とその類型本（図７・８）

享保一二年（一七二七）、京都大工組の柳田組の大工西村権右衛門が著したもので、一巻二冊からなる規矩術書である。このほか同じ内容の巻子本形式の類型本が各地に流布している。(8)

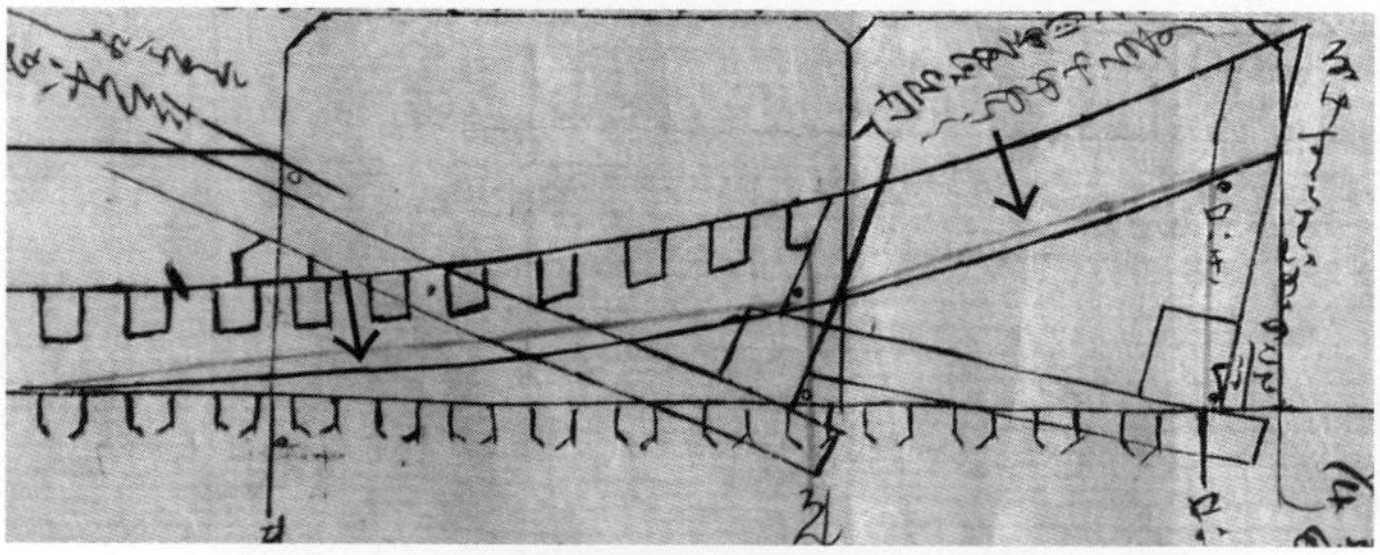

図7　久保田家文書（『秘伝書図解』類型本）（加筆）

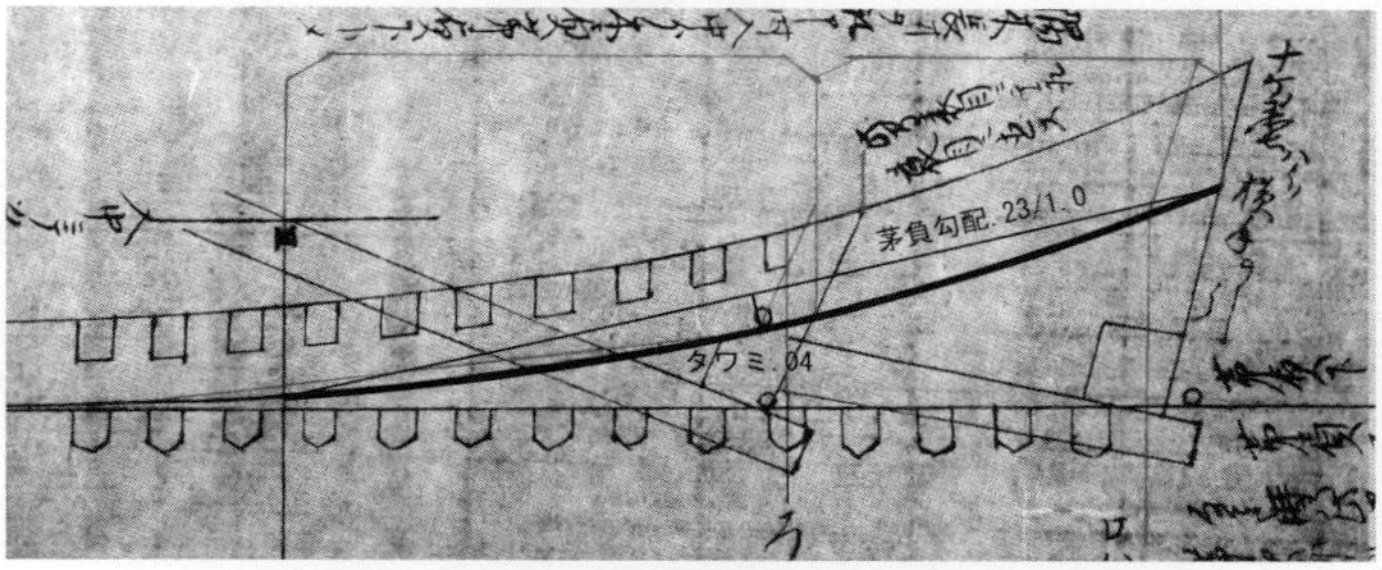

図8　坂上家文書（『秘伝書図解』類型本）（加筆）

巻之乾に二軒繁垂木の規矩があり、近世の規矩術を知る貴重な資料である。同書においても特に茅負の曲線についての記述はないが茅負が円弧からなることを知る部分がある。

二軒繁垂木の茅負正面図と平断面図では、木負と茅負は重ねて描かれていて、木負の反元から木負口脇までと木負口脇から茅負口脇まで二本の引渡し墨が引かれているのがわかる（図7で『秘伝書図解』類型本の久保田家文書に矢印で示した）。

この引渡し墨は、木負、茅負の反りを隅木に移すために作図されたもので、引渡し墨からタルミ長さを取りそれを隅木に引いた引渡し墨に写して隅木の形状を定めることは、第六章で指摘した通りであるが、茅負曲線をタルミ長さで指定できるということは、茅負下端の曲線が円弧からなることを示していると考えられる。

実際に茅負曲線は、図8の通り桁真から茅負留先まで円弧として良く納まり、引渡し墨を作図し［茅負勾配］を得ると、〇・二三／一・〇となる。［タルミ］は〇・〇四〇である。［茅負勾配］、［タルミ］ともに近世の値としては大きく、反りが強く丸味の大きい茅負曲線であるといえる。

『軒廻棰雛形』（図9）

立川富房が宝暦一四年（一七六四）に著した軒規矩術書で一巻四冊からなる大形の折れ本である。二冊目が二軒繁垂木の軒規矩で、それを検証した。

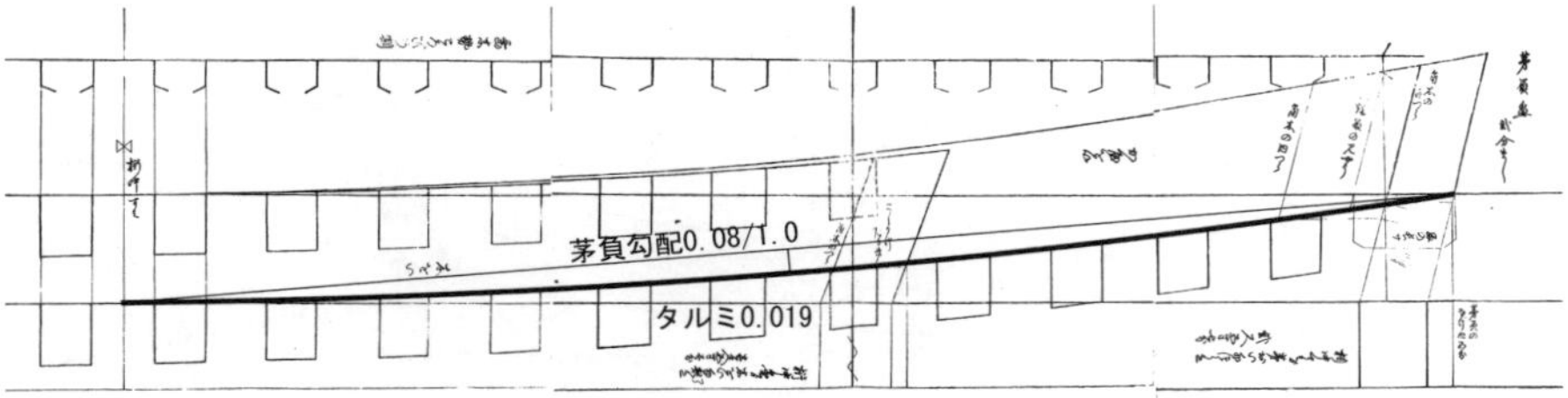

図 9　『軒廻棰雛形』（加筆）

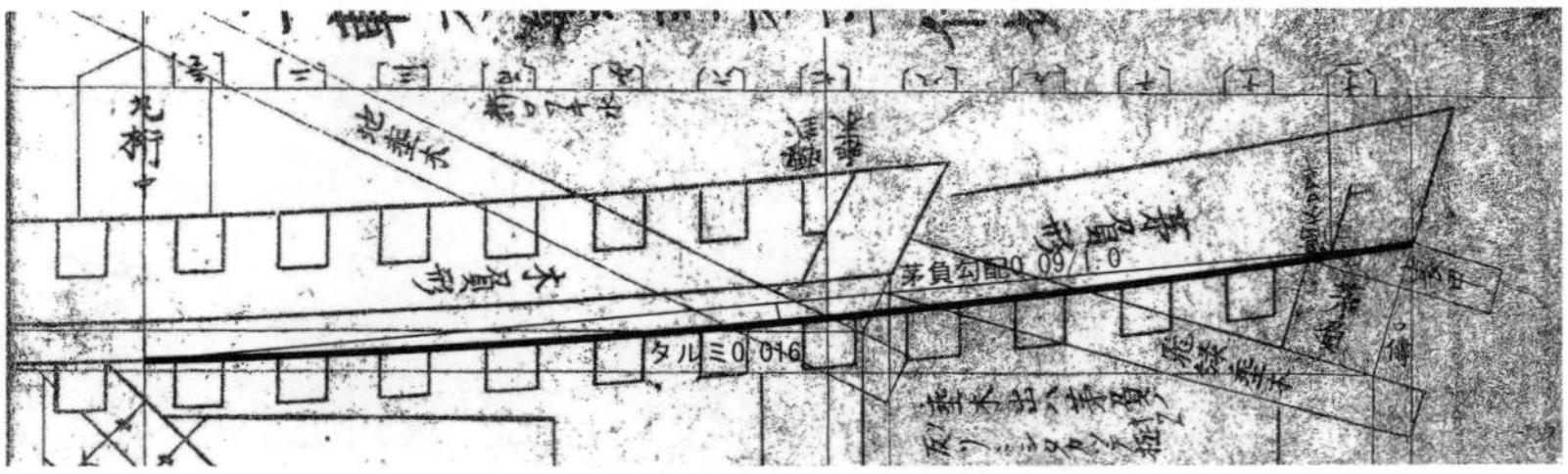

図 10　手中家文書『類聚倭木経』（加筆）

茅負曲線は円弧によく乗ることがわかる。桁真が反り元でそこから茅負留先まで引渡し墨を引き［茅負勾配］を求めると〇・〇八／一・〇を得る。［タルミ］は〇・〇一九となる。

先の『秘伝書図解』から三七年ほど後の軒規矩術書であるが、［茅負勾配］、［タルミ］ともに値は小さく近世的な茅負曲線といえる。

手中家文書『類聚倭木経　規矩部』（図10）

神奈川県大山の手中家文書のうちの『類聚倭木経』（以下『倭木経』という）は、安永九年（一七八〇）に明王太郎景明が著した秘伝書で、「規矩部」と「彫刻部」の二部からなる[9]。

同書の一軒、二軒、六角の茅負においても先の『秘伝書図解』と同様に、桁真から茅負口脇までに引渡し墨を引き、それを絃として中央から茅負下端中央までのタルミ長さを正円で表現していることから、茅負曲線は円弧からなることが窺われる。

茅負曲線は実際に円弧としてよくのり、桁真から茅負留先に引渡し線を引き［茅負勾配］を求めると〇・〇九／一・〇、［タルミ］は〇・〇一六程の値となる。『軒廻棰雛形』と比べて茅負勾配はほぼ同じであるが、茅負曲線の丸味が少なくなり直線に近い値になっている。

『規矩真術軒廻図解』（図11）

『規矩真術軒廻図解』は、鈴木正豊によって弘化四年（一八四七）に出版

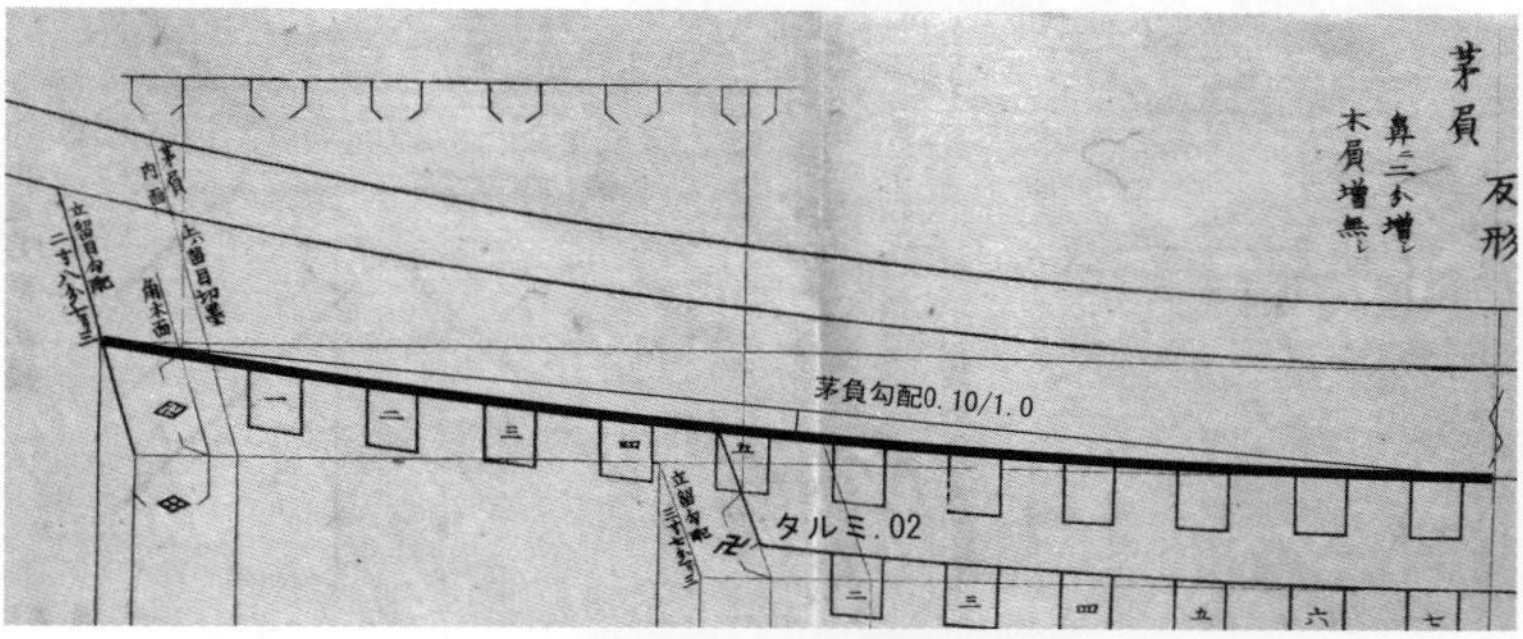

図 11 『規矩真術軒廻図解』(加筆)

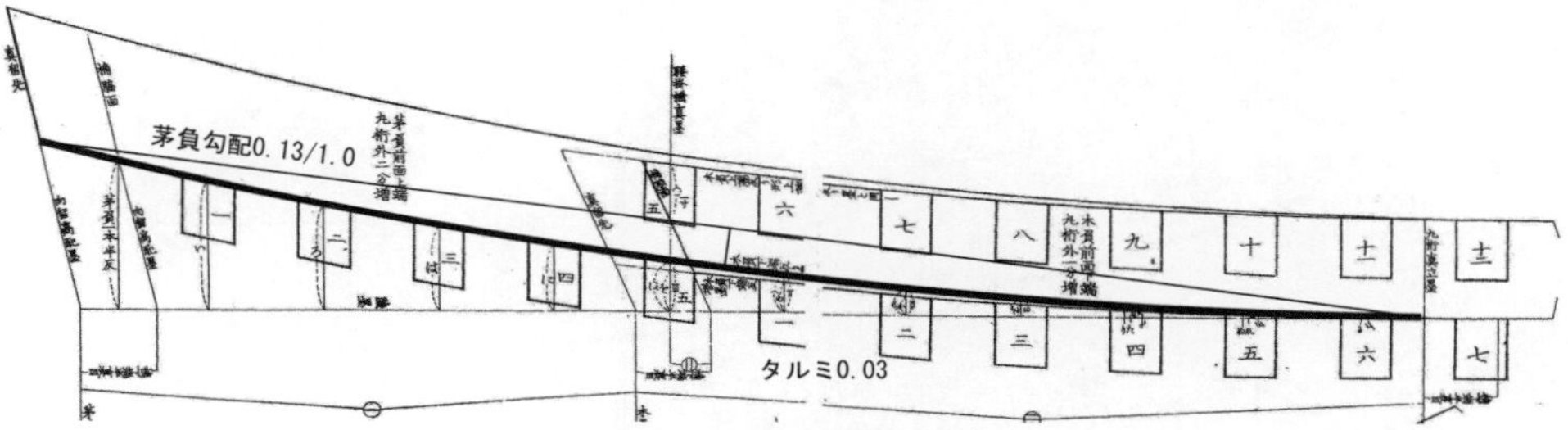

図 12 『矩術新書』(加筆)

された規矩術の木版本である。上下二冊からなる大形の折れ本で、図面の精度は高い（図11）。

茅負の反り元を桁真に置き留先で一本反り上がり、隅の増しは二割とする。茅負曲線は円弧からなり、桁真から茅負留先まで引渡し線を引き［茅負勾配］を求めると、ちょうど〇・一／一・〇を得る。一方［タルミ］は〇・〇二〇と切れのいい値となることから、良く計画されて作図されたものと思われる。

『匠家矩術新書』（図12）

平内廷臣が、嘉永元年（一八四八）に著した大判の規矩術書で、近世規矩術書を和算によって集大成したとされる。[10]

茅負の反り元を通例通り桁真に置き茅負留先まで引渡し線を引いて［茅負勾配］を求めると〇・一三／一・〇を得る。［タルミ］は〇・〇三〇程で、反り、タルミともに比較的大きい値である。

『新撰早引匠家雛形』（図13）

平内廷臣の弟子で盛岡藩出身の大工本林常将が、嘉永四年（一八五一）に著した木割書、軒規矩術書で下巻が軒規矩術書である。［茅負勾配］を求めると〇・一二／一・〇を得る。［タルミ］は〇・〇二二となり、反りともに『規矩真術軒廻図解』の値に近い。

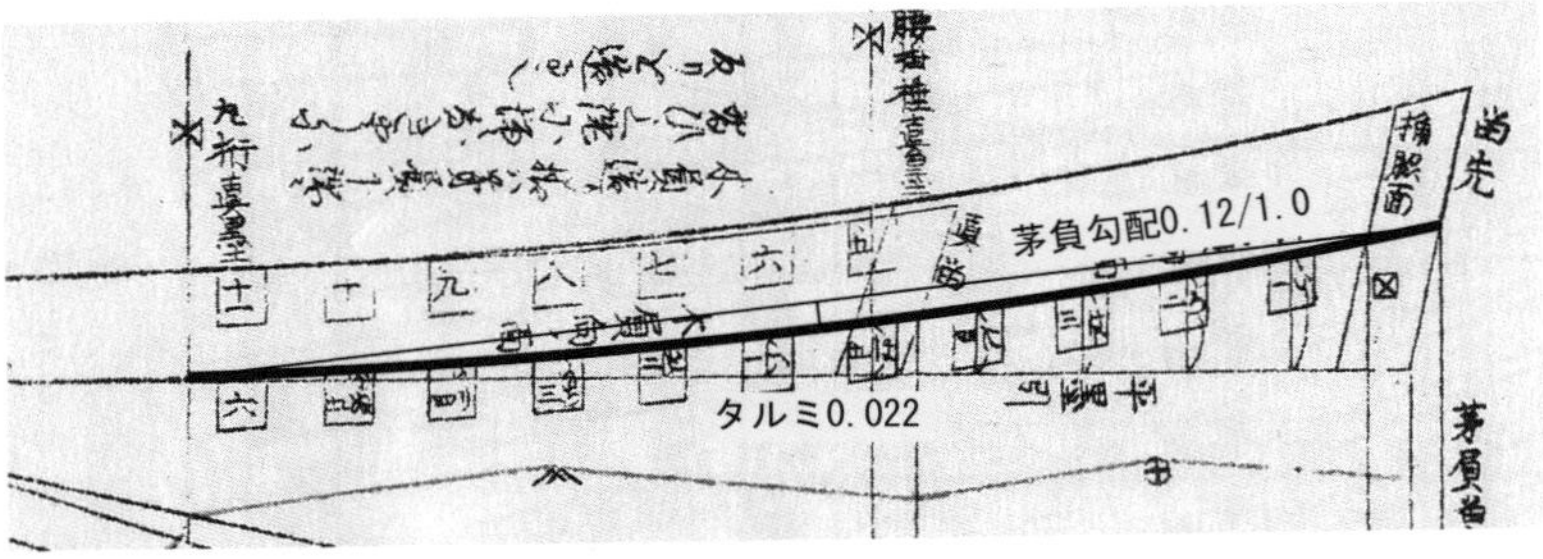

図 13 『新撰早引匠家雛形』（加筆）

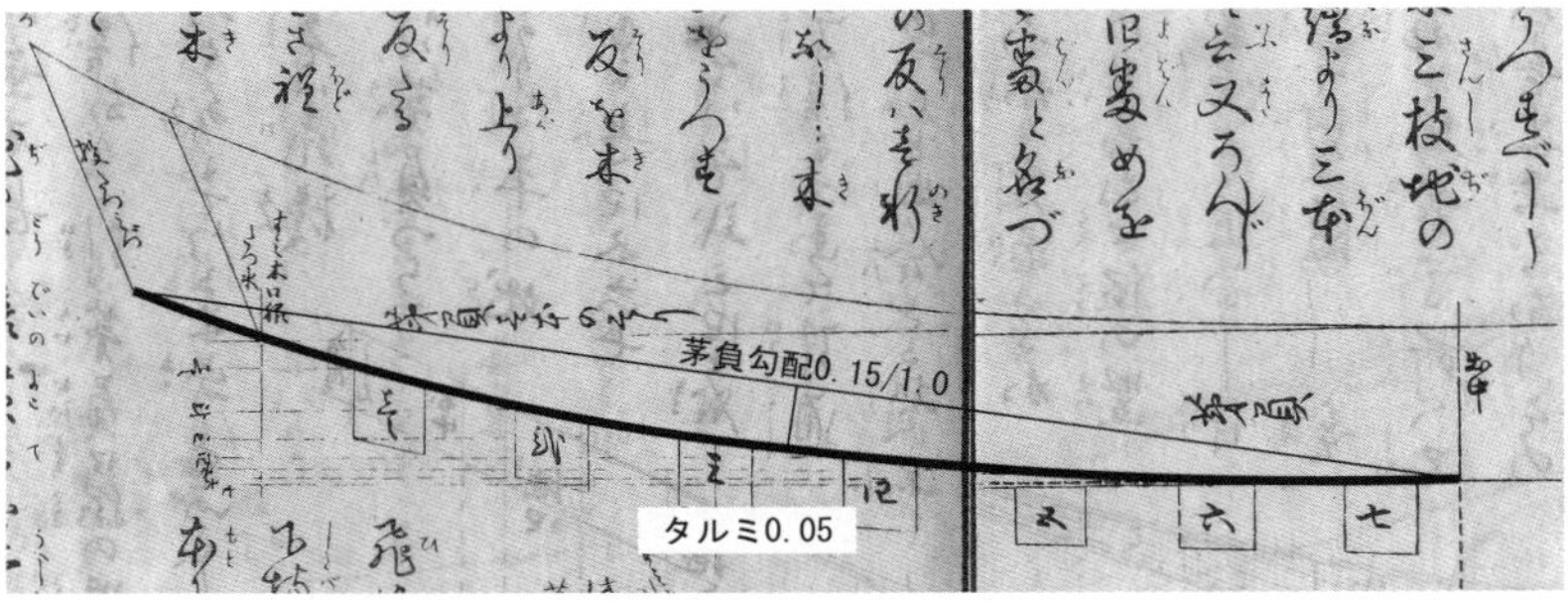

図 14 『独稽古隅矩雛形』（加筆）

『独稽古隅矩雛形』（図 14）

小林源蔵が、安政四年（一八五七）に出版した一巻三冊からなる軒規矩術書である。

茅負は、桁真から反り留先まで円弧となるが若干ズレが認められた。茅負の反りは口脇で一本とする。桁真から茅負留先まで引渡し線を引き、［茅負勾配］を求めると〇・一五／一・〇、［タルミ］は〇・〇五〇となる。特に［タルミ］は検証した中ではもっとも大きい。

『方圓順度』の軒反りの指定（図 15）

溝口若狭林卿によって天明八年（一七八八）著された同書は、矩術（さしがね）ではなく規（ぶんまわし）の術を補完するのが目的とし、建築のみならず数学・天文学・暦学・測量学など多岐にわたる作図方・計算法であった[11]。

この中に「軒之反或鳥居笠木等之反物規術」があり、茅負反りの作図を具体的に示す事例として注目される。

内容は「桁真ヨリ桁ノ出ヲ五ツニ割リ一ト分ヲ陸ニシテ四分ノ間ヲ斜に引キ各二ツニ割如圖引出シ合フ処ヲ親心トシテ桁ノ真ヨリ桁ノ端マテ反リヲ掛也」と具体的に作図法が示されている。

この作図法を図化すると、桁真から茅負留先位置まで水平線

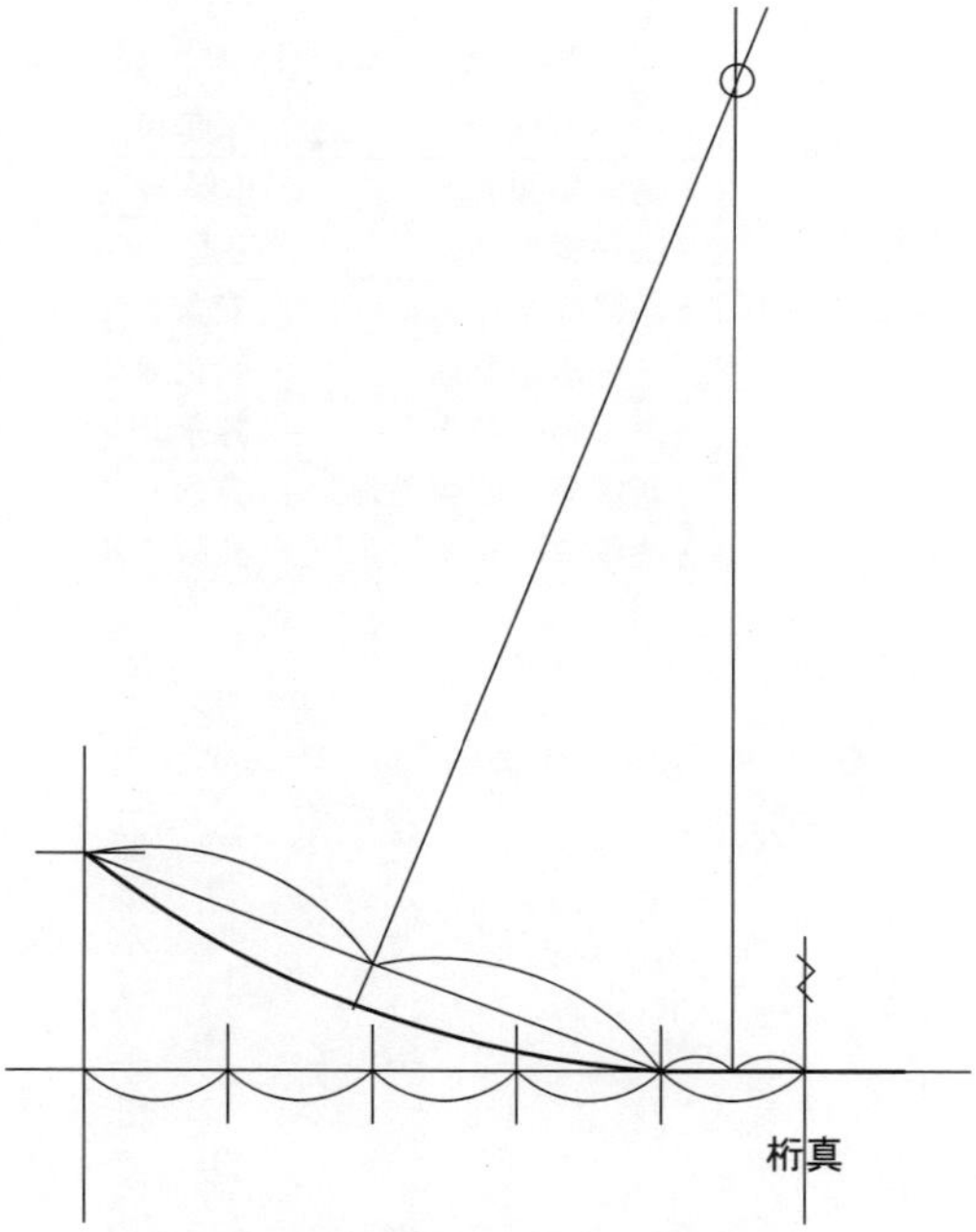

図 15 『方圓順度』の軒反りの作図法

を引き五等分し、一つを水平にして残りの間に反りをとり、留先から反り元へ引渡し線（絃）を引き、その中点から垂線を引く。水平の部分を二つに割り垂線を引き、絃の垂線との交点から円弧を描いて軒反りを定めるものと思われる。

反り元は、桁真から留先までの間の一〇分一の移動した位置から始まり反り、反り上がり寸法が決まればタルミ長さは一義的に決まるため［タルミ］を加減する余地はなく、茅負曲線を自在に作図することはできない。

規（ぶんまわし）を使用することを前提にした限定的な作図法であるが、近世において円弧による軒反りの作図法を具体的に示した数少ない書誌資料である。

近世書誌資料の茅負反りのまとめ

以上、近世の書誌資料の二軒繁垂木の茅負を検証した結果をみると、『秘伝書図解』や『類聚倭木経』は引渡し線が描かれそこからタルミ長さを取っていることから、茅負が円弧であることを示唆している事例であり、『方圓順度』は円弧による具体的な作図方法が述べられていた。また、それ以外の書誌資料の茅負曲線も、すべて円弧として十分に納まるものであった。

検証の結果をまとめたのが、表1である。［茅負勾配］は〇・〇八／一・〇〜〇・一三／一・〇、［タルミ］は〇・〇一六〜〇・〇五〇と共に値に幅のある結果であった。後述する江戸時代の二軒繁垂木の実際の遺構の平均値は、［茅負勾配］〇・一／一・〇、［タルミ］〇・〇一八であるから、近世書誌資料にみる茅負の曲線は、概ね実際の近世遺構平均より反りが大きく、丸味を帯びたものであるといえるであろう。

こうした結果の理由は、木版本において軒規矩術を説明するために誇張した茅負曲線の図となったためと考えられるが、その中で

表1　近世書誌資料における二軒繁垂木の［茅負勾配］と［タルミ］

区分	年代	西暦	茅負勾配	タルミ
『秘伝書図解』	享保 12 年	1727	0.23/1.0	0.040
『軒廻棰雛形』	宝暦 14 年	1764	0.08/1.0	0.019
『類聚倭木経』	安永 9 年	1780	0.09/1.0	0.016
『軒廻規矩真術』	弘化 4 年	1847	0.10/1.0	0.020
『匠家矩術新書』	嘉永元年	1848	0.13/1.0	0.030
『新撰早引匠家雛形』	嘉永 4 年	1851	0.12/1.0	0.024
『独稽古隅矩雛形』	安政 4 年	1857	0.15/1.0	0.050

も『軒廻規矩真術』は［茅負勾配］、［タルミ］ともに切れのよい値で、近世の平均値に近いことからもっとも近世的な茅負曲線であるといえる。

五　歴史的建造物の茅負曲線の検証

続いて中世から近世にかけての実際の遺構の茅負曲線の［茅負勾配］と［タルミ］の検証をおこない、軒形式ごとの時代の特徴について見ていく。

五―一　一軒疎垂木

室町時代一〇件、桃山時代五件、江戸時代一一件の検討をおこなった。鎌倉時代は資料が得られなかった。検証の結果は表2に掲げたとおりである。

一軒疎垂木は、中世では小規模な仏堂、神社拝殿などで用いられ、桃山時代以降は書院・方丈建築などで見られるが、江戸時代では大規模な仏堂でもこの軒形式とするものがある。基本的に構成部材が少なく、木舞を入れて茅負反りの少ない軽快な軒の表現となることが多い。

［茅負勾配］は全時代の平均は〇・一二／一・〇で、室町時代が〇・一二／一・〇でもっとも反りが強い。以下、桃山時代〇・一〇／一・〇、江戸時代〇・一〇／一・〇と茅負の反りは時代が下る方が緩くなっている。

［タルミ］の全時代の平均値は〇・〇一九であるが、室町時代は〇・〇二一、桃山時代〇・〇二〇、江戸時代〇・〇一七とやはり時代が下るにつれて値が少なくなり、茅負が直線的になる傾向がみられる。

表2　一軒疎垂木の［タルミ］と［茅負勾配］

時代	建物名	層等	概要			タルミと軒廻りの諸寸法					
			年代	西暦	形式	タルミ A	茅負反り全体 B(尺)	反り桁真 C(尺)	反り桁外 D=B−C (尺)	軒出 E(尺)	茅負勾配 F＝D/E
室町時代	洞春寺観音堂（板軒）	下	永享2	1430	一間堂	0.027	0.49	0.06	0.43	4.50	0.11
	慈照寺銀閣	下	長享3	1489	楼閣	0.010	0.54	0.10	0.45	5.33	0.10
	白山神社拝殿（岐阜）	—	文亀2	1502	拝殿	0.023	0.52	0.05	0.47	4.60	0.11
	雨錫寺阿弥陀堂	—	永正11	1514	五間堂	0.021	0.85	0.14	0.71	7.14	0.12
	照蓮寺本堂	—	永正	1504	七間堂	0.022	0.45	0.01	0.44	8.10	0.06
	窪八幡神社若宮八幡社拝殿	—	天文5	1536	拝殿	0.024	0.35	0.00	0.35	3.77	0.09
	白山神社拝殿（滋賀）	—	室町後	1572	拝殿	0.020	0.72	0.07	0.65	4.63	0.16
	新長谷寺阿弥陀堂	—	室町後	1572	三間堂	0.027	0.70	0.04	0.66	5.33	0.13
	新長谷寺鎮守堂	—	室町後	1572	三間堂	0.024	0.75	0.04	0.71	5.53	0.14
	東光寺仏殿	裳階	室町後	1572	三間堂	0.010	0.38	0.09	0.29	2.55	0.15
桃山時代	聚光院本堂	—	天正11	1583	方丈	0.017	0.43	0.00	0.43	6.00	0.07
	二条城台所	—	慶長7	1602	台所	0.030	0.85	0.05	0.80	6.75	0.13
	妙心寺小方丈	—	慶長8	1603	方丈	0.011	0.54	0.05	0.49	5.86	0.09
	衡梅院本堂	—	慶長9	1604	方丈	0.020	0.37	0.00	0.37	5.86	0.06
	長命寺護摩堂	—	慶長11	1606	三間堂	0.023	0.57	0.03	0.55	4.66	0.12
江戸時代	広峯神社拝殿	—	寛永3	1626	拝殿	0.029	0.50	0.00	0.50	4.23	0.12
	丈六寺本堂	—	寛永6	1629	方丈	0.009	0.65	0.14	0.51	5.14	0.13
	大津別院本堂	—	慶安2	1649	九間堂	0.013	0.91	0.14	0.77	7.00	0.13
	曼殊院本堂	—	明暦2	1656	方丈	0.018	0.40	0.00	0.40	4.84	0.08
	国前寺本堂	下	寛文11	1671	九間堂	0.017	0.63	0.04	0.59	6.15	0.10
	国前寺本堂	上	寛文11	1671	九間堂	0.011	0.99	0.15	0.84	5.66	0.17
	曼陀羅寺書院	—	延宝2	1674	書院	0.020	0.45	0.03	0.42	4.80	0.09
	東光寺鐘楼	下	宝永	1696	鐘楼	0.026	0.21	0.03	0.18	3.34	0.06
	東光寺鐘楼	上	宝永	1696	鐘楼	0.016	0.49	0.05	0.44	3.36	0.15
	勧修寺書院	—	江戸中	1699	書院	0.011	0.23	0.01	0.22	4.57	0.05
	多久聖廟	—	宝永5	1708	霊廟	0.016	0.41	0.00	0.41	6.12	0.07

五—二　一軒繁垂木

鎌倉時代二件、室町時代一〇件、桃山時代一件、江戸時代五件の検証をおこなった。結果は表3に掲げた。

一軒繁垂木は、時代を通じて小規模な仏堂が中心である他、近世では霊廟建築や大型の仏堂でも採用されている。

［茅負勾配］は全時代の平均で〇・一一／一・〇、鎌倉時代及び室町時代が〇・一〇／一・〇、桃山時代が〇・〇九／一・〇であるのに対し、江戸時代では逆に〇・一二／一・〇と急勾配になる。

［タルミ］の全時代の平均は〇・〇一八と一軒疎垂木と同等である。鎌倉時代は〇・〇一五、室町時代は〇・〇一九、桃山時代は一件のみで〇・〇一六、江戸時代は〇・〇一八という結果であった。鎌倉時代が室町時代より［タルミ］が小さいのは、他の軒形式でも認められる傾向である。

鎌倉時代と室町時代は［茅負勾配］は同じで

あるが、［タルミ］は室町時代の方が大きいことから反りは同じで、室町時代の方が丸味をおびていることになる。江戸時代の［茅負勾配］は、〇・一二／一・〇と二軒繁垂木の〇・一〇／一・〇より急勾配であるが、［タルミ］は、〇・〇一八で同じ時代の二軒繁垂木とほぼ同じである。

このように一軒繁垂木においては、単純に時代が下るにつれて反りが緩くなるとはいえないことが分かる。この理由は、中世では正規の軒形式である二軒繁垂木とするような本格的な建物でも、江戸時代になると一軒繁（半繁）垂木でも建立されるようになったことが原因のひとつとして考えられる。

五―三　二軒疎垂木

室町時代九件、桃山時代四件、江戸時代一一件の検証をおこなった。鎌倉時代は資料が得られなかった。各建物の結果は表4に掲げた。

二軒疎垂木は一軒疎垂木と同様の用途の建物で用いられることも多いと考えられるが、二軒であることからより上等の建物であって書院・方丈建築もある。

［茅負勾配］は全時代の平均で〇・一〇／一・〇。室町時代は〇・一二／一・〇、桃山時代〇・〇九／一・〇、江戸時代〇・一〇／一・〇とやはり室町時代がもっとも反るが、もともと反り自体が小さいため時代差もあまり認められない。

［タルミ］の全時代の平均は〇・〇一七とすべての軒形式の内でもっとも小さい。時代毎に見ると、室町時代〇・〇一九、桃山時代〇・〇一七、江戸時代〇・〇一六と室町時代を頂点に暫時減少していく傾向が見られる。

全体の傾向を見ると、［茅負勾配］は時代が下っても変化があまり見られず、［タルミ］だけが時代が下るにつれて小さくなる傾向がある。つまり、時代が下っても茅負の反り上がりはあまり変わらないが、茅負曲線だけ丸味がなくなり直線に近づいていく傾向にあるといえる。

表3　一軒繁垂木の［タルミ］と［茅負勾配］

時代	建物名	層等	概要 年代	概要 西暦	概要 形式	タルミA	茅負反り全体B(尺)	反り桁真C(尺)	反り桁外D=B-C(尺)	軒出E(尺)	茅負勾配F＝D/E
鎌倉	東大寺開山堂	—	建長2	1250	三間堂	0.016	0.54	0.09	0.45	4.89	0.09
	南明寺本堂	—	鎌倉後	1332	五間堂	0.013	0.77	0.24	0.53	5.05	0.10
室町時代	浄光寺薬師堂	—	応永15	1408	三間堂	0.023	0.65	0.07	0.58	6.31	0.09
	蓮華峰寺金堂（半繁）	—	室町中	1459	五間堂	0.022	0.91	0.11	0.80	7.40	0.11
	正蓮寺大日堂（半繁）	—	文明10	1478	三間堂	0.016	0.75	0.15	0.61	6.23	0.10
	堂山王子神社本殿（半繁）	—	明応7	1498	五間堂	0.013	0.47	0.06	0.41	5.45	0.08
	石峯寺薬師堂	—	明応頃	1501	五間堂	0.018	1.02	0.18	0.84	6.34	0.13
	円証寺本堂	—	天文21	1552	五間堂	0.016	0.90	0.14	0.77	6.75	0.11
	魚沼神社阿弥陀堂（半繁）	—	永禄6	1563	三間堂	0.024	0.46	0.00	0.46	7.46	0.06
	広徳寺大御堂	—	室町後	1572	三間堂	0.021	0.94	0.18	0.76	5.13	0.15
	泉福寺薬師堂	—	室町後	1572	三間堂	0.013	0.45	0.10	0.35	4.37	0.08
	奥之院弁天堂	—	室町後	1572	三間堂	0.019	0.45	0.12	0.34	2.49	0.13
桃山	傳香寺本堂	—	天正13	1585	三間堂	0.016	0.98	0.16	0.83	8.80	0.09
江戸時代	慈恩寺本堂	—	元和4	1618	七間堂	0.025	0.50	0.00	0.50	4.95	0.10
	真田信重霊屋	—	慶安1	1648	霊廟	0.023	0.50	0.01	0.49	5.40	0.09
	東大寺三昧堂（半繁）	裳階	延宝9	1681	三間堂	0.013	0.80	0.12	0.68	4.63	0.15
	東大寺三昧堂（半繁）	身舎	延宝9	1681	三間堂	0.014	0.89	0.16	0.74	4.64	0.16
	浄興寺本堂	—	延宝	1681	九間堂	0.017	0.70	0.08	0.62	5.40	0.11

表4　二軒疎垂木の［タルミ］と［茅負勾配］

時代	建物名	層等	概要 年代	概要 西暦	概要 形式	タルミA	茅負反り全体B(尺)	反り桁真C(尺)	反り桁外D=B-C(尺)	軒出E(尺)	茅負勾配F＝D/E
室町時代	竜吟庵方丈	—	嘉慶1	1387	方丈	0.012	0.68	0.13	0.55	6.62	0.08
	室生寺御影堂	—	室町前	1392	三間堂	0.019	1.00	0.23	0.77	5.23	0.15
	洞春寺観音堂	身舎	永享2	1430	一間堂	0.018	0.77	0.05	0.72	5.66	0.13
	安国寺釈迦堂	—	室町中	1466	三間堂	0.025	1.83	0.28	1.55	8.11	0.19
	慈照寺東求堂	—	文明17	1485	会所	0.019	0.28	0.00	0.28	5.62	0.05
	本蓮寺本堂	—	明応1	1492	五間堂	0.029	1.27	0.22	1.05	7.00	0.15
	本蓮寺番神堂中祠	—	明応	1501	一間社	0.020	0.36	0.05	0.31	3.02	0.10
	興臨院本堂	—	永禄	1569	方丈	0.020	0.47	0.00	0.47	6.14	0.08
	東光寺仏殿	身舎	室町後	1572	三間堂	0.010	0.68	0.23	0.45	4.10	0.11
桃山時代	園城寺唐院大師堂	—	慶長3	1598	三間堂	0.015	0.53	0.05	0.48	6.50	0.07
	園城寺唐院灌頂堂	—	慶長3	1598	五間堂	0.014	0.63	0.05	0.58	7.00	0.08
	与杼神社拝殿（半繁垂木）	—	慶長12	1607	拝殿	0.012	0.60	0.07	0.53	5.73	0.09
	油日神社拝殿	—	慶長	1614	拝殿	0.025	0.57	0.00	0.57	5.80	0.10
江戸時代	本願寺書院	—	元和4	1618	書院	0.022	1.00	0.19	0.81	6.77	0.12
	二条城遠侍	—	寛永3	1626	書院	0.011	0.74	0.18	0.56	8.22	0.07
	曼陀羅寺正堂	—	寛永9	1632	七間堂	0.019	1.18	0.11	1.07	8.23	0.13
	伊賀八幡宮御供所	—	寛永13	1636	御供所	0.013	0.31	0.02	0.29	4.50	0.06
	伊賀八幡宮随身門	—	寛永13	1636	楼門	0.020	0.85	0.16	0.70	6.03	0.12
	雲竜院本堂	—	正保3	1646	五間堂	0.015	0.51	0.00	0.51	7.15	0.07
	旧一乗院宸殿	—	慶安2	1649	書院	0.010	0.70	0.14	0.56	6.10	0.09
	性海寺本堂	—	慶安	1652	三間堂	0.010	0.63	0.14	0.49	5.70	0.09
	小松天満宮拝殿（半繁）	—	明暦3	1657	拝殿	0.025	0.48	0.00	0.48	5.14	0.09
	塩沢寺地蔵堂（半繁垂木）	—	江戸前	1660	三間堂	0.021	0.56	0.03	0.54	4.63	0.12
	臨済寺本堂	—	江戸前	1660	方丈	0.013	0.88	0.13	0.76	6.45	0.12

五―四　二軒繁垂木

参考に平安時代の五件を加え、鎌倉時代二五件、室町時代六八件、桃山時代二四件、江戸時代四二件の合計一二二件の検証をおこなった。結果は表5に掲げたとおりである。

二軒繁垂木は、仏堂建築の正規の軒形式で文化財に指定されている件数も多いことから、各時代の傾向を的確に反映していると考えられる。

この軒形式が用いられている建物種別は、仏堂、層塔、多宝塔、大形の門や社殿建築までの主要な建築から小規模な付属建築や宮殿・厨子まで多岐にわたっている。

［茅負勾配］は全時代の平均〇・一二／一・〇と扇垂木に次いで急である。

平安時代はデータが少ないが、〇・一一／一・〇と江戸時代とあまり変わらず反り上がりは少ない。

鎌倉時代は、〇・一二／一・〇と全平均と等しく、続く室町時代と比べると［タルミ］とともに小さく、茅負の反りは全体におとなしいといえる。

室町時代は〇・一四／一・〇で、もっとも反り上がりが急である。［タルミ］もそれに応じて大きい。扇垂木を除く平行垂木においては、全ての時代を通じてもっとも茅負の反り上がりが大きい時代だったといえる。

桃山時代は〇・一三／一・〇と室町時代に比べ少し小さくなり、茅負の反りがおとなしくなる傾向が認められる。

江戸時代は〇・一〇／一・〇と一気に反りは小さくなるが、江戸時代は軒の種別に関係なく均質化し茅負の形状の差異がほとんどなくなった時代ともいえる。

［タルミ］の全時代の平均は〇・〇二一と扇垂木とともにもっとも大きい。

参考に加えた平安時代五件の平均は〇・〇二四と大きいが、［茅負勾配］は急ではないことから隅で急に反り上がった茅負曲線ということができる。

鎌倉時代は〇・〇二〇と平安時代に比べて減少し丸味の少ない茅負になるが、鎌倉時代の後期にかけてはふたたび大きくなる傾向

表5　二軒繁垂木の［タルミ］と［茅負勾配］

時代	建物名	層等	概要 年代	西暦	形式	タルミと軒廻りの諸寸法 タルミ A	茅負反り全体B(尺)	反り桁真 C(尺)	反り桁外 D=B-C (尺)	軒出 E(尺)	茅負勾配 F＝D/E
平安時代	醍醐寺五重塔	1	天暦6	952	五重塔	0.022	1.00	0.11	0.89	8.04	0.11
	平等院鳳凰堂	身舎	天元1	1053	三間堂	0.029	1.70	0.40	1.30	8.28	0.16
	平等院鳳凰堂	裳階	天元1	1053	三間堂	0.014	0.58	0.16	0.42	5.21	0.08
	中尊寺金色堂	—	天治1	1124	三間堂	0.029	0.57	0.00	0.57	5.82	0.10
	當麻寺本堂	—	永暦2	1161	七間堂	0.025	1.46	0.50	0.96	8.30	0.12
	一乗寺三重塔	1	承安1	1171	三重塔	0.017	0.80	0.23	0.57	5.93	0.10
鎌倉時代	福智院本堂（軒は貞和か）	—	建仁3	1203	一間堂	0.017	0.78	0.07	0.71	7.76	0.09
	海住山寺五重塔	1	建保2	1214	五重塔	0.019	0.50	0.05	0.45	4.52	0.10
	大報恩寺本堂	—	安貞1	1227	五間堂	0.018	0.90	0.18	0.72	7.90	0.09
	東大寺念仏堂	—	嘉禎3	1237	三間堂	0.015	0.63	0.13	0.50	6.50	0.08
	元興寺極楽坊本堂	—	寛元2	1244	六間堂	0.012	1.05	0.26	0.79	6.80	0.12
	光明寺楼門	上	宝治2	1248	二重門	0.021	0.50	0.10	0.40	5.00	0.08
	釈尊寺観音堂宮殿	—	正嘉2	1258	宮殿	0.015	0.26	0.02	0.24	1.04	0.23
	新薬師寺地蔵堂	—	文永3	1266	一間堂	0.014	0.47	0.04	0.44	4.66	0.09
	明通寺三重塔	1	文永7	1270	三重塔	0.017	0.72	0.13	0.59	6.06	0.10
	如意寺阿弥陀堂（当初）	—	鎌倉前	1274	三間堂	0.013	0.53	0.14	0.39	5.72	0.07
	法隆寺東院鐘楼	—	鎌倉前	1274	袴腰鐘楼	0.018	0.75	0.12	0.63	5.00	0.13
	金剛峯寺不動堂	—	鎌倉前	1274	三間堂	0.006	0.79	0.14	0.65	6.28	0.10
	大善寺本堂	—	弘安9	1286	五間堂	0.019	1.13	0.23	0.90	8.61	0.10
	海竜王寺経蔵	—	正応1	1288	三間堂	0.016	0.68	0.06	0.62	6.70	0.09
	鑁阿寺本堂	—	正安1	1299	五間堂	0.029	2.00	0.29	1.71	11.21	0.15
	明王院本堂	—	元応3	1321	五間堂	0.052	1.73	0.12	1.61	6.40	0.25
	豊満神社四脚門	—	元享3	1323	四脚門	0.039	0.80	0.04	0.75	5.66	0.13
	浄土寺本堂	—	嘉暦2	1327	五間堂	0.013	1.10	0.19	0.91	7.52	0.12
	日竜峯寺多宝塔	下	鎌倉後	1332	多宝塔	0.025	0.46	0.02	0.45	4.77	0.09
	日竜峯寺多宝塔	上	鎌倉後	1332	多宝塔	0.021	0.48	0.04	0.44	3.91	0.11
	西明寺三重塔	1	鎌倉後	1332	三重塔	0.026	1.03	0.20	0.83	5.35	0.16
	法道寺食堂	—	鎌倉後	1332	食堂	0.019	1.05	0.16	0.89	5.37	0.17
	浄妙寺多宝塔	下	鎌倉後	1332	多宝塔	0.022	1.08	0.26	0.82	4.89	0.17
	石手寺三重塔	1	鎌倉後	1332	三間堂	0.022	1.03	0.16	0.87	6.00	0.15
室町時代	浄土寺阿弥陀堂	—	貞和1	1345	五間堂	0.015	1.39	0.39	1.00	6.98	0.14
	明王院五重塔	1	貞和4	1348	五重塔	0.02	1.06	0.15	0.91	6.25	0.15
	圓福寺本堂	—	応安4	1371	三間堂	0.026	0.76	0.20	0.56	4.57	0.12
	法隆寺地蔵堂	—	応安5	1372	三間堂	0.017	0.70	0.15	0.55	5.07	0.11
	興隆寺本堂	—	文中4	1375	五間堂	0.032	1.29	0.13	1.16	6.86	0.17
	宝福寺三重塔	1	永和2	1376	三重塔	0.012	1.14	0.15	0.99	4.56	0.22
	道成寺本堂	—	天授4	1378	五間堂	0.022	1.36	0.17	1.19	9.23	0.13
	如意寺三重塔	1	至徳2	1385	三重塔	0.04	1.30	0.27	1.03	5.76	0.18
	西国寺金堂	—	至徳3	1386	五間堂	0.021	1.13	0.23	0.90	7.27	0.12
	妙楽寺本堂	—	室町前	1392	五間堂	0.016	0.98	0.05	0.93	7.28	0.13
	宝幢寺本堂	—	室町前	1392	五間堂	0.022	1.69	0.39	1.30	6.95	0.19
	鞆淵神社大日堂厨子	—	室町前	1392	厨子	0.036	0.70	0.08	0.62	2.47	0.25
	清水寺本堂	—	室町前	1392	七間堂	0.014	2.14	0.28	1.87	10.70	0.17
	常徳寺円通殿	—	応永8	1401	三間堂	0.033	0.79	0.04	0.75	5.66	0.13
	東福寺三門	下	応永12	1405	二重門	0.035	2.45	0.47	1.98	10.33	0.19
	東福寺三門	上	応永12	1405	二重門	0.038	2.37	0.40	1.97	10.35	0.19
	吉川八幡宮本殿	—	応永15	1408	五間社	0.018	0.70	0.10	0.60	9.56	0.06
	遍照院三重塔	1	応永23	1416	三重塔	0.023	1.45	0.25	1.20	5.47	0.22
	興福寺東金堂	—	応永22	1425	七間堂	0.021	2.27	0.77	1.50	9.43	0.16
	円教寺大講堂	下	永享12	1440	七間堂	0.017	1.78	0.40	1.38	10.11	0.14
	当麻寺薬師堂	—	文安4	1447	三間堂	0.018	1.14	0.23	0.91	5.94	0.15
	護国院多宝塔	下	文安6	1449	多宝塔	0.026	1.24	0.08	1.16	6.66	0.17
	護国院多宝塔	上	文安6	1449	多宝塔	0.037	1.24	0.08	1.16	5.34	0.22
	円教寺常行堂	—	享徳2	1453	五間堂	0.026	1.80	0.07	1.73	9.89	0.17
	如意寺文殊堂	—	享徳2	1453	三間堂	0.03	1.18	0.18	1.00	7.00	0.14
	新長谷寺本堂	—	長禄4	1460	五間堂	0.024	1.38	0.30	1.08	6.70	0.16
	円教寺大講堂	上	寛正3	1462	七間堂	0.036	1.50	0.30	1.20	9.17	0.13
	小山寺三重塔	—	寛正6	1465	三重塔	0.03	1.16	0.18	0.98	4.85	0.20
	円教寺食堂	—	寛正頃	1466	十五間堂	0.018	1.82	0.47	1.35	12.04	0.11
	木幡神社楼門	—	室町中	1466	楼門	0.014	0.81	0.23	0.58	4.61	0.13
	密蔵院多宝塔	下	室町中	1466	多宝塔	0.016	0.68	0.10	0.58	5.10	0.11
	性海寺多宝塔	下	室町中	1466	多宝塔	0.028	0.53	0.03	0.50	4.79	0.10
	久安寺楼門	—	室町中	1466	楼門	0.032	1.44	0.22	1.22	7.07	0.17

表5　二軒繁垂木の［タルミ］と［茅負勾配］　続き2

時代	建物名	層等	概要			タルミと軒廻りの諸寸法					
			年代	西暦	形式	タルミ A	茅負反り全体 B(尺)	反り桁真 C(尺)	反り桁外 D=B-C (尺)	軒出 E(尺)	茅負勾配 F＝D/E
江戸時代	知恩院三門	下	元和7	1621	二重門	0.013	1.88	0.43	1.45	13.36	0.11
	薦神神社神門	下	元和8	1622	二重門	0.019	0.59	0.08	0.51	4.42	0.12
	薦神神社神門	上	元和8	1622	二重門	0.02	0.54	0.00	0.54	5.60	0.10
	四天王寺元三大師堂	—	元和9	1623	三間堂	0.011	0.64	0.08	0.56	7.70	0.07
	四天王寺五智光院	—	元和9	1623	七間堂	0.012	1.13	0.20	0.93	8.87	0.10
	四天王寺六時堂	—	元和9	1623	五間堂	0.019	1.48	0.20	1.28	9.57	0.13
	生善院観音堂	—	寛永2	1625	三間堂	0.018	0.60	0.03	0.57	4.26	0.13
	甚目寺三重塔	1	寛永4	1627	三重塔	0.018	0.76	0.04	0.72	6.94	0.10
	南禅寺三門	下	寛永5	1628	二重門	0.008	1.35	0.28	1.08	10.53	0.10
	律学院本堂	—	寛永4	1627	七間堂	0.016	0.64	0.06	0.58	6.53	0.09
	東照宮本殿（青森）	—	寛永5	1628	三間社	0.026	0.48	0.00	0.48	3.99	0.12
	長勝寺三門	—	寛永6	1629	楼門	0.024	1.16	0.18	0.98	7.49	0.13
	教王護国寺灌頂院	—	寛永6	1629	七間堂	0.018	1.21	0.12	1.09	8.99	0.12
	寛永寺清水堂	—	寛永8	1631	五間堂	0.015	0.81	0.07	0.74	7.47	0.10
	清水寺三重塔	—	寛永9	1632	三重塔	0.032	0.91	0.15	0.76	8.00	0.10
	延暦寺大講堂（旧東照宮讃仏堂）	—	寛永11	1634	七間堂	0.016	1.50	0.27	1.23	9.95	0.12
	大徳寺経蔵	—	寛永13	1636	経蔵	0.013	0.76	0.11	0.66	6.91	0.09
	真禅院三重塔	1	寛永19	1642	三重塔	0.012	0.66	0.11	0.55	5.80	0.09
	教王護国寺五重塔	—	寛永20	1643	五重塔	0.019	1.08	0.07	1.01	8.14	0.12
	仁和寺鐘楼	—	寛永21	1644	鐘楼	0.019	0.78	0.08	0.70	6.53	0.11
	伽耶院本堂	—	正保3	1646	五間堂	0.022	0.70	0.00	0.70	6.88	0.10
	当麻寺奥院鐘楼門	—	正保4	1647	楼門	0.027	0.55	0.01	0.54	5.25	0.10
	伽耶院多宝塔	下	正保5	1648	多宝塔	0.02	0.41	0.02	0.39	5.28	0.07
	飯道神社本殿	—	慶安2	1649	三間社	0.016	0.44	0.08	0.36	4.84	0.07
	本山寺三重塔	1	承応1	1652	三重塔	0.014	0.61	0.02	0.59	6.67	0.09
	広八幡神社天神社本殿	—	慶安5	1652	一間社	0.014	0.21	0.00	0.21	5.00	0.04
	久米寺多宝塔	下	江戸前	1660	多宝塔	0.024	0.70	0.08	0.62	5.23	0.12
	久米寺多宝塔	上	江戸前	1660	多宝塔	0.025	0.76	0.08	0.68	4.28	0.16
	古熊神社拝殿	—	寛文	1673	楼門	0.02	0.47	0.01	0.46	4.87	0.09
	道成寺仁王門	—	元禄7	1694	楼門	0.024	0.76	0.00	0.76	7.51	0.10
	地蔵院本堂	—	元禄13	1700	五間堂	0.021	0.63	0.00	0.63	8.61	0.07
	二荒山神社中宮祀拝殿	—	元禄14	1701	拝殿	0.01	0.23	0.00	0.23	6.27	0.04
	天徳寺山門	—	宝永6	1709	楼門	0.011	0.50	0.02	0.49	7.63	0.06
	東大寺中門	—	正徳4	1714	楼門	0.022	1.70	0.74	0.96	10.29	0.09
	神明社観音堂	—	享保19	1734	一間社	0.019	0.30	0.03	0.27	2.73	0.10
	東照宮五重塔	1	文政1	1818	五重塔	0.012	0.41	0.00	0.41	3.99	0.10
	妙心寺仏殿	下	文政10	1827	三間堂	0.017	1.35	0.23	1.13	8.91	0.13
	備中国分寺五重塔	1	文政	1830	五重塔	0.009	0.27	0.00	0.27	6.40	0.04

表5　二軒繁垂木の［タルミ］と［茅負勾配］　続き1

時代	建物名	層等	概要			タルミと軒廻りの諸寸法					
			年代	西暦	形式	タルミ A	茅負反り全体 B(尺)	反り桁真 C(尺)	反り桁外 D=B−C(尺)	軒出 E(尺)	茅負勾配 F＝D/E
室町時代	興福寺大湯屋	—	室町中	1466	湯屋	0.022	1.26	0.32	0.94	7.50	0.12
	真光寺三重塔	1	室町中	1466	三重塔	0.023	0.91	0.11	0.80	4.85	0.16
	厳島神社宝蔵	—	室町中	1466	校蔵	0.018	0.67	0.03	0.64	8.86	0.07
	善光寺本堂	—	室町中	1466	五間堂	0.03	1.00	0.04	0.96	7.41	0.13
	広八幡神社楼門	—	文明 7	1475	楼門	0.032	0.97	0.07	0.90	5.57	0.16
	不動院本堂	—	文明 15	1483	五間堂	0.02	1.27	0.20	1.07	7.50	0.14
	教王護国寺講堂	—	延徳 3	1491	九間堂	0.015	1.42	0.26	1.16	10.21	0.11
	龍正院二王門	—	文亀 4	1504	八脚門	0.027	0.86	0.09	0.77	5.84	0.13
	若松寺観音堂	—	永正 6	1509	五間堂	0.022	1.05	0.08	0.97	7.75	0.13
	地蔵峰寺本堂	—	永正 10	1513	三間堂	0.025	1.10	0.13	0.97	6.92	0.14
	雨錫寺阿弥陀堂宮殿	—	永正 11	1514	宮殿	0.021	0.50	0.06	0.44	4.20	0.10
	大威徳寺多宝塔	上	永正 12	1515	多宝塔	0.022	0.63	0.12	0.51	3.75	0.14
	霊山寺仁王門	—	永正 13	1516	八脚門	0.011	0.45	0.10	0.35	4.36	0.08
	東光寺本堂	—	永正 14	1517	五間堂	0.02	1.06	0.21	0.85	8.72	0.10
	成法寺観音堂	—	永正	1522	三間堂	0.021	0.55	0.00	0.55	5.52	0.10
	名草神社三重塔	1	大永 7	1527	三重塔	0.024	0.85	0.06	0.79	5.80	0.14
	薬王院本堂	—	享禄 2	1529	七間堂	0.009	1.35	0.49	0.86	8.63	0.10
	三明寺三重塔	1	享禄 4	1531	三重塔	0.013	0.58	0.11	0.47	3.71	0.13
	多治速比売神社本殿	—	天文 10	1541	三間社	0.007	0.36	0.04	0.32	3.80	0.08
	地蔵院本堂	—	天文 11	1542	五間堂	0.016	0.90	0.20	0.70	6.19	0.11
	円教寺金剛堂	—	天文 13	1544	三間堂	0.017	0.72	0.08	0.64	4.92	0.13
	遠照寺釈迦堂	—	天文 18	1549	三間堂	0.046	1.42	0.10	1.32	5.99	0.22
	小菅神社奥社本殿	—	天文	1555	四間堂	0.025	0.77	0.08	0.69	6.74	0.10
	根来寺多宝塔	下	天文	1555	多宝塔	0.03	1.88	0.47	1.41	9.57	0.15
	根来寺多宝塔	上	天文	1555	多宝塔	0.02	2.43	0.47	1.96	10.23	0.19
	護徳寺観音堂	—	弘治 3	1557	三間堂	0.035	0.98	0.00	0.98	10.00	0.10
	勝福寺観音堂	—	永禄 1	1558	三間堂	0.021	1.07	0.27	0.80	6.10	0.13
	都久布須麻神社本殿	庇	永禄 10	1567	五間社	0.027	0.57	0.00	0.57	5.81	0.10
	土佐神社本殿	—	元亀 2	1571	五間社	0.034	1.38	0.19	1.19	7.14	0.17
	三輪神社須賀神社本殿	—	室町後	1572	三間社	0.011	0.37	0.04	0.33	4.08	0.08
	大聖寺不動堂	—	室町後	1572	三間堂	0.034	0.85	0.04	0.81	4.08	0.20
	雲峰寺仁王門	—	室町後	1572	八脚門	0.025	0.48	0.02	0.46	4.64	0.10
	浄厳院本堂	—	室町後	1572	七間堂	0.032	1.96	0.35	1.61	7.63	0.21
	金剛寺仁王門	—	室町後	1572	楼門	0.012	1.05	0.15	0.90	5.38	0.17
	丈六寺三門	下	室町後	1572	二重門	0.013	0.61	0.13	0.48	4.57	0.11
桃山時代	延暦寺常行堂及び法華堂	—	文禄 4	1595	五間堂	0.019	0.72	0.06	0.65	7.33	0.09
	羽黒山正善院黄金堂	—	文禄 5	1596	五間堂	0.031	0.70	0.00	0.70	7.91	0.09
	笠森寺観音堂	—	文禄 6	1597	五間堂	0.019	0.72	0.10	0.62	6.79	0.09
	長命寺三重塔	1	慶長 2	1597	三重塔	0.023	0.57	0.00	0.57	5.66	0.10
	金剛峯寺奥院経蔵	—	慶長 4	1599	三間経蔵	0.021	0.80	0.09	0.71	5.33	0.13
	都久布須麻神社本殿	身舎	慶長 7	1602	五間社	0.015	0.82	0.10	0.72	6.18	0.12
	教王護国寺金堂	上	慶長 8	1603	七間堂	0.02	2.30	0.44	1.86	10.32	0.18
	白鬚神社本殿	—	慶長 8	1603	三間社	0.015	0.70	0.27	0.43	8.06	0.05
	寶積寺三重塔	—	慶長 9	1604	三重塔	0.029	0.93	0.11	0.82	4.90	0.17
	聖神社本殿	—	慶長 9	1604	三間社	0.023	0.69	0.03	0.66	5.07	0.13
	高台寺開山堂	—	慶長 10	1605	三間堂	0.027	1.12	0.29	0.83	5.42	0.15
	吉野水分神社楼門	—	慶長 10	1605	楼門	0.02	0.80	0.10	0.70	5.50	0.13
	金剛寺塔婆（改造）	下	慶長 11	1606	多宝塔	0.017	0.68	0.13	0.55	4.67	0.12
	金剛寺塔婆（改造）	上	慶長 11	1606	多宝塔	0.017	0.70	0.06	0.65	5.73	0.11
	大崎八幡宮本殿	—	慶長 12	1607	五間社	0.022	0.84	0.06	0.78	5.91	0.13
	本門寺五重塔 01	1	慶長 12	1607	五間堂	0.022	0.87	0.12	0.75	6.16	0.12
	竜泉寺仁王門	—	慶長 12	1607	楼門	0.032	0.65	0.18	0.47	4.37	0.11
	本圀寺経蔵	—	慶長 12	1607	経蔵	0.01	0.76	0.07	0.69	3.23	0.21
	金剛證寺本堂	—	慶長 14	1609	七間堂	0.028	1.95	0.15	1.80	9.06	0.20
	青井阿蘇神社楼門	—	慶長 18	1613	楼門	0.027	0.53	0.00	0.53	4.33	0.12
	与賀神社楼門	—	桃山	1614	楼門	0.023	0.44	0.00	0.44	4.56	0.10
	石山寺東大門	—	桃山	1614	八脚門	0.016	1.41	0.41	1.00	7.72	0.13
	石山寺多宝塔（慶長修理）	下	桃山	1614	多宝塔	0.017	0.68	0.09	0.59	6.16	0.10
	石山寺多宝塔（慶長修理）	上	桃山	1614	多宝塔	0.02	1.00	0.17	0.83	5.88	0.14
江戸時代	飯野八幡宮本殿	—	元和 2	1616	三間社	0.015	0.50	0.05	0.45	5.22	0.09
	屋島寺本堂	—	元和 4	1618	五間堂	0.033	1.22	0.18	1.04	6.79	0.15
	乙宝寺三重塔三層	—	元和 5	1619	三重塔	0.019	0.67	0.06	0.62	5.97	0.10
	鹿島神宮仮殿	—	元和 5	1619	三間社	0.016	0.37	0.00	0.37	7.00	0.05

がみられる。

室町時代は〇・〇二三とさらに大きくなる傾向が認められ、〇・〇三〇以上となる例も少なくない。

桃山時代は〇・〇二一と室町時代より減少するが、それは［茅負勾配］と同様の傾向で茅負曲線は全体におとなしくなり、値の振幅も減少し茅負曲線は平準化していく。

江戸時代は〇・〇一八と［茅負勾配］ともに値は小さくなっていく。幕末時代（文政）の備中国分寺五重塔では〇・〇一〇を切りほとんど直線的なものも出現する。

五―五　扇垂木

室町時代一四件、桃山時代九件、江戸時代八件の検証をおこなった。鎌倉時代の扇垂木の資料は得られなかった。各建物の詳細は表6に掲げた。

室町時代は禅宗仏堂が中心であるが、桃山時代や江戸時代になるとそれ以外の宗派の建物や神社の門などでも見られるようになる。［茅負勾配］は全時代の平均で、〇・一六／一・〇と全ての軒形式の中でもっとも急である。時代別では、室町時代の〇・一九／一・〇を最高に、桃山時代〇・一四／一・〇、江戸時代〇・一五／一・〇となる。

［タルミ］の全時代の平均は〇・〇二一と二軒繁垂木と同じであるが、時代別にみると室町時代の〇・〇二七は全ての時代、軒形式の中でもっとも大きく、禅宗様の長刀反りを証明する結果であった。一方、桃山時代は、〇・〇一九（二軒繁垂木〇・〇二一）、江戸時代は、〇・〇一五（同〇・〇一八）と二軒繁垂木より［タルミ］の値は小さい点が注目される。特に江戸時代では他のいずれの軒形式よりも［タルミ］が小さい。

桃山時代と江戸時代の扇垂木の［茅負勾配］は他の軒形式より急であるが、逆に［タルミ］は小さいことから、茅負は直線的に大きく反っていることが判る。

表6　扇垂木の［タルミ］と［茅負勾配］

時代	建物名	層等	概要			タルミと軒廻りの諸寸法					
			年代	西暦	形式	タルミ A	茅負反り全体 B（尺）	反り桁真 C（尺）	反り桁外 D=B-C（尺）	軒出 E（尺）	茅負勾配 F＝D/E
室町時代	永保寺開山堂	拝堂	室町前	1392	三間堂	0.016	1.29	0.20	1.09	4.41	0.25
	金剛寺鐘楼	—	室町前	1392	鐘楼	0.018	0.77	0.07	0.70	5.60	0.12
	正福寺地蔵堂	身舎	応永14	1407	三間堂	0.027	1.25	0.30	0.95	5.11	0.19
	向上寺三重塔	1	永享4	1432	三重塔	0.020	0.81	0.15	0.66	4.76	0.14
	不動院鐘楼	—	永享5	1433	鐘楼	0.029	1.00	0.11	0.89	3.91	0.23
	玉鳳院開山堂	—	室町中	1466	三間堂	0.048	1.80	0.29	1.51	6.90	0.22
	西明寺楼門	—	明応3	1494	楼門	0.027	0.90	0.14	0.76	4.43	0.17
	新海三社神社三重塔	1	永正12	1515	三重塔	0.027	1.02	0.28	0.74	4.70	0.16
	東観音寺多宝塔	上	大永8	1528	多宝塔	0.020	0.62	0.18	0.44	4.30	0.10
	三明寺三重塔	3	享禄4	1531	三重塔	0.036	1.17	0.07	1.10	3.92	0.28
	観音寺多宝塔	上	天文5	1536	多宝塔	0.023	0.69	0.13	0.56	4.22	0.13
	西明寺三重塔	2	天文6	1537	三重塔	0.027	1.04	0.21	0.83	4.08	0.20
	円通寺本堂	—	天文	1555	三間堂	0.027	1.92	0.31	1.61	6.65	0.24
	不動院楼門	上	文禄3	1593	二重門	0.027	1.10	0.12	0.98	6.26	0.16
桃山時代	長楽寺仏殿	身舎	天正5	1577	三間堂	0.021	0.84	0.23	0.61	6.00	0.10
	勝鬘院塔婆	上	慶長2	1597	多宝塔	0.013	1.25	0.34	0.91	6.07	0.15
	妙心寺山門	上	慶長4	1599	二重門	0.020	1.74	0.41	1.33	6.51	0.20
	天満神社楼門	—	慶長10	1605	楼門	0.016	0.91	0.32	0.59	5.75	0.10
	本門寺五重塔	2	慶長12	1607	五重塔	0.022	0.85	0.13	0.72	6.17	0.12
	金剛證寺宮殿	—	慶長14	1609	宮殿	0.034	0.61	0.10	0.51	2.00	0.25
	油山寺三重塔	3	慶長16	1611	三重塔	0.017	0.50	0.04	0.47	4.60	0.10
	岡寺仁王門	—	慶長17	1612	楼門	0.019	0.63	0.05	0.58	5.23	0.11
	妙成祖師堂	—	慶長	1615	五間堂	0.012	0.70	0.14	0.56	4.84	0.12
江戸時代	知恩院三門	上	元和7	1621	二重門	0.013	2.68	0.58	2.10	10.47	0.20
	南禅寺三門	下	寛永5	1628	二重門	0.011	1.56	0.35	1.21	9.00	0.13
	伽耶院多宝塔	上	正保5	1648	多宝塔	0.017	0.87	0.09	0.78	5.27	0.15
	輪王寺大猷院霊廟二天門	—	承応1	1652	楼門	0.017	0.86	0.18	0.68	6.15	0.11
	専修寺如来堂	上	寛文6	1666	七間堂	0.014	2.13	0.49	1.64	11.50	0.14
	大乗寺仏殿	下	元禄15	1702	五間堂	0.006	0.93	0.12	0.81	7.92	0.10
	国分寺金堂	上	安永8	1779	七間堂	0.023	1.12	0.06	1.06	8.04	0.13
	妙心寺仏殿	上	文政10	1827	五間堂	0.017	2.40	0.53	1.88	9.21	0.20

表7　八角軒・六角軒の［タルミ］と［茅負勾配］

時代	建物名	層等	概要			タルミと軒廻りの諸寸法					
			年代	西暦	形式	タルミ A	茅負反り全体 B（尺）	反り桁真 C（尺）	反り桁外 D=B-C（尺）	軒出 E（尺）	茅負勾配 F＝D/E
鎌倉	法隆寺東院夢殿	—	天平11	739	八角堂	0.017	0.63	0.12	0.51	4.32	0.12
	興福寺北円堂	—	承元4	1210	八角堂	0.017	0.88	0.17	0.71	4.91	0.15
	法隆寺西円堂	—	建長2	1250	八角堂	0.014	0.70	0.21	0.49	4.00	0.12
江戸	萬福寺寿蔵	—	寛文3	1663	六角堂	0.028	0.36	0.06	0.30	2.93	0.10
	興福寺南円堂	—	寛保1	1741	八角堂	0.019	1.06	0.30	0.76	5.72	0.13

五―六　八角軒、六角軒

鎌倉時代の八角堂三件と江戸時代の八角堂一件、六角堂一件の検証をおこなった。各建物の詳細は表7に掲げたが比較検討するには事例数が少なかった。法隆寺夢殿は天平一一年（七三九）の建立であるが現在の軒は寛喜二年（一二三〇）の改造によるため鎌倉時代のものとして検証した。

［茅負勾配］は鎌倉時代の八角堂三例は〇・一二／一〇～〇・一五／一・〇の範囲で同時代の二軒繁垂木と差のない値であるが、［タルミ］は〇・〇一四～〇・〇一七と二軒繁垂木より小さい値である。これは円堂系の建造物は軒出に比べて反元から茅負留先までの茅負の長さが短いために、二軒繁垂木と同じように［タルミ］を付けると、隅で急に反り過ぎる形状になる可能性があることから、［タルミ］を加減したものと推察される。

江戸時代は二例しかないため、個別の傾向しか読み取れない。興福寺南円堂は北円堂に近い茅負であるのは歴史的経緯によるものであろう。一方、万福寺寿堂は反りは緩いが［タルミ］は、隅で急に大きく反る茅負になっていて、黄檗宗建築という理由によるものと推察される。

五―七　歴史的建造物の茅負の形状の総括

［茅負勾配］は軒形式ごとの各時代の平均で、扇垂木の〇・一六／一・〇が全体でもっとも急勾配である。特に室町時代の扇垂木は〇・一九／一・〇と、江戸時代の一軒や二軒疎垂木の二倍近く反っている。

二軒繁垂木では平安時代、鎌倉時代、室町時代の年代順に勾配が急勾配に変化していき室町時代に最大に達した後、暫時緩くなっていく。江戸時代になると、平行垂木における［茅負勾配］はどの軒形式であってもあまり差はなくなる。

［タルミ］は軒形式ごとの各時代の平均で見ると、扇垂木、二軒繁垂木が〇・〇二〇を超え、それ以外は〇・〇二〇以下であることから、〇・〇二〇が［タルミ］のひとつの境界なのであろう。

時代別で見ると、平安時代の大きさが目立つが、もっとも大きいのは室町時代の扇垂木で、次いで室町時代の二軒繁垂木が大きい。

表8　軒形式ごとの［茅負勾配］の時代別総括表

時代	一軒疎垂木	一軒繁垂木	二軒疎垂木	二軒繁垂木	扇垂木	八角・六角
平安時代	－	－	－	0.11 /1.0	－	－
鎌倉時代	－	0.10 /1.0	－	0.12 /1.0	－	0.13 /1.0
室町時代	0.12 /1.0	0.10 /1.0	0.12 /1.0	0.14 /1.0	0.19 /1.0	－
桃山時代	0.10 /1.0	0.09 /1.0	0.09 /1.0	0.13 /1.0	0.14 /1.0	－
江戸時代	0.10 /1.0	0.12 /1.0	0.10/1.0	0.10 /1.0	0.15 /1.0	0.12 /1.0
全体	0.11 /1.0	0.11 /1.0	0.10 /1.0	0.12 /1.0	0.16 /1.0	0.12 /1.0

表9　軒形式ごとの茅負［タルミ］の時代別総括表

時代	一軒疎垂木	一軒繁垂木	二軒疎垂木	二軒繁垂木	扇垂木	八角・六角
平安時代	－	－	－	0.024	－	－
鎌倉時代	－	0.015	－	0.020	－	0.016
室町時代	0.021	0.019	0.019	0.023	0.027	－
桃山時代	0.020	0.016	0.017	0.021	0.019	－
江戸時代	0.017	0.018	0.016	0.018	0.015	0.024
全体	0.019	0.018	0.017	0.021	0.021	0.019

表10　軒形式ごとの［タルミ］/［茅負勾配］の時代別総括表

時代	一軒疎垂木	一軒繁垂木	二軒疎垂木	二軒繁垂木	扇垂木	八角・六角
平安時代	－	－	－	0.22	－	－
鎌倉時代	－	0.15	－	0.17	－	0.12
室町時代	0.18	0.19	0.16	0.16	0.14	－
桃山時代	0.20	0.18	0.19	0.16	0.14	－
江戸時代	0.17	0.15	0.16	0.18	0.10	0.20
全体	0.17	0.16	0.17	0.18	0.13	0.16

二軒繁垂木では鎌倉時代が室町時代より小さく、室町時代でもっとも大きくなり以降小さくなっていく傾向が認められる。

その他、繁垂木より疎垂木、二軒より一軒の方が一般的に［タルミ］が小さいが、疎垂木は一軒より二軒の方が［タルミ］が小さい。

各時代の［茅負勾配］と［タルミ］の平均値の組合せを、図化したものが図16である。

その内から平均的な茅負の形状に該当する実際の遺構を選定してみた。

例えば室町時代の扇垂木について見ると、その平均値は［茅負勾配］が〇・一九／一・〇、［タルミ］が〇・〇二七である(図17上)。この条件は正福寺地蔵堂がちょうど当てはまる遺構である。

室町時代の二軒繁垂木では、平均値は、［茅負勾配］が〇・一四／一・〇、［タルミ］が〇・〇二三である（図17中)。値が近い遺構としては名草神社三重塔初層、大威徳

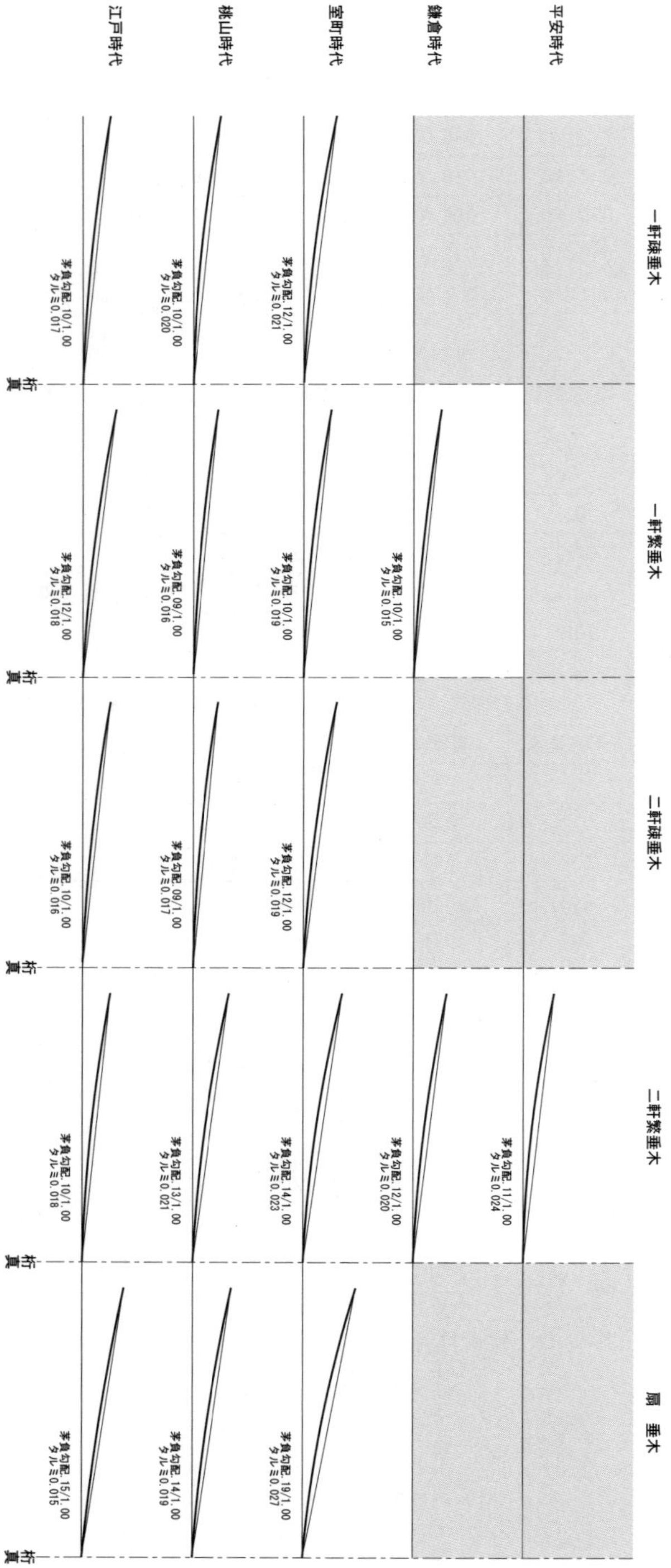

図16　軒形式ごとの［茅負勾配］と［タルミ］の時代別平均図

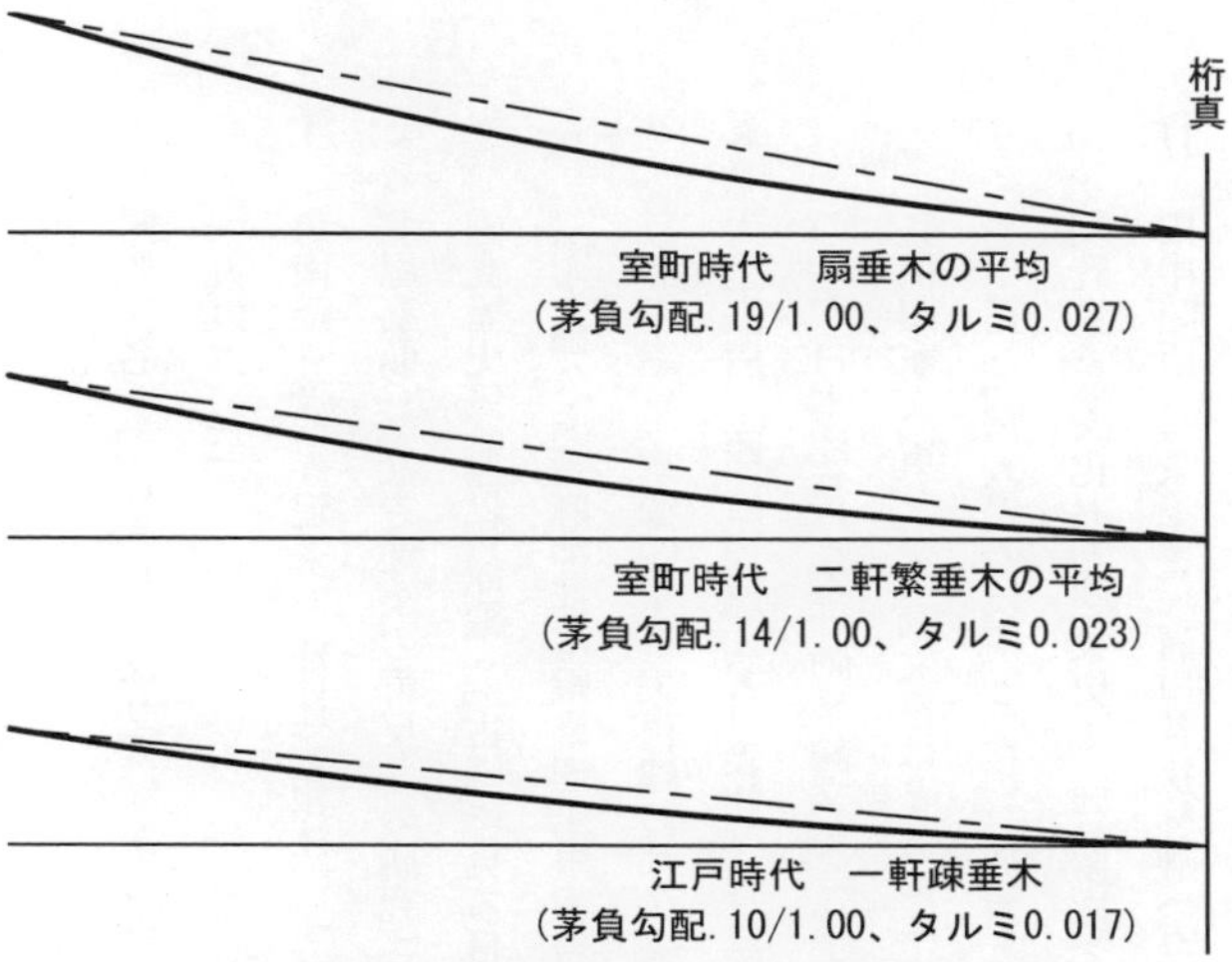

図17　室町時代の扇垂木、同二軒繁垂木、江戸時代の一軒疎垂木の［茅負勾配］と［タルミ］の時代別平均図

寺多宝塔初層、雨錫寺本堂宮殿などを挙げることができる。

もっとも緩い江戸時代の一軒疎垂木では、［茅負勾配］が〇・一七／一・〇、［タルミ］が〇・〇一〇で（図17下）、値の近い遺構としては、国前寺本堂下層を挙げることができる。

さらに、［茅負勾配］と［タルミ］の関係性を捉えるために、軒の形式ごとの各時代の平均値で、［タルミ］を［茅負勾配］で除した値、つまり［茅負勾配］と［タルミ］の比を求めて、まとめたのが表10である。

その結果は、平安時代の〇・二二を除くと、すべて〇・一〇〜〇・二〇の範囲に納まり、特に〇・一七前後の値となるものが多いことが分かる。つまり、概して［茅負勾配］が決まれば、勾配の値に〇・一〜〇・二（特に〇・一七前後）を乗じた値が、［タルミ］として定められているということができる。

六　小結

本章では、伝統的建造物の軒の曲線を分析・検証する方法として円弧を用いる方法について、すでにある北尾嘉弘の［タルミ］による方法に若干の修正を加えるとともに、さらに［茅負勾配］という新しい指標を加え二つの指標によって分析する方法を提案した。この方法をもちいることで、茅負の曲線を一義的に定めることができることを示した。

さらにこの方法を使って、書誌資料と入手可能な図面のある歴史的建造物の茅負曲線について悉皆的に検証をおこない軒の形式ごとに時代別の傾向をまとめて、その特徴と変遷過程を客観的に比較できることを示した。

軒の反り上がりについては、近世の木割書などでは「茅負一本反る」などと指定されるだけで、曲線をどう決定するかについては指定されていないため、茅負を客観的な指標の基で比較することはこれまでできなかったが、それが可能になったといえるであろう。今回提案した［茅負勾配］と［タルミ］の組合せによる茅負曲線の分析方法は、歴史的建造物の復原において有効であると思われる。

参考文献

1　大岡實：「鎌倉時代に於ける茅負曲線の一性質について」建築史　第三巻第四号、一九四一・七
2　麓和善他三名：「CADによる日本伝統建築の軒反り曲線設計法」日本建築学会計画系論文集　第四九〇号、一五五―一六二頁、一九九六・一二
3　同他四名：「「CAD軒反り式」からみた文化財社寺軒反り曲線の特性」日本建築学会計画系論文集　第五一七号、二六一―二六七頁、一九九九・三
4　角南隆：『社寺建築』、神社新報社、一九九一・三（復刻版）
5　北尾嘉弘：『社寺建築の軒反りの研究』、私家版、一九九九・六
6　国立歴史民俗博物館編：『古図に見る日本の建築』、至文堂、一九八九・四
7　『国宝都久夫須麻神社本殿修理工事報告書』（同出張所編）、一九三七・一二
8　三浦正幸：「享徳四年焼失再建の都久夫須麻神社本殿」、日本建築学会学術講演梗概集（東北）、四三一―三四二頁、二〇〇九・八
9　大上直樹、西澤正浩、望月義伸、谷直樹：『大工雛形秘伝書図解』と類型本による近世軒規矩術について　近世軒規矩術の研究―その1、日本建築学会計画系論文集　第六六六号、一四八一―一四九〇頁、二〇一一・八（本書　第六章）
　久保田家文書、坂上家文書はともに『大工雛形秘伝書図解』の類型本である。
10　手中正：『宮大工の技術と伝統　神輿と明王太郎』、東京美術、一九九六・四
11　関野克：『文化財と建築史』、鹿島出版会、一九六九・一一
　田中昭臣：「大工書・溝口若狭林卿『方圓順度』における近世の建築界と明治期における展開」、大阪市立大学修士論文、二〇〇三・三

注

注1　例えば『匠家極秘伝』（享保十二年　一七二七）では、「茅負　角まし二分　のき乃そりハかやおいにて定る之」とある。

注2　円弧、絃、矢の関係は下図の通りである。

注3　茅負の曲線を絃の集合、つまり折線と見なしてその勾配を把握するという考え方は今までの軒規矩術にはないが、特異なことではない。茅負が折れ線の集合とされる例は、『国宝当麻寺本堂修理工事報告書』（奈良県教育委員会、一九六〇・一〇）においても報告されている。その他、大神神社摂社大直禰子神社社殿の中世の茅負も反りの部分は直線になっている。その他、茅負が直線状である遺構は、薬王寺観音堂：貞和三年一三四七、本山寺本堂：観応元年一三五〇、那谷寺三重塔：寛永一九年（一六四二）などで報告されている。

注4　北尾嘉弘の分析では円弧以外のものもあるが、ほとんど円弧で近似できる。本章では円弧であるもののみを検証対象とした。特に円弧に乗らないものとしては天守などの城郭の軒を挙げることができる。

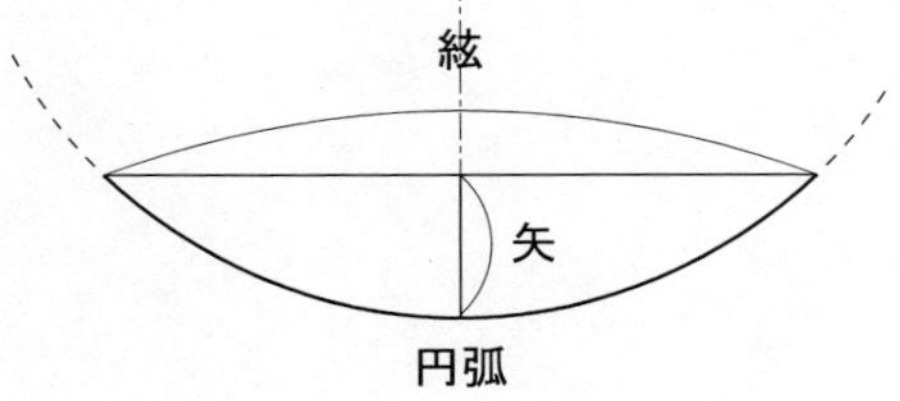

第四編　扇垂木の技法

第一二章　鎌倉割と等間割の技法とその関係について

一　はじめに

第四編は、扇垂木の軒規矩術法について論じる。第一二章は鎌倉割と等間割の技法を解明するとともに、それらの技法はまったく別な技法ではなく、作図の基本部分は共通していることを明らかにしたい。第一三章では江戸時代中期の著名な大工であった立川富房が著した『軒廻棰雛形』で述べられている特殊な扇垂木の技法について考察する。

扇垂木の軒規矩術は、幕末から明治を代表する棟梁である木子棟斉が、『巧道助術新録』(1)の中で、「夫レ扇榱ナル者ハ工匠矩術中最難事ノ一ナリ」と述べたように、高度な和算の知識を必要とする軒規矩術法のうちでも特に難しいとされてきた技法である。

扇垂木は、一般的に「鎌倉割」と「等間割」の二種類があるとされている。(注1)鎌倉割は軒先に引いた斜線を均等に割付けた位置と要《かなめ》を結んで垂木真とするもので「戻り矩」とも言い(2)、簡便な技法であるが軒先の垂木の間隔（垂木歩）は一定にならない。

一方、等間割は江戸割とも称し、軒先の各垂木の歩を等間隔に順に定め要と結んで垂木真を決定していくもので、その定め方には種々の方法があるが、軒長さから一定の比率を除いて垂木数で割込むことによって垂木の間隔（垂木歩）を求める「戻り割」が、一般的である。(3)

こうした扇垂木の軒規矩術法については、文化財建造物の修理工事報告書において個々の事例が報告されているが、特に等間割の技法の解釈については若干の混乱が認められる他、今日まで扇垂木の技法を総括的に考察したものはないため、現代においても扇垂木の技法は十分に解明されているとはいえない状況にある。

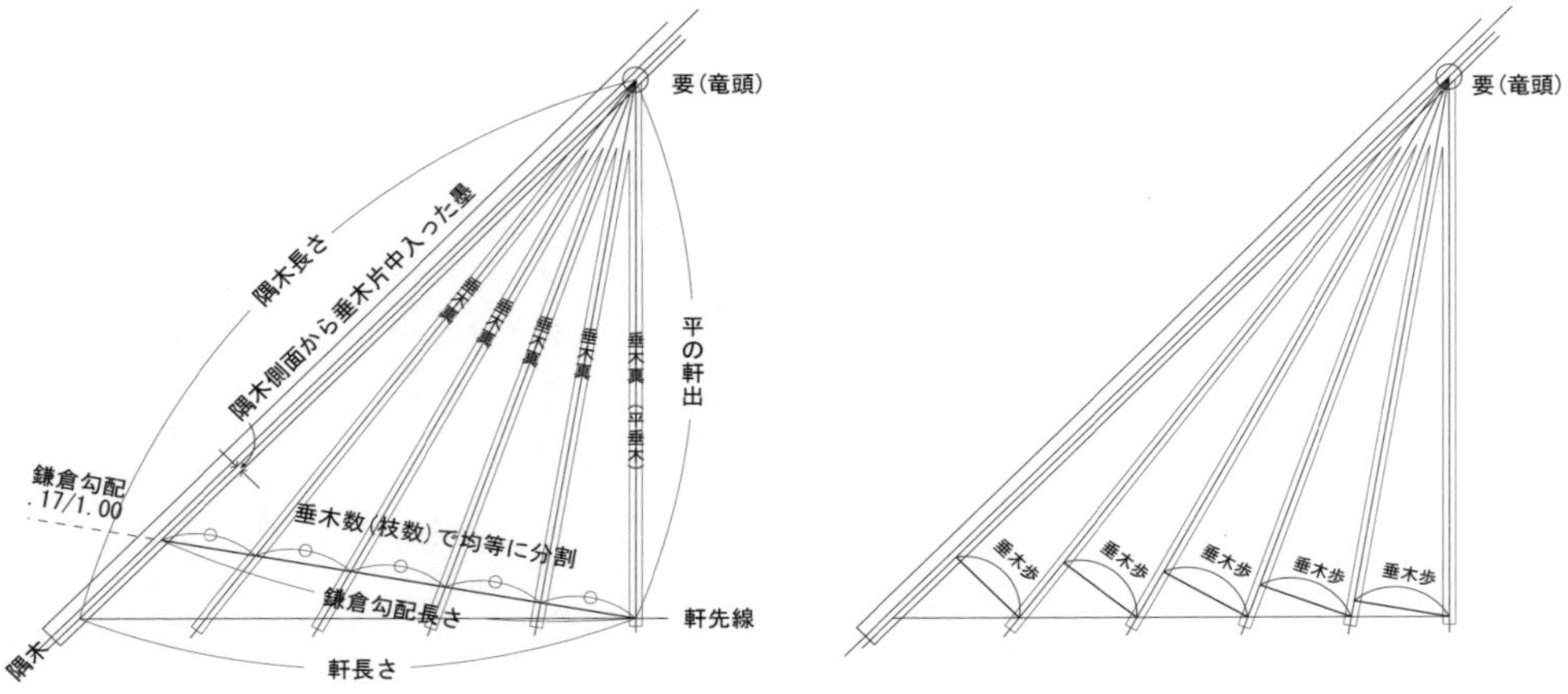

図1　鎌倉割（左）と等間割（右）の技法

本章は、扇垂木の鎌倉割（戻り矩）と等間割（戻り割）の技法について、近世及び近代の軒規矩術書等の書誌資料と実際の遺構を調査した文化財建造物修理工事報告書を基礎資料として検討をおこなった結果、従来は全く異なる技法と考えられていた二つの技法に関係性が存在することを明らかにするものである。

なお、扇垂木における各基準墨等は、十分に慣用語にはなっていないため、本章では図1に示した呼称を使うこととする。

二　鎌倉割（戻り矩）の技法と鎌倉勾配の定め方

二―一　鎌倉割の技法

鎌倉割の技法は、図1に示す通り平の軒先から隅に向って斜線を引き（一般的には一・七寸勾配で本書ではこの斜線の勾配を鎌倉勾配と呼ぶ）、この勾配線上の平の軒先と隅木（側面から垂木片中つまり垂木下幅半分入った位置）までの長さ（鎌倉勾配長と呼ぶ）を垂木数（枝数）で均等に割込み、その位置と要《かなめ》を結び軒先まで伸長した線を垂木真とする。鎌倉勾配と隅木及び平の軒先線が作る三角形は相似形であるため、この作図は必ずしも軒先位置でおこなう必要はなくどの位置で作図しても結果は同じになる。

鎌倉割の技法は、正福寺地蔵堂（応永一四年　一四〇七）においても確認できるとされるから[4]、室町時代中期には存在したのであろう。その他では、浄土寺浄土堂（建久三年　一一九二）においても、鼻隠板における垂木先の位置が鎌倉割と類似した技法によって決定されたと推定されていることから[5]、軒先に斜線を引いて垂木を扇形に配する方法は鎌倉時代初期から存在していたと考えられる。

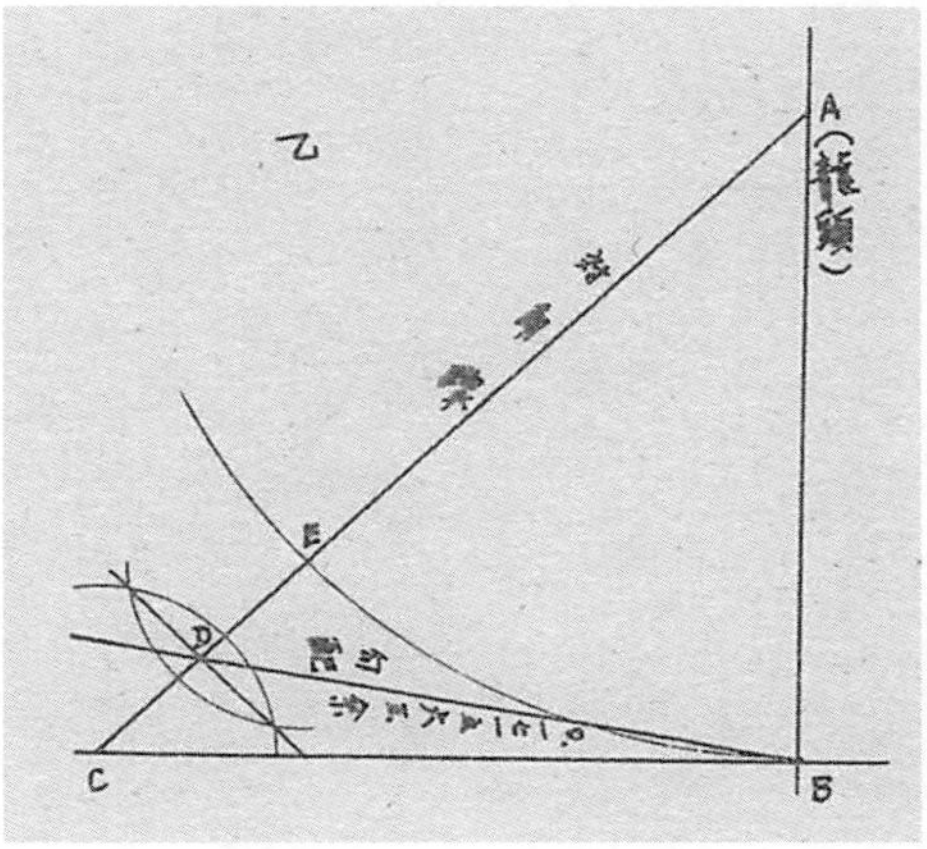

図2　1.7寸の鎌倉勾配の決定方法
（文献6より転載）

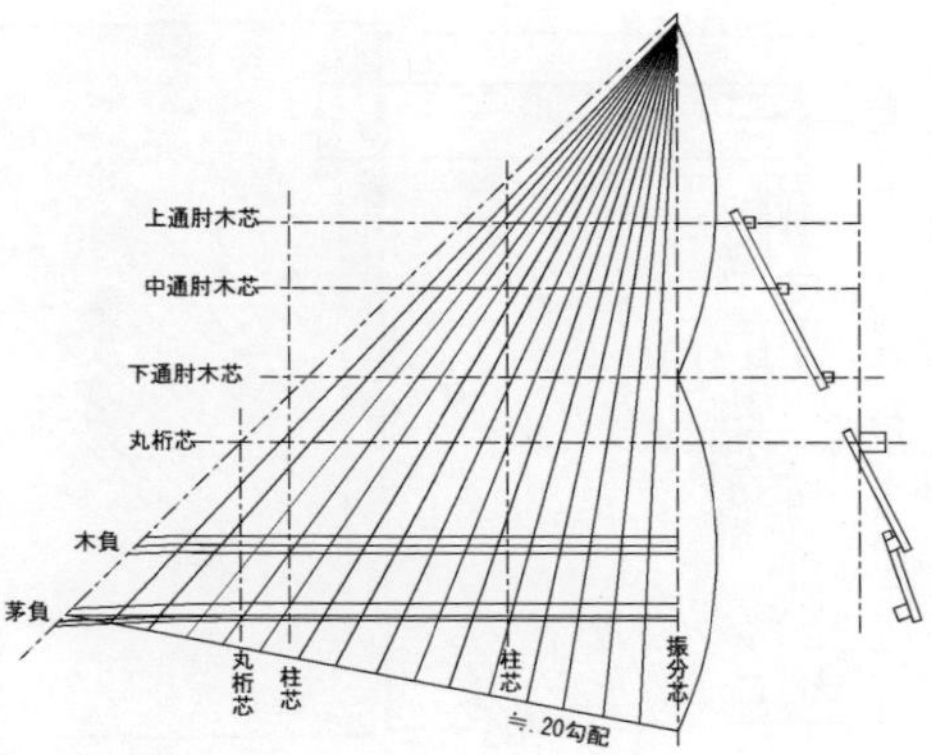

図3　泉福寺仏殿の鎌倉割の決定方法
（文献7より作図）

鎌倉割による垂木の割方は作図が容易であるが、軒先の垂木歩が隅木に近い方は広く反対に振分けに近くになるほど狭くなる傾向があり、この技法の欠点とされている。

さて、鎌倉割の技法上の課題のひとつに一・七寸の鎌倉勾配の定め方がある。近世規矩術の選定保存技術保持者であった上田虎介の説明によれば、図2のように平の軒出を隅木上に取り、その残りを二等分した位置と平の軒先を結んだ線分が一・七寸勾配になるとする(6)（正確には一・七一五寸）。

この説明は今日広く受け入れられているが、鎌倉勾配は実際の遺構や規矩術書においては一・七寸勾配以外の勾配が存在することから、上田の方法では他の勾配が決定された根拠を説明するのが難しい。

上田以外では、重要文化財泉福寺仏殿の軒（元禄六年　一六九三の改造で、鎌倉勾配は約二・〇寸）において、鎌倉勾配を図3の通り要位置から下通肘木芯（真）までの長さをさらに軒先まで返して、そこから隅木端へ結んで定めたとする案が示されている(7・注2)。

下通肘木真を振分けとするこの方法は普遍的な決定方法とはいえないが、近世以後の規矩術書においては鎌倉勾配が隅木の茅負口脇から引かれている事例が多いのを説明しようとする試みと思われる。

二―二　書誌資料に見る鎌倉割

扇垂木の記述が見られる規矩術書は、中世末の流れを汲む木子文庫林家伝家文書「木摧」(9)や河内家文書「鎌倉造営名目」(10)があるが、それらから具体的な鎌倉割の技

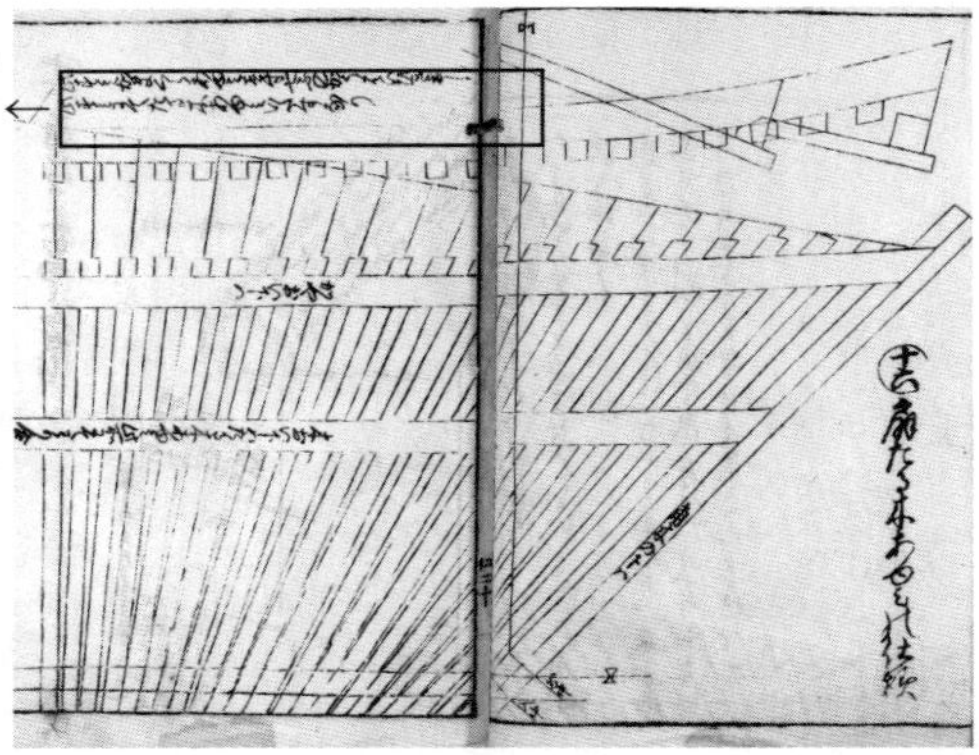

「此スミかまくらあゆミ壱寸七ふのこうはいひき出し此すミにてたる木あゆみいたすなり」

図4　『大工雛形秘伝書図解 乾』「十六　扇たる木のあゆみの仕様』

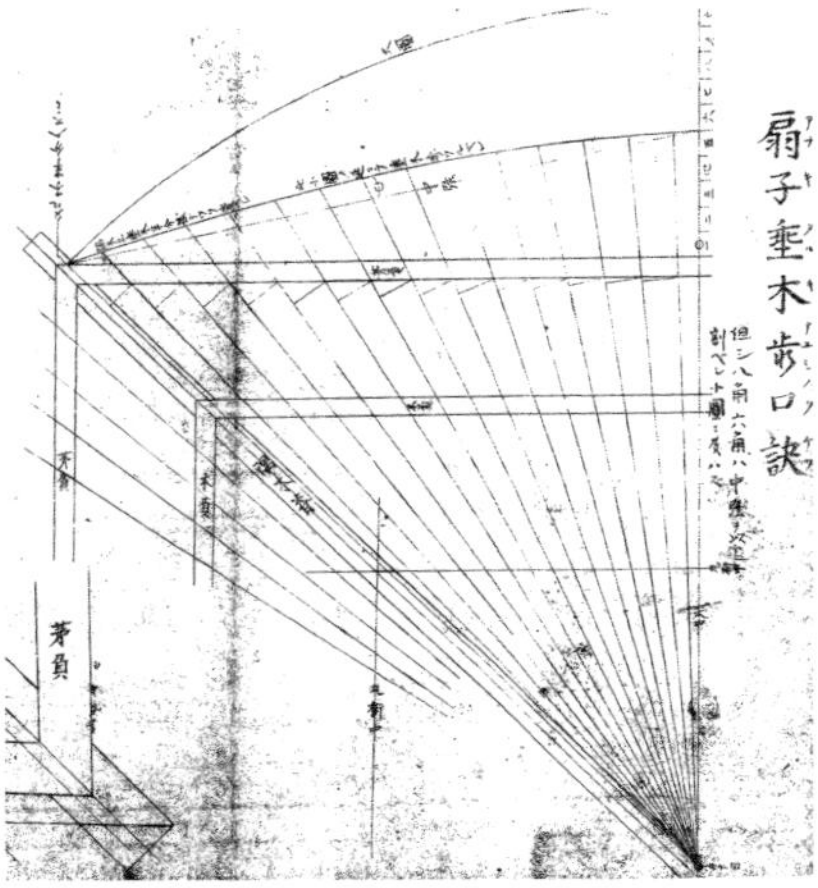

図5　「類聚倭木経 規矩部」「扇子垂木歩口訣」

法を確認することはできない。

それ以降となると、『大工雛形秘伝書図解』巻之乾[11]（享保一二年　一七二七）（以下『秘伝書図解』と呼ぶ）や類型本の久保田家文書（享保一一年　一七二六）で確認される。[12]『秘伝書図解』では、「鎌倉歩一・七寸の勾配引き出しこの墨にて垂木歩いたすなり」と今日理解されている鎌倉割と同じ技法が明記されているが（図4）、鎌倉勾配の位置は、隅木の茅負口脇付近から引かれているから上田の説明とは位置が異なっている。

続く事例としては、手中家文書「類聚倭木経　規矩之部」[13]（安永九年　一七八〇）（以下「倭木経」と呼ぶ）がある。図5の通り『秘伝書図解』と同様に隅木端から鎌倉勾配が引かれていて、鎌倉勾配の作図方法を具体的に知ることができる。

同書の鎌倉勾配は隅木の長さを平の軒へ移し、その差を等分した位置と隅木側面から垂木片中入った茅負位置の交点を結んで定めるもので、その結果鎌倉勾配は二・〇寸ほどになる。さらに隅木と平の軒出の差を一〇等分して、そのひとつを鎌倉勾配中央にタルミとして取り、鎌倉勾配を円弧状にしてから分割することによって、鎌倉割の欠点である振分け付近の垂木歩が狭くならない様に考慮されている。

「倭木経」以後、鎌倉割の記述のある軒規矩術書としては木子文庫林家伝家文書［木七二―一―一八四］[14]（鎌倉勾配二・五寸）、戸崎家文書「二之巻」[15]（同二・〇寸）他があり、明治以降では『建築伝法早割大工雛形』[16]明治一一年（鎌倉勾配は二・四寸、一・二寸、六分の三種類ある）、『工匠技術図解』[17]明治二二年（同一・六寸）、『明治新撰規矩的当図解』[18]明治三六年（同二・〇五寸）等が挙げられる。

それらの書誌資料における鎌倉勾配の値はさまざまで勾配の定め方の記述もない

が、鎌倉勾配はいずれも隅木の茅負口脇あたりから引かれている点は『秘伝書図解』以来同じであることから、古来より統一した決定方法が存在したことが推察される。

二―三　鎌倉勾配の決定方法のモデル

鎌倉勾配は、書誌資料から確認できるだけでも一・六寸から二・五寸までの幅があり、実際の遺構においてはさらに多様な勾配が確認できる。現在考えられている図2や図3の鎌倉勾配の決定方法では、それらの勾配を説明できないことから、「倭木経」の方法を参考に以下の決定方法を提案したい。

軒廻りの諸寸法の関係は、図6の通り平の軒出（振れ始める直前の直垂木真又は手挟んだ真で、要から茅負へ下ろした垂線の長さ）を単位長さ一とすると、軒長さ（平の軒出位置から隅木面の垂木片中まで入った位置までの長さ）も一であり、隅木長さ（要と隅木側面から垂木片中入った位置と茅負前面の交点までの長さ）は$\sqrt{2}$となる。

そこで、隅木長さを平の軒に取ると、平の軒出との差を勾、軒長さを殳として、それぞれの端を結んだ線を玄とする直角三角形の関係ができる。この時、勾の長さは隅木と平の軒出の差であるから、$\sqrt{2}-1.0 \fallingdotseq 0.41$となる。

「倭木経」では勾を等分した位置と隅木端を結んで鎌倉勾配を定めているが、それは図7の通り勾をA：Bに按分した位置と隅木端を結んだものが鎌倉勾配であると見ることができる。

こうした鎌倉勾配の定め方を標準のモデルとして、『秘伝書図解』などで鎌倉勾配として多くの事例のある一・七寸勾配を検討すると、図8に示すとおり勾を5：7又は1：$\sqrt{2}$に按分した位置と隅木端まで結んだ線の勾配として作図することができる。5：7又は1：$\sqrt{2}$の比は白銀比又は大和比とも呼ばれ、日本建築の中で平面計画や木割などで数多く確認できる比率である。

さらに、実際の遺構及び書誌資料に見られるさまざまな鎌倉勾配について、この鎌倉勾配決定のモデルで検討すると、

一・〇寸勾配：長楽寺仏殿[19]（天正五年　一五七七）は勾を1：3に按分（図9①）
一・五寸勾配：南禅寺三門上層[20]（寛永五年　一六二八）は勾を4：7又は1：$\sqrt{3}$（白金比）に按分（図9②）
一・六寸勾配：『工匠技術図解』（明治二二年　一八八九）は勾を5：8又は1：1・618（黄金比）に按分（図9③）

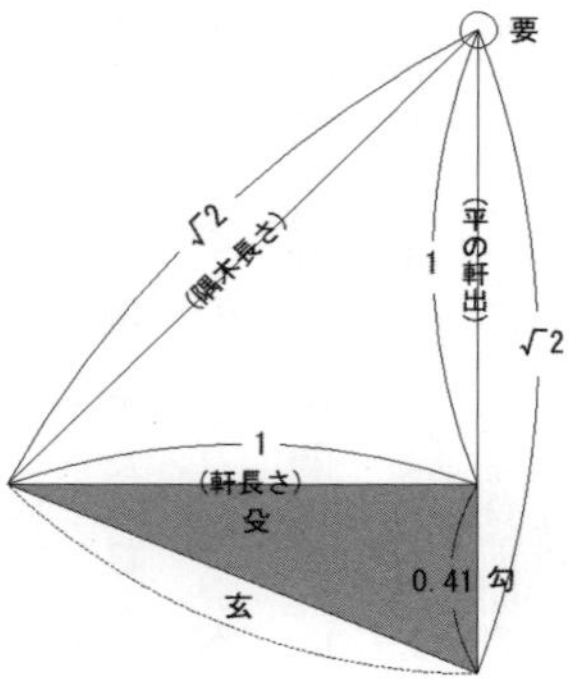

図 6　軒廻りの諸寸法の関係

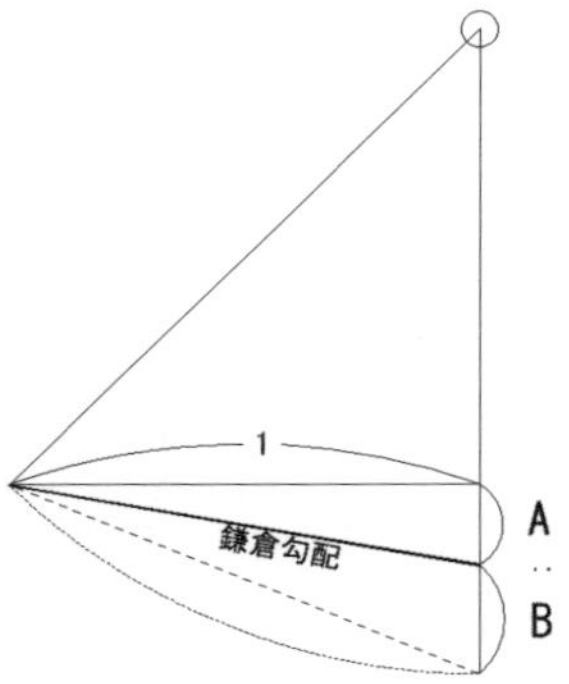

図 7　鎌倉勾配の定め方

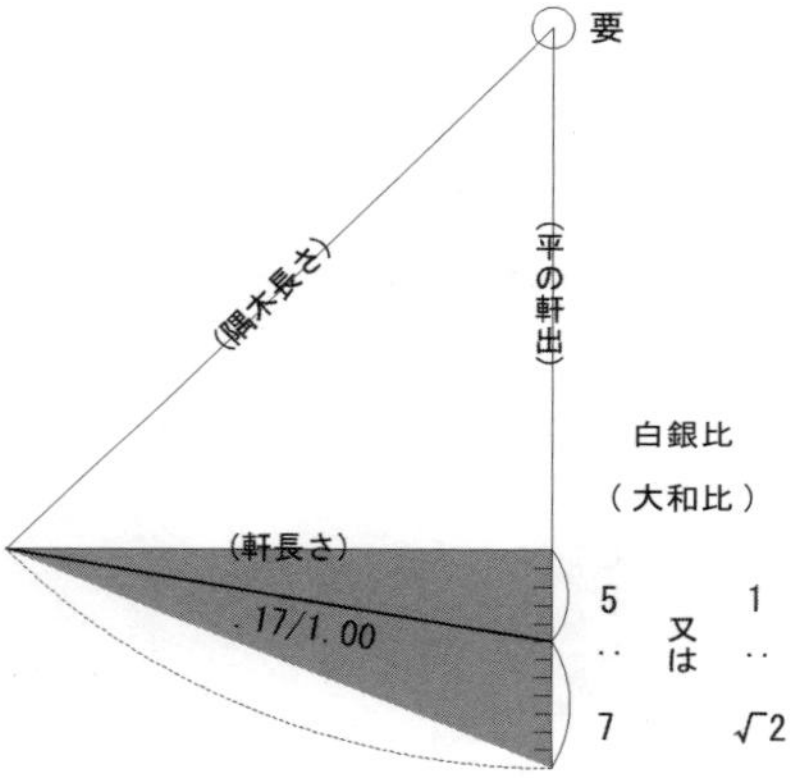

図 8　1.7 寸の鎌倉勾配の定め方

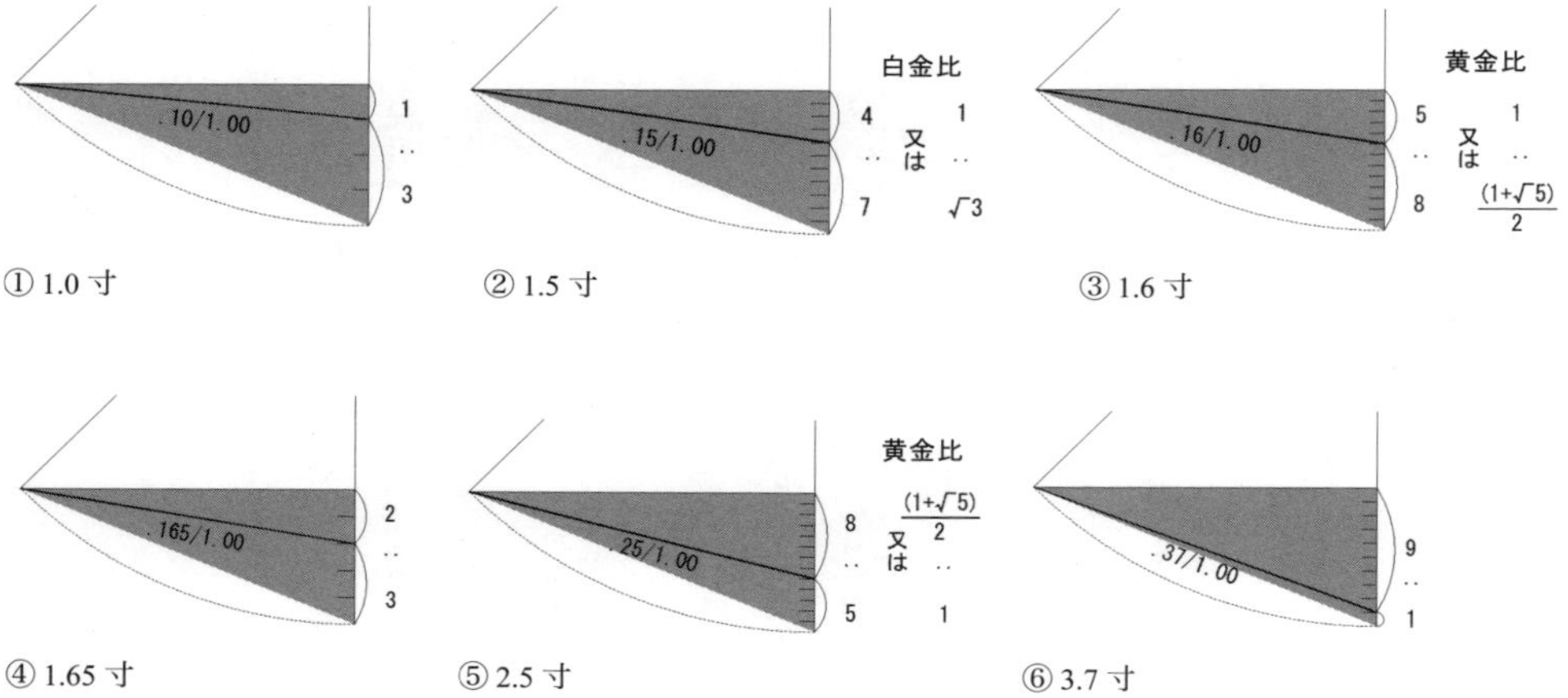

図 9　各種の鎌倉勾配の定め方

一・六五勾配：勝鬘院塔婆上層（多宝塔）[21]（慶長二年　一五九七）は勾を2：3に按分（図9④）
二・五寸勾配：「木子文庫林家伝家文書」［木七二―一―一八四］（江戸時代）は8：5又は1・618：1（黄金比）に按分（図9⑤）
三・七寸勾配：大乗寺大乗寺仏殿下層[8・注3]（元禄一五年　一七〇二）は勾を9：1に按分（図9⑥）
と求めることができる。この様に「倭木経」を参考として、隅木の長さと平の軒出の差を勾として、それを整数比で按分した位置と隅木端を結んで鎌倉勾配を定める方法は鎌倉勾配の定め方として十分に有効で、規矩術書にみられる鎌倉勾配の位置も説明することができる。

二―四　八角扇垂木と六角扇垂木における鎌倉割

八角扇垂木や六角扇垂木[注4]において鎌倉割とする場合の鎌倉勾配は、『秘伝書図解』に記述があるが、その定め方についても上記と同様の鎌倉勾配決定のモデルによって説明する事ができる。

『秘伝書図解』の「六角すみの事」[注5]において六角扇垂木の鎌倉割の勾配は一・四寸、八角扇垂木は八分とする。

八角扇垂木の鎌倉勾配の定め方

八角扇垂木の八分の鎌倉勾配は、図10に示す通り軒長さを一として、平の軒出方向に隅木の長さを取りその差を勾とする。この時、勾はおよそ〇・二〇となるが、これを5：7又は1：$\sqrt{2}$に按分した位置から隅木端へ線を引くと八分の鎌倉勾配を得る。

5：7の比は先に示した一般的な矩形の軒（以下四方軒と呼ぶ[注6]）において、鎌倉勾配一・七寸勾配を定める按分の比率と同じである。

六角扇垂木の鎌倉勾配の定め方

六角扇垂木は一・四寸の鎌倉勾配とするが、図11の通り軒長さ（振分けから隅まで）を一として、平の軒出方向に隅木の長さを取りその差を勾とする。この時勾はおよそ〇・二七となりこれを7：6又は1・155：1に按分した位置から隅木へ線を引くと、一・四寸の鎌倉勾配を得る。

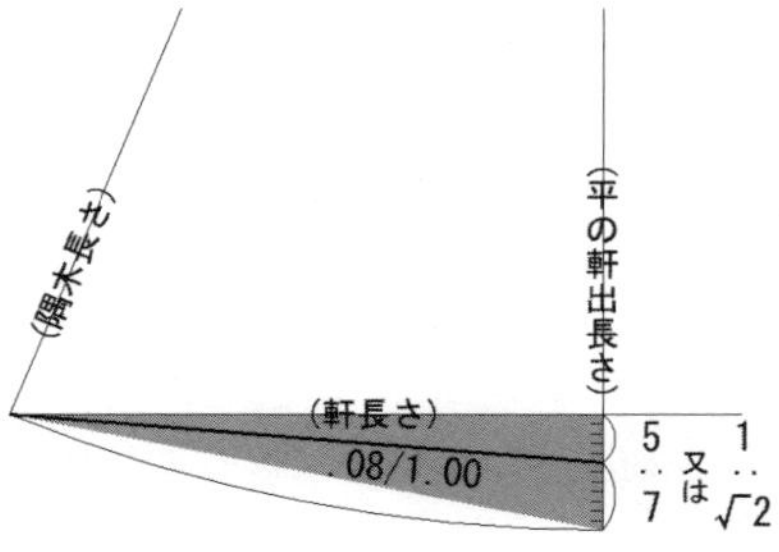

図 10　八角扇垂木の鎌倉勾配
8 分の定め方

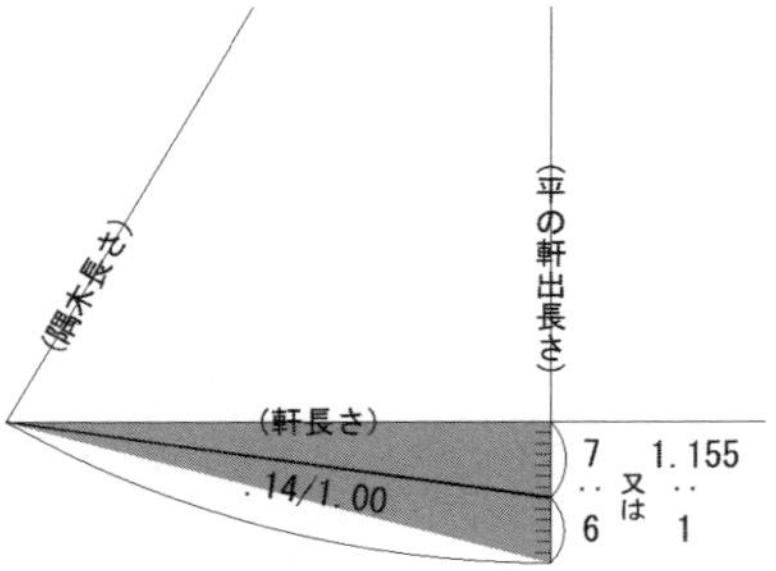

図 11　六角扇垂木の鎌倉勾配
1.4 寸の定め方

この比は六角扇垂木において、平の軒出を一とした時の平の軒出と隅木の長さの比と同じである。『秘伝書図解』の「六角すみの事」においても「六角すミかねハ壱尺壱寸五分半を壱尺にわりすみかねにもちい申すなり」と一尺を一・一五五尺に割込んで使用することが指定されていることから、一・四寸勾配の鎌倉勾配の根拠は勾を隅木と平の軒出の比で按分したものと推察される。

以上のとおり、八角扇垂木や六角扇垂木においても四方軒の扇垂木と同様のモデルによって鎌倉勾配を定められる。

三　等間割（戻り割）の技法

三―一　戻り割について

等間割とはすべての扇垂木の垂木歩が等しくなる扇垂木の技法のことで戻り割とも呼ぶ。鎌倉割が室町時代中期には確認できるのに対し、いつの時代から存在するか判然としない。鎌倉割以外の扇垂木の遺構としては、向上寺三重塔三層[22]（永享四年　一四三二）があるが、垂木歩の寸法は一定ではないことから等間割とは認められない。

修理工事報告書において、具体的に等間割の記述が見られるのは、三明寺三重塔三層[23]（享禄四年　一五三一）が一三七の戻り割とするのが古い例で、続いて東観音寺多宝塔上層[24]（大永八年　一五二八）、観音寺多宝塔上・下層[25]（天文六年　一五三七）においても同様の指摘があり、愛知県下の一六世紀中頃の三棟の塔建築ではいずれも一三七の戻り割と報告されている。

一三七の戻り割（戻り割値でいうと〇・一三七）とは、軒長さを一とした場合に、軒長さから一割三分七厘を除いた値、つまり〇・八六三を軒が並行垂木と仮定した時の一枝寸法（軒長さ

／垂木枝数）に乗じた値を垂木歩とするという意味である。

等間を戻り割によって定める方法は、近世以降の規矩術書では一般的なことで、戻り割の値は鎌倉勾配同様にさまざまな値があるが、等間を戻り割とは異なる方法で定める技法[注7]も存在する。

なお、戻り割という呼称は管見では明治期を含めても書誌資料では確認できず、現場における慣習的な呼び方であったと推察されるが、他の等間割の技法と区別するためそのまま使うこととする。

三―二　書誌資料の戻り割の技法

遺構の上から室町時代後期から認められる戻り割であるが、近世や近代の書誌資料においてその具体的な技法を知ることができる。

『規矩真術軒廻図解』の戻り割——近世の事例

同書は鈴木正豊が弘化四年（一八四七）に著した上下二冊からなる軒規矩術書で、各軒形式の規矩が簡明な図と説明で構成されている（以下『規矩真術』と呼ぶ）。

扇垂木については下巻の巻頭に図12に示す解説があり、その技法を知ることができる。

垂木歩の決定方法は茅負の長さを一・二尺、垂木数一五枝とすると、平行垂木と仮定した場

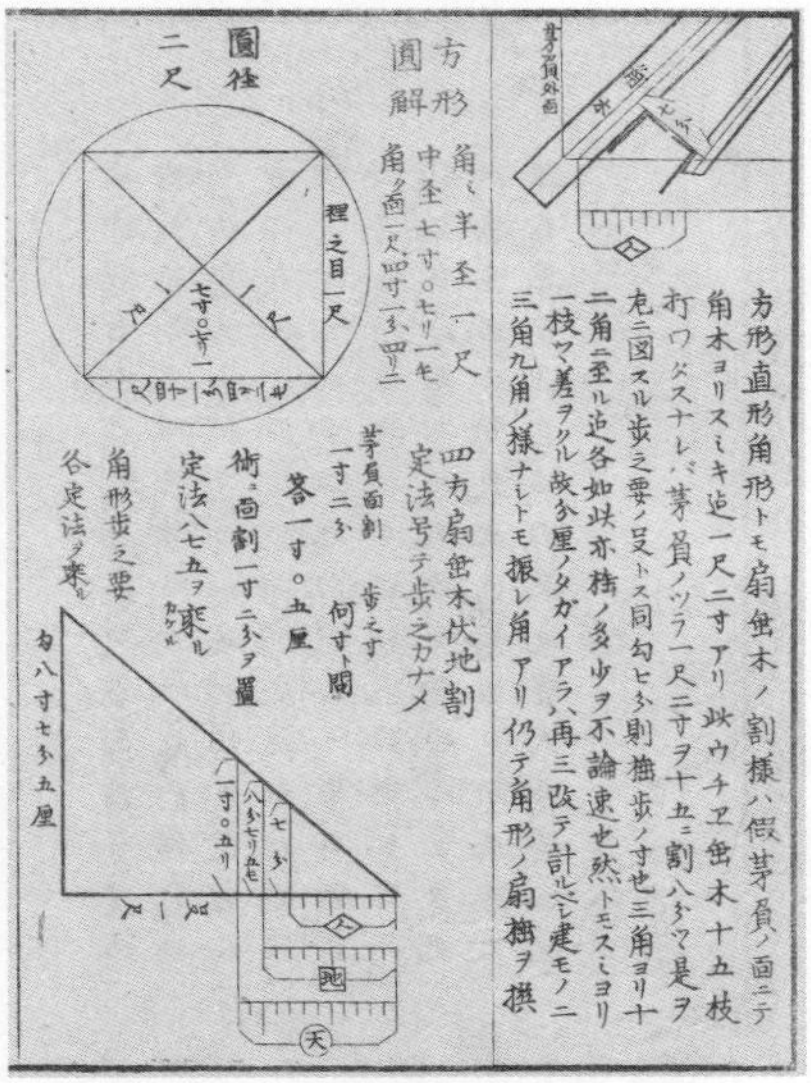

「勾八寸七分五厘」

図 12　『規矩真術』の等間割

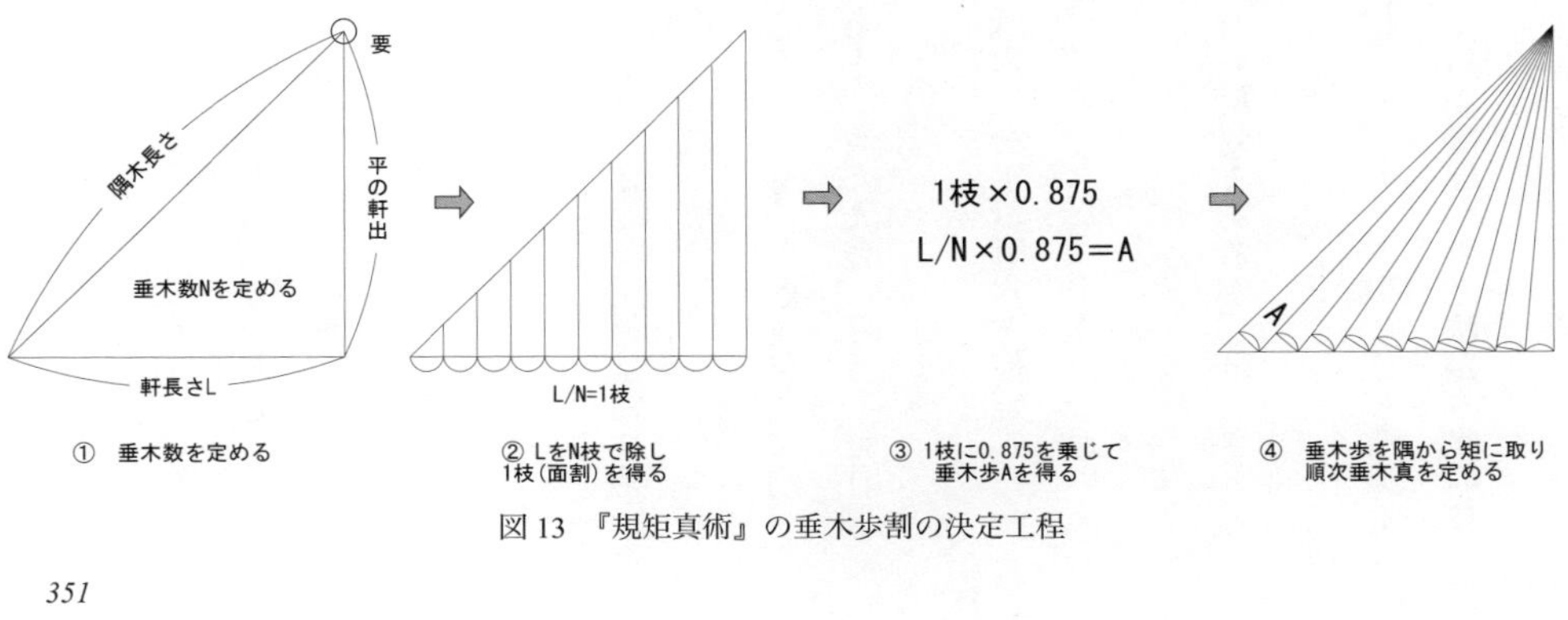

図 13　『規矩真術』の垂木歩割の決定工程

合の一枝寸法が八分と定まる。これを同書では面割と呼ぶが平小間とするものもある。これに定法である〇・八七五（八寸七分五厘）を乗じて垂木歩七分が定められる。この垂木歩を隅木から矩に追って垂木真を順次定めていくのである（図13）。

この定法の〇・八七五の値を一から減ずると〇・一二五となるから、『規矩真術』の扇垂木は一二五の戻り割ということになる。

この定法〇・八七五又は戻り割値〇・一二五が、どの様な根拠によって定められたか説明はないが、戻り割の技法が軒長さ、垂木数から面割寸法を定めて、それに一定の値を乗じて垂木歩が定められる技法であることが理解できる。なお、同書では垂木歩を隅から矩に平に向かって追っていくが近世ではこの方法が一般的である。

『新撰規矩階梯』の戻り割――近代の事例

同書は江崎規定が明治一五年（一八八二）に著したもので、天・地・人の三冊からなる軒規矩術書である。詳細な説明と判り易い図面で、改訂を重ね内容を充実させた規矩術書として広く読まれ、その影響も大きかったと推察される（以下『規矩階梯』と呼ぶ）。(26)(注8)

同書の戻り割値は〇・一三七で、その定め方は垂木歩の割付の頁の後に示されている（図14）。要から四・三寸の勾配を軒先に引き、その交点から元の線の矩に隅木へ線を定め、その長さを軒に移すと軒の長さの残りは〇・一三七になるという。ただ、そうした作図方法を何故おこなうのかについては示されていない。

垂木歩を求める方法は、軒長さを一とした時、そこから戻り割値〇・一三七を引き去り、残り〇・八六三を平行垂木と仮定した一枝寸法に乗じた値を垂木歩として定め、垂木歩の寸法を平から隅へ向かって矩手に定めていく（図15・16）。ただ、垂木歩の追い出し方は平からで、『規矩真術』とは逆である。明治以降の等間割ではこの方が一般的な方法であった。

戻り割値が『規矩真術』の〇・一二五に対して『規矩階梯』では〇・一三七と異なり垂木歩の追い方も反対であるが、軒長さと垂木数から面割寸法を決め、一定の比率を乗じて垂木歩を定めるという考え方の基本は同じである。

『規矩階梯』と同様に、はじめに軒長さから戻り割値を引去る方法は、木子文庫林家伝家文書［木七二―一―一八四］でも確認することができるもので、技法的にもこの方が一般的であると解されるから、垂木歩の追い方を除けば『規矩階梯』の方法が本来の技法の流れを汲むもので、『規矩真術』の定法はより簡易に結果を定めた方法といえる。(27)

ただ、『規矩階梯』の戻り割値〇・一三七の定め方では、『規矩真術』の〇・一二五やそれ以外の戻り割値を導くことはできず、『規矩階梯』独自の導き方と考えられる。

『匠家矩術新書』の戻り割の値

近世と近代の戻り割の工程が理解できる事例をみたが、その基本的な考え方に相違はなく軒の長さ、垂木枝数（本数）、戻り割値あるいは定法と呼ばれる値から垂木歩が求められる。逆にいうと完成した図面や実物があって戻り割値が不明の場合でも、軒の諸寸法から戻り割値を導き出すことができるはずである。そこで、近世の代表的な軒規矩術書である『匠家矩術新書』（以下『矩術新書』と呼ぶ）の戻り割値を求めてみたい。

同書は平内廷臣が嘉永元年[28 注9]（一八四三）に著したもので、各軒形式の軒規矩が緻密な図面と詳細な数値で解法が示されている。扇垂木も詳細な等間割の図や表があり等間垂木歩の値も記されているが、それがどのように定められたかについては記述がない。そこで、『矩術新書』の扇垂木から規

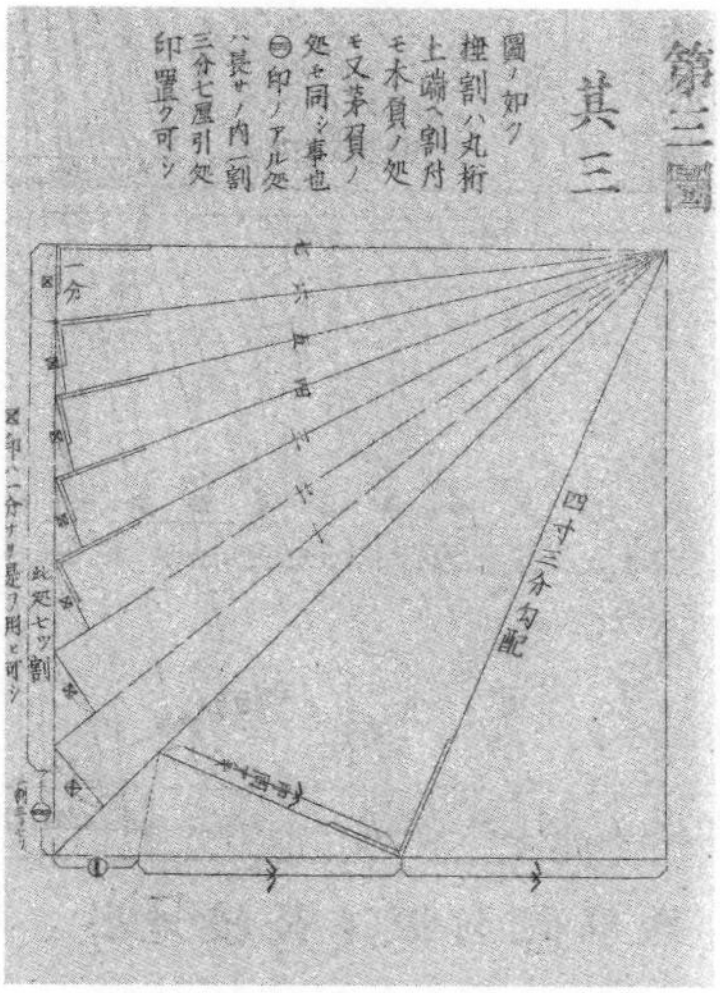

図 14 『規矩階梯』の戻り割値の定め方

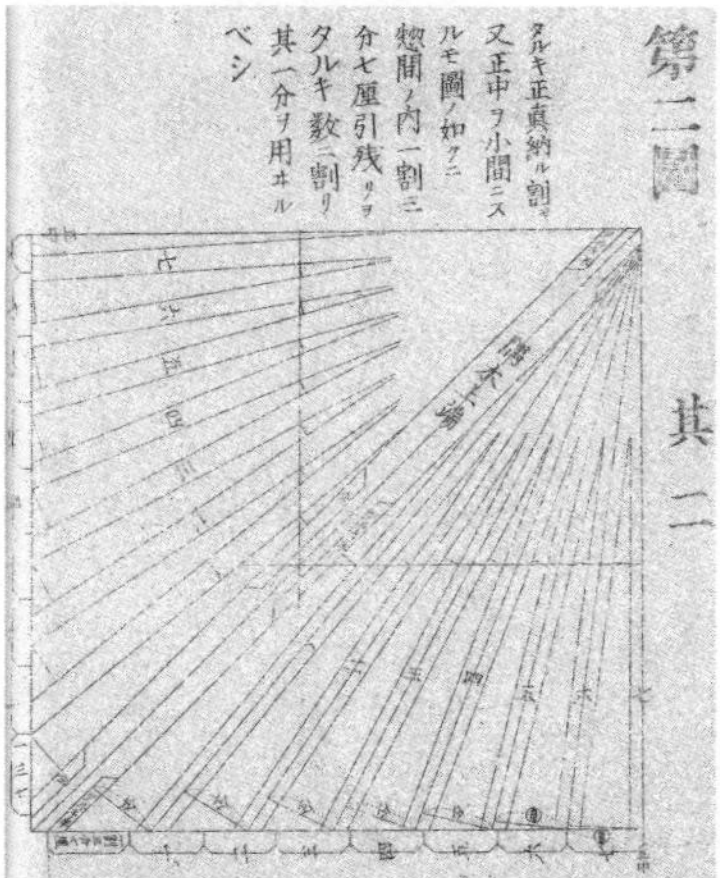

図 15 『規矩階梯』の等間割

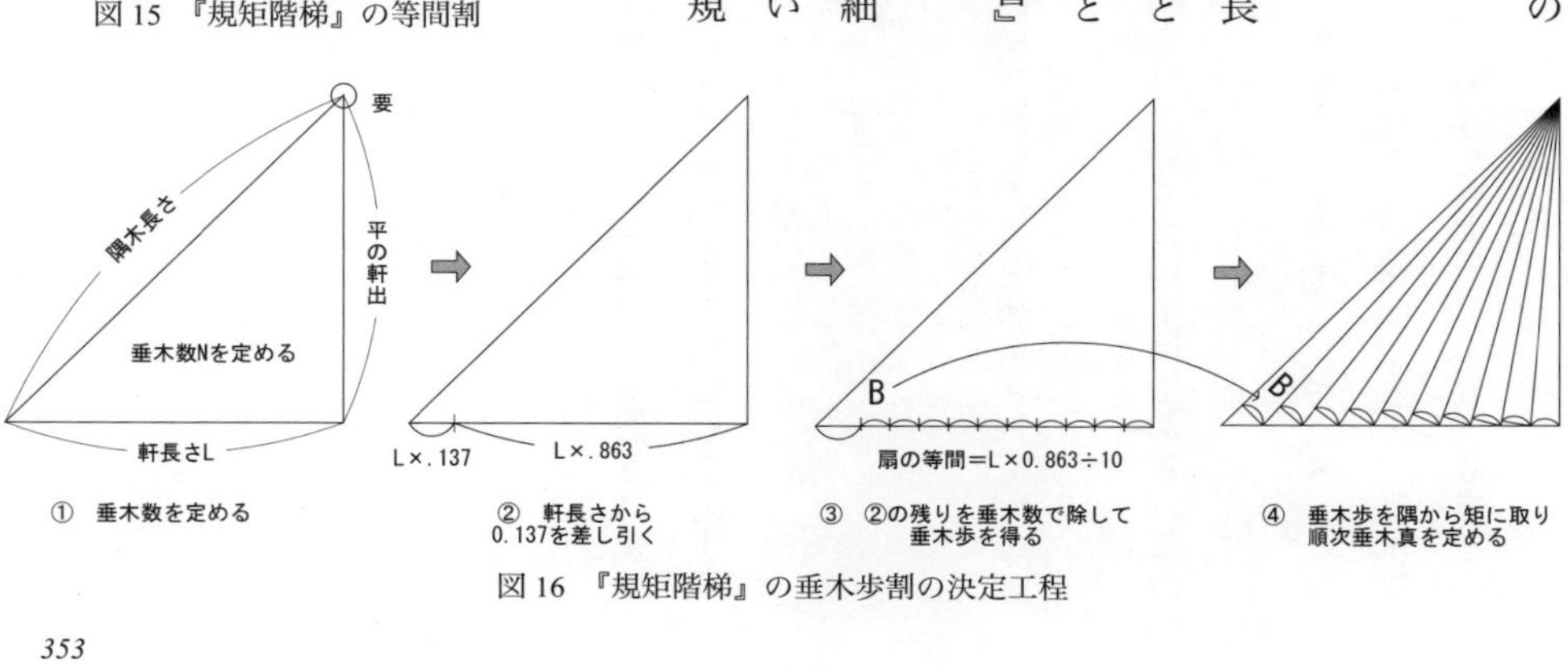
要
隅木長さ
平の軒出
垂木数Nを定める
軒長さL
L×.137
L×.863
B
扇の等間＝L×0.863÷10
B
① 垂木数を定める
② 軒長さから0.137を差し引く
③ ②の残りを垂木数で除して垂木歩を得る
④ 垂木歩を隅から矩に取り順次垂木真を定める

図 16 『規矩階梯』の垂木歩割の決定工程

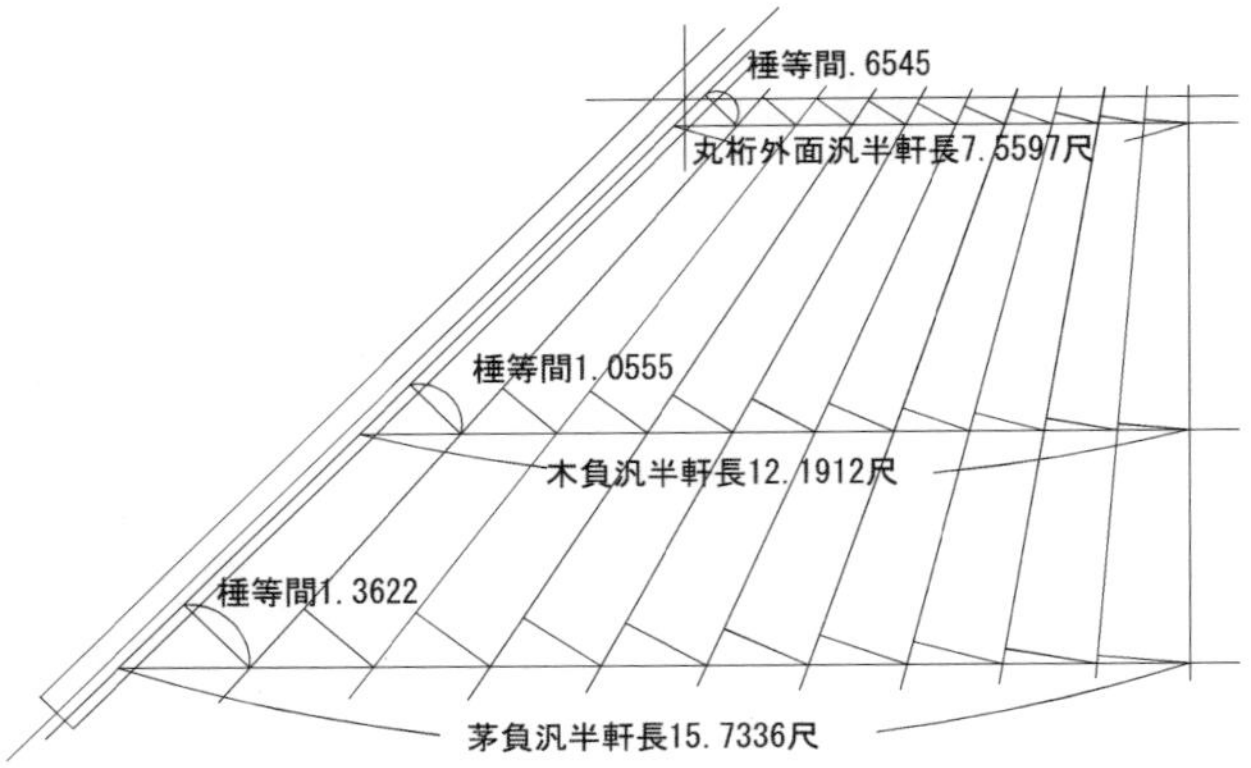

図17　『矩術新書』正方形長方形扇棰臥地墨縄矩図解の主要寸法をまとめた図

矩的な主要な寸法を図17にまとめ、そこから『矩術新書』の戻り割値を求めてみると、

茅負において飛檐垂木の垂木歩と枝数からその総和を求めると、

1.3622尺 × 10枝 = 13.622尺

軒長さに対する垂木歩総和の比を求めると、

13.622尺 ÷ 15.7336尺 = 0.866

戻り割値を求めると、

1 − 0.866 = 0.134

となる。これは木負、丸桁で求めても同じ値となる。

このように、近世を代表する軒規矩術書の扇垂木において等間割値は明記されていないが、一三四の戻り割によって計画されていることを図面等から容易に導き出すことができるのである。(注10)

三―三　中世遺構の戻り割

以上の近世以後の戻り割の知見を基に、一三七の戻り割であると報告されている中世遺構について確認してみる。

前述の通り、三明寺三重塔[29]（享禄四年　一五三一）の三層の扇垂木は一三七の戻り割として指摘されている古い事例である。この軒は茅負の外下角を鈍角とした特徴ある規矩として著名である。

修理工事報告書によると、扇垂木割は木負で割付けられていて垂木歩二・五寸、垂木数二二枝、軒長さ六・三七五尺である。これら諸寸法を使って戻り割値の計算をすると、報告書どおり〇・一三七を得る。しかし、垂木歩二・五寸によって作図すると、垂木歩の値が小さくて軒規矩図の様に納まらない。そこで、筆者が実際に作図して検討すると垂木歩は二・五寸では短く二・五三寸ほど必要となった。

そこで、実際に納まる垂木歩二・五三寸で戻り割値を再検討すると、

垂木歩の総和　2.53寸×22枝＝5.566尺

軒長さに対する垂木歩の総和の割合は、

5.566尺÷6.375尺＝0.873

そこから戻り割値を求めると、

1−0.873＝0.127

となり、報告書の値〇・一三七とは異なる結果を得た。このことから報告書では垂木歩の寸法で端数処理して計算した結果を掲載したものと推察される。

観音寺多宝塔上層[30]（天文五年　一五三六）では、一三七の戻り割であることを前提に検討されていて、その結果実測値との誤差が少ないと報告されている。報告書の垂木歩一〇四・一七㎜、垂木数二一枝、軒長さ二・五六四㎜から検討すると、戻り割値は〇・一四七となり、報告書の値〇・一三七とは異なる結果となる。

東観音寺多宝塔下層[31]（大永八年　一五二八）も一三七の戻り割で検討すると二分程度の誤差で納まると報告されているが、筆者の検討では戻り割値は〇・一三一となる。

観音寺及び東観音寺の両多宝塔は、ともに戻り割値が『規矩階梯』と同じ〇・一三七であることを前提に検討をおこない、その結果が誤差範囲内とする検討方法であって、軒廻りの諸寸法から戻り割値を正しく求めた結果ではないことに注意する必要がある。

三―四　近世遺構の戻り割

近世遺構の修理工事報告書においても等間割における垂木歩の決定方法については記述が見られないが、ここでは詳細な図面と報告のある本門寺五重塔二〜五層[32]（慶長一二年　一六〇七）について整理してみる。

同塔は初層のみを平行垂木とし二層以上を扇垂木とするもので、各層の扇垂木の軒形式はほとんど同じである。軒廻りの諸寸法を修理工事報告書を参照して表1にまとめ、検証すると以下の通りとなる（長さの単位は㎜）。

表1　本門寺五重塔の軒廻り寸法

層	垂木歩	枝数	軒長さL	垂木歩総計T	T/L	戻り割値
二層	131	32.5	4,737.0	4,257.5	0.899	0.101
三層	139	29.5	4,540.0	4,100.5	0.903	0.097
四層	142	27.5	4,347.0	3,905.0	0.898	0.102
五層	138	26.5	4,037.2	3,657.0	0.906	0.094

戻り割の値は〇・〇九四〜〇・一〇二と少し斑があるが、ほぼ〇・一〇〇と見て良いと思われる。つまり、同塔の各層の扇垂木は、軒長さから一割を差引いた残りである九割を垂木数（枝数）で割込んだ値を等間（垂木歩）とし、隅から順に垂木真を等間で納めていることが判明する。

三―五　戻り割値について

以上、近世から近代までの書誌資料と中世から近世までの実際の遺構について、戻り割値の確認をおこなった。

戻り割の値について上述した以外の例を挙げると、軒長さの一割の裏目つまり〇・一四一（$\sqrt{2}\times0.1$）とする事例が林家伝家文書［木七二―一―一八四］、『工匠技術図解』(33)（明治二二年　一八八九）にあり、〇・一五は林家伝家文書［木七二―一―一八四］、〇・一七二は『大工初心図解』(34)（明治三二年　一八九九）などがあり、鎌倉勾配と同様に多くの値が存在することが判る。

三―六　八角扇垂木と六角扇垂木の等間割（戻り割）について

八角及び六角扇垂木の等間割（戻り割）については、近世では『規矩真術』と『矩術新書』に記述があり、近代では『工匠技術図解』、『和様建築軒隅絃法図解』(35)（明治四一年　一九〇八）で確認できる。

『規矩真術』の八角扇垂木と六角扇垂木の戻り割

八角及び六角の扇垂木の戻り割値は、同書の四方軒の場合と同じ方法で指定されている。八角扇垂木は図18のとおり〇・九六七を定法とする。戻り割値はこれを一から引いて〇・〇三三を得る。値は四方軒の場合（〇・一二五）と比べてかなり小さい。

六角扇垂木は、図19の通り定法を〇・九四九とするから、戻り割値は一から減じて〇・〇五一となる。

『矩術新書』の事例

四方軒と同様に八角及び六角扇垂木は、ともに等間割で詳細な図面と解説があるが、やはり等間（垂木歩）の求め方については何も説明がない。四方軒同様に図面から戻り割値を導き出すと、八角扇垂木の戻り割値は〇・〇三〇、六角扇垂木は〇・〇六九を得る。

『工匠技術図解』の事例

近代の同書は六角扇垂木だけであるが、軒長さの二〇分の一を裏目で引き去り残りを垂木枝数（本数）で割込んで定めるとする。

具体的には、

$$\sqrt{2} \div 20 = 0.0707 \fallingdotseq 0.071$$

となる。

『和様建築軒隅絃法図解』の事例

同書は八角軒扇垂木の他五軒角扇垂木の戻り割値がある。

八角軒の場合は三分引き去るとあるから、戻り割値は〇・〇三〇であり『矩術新書』と同じ値である。

「九寸六分七リ八二」

図 18　『規矩真術』の八角扇垂木等間割の定め方

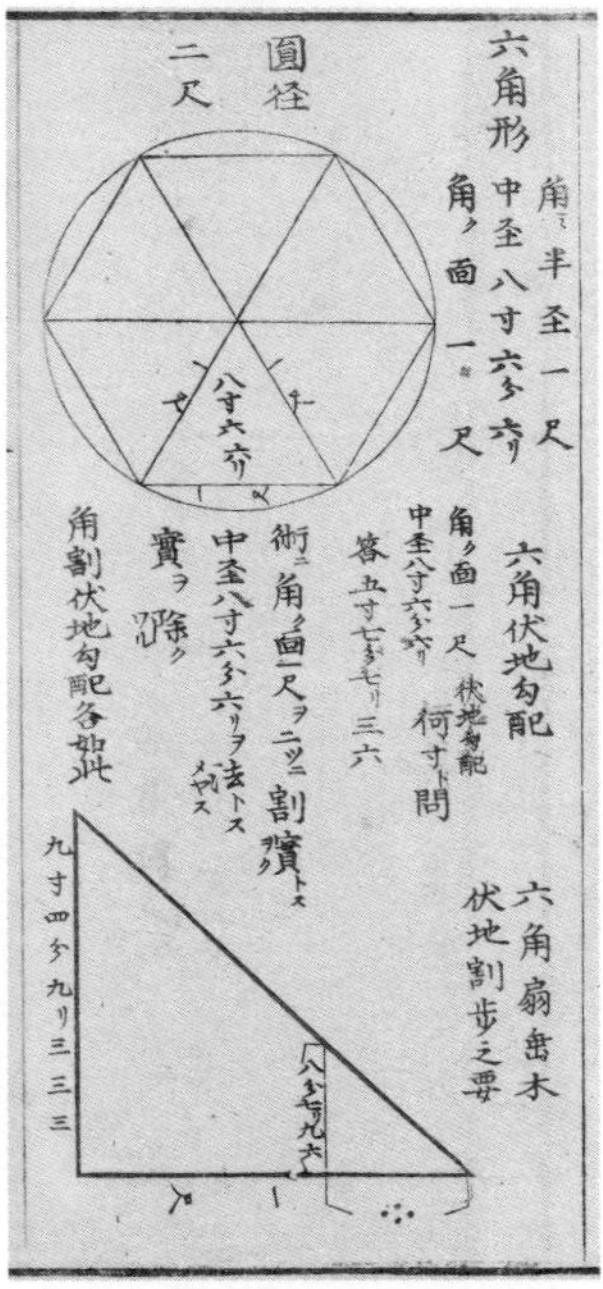

「九寸四分九リ三三三」

図 19　『規矩真術』の六角扇垂木等間割の定め方

四　鎌倉割（戻り矩）と等間割（戻り割）の関係

今日では鎌倉割（戻り矩）は一・七寸の鎌倉勾配、等間割（戻り割）は一三七がそれぞれ代表的な技法（値）といえるが、それ以外にも多くの値が存在することを指摘した。

鎌倉勾配の決定方法については、隅木と平の軒長さの差を勾として整数比に按分した位置と隅木端を結んで定める方法を提案したが、等間割の戻り割値についても統一的な定め方を検討した結果、戻り割値は鎌倉勾配の作図の過程で定められると考えられた。

四―一　一・七寸の鎌倉割（戻り矩）と一三四の等間割（戻り割）の関係

図20に示すとおり、軒出、軒長さを単位長さ一とし一・七寸の鎌倉勾配を平の軒先から隅に向って取ると、勾配線の長さ（鎌倉勾配長さ）は〇・八六六となる。その鎌倉勾配長さを軒に取ると、残りは軒長さ一から差し引いて〇・一三四となる。この値はすでに指摘したように『矩術新書』の戻り割値と同じである。

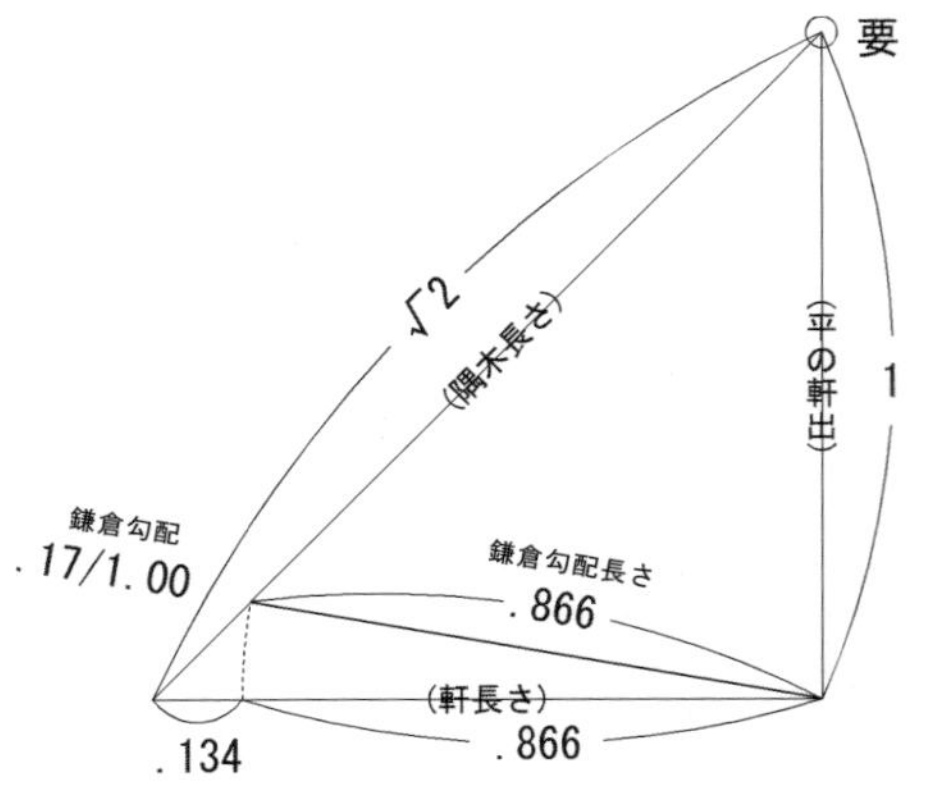

図20　1.7寸の戻り矩と0.134の戻り割の関係

このことから、一・七寸の鎌倉割（戻り矩）と一三四の等間割（戻り割）の基本部分は、共通する関係性があると考えられる。つまり、軒出、軒長さを単位長さ一とすると、一・七寸の鎌倉割（戻り割）の作図によって〇・一三四の戻り割値が導き出され、その関係は、戻り割値＋鎌倉勾配長さ＝一（軒長さ）であると指摘できる。

さらに、一・七寸の鎌倉勾配は隅木長さを平の軒出に取り、その長さの差を勾として5：7又は1：$\sqrt{2}$に按分して定められるから、鎌倉割（戻り矩）と等間割（戻り割）が決定される基本の原理は勾の按分比にあるといえる。

こうした全体の流れを一般化したモデルが図21である（図は平の軒出、軒長さを単位長

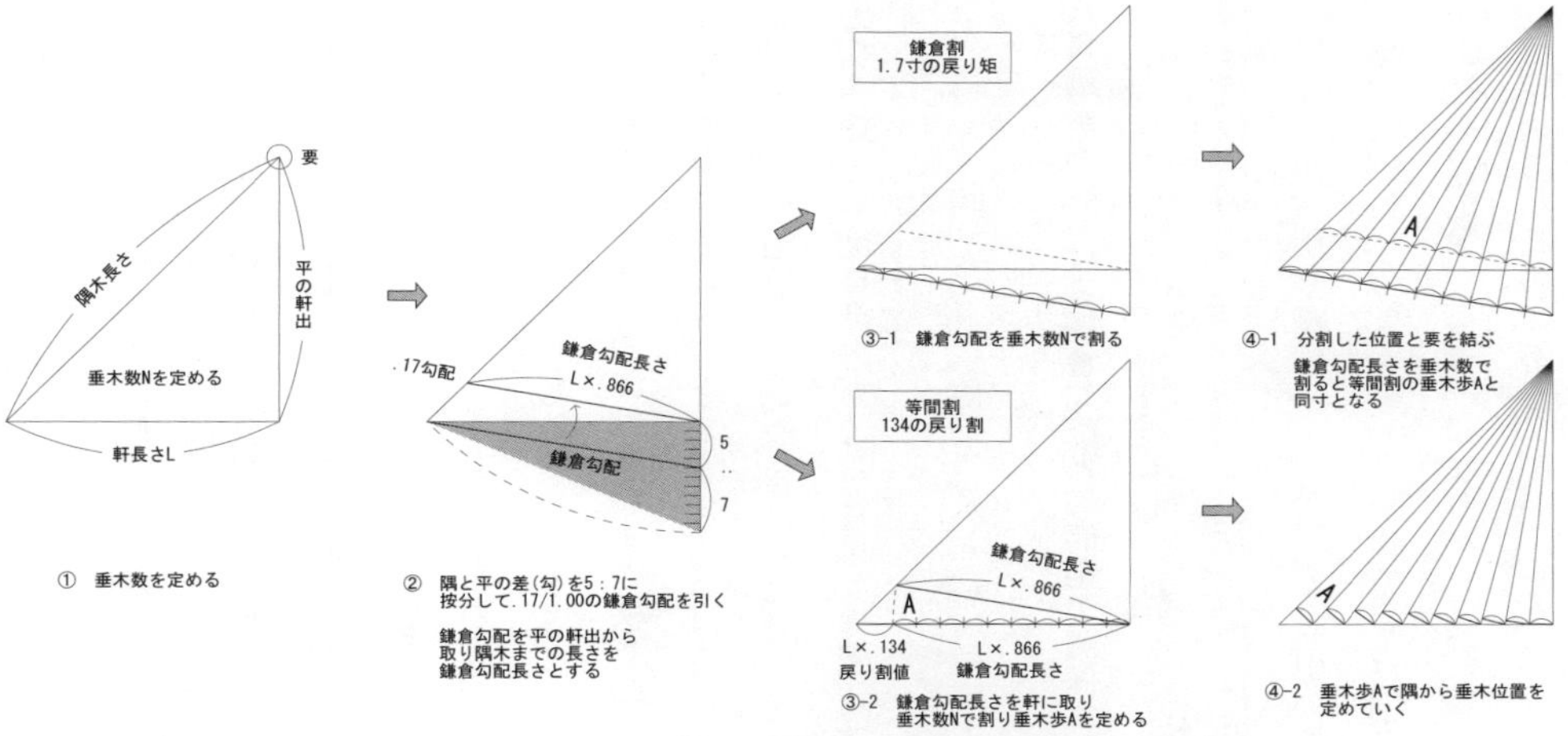

図21　鎌倉割（1.7寸の戻り矩）と等間割（0.134の戻り割）の設計工程

さ一とし、勾を5：7に按分した作図例としている)。

作図の流れを説明すると、

①扇垂木の前提となる軒長さと垂木数を定めておく。

②隅木長さを平の軒出に移しその差を勾として、勾を整数比で按分して鎌倉勾配を定める。さらにその勾配を平の軒先に移し、隅木まで鎌倉勾配を引く。隅木までの長さが鎌倉勾配長さである。

ここまでは鎌倉割（戻り矩）、等間割（戻り割）ともに共通である。

鎌倉割（戻り矩）の流れ

③－1　鎌倉勾配を垂木数（枝数）で均等に分割する。

④－1　分割した位置と要を結ぶと垂木真が定められる。なお、鎌倉勾配長さを垂木数で割り込んだ値は戻り割の垂木歩Aと同寸となる。

等間割（戻り割）の流れ

③－2　鎌倉勾配長さを軒に取り垂木数で割り込んで垂木歩Aを定める。軒長さから鎌倉勾配長さを引くと戻り割値となる（又は軒長さから戻り割値を引いて鎌倉勾配長さを定める）。

④－2　垂木歩Aを隅から矩に取り、はじめの垂木位置を定め要と結び垂木真とする。その垂木真から垂木歩を矩に取り、同様の作図で順次垂木真を定めていく。

以上の様に、鎌倉割（戻り矩）と等間割（戻り割）は、隅木と平の軒出の差を勾として、それを整数比に按分して定める鎌倉勾配に対して一義的に定まる関係にあり、両技法の相違は垂木歩の定め方だけであるということができる。

四―二　その他の鎌倉勾配と戻り割値の関係

一・七寸の戻り矩と一三四の戻り割の関係性を指摘したが、それ以外の鎌倉勾配や戻り割の値についても検討すると、すべてが勾の整数比で按分して定められる鎌倉勾配によって一義的に決定されることが判明した。こうした関係を勾の按分比ごとに、鎌倉割（戻り矩）と等間割（戻り割）の実際の遺構、書誌資料の事例を整理したものが表2である。

鎌倉割（戻り矩）は一・七寸勾配の遺構が多いが、それ以外では緩いもので〇・六寸勾配から急なもので三・七寸勾配まで認められ、それぞれが勾を整数比で按分することで定められている。

等間割（戻り割）の値は『規矩階梯』の〇・一三七が代表的であるが、本門寺五重塔二～五層の〇・一〇を最小とし（図22）、『大工初心図解』の〇・一七二まで、ほぼ鎌倉勾配に対応して存在する。特に勾を黄金比5：8の按分によって生じる〇・一二六前後の値のものは、遺構、書誌資料ともに多いといえる（図23）。他に軒長さの一割の裏目のものは書誌資料に多く見られるが、それに対応する鎌倉勾配は今のところ管見では確認できない。

四―三　八角扇垂木と六角扇垂木における戻り矩と戻り割の関係

八角扇垂木における鎌倉勾配と等間割の関係

先に述べた様に、八角扇垂木における等間割の戻り割値は、〇・〇三〇が『矩術新書』、『和様軒隅絃法図解』で確認できる。他にほぼ近い値の〇・〇三三が『規矩真術』にある。

軒長さから戻り割値〇・〇三〇を差引いた長さ〇・九七〇は、八分勾配の鎌倉勾配長さに等しいが、『秘伝書図解』の八角扇垂木の鎌倉勾配は八分で、軒長さを単位長さ一として隅木の長さとの差を勾とすると、5：7に按分して定められる勾配であることはすでに述べた通りである。つまり、八角軒において勾の5：7の按分から鎌倉勾配八分の鎌倉割と戻り勾配〇・〇三〇の等間割が一義的に定められるのである（図24）。

表2　鎌倉割と等間割の関係

按分比 A：B	鎌倉割（戻り矩）	等間割（戻り割）
1：6	.06/1.00 ・*妙成寺祖師堂宮殿：慶長*	.054 （事例なし）
1：4	.085 ～ .090/1.00 ・浄土寺浄土堂：建久3年(1192) ・大聖寺不動堂厨子：室町後	.073 （事例なし）
1：3	.10/1.00 ・*永保寺開山堂拝堂：室町前* ・長楽寺仏殿：天正5年(1577)	.086 （事例なし）
2：5	.12/1.00 （事例なし）	.100 ・*本門寺五重塔2～5層：慶長12年(1607)*
1：2	.14/1.00 ・*不動院楼門上層：文禄3年(1593)*	.113 （事例なし）
4：7 1：$\sqrt{3}$ （白金比）	.15/1.00 ・南禅寺三門上層：寛永5年(1628)	.121 ・*輪王寺大猷院霊廟二天門：承応元年(1652)*
5：8 （黄金比）	.16/1.00 ◉『工匠技術図解』：明治22年(1889)	.126 ・*三明寺三重塔3層：享禄4年(1531)* ・*妙成寺祖師堂：慶長* ・*輪王寺大猷院霊廟本殿上層：承応2年(1653)* ・*專修寺如来堂(.135)：寛文6年(1666)* ◉「林家文書」［木72-1-184］：江戸時代 ◉『規矩真術』：弘化4年(1847) ◉『新撰軒廻大工雛形』：明治15年(1882) ◉『和様規矩術』：大正15年(1926)
2：3	.165/1.00 ・勝鬘院塔婆上層：慶長2年(1597) ◉『明治新隅矩早学』：明治40年(1907)	.130 ・*東観音寺多宝塔下層：大永8年(1528)*
5：7 1：$\sqrt{2}$ （白銀比）	.17/1.00 ・正福寺地蔵堂：応永14年(1407) ・新海三社神社三重塔初層：永正12年(1515) ・円通寺本堂：天文 ・金剛證寺宮殿：慶長14年(1609) ・油三寺三重塔3層：慶長16年(1611) ・知恩院三門：元和7年(1621) ・*那谷寺三重塔3層：寛永19年(1642)* ・国分寺金堂：安永8年(1779) ・性海寺宝塔：慶安 ・東照宮五重塔：文政元年(1818) ◉『大工雛形秘伝書図解』：享保12年(1727)	.134 ◉*『匠家雛形矩術新書』：嘉永元年(1848)* ◉『大工雛形』：明治45年(1912).135
3：4	.175 ～ .1775/1.00 （事例なし）	.136 ～ .137 ・*酒見寺多宝塔上層：寛文2年(1664)* ・*妙心寺仏堂：文政10年(1827)* ◉『規矩階梯』：明治15年(1882) ◉『匠家必携早引新書』：明治33年(1900) ◉『和洋建築大匠早割秘伝』：明治44年(1911)
7：9	.18/1.00 （事例なし）	$\sqrt{2} \times .10$ (0.141) ◉「林家文書」［木72-1-184］：江戸時代 ◉『工匠技術図解』：明治22年(1889) ◉『日本建築規矩術』：明治37年(1904) ◉『和洋建築軒隅絃法図解』：明治41年(1908)
8：9	.19/1.00 （事例なし）	.147 ・*観音寺多宝塔上層：室町後* ◉『改良規矩術』：昭和8年(1933)
1：1	.20/1.00 ・*那谷寺三重塔2層：寛永19年(1642)* ・泉福寺仏殿：元禄6年(1693) ◉「類聚倭木経」：安永9年(1780) ◉「戸崎家文書（二之巻）」：江戸時代 ◉『規矩的当解』：明治36年(1903)	.150 ◉「林家文書」［木72-1-184］：江戸時代
7：5	.24/1.00 ◉『建築伝法早割大工雛形』：明治11年(1878)	.172 ◉『大工初心図解』：明治32年(1899)
8：5 （黄金比）	.25/1.00 ◉「林家文書」［木72-1-184］：江戸時代	.175 （事例なし）
9：1	.37/1.00 ・*大乗寺仏殿下層：元禄15年(1702)*	.223 （事例なし）

（表注）

1) 按分比A：Bは、図イの通り隅木長さと平の長さの差（0.41）を整数比に按分したもので、鎌倉勾配はAB境と隅を結んだ線分の勾配である。図ロの様に鎌倉勾配を平の軒先に移し隅木までの長さを鎌倉勾配長さとする。鎌倉勾配長さを平に移し軒長さから差し引くと戻り割値が求められる。

　表の鎌倉勾配は端数処理をしたが、特に保存図に記載があるものは端数を付けたままとした。戻り割値も近似して分類したものもある。

2) 鎌倉割（戻り矩）の上段は鎌倉勾配で、等間割（戻り割）の上段は戻り割値を示す。下段はともに遺構（・印）、書誌資料（◉印）を年代順に掲げた。

3) 遺構、書誌資料ともに斜体で表記したものは筆者の検証による。本文でも述べたように修理工事報告書を再検討したものもあり、報告書とは値が異なるものもある。

4) 網掛け部分は、実例が確認できないものである。

5)『建築伝法早割大工雛形』は鎌倉勾配が途中で変化するため隅寄りの勾配を掲載した。

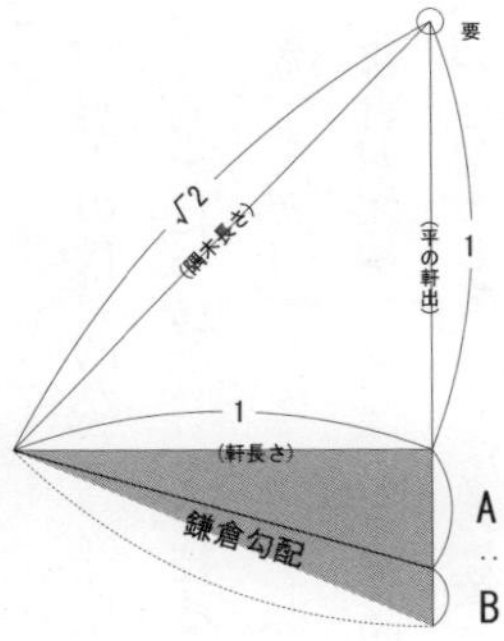

（図イ）

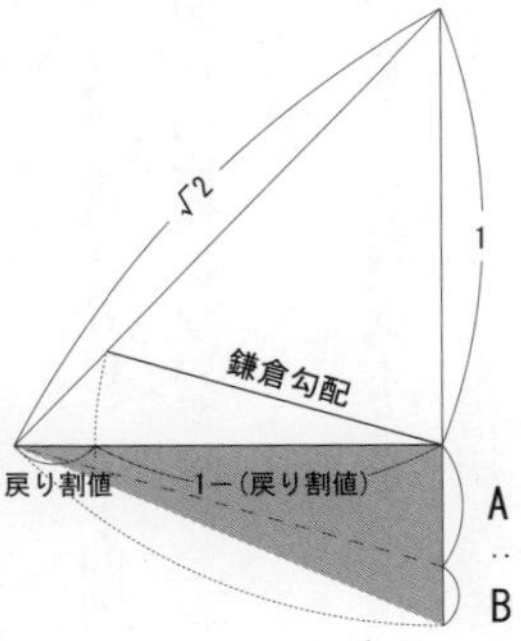

（図ロ）

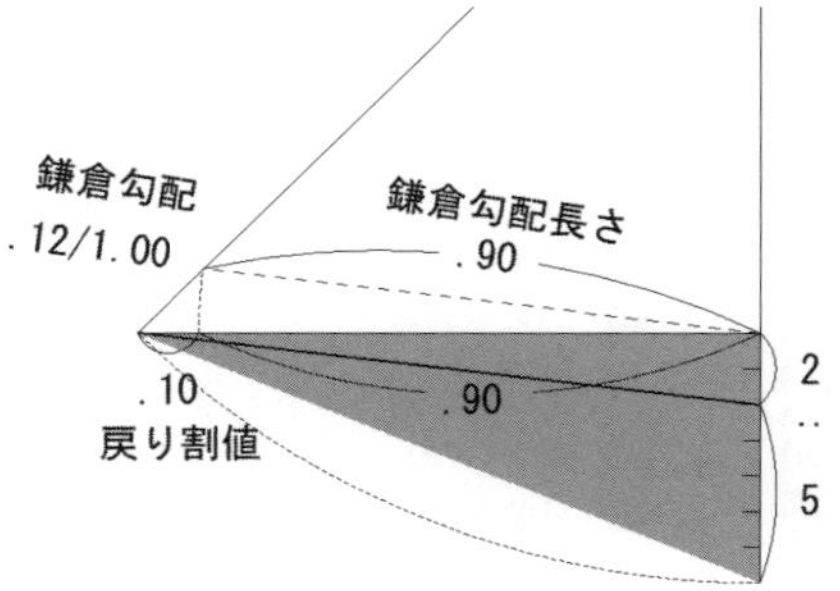

図22　1.2寸の鎌倉割と0.100の戻り割値の関係

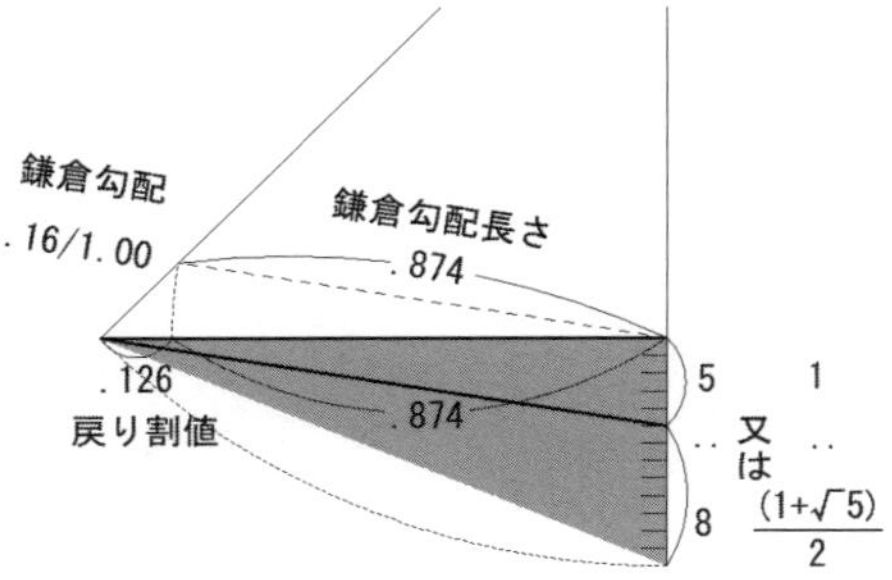

図23　1.6寸の鎌倉割と0.126の戻り割値の関係

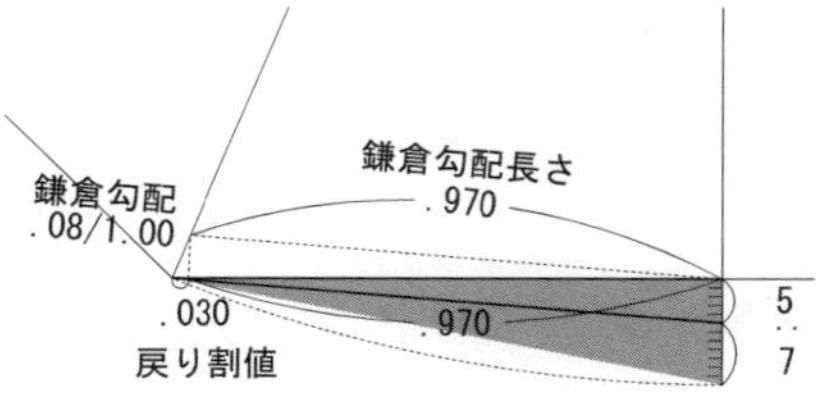

図24　八角扇垂木8.0分の鎌倉勾配と0.030の等間割りの関係

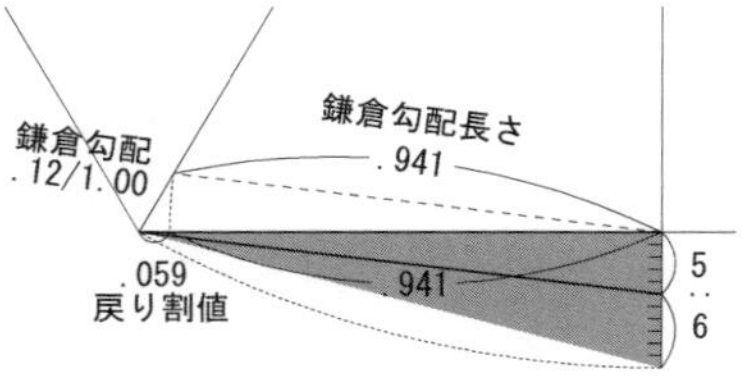

図25　六角扇垂木1.2寸の鎌倉勾配と0.059の等間割りの関係

また、『規矩真術』の戻り割値〇・〇三三は、勾を5：6として定まる九分の鎌倉勾配と一義的に決まる関係であることを指摘できる。

六角扇垂木と鎌倉割と等間割の関係

六角扇垂木における戻り割値は、『規矩真術』の〇・〇五一、『矩術新書』の〇・〇五九、『工匠技術図解』の〇・〇七一がある。

それぞれ〇・〇五一は六角軒の勾を5：8とし一・〇寸の鎌倉勾配と一義的に決まる関係であり、〇・〇五九は勾を5：6とし一・二寸の鎌倉勾配（図25）、〇・〇七一は勾を4：3とし一・五寸の鎌倉勾配と一義的な関係が認められる。

五　小結

扇垂木の代表的な二つの技法である鎌倉割（戻り矩）と等間割（戻り割）について、その技法の解明と関係性について検討をおこなった。

鎌倉勾配は一・七寸が代表的であるが、それは隅木と平の軒出の差を勾として、5：7に按分して定められることを指摘し、それ以外の鎌倉勾配も勾を整数比に按分して定まることを明らかにできた。

等間割の戻り割値は、勾の整数比によって定まる鎌倉勾配軒長さから軒長さを引いて定められることを明らかにして、近世の代表的軒規矩術書である『矩術新書』が〇・一三四であることを導き出した。

この様に、勾の整数比を基本的な原理とする鎌倉割（戻り矩）と等間割（戻り割）は一義的に定まる関係にあるのである。

また、八角及び六角扇垂木の鎌倉割（戻り矩）と等間割（戻り割）の関係も、四方軒と同様な方法によって求められることを指摘できる。

参考文献

1　木子棟斉：『巧道助術新録初編　下之巻』、明治二三年（一八九〇、一〇）

2　持田武夫：『規矩術』（文化財建造物修理木工技能者研修資料）

3　『重要文化財三明寺塔婆修理工事報告書』（同修理委員会編）、一九五二・三、『重要文化財東観音寺多宝塔修理工事報告書』（同修理委員会編）、一九五九・七、『重要文化財観音寺多宝塔修理工事報告書』（文化財建造物保存技術協会）、二〇〇一・九などで一三七の戻り割の記述がある。

4　『国宝正福寺地蔵堂修理工事報告書』（東村山市史編纂委員会）、一九六八・一一

5　『国宝浄土寺浄土堂修理工事報告書』（同修理委員会編）、一九五九・九

6　上田虎介：『増補改訂日本建築規矩術語解説』、私家版、一九七八・一一

7　『重要文化財泉福寺仏殿修理工事報告書』（文化財建造物保存技術協会）、二〇〇八・一

8　『重要文化財大乗寺仏殿修理工事報告書』（文化財建造物保存技術協会編）、一九九四・九

9　木子文庫林家伝家文書［木二〇－三］、東京都立中央図書館蔵

10　鎌倉市文化財総合目録編さん委員会（関口欣也）：『鎌倉市文化財総合　目録――建造物篇――』、同朋出版社、一九八七・一〇

11　西村権右衛門：『大工雛形秘伝書図解』、享保一二年（一七二七）

12　大上直樹・西澤正浩・望月義伸・谷直樹：『大工雛形秘伝書図解』と類型本による近世軒規矩術ついて　近世軒規矩術の研究――その1　日本建築学会計画系論文集　第六六六号、一四八一－一四九〇頁、二〇一一・八（本書　第六章）

13 明王太郎景明：「類聚倭木経 規矩之部」、安永九年（一七八〇）、神奈川県立公文書館臓

14 木子文庫林家伝家文書［木七二一—一—一八四］、東京都立中央図書館蔵

15 戸崎家文書「二之巻」、秋田県立図書館蔵

16 秋瀧友吉：『建築伝法早割大工雛形』、明治一一年（一八七八）

17 秋田世高：『工匠技術図解』、明治二二年（一八八九）

18 藤原金次郎：『明治新撰規矩的当図解』、明治三六年（一九〇三）

19 『重要文化財長楽寺仏殿修理工事報告書』（和歌山県文化財センター編）、一九九六．三

20 『重要文化財南禅寺三門並びに勅使門修理工事報告書』（京都府教育庁文化財保護課編）、一九八二．一二

21 『国宝・重要文化財（建造物）実測図集』（文化庁）

22 『国宝向上寺三重塔修理工事報告書』（同修理委員会編）、一九六三．三

23 前掲3のうち『重要文化財三明寺塔婆修理工事報告書』（同修理委員会）、一九五二．三

24 前掲3のうち『重要文化財東観音寺多宝塔修理工事報告書』（同修理委員会）、一九五七．七

25 前掲3のうち『重要文化財観音寺多宝塔修理工事報告書』（財団法人文化財建造物保存技術協会）、二〇〇一．九

26 柳沢宏江・溝口正人：『規矩階梯』の初版本と改訂本の比較　日本建築学会大会学術講演梗概集（近畿）、二九一—二九二頁、二〇〇五．九

27 前掲14に同じ。

28 関野克：日本大工技術の発達史　建築雑誌　七三三、一九四七．八及び「規矩術について」『文化財と建築史』所載、鹿島出版会、一九六九．一一

29 前掲23に同じ。

30 前掲25に同じ。

31 前掲24に同じ。

32 『重要文化財本門寺五重塔修理工事報告書』（文化財建造物保存技術協会編）、二〇〇二．三

33　前掲17に同じ。

34　青山佐太郎：『改撰大工初心図解二篇』、明治三一年（一八九八）

35　亀田吉郎平：『和様建築軒隅絋法図解』、明治四一年（一九〇八）

注

注1　その他の扇垂木の技法として「扇罫割」を加える場合があるが、「扇罫割」の初出と思われる廣丹晨父著『匠家極秘伝』（享保一二年一七二七）は、技法といえる内容ではなく単に扇垂木を表しているものと解される（下図）。その後、小林源蔵著『独稽古隅矩雛形』（安政四年　一八五七）においても技法として記述はあるが、やはり名称の指摘だけで具体的な技法については触れていない。実際の遺構例も管見では確認できない。

注2　類似の事例は文献8の大乗寺仏殿においても示されている。

注3　文献8によれば鎌倉勾配は三・八寸とするが、三・七三寸の方が良く割付けられる。

注4　八角扇垂木は平面が八角形で軒が扇垂木となるもので佛性寺本堂（天正一一年　一五八三）がある。六角扇垂木は平面が六角形で軒が扇垂木となるもので長光寺地蔵堂（永正七年　一五一〇、軒は享保の改造）がある。

注5　「一　六角すみ木たる木あよミよう、扇たる木同断、かまくらあゆミ壱寸四分のかうばい引出したる木あゆみいたし申候、八角ハ八分かうばいなり（以下略）」

注6　四方軒という呼び方は、木子文庫林家伝家文書「木摧」[木二〇－三]（天正五年～寛永年間）に見える。四隅に隅木を置き四方に垂木が架かるものを意味し、二方に軒のある切妻の軒と区別される。

注7　その他の等間割の方法としては、松葉矩を使って等間を定めるものが江戸時代や明治期の規矩術書で確認できる。それについては第一三章で述べる。

注8　中村達太郎著『日本建築辞彙』（明治二九年　一八九六）のはしがきにおいても、『規矩階梯』の用語に注意したとある。

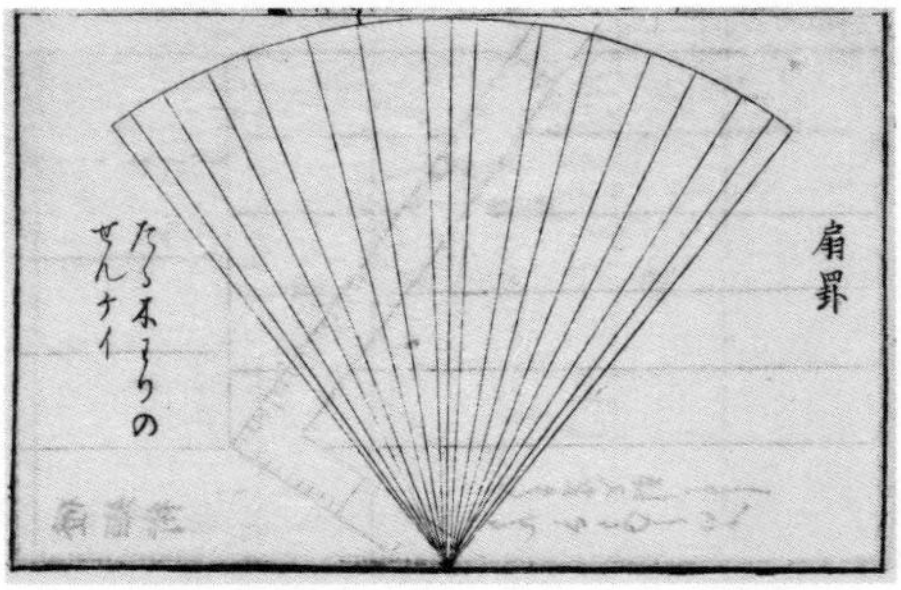

注9　文献28において、平内九代大棟梁廷臣は規矩術に大きな足跡を残し、科学的合理的な精神によって建築技術の新しい転換がおこなわれたとする。

注10　なお、同書では軒長さを汎半軒長さと呼ぶ。また、垂木歩は『規矩真術』と同様に隅から平に向って矩手に取って順に追って定めている。

第一三章　立川富房著『軒廻棰雛形』の扇垂木について——要《かなめ》のない扇垂木の技法——

一　はじめに

扇垂木の技法は一般に鎌倉割と等間割の二つの技法があるとされ(1)、それぞれ方法は異なるが軒先廻りで垂木先の位置を割付けた後、垂木尻を要《かなめ》に結ぶことによって垂木を扇状に配置するもので、通常要は扇垂木を作図するための必須の基準である。

要は、『鎌倉造営名目』「あふ木たる木ノよせシノめうもく」(2)（天文二二年　一五五三）においては「キリノタテハ」と呼ばれていることから、元々は垂木を放射状に配するために錐を立てて作図したのであろう。同様の記述は、同時期の木子文庫林家伝家文書「木摧」［木二〇―三二］(注1)（天正五年　一五七七）においても確認することができる。そのほか要は「極真」、「竜頭」などとも呼ばれていた。

宝暦一四年（一七六四）立川富房によって著された『軒廻棰雛形』(注2)（以下『棰雛形』と記す）は、一軒、二軒の平行垂木から扇垂木までを網羅した江戸時代中期を代表する規矩術書である。この中の扇垂木の技法は等間割であるが、一般的な戻り割法(3・4・注3)とは異なり松葉矩によって垂木割を定めた後、要を用いずに垂木を扇状に納めるもので、管見ではこの扇垂木法についての先行研究は確認できず、不明な点が多い技法である。

しかし、『棰雛形』の要のない扇垂木の技法は、近世の大工文書の中にその写しや応用事例が数例確認できる他、近代になると変更が加えられた増補版や、類似する技法が掲載された軒規矩術書が刊行されていることから、江戸時代中期から明治にかけて一部の職人の間では支持されてきた技法であったことがわかる。

例えば、亀田吉郎兵衛が明治四一年（一九〇八）に著した『和様建築絃法図解』(5)では、要を用いずに垂木の振れを定める技法を「扇垂木上下面割」と呼び、要のある一般的な「扇垂木要割」と区別して紹介されている（図1）。同書は垂木割の指定方法などの詳細

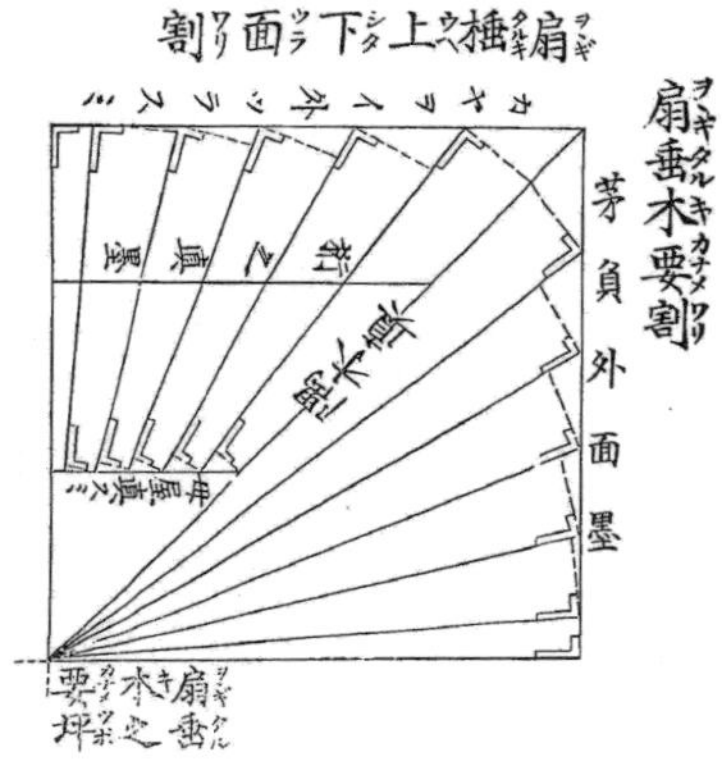

図１『和様建築軒隅絃法図解』

については記述がないが、『棰雛形』の流れを汲む一例と考えられる。

本章は、この様に扇垂木の等間割法において一般的な戻り割法と異なり要を用いずに垂木を配る『棰雛形』の扇垂木の技法について、書誌資料を基に考察するものである。

二　『軒廻棰雛形』と類型書誌の概要

はじめに、『軒廻棰雛形』及び同様の技法の記述のある書誌資料について概観しておく。

二―一　『軒廻棰雛形』

立川小兵衛富房が宝暦一四年（一七六四）に著した規矩術書で、大版の折れ本で一巻四冊からなる。版元は江戸日本橋須原茂兵衛である。

立川富房は江戸本所立川通に住んでいた大隅流の流れを汲む棟梁で、規矩術において一派（倭様匠家矩術立川流）をなし、(6) 他に『大和絵様集』(7)などの著作がある。また建築彫刻で著名な諏訪立川流の初代立川富棟は、富房の元で修業して立川の姓と富の一字を与えられたとされる。(8)

全巻の構成は、「軒廻リ垂木大和割之伝一軒之巻」、「軒廻リ垂木大和割之伝二軒之巻」が平行垂木で、近世では一般的な引込垂木法が述べられている。扇垂木は「扇垂木倭割之伝上」及び「扇垂木倭割之伝下」からなる（以下上巻、同下巻と記す）。

上巻は木負、茅負、桁の垂木割の定め方や垂木歩の技法、下巻は木負、茅負の反り、垂木の曲（くせ）の取り様、軒の平断面、隅木が主な内容である。本章では主に扇垂木の基本計画が述べられている上巻について考察する。

なお、基礎的な用語である垂木割、垂木歩（あゆみ）及び垂木の振れの概念については、『棰雛形』においても判然としない部分

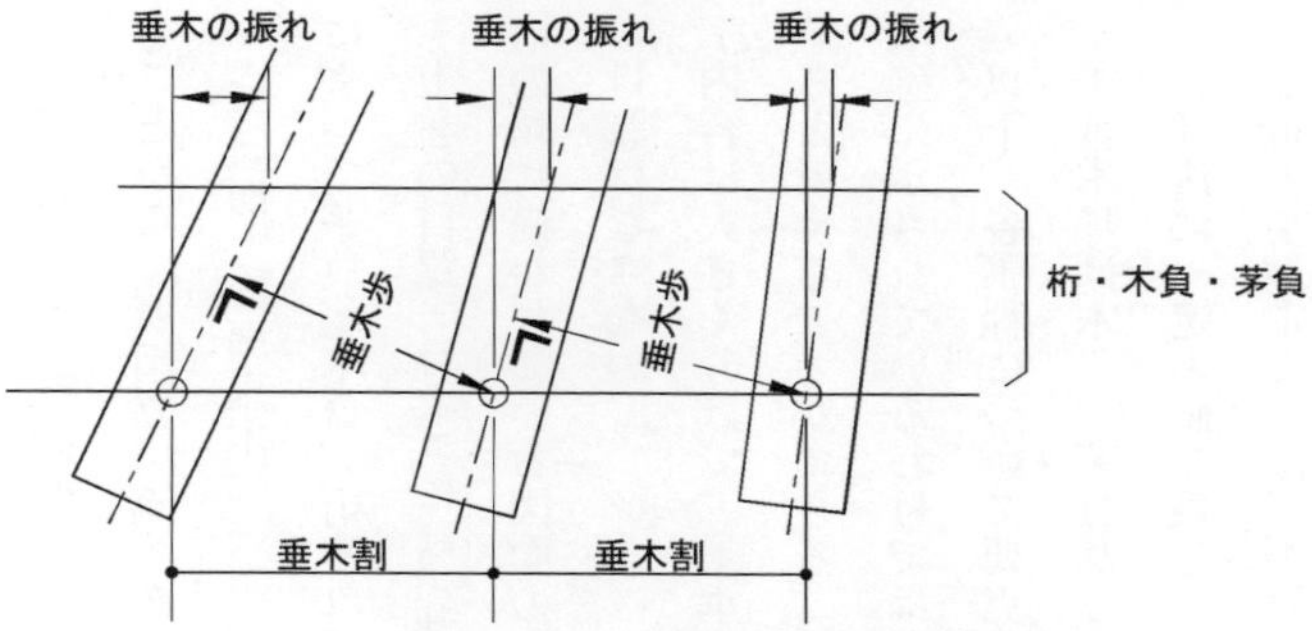

図２　垂木割・垂木歩・垂木の振れの関係

があるため、図２に定義したものを使い区別することとする。また図３に上巻の全てを筆者が再作図した図を掲げた（表紙等を除く）。図中の上部の数字は頁数を示し、（アミ掛）書きは筆者による各図の概要名である。下段には作図内容の概要説明を記した。

二－二　『増補軒廻棰雛形』

立川小兵衛(注4)が、明治一六年（一八八三）に元の『棰雛形』の版に増補を加えた木版本で千鐘房から刊行された。

内容は全体に書込みが追加されて少し判り易い内容になっているが、特に扇垂木の上巻に補足された箇所が多い。垂木歩の定め方は松葉矩を使用せずに定めるものに変更されていて、『棰雛形』とは少し異なる技法になっている。

二－三　朴澤家文書「木負の垂木割(注5)」

仙台市立博物館蔵の同資料は年代不詳であるが、『棰雛形』の扇垂木の上巻をそっくりに描き写した巻子本である。

なお、秋田県立図書館蔵「戸崎家文書」軒廻垂木(注6)も『棰雛形』の一軒、二軒の巻を文化九年（一八一二）に描き写したものであるが、扇垂木を写したものは確認できない。こうしたトレースは大工技能の研鑽のためにおこなわれたとする。(9)

二－四　木子文庫林家伝家文書規矩図［木二二－一－九］(注7)

東京都立中央図書館蔵の同資料も年代不詳であるが、『棰雛形』と同様の技法で一軒の扇垂木を納めている。納まりに若干不正確な点があるが、『棰雛形』の技法を応用した作例である（以下「林家文書」と記す）。

二―五　『実測秘法新撰隅矩雛形』[10]、『新撰早学匠家墨縄秘法』[11]

ともに石井卯一郎が明治二八年（一八九五）に著した木版本で、内容は全く同じである。垂木割を定める図がより詳しく説明的であるため、『極雛形』の不明な点が補足できる点で有効な資料である（以下『実測秘法』、『墨縄秘法』と記す）。

三　『軒廻極雛形』の技法の概要と課題

『極雛形』では扇垂木の技法を「扇垂木倭割」と呼ぶが、倭の文字を添えるのは立川富房の他の著作や規矩術法の名称にも見られることから、所謂立川流であることを表しているのであろう。

『極雛形』の扇垂木は一定の垂木歩で垂木真を定めていく等間割の一種であるが、一般的な戻り割法とは異なり、垂木歩を松葉矩によって茅負、木負、桁それぞれ定め、それから垂木割を定める技法である。

上巻の目録（目次）には、計画の主要部分である八項目が示されているが、それらは順番に記述されている訳ではなく、木負、茅負、桁の順に描かれている図面の中に適宜配されている。また作図の方法や流れの説明が少ないため、図面や僅かな書込みから読み解かなければならない。

内容は大きく分けて、①垂木歩の決定（桁、茅負、木負）、②垂木割の決定（同）、③さしの指定（同）の三つの部分から構成されていると考えることができる。特に①及び②によって扇垂木の基本的な計画が定まるが、最終的に扇垂木の真をどの様に決めるのかが明確に示されているわけではない。

以下、各工程について要点を整理すると、

①垂木歩は木負、茅負及び桁毎に松葉矩を使って定めるという類例のない方法である。これは一般的な戻り割法が茅負だけで平割寸法に一定の値を乗じて定めるのとは大きく異なる点で、その定め方を具体的に解明する必要がある。

②垂木歩が定まれば、木負、茅負及び桁毎の外面における各垂木割を決める必要がある。『極雛形』では要を用いないために、木負、

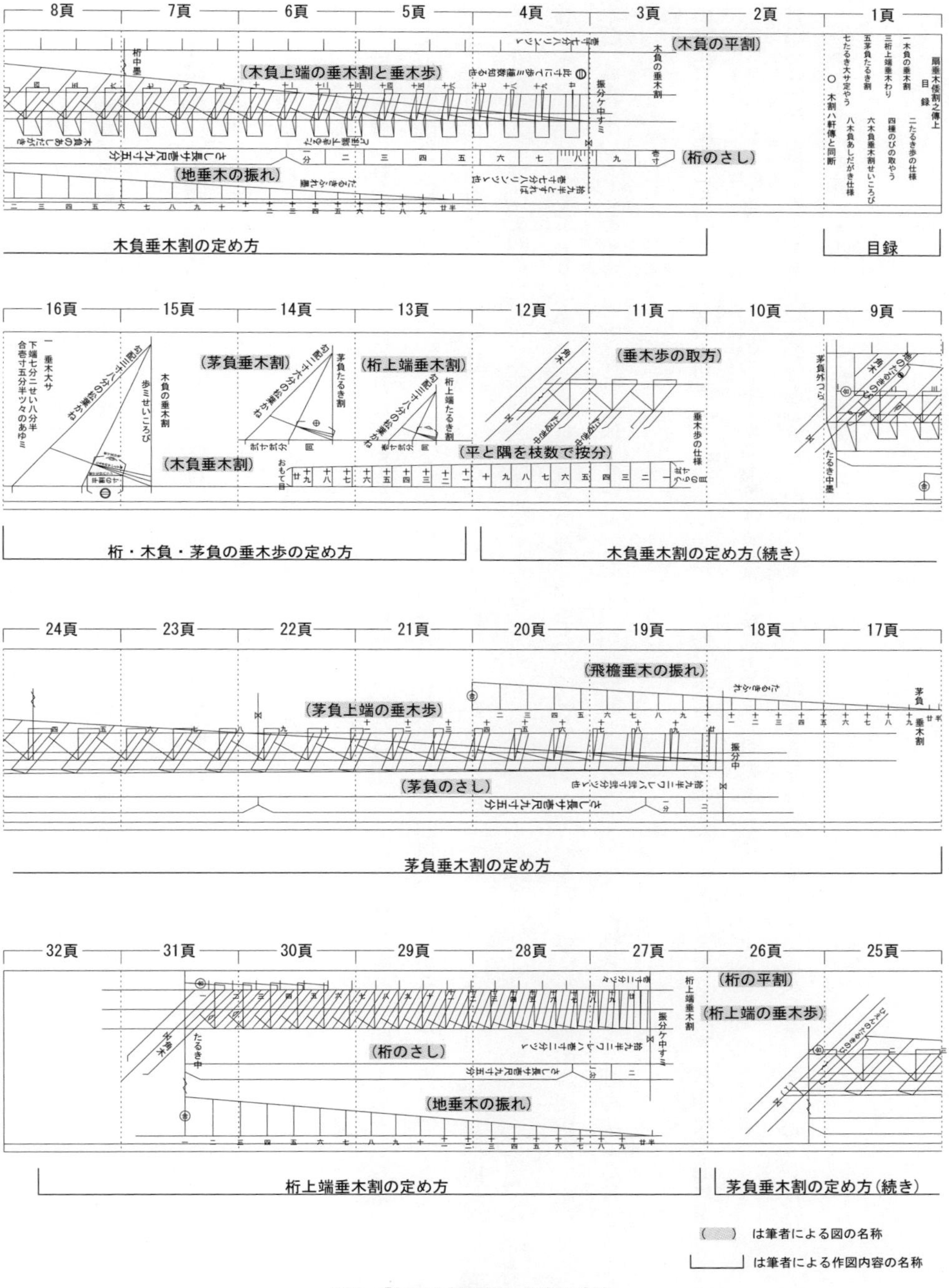

図3 『軒廻り棰雛形』上巻の内容

茅負、桁それぞれにおいて前面と後面における垂木真の振れを面倒な按分の作図によって垂木歩を順次決定している。この垂木歩の定め方が複雑で具体的に解明する必要がある。

そして垂木割から飛檐垂木と地垂木の真を決定するのだが、この方法について具体的な記述がないためその方法を推定する必要がある。

③さしは枝数を寸で読んだ値を一尺として、木負、茅負、桁の軒長さ(注8)を計ったものである。これは他の扇垂木の技法では認められないためどのような意味があるか、その効果について解明する必要がある。

以上の①〜③からなる構成は類型書誌の「林家文書」や『実測秘法』、『墨縄秘法』等においても同様に見られることから、この扇垂木の技法においてはセットになった考え方なのであろう。

ところで、上巻の軒は木負、茅負に反りが無い棒軒で、垂木は隅から振分けまで一九・五枝である。図の書込みから諸寸法を求めると、桁前面の軒長さは、平割寸法が一・二寸との書込みから一九・五枝で二・三四尺（振分けから隅木真までは二・三九〇尺）である。同様に木負前面の軒長さは平割寸法一・七八寸で一九・五枝であるから三・四七一尺（同三・五二一尺）、茅負前面長さは平割寸法二・二寸が一九・五枝で四・二九尺（同四・三四〇尺）となる。

下巻は木負、茅負ともに反りがあるが、これは反りのない上巻と別の軒を説明しているのではなく、他の規矩術書でも扇垂木の割付は木負、茅負に反りがある場合でも棒軒と仮定しておこなうのが一般的であることから、それらに準じた計画法であると考えられる。

平の軒出は、地軒（桁真から木負外下角まで）が一・一六尺、飛檐（木負外下角から茅負外下角まで）が〇・八四尺であるから全体で二・〇〇尺となる（但し茅負、木負、桁の長さから判断すると地軒で二分長く、飛檐で二分短いのが正しい）。

部材の寸法は、垂木の下幅七分、成八・五分で、同書の木割から(注9)木負、茅負は下幅一・四寸（垂木下幅二本）、成一・五五寸（垂木下幅と成）、隅木は下幅一・四寸（垂木下幅二本）となる。

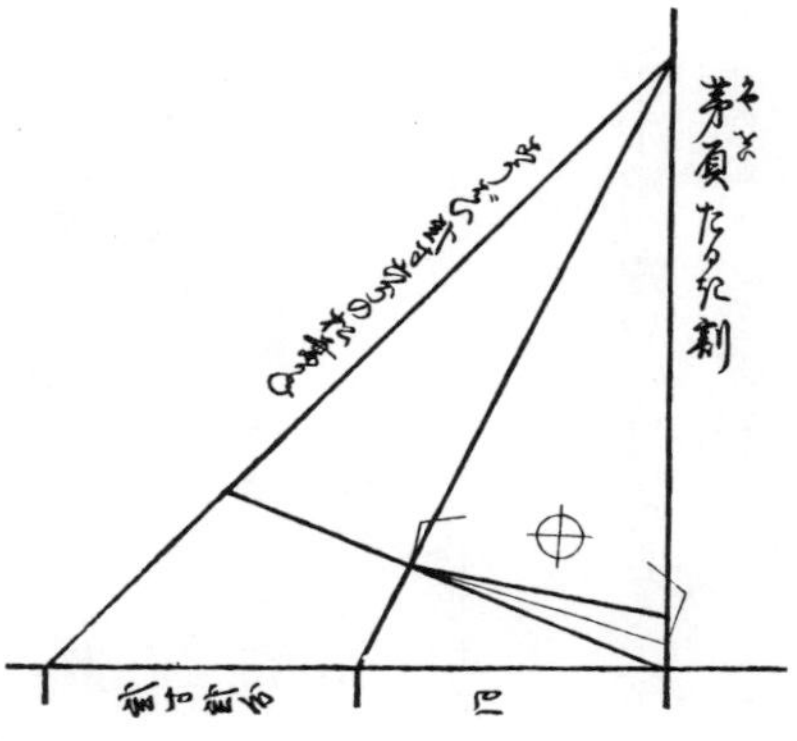

図4　茅負の垂木歩の求め方

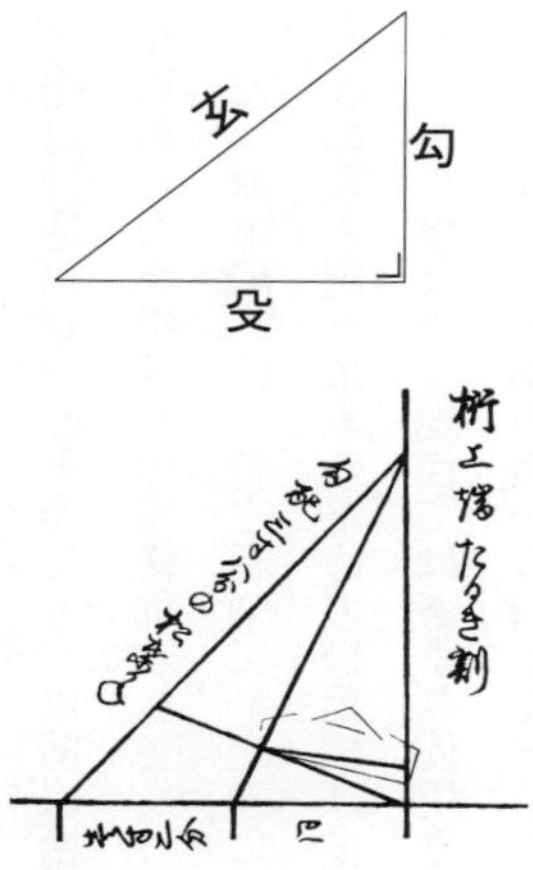

図5　桁の垂木歩の求め方

四　垂木歩の定め方

『棰雛形』の扇垂木はどの垂木歩も一定な等間割であるから、はじめに垂木歩を定めなくては次の作図ができない。

要を用いないで垂木の振れを定めるためには、図1の様に茅負と桁の二か所で垂木歩を定めれば良いが、『棰雛形』では木負、茅負、桁の全てにおいて垂木歩を求めている。しかも、茅負と桁は同様の方法であるが、木負の垂木割は若干方法が異なり作図の目的も少し違っている。

四—一　茅負・桁における垂木歩の定め方の図

茅負における垂木歩は飛檐垂木鼻の位置を指定し、桁前面の垂木割は地垂木尻の位置を指定するために必要で、その作図方法がそれぞれ図示されている（図4及び図5）。

図中の符丁で示されている長さが、それぞれ求める垂木歩の長さで、茅負、桁共に平割寸法(注10)の二枝分を底辺（和算で表現すると殳、以下同じ）とした直角三角形から作図法で導き出されている。

これらの三角形は直角三角形であるが二等辺ではなく、左下の頂点から見ると対辺（勾）は二枝分の殳より幾分長く斜辺（玄）には、茅負では「こうばい貳寸六分の松葉かね」、桁では「勾配三寸八分の松葉矩」とある。したがって松葉矩の意味と使い方を理解できないと垂木歩の定め方が判らない。

四—二　松葉矩の意味

松葉矩とは『日本建築辞彙』(12)によれば、「ガンギガネ」に同じとあり、「ガンギガネ」(雁木矩)は「規矩法ノ語ナリ之ヲ「松葉矩」トモ称ス。隅木へ棰配リヲナスコトノ一方ナリ(以下略)」とされる。

つまり、『日本建築辞彙』では、松葉矩と雁木矩は両方とも同じ意味で、隅木に垂木割をおこなう時に大矩を使わずに一枝ずつ順番に定めていく方法とする。『建築大辞典』(13)も『日本建築辞彙』の説明を踏襲している。

しかし、図4及び図5における松葉矩が雁木矩と同じでは意味が通らないから、まず松葉矩の正しい意味を整理しなければならない。

松葉矩と雁木矩の違いが確認できる大工文書等の古例は、京都柳田組の大工西村権右衛門が享保一二年(一七二七)に著した『大工雛形秘伝書図解』(14)の巻之乾である。この中に振り墨松葉矩(図6)と雁木矩(図7)の図があり違いをよく理解できる。

両図を比較して明らかなように、松葉矩と雁木矩は全く別の意味である。この松葉矩の意味を正しく説明しているのは、上田虎介の『大工雛形秘伝書図解上の巻解説』(15)で、松葉矩とは「規矩術で一点から傾斜が違っている二本の墨を引いて治めるやり方に付けた名称」(原文のまま)とする。『秘伝書図解』の松葉矩は振れ隅の場合であるが、垂木の勾配が矩手同士で異なるため茅負の外下角を基準に見ると、垂木上端は松葉状の二本の線分と見ることができるわけである。

文化財建造物修理の実務でも、以前は松葉矩を茅負の向留を投げ勾配から定める中勾勾配や上端留を定める長玄勾配なども、元の墨から新たな墨を引き出す総称として使う職人もいたらしい(注11)。

また『棰雛形』の一軒之巻や二軒之巻においても木負、茅負の留先上端を求める墨を松葉矩と記載されているが、それらも図4及び図5の垂木割を求めるための松葉矩はまったく異なる墨である。

以上から松葉矩は現代ではあまり使用されなくなったが、本来は特定の作図や墨を指すのではなく、単に二つの勾配が一点に納まる状態、或いは基準の墨から加工などのために頂点を共有して作図された二本の墨を指す語彙であったと推察される。

図4及び図5にもどると、茅負の「かうばひ二寸六分の松葉矩」の二・六寸勾配の意味は下巻の断面図から飛檐垂木の勾配と考え

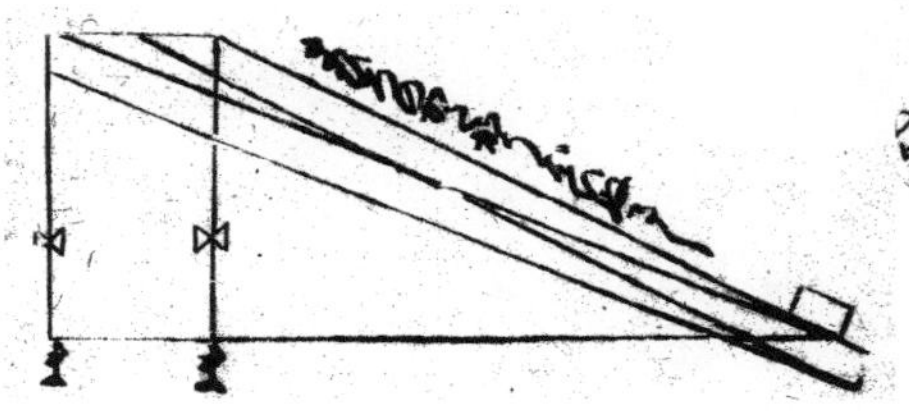

図6　『秘伝書図解』振り墨松葉矩

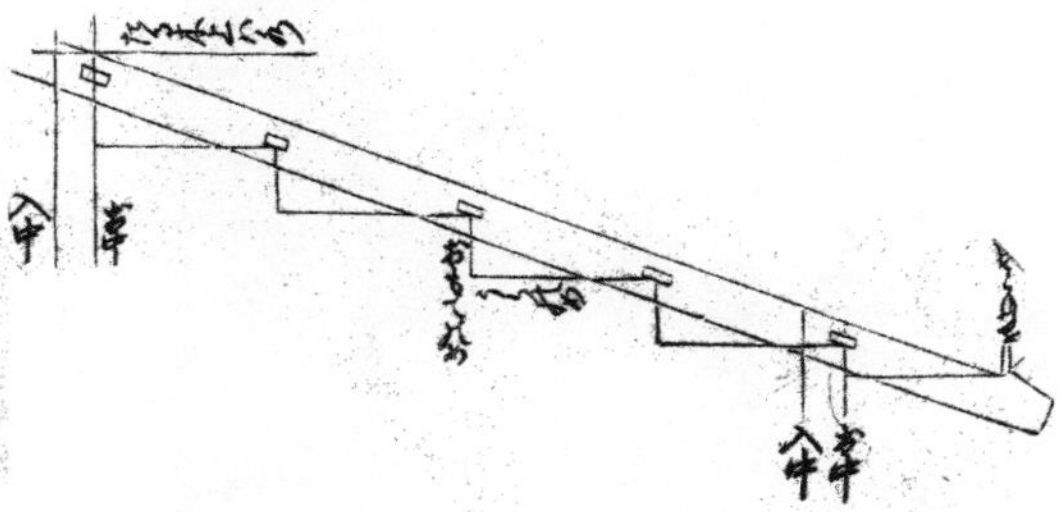

図7　『秘伝書図解』雁木矩

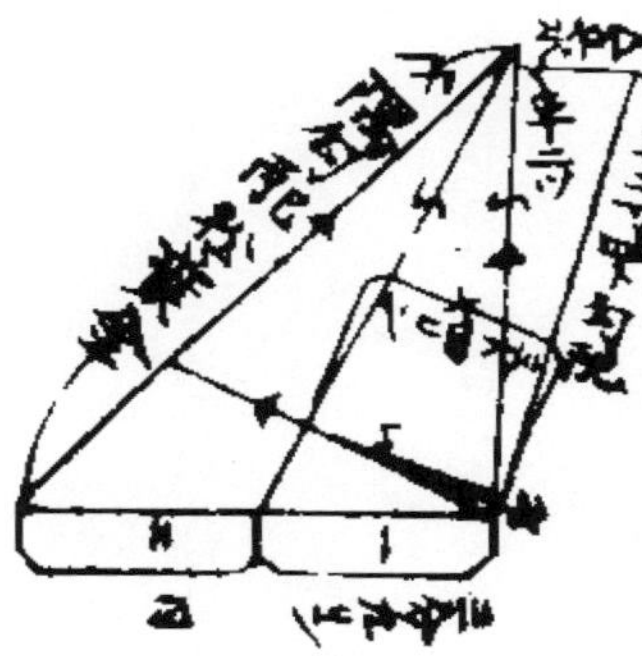

図8　垂木割の求め方
（『実測秘法』、『隅縄秘法』）

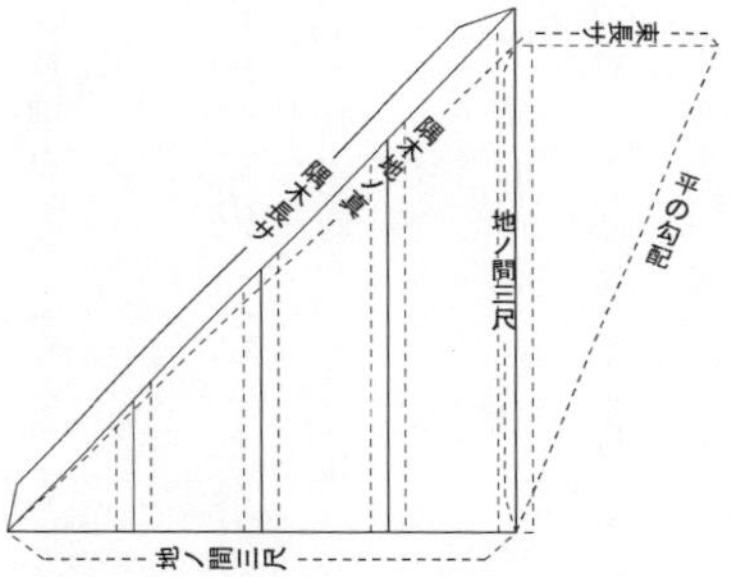

図9　配付桱長サ取ノ法（小平起し）
（同左から作図　一部省略している）

られ、同様に桁の三・八寸勾配は地垂木の勾配を指していると考えられることから、ここでは垂木勾配から松葉矩を作図することを意味していると理解できる。

そのことを念頭に、『実測秘法』と『墨縄秘法』における垂木割の定め方を参考にすると（図8）、『桱雛形』と同様の直角三角形の右側にさらに垂木勾配が描かれ、その勾配の長さを元の直角三角形の対辺（勾）に取っていることが判る。

つまり、直角二等辺三角形の右横に垂木勾配を併記して、垂木の長さを新たに対辺（勾）に取り、斜辺（玄）の長さを調整しているのである。この作図法は同書（『実測秘法』と『墨縄秘法』）では「配付桱長サ取ノ法」と呼ぶが、一般的に「小平起し」と呼ばれる作図方法と違いがない（図9）。

『桱雛形』において同様の作図を松葉矩と呼ぶ理由は、元は真隅（四五度）に納まっていた斜辺（玄）と、垂木勾配によって調整された斜辺（玄）の関係を松葉矩と見ているのであろう。

『桱雛形』の図4及び図5では、途中の作図線が全て削除されて結果しか描かれておらず、また松葉矩という語彙を使用しない現代では理解し難い図になっているのである。

四―三　茅負の垂木歩の求め方

以上から、図4及び図5の松葉矩を小平起しと同様の作図法と捉えて茅負の垂木歩の定め方を推定すると、図10に示す作図の流れに整理することができると考えられる。

以下、図10によって作図法をまとめる。

①水平に茅負における平割寸法の二枝（2.2寸×2枝＝4.4寸）を線分CBと取り、同じ長さをB点から垂直に取り直角二等辺三角形ACBを作図する。

②線分ABを底辺に飛檐垂木の勾配二・六寸を右側にBEと取り、直角三角形EABを作図する。

③飛檐垂木勾配長さ線分BEを線分ABの延長上に取り新たに頂点A'を定める。そして頂点Cから頂点A'へ線を結び直角三角形A'CBを作図する（この作図が松葉矩である）。また、線分CBの中点Dと頂点A'を結び線分DA'を作図する。

④線分A'Bの長さを線分A'C上に取り頂点B'を定める。そして、頂点Bと頂点B'を結び線分BB'を引き、線分A'Dとの交点を頂点Fとする。

⑤線分A'Fを線分A'B上に取り頂点F'を定め、頂点Fと頂点F'を結び線分FF'とする。

⑥線分FF'と線分FBで作る角度の二等分線を引き、延長して線分A'Bとの交点を頂点Gとする。頂点Fと頂点Gを結んだ線分FGの長さが求める垂木歩である。

以上によって、茅負の平割寸法二・二寸、飛檐垂木勾配二・六寸の場合における茅負の垂木歩の寸法が定められる。実際の値は『棰雛形』には記載がないが、筆者の作図で一・九三寸となる。この時、垂木割と平割寸法の比を取ると〇・八七七となり、垂木勾配が二・六寸の場合、垂木歩の値は平割寸法の如何に関わらず平割寸法に対して〇・八七七倍の値となる。

桁は平割寸法一・二寸、地垂木勾配三・八寸で、やはり垂木歩の記述はないが筆者の作図で一・〇六寸となり、垂木勾配が三・八寸の場合、平割寸法の如何に関わらず垂木歩は平割寸法の〇・八八三倍の値となる。

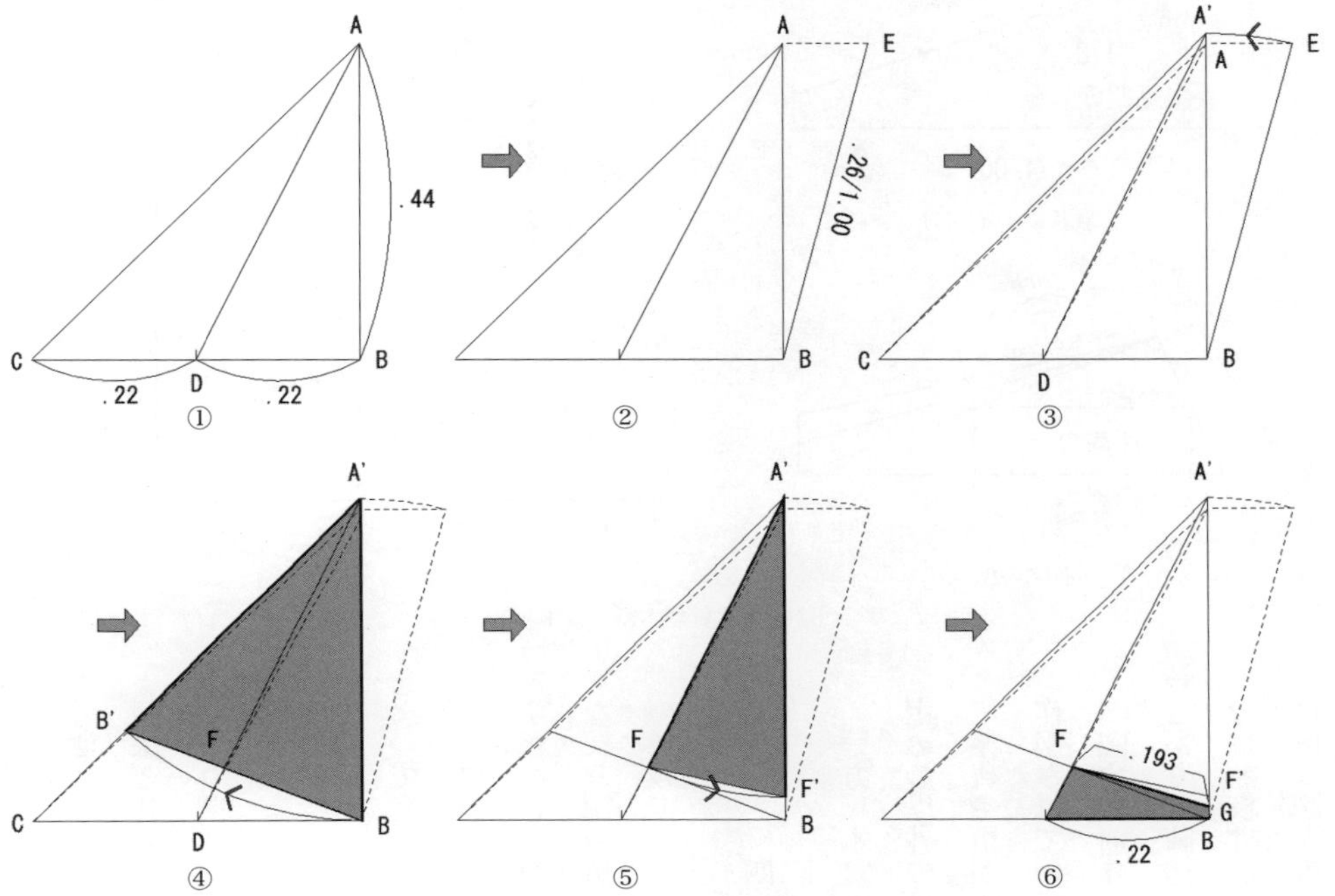

図10　茅負における垂木歩の定め方

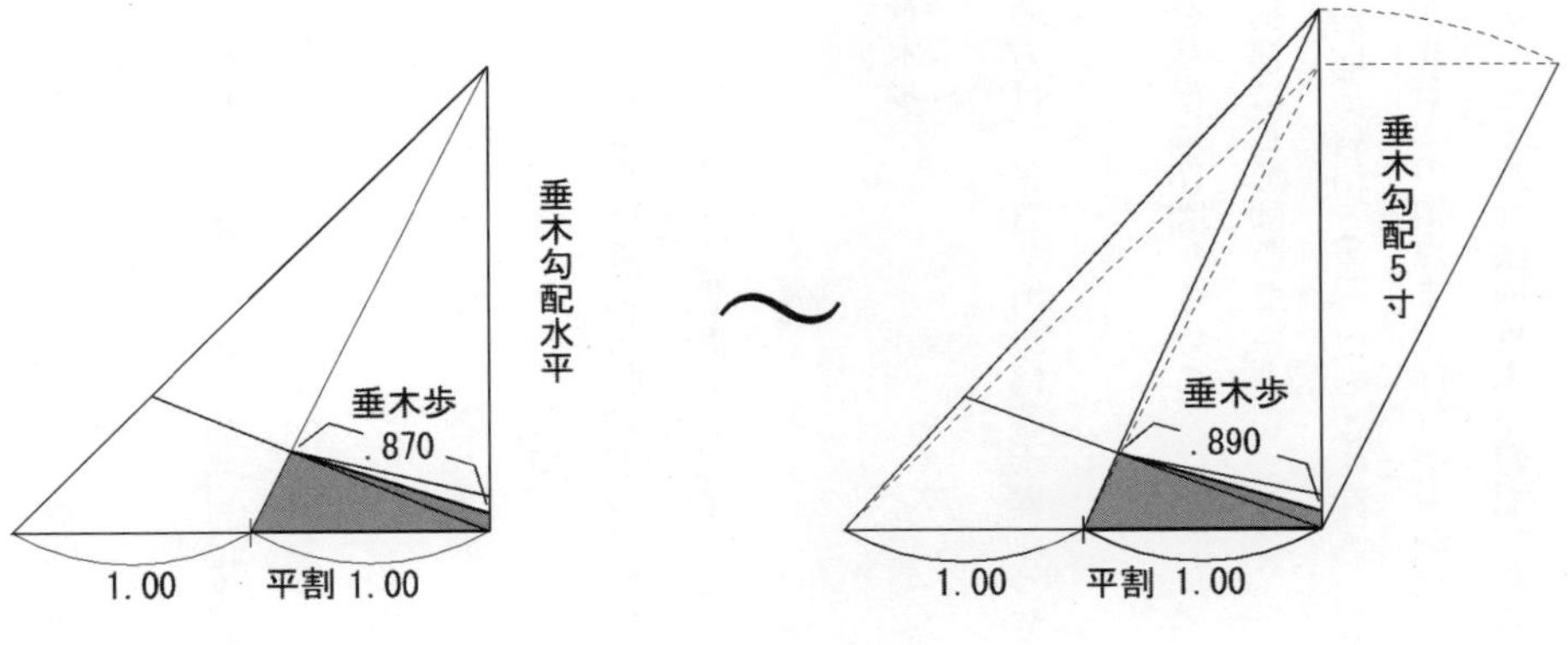

図11　垂木歩の範囲

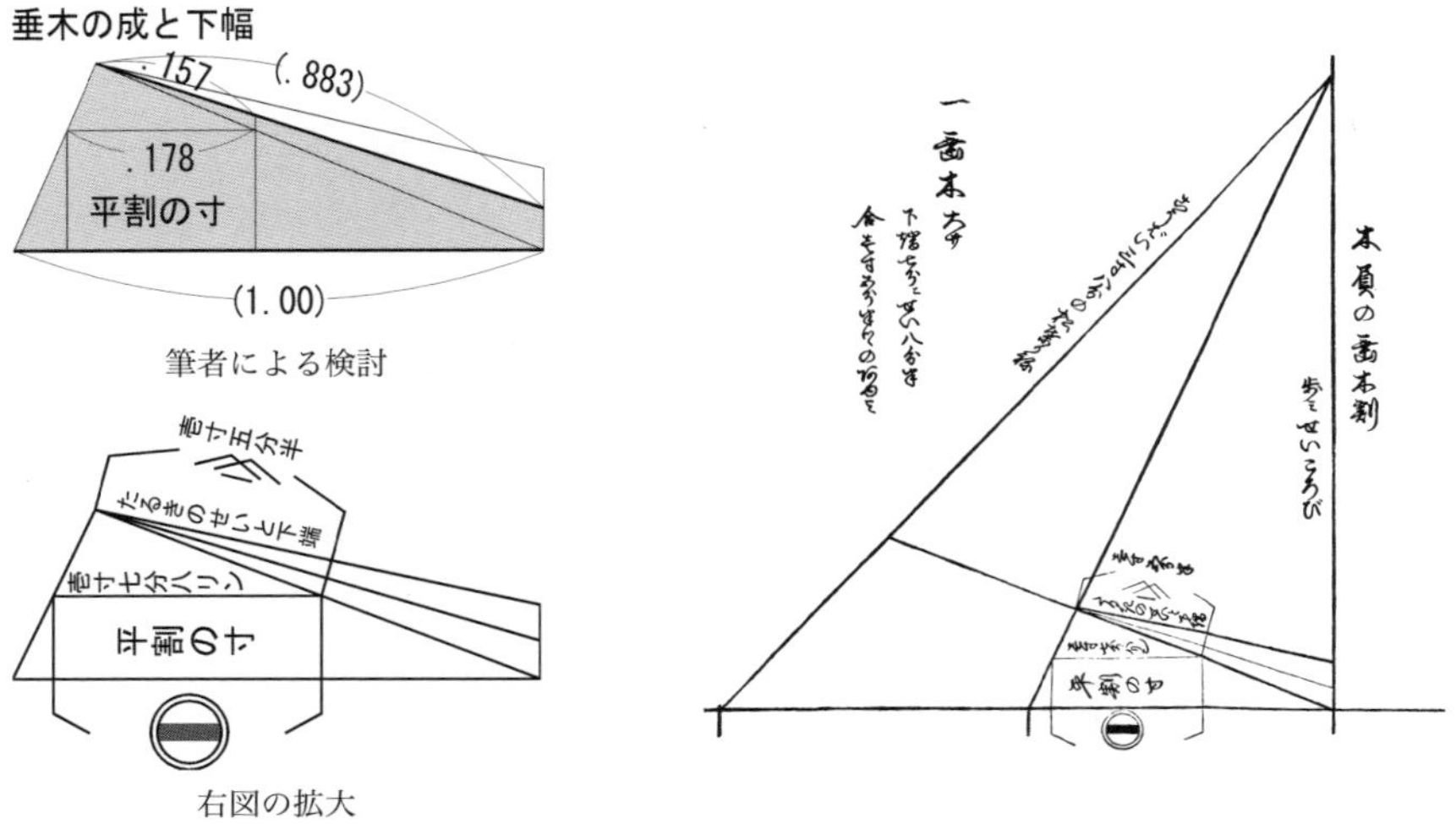

図12　木負垂木割（垂木歩）

この様に松葉矩を使った『棰雛形』の特異な垂木歩の定め方であるが、平割寸法に一定の比率を乗じて垂木歩を定める点では、一般的な等間割である戻り割法と共通している。

戻り割法において平割寸法に乗ずる値は、筆者の検討[16]によれば、最小で〇・八二八（『大工初心図解』[17]）から最大〇・九〇〇（本門寺五重塔[18]）までの範囲の値があり、値の幅は〇・〇七二である。対して『棰雛形』の場合は垂木勾配によって変化するので、仮に垂木勾配が最小で水平とし、最大で五寸と仮定すると、図11に示す通り〇・八七〇から〇・八九〇までで、その幅は〇・〇二〇にすぎない。つまり『棰雛形』の垂木歩は垂木勾配によって変化するが、一般的な戻り割の値の幅に比べると、そう大きな振幅がある訳ではなく限定的な範囲の加減でしかない。

四—四　木負の垂木歩

一方、木負の垂木歩の定め方は、茅負や桁とは若干異なっていて、垂木歩を定める以外の目的もある。

茅負や桁が平割寸法二枝を基準に作図しているのに対し、木負は任意の値で作図されていて平割寸法を基準にしてはいない。

図12の通り大形の直角三角形の斜辺（玄）に「こうばい三寸八分の松葉矩」とあり、隣辺（殳）の中点から右上の頂点まで線分が引かれている。底辺の半分は一枝寸法とは関係ないが、三・八寸は地垂木の勾配であるから、この図の構成は図5の桁の垂木割の定め方と大きさが違うだけで相似形である。この図

に木負の平割寸法一・七八寸を水平に取ると垂木割一・五寸半（書込み寸法）が得られる（実際に作図すると図12の左上図の通り一・五七寸ほどになる）。また、先に桁で検討した通り垂木勾配が三・八寸勾配の場合、平割寸法に対して垂木割の比は〇・八八三であるから、それを木負の平割寸法一・七八寸に乗じても垂木割一・五七寸が得られる。

そして、定められた垂木歩の値一・五寸半は、垂木の下幅と成を加えた値であると書込みがある（図12左下）。また『棰雛形』の木割では垂木の成は下幅の二割増しとするから、垂木割一・五寸半から垂木の下幅七寸、成八・五分が定められる。図の脇にも「一垂木大サ／下端七分半せい八分／合壱寸五分半のあゆみ」と明記されている。

この様に木負における垂木歩を定める図12は、同時に垂木の木割も定めることも目的としているために、茅負や桁のように平割寸法を基準とするのではではなく、任意の大形の図で作図をおこなっていると推察される。

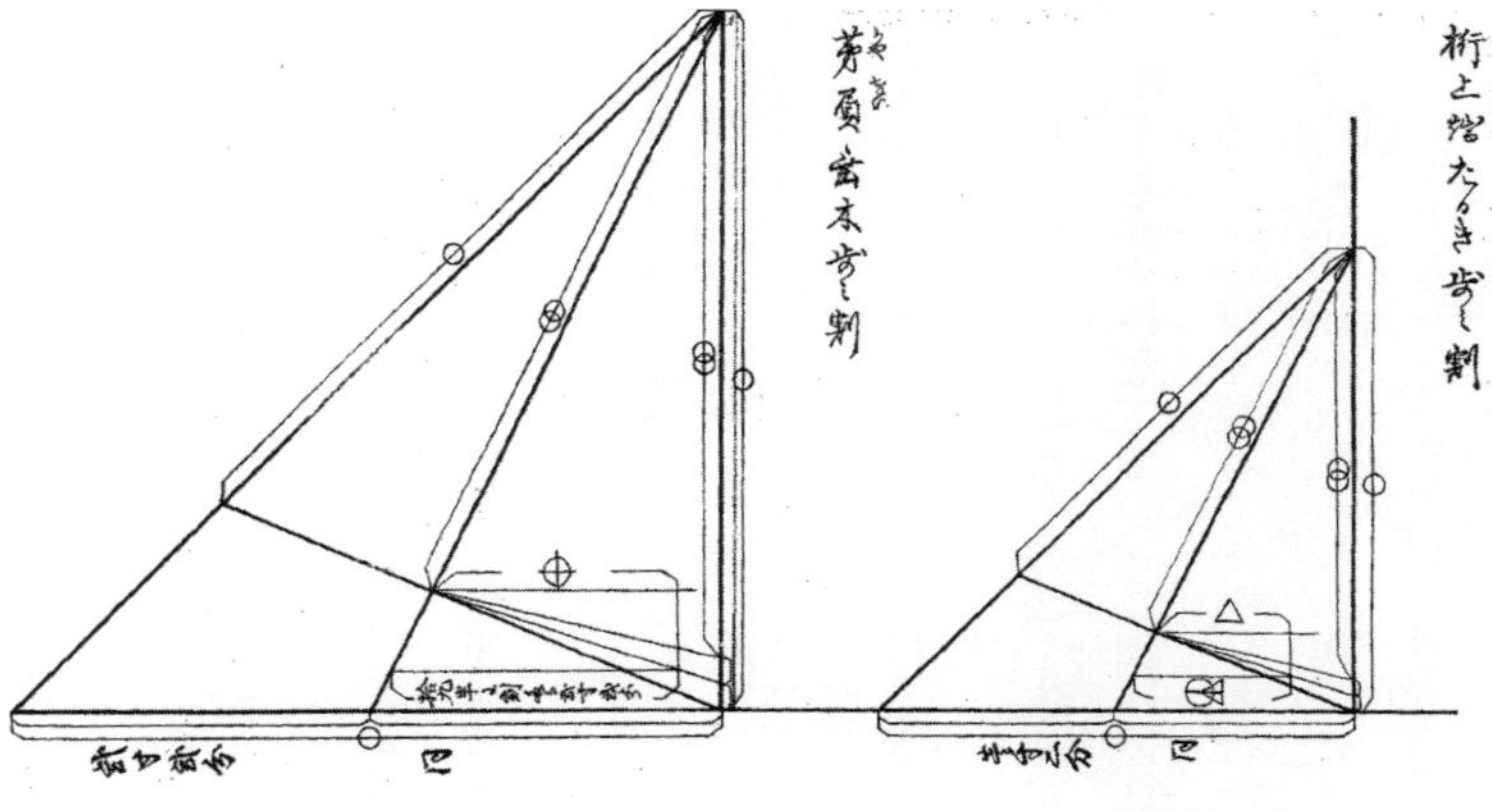

図13　『増補軒廻棰雛形』における茅負、桁の垂木割の定め方

四―五　『増補軒廻棰雛形』の変更

以上、『棰雛形』の垂木歩の定め方について考察したが、明治一六年に改訂出版された『増補軒廻棰雛形』では、垂木歩を定める図から松葉矩の記述がなくなり、垂木歩は垂木の勾配に影響されずに定められるようになっている（図13）。

この変更が納まりを考慮したための修正なのか、松葉矩が理解されなかった結果であるのかは不明であるが、この方が飛檐垂木と地垂木の真が木負位置で折れずに納めることができる。

なお同書では、茅負、木負、桁の各垂木歩は垂木勾配と関係がないから、図11の垂木勾配が水平の場合と同じく、単に平割寸法に〇・八七〇を乗ずれば垂木歩は求められる。

五　垂木真の定め方

垂木真は等間割で一般的な戻り割法では、垂木歩が定まれば隅又は平から逐次垂木尻を要に結んで決定されていくが、『極雛形』では松葉矩を使って決定した垂木歩からさらに木負、茅負、桁の前面における垂木割を定めた後に、それらを結んで決定されると考えられる。

垂木割の決定方法は、平の垂木長さを基準にすると隅ではその$\sqrt{2}$倍の長さになる関係を用いて、各垂木における振れを平から隅までの間を按分して求めるもので、以下に示す様にいささか面倒な方法で決定されると考えられる。

五－一　茅負における垂木割

茅負の垂木割を定める方法を総合すると、図14に示す様に①～③の三つの図から段階を追って定められていると考えられる。

①平と隅を枝数で按分：これは茅負に限らず木負、桁も共通で使われる基となる作図で、上巻の一一～一四頁下段に記載されている。平の垂木長さを1とすれば隅は$\sqrt{2}$となるため、その間を垂木数で均等に按分するのである。

垂木数が一九・五枝の場合に任意の水平線の両端に1と$\sqrt{2}$の垂線を立てその上端を直線で結ぶ。水平線の両端間を垂木数（ここでは二〇）で等分に割込み各垂木位置とし、各垂木位置から直線までの高さが、各垂木の長さで振れを求める基礎となる（図14の①は説明が煩雑にならない様に元図を左右反転している）。

②垂木の振れの作図：垂木の振れとは茅負下幅の前後における垂木真のズレの意味で、隅がもっとも大きく茅負の下端幅に等しく、平では振れが無いので0になる。そこで各垂木の振れを①で求めた各垂木の長さを基に最大の振れ幅である茅負下端幅と0の間を按分して求める。①で得た垂木長さを隅から平まで順番に水平に並べ、左端に隅の振れである茅負の下端幅を立ち上げる(㊮)。右端は垂木に振れがないから0とし、両端の上端を直線で結んで各垂木位置から上端線まで立ち上げてその長さを各垂木の振れ

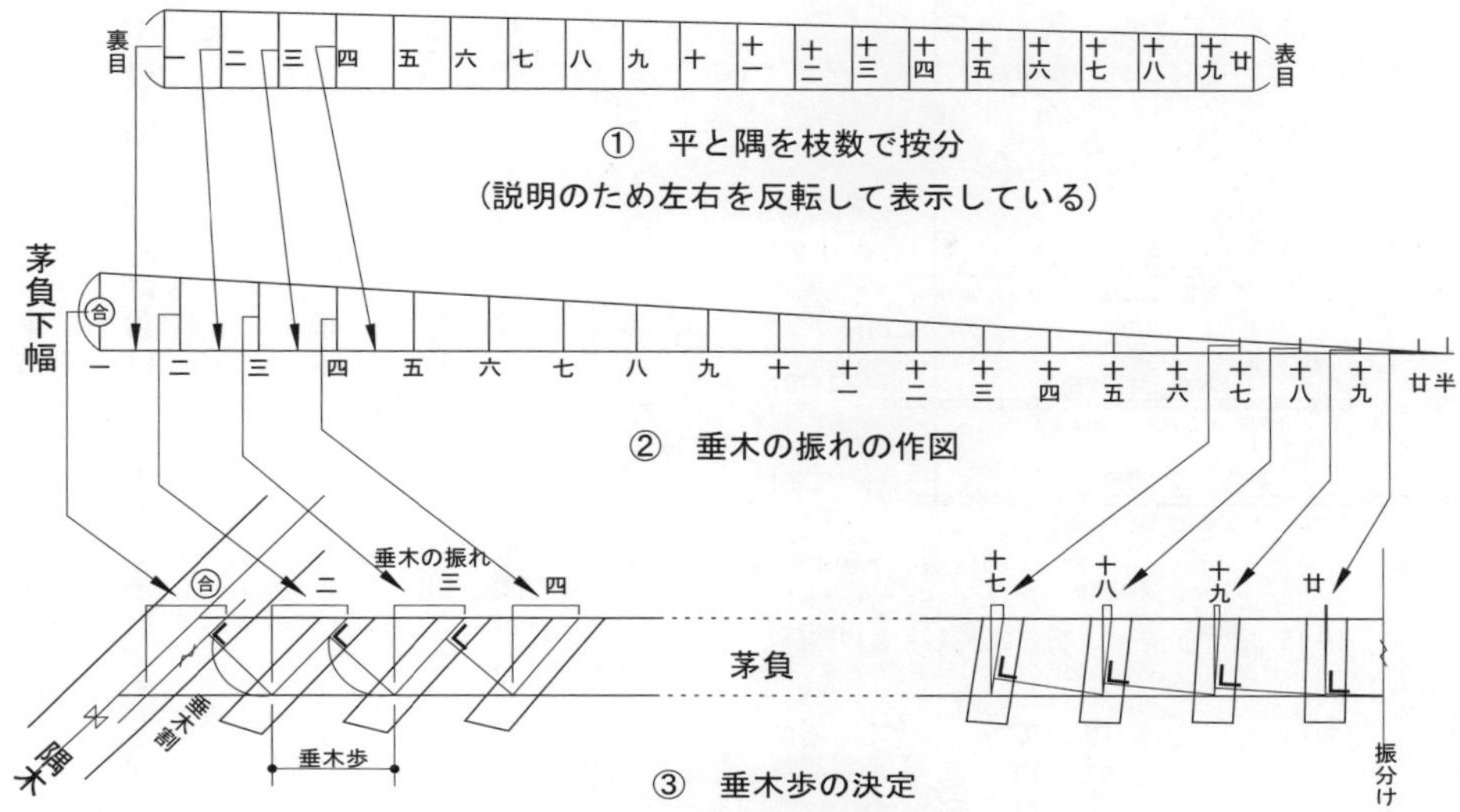

図14　扇垂木の振れの定め方

とする。[注12]

③垂木割の決定：隅木側面から垂木片中（半分）入った墨と茅負前面及び後面の交点の間を正面から見たのが、隅における垂木真の振れである（合）。隅の垂木真に垂木歩の長さを茅負正面に垂線になる位置を定めると、茅負正面におけるはじめの垂木真の位置が決定する。

それから②で求めた垂木の振れを茅負後面に取り、前後を結ぶと最初の垂木の真を決定できる。以下同じ要領で作図して順次茅負前面における垂木歩を定めていくのであろう。

ところで、茅負前面と後面を結んだ線を『棰雛形』では垂木中つまり垂木真とするが、飛檐垂木と地垂木の勾配は違うから松葉矩をつかった垂木割も茅負と木負では一致しない。したがって、ここで作図した線分を飛檐垂木真としてそのまま延ばしても木負位置において地垂木真とは揃わないし、軒の出にも対応していない。したがって、ここで定めた垂木中は、あくまで茅負前面における飛檐垂木真を順次決定するための作図基準として使われるものと考えられる。

五―二　桁における垂木割

地垂木尻の位置である桁前面の垂木割は、茅負と同じ要領で各垂木の振れを定めて、先に松葉矩で使って定めた垂木歩一・二寸によって隅から順番に定めていくと考えられる。

五―三　木負における垂木割

木負前面の位置における垂木割も茅負、桁と同様に松葉矩で使って定めた垂木歩一・七八寸によって、隅から順番に定められると考えられる。

五―四　垂木真の決定

こうして、木負、茅負、桁の各前面における垂木割が定められ、それぞれを結んで垂木真が決定されるのであろう。

しかし、茅負における垂木割は飛檐垂木の勾配が地垂木とは異なるため、平割寸法に対する比率も異なり、地垂木と飛檐垂木の真は若干ではあるが木負で折れて納まることになる（地垂木真の引通し墨より飛檐垂木の鼻が平の方へ振れて納まる）。

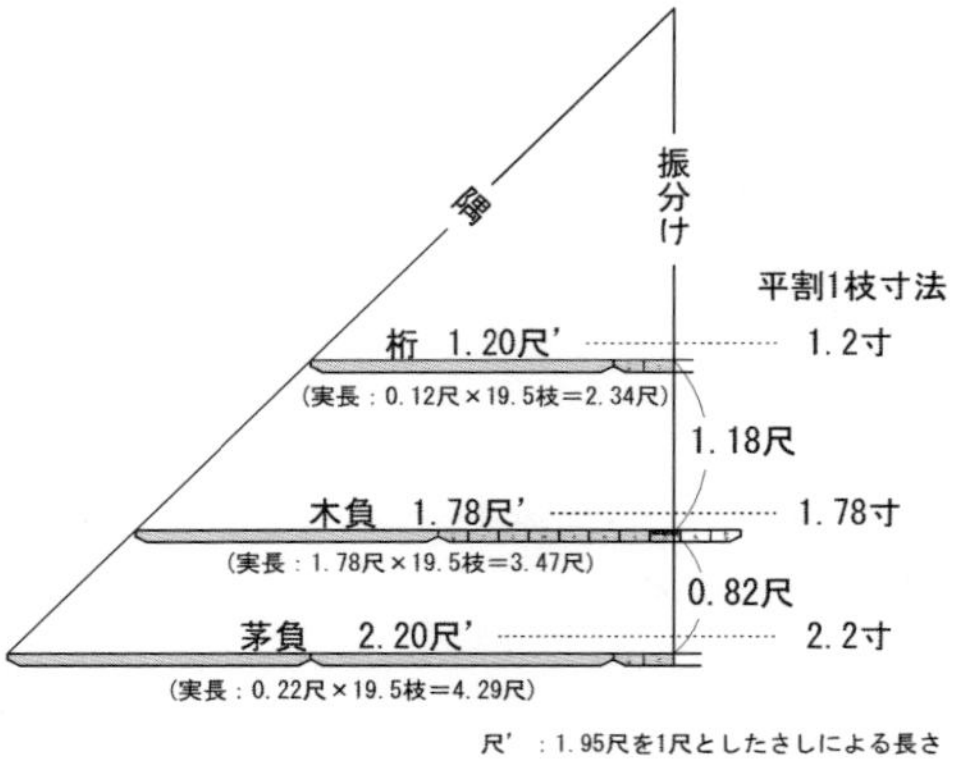

図15　木負、茅負、桁の実長とさしの関係

茅負と桁の二点だけで垂木真を決定すればこうした問題は生じないが、茅負、木負、桁の三か所全てにおいて垂木割を定める『極雛形』の扇垂木の技法は疑問が残るところである。

ただし、中世では玉鳳院開山堂(19)（室町時代中期）の様に飛檐垂木と地垂木の真が木負で折れて納まる事例も存在するから、こうした扇垂木の納まりは古い技法を留めている可能性もあるのかもしれない。

六　さしの問題

上巻の木負、茅負及び桁の伏図の下部には、振分け真を基準に隅木側面から垂木片中（半分）入った位置まで定規が置かれ、「さし長さ壱尺九寸五分」とある。つまり一・

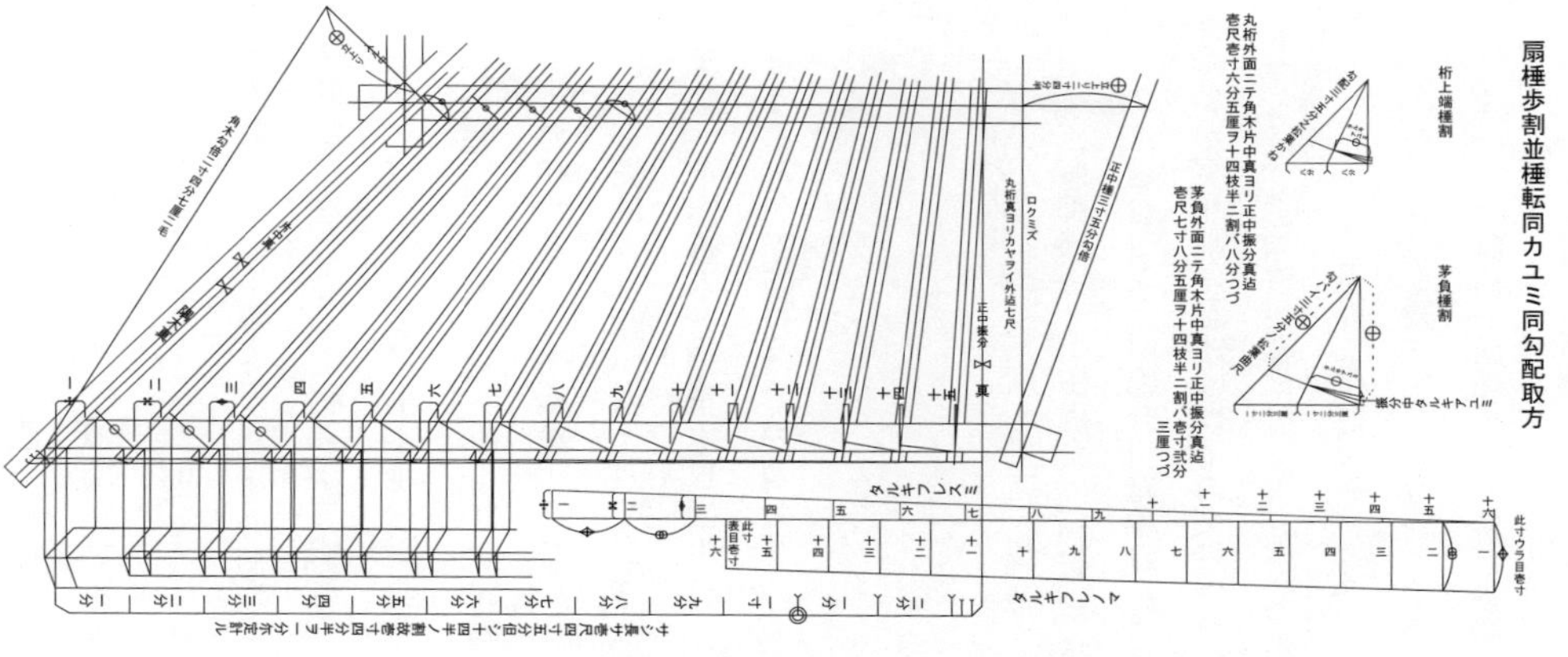

図16　木子文庫林家伝家文書規矩図［木20-1-9］の要を用いない規矩

九五尺を一尺と見立てたさしが茅負、木負、桁毎に隅木から振分けまで添えられている。一・九五尺はこの間の扇垂木数である一九・五枝を寸に置き換えたものであろう。

こうしたさしは『棰雛形』とそれに類する規矩術書以外では確認できないため、一見しただけではその作図の意味が判然としないが以下のように考えられる。

平割寸法は［軒長さ／枝数］で求められるから、軒長さは［平割寸法×枝数］である。この関係をつかって枝数を一尺とみなしたさしによって軒長さを示すことで、平割寸法を表現しているのであろう。

図15は茅負、木負、桁と軒出の関係を上巻と下巻から抽出して、さしを加えた図であるが、振分けから隅木までの軒長さは、このさしを使って（一・九五倍の尺を尺とする）、木負は一・七八尺、茅負は二・二〇尺、桁は一・二尺となる。

それぞれの値は、各部材の平割寸法の一〇倍の値と同じであるから、振分け位置のさしの値を読めば一見して（〇・一倍して）、平割寸法が確認できるようになっている。特に木負と桁はさしの他に平割寸法が記載されているが、茅負の平割寸法は記載がないので、さしの振分け位置の値を読まなければならない。

「林家文書」では、垂木枝数一四・五枝に対して一・四五尺のさしで振分けから隅木まで一・二三寸と表記されていて、平割の一枝も一・二三寸である。同文書では、一・四寸半を一分に定めているので、さしの示す長さと平割寸法は一致している（図16）。

七　小結

『軒廻棰雛形』の扇垂木は等間割法のひとつであるが、要を用いずに扇垂木を定めるもので、一般的な戻り割法とは異なる技法であるためか、今日まであまり理解されず先行する研究もなかった。

本章では、この扇垂木の技法が茅負、木負、桁の平割寸法を基に垂木勾配の松葉矩によって垂木歩を定めるもので、平割に対して垂木勾配で変化する〇・八七〇〜〇・八九〇の値を乗じて定められること、また同様の作図によって定められた木負の垂木歩は、垂木の断面寸法（下幅と成を加えた値）も指定していること、さらに垂木割から複雑な三段階の工程を経て垂木割が定められることなど、具体的な技法について明らかにすることができた。

しかし、基礎となる垂木歩を定めるために、松葉矩を使用して導く工程そのものの理由は判然としない。平面上の関係である垂木割を決定にするために、断面上の関係である垂木勾配を基に松葉矩を使って加減する作図法は、そもそも矛盾した設計の考え方のように思われる。この松葉矩をつかった方法は明治の増補版ではまったく使用せずに垂木割を定める方法に変更されていることから、後世でも受け入れ難い考え方であったのではないだろうか。

また、飛檐垂木と地垂木真は折れて納まる可能性があり、最終的な垂木の真の決定方法についても確定しにくい部分もある。ほとんど、図面だけで説明のない『軒廻棰雛形』は、江戸時代当時においても、きわめて難解な軒規矩術法ではなかったかと推察される。

参考文献

1　服部勝吉・上田虎介：『建築規矩術』、彰国社、一九四八．七

2　鎌倉市文化財総合目録編さん委員会（関口欣也）：『鎌倉市文化財総合目録――建造物篇――』、同朋出版社、一九八七．一〇

3　戻り割の記述は以下の文献において見られる。

①『重要文化財三明寺塔婆修理工事報告書』（三明寺塔婆修理委員会）、一九五二．三

②『重要文化財東観音寺多宝塔修理工事報告書』（東観音寺多宝塔修理委員会）、一九五九．七

③『重要文化財観音寺多宝塔修理工事報告書』（文化財建造物保存技術協会）、二〇〇一．九

4　大上直樹・西澤正浩・望月義伸・谷直樹：鎌倉割と等間割の技法とその関係について、日本建築学会計画系論文集、第七八巻　第六

八四号、四六五―四七三頁、二〇一三．二（本書　第一二章）
5　亀田吉郎兵衛：『和洋建築紘法図解』、一九〇八（明治四一年）
6　細川隼人：「諏訪に於ける大隅流及立川流の大工」、信濃Ⅱ―一七―八、三八―四五頁、信濃史学会、一九四二
7　立川富房：『大和絵様集』、一七六三（宝暦一三年）、須原茂兵衛版
8　前掲6に同じ。
9　永井康雄：『近世造営組織と建築技術書の変遷に関する研究』、私家版、一九九七
10　石井卯一郎：『実測秘法新撰隅矩雛形』、一八九五．五（明治二八年）
11　石井卯一郎：『新撰早学匠家墨縄秘法』、一八九五．五（明治二八年）
12　中村達太郎：『日本建築辞彙』、一九〇六（明治三九年）、丸善
13　彰国社編：『建築大辞典』、一九九三．六、彰国社
14　西村権右衛門：『大工雛形秘伝書図解』、一七二七（享保一二年）、永田長兵衛開版
15　上田虎介：『大工雛形秘伝書図解　上の巻　解説』、一九七七．九、私家版
16　前掲4に同じ。
17　青山佐太郎：『改撰大工初心図解』、一八九八（明治三一年）
18　『重要文化財本門寺五重塔修理工事報告書』（文化財建造物保存技術協会編）、二〇〇二．三
19　『重要文化財玉鳳院開山堂幷表門修理工事報告書』（京都府教育庁文化財保護課）、一九五八．三

注

注1　木摧（東京都立中央図書館蔵木子文庫林家伝家文書［木二〇―三］）、天正五年（一五七七）林宗廣が著したものに寛永年間林宗相が加筆したもので、垂木歩は天正期の部分にある。
注2　同書の題簽において「棰」の文字は「垂」の下部が「山」の異体文字で表記されているが、本書では書誌を示す場合は『軒廻棰雛形』、

『棰雛形』とし、図中の読下しは書誌の記載内容に合わせて「垂木」、「棰」を使用した。本文は垂木で統一した。なお図1の『和様建築紘法図解』でも異体文字が使われている。

注3　等間割の戻り割法の呼称は文献3に倣った。
　等間割は茅負長さを垂木数で割込んだ平割寸法（注10）に定数を乗じて（又は茅負長さに定数を乗じた寸法を垂木数で割込み）、垂木割を定めてそれを隅又は平から定めていく技法である。等間割のうち戻り割では定数の値はさまざまな値があるが、決定方法は一定の法則があり鎌倉割と関係があることを前章で述べた。

注4　この立川小兵衛は、年代から明治期に皇居造営などで活躍した六代目立川小兵衛知方と推測される。知方の著作は他に『立川流匠家矩術倭絵様集』がある。なおこの資料の追加については論文投稿時の査読者のご教示による。

注5　木負の垂木割（仙台市立博物館蔵朴澤家文書、整理番号三六）

注6　軒廻垂木倭割之伝（秋田県立図書館蔵戸崎家文書、資料番号A－五二一－一〇－二八－一、二）、一八一二（文化九年七月中旬）

注7　規矩図（東京都立中央図書館蔵木子文庫林家伝家文書、［木二二－一－九］）

注8　本章において軒長さは、木負、茅負及び桁前面位置においてそれぞれの隅木側面から垂木幅半分入った位置から振分けまでの長さをいう。

注9　上巻の目録（目次）に「木割ハ軒伝と同断」とあり、二軒之巻には木割之事として垂木、角木、木負、茅負、裏甲の木割が示されている。

注10　『棰雛形』において平割寸法とは茅負、木負、桁前面の軒長さを垂木数（枝数）で割込んで定めた寸法で、同じ垂木数の平行垂木の場合の一枝寸法である。『棰雛形』で平割と呼ぶのは木負の垂木割の図の中で確認できる（図12）。『規矩真術軒廻図解』（鈴木正豊：弘化四年　一八四七）では面割寸法と呼ぶ。他に平小間などともいう。

注11　元和歌山文化財センター鳴海祥博氏のご教示による。

注12　廿番から半枝の長さが不明確である。図14①で五分右へ延長して廿番と振分けの長さを定めた方が良かったと思われる。

結章　日本建築規矩術史のまとめ

一　中世と近世の軒規矩術法の成立と変容

一－一　中世の軒規矩術法――留先法――

現在、主に文化財建造物修理の分野において使用されている「現代軒規矩術法」は、はじめに平の軒出を決定しその位置から茅負が反り上がり隅木口脇に納まると考えるもので、作図の基準を隅木側面に統一して断面図、正面図、隅木側面図など図面相互の関係性を明確にした点で、図法上完全で優れた軒規矩術法ということができる。

しかし、中世以前の建造物には、「現代軒規矩術法」では説明ができない課題が数多く存在しているのも事実で、それらは現場でおこなう視覚的な矯正、修正、施工の斑、変更や間違いなどとされ、設計計画とは別次元の問題として片付けられてしまうことが多かった。

軒規矩術法の現在

また、軒規矩術法の基本は近世には完成したと考えられてきた。しかし、実際に近世に成立したのは「引込垂木法」であるから、「現代軒規矩術法」とはまったく異なる技法である。しかも、「引込垂木法」は特殊な技法であるとして、これまであまり注目されることがなかった。

こうした今日の軒規矩術の状況を一言でいうと、「現代軒規矩術法」自体に疑問が投げかけられることはなく、茅負曲線の変遷や論治垂木の納まりなど、細部の発達に注意がはらわれた技術史観であったと指摘できるであろう。

推定五〇〇例ほどの軒規矩図が蓄積された今日においても、未だ軒規矩術法の真の解明ができていない状況を顧みる時、大岡實が、近世以前の軒規矩術法に関心が集まり始めた昭和の初期に、中世以前の軒規矩術法は今後多くの実例を通して帰納的な方法によって解明されるであろうことを期待した言葉が思い起こされるのである。

留先法の提示

そこで、「現代軒規矩術法」とは全く異なる設計工程で、多くの未解明な技法を説明できる中世の軒規矩術法として、「留先法」と仮称する技法を提案した。

「留先法」は、筆者が昭和五八〜五九年に従事した重要文化財桑実寺本堂解体修理中の軒規矩調査中に発想を得た技法で、その後西明寺本堂の当初隅木の調査においても確認された。

以後、入手可能な軒規矩図を基にこの技法で検証をおこなった結果、ほとんどの軒が「留先法」であることが判明したため、第一編にその内容をまとめた。

留先法の技法

「留先法」は参考に加えた平安時代中期の遺構においても確認することができたが、中世では疎垂木の一部の簡易な軒を除いて、平行垂木だけでなく扇垂木を含む四方軒や、八角軒、六角軒まで、すべての軒の形式で確認できることを示した。

留先法は、はじめに木負、茅負の留先位置を定めることから名付けたもので、留先位置が決まればそれ以外の諸寸法は順次決められる。

「留先法」では、「現代軒規矩術法」においてはじめに決定されるとする平の軒出は最後に決められるから、全く反対の設計方法ということができる。

留先法の設計工程

①留先の決定

留先法は、まず木負、茅負の留先位置を隅木基準墨を起点に決定する。

留先位置の決定方法は、木負、茅負留先を順番に決める「基本型」と茅負留先を決めた後按分によって木負留先を決める「按分型」の二つの形式と、少数だけ確認された「総割型」が考えられた。

そして、それぞれの形式において寸法の決め方は、完数によるものと枝割制によるものがあると考えられた。

②口脇の決定

木負、茅負の留先位置が決まれば、それを隅木側面に移して木負、茅負の口脇位置が決まる。

③垂木の割付の決定

木負口脇位置から論治垂木真を定め出中墨との間を必要な垂木数で割込めば、その間の配付垂木割が決定される。そのため配付垂木割が桁内の標準の一枝寸法と揃うことは稀で、標準の一枝寸法に対して広狭が生じることが一般的である。

論治垂木から先は、地垂木割をそのままに割付けるなど比較的自由に割付けられるので、地垂木の配付割と揃う場合もあれば、そうならない場合もある。また、茅負口脇と一番垂木の小間は最後に調整される箇所となる。

ところが、室町時代前期頃（特に貞和期）に、桁内の一枝寸法と配付垂木割が揃う遺構が出現する。

本来一枝寸法が揃い難い「留先法」において垂木割が揃う理由は、隅木幅を調整することで可能になることを本編で指摘した。その方法自体は比較的簡易であるが、隅木の下幅が軒の納まりを調整する重要な値であることは重要である。

このような背景によって、配付垂木割が標準間の一枝寸法と揃わないのは今までいわれてきたように軒先を軽く見せるための現場での工夫などではなく、計画上そうならざるを得なかっただけで、それを解消する技法は室町時代前期には存在したと考えられるのである。

④平の軒出の決定

隅の軒出（木負、茅負留先位置）が定まれば平の軒出を定められる。この方法は各留先位置から引込むものと、そうでないものがあることを指摘した。

留先法の成立と変容

平安時代中期の遺構である醍醐寺五重塔では、資料が不確かながら留先法で計画された可能性が窺われた。その後の平等院法鳳凰堂や中尊寺金色堂などでは留先法で計画されたと考えられたが、どの時代まで遡れるかについては古代の遺構の当初形式の保存状態から考えて困難であった。

ただし、奈良時代の法隆寺夢殿については当初軒の復原図が報告書に掲載されていたため、それを検証する限り留先法の可能性があると認められた。

一方近世になると、書誌資料からは「引込垂木法」しか確認できないため、使用されなくなったかに見えるが、実際の遺構を検証すると江戸時代を通して確認することができる。

このように、「留先法」は我国の軒規矩術法において、大変長い間採用されていた技法であったということができる。

そして、「留先法」の欠点を解消した「引込垂木法」が、近世の軒規矩術法として出現する。

一―二　近世の軒規矩術法――引込垂木法――

引込垂木法の成立

近世の軒規矩術法については、木版本や大工文書の軒規矩術書で知ることができる。

木版本や棟梁家に伝わる大工文書を検討すると、近世大工文書における二軒繁垂木の軒規矩術法の内容は、全て「引込垂木法」であると指摘できる。

「引込」は、他に「張込む」（荒木家文書）、「投げ込む」（『匠家矩術新書』）などと表現されることがあり、必ずしも一定していないが、いずれも留先から平の位置まで投げ勾配で下ろして、平の軒出を定めるという意味である。

軒規矩術の内容が、「引込垂木法」であると確認できるもっとも古いものは、管見では天正五年（一五七七）林家伝家文書『木摧』に所収の「軒廻之小摧茂物覚」と思われる。ただ、その内容ははじめに垂木割をおこなうが設計の流れを記述したものではなく、規矩的な要所を押える説明にとどまっていて秘伝書的な性格が強い内容になっている。

それ以後では、慶安三年（一六五〇）の河内家文書『鎌倉造営名目』が古く、他に甲良家文書、手中文書、荒木家文書などがある。木版本では、享保一二年（一七二七）に西村権右衛門が著した『大工雛形秘伝書図解』巻之乾がもっとも古い。同書には祖本というべき秘伝書が存在していたと推察され、各地に手書きの類型本が伝世されていることを指摘した。

それ以後の『軒廻棰雛形』、『規矩真術軒廻雛形』、『匠家矩術新書』、そして『独稽古隅矩雛形』も軒規矩術の内容は全て「引込垂木法」である。

この内、平内廷臣が著した『匠家矩術新書』は、すでに先学が指摘している通り、和算を駆使して精緻を極めたものであるが、技法そのものは目新しいわけではない。ただ、茅負の反りの大きい場合に、反り出しを減ずる補正方法が二通り述べられている点は、中世の撓込みとはまったく反対の軒の曲線に対する近世の意識の違いとして興味深いものがある。

「引込垂木法」が成立した時期は、上記の書誌資料から中世末から近世初頭に成立した可能性が高いと推察される。

実際の遺構では軒規矩図を参考にする限り、元亀二年（一五七一）頃とされる土佐神社本殿が「引込垂木法」である可能性のある古例であるが、報告書に技法調査の記載がほとんどないため確証までは至っていない。

引込垂木法の技法

引込垂木法による軒の設計方法は、大きく二つの部分から構成されている。ひとつは平の断面図の決定であり、もうひとつは隅木の決定である。

平の断面の決定

①配付垂木割

はじめに標準間の一枝寸法と同じ寸法で配付垂木割をおこない、その中の一枝を論治垂木とする。また一番垂木の外に小間を取る。中世の「留先法」では垂木割が後決めであったため、一枝寸法が揃わなかったり一番垂木の小間に広狭があったが、「引込垂木法」ではそうした寸法を先決めで押えて、中世の留先法の欠点を解消したのであった。

なお、垂木割と同時に茅負、木負の立面図を重ねて描く必要がある。

②口脇、留先の決定

次に論治垂木下端の真に木負の投げ勾配を入れる。この投げ勾配と木負下端との交点が木負口脇になる。さらに、そこから木負下端に隅木片中裏目を出した位置が木負留先となる。

茅負は一番垂木から小間をとった位置を茅負口脇とし、やはり隅木片中裏目を出し茅負下端との交点が茅負留先となる。

③平の軒出の決定

②で定めた木負と茅負の留先から、それぞれ投げ勾配で平の高さまで引込むと平の軒出が定められる。近世においても中世の「留先法」と同様に、木負、茅負の留先を定めている点に注意したい。

隅木の決定

古い軒規矩術書では隅木に関する記述がなく、あっても『秘伝書図解』のように規矩的な要所を押えて作図するもので、図法的にはあまり正確とはいえない方法で作成されていた。

隅木の設計が図法的に確立した技法として確認できるのは、木版本では『軒廻棰雛形』以降で茅負の反りを隅木に移して正確に隅木の形を決定するものになっている。

ただ、平の軒出が真を基準に作図しているのに対し、隅木では側面を基準としているため判りやすいとはいえず、隅木の設計は依然難しいものであったと推察される。

枝数による軒出の指定の意味

『匠明』を代表とする近世木割書では、軒の出の指定を何枝何枝と記載されることが一般的で、これは平の軒出を指定しているものと解されていた。例えば七枝五枝との記述は平の断面図において桁真から木負外下角までが七枝分の長さで、木負外下角から茅負外下角までが五枝分と考えられてきた。

しかし隅木のある軒において、この考え方に合致するものは管見では見られず、第二編で検討した通り枝数による軒出の指定は、平の軒出ではなく配付垂木数を指示していることは明らかである。

『匠明』等の木割書では切妻造りも軒出は枝数で表現されているが、その場合は平の軒出を枝割制で示していることは間違いなく、軒の形式に応じて枝数による軒出の表記は、意味が異なる点に注意する必要がある。

『匠明』では地割図とともに屋根伏せ図を重ねて描かれている例があるが、この屋根伏図によって枝数の意味が平の軒出を示すものか配付垂木数であるかを判断できたのであろう。

林家文書では、「四方軒」という表現が散見されるが、これは隅木入りの軒を意味していて切妻の軒と区別する意味があったに違いない。

引込垂木法以外の方法

隅木のある軒で本繁垂木の場合は、配付垂木割を定めた後に平の軒を決めなければ、茅負口脇廻りでうまく納まらない可能性がある。しかし、疎垂木の場合は配付垂木割を揃えるという感覚がなく、二軒であっても古い時代のものは論治垂木がない場合も多い。こうした場合は、切妻造りと同じように先に平の軒出を決めても何も問題が生じない。

『匠明』でも殿屋集では軒出を完数で示しており、これは平の軒出を示していると考えられ、切妻造りの軒と同様に平の軒出を先に定めて茅負が反り上がる軒と思われる。

したがって、隅木がある軒であっても全てが「引込垂木法」によるのではなく、疎垂木のように配付垂木割で支障が生じないものは、平の軒出を先に決めた場合も存在したのである。

荒木家文書では、「引込垂木法」を「張込垂木」と呼び、反対に平の軒出を先に指定する軒を「張出垂木」と称する二通りの軒規矩術法がはっきりと確認できる。

中世においても一軒と二軒の疎垂木では、「留先法」ではなく平の軒出を先に決定したと推察された事例が確認された。

引込垂木法の表記方法

さらに「引込垂木法」は、軒出（配付垂木数）を枝数で表記するが、二通りの垂木の配り方があるので注意が必要である。

例えば、七枝五枝と指定されている場合、ひとつは七枝目が木負口脇ないし論治垂木真を指定していて実際には地垂木が存在しない形式で、地垂木の実数は六枝（本）、飛檐垂木は五枝（本）となる。これは、『秘伝書図解』など、古い軒規矩術書で見られるもので、論治を二度「置く」、「敷く」等と記述される。

もうひとつは、七枝五枝の時、地垂木の実数が七枝（本）で、論治垂木真を八枝目とするもので、飛檐垂木も実数で五枝（本）となる。これは時代が降ると広く見られる表記で、同じ枝数であれば古い形式より一枝（本）垂木数は多くなる。

このように、「引込垂木法」においては同じ枝数による軒出の指定であっても、実際の垂木数や平の軒出は時代や地域によって異なる場合がある。

なお、中尊寺金色堂では論治垂木位置に地垂木があり論治垂木を二度置く様子を彷彿とさせる（さらに茅負口脇位置にも飛檐垂木がある）。

一―三　軒規矩術法の変容（図1）

留先法から引込垂木法へ

ここで中世を通して確認できる「留先法」と、近世を代表する「引込垂木法」の関係についてまとめたい。

まず、「留先法」で注意すべき点は、配付垂木廻りが整理されていないことが挙げられる。これは中世の軒では通常みられることで、さらに配付の地垂木と飛檐垂木の割が揃わない場合もある。また、論治垂木と次の垂木真が、他の配付垂木割より広い場合や一番垂木と負口脇の小間が他とは揃わない例などを挙げることができる。

「留先法」では、その設計工程上、配付垂木割が標準の一枝寸法と揃う保証がないが、「引込垂木法」は、配付垂木割は勿論、論治垂木、一番垂木の小間まで整然と納められている。

一方、「留先法」と「引込垂木法」は、ともに木負、茅負の留先から、引込んで平の軒出が定められるという点では共通している。

そうした両技法の相違と共通点を考慮すると、「留先法」から「引込垂木法」への変容は以下のように考えることができる。

「留先法」では配付垂木割は後決めするために不揃いになってしまうが、「引込垂木法」では、配付垂木割を先に押えて、その後に木負や茅負の留先位置を決めるという設計工程の一部を入れ替えることで、「留先法」ではあたりまえであった配付垂木割、論治垂木廻り及び茅負口脇廻りの納まりの乱れを、一気に解決することを可能としたのであった。

そうした軒規矩術の変容過程をまとめたのが、図1のⅠからⅡへの変容である。

このような設計工程の違いの背景にあるものは、中世の「留先法」では軒の拡がりを指定する茅負留先位置が重要であったのに対して、近世の「引込垂木法」では整然と並んだ垂木の割付の方が優先すべき納まりであったのであろう。

いずれにしても、「留先法」と「引込垂木法」は全く異なる技法ではなく、「留先法」の欠点であった配付垂木割を先決めしてその欠点を克服したのが「引込垂木法」であると位置づけることができる。

引込垂木法の変容

こうして、近世で主流となる「引込垂木法」であるが、真を基準とした平の断面と側面を基準とした隅木の関係は、必ずしも明確ではなかった。

これは「引込垂木法」の平の断面図において、出中墨や入中墨が記載がないことを見ればよく理解できる。平の断面上の寸法を隅木に変換する時に共通の基準墨が存在しないため、どうしても混乱が生じてしまう可能性を含んでいた。

唯一、『秘伝書図解』と類型本では平の断面図に出中墨等を確認できるが、実際には本中墨とすべきところを入中墨であったり出中墨とするなど、江戸時代中期においてさえ間違って理解されているのである。

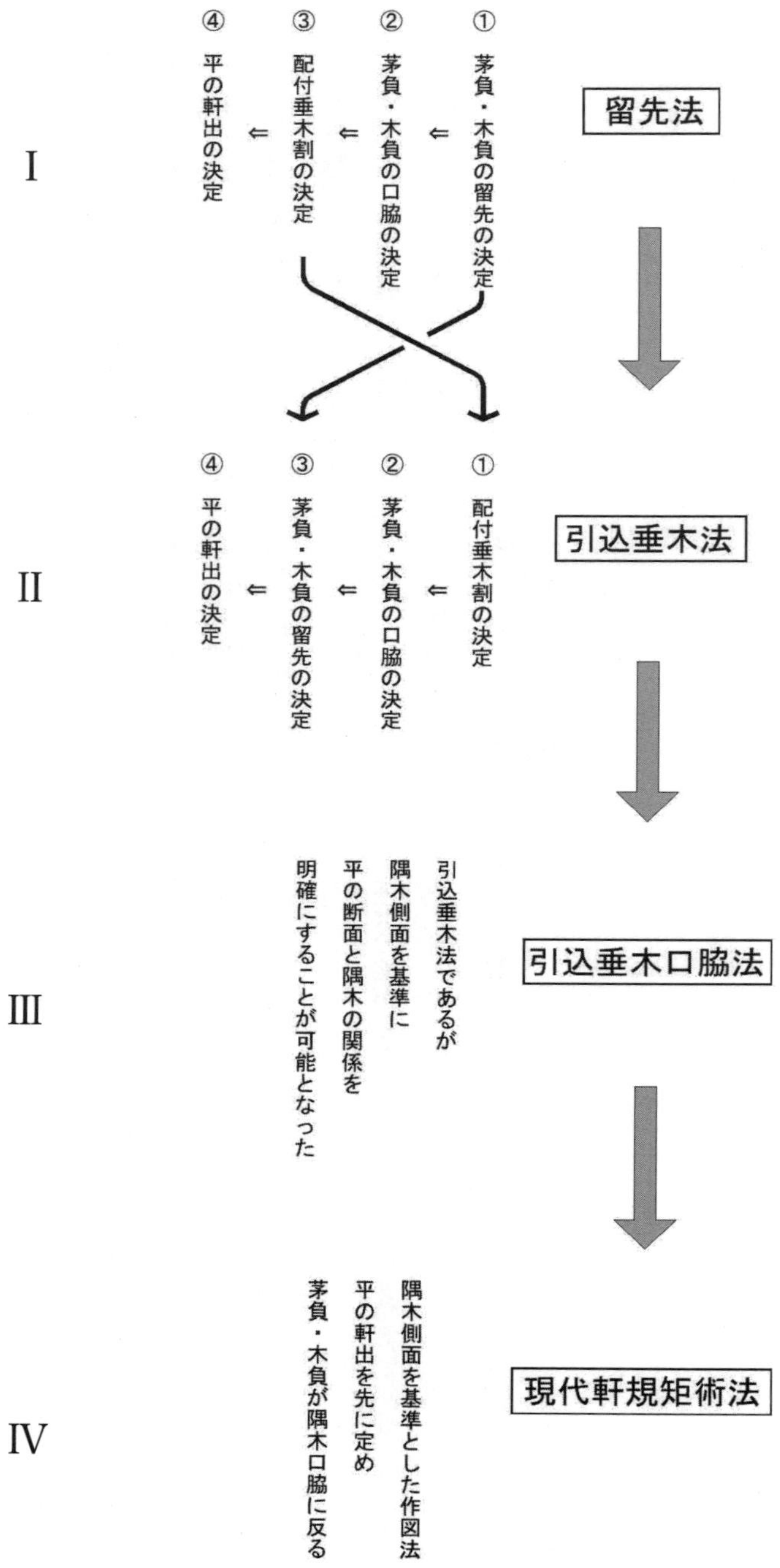

図1　軒規矩術法の変容過程説明図

そもそも、近世末までは平の断面図上に隅木側面を表現するという発想自体が存在しなかったのであろう。

このような欠点を一気に解決したのが、幕末期に小林源蔵が著した『独稽古隅矩雛形』であった。

小林源蔵の『独稽古隅矩雛形』の軒規矩術法は、それまでと同じ「引込垂木法」を説いているから技法自体は特に目新しいものではないが、実際は軒規矩術史において大変大きな飛躍をもたらした軒規矩術法であった。

それは、軒規矩の基準を全て隅木側面に統一して出中墨や入中墨を隅木だけでなく平の断面図や茅負正面図においても表現することを可能にしたことである。

その結果、平の断面図の上に隅木の側面を重ねて表現することが可能になったため、平の断面と隅木の関係が明瞭になり隅木の加工も一躍容易におこなえるようになったのであった。

また、隅木の側面をすべての図において基準としたこの変革は、それまでの隅木真つまり茅負留先を中心とした基準にも変化を与え、必然的に隅木の側面つまり木負、茅負の口脇を基準とするという考え方に変化をもたらすことになった。例えば、茅負の反りは茅負留先で指定していたが口脇で指定する様に変化したのであった。

以上から、『独稽古隅矩雛形』の軒規矩術法は、「引込垂木法」でありながら、設計基準を隅木側面つまりは口脇に変化させたという意味において、それまでの「引込垂木法」とは区別して「引込垂木口脇法」と呼ぶこととした。

このように優れた「引込垂木口脇法」であるが、明治以降の旺盛な刊本の発行状況を通覧すると、同様の軒規矩術は一冊しかなく、ほとんどがそれまでの「引込垂木法」を引用したものであることから、あまり受け入れられなかったのであろう。

「引込垂木口脇法」は、平の断面図と隅木との関係を明快にしたが、逆に平の断面と茅負を重ねて描くことができなくなったため、その理屈を正確に理解していないと混乱する恐れのある技法でもあった。

江戸時代末期に軒規矩術法は、広がりは限定的であったが、「引込垂木法」から設計を隅木側面に統一した「引込垂木口脇法」へと変容することとなったのであった（図1のⅡからⅢへの変容）。

今日使われている「現代軒規矩術法」は、小林源蔵の「引込垂木口脇法」と、大変良く似た共通点があることを指摘できる。もちろん、「現代軒規矩術法」は「引込垂木」ではないから、正確にいうと「引込垂木口脇法」の「口脇法」の部分が同じ考え方なのである。したがって、「現代軒規矩術法」は、『隅矩雛形』を参考にして成立した可能性が高く、その時期は「現代軒規矩術法」で描かれた軒規矩図（保存図）が、出現する昭和一〇年前後と思われる。この時期に軒規矩術の研究がすすめられたことを上田虎介が紹介していることはすでに述べたとおりである。

上田はこの時期、吉田種次郎から『隅矩雛形』で軒規矩術を部学ぶよう薦められているが、吉田は『隅矩雛形』を著した小林源蔵昌長の三男で、明治・大正期に奈良を拠点に社寺の新築や修復において幅広く活躍した小林長勝の弟子であったことが、大きく影響を与えたのであろう。

明治以降、新築の分野ではあまり、受け入れられなかったと推察される小林源蔵の「引込垂木口脇法」は、文化財修理という軒規矩術の学術研究分野においては、その合理的な図法が受け入れられ過去のどの時代にも存在しなかった「現代軒規矩術法」が、昭和初期に成立したのではないかと推察されるのである。

軒規矩術法は、昭和初期の文化財修理の分野において、「引込垂木口脇法」から、「現代軒規矩術法」へ変容し現代に至っていると考えられる（図1のⅢからⅣへの変容）。

二　現代軒規矩術法の課題とその解決

序章で述べたとおり中世の軒は「現代軒規矩術法」では、説明できない課題が多数存在する。それらの課題について筆者の考えを整理したい。

二―一　平の軒出の決定方法

平の軒出は、軒においてもっとも基本的な寸法であるが、「現代軒規矩術法」では、はじめに定められるとされながら、その寸法がどのように決定されたかを説明できなかった。それについては以下のように結論付けられる。

中世の「留先法」と近世の「引込垂木法」は、原則的にはともに木負、茅負の留先位置を定めた後、そこから投げ勾配で引込んで平の軒出が定められる。したがって、平の軒出は最後に決められるものであり、完数でもなくまた枝割制にものらないのが、むしろ自然である。木割書等にある枝数による軒出は平の軒出ではなく、配付重木数であることを、あらためて記しておきたい。

平の軒出をはじめに定めたと考えるのは、「現代軒規矩術法」だけであり歴史的建造物を検証する考え方としては適切とはいえない。

二―二　配付垂木割が、標準の一枝寸法と揃わない理由

この点は、すでに上で述べたように、「留先法」の考え方に立てば自然なことといえる。決して軒先を軽く見せるための工夫ではないであろう。

ただし、隅木幅を調整することによって配付垂木割を標準の一枝寸法に揃えることは可能で、室町時代前期（貞和頃）から、そうした技法が確認できる。

また、近世の「引込垂木法」によって配付垂木割の不揃いは完全に解消されることになる。

二―三　一番垂木の小間が揃わない理由

茅負口脇と一番垂木の小間は、近世の「引込垂木法」では揃い中世の「留先法」では揃わないことが多い。その理由もすでに述べたように、近世の「引込垂木法」では、先に定めるから問題なく揃って納められるのに対して、「留先法」では、飛檐垂木割は論治垂木から地軒の割で追い出していく場合が多く、その結果として茅負の口脇と一番垂木の小間は最後の寸法の逃げとなるため、はじめから揃えようとしていない。

もちろん、多少の加減をすれば揃えることも可能であるし、実際小間を揃えて納まる事例もあるが、基本的に中世では小間を揃えるという考えは希薄だったといえる。

二―四　軒規矩は隅木側面を基準とする理由

軒規矩術を隅木側面を基準とする考え方は、これまで明らかにしてきたように、小林源蔵が安政四年に著した『独稽古隅矩雛形』によってもたらされたもので、それ以前の「留先法」や「引込垂木法」ではなかった考え方である。

したがって、近世以前の歴史的建造物を検証するのは、真を基準にしておこなう方が正しいと考える。

二―五　論治垂木の納まりについて

論治垂木廻りの納まりは施工上の斑が多く、また近世の修理の際に改造されている可能性も高いため、当初の考え方を正しく知る手掛かりは少ない。

近世の「引込垂木法」では、作図法上、論治垂木廻りは必ず納められるが、中世の「留先法」は木負の口脇が先に決まってから垂木真を納めるから実際にはどのようにも納めることができる。

遺構例で見ると、論治垂木が正規の納まりとはならず、論治垂木真と木負口脇が揃って納まる事例は少なくはないから、その方が留先法で説明しやすい場合がある。

したがってこれ以上の確証はもてないが、中世の「留先法」では近世の「引込垂木法」ほど論治垂木を納めることが必須なことではなかったと推察される。

二―六　撓込みか撓出しか

「留先法」の考え方に立てば、隅の軒出が平の軒出より先に定められるから、茅負は留先から平に引込むものである。したがって、茅負を隅で撓出すのは不自然であるし、隅木を出し入れしたり口脇位置を欠き直すのは、施工の面からも困難をともなう。

茅負はまず、隅木に納めた後、平において撓込むのが正しいと考えられる。

二―七　木負を鋭角、茅負を鈍角とする理由

茅負、木負ともに断面の外下角は矩とするのが基本で、外下角を敢えて鈍角や鋭角に木造る理由は、隅の軒出と平の軒出の関係において、木負、茅負の前面の投げ勾配の調整のためにおこなわれたと考えられる。

ただし、鋭角にしながら撓込みのある事例（本蓮寺本堂、石津寺本堂など）もあり、規矩的な意味を説明し難く不明としかいいようがないものもある。

二―八　茅負の反りが口脇位置である理由

『独稽古隅矩雛形』や「現代軒規矩術法」では、隅木側面を基準とするから、反りの基準を口脇位置とするのは正しいが、それ以前の、引込垂木法や留先法では真を基準とするから、留先位置で反りをとるのが正しい。

口脇と留先では反りの寸法の差はわずかであるが、建物の技法に応じた位置で反りをとるべきであろう。

三　隅の軒出と平の軒出、垂木の勾配、茅負の反り

三―一　隅の軒出と平の軒出

「留先法」と「引込垂木法」はともに、木負、茅負の留先位置が定められなければ平の軒出を定めることができないため、留先位置は軒規矩を規定する重要な位置という意味で隅の軒出と考えることができる。

また、中世はさまざまな平の軒出の定め方があったと考えられる。

引込むものは、以下の二通りがある。この形式は撓込みが生じない。

茅負／木負引込法は、木負、茅負とも引込むもので、近世の「引込垂木法」がその例である。

茅負引込／木負按分法は、茅負のみ引込んで平の軒出を定め、それを整数比で按分して木負位置を定めるもので、その結果木負が鋭角になる可能性がある形式である。

引込まない形式は、出中押えと比例法の二通りが考えられた。この形式は条件次第で撓込みが生じる場合がある。

出中押え法は、隅の軒出（出中墨から茅負留先）と平の軒出を揃える技法で、茅負の反出し量は隅木幅の片中裏目の半分（$\sqrt{2}/4$＝約0.35倍）に固定されることになる。したがって茅負がそれに見合うだけ反り上がるとよいが、茅負投げ勾配が垂直に近いほど、反出しは少なくなるから撓込みが生じやすくなる。また、反出し寸法は隅木幅に依存している点にも注意したい。

比例法は、隅の軒出の〇・九から〇・九五程度を平の軒出と決めるもので、必然的に撓込みを必要とする。隅で茅負が投げ以上に反り出す軒になり、特に扇垂木で多く確認することができた。また、茅負外下角を鈍角にして、勾配より投げるようにすることで撓込みとせずに納める方法もある。

いずれにしても、隅の軒出と平の軒出の関係に着目すると、撓込みが生じる多くの事例を説明することが可能となる。

三―二　垂木の勾配について

平の軒出が決まれば、次に垂木勾配を指定して断面を決定できる。垂木の勾配は『匠明』などの近世の木割書では、一般に地垂木、飛檐垂木両方の勾配が数値で示されているが、それ以外に部材相互の高さ関係によって勾配を指定する方法も存在していた。前者を絶対勾配、後者を相対勾配と呼ぶ。

二軒繁垂木の垂木勾配の指定

中世や近世初期の木割書においては垂木の勾配を指定する（絶対勾配）のは地垂木のみで、飛檐垂木は指定しないのが一般的であった。これは、飛檐垂木に何も基準がなかったのではなく、木負と茅負の相対的な高さ関係で飛檐垂木を納める技法（相対勾配）が存在していたためと考えられる。

平安時代後期や中世の古い時期は、飛檐垂木を茅負が木負より高く納まるような勾配にすることが多い。

その後、室町時代では茅負と木負を水平に納まる「六ツ連」が広まり、桃山時代には六ツ連の比率がもっとも多くなる。近世になると木負に対し茅負は少し下げて納められるよになる。それは「萱違い」と総称される。「萱違い」のうち、茅負が木負より一寸下がるのを「喉違い」、茅負半分下がるのを「半木下り」（又は「萱半違い」）、一本下がるのを「成違い」という。

二軒繁垂木においては、時代が降るにつれて茅負の位置が木負に対して相対的に下がっていく傾向が認められる。

殿舎建築の垂木勾配の指定

『三代巻』の「軒柱勾配」にあるように、殿舎建築では軒出を一定の値（脇間の柱間を軒出とするなど）であるとの前提で、垂木先高さを長押に揃え桁天端を指定することによって垂木勾配を指定する例がある。

実際の方丈、書院建築の遺構で検討すると、垂木下端を長押下端、桁下端などに揃える事例は大変多く確認された。

棟門の垂木勾配の指定

近世の木割書において棟門の垂木勾配は、桁上端を基準に木負、茅負の高さを指定する方法など、相対勾配で指定する方法が認められる。他の建物が何寸などと絶対勾配で指定されていても、棟門だけは勾配を指定せずに「六ツ連」とする伝統が長く残る。

このように、垂木勾配の指定方法は絶対的な勾配で指定する方法ばかりではなく、建物の種別によって特徴ある相対的な勾配で指定する方法があったことを指摘できる。

三―三　茅負の形状について

茅負の形状は、軒規矩研究において古くからの課題であった。茅負曲線に時代の特徴を見出そうとする試みは、昭和の初期にすでにあったが、客観的な指標がなく漠然とした表現にとどまるものであった。

検討の結果、北尾嘉弘の先行研究で指摘されているように、茅負曲線は円弧であることが多いことが了解できた。そこで、北尾の考えに改良を加えて、茅負曲線を桁真から留先までの円弧として捉え、そのタルミの値と絃の勾配（茅負勾配という）によって、茅負曲線を客観的に比較検討することを試みた。
その結果、軒の形式ごとに時代の特徴を捉えることが容易になり、客観的な指標によって比較検討することができるようになった。
この方法は、各時代や軒形式の特徴を客観的に捉える方法として有効であると考えられた。

四　扇垂木

四―一　鎌倉割と等間割の技法とその関係

扇垂木の技法についての理解は、かなり乱れているといわざるを得ない。垂木を扇状に配る方法としては、鎌倉割（戻り矩）と等間割（戻り割）の二通りの技法があるとされているが、それぞれどのようにして導かれるのかほとんど不明に等しかった。

そこで、近世規矩術書を参考にその求め方を検討すると、以下の方法によって鎌倉割も等間割も導かれることを指摘することができる。

まず、隅木の長さを平の軒出に移す。そうするとその差は、$\sqrt{2}-1=0.414\cdots\fallingdotseq 0.41$ になる。それを整数比で按分した位置を定め、隅木と結んだ線が鎌倉割をおこなう基準の線になる。この勾配を鎌倉勾配と呼び、これを平の軒先からとり、隅木までの長さを鎌倉勾配長さとした。

例えば、〇・四一を$\sqrt{2}:1$に近似する整数比である5：7に按分すれば〇・一七を得るから、その勾配は一・七寸勾配であり、鎌倉割で通常使われる勾配を得る。また、この時鎌倉勾配長さは〇・八六六となる。

その鎌倉勾配長さを必要な垂木数で等分に割込んで軒先の垂木位置を定め、垂木尻の要《かなめ》と結べば鎌倉割が完成する。

鎌倉割は、実際には一・七寸の鎌倉勾配だけではなく、中世遺構でも他の勾配が報告されているし、近世規矩術書においてもさまざまな勾配の記述がある。さらには、八角扇垂木や六角扇垂木の鎌倉割の勾配もあるが、すべて、隅木長さと平の軒の長さの差（〇・四一）を整数比で按分することで求められることを明らかにした。

このように、さまざまな鎌倉勾配はひとつの原理で求めることができる。

さらに、等間割（戻り割）においても、上記の鎌倉割と同じ工程で作図された鎌倉勾配長さと、平の軒の長さの比で求められることを示した。

等間割の垂木歩は、まず平行垂木の場合として一枝寸法を定め（面割又は平小間などと呼ぶ）、それに戻り割値（5：7の場合〇・八六六）を乗じた値で、それを隅乃至平から順に取っていくのである。

したがって、鎌倉割と等間割は、実は同じ工程で作図されたもので、最後の垂木歩の定め方が異なるだけであることを明らかにするとともに、隅木と平の軒出の差をさまざまな整数比に按分することで、それに対応した鎌倉割と等間割が存在することを、実際の遺構や規矩術書の内容から分類整理することができた。

四―二　『軒廻棰雛形』の要《かなめ》のない扇垂木の技法

等間割であるが戻り割によるのではなく、しかも要をもちいない扇垂木の技法として、立川富房が宝暦一四年（一七六四）に著した『軒廻棰雛形』の技法を検証した。

要をもちいない扇垂木は、後世に上下面割とも呼ばれる技法で、例えば茅負と桁の二ヶ所で等間割に垂木歩を定め、それぞれを結ぶことで垂木を扇状に配置するものである。

富房の技法は、ほとんど図だけで説明がないため不明な点が多いが、垂木歩を求めるために配付垂木の長さを定める小平起しの技法を応用していることを指摘し、さらに全体の工程を明らかにした。

平面の関係である垂木歩を定めるために、立面の関係である小平起しを使う理由は不明であるが、江戸時代の扇垂木では意味なく複雑化した図法が多数確認できるのも確かである。富房のこの扇垂木法もそうしたものと同様なものかは定かではないが、富房の扇垂木法は、小平起しの部分を除き修正して今日の規矩術書でもみることができる。

五　結語

本書で一貫して述べてきたのは、建造物の建立当初の軒廻りの技法を解明すべきであるということであった。

現在、文化財建造物修理において使われている軒規矩術法は、「現代軒規矩術法」であって建物が建立された時代の規矩術法に則っていない点は問題ではないだろうか。

近世以前の歴史的建造物の軒の技法を、近代的な文化財建造物修理の黎明期に成立したと考えられる「現代軒規矩術法」で、調査、復原され、施工されていているのが今日の状況である。

さらに、その結果は公式な修理工事報告書として刊行されていて、多くの説明できない技法が視覚的な調整などと曖昧な説明が繰り返されてきている。

「現代軒規矩術法」は、一言でいうならば合理的な「図法」であって、当初の「技法」ではない点に注意しなければならない。その部分が混同されているのである。

近代の図法のまま中世や近世の歴史的建造物の技法を述べることを改め、建物が建立された技法によって解析しなければ、真の日本建築規矩術史は解明できないのではないかと考えるのである。

あとがき

最後に、これまでの研究の経緯に触れてあとがきとしたい。

筆者がはじめて規矩術を学ぶことになったのは、昭和五八年に重要文化財桑実寺本堂の解体修理現場において規矩の調査を担当した時であった。その時からすでに三〇年ほど経つ。

当時は、文化財修理技師になってまだ二年目のことで、工事の流れも十分に分からなかったが、中世仏堂の規矩術を勉強する最後の機会であろうと、工事監督が配慮してくれたのであった。

幸い桑実寺本堂の軒は、地隅木の他化粧垂木など中世の当初材が多く残っていたため、規矩術を学ぶにはちょうど良い環境であった。

当時は勿論規矩術をほとんど理解しておらず、現場が進むと同時に先輩たちの修理工事報告書を読んでは理解するという状況であった。かたわらには上田虎介氏の『日本建築規矩術（近世規矩）』があったが、当時の筆者にはそこに書かれている説明や複雑な図をまったく理解することができず、上田氏を規矩術の神様の様に思ったものであった。

この頃においても、文化財修理技師が規矩術を習得するのに理解しやすい理論書はなかったため、規矩の習得は、修理工事報告書や先輩の指導によるところが大きかった。特に先輩の規矩図によって隅木や断面図の関係を作図しながら理解したというのが、多くの修理技師諸兄の経験であったと思う。

規矩術が判り始めた頃もっとも不思議に感じたのは、規矩術の設計が隅木の側面を基準におこなうということであった。そのことによって全ての図面が関連付けられて理解できる様になるのであるが、隅木側面を基準にすることは合理的過ぎて古くからの技法とは思えなかった。きっとこれは後世の改良・工夫であって、元々規矩術は隅木の真でおこなっていたに違いないと感じていた。

この疑問は、桑実寺本堂の当初軒の調査で意外に早く解明することができた。桑実寺本堂の当初の地隅木の木負留先位置を計ると、入中からちょうど標準間の一枝寸法（裏目）の七枝分であった。これによって、配付垂木割が標準間の一枝寸法より狭い理由を説明できるようになった。規矩術を隅木真で決定する留先法の発見であった（ただ、これを修理工事報告書に書くことは、仮説が過ぎると工事監督の許しは出なかった）。

続いて、西明寺本堂の当初の地隅木を調査する機会を得たが、やはり留先法が確認できた（第一章）。この間に、重要文化財園城寺大師堂の半解体修理を経験したが、この時は疎垂木の軒であることから留先法であるという考えには至らなかった。以後、隅木を実際に調査する機会に恵まれず、留先法は特殊な規矩法と考えたまま展開はなかったが、平成一九年頃から面倒ではあるが規矩図を自ら作図しなければ先に進めないと考えるようになった。

手始めに平等院鳳凰堂の規矩図を作図して検討することにした。すると、出中墨から木負や茅負の留先位置が裏目尺の完数で得られた。この結果には正直驚くとともに研究への意欲にもつながった。以後、規矩図を収集しては留先位置を作図して検討を続けたのであるが、一軒疎垂木、同繁垂木、二軒疎垂木、同繁垂木等の平行垂木（第二・三章）ばかりではなく、扇垂木（第四章）や八角垂木、六角垂木（第五章）においても留先法が認められたことから、留先法は決して特殊な技法ではなく中世以前では一般的な技法であることが少しずつ判ってきた。

以上の中世以前の留先法に関する軒規矩術の考察を第一編にまとめた。

こうして、中世以前の規矩術が留先法であることが判明したが、続く近世の様子については、全く手掛かりがなかったために中世の留先法と現代の規矩術の間を埋めて体系化することができずにいた。そのため、留先法を中世の技法として公開するまでの確信を持てなかった。

そうした中、平成二〇年に地元の甲南町（現在の甲賀市）で、坂上家文書が発見された。これによって全く未知であった近世規矩の研究は一気に進むことになった。坂上家は実は筆者が長年通っていた理髪店であるが、先祖は宮大工であったという。同家文書には『秘伝書図解』と巻子本の規矩術書二巻やその他の雛形等が伝えられていた。巻子本二巻は『秘伝書図解』の巻乾とほとんど同じ内容であるが完全には一致していないことから、はじめからその関係性が気になっていた。その後、類似する内容の規矩術書を、木子文庫林家伝家文書、香川の久保田家文書、富山の岩城家文書の中に発見することができた。特に久保田家文書は『秘伝書図解』の前年である享保一一年（一七二六）の年記があるもので、それによって『秘伝書図解』の成立と近世の引込垂木に一定の解釈を加えることができた。坂上家文書と久保田家文書の連続した発見は大変幸運であった（第六章）。

『秘伝書図解』や坂上家文書に描かれている軒規矩術法は、所謂引込垂木であって配付垂木割を先に定めてから茅負の留先を決定するため、中世の留先法を改良した技法と考えられ中世と近世の規矩術を関連付けることができる様になった。

以後、近世規矩術書の収集をおこない、近世の二軒繁垂木は全て引込垂木法であることを確認することができた。特に石川県立歴史博物館蔵の荒木家文書は興味深く、引込垂木を張込み垂木と呼び反対に一軒疎垂木のように平の軒出から決めるものを張出垂木とする。つまり、二軒繁垂木の場合には、平の軒出を先に定めると隅の配付垂木割で支障が出る恐れがあるから、張込（引込）垂木とする必要があるが、配付垂木割が自由になる疎垂木では、平の軒出を先に決める張出垂木とすることが確認できる貴重な資料であった（第七章）。

それでも、近世の引込垂木法と現代の規矩術法とに関連が見出せないままであった。それを解決するためには、幕末に小林源蔵が著した『独稽古隅矩雛形』を理解する必要があった。

この書は引込垂木法を解説しているものとして著名であるが、実際にはそれまでの規矩術書に書かれている引込垂木法とは異なっていて、全ての図が隅木側面を基準とするという改良が加えられている点に気づいた。そこで『独稽古隅矩雛形』の引込垂木をそれまでの引込垂木と区別して、引込垂木口脇法と呼ぶことにした。

小林源蔵の三男小林源三郎勝長は、請われて奈良に移り多くの社寺建築を建てるのであるが、その門下からは多くの文化財修理に携わり、後に規矩術で無形文化財（人間国宝）に指定された吉田種次郎が出ている。ここでやっと、規矩術を学び始めた頃不思議に感じた隅木側面を基準とする現代の規矩術が、小林源蔵の『独稽古隅矩雛形』の引込垂木口脇法の流れを汲むと了解できたのであった。

以上によって、中世の留先法、近世の引込垂木法、引込垂木口脇法、そして現代の規矩術法と規矩術全体の変容過程を初めて捉えることができる様になったのであった（第八章）。

こうした近世の引込垂木法に関する考察を第二編にまとめた。

その他、研究の途上派生した課題を第三編にまとめた。

まず、留先法を作図によって検討している中で、出中墨から茅負留先までの長さ（裏目尺）と平の軒出（表目尺）が同寸であるものが意外に多いのに気づいた。つまり出中墨からの隅の軒出と平の軒出が一致する規矩で、これを「出中押え法」と名付けた。「出中押え法」で軒を設計すると茅負を引込む作図は必要なく、隅木の下幅の片中裏目の半分（〇・三五）にすれば、ほぼ納められるのである。納まらなければ茅負を中央で押し込めばよく、これで撓込みが生じる一因も説明できた。

さらに、正福寺地蔵堂では平の軒出が隅の軒出の〇・九倍になっていることもわかった。これを「比例法」と名付けた。敢えて、撓込みが生じるように平の軒出をより短く決めるのである。

軒の出は、隅と平の両方あることに気づかされた（第九章）。

垂木の勾配については、まず『秘伝書図解』の類型本にある「六ツ連」が気になっていた。その後、中世末の木割書に飛檐垂木の勾配の指定がないことや、林家文書にある喉違いなどから、勾配を数値で指定しない方法が存在することに気づいた。実際の遺構を調べると、特に六ツ連は桃山時代にもっとも高い比率で認められるが、江戸時代になると一寸だけ茅負が低い喉違いばかりになる。また、林家文書でも甲良家文書でも、六ツ連は古い技法であるとか、恰好が悪く自分たちは使わないと強調する記述が見られるようになる（第一〇章）。

さらに、茅負曲線を客観的な数値で評価する方法として、北尾嘉弘氏の方法を少し修正し、さらに茅負の勾配を加えることで、各時代の特徴を客観的な数値で捉えられるようになり、各時代や軒の形式毎の比較がしやすくなったのであった（第一一章）。

扇垂木の技法については、学位論文を提出した後に検討したもので本書の第四編に追加した。

これまでは、扇垂木の現場に触れることもなかったため、鎌倉割や等間割の技法そのものもよく理解できていなかったが、特に鎌倉割をおこなうために引く一・七寸の斜線が、どのような根拠によるものかかねがね疑問であった。

上田虎介氏の本にはその作図法があったが、一・七寸以外には対応が難しく、実際の江戸時代の規矩術書では違う位置（茅負口脇）から斜線が引かれていた。幸い、『類聚倭木経』の中に手掛かりになる図があったため、それを参考に鎌倉勾配を定めるモデルをつくると、他の勾配も無理なく定められることがわかった。

さらに、等間割の戻り割値が、鎌倉勾配の長さであることがわかり、鎌倉割と等間割（戻り割）は、実は同じ作図工程であることが判明したのであった。例えば一・七寸の鎌倉割と、一三四の等間割（『矩術新書』などがある）は、隅から平を差引いた値を、五：七に按分してできる勾配から作図される兄弟のような関係にあることを発見することができた（第一二章）。

さらに、立川富房の『軒廻棰雛形』の等間割はこれまで論考がなく、一般的な戻り割でもなく意味が不明な技法であることから、その分析をおこなった。結局垂木歩を小平起しの応用で定めていることが判ったが（第一三章）、実際にはあまり意味のない作図法と思われた。

その後も、多くの近世の扇垂木の図を調査したが、近世の扇垂木割は根拠のない作図法によって垂木を配るものが多い。

本書では、以上のとおりいくつかの規矩術上の提案をおこなったが、これまでの長く理解されてきた軒規矩術とはまったく異なるため、受け入れにくいものもあると思われる。ただ、そうした中で、論文発表後、実際の文化財建造物修理の現場においても、「留先法」を採用して中世の当初軒を復原した事例が現れた頃である。

少しずつではあるが、筆者の考え方が実際の文化財建造物修理の現場において軒の復原に応用され始めている。

本書は未解決な部分を多く含んでおり今後も修正を加える必要があるが、近世の「引込垂木法」がより正しく理解され、中世の「留先法」についても広く応用されることを期待したい。

謝辞

本書は、筆者が大阪市立大学大学院時代から指導を受けている谷直樹名誉教授の親身で丁寧な指導によって完成することができた。谷教授の長年に渡る学恩に深く感謝する次第である。

また藤田忍教授には、大阪市立大学都市研究プラザの受入教員として指導いただいており感謝申し上げる。

その他、文化財修理技師の先輩諸兄、宮大工等の職人諸氏、寺院の所有者、そして貴重な資料の閲覧でお世話になった博物館、図書館、教育委員会、資料所有者の方々にも深く感謝したい。

出版に際しては、中央公論美術出版社長小菅勉氏、担当の佐藤遥氏にもお世話になった。お礼申し上げる。

本研究は、平成二二～二四年度文部科学省の科学研究費基盤（C)、課題名「中世から近世までの軒規矩術法の変容過程に関する研究」（課題番号 22560649）を受けて、完成させることができた。

また、本書の刊行にあたっては、平成二七年度科学研究費研究成果公開費の学術図書の補助を受けた。

平成二七年六月

著　者

掲載論文一覧（発表順）

一　大上直樹・西澤正浩・望月義伸・谷直樹
『大工雛形秘伝書図解』と類型本による近世軒規矩術について　近世軒規矩術の研究―その1（第六章）
日本建築学会計画系論文集　第七六巻　第六六六号、一四八一－一四九〇頁、二〇一一・八

二　大上直樹・西澤正浩・望月義伸・谷直樹
隅木を基準とした軒規矩術法と復原事例　中世軒規矩術の研究―その1（第一章）
日本建築学会計画系論文集　第七六巻　第六六九号、二二〇五－二二一四頁、二〇一一・一一

三　大上直樹・西澤正浩・望月義伸・谷直樹
軒の出と「引込垂木」について　近世軒規矩術の研究―その2（第七章）
日本建築学会計画系論文集　第七六巻　第六七〇号、二四一一－二四二〇頁、二〇一一・一二

四　大上直樹・西澤正浩・望月義伸・谷直樹
垂木勾配の決定方法とその変容過程について（第一〇章）
日本建築学会計画系論文集　第七六巻　第六七〇号、二四二一－二四三〇頁、二〇一一・一二

五　大上直樹・谷直樹
伝統的日本建築における軒反りの決定方法について（第一一章）

生活科学研究誌　vol.10（二〇一一）、八五－九六頁、二〇一二．三

六　大上直樹・西澤正浩・望月義伸・谷直樹
引込垂木の変容　『独稽古隅矩雛形』と現代軒規矩術法　近世軒規矩術の研究―その3（第八章）
日本建築学会計画系論文集　第七七巻　第六七六号、一四四九－一四五六頁、二〇一二．六

七　大上直樹・西澤正浩・望月義伸・谷直樹
留先法による二軒繁垂木の検証と変容過程　中世軒規矩術の研究―その2（第二章）
日本建築学会計画系論文集　第七七巻　第六七六号、一四三九－一四四八頁、二〇一二．六

八　大上直樹・西澤正浩・望月義伸・谷直樹
鎌倉割と等間割の技法とその関係について（第一二章）
日本建築学会計画系論文集　第七八巻　第六八四号、四六五－四七三頁、二〇一三．二

九　大上直樹・西澤正浩・望月義伸・谷直樹
立川富房著『軒廻棰雛形』の扇垂木について―要（かなめ）のない扇垂木の技法（第一三章）
日本建築学会計画系論文集　第七八巻　第六九二号、二一八一－二一八八頁、二〇一三．一〇

著者略歴
大上 直樹（おおうえ　なおき）

大阪市立大学都市研究プラザ特別研究員　博士（学術）
一級建築士事務所大上建築研究所代表

芝浦工業大学卒業、同大学院修士課程修了
大阪市立大学大学院後期博士課程満期退学
滋賀県教育委員会文化財保護課技師を経て短大、大学等の教員を務める
著書：大工頭中井家建築指図集（分担執筆）、文化財建造物修理工事報告書 10 冊、近世社寺建築調査報告書 3 冊その他
E-mail: on0303@ares.eonet.ne.jp

日本建築規矩術史 ©

平成二十七年十二月 十 日印刷
平成二十七年十二月二十日発行

著者　大上直樹
発行者　小菅勉
印刷　広研印刷株式会社
製本　松岳社
用紙　王子製紙株式会社

中央公論美術出版
東京都千代田区神田神保町一丁目十一
IVYビル六階
電話〇三－五五七七－四七九七

製函　株式会社加藤製函所

ISBN978-4-8055-0753-7